Carl Johann Greith

Geschichte der altirischen Kirche und ihrer Verbindung mit Rom, Gallien und Alemannien (von 430-630) als Einleitung in die Geschichte des Stifts St. Gallen

Carl Johann Greith

Geschichte der altirischen Kirche und ihrer Verbindung mit Rom, Gallien und Alemannien (von 430-630) als Einleitung in die Geschichte des Stifts St. Gallen

ISBN/EAN: 9783742893499

Hergestellt in Europa, USA, Kanada, Australien, Japan

Cover: Foto ©ninafisch / pixelio.de

Manufactured and distributed by brebook publishing software (www.brebook.com)

Carl Johann Greith

Geschichte der altirischen Kirche und ihrer Verbindung mit Rom, Gallien und Alemannien (von 430-630) als Einleitung in die Geschichte des Stifts St. Gallen

Geschichte

der altirischen Kirche

und ihrer Verbindung

mit

Rom, Gallien und Alemannien

(von 430 — 630)

als

Einleitung in die Geschichte des Stifts

St. Gallen.

Nach handschriftlichen und gedruckten Quellenschriften

von

Carl Johann Greith,

Bischof von St. Gallen.

„Wie könnten wir die Insel Irland jemals vergessen, von
wo der Strahlenglanz eines so großen Lichtes und die
Sonne des Glaubens für uns aufgegangen!"

**Ermenrich von Reichenau an Abt Grimald
von St. Gallen (um das Jahr 660).**

Freiburg im Breisgau.

Herder'sche Verlagshandlung.

1867.

Dem hochwürdigsten Domkapitel

und

der hochwürdigen Geistlichkeit

des Bisthums St. Gallen

auf die

Consekrations- und Säkularfeier

der Domkirche

(17. und 18. August 1867)

zum

Angedenken.

Ehrwürdige Brüder!

Schon lange trug ich in mir das Verlangen, bevor die Pilgerschaft in diesem Lande der Verbannung für mich zu Ende geht, noch Etwas niederzuschreiben, was für Sie und meine Bisthumsangehörigen heilsam und belehrend wäre, und ich wählte hiefür die älteste Geschichte der Kirche des heiligen Gallus, die seit den Tagen meiner Jugend für mich ein Gegenstand mannigfacher Studien, treuer Liebe und hoher Bewunderung war. Die daherige Arbeit wurde in der sturmvollen Periode der jüngstvergangenen Zeit vielfach unterbrochen; nun mir unter Gottes Walten möglich ward, sie zu Ende zu führen, was könnte der Sache angemessener und für mich freudiger sein, als sie Ihnen und Ihren Nachfolgern im Amte zu widmen, da Sie nach Ihrem hohen Berufe und den Gefühlen Ihres Herzens durch die heiligen Bande der Pflicht und der Liebe mit jener Kirche so eng verbunden sind, deren Uranfänge hier geschildert werden? Die heiligen und weisen Männer einer längst entschwundenen Vergangenheit werden in diesen Blättern durch ihre eigenen Lehren und Thaten zu Ihnen reden, welche, von der Liebe Gottes erglüht, die Kirche Christi in Irland, im gallischen Frankenreiche und in unserer alemannischen Heimat einst gegründet und verherrlichet haben; die lautsprechenden Zeugnisse, die sie ablegen, bilden die goldene Kette einer großartigen, historischen Beweisführung für das Alterthum, die Wahrheit und den unveränderlichen Charakter unserer heiligen Religion, einen Cathach oder Kämpfer der besten Art, der überall und immer siegreich sich bewährt, wenn er, Angriffe abwehrend, Priestern zur Seite steht, welche, wie die alte Ritterregel fordert, ein reines

Gewissen besitzen, ihr Leben in aller Ehre bewahren und ihres Berufes würdig sind. Tief in dem Schachte der christlichen Vorzeit werden wir die letzten Wurzelausgänge jenes heilbringenden Baumes finden, der, vom heiligen Gallus in diesem Lande einst gepflanzt, unserem Volke schon so viele Jahrhunderte die Früchte des zeitlichen Segens und ewiger Beseligung bot, und wie sie die Belege für die Thatsache liefern, daß die Kirche des heiligen Gallus ein Zweig der irischen des heiligen Patrizius, diese aber eine Tochter der römischen Kirche, der Mutter und Lehrerin aller Kirchen der Welt ist, so liegt in diesen Belegen zugleich der unwidersprechliche Nachweis, daß unsere Kirche von ihrem ersten Ursprunge an mit den ältesten Kirchen und mit der apostolischen Kirche Roms übereinstimmt, und darum, um mit Tertullian zu sprechen [1]), „die wahre Glaubenslehre bewahrt, weil, was von frühester Zeit an gelehrt und überliefert worden, von Christus gegeben und wahr ist, fremdartig und irrig aber Alles ist, was erst später entstanden und von den Menschen ersonnen worden." Wie der Rheinstrom nach der Sage über den verborgenen Hort der Nibelungen seine Fluthen schon so lange dahin gewälzt, ohne je ihn wegzuspülen und fortzuwälzen in das Meer, weil er unerreichbar für die Wogen in seinem alten Steinbett liegt, so waren in Wahrheit die Wellenschläge der Zeiten nicht im Stande, den kostbaren Schatz der Ueberlieferung aus der Kirche des heiligen Gallus wegzuschwemmen; denn er ruht wohlgefestet und bewahrt in der Lade ihrer geschichtlichen Denkmäler und im Herzen des St. gallischen Volkes. Ich denke, ehrwürdige Brüder, auch wir werden ihn um so entschiedener festhalten, je armseliger die neue Waare aussieht, welche die Schule der Verneinung uns dafür anbietet. Bei ihm finden wir Stärkung in dieser schweren Zeit und immer neue Lebensfrische, wenn der Muth uns sinken will.

Weil aber die Kirchen von St. Gallen und von Irland so eng miteinander verbunden sind, und bis zur Stunde den gleichen alten Glauben unverändert bewahrt haben, mag unser Volk an der ruhmvollen Treue und Standhaftigkeit der Katholiken Irlands

---

1) Tertul. De Praescript. Evang. c. 10.

sich ein Beispiel nehmen, womit diese bis auf den heutigen Tag ihre Religion, ihre Kirche, ihre Rechte gegen Unrecht und Gewalt vertheidigt und behauptet haben. Denn gegründet mit dem Segen und der Autorität des Stellvertreters Christi auf Erden, und von ihrem Beginne an mit dem Felsen Petri auf das Engste verbunden, war die irische Kirche eben so eifrig, die christliche Religion unter den übrigen Völkern zu verbreiten, als sie beflissen war, in ihrem eigenen Umkreise die Hinterlage des Glaubens unverletzlich zu erhalten, die der heilige Patrizius ihr einst hinterließ. Wie sie durch ihre Väter dem „ewig grünen Erin" den Ehrennamen „der Insel der Heiligen und der Weisen" erwarb, errang auch ihr Volk zur Zeit der Glaubensspaltung durch die glorreichen Beispiele seiner Glaubenstreue und Standhaftigkeit in den namenlosen Bedrängnissen unmenschlicher Verfolgungen, die es erdulbete, den Ehrentitel der „Martyrer=Nation des Westens." Und es hat diesen Ruhm durch seine heldenmüthige Haltung und Ausdauer bestens verdient. Unter der Aegide verirrter Despoten wurden alle Furien einer grimmigen Verfolgung gegen die Katholiken Irlands losgelassen, katholisches Eigenthum konfiszirt, Kirchen, Stifte, Klöster ausgeraubt und zerstört, die alten katholischen Schulen geschlossen und in protestantische Lehranstalten umgestaltet, die treuen Anhänger des alten Glaubens in die Verbannung gestoßen, in die Gefängnisse geworfen, oder auf das Blutgerüst geschleppt; allein keine Macht auf Erden, weder List noch Gewalt war im Stande, dem irischen Volke den katholischen Glauben zu rauben; je ärger die Verfolgung wüthete, um so enger schloß es sich an die Kirche seiner Väter an. Es hat sein Eigenthum, seinen Handel, seine Unabhängigkeit verloren; den katholischen Glauben aber hat es nicht verloren, weil es vereint mit seinen Priestern und Bischöfen sich an den Felsen Petri anklammerte, unabläßlich im Vertrauen zu Gott betete, für seine Religion zu leiden bereit war und seinen Charakter rein bewahrte. Jene Schmerzenszeit und die Gegenwart im Auge haltend konnte darum Einer seiner neuern Dichter von ihm rühmen [1]):

---

1) Aubrey de Vere, Innisfail. p. 21.

„Unentwegt wie das Fatum standen seine Altäre,
Unveränderlich wie Gott war sein Glaube,
Und seine Kirche hält noch immer in gerechter Hand
Die Schlüssel des Lebens und des Todes."

Und Gott mußte diese Treue und Standhaftigkeit auf das Reichste zu belohnen. Die unvergleichlichen Alterthümer der irischen Kirche müssen in unseren Tagen den ersten Gelehrten Englands als Marksteine und Wegweiser dienen, um für sich selber und ihr Volk unter dem Schutte der Zerstörungen die alte Kirche wieder aufzufinden, die Papst Gregor der Große auf jenem Inselreiche einst gestiftet; die Auswanderer von Irland, Priester und Laien haben die immer grünen Schößlinge ihrer Kirche hinüber nach Amerika verpflanzt, wo sie vor unseren Augen in ganz kurzer Zeit zu so überraschender Blüthe gediehen, und den Forderungen der Vernunft und des Rechtes, welche das irische Volk, allzeit gemessen und gesetzlich gegen die verrosteten Gesetze früherer Willkühr und Gewaltherrschaft an Einem fort an die erleuchtete Regierung Englands stellt, wird diese nicht länger unbeachtet lassen; der Umschwung der öffentlichen Meinung ist dort schon jetzt vollzogen, wir werden vielleicht bald die Schatten der Hochkirche in Irland für immer sinken sehen. Alt kann das Unrecht werden, das auf einem Volke lastet, allein viel älter ist das Recht, das unter Gottes Leitung früher oder später wieder zur Geltung kömmt, wenn das Volk treu seinem religiösen Glauben, dem Sittenverderbnisse widerstehet und seinen Charakter unversehrt und rein bewahrt. Ich ende mit dem Worte, mit welchem der heilige Apostel seinen ersten Brief an die Thessalonicher geschlossen und der ehrwürdige Beda seine Kirchengeschichte der Angelsachsen eingeleitet hat: Brüder, betet für uns!

St. Gallen, den 4. August 1867.

Der Verfasser.

Inhaltsverzeichniß.

Berichtigungen.

Seite 31, Zeile 36 statt Theodocos lies: Theotocos.

Seite 33, Zeile 37 statt Christodocos lies: Christotocos.

Seite 49, Zeile 37 statt hüteten lies: bemühten.

Seite 178, Zeile 34 statt Athanasius lies: Anastasius.

Seite 212, Note 1 statt Vor-Hyeronymische lies: Vor-Hieronymianische.

Seite 218, Zeile 25 statt Hagiolisten lies: Hagiologen.

Seite 222, Zeile 25 statt presbiterum lies: presbyterum.

Erstes Buch.

Die geschichtliche Unterlage.

Erstes Kapitel.

„Das römische Reich und die Völkerwanderung.“

Bei jeder großen Zeitwende in der Geschichte geht immer auf ein
Neues das Wort des Sehers in Erfüllung [1]): Gott der Herr ändert die
Zeitalter, rückt Reiche weg und befestiget wieder andere; bei ihm ist das
Licht und er weiß was im Verborgenen liegt, bei ihm wohnt die Gerechtig=
keit und er hält schon im Gange der Weltgeschichte sein Gericht über die
Völker; ihre Sünden werden für sie zur Geißel der Züchtigung und Strafe.
Vom Verderben tief ergriffen und zubereitet zum Untergang, war das
römische Volk und Reich unfähig geworden, der Träger einer neuen
Weltordnung zu sein; neue lebensfrische Völker traten wie von Gott be=
rufen auf und sie sollten in seiner Hand zur Zuchtruthe und zum Heil=
mittel dienen, um zu zerschlagen, was längst dem Tod verfallen war, und
zu läutern, was noch Stoff für eine neue Entwicklung darbot. In diesem
Lichte wird die germanische Völkerwanderung von den gleichzeitigen Kirchen=
lehrern Ambrosius, Hieronymus, Augustin, Salvian, Paulin von Nola und
Anderen betrachtet, und selbst den Heerführern der barbarischen Völker
wohnte das Bewußtsein inne: daß sie die berufenen Vollzieher eines gött=
lichen Strafgerichtes oder (wenn sie Heiden waren) die Werkzeuge seien,
um ein unabwendbares Weltverhängniß zu vollziehen. In den letzten
Tagen des Jahres 406 zogen die Alanen, Sueven und Vandalen über
die offenen Reichsgränzen am Rhein, zerstörten die blühenden Städte der
Germania prima und breiteten sich bis nach Aquitanien aus; ihnen folg=
ten die Quaden, Sarmaten, Gepiden, Heruler, Sachsen, Burgunder und

---

1) Dan. 2, 20.

Greith.   **1**

Alemannen nach. Zehn Jahre lang (von 406—416) wurde Gallien von ihnen verheert und Prosper [1]) schildert (um das Jahr 409) als Augenzeuge die daherigen Verwüstungen mit den Worten: „Saaten, Weinberge und Oelpflanzungen wurden zertreten, die Landhäuser verlassen und niedergebrannt; die Burgen auf hohen Felsen, die Städte auf den Hügeln oder an den Flüssen angebaut, durch List oder Gewalt von den Barbaren genommen. Weder das Greisenalter noch die Jugend blieb verschont; selbst die unschuldigen Kinder wurden hingeschlachtet, die Kirchen durch Feuer zerstört, die heiligen Gefäße zerbrochen, die Bischöfe in Ketten fortgeschleppt, Jungfrauen und Wittfrauen mißhandelt, die Einsiedler in ihren Höhlen ermordet." „Man sah," wie Hieronymus bezeugt [2]), „in den verwüsteten Ländern nichts mehr als Erde und Himmel, Wüsteneien und dichte Wälder, in welchen selbst die Vögel und die wilden Thiere selten wurden." „Nachdem Rom von den Gothen unter Alarich (410) gebrochen war, floh von da und aus Italien, wer fliehen konnte; alle Küsten Kleinasiens, Aegyptens und Afrikas waren von flüchtigen, römischen Familien voll; die Kinder der Weltbeherrscherin irrten wie Sclaven im Elende umher. Selbst Bethlehem, wo Hieronymus eben seinen Kommentar über Ezechiel begann, nahm jetzt täglich diejenigen als Bettler auf, welche noch vor Kurzem im Glanze und Glücke ihrer alten Familien gelebt hatten, und man konnte sich der Thränen nicht erwehren, wenn man sie weinend und schluchzend ihr Unglück schildern hörte" [3]). Mit dem Sturze Roms nahmen auch in den übrigen Reichsprovinzen Verwirrung, Raub und Mord in immer größerem Maße zu, die gesetzliche Ordnung und die öffentliche Sicherheit war dahin und zu dem allgemeinen Elend gesellten sich noch Hunger und Pest und schwere Naturereignisse jeder Art.

Schon früher waren die Heiden gewöhnt, bei jedem öffentlichen Unglück gegen das Christenthum die Anklage zu erheben, daß ihm die Schuld an all' dem Unglück im römischen Reiche zuzuschreiben sei, welches unter der Herrschaft der alten Götter sonst so ruhmreich glücklich und mächtig gewesen; diese Klagen wurden jetzt auf's Neue von ihnen erhoben. Die christlichen Römer ihrerseits, statt in den eingebrochenen Uebeln die waltende Hand der strafenden Gerechtigkeit Gottes zu erkennen, wagten in arger Selbstverblendung Gott selbst dafür zu Rede zu stellen, als ob er in der Weltregierung entweder um die menschlichen Dinge sich nicht bekümmere oder dann den Christen nicht gerecht sei, weil er den barbarischen

---

1) S. Prosp. de Prov. div. 26—54.
2) S. Hieron. Ep. 35. al. 3.
3) S. Hieron. III. VII. VIII. Comm. in Ezech.

Völkern in all' ihren Unternehmungen Glück — den christlichen Römern aber immer Unglück zuwende. Hatten schon Augustin[1]) in seinem Werke vom Staate Gottes und der Spanier Orosius in seinen sieben Geschichts=büchern diese Anschuldigungen widerlegt, so ging der gelehrte Priester Salvian[2]) in seiner Schrift „von der Weltregierung Gottes" in eine ein=läßliche Erörterung dieser Frage ein. In Köln selbst oder in dessen Um=gegend geboren, kam Salvian später von den Kriegsunfällen verdrängt nach Marseille und der nahgelegenen Insel Lerin. Gründlich bewandert in geistlicher und weltlicher Wissenschaft[3]), trat er mit den hervorragendsten Bischöfen Galliens in Verbindung, war reich geworden an großen Erfah=rungen, die er sich am Rheine in jener schweren Zeit gesammelt, und sah sich zu Marseille oder auf Lerin in die Lage gesetzt, ein gründliches Urtheil über die damaligen Zustände des römischen Reiches abzugeben. Wie ein anderer Jeremias steht er über den Trümmerhaufen der ihn umtobenden Völkerwanderung, deckt als Augenzeuge eben so meisterhaft als unerschrocken die geheimen Schäden auf, an denen das christliche Römerreich schon todt=krank darniederlag, bevor es unter den Streichen der Barbaren ganz zu=sammensank. Und weil die Wahrheit über allem Wandel und Wechsel der Zeiten steht, ist seine Schrift auch zum beleuchtenden Spiegel für die trauer=erfüllte Geschichte unserer Tage geworden[4]). Vernehmen wir ihn selber nach den Grundzügen seiner Schilderung[5]).

„Wenn Gott," so fragen Viele, „Alles in der Welt weise und gerecht leitet, warum denn ist die Lage der Barbaren eine viel glücklichere als die der Christen? Warum unter den Christen das Schicksal der Bösen weit besser als das der Guten? Warum werden die Rechtschaffenen er=niedriget, die Schlechten erhoben; warum sinkt das Ansehen und die Macht des römischen Reiches so unrettbar vor unseren Augen zusammen?" Ich antworte ihnen: Abgesehen davon, daß die Geheimnisse der göttlichen Rathschlüsse keinem Menschen offen liegen, findet der Christ die Antwort auf jene Fragen bei dem Apostel, der uns mahnt, in den Trübsalen nicht zu wanken[6]), weil wir in dieser Welt dazu bestimmt sind. Wenn sie

---

1) S. August. de civ. Dei.
2) Salvian. de Gubernatione Dei et de justo Dei judicio VII lib.
3) Genadius, In Catal. Viror. illustr.
4) Salvian schrieb sein Buch im J. 445; wenn Bellarmin eine zu trübe Welt=ansicht ihm vorwirft, so darf nicht vergessen werden, daß die gleichzeitigen Autoren — Victor von Vita in Afrika, Hieronymus in seinen Briefen und im Komm. über Ezech., Augustin in seinen Reden de tempore, Jtacius in seiner Chron. und Prosper von Aquit. diese Weltansicht mit Salvian theilen.
5) Salv. l. c. III. 1.
6) 1. Thess. 3.

1*

aber glauben: die Christen sollten mächtiger und glücklicher als die Bar=
baren sein, weil sie auch religiöser und besser als jene seien, so ist ihre
Täuschung überaus groß und bedauerungswürdig. Weder die Glaubens=
treue noch die Gottes= und Nächstenliebe der Christen, vielweniger noch
ihr sittliches Leben kann vor einer näheren Prüfung bestehen. Gegentheils,
wie das gemeine Volk dem Diebstahl, der Trunksucht und der Unzucht
ergeben ist, so sind auch die höheren Stände diesen Lastern anheimgefallen.
Das Leben der Kaufleute ist ein fortgesetztes Gewebe von Betrug und
Meineid, die Amtsführung der Richter eine Kette von Ungerechtigkeiten,
der Beruf der Rechtsanwälte eine unerschöpfliche Quelle der Lüge und
Verleumdung, der Soldatenstand ein Freirecht für den Raub. Wie dür=
fen wir, da kein Winkel der Gesellschaft sich von dem Verderben rein er=
hielt, uns noch unseres Christennamens rühmen, der doch nur dazu dient,
uns unsere Schuld und Strafbarkeit vor Augen zu halten? — denn der
bloße Name macht den Christen vor Gott nicht wohlgefällig und der
Glaube ohne die guten Werke ist ein todter Glaube. Können wir
uns daher wundern, wenn wir geschlagen und der Gewalt der Feinde
übergeben werden und schwächer als die barbarischen Völker sind? Wir
büßen nur die verdiente Schuld für unsere Sünden. Die Vornehmen
und die Reichen dürfen sich nicht brüsten, besser als die Sclaven zu
sein. Die Sclaven müssen stehlen, um ihren Hunger zu stillen, müssen
flüchtig werden, um dem Elende oder der Hinrichtung zu entgehen,
müssen lügen, um die Peinen der Folter abzukürzen. Die Reichen und
Vornehmen verüben keine Diebstähle, aber Räubereien. Wer ist in den
römischen Provinzen neben den Reichen nicht arm geworden? Die Ehren=
ämter werden zu Brandschatzungen, die Präfekturen zu Plünderungen,
selbst die Staatsgewalt wird durch Steuerdruck zur Beraubung der Armen
im Lande mißbraucht. Die Vornehmen glauben ein Vorrecht zu haben,
um Unzucht zu treiben. Wie Viele von ihnen beachten die Heiligkeit der
Ehe (connubii Sacramenta [1])? Nicht zufrieden mit ihrem Weibe halten
sie Konkubinen und ihrer Weiber werden so viele als Dienstmägde im
Hause sind. Sie haben mit Einer den Ehebund geschlossen und geben
sich der Buhlerei mit Vielen hin. Will vom Adel Einer sich zu Gott be=
kehren, so verliert er das Ansehen des Adels bei den Andern und das
Bekenntniß der Religion wird ihm von den Verdorbenen als unedle That
angerechnet. So werden gewissermaßen Alle gezwungen böse zu sein, um
nicht der Verachtung der Uebrigen anheimzufallen. Bei solchem Sünden=
leben legen sie selbst an Gott ihre Frevlerhand und wagen es, sein Dasein

---

1) L. c. IV. 5.

oder seine Weltregierung zu läugnen. Was kann aber wahnsinniger sein? Denn wer den Acker anpflanzt, baut ihn doch sicher dazu an, um ihn in Ordnung zu halten, und Gleiches thut zu gleichem Zwecke, wer einen Wein= berg anlegt oder ein Haus sich baut. Ja selbst den kleinsten Thieren ist diese Fürsorge auf das Künftige anerschaffen. Die Ameisen verbergen in ihren verborgenen Zellen verschiedene Früchte und thun es, um für die kommenden Wintertage ihr Leben zu fristen, und wenn die Bienen ihre Waben anlegen, so thun sie es von dem natürlichen Triebe geleitet, den Honig zu versorgen und ihre Jungen zu pflegen. Und sollte Gott, der den geringsten Thierchen diese Fürsorge für das eigene Werk und auch dem Menschen die Liebe zu dem seinigen ursprünglich eingeflößt, sich selbst der Liebe zu seinen Geschöpfen beraubt haben, er, welcher die Quelle und Ursprung von Allem ist? Nein, das ganze All und das gesammte Men= schengeschlecht ist ein Unterpfand der Liebe des Weltschöpfers und schon durch die Liebesneigung, die er für unsere Geliebten uns in das Herz ge= geben, will er uns lehren, wie sehr er auch uns — seine Geschöpfe liebt und wie wir in ihm die Vaterliebe erkennen sollen, die in ihrer höchsten Fülle uns in Christus ist offenbar geworden. Sage Keiner: wir sind doch noch immer besser als die Barbaren; — wir sind schon danzumal viel schlimmer, wenn wir nicht viel besser sind als sie. Denn viel tiefer als der Untere fällt der Höhere und größer ist die Sünde des Klerikers als die des Laien, und bei gleicher Sünde sündigen wir als Christen und Katholiken viel schwerer als die Heiden. Die barbarischen Völker scheiden sich in heidnische und häretische aus [1]. Wohl stehen wir dem Glau= ben und göttlichen Gesetze nach, die wir bekennen, höher als sie, viel tiefer aber nach unserem Leben und unseren Handlungen. Das will ich nicht von dem gesammten römischen Volke behaupten und nehme vor allem die Ordensmänner und viele Weltleute davon aus. Herrlich ist unser Glaube, der uns nicht angehört, schlecht ist unser Leben, und das gehört uns an. Gut ist das Gesetz Christi und ein hohes Geschenk der Gnade, aber unsere Sitten sind verdorben und das ist unsere große Schuld. Wohl sind die Barbaren ungerecht, geizig, ungläubig, betrügerisch und unzüchtig, wir sind es auch, warum denn, frägt man, sind wir ihnen auch in der Kraft nicht gleich? Ich antworte: wenn auch die Barbaren das Gleiche wie wir ver= üben, sündigen wir im Gleichen weit schwerer als sie. Betrachten wir vorerst die heidnischen Barbaren! Die Sachsen sind wild, die Franken treulos, die Gepiden unmenschlich, die Hunnen un=

---

1) Die Gothen und Vandalen waren arianische Christen, die Alemannen, Fran= ken, Sueven u. s. w. Heiden.

züchtig. Allein ist die Unzucht der Hunnen, die Untreue der Franken, die
Trunksucht der Alanen, die Raubsucht der Albanen (Pikten) so schuldbar
als die unsrige? Sind diese Völker Christen? Wird wegen der un=
menschlichen Gebräuche der Skythen und Gepiden der Name Christi
gelästert, werden die Fragen auch gestellt: Wo ist die katholische Religion,
die sie bekennen? Wie kann der Stifter der Religion gut sein, dessen An=
hänger so schlecht sind — wie die Lehre Christi wahr sein, wenn das Leben
der Christen so böse ist? Früher haben die Heiden den Christen ver=
brecherische Kinderopfer angedichtet, jetzt bringen die Christen selbst durch
ihre Laster die christliche Religion in Verruf. —

Man wirft mir ein: wenn auch die Heiden keine Kenntniß vom gött=
lichen Gesetze haben, so sind doch die Häretiker — die Gothen und
Vandalen darin unterrichtet und sind somit verpflichtet, das zu halten,
was sie kennen, und doch verletzen sie weit mehr als wir das göttliche
Gesetz. Ich antworte: wohl lesen die Häretiker die heiligen Schriften, aber
nicht dasselbe, was wir in ihnen lesen, weil sie von verkehrten
Lehrern einst unterrichtet wurden, welche die heiligen Schriften
gefälscht oder irrig ausgelegt haben. Was aber seine Vollständig=
keit verloren hat, kann die Reinheit nicht besitzen [1]), und was der Kraft
der Sakramente beraubt worden, kann seinen unverkümmerten Zustand
nicht behaupten. Wir allein besitzen die heiligen Schriften
ganz vollständig und unverfälscht, da wir sie entweder aus den
Quellen schöpfen oder dann, aus der reinsten Quelle geschöpft, durch das
Mittel einer reinen Uebersetzung empfangen haben. Wir allein lesen
die heiligen Schriften recht, möchten wir sie eben so gut erfüllen. Die
häretischen Völker besitzen die heiligen Schriften nicht nur gefälscht und
zerrissen, sondern auch noch entstellt durch die Auslegung und
Ueberlieferung ihrer alten Lehrer und halten sich nicht an das,
was die Wahrheit der heiligen Schrift lehrt, sondern, was eine verdorbene
Ueberlieferung ihr beigemischt. Nichts anderes wissend, als was sie von
ihren Lehrern gehört, folgen sie dem, was sie gehört, und unkundig aller
Literatur und Wissenschaft haben sie die Religion mehr durch das Mittel
des Unterrichtes als durch eigenes Lesen kennen gelernt, mehr den empfange=
nen Unterricht als das Gesetz des Herrn selbst behalten. Sie sind zwar
Häretiker, aber nicht mit Wissen; für uns sind sie es, für sich selber
sind sie es nicht. Denn so eifrig halten sie sich an dem katholischen Namen,
daß sie uns Andere als Häretiker verrufen, und was sie uns sind, sind
wir ihnen. Wir wissen, daß sie (als Arianer) die göttliche Geburt des

1) L. c. V.

Sohnes verunglimpfen und ihn für geringer als den Vater halten; sie glauben aber ihrerseits, daß wir den Vater erniedrigen, weil' wir den Vater und Sohn in der göttlichen Wesenheit, Macht und Ehre gleichstellen. Wohl ist die Wahrheit auf unserer Seite; sie glauben aber, die Wahrheit auf ihrer Seite zu haben. Sie irren also, irren jedoch gutmüthig nicht aus Haß, sondern gewissermaßen aus Liebe zu Gott, weil sie glauben, ihn so verehren und lieben zu sollen. Welche Strafe für den Irrthum dieser falschen Meinung sie am Tage des Gerichtes treffen mag, weiß Niemand als der ewige Richter allein. Inzwischen gewährt ihnen nach meiner Meinung Gott noch Geduld, weil er sieht, daß sie zwar nicht recht glauben, aber im Bewußtsein einer frommen Meinung irren und befolgen, was sie nicht wissen, während die Unsrigen vernachlässigen, was sie glauben; jene aus Schuld ihrer Lehrer, diese aber aus eigener Schuld sündigen und darum viel tiefer als die Häretiker fallen.

Und in der That, wie können wir uns mit den Gothen und Vandalen vergleichen, die gegenwärtig ein vereinigtes Königreich [1]) bilden? Ich sehe, wie sie sich gegenseitig lieben, die Römer dagegen sich gegenseitig verfolgen, wie jene friedlich beisammen wohnen, diese sich gegenseitig aufreiben, jene ihre Streitigkeiten in Minne schlichten, diese sie vor geldsüchtige Richter ziehen, von denen sie ausgeraubt werden. In den Städten, Munizipien und Dörfern sind unter den Römern beinahe so viele Tyrannen als Staatsbeamtete zu finden und unter dem Schilde der Staatsverwaltung wird ein allgemeines System des Raubes und der Bedrückung durchgeführt. Die Armen werden beraubt, die Wittwen bedrängt, die Waisen mit Füßen getreten, so daß Viele, selbst solche von hoher Herkunft, zu den Barbaren flohen, um der Beraubung und dem Tode zu entgehen und bei ihnen römische Menschlichkeit zu suchen, die sie bei den Römern nicht mehr finden. So ist der Name der römischen Bürger, einst so hoch gehalten und so theuer erkauft, fluchwürdig und verächtlich geworden; die edelsten Männer wollen keine Römer mehr sein und viele römische Völkerschaften in Spanien und Gallien haben sich den Barbaren angeschlossen, sie wurden durch die römische Ungerechtigkeit dazu gezwungen. Die Bakauden, einst römische Bürger, sind jetzt zu einer herumziehenden Horde geworden, man hat sie zu Bakauden gemacht, denn man hat sie gezwungen, wenigstens ihr nacktes Leben zu vertheidigen. Welch schreckliches Schicksal! Durch gerichtliche Anklagen ohne Unterbruch verfolgt, von Proscriptionen gehetzt, ziehen sie in die Verbannung; sie flüchten sich zu den Feinden, um den römischen Steuereintreibern zu entrinnen. Das wäre nicht erfolgt, wür

---

1) Das westgothische Reich unter König Eurich.

den Alle gemeinsam und gleichmäßig die ausgeschriebenen Steuern tragen.
Allein die Abgaben wurden auf die Aermsten verlegt. Die Unvermög=
lichen müssen die Steuern der Reichen zahlen und die Vornehmen machen
noch Steuerzusätze, welche wieder nur die Armen zu leisten haben. Denn
von den höchsten Magistraten entsendet, kommen immer neue Abgeordnete
und Schreiber (Epistolarii) in die Provinzen, für diese werden dann neue
Aemter und damit auch neue Auflagen geschaffen. Die Reichen wissen
sich allein die Vortheile, den Armen aber ausschließlich die Lasten zuzu=
wenden. Und während wir an Einem fort so ungerecht handeln, sollen
wir uns über die Strafgerichte Gottes wundern? Suchen die Armen bei
den Reichen Schutz, so nehmen diese für den verheißenen und nicht ge=
leisteten Schutz ihnen Hab und Gut und ihre Schafe weg, und nachdem
sie Alles verloren, erdrückt man sie mit Steuern so, als wäre ihnen noch
Alles geblieben und sie sind gezwungen, auf den Gütern der Vornehmen
als Bauern zu dienen. Die Andern oft von vornehmer Abkunft flüchten
sich in die Burgen, wo sie einer entwürdigenden Behandlung entgegen
gehen und nicht nur von ihren Besitzungen und Gütern, sondern von
ihrer Standesehre, von ihrem eigenen Selbst — von ihrer freien Existenz
sich vertrieben fühlen. Wie Circe nach der Sage die Menschen in Thiere
verwandelte, so werden sie auf den Burgen der Vornehmen durch den
Trunk des Circeschen Bechers zu ganz anderen Menschen umgewandelt, sie
waren Freigeborne und werden dort zu Sclaven gemacht.

Nachdem wir also unsere eigenen Brüder zu Gefangenen gemacht,
haben wir kein Recht zu klagen, daß wir in Folge der Einfälle der bar=
barischen Völker selber zu Sclaven geworden sind, wir haben nur bitter
zu verkosten, was wir gerechtermaßen verdient haben. Schwer lasten die
Strafen der göttlichen Gerechtigkeit auf uns, aber wir wollen sie nicht
als Strafen Gottes anerkennen; Gott ruft uns zur Buße, wir aber ver=
schmähen die Buße und reizen gegen uns seinen Zorn.

Betrachten wir die Stände der menschlichen Gesellschaft und ihre
Sitten! Wie viele sterben in ihrer Ungerechtigkeit dahin und werden mit
ihren Sünden begraben. Das gilt nicht nur von den Laien, sondern auch
von den Weltklerikern, ja selbst von den Religiosen, welche unter dem
Scheine der Frömmigkeit weltlichen Sünden sich ergeben. Sie glauben,
das Wesen des Gottesdienstes bestehe eher im Kleideranzug als in der
Andacht, haben oft nach einem sündvollen Leben zum geistlichen Stande
sich zugedrängt und nur den früheren Namen und nicht auch ihren früheren
Wandel gewechselt. Sie enthalten sich zwar der Frauen, hungern
dagegen nach fremdem Gut, nennen sich Freunde der Tugend, und sind
Freunde der Habgier geworden. Habt Ihr den Stand der erlaubten Ehe

aufgegeben, so entsaget nun auch der Habsucht und allen Sünden. Habt Ihr bisher die Armen verfolgt und die Schwachen unterdrückt, so schonet doch wenigstens derjenigen, die Euch nicht nur Eueren Verwandten, sondern den theuersten Unterpfanden, ihren Kindern, ja ihren eigenen Seelen vorgezogen haben. Wo finden wir Gleiches bei den Gothen? Leichter als solche Erpressungen werden die wilden Ströme ertragen, die vom hohen Bergfels herunterstürzen und die Ebenen überschwemmen, oder die Feuersbrünste, die, vom Winde angefacht, die Wohnungen der Menschen zerstören. Was die Christen im römischen Reiche so tief entsittlicht hat und täglich mehr entsittlicht [1]), sind die verdorbenen und obscönen Theater und die öffentlichen Kampf- und Vergnügungsspiele, die an allen Enden und Ecken des Reiches abgehalten werden. In den Schauspielen werden Laster und Verbrechen jeder Art vorgestellt; dort gilt es als höchster Genuß zu sehen, wie die Menschen getödtet oder zerrissen oder unter dem Freudengeschrei der Zuschauer von den Bestien verzehrt werden. Und für derlei Spiele wird das Geld der halben Welt und alle Mühe verschwendet; man sucht die verborgensten Winkel auf, durchstreift bisher nie betretene Forste, dringt durch wildverwachsene Wälder, besteigt die wolkenbedeckten Alpen oder steigt in die tiefsten Schluchten hinab, um wilde Bestien aufzutreiben, denen dann zum Fraße — Menschen vorgeworfen werden. Geschieht dieß jetzt auch seltener als ehemals, genug, daß es noch geschieht und zur großen Beleidigung Gottes geschieht. Was treibt man noch mehr im römischen Reiche? Werden nicht noch immer für die Konsuln junge Hähne nach sakrilegischem Heidenbrauche gefüttert, Weissagungen aus dem Vogelflug abgezogen; wird nicht beinahe noch Alles getrieben, was selbst die alten Heiden schon für schmählich und lächerlich gehalten haben? Dies wird von jenen verübt, von deren Regierungsanfang an die Jahre gezählt werden und dürfen wir glückliche Jahre erwarten, wenn wir sie mit solchen Dingen beginnen? Soll ich von den täglichen Obscönitäten reden, welche die Legionen der Dämonen überall anstiften und verbreiten? oder alle die Amphitheater, Musiksäle, Spielhäuser, die Straßenaufzüge, die Wettkämpfer, Luftspringer, Tänzerinnen und Zaubereien aller Art schildern? Ich will mich auf die Cirkusspiele und Theaterstücke beschränken. Dort werden Dinge getrieben, an die man nicht einmal denken kann, ohne seine Seele zu beflecken; kein einziger Sinn der menschlichen Natur, weder das Auge, noch das Gehör, noch die Seele selbst bleibt dort ohne Befleckung, so schamlos geht alles zu, wer noch reinen Sinnes es sieht, kehrt vom Gift der Hurerei angesteckt nach Hause

---

1) L. c. VI.

zurück. Waren zuweilen noch unsere Waffen mit Glück und Sieg gekrönt, so haben wir Gott dafür Kampfspiele und Komödien entboten und seine Wohlthaten ihm mit unzüchtigen Schauspielen vergolten, wir, die wir einst in der Taufe dem Teufel und all' seiner Pracht entsagt und den Glauben an Gott den allmächtigen Vater und den Sohn und an das ganze Geheimniß des Glaubensbekenntnisses abgelegt haben. Wir ziehen die Schauspielhäuser den Kirchen vor und verlassen Christum auf dem Altare, um an unzüchtigen Spielen eine Augenweide zu finden.

Es ist eine schwere Sünde, den Götzen zu opfern, aber während die Zuchtruthe Gottes uns schlägt, wird Minerva in den Gymnasien, Venus in den Theatern, Neptun in dem Cirkus, Mars in der Arena, Merkur in den Palästen verehrt — also Götzendienst überall getrieben. Italien wurde durch zahlreiche Kriegszüge verheert, die Stadt Rom belagert und erobert (410); haben die Römer aufgehört, Gotteslästerer und toll zu sein? Die Völker der Vandalen drangen in Spanien ein (409); die Staatsverfassung Spaniens wurde geändert, nicht aber die Sittenlosigkeit der Spanier. Zuletzt zog der Krieg auf den Wogen des Meeres einher [1]), zerstörte meerumschlungene Städte, verwüstete Sardinien und Sizilien, die Kornkammern des Reiches, drang bis nach Afrika, um gleichsam die Seele des Reiches in Haft und Bande zu legen. Und sind, nachdem die Barbaren in jene Länder eingezogen, nun die alten Laster dort ausgezogen? Mit Nichten. Als die barbarischen Völker mit ihrem Waffengetöse die Mauern Cirta's und Karthago's schon umbraus'ten, jauchzten die Christen von Karthago in dem Cirkus und schwelgten in den Theatern; die einen Bürger kämpften außerhalb der Mauern, die anderen belustigten sich in dem Cirkus innerhalb der Mauern und der Schmerzensschrei der Sterbenden vor den Thoren und das Gebrüll der Schaulustigen in der Stadt bildete einen entsetzlichen Chorreigen. Auch in Gallien sind die Hochgestellten durch das eingetretene Elend noch schlimmer als zuvor geworden. Ich selber sah zu Trier Männer von hohem Amt und Adel, von den Barbaren schon ausgeraubt und arm geworden, ärmer noch an Ehre und Sittlichkeit, ein schandvolles Leben führen, Greise, beim bevorstehenden Untergang der Stadt der Völlerei, der Trunksucht und der Unzucht sich ergeben, selbst die Spitzen der Stadtbevölkerung schrieen vom Weine berauscht wie Rasende, wütheten wie Bachanten, gebärdeten sich wie Tollsinnige. Auch in Köln ließen die Vornehmsten selbst dann von ihren Fraß- und Trinkgelagen nicht ab, als der Feind schon in die Stadt einzog, so daß sie das, was ihnen den Untergang bereitete, auch dann noch

---

[1] Unter dem Vandalenkönig Genserich von 439—55.

trieben, als sie zu Grunde gingen. Und wir wollen uns wundern, daß sie Alles verloren haben, nachdem sie ihre Tugend verloren? Was soll ich von den übrigen Städten Galliens sagen? Auch sie sind durch ähnliche Sünden ihrer Bewohner gefallen. Als die Heere der Barbaren schon anrückten, wurde weder für die Vertheidigung der Städte noch für den Schutz ihrer Bewohner Fürsorge getroffen; von Trunkenheit und Sorglosigkeit waren Alle wie betäubt. Dreimal wurde Trier, die Hauptstadt Galliens [1]), zerstört und nach jeder Zerstörung nahm das sittliche Verderben zu. Der Untergang dieser Stadt zog den Ruin der Anderen nach sich. Vor meinen Augen mußte ich Leichen sehen beiderlei Geschlechtes, nackt, zerrissen, von Vögeln und wilden Thieren angefressen; der Gestank der Todten wurde zur Pest für die Lebenden, und der Tod hauchte aus den Todten den Tod aus. Und die Wenigen vom Adel, die dem Tode entronnen waren, verlangten nach solchem Gräuel der Verwüstung von den Kaisern — Cirkusspiele und Theaterstücke, und das verlangten sie, nachdem sie geplündert und besiegt waren, nach ihren Niederlagen, nach all' dem vergossenen Blute, nach schon eingetretener Unterwerfung. Wo sollten diese Schauspiele abgehalten werden? Ueber den Grabmählern und Aschenkrügen, über den Haufen von Todtengebeinen, über den Blutlachen der Erschlagenen?

Nun ist einstweilen der Friede eingetreten, die feindlichen Heere wurden zerstreut — sicher werden wir also dem Herrn Gutes mit Gutem vergelten. Wir werden in die Tempel Gottes eilen, uns auf den Boden hinstrecken, mit Gaben die Vorhöfe der Kirchen zieren, mit Geschenken die Altäre belasten, und den Tempel und uns selbst in festlichem Schmucke kleiden. Sicher bringen wir die Lämmer unserer guten Werke Gott zum Opfer dar, sicher fliehen wir jetzt die Cirkus- und die Schauspiele. Das sollten wir thun, aber wir thun das Gegentheil. Die ganze Bevölkerung rennt dem Cirkus und Theater zu, so vergelten wir die Wohlthaten Gottes.

Gott verlieh den alten Römern [2]), als sie noch Heiden waren, Sieg und Ruhm eben so gerecht, als er die christlichen Römer unserer Tage schlagen und demüthigen ließ. Denn er will, wie der weise Arzt durch das Messer und Feuer, die faulen Theile vertilgen, damit die gesunden Theile noch beim Leben erhalten bleiben. Die Gothen haben einen großen Theil des schönen Aquitaniens erobert; vergleichen wir ihre Sitten mit dem

---

1) Auch der gleichzeitige Cassian nennt Trier — maximam Belgarum urbem, de Incarn. Dom. I. 2.
2) L. c. VII.

Leben der dortigen Römer und wir werden begreifen, warum Gott die
einſtigen Bewohner züchtigte und die Barbaren zu Herren des römiſchen
Landes gemacht hat. Nach Aller Anſicht waren die Aquitaner im Beſitze
des Markes von ganz Gallien bei der Fülle der Fruchtbarkeit und reizen=
den Schönheit ihres Landes. Denn Aquitanien iſt von duftenden Wein=
bergen und kräuterreichen Wieſen durchzogen oder dann abgetheilt in
fruchtbare, von Obſtbäumen vollbeſetzte Aecker; von lieblichen Hainen be=
ſchattet, von Quellen bewäſſert oder von Flüſſen durchſtrömt und mit
üppigen Getreidefeldern bedeckt, ſo daß die Herren dieſes Landes nicht ſo
faſt den ſchönſten Theil der Erde als vielmehr ein Abbild des Paradieſes
zu beſitzen ſchienen. Haben ſie dafür dem Herrn des Himmels und der
Erde gedankt und gethan, was er ihnen geboten? Und er ruft uns nicht
zum Pfluge, nicht zur Egge, nicht zum Umgraben des Feldbodens oder zur
Pflege der Weinberge — er verlangt von uns nur, daß wir ſein ſüßes
Joch tragen, den Glauben, die Zucht, die Nüchternheit und Barmherzig=
keit und ein gottgefälliges Leben einhalten. Allein die Aquitaner haben
das Gegentheil gethan; mit geringer Ausnahme lebten die Meiſten vom
Abel jenes Landes ſo ſittenlos, daß ihre Völlerei einer Jauche und ihr
Wandel einem Bordellleben glich. Der reichſte und vornehmſte Theil der
Stadt Anjou war voll von öffentlichen Dirnen. Das Sakrament der
ehrwürdigen Ehe (Venerabilis connubii Sacramenta) wurde bereits von
Allen entheiliget. Wie mußten die Familien beſchaffen ſein, deren Väter
ein ſolches Leben führten, was mußte aus den Kindern und Sclaven wer=
den, die ein ſolches Verderbniß vor Augen ſahen? Um ihrer Ausſchwei=
fungen willen wurden die Aquitaner den Barbaren überantwortet, denn
dieſe leben keuſcher und ſittlicher als die Römer. Unter den Gothen
gilt die Hurerei für ein Verbrechen, bei den Römern wird ſie für eine
Art Auszeichnung angeſehen. Die gleichen Laſter haben auch Spanien
verdorben, darum wurde auch Spanien den Vandalen überliefert; denn
an ihnen wollte Gott die Schamhaftigkeit belohnen, wie er an den Spa=
niern die Unzucht geſtraft hat. Dieſe waren an Zahl weit ſtärker als die
Vandalen, aber durch ihre Wolluſt viel entnervter und ſchwächer als dieſe
und die Vandalen ſiegten, weil Gott ſich von den Spaniern abgewendet
hatte. Das mögen Alle beherzigen, die ihre Hoffnung nicht auf Gott,
ſondern auf die Menſchen ſetzen! —

　Dieſe gottvergeſſene Geſinnung beſeelt die Römer trotz dem ſo offen=
kundigen Dahinſterben ihres Staates heute noch. Trifft ein glückliches
Ereigniß für ſie ein, ſo wird es dem Glücke, dem Zufall, dem Talent der
Heerführer — allem, nur Gott nicht zugeſchrieben. So handeln weder die
Gothen noch die Vandalen, obwohl ſie von ſchlimmen Lehrern unter=

richtet wurden. Sie rufen in der Gefahr Gott um Hilfe an und nennen ihr Glück „ein Geschenk Gottes". Während in unserem letzten Kriege die Gothen sich fürchteten, benahmen wir uns übermüthig, wir hofften auf die Hunnen[1]), sie auf Gott den Herrn; sie boten uns den Frieden an, wir haben ihn verweigert; sie sandten Bischöfe an uns ab, wir haben sie mit Verachtung zurückgewiesen. Wie das Verfahren Beider, so war für Beide auch der Ausgang verschieden, dort die Siegespalme, hier die Niederlage, dort demüthiger Sinn, hier erst Selbstüberhebung, dann tiefe Beschämung. Das hat der römische Feldherr[2]) bitter erfahren. Denn am gleichen Tag, als er prahlte, in die feindliche Stadt als Sieger ein= ziehen zu wollen, wurde er selber — die Hände auf den Rücken gebunden, zum Spott der Weiber und der Kinder, in die bedrohte Stadt eingeführt und einem schmählichen Tode hingegeben. Warum endete dieser Feldzug so unglücklich für uns? Unsere Feinde — die Gothen waren vor Gott demüthig, wir aber übermüthig; sie glaubten, in Gottes Hand liege der Sieg, wir meinten: er liege in unserer Hand. Der Gothenkönig blieb bis zum Schlachttage betend zu Boden gestreckt und stund vom Gebete auf zur Schlacht, er siegte dann durch seinen Muth, nachdem er zu= vor durch sein Gebet vor Gott den Sieg verdient hatte. Den gleichen unglücklichen Ausgang erlitt das römische Heer[3]) im Kriege gegen die Vandalen in Spanien, an ihm ging das Wort des Herrn in Erfüllung[4]): „der Herr wird deine Zuversicht stürzen und das Glück wird dir nicht zur Seite stehen." Denn während die Unsrigen auf ihre Waffen und Hilfs= mittel bauten, nahmen die Vandalen ihre Zuflucht zum göttlichen Gesetz= buch und hielten uns vorerst die Aussprüche desselben entgegen. Wer hätte das unserseits jemals gethan, da wir gewohnt sind, alles Religiöse zu verlachen? Wie dürfen wir uns also unseres katholischen Glaubens rühmen, da wir in häretischer Verkehrtheit des Lebens schlimmer als die Gothen und Vandalen sind? Denn wie Gott über sie und uns urtheilt, haben die Ereignisse bewiesen. Sie nehmen täglich zu, wir werden täg= lich minder, sie steigen immer höher, wir sinken immer tiefer, sie blühen auf, wir dorren ab, — „gerecht ist Gott und recht ist sein Gericht"[5]). Darum hat er uns zur Schmach und zum Verderben ein Volk erweckt, das sich wie ein wilder Strom von Stadt zu Stadt, Alles vor sich her

---

1) Als Hilfstruppen unter Aëtius.

2) Litorius unter Aëtius im J. 439 bei Toulouse, der Hauptstadt des west=
gothischen Reiches.

3) Unter Castinus bei Taragona im J. 422. Idac. chronic.

4) Jerem. 2.

5) Psalm 118.

verwüstend, fortwälzte, sich von seiner Heimath aus zuerst in das erste Germanien ergoß, den Kriegsbrand in die Gegenden Belgiens warf und dann das schwelgerische Aquitanien und endlich ganz Gallien verwüstete. Allein, selbst als die Flamme schon ihre Leiber berührte, haben diese Völker dennoch ihre Laster nicht abgelegt.

Durch unsere Sünden haben wir Gott genöthigt, an den entlegensten Grenzen der Erde die Völker aufzuwecken und sie über die Meere zu sen=den, um auch die Verbrechen der Afrikaner zu züchtigen, bei denen alle Laster der übrigen Völker wie der Schmutz auf dem Boden eines tief=gehenden Schiffes zu einer Jauche zusammenfloßen. Denn sind die Gothen auch treulos, so sind sie doch züchtig, die Alanen wohl unzüchtig, jedoch weniger treulos, die Franken zwar lügnerisch, dabei aber sehr gastfreundlich, sind endlich die Sachsen grausam und wild, so ist doch ihre Keuschheit be=wunderungswürdig. Bei den Afrikanern finden wir alle diese Laster bei=sammen, aber keine einzige von diesen Tugenden. Die Unzucht der Afri=kaner ist weltbekannt. Ich will sie nicht in allen Provinzen nachweisen, sondern nur in Karthago, der Fürstin und Mutter aller anderen Städte, das so lange die Nebenbuhlerin von Rom war und für Afrika noch ist, was Rom für den ganzen Erdkreis ist. Denn dort sind alle Spitzen der Staatsbehörden, dort die Schulen der freien Künste, dort die Hallen der Philosophen, dort die Gymnasien für die Bildung in Sprachen und Sitten. Dort sind auch die Kriegstruppen und ihre Anführer, dort die täglichen Richter und Rektoren, dem Namen nach Prokonsuln, der Macht nach Konsuln, dort die fast zahllosen Staatsbeamtete, die Straßenaufseher und die Vorsteher aller anderen Kreise der Staatsverwaltung. Was ist nun unter dem Walten der römischen Staatsbeamteten ersten Ranges aus Karthago geworden? Ich sehe diese Stadt von allen Lastern überfließen und so überreich an Ungerechtigkeit wie an Schätzen. Die Raubsucht der Bewohner wetteifert mit der Unzucht, die Trunksucht mit der Grausam=keit. Die Einen sind mit Blumen gekrönt, die Anderen mit Oel gesalbet, voll Schwelgerei gebärden sie sich wie Bachanten, als wären sie toll ge=worden und nicht mehr Meister ihres Verstandes und Herzens. Soll ich von der Aussetzung der Kinder reden, von den Bedrückungen der Witt=wen und den Quälungen der Armen, die Gott um Hilfe und um baldige Ankunft der Feinde baten, von denen sie Erlösung hofften und auch wirk=lich erhalten haben? Wie kann ich aber von der Unzucht der Afrikaner reden, ohne durch meine Worte selber Unzucht zu verbreiten? Genug, wenn ich sage, die ganze Stadt Karthago war zu einem Bordell ver=unstaltet; alle Straßen und Winkel von diesem Schmutze verunreinigt, kaum wußte der Tempel Gottes sich rein davon zu bewahren. Was

die Priester und die Klerisei betrifft, die ich hier nicht beurtheilen
will, weil ich dem Priesterthume meines Herrn und Heilandes die schuldige
Achtung zolle, so will ich von ihnen glauben, daß sie sich bei ihrem Altar-
dienste von dem allgemeinen Verderben rein erhalten haben. Allein wie
stand es unter dem übrigen Volke? Wer ist unter ihm von Hurerei und
Ehebruch frei geblieben? Doch das Schändlichste ist noch nicht genannt.
In einer christlichen Stadt, welche die Apostel einst selbst mit ihren Lehren
unterrichtet, so viele Märtyrer mit ihrem Blute verherrlicht haben, trieben
Männer mit Männern unnatürliche Schande und das ohne einen Schatten von Scham, ohne alle Scheu vor den Menschen. Das Alles sah die
ganze Stadt, das sahen die Richter; sie schauten ruhig zu und nahmen so
durch ihr passives Verhalten Theil an diesem Verbrechen. Der Gräuel
des Verderbens kam so weit, daß die Männer nicht nur ihre Natur, sondern auch das Gesicht, den Gang, das Kleid, kurz Alles verkehrten, was
zur Manneswürde gehört. Um dieser Schande willen kam der römische
Name in Verruf, weil sie ungestraft in einer der Hauptstädte des römischen Reiches durfte verübt werden.

Wo haben die Verwüster Afrika's, die barbarischen Völker Gleiches
gethan und Gleiches ungestraft geschehen lassen? Sie wurden durch ihre
glänzenden Erfolge aufgebläht, durch ihre Siege stolz, durch die Fülle der
Genüsse und Reichthümer des neuen Landes ausgelassen — und da so oft
mit dem Glück und Wohlbehagen auch das Sittenverderbniß der Menschen wächst, müssen wir nicht die Vandalen bewundern, welche, in diese
reiche Stadt und in Mitte dieser verdorbenen Bewohner einmal eingezogen, nur das Gute von ihr sich angeeignet, die verdorbenen Sitten
aber von sich fern gehalten haben? Diese Barbaren haben die unnatürliche Wollust der Männer verflucht, mehr noch, sie haben auch die
Unzucht der Weiber verabscheut und sind vor den Dirnen geflohen. Es
ist verdienstlich, vom Unrath sich selbst nicht beschmutzen zu lassen, aber
eben so ehrenvoll ist's, fürzusorgen, daß auch Andere nicht davon beschmutzt
werden. Das haben die Vandalen in den römischen Städten
Afrika's gethan. Von ihnen wurde jede Art Unzucht weggeräumt,
aber nicht nach der Weise der Römer, welche Gesetze geben und sodann
die Ersten sind, welche die Gesetze einbrechen. Bei ihnen bestraft der Richter den Diebstahl in dem Anderen und ist selber ein Dieb, er bestraft den
Raub und ist selber ein Räuber, er bestraft den ertappten Ehebrecher und
ist vielleicht selber ein Verderber ganzer Städte, er bestraft den Plünderer
von Privathäusern und ist selber ein Plünderer ganzer Provinzen. So
mag man sich vorstellen, was die Bestimmungen der Gesetze gelten, wenn
sie von denjenigen am meisten verletzt werden, die sie am genauesten be-

folgen und handhaben sollten. Die Vandalen haben sich nicht nur von der Unzucht rein erhalten, sie hatten sogar den Beruf, den Unrath der sittenlosen römischen Bürger Karthago's und Afrika's wegzuräumen. Denn sie haben in ganz Afrika die Schande der Weibermänner beseitiget und die Gemeinschaft mit Dirnen verabscheut und verboten. O milder Herr und guter Erlöser, was wirkt mit deinem Beistand der Eifer für die Sittenzucht, er wandelt die natürlichen Laster in christliche Tugenden um! Es ist schwer, die Unzucht bloß mit Worten zu verbieten, wenn sie nicht auch faktisch gehoben wird, und eben so schwierig ist es, die Zucht durch Gesetze zu befehlen, wenn sie nicht durch bestimmte Vorkehrungen in das soziale Leben wirklich eingeführt wird.

Wie haben nun die Vandalen alle diese Schändlichkeiten beseitiget? Sie haben die unglücklichen Dirnen keineswegs hingerichtet, sondern viel= mehr für ein tugendhaftes Leben sie aufbehalten. Sie suchten die Verirr= ten so zu bessern, daß das Einschreiten gegen sie zum Heilmittel, nicht zur Strafe ihnen diente. Denn die Behörden der Vandalen nöthigten alle jene Dirnen, den rechtmäßigen Ehestand anzutreten und durch erlaubte Heirathen dem ausgelassenen Leben ein Ende zu machen. So erzielte man nicht nur, daß diese Frauenspersonen rechtmäßige Männer erhielten, son= dern daß sie, falls die Lust zur alten Unordnung sich bei ihnen wieder regen sollte, unter der Obhut und Aufsicht der ehelichen Verbindung von fernern Sünden zurückgehalten würden. Um die Unzucht zu bezähmen, wurden strenge Gesetze erlassen und die Todesstrafe auf Unzuchtsfälle ge= setzt, damit sowohl zu Hause durch die eheliche Zuneigung als auch im öffentlichen Leben durch die Furcht vor der Strafe die Sittenreinheit bei= der Geschlechter bewahrt bleibe. Diese Gesetze stimmen keineswegs mit jenen überein, welche in der Weise einen Theil des Uebels beseitigen, daß sie den anderen Theil davon gestatten oder, wie jene römischen Dekrete, zwar die Hurer von den fremden Weibern entfernten, ihnen aber zu allen Einzellebenden den Zutritt gestatteten, somit nur den Ehebruch verboten, daneben aber Bordelle errichteten. Die Vandalen aber wollen, daß die Weiber keiner anderen Männer Frauen seien als die ihrer Ehegatten und umgekehrt, sie haben daher ihre Gesetze dem göttlichen Gesetze gemäß gefaßt, vom Glauben geleitet, daß ihnen hierin Nichts erlaubt sei, was Gott als unerlaubt bezeichnet, noch), daß sie irgend einem Menschen etwas erlauben dürfen, was Gott für Alle verboten hat. Wie höher stehen also diese Barbaren als Sokrates, den der Delphische Dämon den weisesten der Menschen nannte. Denn dieser Fürst der Philosophen lehrte: Keiner halte ein eigenes Weib, gemeinschaftlich seien die Ehen für Alle; wenn alle Männer ohne Unterschied mit allen Weibern sich vermischen, wird dem

Staate größere Eintracht werden. Hat je ein Wahnsinniger so etwas ausgeheckt? Nach dieser Regel würde weder ein Mann zum Ehegatten eines Weibes, noch irgend ein Weib zur Gattin eines Mannes, noch irgend ein Kind zum Kinde bestimmter Eltern; denn wo Alles vermischt und vermengt wird, kann Niemand mehr etwas sein Eigen nennen. Und was Sokrates lehrte, vollzog er auch im Leben; er gab sein Weib einem Andern hin, das Gleiche that Cato, der Sokrates Italiens. Das sind die Vorbilder der attischen und römischen Weisheit; sie haben, so viel an ihnen lag, alle Ehemänner zu Kupplern ihrer Frauen gemacht, insbesondere hätte Sokrates mit seiner Lehre die Welt zu einem Bordell verkehrt. Man hat behaupten wollen, er sei von seinen Richtern ungerecht verurtheilt worden und das ist wahr; denn das ganze Menschengeschlecht hätte ihn richten und verurtheilen sollen und zwar nicht allein um der Wahrheit, sondern um der allgemeinen Lebensordnung willen. Wie anders dachten und handelten die Barbaren in Afrika! Jener Weltweise wollte, daß keiner sein eigenes Weib habe, die Vandalen befahlen, daß kein Weib einen anderen Mann als den eigenen und rechtmäßigen anerkenne; jener schlug eine abscheuliche Geschlechtsvermischung vor, diese sorgten, daß die Geschlechtsgemeinschaft rein und nach Gottes Gesetz geordnet bleibe; jener überlieferte alle Jungfrauen der Prostitution, diese wandelten die Dirnen in ehrbare Personen um. Nun haben die Römer das Leben des Sokrates nicht in allen Punkten nachgeahmt, doch in dem berührten Punkte sind sie seine treuen Nachfolger geworden. Von vielen Männern haltet jeder viele Frauen und von unzähligen Weibern haltet jede mehrere Männer. Alle römischen Städte sind voll von Bordellen und voll vom Unrath einer alle Schranken überfluthenden Sittenlosigkeit. Wie dürfen wir also für die römischen Zustände noch Hoffnung hegen, da die barbarischen Völker weit keuscher und ehrbarer als die Römer sind, und wie dürfen wir von Gott Hilfe erwarten, da wir in Sünden und Lastern aller Art viel tiefer als jene stehen? Schämen sollen wir uns vor der ganzen Welt! Wäre es mir möglich, ich würde meine Stimme erschallen lassen, daß sie in der ganzen Welt wiederhallte: „Schäme dich, o römisches Volk, deines Lebens! In deinen Städten herrscht überall die Unzucht, nur die Städte sind rein geworden, welche die Barbaren zu bewohnen angefangen haben".

„Zum Schlusse eilend hebe ich noch die Sakrilegien in Afrika hervor; denn dort wurde fortwährend von Vielen noch der heidnische Götzendienst begangen. Sie bergen nämlich innerhalb den Mauern ihrer Hauptstadt einen geheimen Gräuel [1]), jene Himmlische nämlich (Cœlestis), die

---

1) Tertullian Apol. 23. nennt sie — „Virgo Coelestis pluviarum pollicitatrix",

Greith.

Teufelsgöttin, welcher die Heiden einen so prunkenden Namen gaben, weil sie selber keine Macht besaß. Nicht nur Heiden, sondern selbst Christen huldigen diesem Götzen, nachdem sie Christum angebetet. Wie Viele betreten, vom Weihrauch des dämonischen Opfers noch duftend, die Pforten des Gotteshauses und stürzen noch voll Gestank des dämonischen Brodems zum Altare hin, ⚹ doch weit besser thäten, gar nicht dahin zu kommen? So ist der Glaube, so die Religion der Afrikaner beschaffen. Nicht genug, gegen das Verbot des Apostels[1]), mit dem Kelche des Herrn auch den Kelch der Dämonen zu trinken, haben sie diesen sogar dem Kelche Christi vorgezogen, und nicht zufrieden, daß sie den Tisch der Dämonen dem Tische Christi gleichstellten, sind sie nach dem Götzendienst eines schändlichen Aberglaubens in die Tempel Gottes zum wahren Gottesdienst gekommen. Haben auch nicht Alle das gethan, so war doch der Haß und die Verwünschung gegen die gottgeheiligten Ordensmänner Allen gemein. Die Afrikaner verfolgten und haßten die Mönche und in ihnen Gott selbsten. Allein sie haben in den Mönchen das gehaßt, was mit ihrem eigenen Leben im Widerspruch war, die Unschuld, die Keuschheit, die Gottseligkeit, alle die Tugenden, von denen die Verfolger das gerade Gegentheil übten. Darum geschah es nicht ohne Grund, daß innerhalb den Städten Afrika's und innerhalb den Mauern Karthago's das unglückliche Volk keinen Ordensmann oder Einsiedler mit Mantel und bleichem Angesichte und mit bis an die Kopfhaut geschorenem Haupthaar sehen konnte, ohne ihn zu beschimpfen und zu verwünschen. Und so oft ein Diener Gottes von den Klöstern Egyptens oder von den heiligen Orten Jerusalems oder von den stillen Einöden der Wüste zum Gottesdienste in Karthago anlangte, wurde er von diesem Volke auf den ersten Blick mit Unbilden, Flüchen und Verwünschungen empfangen, sie stürzten auf ihn hin, als gelte es, ein Raubthier zu erlegen. Sicherer durften die Apostel einst die heidnischen Städte betreten, um das Evangelium zu verkünden; in Karthago dagegen durften die Diener Gottes weder auf den Plätzen noch auf den Straßen sich sehen lassen, ohne schwere Unbilden und Beleidigungen zu erfahren. Wie sollten wir uns daher wundern, daß die Afrikaner jetzt die Barbaren dulden müssen, nachdem die heiligen Männer in ihnen Barbaren erfahren haben? Gerecht ist Gott und recht ist sein Gericht! Denn was sie ausgesäet, das haben sie geärntet, damit alle Welt es erkenne, wie das Wort des Herrn an ihnen in Erfüllung gegangen[2]): „vergeltet ihnen nach

---

Jul. Capit. spricht von ihren Tempeln in Afrika in Pertinace, Victor Viten. de Persecutione Vandal. und St. Prosper de Praediction. III. 38.

1) 1. Kor. 10.
2) Jerem. 50, 29.

ihren Werken; Alles, was sie gethan, das thut auch ihnen; denn sie haben sich erhoben wider den Herrn und Heiligen Israels." Wir werden es daher weder unerklärbar finden, noch ungehalten werden, daß die Bewohner Afrika's nun von den Eroberern viel Böses zu erdulden haben, da sie einst weit größeres Unrecht gegen Gott verübt, und das Walten Gottes wird uns sicher gerecht erscheinen, wenn wir Beides vergleichen, was sie jetzt leiden und was sie früher verschuldet haben."

So lautet das Sittengericht, welches Salvian, der Zeitgenosse und Augenzeuge über die religiös-sittliche Verkommenheit hielt, welcher damals die christlichen Bewohner des römischen Reiches in den verschiedenen Provinzen gegenüber den germanischen Völkern anheimgefallen waren; mit rücksichtsloser Strenge hat er die Wunden aufgedeckt, an denen die westliche Hälfte jenes Reiches im Sturme der Völkerwanderung erlag, und die ernsten Lehren und Warnungen, die er an seine Betrachtungen knüpft, haben ihre volle Geltung bei ähnlichen Erscheinungen auch für die Geschichte unserer Tage nicht verloren. Die Völkerwanderung hatte allmälig ausgetobt, aber die Länder des westlichen und südlichen Europa's beinahe zu einem Trümmerhaufen umgewandelt; die meisten Städte waren halb oder ganz zerfallen, der größte Theil des Grundeigenthums lag wüste, die Straßen waren versunken und überwachsen, die Gränzwälle und Castelle gebrochen, die römische Landbevölkerung leibeigen gemacht, der größere Theil aber durch Hunger und Seuchen aufgerieben oder von dem Schwerte der Barbaren niedergemäht; nur in Italien, Spanien und Gallien, theilweise auch in Britannien erhielten sich, namentlich in den Städten, die alten römischen Einwohner und ihre Vermischung mit den germanischen Stämmen rief allmälig die Völker romanischer Zunge in's Dasein. Gott vollzog, wie Fenelon sprach [1]), wider den Willen der barbarischen Völker bei der Leitung der Geschichte seinen wunderbaren Plan. Sie zogen aus, um den wahren Glauben Christi zu vernichten und wurden zu diesem Glauben selbst bekehrt, sie stürmten heran und schlugen die Tempel des Erlösers in Trümmer, bauten aber bald darauf wieder solche von noch größerer Pracht und Schönheit auf, sie warfen sich auf die katholische Kirche mit blinder Wuth und begrüßten sie nachmals, von ihr ohne Waffen überwunden, als ihre theuerste Mutter. Die Kirche allein blieb, während alle frühere Herrlichkeit und Macht des Römerreiches zu Grunde ging, und strahlte über dem Schutt und den Ruinen der Völkerwanderung wie eine Königin in ewig junger Kraft und Klarheit dahin. Sie hat über den Abgrund dieser allgemeinen Verwirrung und Zertrümmerung das schaffende und ordnende Wort: es

---

1) Fenelon Serm. à l'Epiphanie.

werde Licht — auf ein Neues ausgesprochen und es in der Bildung
und Erziehung der neuen Völker auch mit dem herrlichsten Erfolge
durchgeführt. Es nahte die Zeit, wo in Rom kein Cäsar mehr auf
dem Palatin thronte, aber der christliche Völkerhirte saß dort seit dem
Apostelfürsten Petrus auf dem Lehrstuhle; keine Legionen zogen von
Rom mehr nach dem Westen und Norden aus, um die germanischen
Völkerstämme zu bezwingen, aber die Glaubensboten kamen von dort
entsendet jetzt zu ihnen, um ihnen das Joch des Evangeliums aufzulegen, und wie sie auch, je nach ihrer nationalen Eigenthümlichkeit ihre
politischen Verfassungen und Gesetzbücher für sich frei ausgestalteten, wurden sie für ihr religiöses Leben und seine Leitung durch den Nachfolger
Petri an das christliche Rom zurückgebunden und fühlten sich gehoben und
glücklich in dem gläubigen Gefühle, Kinder der allgemeinen Kirche Christi
zu sein, und alle christlichen Bewohner der Erde in dem einen Glauben
und in der einen Liebe als Brüder und Mitgenossen des ewigen Heiles
begrüßen zu können.

Zweites Kapitel.

„Die Kirche und die Irrlehren jener Zeit.“

Ueber das heidnische Rom sprach Rutilius [1]) das kühne Wort: „Sieh,
dich erneuert das, was andere Reiche auflöset, selbst das Uebel dich stärkt,
dient dir zur Wiedergeburt.“ Der Dichter sah aber noch selber das römische
Reich immer mehr in Trümmer fallen, sein Wort ging dagegen an der
christlichen Kirche in Erfüllung; denn ihr sichtbarer Mittelpunkt mit dem
Lehrstuhle Petri nach Rom verlegt, sicherte dieser Stadt den Ruhm, eine
„ewige“ in der wechselvollen Zeit zu sein. Siegreich ging die Kirche aus
einer dreihundertjährigen Verfolgung hervor und sanken auch ihre ersten
Tempel und Anstalten zu Rom und in den Provinzen unter den Streichen
der Barbaren zusammen, so eröffneten diese selbst ihr wieder die Thore
zu einem neuen unermeßlichen Wirkungskreis. Sie sollte nun auch als
ein Werk Gottes sich in jenem großen Kampfe bewähren, den die Häresie
gegen sie führte, um ihr die fremdartigen Lehren der Schulphilosophie bei-
zumischen und dadurch sie in sich selber aufzulösen. Wie der erste Adam
von Gott, so ist die Kirche von dem Sohne Gottes geschaffen, und wie sie
das Christenthum selbst in der unzertrennlichen Verbindung seines Wesens

----

1) „Illud te reparat, quod caetera regna dissolvit; ordo renascendi est,
crescere posse malis.“

mit der Form für die sichtbare Welt ist, so hat der Herr sie dem menschlichen Wesen ähnlich gebildet. Nun entwickelt die menschliche Natur in gleich= mäßiger Entfaltung auf Seite des Leibes und der Seele nach unabänder= lichen Grundformen und Gesetzen die Vermögen und Kräfte, die Gott schöpferisch in sie gelegt. Aus dem Urkeime treten für den Leib das Haupt, die Organe und die Glieder hervor; nur jene Nahrung wird vom Leibe aufgenommen, die sich eignet, ihm einverleibt zu werden, und alles wird ausgeschieden, was sich mit seinen ursprünglichen Gesetzen und Kräften nicht verträgt. So tritt auch die Seele mit einem primitiven Gehalt und einer schon festgesetzten Verfassung in das Dasein; den unveränderlichen Grundnormen und Gesetzen, Ideen und Begriffen, die sie in sich trägt, muß aller Erkenntnißstoff von Außen her sich unterordnen, was mit jenen irgendwie im Widerspruche stünde, kann sie nicht ertragen, sondern scheidet es unerbittlich von sich aus. Gleicherweise hat die Kirche im Laufe der Zeiten die Verfassung weiter ausgebildet, die Christus ihr ursprünglich gab, und die große Hinterlage ihrer Heilslehre dadurch rein bewahrt und weiter erklärt, daß sie jede fremdartige Lehre, die, von Außen her kommend, sich in ihr geltend machen wollte, an die unveränderlichen Begriffe und Wahr= heiten, die der Herr von Anfang an in sie gelegt, hielt, sie an diesem Maßstab prüfte, als etwas Unvereinbares und Neues sie erkannte und von sich ausschied. Diese natürliche Ordnung hätte aber für die Kirche nicht ausgereicht, ihre göttliche Heilslehre und Ordnung im Kampfe gegen „die Weisheit der Welt" rein zu bewahren; sie war aber dabei noch von jenem Geiste der Wahrheit geleitet und erleuchtet, welchen der Herr ihrem Lehr= amte verlieh, damit er es in alle Wahrheit einführe und bis an das Ende der Tage bei ihm verbleibe.

Die Summe aller christlichen Glaubenswahrheiten ist in der Grund= lehre enthalten, daß Gott durch Christus, den Gottmenschen, die Erlösung der Menschen vollbrachte, und gerade die Grundbegriffe von Gott dem Dreieinigen, von Christus dem Gottmenschen und von der Erlösungsbedürftigkeit des Menschen waren es, gegen welche die stolze Schulweisheit ihre Irrthümer richtete. Die gnostischen Begriffe oder Bilder von Emanationen aus dem Wesen der Gottheit trug Sabellius aus Ptolomais (250) förmlich auf die Trinitätslehre über; schon die Gnostiker suchten den Begriff des Erlösers mit dem Phantasiegebilde eines Aeon's zu vermengen und der Priester Arius (318) wandte die Vorstellung eines Demiurgen förmlich auf die Person Christi an. Die Zweige dieser Irr= lehre irrten, wie der heilige Augustinus [1] schreibt, nach drei Richtungen von

---

1) S. Aug. Quaest. Evang. I. 45

der Wahrheit ab, indem sie entweder die Lehre von der Gottheit oder jene von der Menschheit, oder die Begriffe von der Wechselbe=ziehung beider Naturen in Christus verkehrten. Nach Apollinaris (um 370) trennte später Nestorius (427) die göttliche Natur von der menschlichen in Christus, während Eutyches bald nachher die beiden Naturen vermischte und nach ihrer Vereinigung nur eine Natur in ihm anerkannte. Die Frage über die Erlösungsbedürftigkeit des Menschen hatte das schwierige Problem zu lösen: wie das Wirken der göttlichen Gnade mit dem freien Willen des Menschen zu vereinbaren und gegenüber der Erbsünde das Wirken der menschlichen Kräfte zu verstehen sei? Die falsche Lösung dieser Frage durch den Mönchen Pelagius gab zu Anfang des fünften Jahrhunderts der gleichnamigen Irrlehre ihren Ursprung, welche längere Zeit die Kirche auf das tiefste erschütterte. Pelagius war ein Ire, eben so sein talentvoller Schüler Cölestius. Wenn auch Hieronymus [1] ihm „den irischen Brei vorwirft, durch den er fett geworden", hatte er dennoch vor seinen Talenten und Sitten alle Achtung, und Augustin [2] nennt ihn „dem öffentlichen Rufe nach einen sonst heiligen und durchaus christlichen Mann." Auch Cölestius behauptete in der öffentlichen Meinung einen ausgezeichne=ten Rang und wird von Augustin geradezu „als der Führer des ganzen Pelagianischen Heeres" bezeichnet. Seine Jugend hatte er wahrscheinlich zu St. Martin bei Tours verlebt. Von hier schrieb er an seine Eltern in Irland drei Briefe in der Form von Büchlein, „welche so frommen Inhalts gewesen seien, daß sie jeder gottliebenden Seele Erbauung ge=währt hätten", wie Genadius [3] bezeugt; nur eines davon — „über die Kenntniß des göttlichen Gesetzes" ist auf uns gekommen.

Schon um das Jahr 400 hielt sich Pelagius in Rom auf, wo er Kommentare über die Paulinischen Briefe veröffentlichte; seine Recht=gläubigkeit wurde erst (405) angezweifelt, als er an Bischof Paulin von Nola in einem längern Briefe seine Irrlehre in einem Qualm zweideutiger Phrasen vortrug. „Ich habe diesen Brief," schreibt Augustinus [2], „gelesen und gefunden, daß Pelagius von Anfang bis zu Ende bei der Anlage und Fähigkeit der Natur stehen bleibt, und in diese fast ausschließ=lich die Gnade Gottes setzt. Die christliche Gnade berührt er, indem er eben ihren Namen nennt, so kurz, daß man sieht, er habe sich nur gescheut, davon gar nicht zu reden. Ob er sie aber in der Nachlassung der Sünden

---

1) S. Hieron. In Jerem.
2) S. Aug. de Peccat. mer. ac remun. III. 24.
3) Genad. Mass. in Cat. Vir. ill.
4) S. Aug. de Grat. Chr. c. 35.

findet oder in der Lehre und im Beispiel Christi, oder ob er sie für eine bloße Beihilfe hält, welche der Natur und der Lehre durch die Einhauchung einer brennenden und lichtreichen Liebe wird, kann man nicht deutlich erkennen." Bald darauf trat Pelagius ungescheuter auf und lehrte: „Der Mensch besitzt noch jetzt ungeschwächt alle jene Vorzüge und Kräfte, mit denen Gott ihn einst erschuf; er darf seine Vernunft und seinen Willen nur recht gebrauchen, um ohne Sünde gerecht und heilig zu leben und selig zu werden. Es gibt daher keine Erbsünde, noch sind die ihr zugeschriebenen verderblichen Folgen für Leib und Seele anzunehmen. Die Sünde Adams ist nicht auf seine Nachkommen übergegangen; diese werden ohne Sünde, gottgefällig und mit der vollen Freiheit geboren, gut oder bös zu handeln. Das Kind bedarf daher keiner Taufe, diese verleiht ihm weder eine Entsündigung noch Heiligung, sondern ist nur eine Ceremonie für die Aufnahme in die äußere Kirche." Pelagius und Cölestius flohen vor dem heranziehenden Heere Alarichs (409—10) mit vielen Anderen aus Rom, schifften nach Sicilien und dann nach Afrika hinüber und verbreiteten überall ihre Irrthümer. Doch die Kirche erhob sich gegen diesen theologischen Naturalismus. Die heiligen Augustin und Hieronymus, Paulin von Nola und Orosius, bekämpften siegreich diese Irrlehre; sie wurde von den Synoden von Karthago und Milewe, von Papst Innozenz I. (417), von Papst Cölestin I. (424), endlich auch von dem Concil von Ephesus (431) zugleich mit der Irrlehre des Nestorius verurtheilt.

Wie war es der Kirche möglich, in den gewaltigen Stürmen der Häresien, welche alle Geister in Bewegung setzten, ihre göttliche Glaubenslehre unverfälscht zu bewahren? Oder an welchen Criterien erkannten die Väter der Kirche die Wahrheit der altchristlichen und die Falschheit der neuen Lehren? Mitten in die Kämpfe hineingestellt, unternahm es wieder ein Mitgenosse von Lerin und Freund Salvians, bekannt unter dem Namen Vinzenz von Lerin, diese Frage in seinem Commonitorium [1] zu behandeln, welches er „drei Jahre nach dem Schlusse des Concils von Ephesus (434)" über das Alterthum und die Allgemeinheit des katholischen Glaubens gegen die unstatthaften Neuerungen aller Häretiker, unter dem angenommenen Namen Peregrinus — Pilger oder Fremdling, schrieb. Zu Toul, in der Provinz prima Belgica aus adeligem Geschlechte geboren, trat er in den Kriegsdienst und zog sich später von dem Weltgewühle auf die Insel Lerin zurück. „Im Hinblick auf die damalige Lage der Zeit, von der alle menschlichen Schöpfungen verschlungen wurden und von den traurigen Wirrnissen des weltlichen Kriegsdienstes in den schützenden Hafen der

---

1) Vinc. Lerin. — Common. adversus haereses, edit. Baluzii.

Religion entronnen, der Allen die beste Sicherheit bietet, sowie in der Ab=
sicht, in der gewonnenen Einsamkeit, fern von aller Hoffart, durch das Opfer
der Demuth Gott zu versöhnen, und nicht nur die Schiffbrüche des gegen=
wärtigen Lebens, sondern auch das Feuer der zukünftigen Ewigkeit zu
vermeiden, schrieb er sein Werk, um schlicht und einfach ohne alle Ruhm=
sucht darzustellen: wie der katholische Glaube von den Vorfahren uns über=
liefert und wie derselbe in seiner Reinheit bewahrt wurde."

„Oft habe ich", schreibt Vinzenz, „mit großem Interesse an heilige
und gelehrte Männer die Frage gerichtet: wie ich auf sicherem und regel=
rechtem Wege die Wahrheit des katholischen Glaubens von der Falschheit
der Irrlehre unterscheiden könne und ich erhielt von ihnen immer folgende
Antwort: wenn ich oder ein Anderer die Betrüge der Irrlehrer entdecken,
ihre Netze vermeiden und in der gesunden Lehre unversehrt und fest be=
harren wolle, so müsse er auf zweifache Weise seinen Glauben befestigen,
zuerst durch das Ansehen des göttlichen Gesetzes (heilige Schrift)
und sodann durch die Ueberlieferung der katholischen Kirche. Da
aber der Canon der heiligen Schrift vollkommen ist und sonach selber für
Alles genügt, wozu ist dann noch die Autorität der Kirche von
Nöthen? Ich antworte: darum, weil nicht Alle die heiligen Schriften nach
der Höhe ihrer Gedanken in einem und demselben Sinne auffassen, sondern
ihre Aussprüche so oder anders, Jeder nach seiner Weise erklären, so daß
daraus beinahe so viele verschiedene Meinungen enthoben werden können,
als Menschen sind. Anders erklärt die heilige Schrift Novatian, anders
Sabellius und Donatus; wieder anders Arius, Eunomius, Mazedonius;
anders Photin, Apollinar, Priscillian; anders Jovinian, Pelagius, Cölestius;
endlich auch noch anders Nestorius. Bei so vielen und großen Klippen des
Irrthums ist es darum überaus nöthig, daß die Linie zur Auslegung der hei=
ligen Schriften nach der Norm des katholischen und kirchlichen
Sinnes gerichtet werde. In der katholischen Kirche selbst muß man sorg=
fältig trachten, dasjenige festzuhalten, was überall, was immer
und von Allen ist geglaubt worden; denn das ist wahrhaft und
eigentlich katholisch, wie es der Sinn und die Bedeutung des Namens
aussagt. Das geschieht erst dann, wenn wir in Sachen des Glaubens der
Allgemeinheit, dem Alterthum und der Uebereinstimmung
folgen. Wir folgen der Allgemeinheit, wenn wir nur jenen Glauben
für wahr halten, welchen die ganze, über den Erdkreis verbreitete Kirche
bekennt; wir folgen dem Alterthum, wenn wir von jenen Lehren in
keiner Weise abweichen, welche die heiligen Vorfahren und unsere Väter
offenkundig verkündet haben; wir folgen endlich der Uebereinstimmung,
wenn wir im Alterthum den Lehrbestimmungen und Meinungen aller oder

dann beinahe aller Priester und Kirchenlehrer folgen. Was wird also ein christlicher Katholik thun, wenn irgend ein Theilchen der Kirche sich von der Gemeinschaft der allgemeinen Kirche ablöst? Was anders, als daß er dem verdorbenen Gliede die Gesundheit des gesammten Körpers vorzieht. Was aber dann, wenn irgend eine neue Ansteckung nicht nur ein Theilchen, sondern die ganze Kirche anzustecken sucht? Dann wird er sich vorsehen, daß er dem Alterthum anhange, welches von keiner List der Neuerung verführt werden kann. Wenn aber auch im Alterthum bei zwei oder dreien, oder bei einer Stadt oder Provinz der Irrthum wahrgenommen wird? Dann wird er Sorge tragen, der Verwegenheit oder Unwissenheit einiger Wenigen, die Lehrsatzungen des allgemeinen Concils vorzuziehen [1]. Wenn aber ein Irrthum sich erhebt, worüber noch keine Lehrbestimmung aufzufinden ist? Dann soll er sich Mühe geben, die Lehrmeinungen der Alten darüber zu vergleichen und zu berathen, jener Lehrer nämlich, welche, obwohl nach Orten und Zeiten von einander getrennt, doch in der Gemeinschaft der einen katholischen Kirche und Glaubenslehre verharrend, sich als bewährte Lehrer erwiesen haben, und dann halte er dasjenige zweifellos in seinem Glauben fest, was nicht bloß Einer oder Zwei, sondern Alle zumal in einer und derselben Uebereinstimmung offen, wiederholt und beharrlich bewahrt, geschrieben und gelehrt haben. Beispiele mögen darüber das nöthige Licht verbreiten."

„Zur Zeit, als ein großer Theil Afrika's [2] sich in die Irrthümer des Donatus stürzte und uneingedenk des Namens, der Religion und des Berufes die Vermessenheit eines Mannes höher hielt als die Kirche Christi, konnten in Afrika nur diejenigen von vielen Anderen innerhalb dem Heiligthum des katholischen Glaubens sich retten, welche das ärgerliche Schisma verabscheuend, in der Gemeinschaft mit den übrigen Kirchen der Welt sich hielten, und sie haben dadurch den Nachkommen ein herrliches Beispiel hinterlassen, wie man auf gute Art die Gesundheit Aller der Tollheit eines Einzelnen oder Weniger vorziehen müsse. Als das Gift der Arianischen Irrlehre nicht nur einen kleinen Theil, sondern beinahe den ganzen Erdkreis verunreinigte, so daß beinahe alle Bischöfe lateinischer Zunge theils durch Gewalt, theils durch List betrogen wurden, und bei der allgemeinen Bethörung kaum Jemand den rechten Weg in dieser Verwirrung zu finden wußte, blieb jeder wahre Liebhaber und Verehrer Christi von der ansteckenden Pest frei und unberührt, welcher dem alten Glauben vor der neuen Treulosigkeit den Vorzug gab. Jene Zeit hat durch ihre Gefahren genug

1) l. c. c 3.
2) l. c. c. 4.

gezeigt, wie viel Unheil die neue Lehre über die Welt gebracht. Damals wurden mit den kleinen auch die größeren Dinge zertrümmert und nicht nur Verwandtſchaften, Freundſchaften, Familien und Häuſer, ſondern ganze Städte, Völker, Provinzen, Nationen, zuletzt auch das römiſche Reich ſelbſt, von Grund aus erſchüttert und aufgeregt. Denn als die unheilige Neuerung der Arianer, gleich der Bellona oder Furia, zuerſt den Kaiſer ſelbſt gefangen nahm und den Fürſten ſeines Palaſtes ihre neuen Geſetze aufdrängte, fuhr ſie fort, Alles untereinander zu miſchen und zu verwirren, Privatliches und Oeffentliches, Kirchliches und Weltliches, ohne einen Unter= ſchied zwiſchen Gutem und Böſem, Wahrem und Falſchem einzuhalten. Damals waren freche Frauen zu ſehen, entehrte Jungfrauen, zerſtörte Klöſter, zerſtreute Kleriker, mißhandelte Leviten, verbannte Prieſter, Gefäng= niſſe, Kerker und Metallgruben mit Heiligen angefüllt, von denen der größte Theil verjagt und vertrieben in den Wüſten und Höhlen, unter den wilden Thieren und auf Felſen, nackt und von Allem entblößt, durch Hunger und Durſt aufgerieben wurden, und dies aus keiner anderen Urſache, als weil für die göttliche Glaubenslehre Meinungen menſchlichen Irrwahns einge= führt wurden und das wohl befeſtigte Alterthum durch eine gottloſe Neue= rung überſchüttet, zugleich aber auch die Satzungen der Obern verletzt, die Lehren der Väter verachtet und die reinen und keuſchen Gränzmarken der alten Lehre von der Leidenſchaft unheiliger Neuerer verworfen wurden. Wer glaubt, ich übertreibe, der höre den heiligen Ambroſius, der in ſeinem Werke an Kaiſer Gratian das Unglück der Zeit mit den Worten beklagt [1]): „Wir haben ſchon genug mit unſerem Untergang und Blut die Ermordung der Bekenner, die Verbannung der Prieſter und das Un= recht der verübten Gottloſigkeit ſühnen müſſen; es iſt Allen klar geworden, daß diejenigen nicht ſicher ſein können, welche den Glauben gebrochen haben!" Und anderswo [2]) fährt er fort: „Bewahren wir daher die Satzungen der Väter und brechen wir nicht mit roher Gewalt die Siegel des väterlichen Erbes. Das prophetiſche Buch haben weder die Alten noch die Mächte, weder die Engel noch die Erzengel zu öffnen gewagt. Chriſto allein iſt das Vorrecht, es zu erklären, aufbehalten. Wer von uns will es wagen, das heilige Lehrbuch zu entſiegeln, das die Bekenner und ſo viele Martyrer mit ihrem Blute beſiegelt haben? Wie könnten wir den Glauben derjeni= gen verläugnen, deren Siege wir verkünden?"

    „Wir verkünden und bewundern ſie, ehrwürdiger Ambroſius! Denn wer ſollte ſie nicht loben und denen nicht nachfolgen, welche von der Ver=

---

1) S. Ambros. de Fide l. II. c. 4.
2) l. c. lib. III. c. 7.

theidigung des alten Glaubens keine Gewalt abhalten und weder Drohun=
gen noch Schmeicheleien, weder Leben noch Tod, weder Paläste noch Ko=
horten, weder Kaiser noch Reich, weder Menschen noch Dämonen zur neuen
Lehre verführen konnten und welche Gott zum Lohne ihrer Beharrlichkeit
in der alten Religion so ausgezeichnet hat, daß er durch sie die zerstörten
Kirchen wiederherstellte, die geistig ermordeten Völker wieder belebte, die
verworfenen Kronen den Priestern wiedergab, die schmutzigen Schriften der
Neuerer durch den Thränenquell der Gläubigen tilgte und die ganze Welt,
die plötzlich vom wilden Sturme der Irrlehre ergriffen ward, von der
treulosen Neuerung zum alten Glauben, von der neuen Krankheit zur alten
Gesundheit, von der neuen Finsterniß zum alten Lichte zurückrief? Sie
sind den Lehrsatzungen und Beschlüssen aller Priester der heiligen Kirche,
den Erben der apostolischen und katholischen Wahrheit gefolgt und wollten
lieber sich selber, als den Glauben des ehrwürdigen Alterthums verrathen;
so haben sie die hohe Ehre errungen, nicht nur Bekenner, sondern Fürsten
der Bekenner genannt zu werden [1]."

„Das große Beispiel dieser Seligen muß unaufhörlich allen Katholiken
vorschweben, denn leuchtend auf dem siebenarmigen Leuchter des heiligen
Geistes haben sie den Nachkommen eine herrliche Regel vorgehalten, wie fer=
nerhin gegen alle eitlen Irrlehren, durch die Autorität des heiligen Alterthums
die Frechheit der unheiligen Neuerung zu brechen sei. Doch diese Regel
ist nicht neu, sie hat immer in der Kirche bestanden, so daß je religiöser
Einer war, um so schneller er auch gegen die neuen Erfindungen sich er=
hob. Davon ist die Kirchengeschichte voll von Beispielen. Nehmen wir
eines und zwar vom apostolischen Stuhle selbst, damit Alle klarer
als das Licht es erkennen, mit welcher Kraft, mit welchem Eifer,
mit welcher Hingebung die heiligen Nachfolger der seligen
Apostel die Reinheit der einmal erhaltenen Religion ver=
theidigt haben [2]. Agrippin, Bischof von Karthago (um d. J. 254)
war der erste, welcher gegen den göttlichen Kanon der Schrift, gegen die
Regel der allgemeinen Kirche, gegen die Lehrmeinungen aller Bischöfe,
gegen die Uebung und Anordnung der Väter, die Nothwendigkeit der
Wiedertaufe behauptet hat. Dieses Unterfangen hat so viel Uebel
veranlaßt, daß es nicht nur den Häretikern zum Anlaß der Gotteslästerung

---

1) cap. VI.

2) Diese Stelle ist von großer Bedeutung, denn sie zeigt uns, welche Anerkennung
der apostolische Stuhl von Rom bei Vinzenz und den Lehrern von Lerin schon im An=
fang des V. Jahrhunderts fand und daß die Bischöfe der römischen Kirche von
ihnen als die wahren Nachfolger der Apostel Petrus und Paulus angesehen wurden,
deren Lehrstuhl sie einnahmen.

sondern auch vielen Katholiken zum Anlaß des Irrthums diente. Als nun überall Jedermann über die Neuheit der Sache Klage führte und von allen Seiten die Bischöfe, je nach ihrem Eifer, Einsprache dagegen erhoben, hat Stephanus, der Bischof des apostolischen Stuhles seligen Angedenkens, immerhin mit seinen übrigen Genossen vor allen anderen widerstanden, indem er es für würdig hielt, wie er durch die Autorität seines Sitzes alle Anderen überragte, sie auch in der Glaubenstreue zu übertreffen. Damals sprach er in einem, an die Kirche von Afrika gerichteten Briefe, das Urtheil in den Worten aus: „Es darf nichts Neues eingeführt werden, als was überliefert worden." Denn der heilige und kluge Mann erkannte gar wohl, daß die Treue nichts anderes zulasse, außer daß alles in demselben Glauben den Söhnen überliefert werde, wie es von den Vätern empfangen worden, und wir nicht die Religion, wie wir sie wollen, einführen dürfen, sondern die Religion, wie sie uns führen will, befolgen müssen; daß es endlich der Demuth und dem Ernst des Christen zustehe, in Sachen des Glaubens nicht das Seinige den Nachkommen zu überliefern, sondern das von den Vorfahrern Erhaltene zu bewahren. Welchen Ausgang nahm damals die ganze Angelegenheit? Welchen anderen wohl als den gewohnten — das Alte wurde beibehalten und die Neuerung verpönt. Hatten damals die neuen Erfindungen keine Schutzredner? Ja wohl! So große Macht der Talente, so reiche Ströme der Beredsamkeit, ein so großer Schein der Wahrheit, so viele Aussprüche der heiligen Schriften, aber im neuen und falschen Sinn erklärt, traten ihnen zur Seite, daß, nach meiner Ansicht, jene Verschwörung nie hätte zerstört werden können, wäre die neue Lehre nicht in ihre eigene Nichtigkeit zusammengesunken. Welche Kraft hatte endlich das Afrikanische Concil[1]) oder Dekret? Nach Gottes Anordnung gar keine, sondern Alles wurde als Traum, als Fabel, als überflüssig, abgethan und veraltet wieder zertreten. O wunderbare Veränderung der Dinge! Die Urheber derselben Meinung wurden als Katholiken, die Nachfolger als Häretiker erklärt, die Lehrmeister frei gesprochen, die Schüler verurtheilt. Denn wer wagt zu zweifeln, daß jenes große Licht aller Bischöfe und Marthyrer, der seligste Cyprian mit seinen übrigen Kollegen auf ewig mit Christus regieren, die Donatisten und übrigen Pestsekten aber, die, gestützt auf das Ansehen jenes Concils, die Wiedertaufe vornahmen, mit dem Satan auf ewig verdammt sein werden?"

---

1) Zwei berühmte Concilien von Afrika hatten damals die Wiedertaufe bestätigt, das Eine unter Bischof Agrippin, dessen der heilige Cyprian im 71. und 73. Briefe erwähnt, das Andere unter Cyprian selbst im Jahre 256 abgehalten; das Letztere scheint Vinzenz im Auge zu haben.

„Dieses Gericht scheint mir vorzüglich gegen den Betrug derjenigen verkündet worden zu sein, die unter fremdem Namen eine Irrlehre einzuführen suchen, meistentheils die wenig entwickelten Schriften irgend eines alten Schriftstellers nehmen und sie, vermöge der ihnen anhängenden Unklarheit, ihren eigenen Lehrmeinungen anpassen, damit sie von dem, was sie vorbringen, weder als die ersten noch als die einzigen Lehrmeister erscheinen. Die Bosheit Solcher halte ich doppelten Hasses werth schon darum, weil sie das Gift der Irrlehre Anderen einzuträufeln keinen Anstand nehmen, dann aber, weil sie das Andenken irgend eines heiligen Mannes — gleichsam seine schlummernde Asche — mit unheiliger Hand in die Winde streuen und was im Stillschweigen begraben liegen sollte, durch den wieder belebten Irrthum ausbreiten, dem Beispiele ihres Vaters Cham folgend, der nicht nur unterließ, die Blöße des ehrwürdigen Noe zu decken, sondern sie zur Verhöhnung den anderen Brüdern vorzeigte; darum er auch den Fluch, die anderen, welche des Vaters Blöße bedeckten, den Segen des Vaters eingeärndtet haben. Daher soll man die Strafe überaus fürchten, die der Umänderung des Glaubens und der Verkehrung der Religion angedroht ist, wovon uns nicht nur die Disciplinar-Statuten der Kirchenverfassung, sondern auch die Strafandrohung der apostolischen Autorität zurückschreckt. Denn es ist Allen bekannt, wie ernst, wie strenge, wie heftig der selige Apostel Paulus gegen diejenigen sich ausspricht, die von dem Evangelium, mit dem er sie zur Gnade Christi berufen, alsbald zu einem anderen Evangelium sich abwandten, das ein anderes ist; die nach ihren Leidenschaften sich Lehrer wählten, von der Wahrheit weg, und den Fabeln sich zuwandten und weil sie den ersten Glauben eingebrochen, sich die Verdammniß zugezogen haben. Von ihnen spricht derselbe Apostel an die Brüder von Rom [1]): „Ich bitte Euch Brüder, daß ihr Euch in Acht nehmt vor denen, welche Trennung und Aergernisse stiften wider die Lehre, die ihr gelernt habt, meidet sie. Denn derlei Menschen dienen nicht unserem Herrn Christo, sondern ihrem Bauche und mit süßen Worten und Schmeicheleien verführen sie die Herzen der Arglosen." „Sie sind Menschen verdorbenen Sinnes, Vielschwätzer und Verführer [2]) und gottlos in Sachen des Glaubens, stolze und im Grunde nichtswissende Geister, prahlerische Menschen, welche schwätzen, was sie nicht verstehen, die wahre Wissenschaft verworfen und an ihrem Glauben Schiffbruch gelitten haben, deren unheilige Reden viel zur Gottvergessenheit beitragen und wie ein Krebsschaden um sich fressen. Sie werden es aber nicht weiter bringen [3]);

---

1) Rom. 16, 17.
2) Tit. 1.
3) 2. Tim. 3, 9.

denn ihre Thorheit wird Allen offenbar werden, wie es auch bei Jannes und Mambres geſchah, die dem Moſes widerſtanden."

„Die gleiche Sprache [1] führte der Apoſtel gegen die Galater, nachdem ſie das Manna der apoſtoliſchen und katholiſchen Lehre weggeworfen und ſich an dem Schmutz häretiſcher Lehren ergötzt hatten. Mit der vollen Strenge apoſtoliſcher Autorität ſchrieb er ihnen [2]: „Wenn gleich wir ſelber oder ein Engel vom Himmel Euch ein anderes Evangelium verkünden würde, als dasjenige iſt, was wir Euch verkündet haben, der ſei verflucht." Warum ſpricht er: wenn gleich „wir" und nicht, wenn gleich „ich?" Er will ſagen: Wenn gleich Petrus, oder Andreas, oder Johannes, wenn gleich der ganze Chor der Apoſtel ein anderes Evangelium verkünden wür= den, als wir verkündet haben, der ſei verflucht. Eine furchtbare Ausſchei= dung! Um die zähe Beſtändigkeit des erſten Glaubens zu betonen, ſchont er weder ſich, noch den Apoſteln, ſelbſt den Engeln vom Himmel nicht. Denn ſollte das Unmögliche geſchehen und ein Engel des Himmels den Glauben zu ändern ſuchen, ſo ſei er verflucht, d. i. er ſei getrennt, ge= ſchieden, ausgeſchloſſen, damit nicht die tödtliche Anſteckung eines Schafes ſich der reinen Heerde Chriſti durch vergiftete Vermiſchung mittheilen könne. Und was er den Galatern — hat er nicht ihnen allein, ſondern Allen anbefohlen; denn wie die Sittengebote, die er im gleichen Briefe ihnen gibt, für Alle und für alle Zeiten Geltung haben, ſo auch das Gebot: daß am Glauben nichts geändert werden dürfe. Darum war es nie er= laubt, iſt es nirgends erlaubt, noch kann es jemals erlaubt ſein, den katholiſchen Chriſten etwas Anderes zu verkünden, außer was ſie empfan= gen haben; wer das Gegentheil thut, iſt verflucht. Wer könnte daher es wagen, etwas zu verkünden, was die Kirche nicht verkündet hat, oder etwas anzunehmen, was die Kirche nicht angenommen hat? Er ruft und ruft wieder und ruft zu Allen und allzeit und überall durch ſeine Briefe, jener Völkerlehrer, jenes Gefäß der Auserwählung, jener Prediger des Erdkrei= ſes, der Himmelskundige, daß wer immer ein neues Dogma verkünde, ver= flucht ſein ſoll. Dagegen ſchreien gewiſſe Fröſche und ſterbende Mücken, wie die Pelagianer ſolche ſind, uns Katholiken zu: Auf unſer Wort und auf unſer Anſehen hin verdammet, was ihr bisher für wahr gehalten, haltet für wahr, was ihr bisher verdammt habet; verwerfet den alten Glauben, die Satzungen der Väter, die Hinterlage der Altvordern und nehmet an — was denn? Ich ſchaudere, es zu nennen, denn es ſind ſo ſtolze Lehren, daß man ſie ohne zu verletzen weder ausſprechen noch wider=

---

[1] Commonit. c. 8.
[2] Gal. 1, 8.

legen könnte. Nun wirft Einer die Frage auf: Warum denn so oft
unter göttlicher Zulassung ganz ausgezeichnete und in der Kirche hochge=
stellte Männer Neuerungen den Katholiken verkünden? Eine wichtige
Frage und würdig, näher erörtert zu werden, die aber nicht durch den
eigenen Verstand, sondern durch die Autorität des göttlichen Gesetzes und
durch die Urkunde des kirchlichen Lehramtes zu lösen ist. Hören wir den
heiligen Moses, denn er selber lehrt uns, warum es Gott zuläßt, daß ge=
lehrte Männer, die von dem Apostel wegen der Gabe ihrer Wissenschaft
Propheten genannt werden, zuweilen neue Lehrsätze vortragen, welche das
alte Testament im allegorischen Sinne „fremde Götter" zu nennen pflegte.
Moses schreibt im Deuteronomium ¹): „Wenn in deiner Mitte ein Pro=
phet aufsteht oder Einer, der vorgibt, er habe einen Traum gesehen," d. i.
ein in der Kirche aufgestellter Lehrer, von dem die Schüler glauben, er
lehre von einer geheimen Offenbarung erleuchtet, was weiter? „und sagt
ein Zeichen oder ein Wunder vor und es geschieht, was er gesagt;" wo=
mit irgend ein großer Lehrer bezeichnet wird, der seinen Anhängern nicht
nur menschliche Dinge, sondern auch was über dem Menschen hinausliegt,
zu offenbaren vorgibt, wie die Schüler des Valentinian, Donatus, Photin,
Apollinar und Aehnliche rühmten. Was folgt weiter? „und spricht zu
dir: Laßt uns hingehen und fremden Göttern folgen, die du nicht kennst,
und ihnen dienen!" Wer sind diese fremden Götter? Jene fremdartigen
Irrthümer, die du bisher nicht kanntest, weil sie neu und unerhört sind,
„und ihnen dienen," d. i. ihnen glauben, ihnen folgen; was zuletzt?
„so sollst du die Worte dieses Propheten oder Träumers nicht hören;"
und warum, o Herr, wird von dir nicht verboten zu lehren, was von
dir verboten wird zu hören? „denn der Herr, euer Gott, prüfet
Euch, damit offenbar werde, ob ihr ihn liebet oder nicht aus ganzem
Herzen und aus euerer ganzen Seele." Klarer als das Licht ist die Ursache
offenbar, warum zuweilen die göttliche Vorsehung es zuläßt, daß Kirchen=
lehrer neue Lehrmeinungen vortragen, „denn Gott prüfet Euch," sagt die
Schrift. Und wahrlich ist es eine große Versuchung, wenn Einer, den
du für einen Propheten oder Propheten=Schüler, den du für einen Lehrer
und Bekenner der Wahrheit hältest und mit der größten Verehrung und
Liebe umfängst, plötzlich schädliche Irrthümer heimlich einführt, die du aus
Achtung vor dem alten Lehrer weder schnell zu entdecken, noch aus An=
hänglichkeit zu ihm leicht zu verurtheilen vermagst."

„Wir wollen die Worte Moses durch einige Beispiele aus der Kirchen=
geschichte erläutern und mit dem nächstgelegenen und offenkundigsten be=

---

1) 5. M. 13, 1.

ginnen. Wie groß war nämlich die Prüfung, als jener unglückliche Ne=
ſtorius plötzlich vom Schafe zum Wolfen verwandelt, die Heerde
Chriſti zu zerreißen anfing·zur Zeit, als ſelbſt diejenigen, die von ihm
gebiſſen wurden, ihn größtentheils noch für ein Schaf hielten und darum
ſeinen Biſſen um ſo mehr bloß geſtellt waren? Denn wer hätte ſo leicht
glauben ſollen, daß derjenige dem Irrthum verfallen ſei, welcher durch das
höchſte Urtheil des Kaiſers ſelbſt erwählt, mit ſo hoher Achtung von den
Biſchöfen überhäuft, durch die Liebe der Heiligen und die höchſte Gunſt
des Volkes gleich ausgezeichnet, täglich das göttliche Wort offen verkündete
und die verderblichen Irrthümer der Juden und der Heiden bekämpfte?
Wie hätte er nicht Jedem glauben machen ſollen, daß er das Rechte lehre,
predige und glaube, da er die Läſterungen der anderen Irrlehrer wider=
legte? Allein das Wort Moſes ging in Erfüllung: „Gott prüfet Euch,
ob ihr ihn liebet oder nicht." Uebergehen wir aber den Neſtorius, bei dem
man immer mehr Bewunderung als Nutzen, mehr Berühmtheit als Er=
fahrung fand, und betrachten wir diejenigen, die mit vieler Wiſſenſchaft
und großem Fleiß geſchmückt zu einer nicht geringen Prüfung für die
Katholiken wurden. Wie denn in Panonien Photin die Kirche von
Sirmium prüfte und verſuchte, wo er einſt unter allgemeiner Freude zum
Prieſterthum erhoben, dann plötzlich, wie der von Moſes bezeichnete falſche
Prophet und Träumer, das ihm anvertraute Volk bereden wollte, fremden
Göttern, d. i. fremdartigen Irrthümern zu folgen, die es vorher nicht ge=
kannt. Für dieſen ſchlechten Zweck wandte er nicht geringe Mittel an;
denn er war reich an Geiſteskräften und Mitteln der Wiſſenſchaft und
der Rede ſo mächtig, daß er in beiden Sprachen zierlich und gediegen
ſprach und ſchrieb, was ſeine griechiſchen und lateiniſchen Werke klar genug
beweiſen. Allein die ihm anvertrauten Schafe, wachſam wie ſie waren
für den Glauben, entdeckten bei all' ihrer Bewunderung für ſeine Bered=
ſamkeit, doch bald die Prüfung und Verſuchung, die darunter verborgen
lag, denn ſie flohen ihn nachmals wie einen Wolf, dem ſie früher wie
einem Leithammel gefolgt waren. Ein anderes Beiſpiel ſolcher Prüfung
hat auch Apollinaris aufgeſtellt, das uns wieder eindringlich mahnt,
den alten Glauben ſorglich zu bewahren. Dieſer hat ſeinen Zuhörern
große Angſt und Verlegenheit bereitet, da die Autorität der Kirche ſie hie=
her, die Vertrautheit des Lehrers aber dorthin zog und ſie unter ſolchen
Schwankungen kaum wußten, was ſie wählen ſollten. War aber Apolli=
naris etwa ein verächtlicher und unbedeutender Mann? Mit Nichten.
Wie groß war ſein Scharfſinn, ſeine Wiſſenſchaft, ſeine Rednergabe? Wie
viele Irrlehren hat er mit ſeinen Büchern unterdrückt, wie viele glaubens=
widrige Irrthümer widerlegt? Davon gibt ſein Werk von nicht weniger

als dreißig Büchern ein glänzendes Zeugniß, worin er die unsinnigen Ver=
leumdungen des Porphyrius mit einem ungeheuern Aufwand von Be=
weisen widerlegt hat. Durch seine ausgezeichneten Schriftwerke wäre er
den ersten Baumeistern der Kirche beigezählt worden, hätte er nicht, von
der Sucht häretischer Grübelei verblendet, etwas ganz Neues ausgeheckt
und dadurch seine frühern Arbeiten wie mit einem geistigen Aussatze be=
fleckt, so daß seine Lehre der Kirche nicht zur Erbauung, sondern zur
Prüfung und Versuchung diente. Wir wollen nun in Kürze die Irr=
lehren dieser Sekten berühren.

Photin behauptet: Gott müsse als Einer und Einziger nach jüdi=
scher Weise erkannt werden. Er läugnet die Trinität und daher auch die
Person des ewigen Wortes und jene des heiligen Geistes. Christus hält
er für einen bloßen Menschen, der aus Maria seinen Ursprung genom=
men; und auf alle Weise lehrt er: wir dürfen nur die Person des Vaters
als Gott und Christum nur als Menschen verehren. Apollinar rühmt
sich zwar in der Einheit der Trinität mit uns übereinzustimmen, aber
schon hierin ist seine Lehre krank; in Beziehung aber auf die Menschwer=
dung des Herrn artet sie in Lästerung aus. Denn er behauptet, im Fleische
unseres Erlösers habe die menschliche Seele entweder gänzlich gefehlt, oder
dann sei sie ohne Geist und Vernunft darin gewesen. Auch die leibliche
Natur des Herrn sei nicht vom Fleische der heiligen Jungfrau Maria
genommen, sondern vom Himmel in die Jungfrau herabgekommen und
gleich ewig mit dem göttlichen Worte, oder von der Gottheit des Wortes
eigens geschaffen worden. Denn er ließ in Christus nicht zwei Substan=
zen, eine göttliche und eine menschliche, eine von Gott dem Vater, die
andere von der Mutter zu, sondern nahm die Natur des göttlichen Wor=
tes gleichsam zerrissen an, wovon etwas in Gott verblieben, etwas zu
Fleisch sei verwandelt worden. Während die Wahrheit lehrt, daß aus
zwei Substanzen der eine Christus bestehe, behauptete dieser Widersacher
der Wahrheit, aus der Einen Gottheit Christi seien zwei Substanzen ge=
macht worden; so Apollinar. Nestorius fiel in den entgegengesetzten
Irrthum. Zwar gibt er sich den Schein, zwei Substanzen in Christo zu
unterscheiden, stellt aber sogleich zwei Personen, ja zwei Söhne Gottes
und zwei Christus auf, wovon er den einen Gott, den andern Mensch
nennt; der Erste wäre aus dem Vater, der Zweite aus der Mutter geboren.
Darum behauptet er, die heilige Maria sei nicht Theodocos, sondern
Christodocos zu nennen, weil aus ihr nicht jener Christus, der Gott ist,
sondern jener, der Mensch ist, geboren sei. Wohl redet er in seinen
Schriften zuweilen von Einem Christus und Einer Person Christi, aber
nur um seinen Betrug zu verdecken und leichter an den Mann zu brin=

Orelli. 3

gen. Denn er lehrt ungescheut, daß schon nach der Geburt der Jungfrau in dem Einen Christus zwei Personen sich so verbunden hätten, daß gleich= wohl zur Zeit der jungfräulichen Empfängniß oder Geburt und auch nach= mals einige Zeit noch zwei Christus bestanden haben, so daß, als Chri= stus vorerst als ein gewöhnlicher Mensch und vereinzelt geboren und noch nicht mit dem göttlichen Worte in der Einheit der Person verbunden war, erst nachmals die Person des göttlichen Wortes auf ihn herabgekommen sei, und obwohl nun Christus in die Herrlichkeit Gottes aufgenommen worden, sei einmal zwischen ihm und den übrigen Menschen auf Erden kein Unterschied gewesen. — So hat Photin die Trinität Gottes, Apol= linar dagegen die zwei Substanzen in Christus und die vollkommene Seele in der menschlichen Natur Christi geläugnet und an die Stelle der Vernunft oder des Geistes das göttliche Wort gesetzt, Nestorius endlich zwei Christus aufgestellt, die entweder immer — oder doch einige Zeit ge= wesen seien. — Dagegen hielt die katholische Kirche sowohl über Gott als über unseren Erlöser die wahre Lehre allzeit fest; denn sie betet sowohl die eine Gottheit in der Fülle der Dreifaltigkeit· als auch die Gleichheit der Dreifaltigkeit in einer und derselben Majestät an und bekennt den Einen Christus Jesus, nicht zwei, und diesen Christus als Gott und Menschen zugleich. Sie glaubt, daß in ihm zwar nur Eine Person, aber zwei Sub= stanzen zu unterscheiden seien; und darum zwei Substanzen, weil das Wort Gottes nicht verwandelbar in das Fleisch ist; Eine Person aber, um nicht zwei Söhne Gottes zu bekennen, und statt der Dreifaltigkeit eine Vierheit anbeten zu müssen [1]). Photin, Apollinar und Nestorius wurden mit dem Anathem belegt; selig gepriesen aber wird die katholische Kirche, welche, bei der Wahrheit des alten Glaubens beharrend, die neuen Lehren mit aller Entschiedenheit verwarf.

Wir sagten früher, daß der Irrthum eines Lehrers in der Kirche Gottes dem Volke eine Prüfung bereitet, die um so schwerer sich gestaltet, je gelehrter derjenige ist, welcher in Glaubenssachen irrt. Es ist überaus nöthig, diese Wahrheit durch Beispiele immer und immer wieder einzu= schärfen, damit alle wahren Katholiken es erkennen, daß sie mit der Kirche wohl die Lehrer aufnehmen, nicht aber mit den Lehrern der Kirche den Glauben verlassen sollen. Reich ist die Kirchengeschichte an Beispielen sol= cher Prüfungen, keine jedoch ist an Bedeutung jener zu vergleichen, welche Origenes der Kirche bereitete, welcher so viel Vortreffliches, Eigenthüm=

---

1) Im 13.—16. Kap. setzt Vinzenz die Lehre der Kirche über die Dreieinigkeit Gottes, die Menschwerdung des Wortes und die Person Christi mit Rücksicht auf die hervorgehobenen drei Irrlehren nach dem Athanas. Symbol näher auseinander.

liches und Bewunderungswürdiges in sich vereinigte, daß, nach dem Urtheile
Aller, seine Lehren auf unbedingten Glauben Anspruch machten. Denn
wenn die Reinheit des Lebens das Ansehen begründet, ist bei ihm großer
Eifer, große Zucht, Geduld und Hingebung zu finden; wenn Adel und
Gelehrsamkeit auszeichnen, wer ist adelicher als er, der in einem Hause
geboren ward, welches durch das Martyrium verherrlichet wurde, und der
nachmals um Christi willen nicht nur den Vater, sondern auch das ganze
Erbe verlor und dennoch in der Noth einer heiligen Armuth solchen Gewinn erwarb, daß er für das Bekenntniß des Herrn gar oft schwere
Drangsale zu erdulden hatte? Doch nicht das allein wurde später für
die Gläubigen zur Prüfung, sondern auch die außerordentliche Kraft seines
eben so tiefen als scharfen und wohlgebildeten Geistes, mit dem er weit
und breit alle Anderen überragte; nicht minder die ganze Herrlichkeit seiner
Wissenschaft und Gelehrsamkeit, die bei ihm so vollendet war, daß es
wenige Zweige, vielleicht gar keine — in der göttlichen Philosophie sowohl,
als in der Weltweisheit gab, in denen er nicht vollständig bewandert war;
dazu mußte er seine Wissenschaft in griechischer und hebräischer Sprache
zu verwerthen. Was soll ich aber von seiner Beredsamkeit sprechen, die
in ihrem Style so angenehm, so süß und fließend war, daß von seinem
Munde eher Honigtropfen als Worte zu fließen schienen? Was Alles,
das schwer der Ueberzeugung beizubringen und schwierig zu verstehen war,
hat er nicht mit der Kraft seiner Dialektik klargelegt? Allein vielleicht
hat er seine Lehren nur in einer Verbindung trockener Beweise vorgetragen? Mit Nichten! Wohl gab es keinen zweiten Lehrmeister, der bei
seinen Darstellungen mehr Beispiele aus der heiligen Schrift benützte.
Oder hat er vielleicht nur Weniges geschrieben? Kein Sterblicher schrieb
mehr als er, denn Niemand wäre im Stande, alle seine Schriften durchzu-
lesen oder auch nur sie aufzufinden [1]); damit ihm kein Mittel zur Wissenschaft fehle, ward ihm auch die Fülle eines hohen Alters verliehen. Doch,
vielleicht war er nicht glücklich in seinen Schülern? Wo ist ein Lehrer,
der so glücklich war? Zahllose Lehrer, Priester, Bekenner, selbst Martyrer
sind aus seiner Schule hervorgegangen. Wer vermag zu schildern, wie
hoch bei ihnen Allen die Bewunderung, die Verehrung, wie tief gefühlt
der Dank gegen ihren Meister war? Wie Viele kamen aus den entlegensten Theilen der Welt zu ihm, wie wurde er von den Christen als ein ·

---

1) Hieronymus schreibt das Gleiche an Pamachius: „Mille et eo amplius Trac-
tatus, quos in Ecclesia locutus est, edidit, innumerabiles praeterea commen-
tarios, quos ipse appellavit tomos et quos nunc praetereo, ne videar operum
ejus indicem texere. Quis nostrum potest tanta legere, quanta ille conscripsit?"

Prophet, von den Philosophen als ein Meister erster Größe verehrt? Wie hoch er aber nicht nur bei Privaten, sondern selbst beim Kaiserhause in Ehren stand, entnehmen wir den Geschichtsbüchern jener Zeit, die uns be= richten: daß er von der Mutter des Kaisers Alexander Severus (vom J. 222—235) wegen seiner himmlischen Weisheit an den Hof berufen worden, von deren Liebe jene Kaiserin erglühte. Davon geben auch seine Briefe Zeug= niß, die er an Philipp [1]) (den Araber, von 244—249), den ersten christlichen Kaiser von Rom, mit der Autorität des christlichen Lehramtes schrieb. Wer unserem Berichte von der unglaublichen Wissenschaft dieses Mannes nicht glauben will, möge das Bekenntniß der heidnischen Philosophen gel= ten lassen. Selbst der gottlose Porphyrius sagt: Vom Rufe dieses Meisters angezogen, sei er schon als Jüngling nach Alexandrien gekommen und habe ihn dort noch als Greisen gesehen und in ihm einen Mann kennen gelernt, der das Bollwerk der ganzen Wissenschaft in sich aufge= baut. — Eher würde mir die Zeit als der Stoff fehlen, wollte ich auch nur den kleinsten Theil von all' dem Großen darstellen, das dieser Mann in sich vereinigte. Doch das Alles trug nicht nur zur Verherrlichung der Religion bei, sondern auch zur Größe der nachmaligen Prüfung. Denn wer wollte einen Mann von solcher Größe und von so hoher Gelehrsam= keit und Huld leicht herabsetzen und nicht vielmehr dem Sinnspruch fol= gen: „Lieber mit Origenes irren als mit Anderen die Wahrheit erkennen" [2]). Was folgte? Es kam so weit, daß die nicht bloß menschliche, sondern wie der Ausgang zeigte, überaus gefährliche Prüfung dieses Mannes, der so groß als Mensch, als Lehrer, als Prophet war, sehr Viele von der Reinheit des Glaubens abführte. Wie aber Origenes, sonst so groß und so unvergleichlich, die Gnade Gottes hof= färtig mißbrauchte, seinen Talenten allzuviel traute, sich selber zu viel glaubte, dagegen die alte Einfachheit der christlichen Religion gering achtete, über die kirchliche Ueber= lieferung und die Lehren der Alten sich hinwegsetzte und ge= wisse Stücke der heiligen Schrift in neuer Weise erklärte, — hat er verdient, daß über ihn an die Kirche die Warnung erging: „Wenn in deiner Mitte ein Prophet aufsteht, so sollst du die Worte dieses Propheten nicht hören; denn der Herr, euer Gott prüfet euch, ob ihr ihn liebet oder nicht!" Allein es war nicht nur eine einfache, sondern eine große Prüfung, die Kirche, die seinem

---

1) Nach Euseb. Kirch.=G. lib. VI. cap. 34.
2) Nach Cicero lib. I. Quaest. Tusc. Cum Platone errare malo quam cum istis Vera sentire.

Geiste, seiner Beredsamkeit und Tugend ihre Bewunderung zollte und von ihm Böses weder ahnte noch fürchtete, so plötzlich von der alten Religion weg= und in eine unheilige Neuerung einzuführen. Mag man behaupten: Origenes' Schriften seien verfälscht worden. Ich wünsche, daß es so sei; und es wurde dies nicht nur von den Katholiken, sondern auch von den Häretikern behauptet. Allein das müssen wir uns merken, daß wenn nicht er selber, so doch die unter seinem Namen erschienenen Bücher der Kirche eine große Prüfung bereitet haben, weil sie von Irrlehren angesteckt, den= noch nicht als fremde, sondern als die Werke Origenes' gelesen und ge= schätzt wurden und unter dem Schilde seines Ansehens Irrthümer unter den Lesern verbreiteten. — Das Gleiche ist bei Tertullian der Fall. Denn wie Origenes bei den Griechen, so wird Tertullian bei den Unsri= gen als der Fürst der Wissenschaften angesehen. In der That, wer kann gelehrter, wer in den göttlichen und menschlichen Wissenschaften bewander= ter als dieser sein? Er hat die gesammte Philosophie und alle Schulen derselben, so wie ihre obersten Führer und Meister; eben so alle ihre Lehr= systeme und die ganze Mannigfaltigkeit der Geschichtsbücher und Literatur mit einer wunderbaren Geistestüchtigkeit umfaßt. So siegreich war sein gewaltiges Talent, daß er nie den Kampf gegen ein Lehrsystem oder eine Doktrin erhob, ohne sie mit der Schärfe seines Geistes zu durchbohren oder mit dem Gewichte seiner Gelehrsamkeit zu erdrücken. Wer vermag aber das Lob seiner Beredsamkeit auszusprechen, die er mit solcher Folge= richtigkeit zu durchweben wußte, daß er selbst diejenigen zur Beistimmung drängte, die er nicht überzeugen konnte? Der beinahe so viele Grundsätze, als Worte gibt, so viele Siege, als Sprüche zählt. Das wissen die Marcion, die Apelles, die Praxeas und Hermogenes, die Juden und die Heiden, deren Lästerungen er mit der Waffe und dem Geiste seiner Schrif= ten wie mit Blitzesschlägen darniederwarf. Und sogar dieser Tertullian war auf das katholische Dogma, d. i. auf den allgemeinen und alten Glauben zu wenig bedacht; und weit beredter als glücklich änderte er nach= mals seine Gesinnung und verschuldete zuletzt, was von ihm der selige Bekenner Hilarius (von Poiton) irgendwo [1]) schreibt: „Durch seinen spätern Irrthum entzog er auch seinen noch probehaltigen Schriften das Ansehen" und so wurde auch er für die Kirche zu einer großen Prüfung. Denn, weil er den Unsinn des Montanus und die wahnsinnigen Träume verirrter Weiber für wahre Prophezeiungen ausgab, hat er es gleichfalls verschuldet, daß auch über ihn und seine Schriften die Warnung erging: „Du sollst das Wort dieses Propheten nicht hören" — warum?

---

1) S. Hilar. in Matth. cap. 5.

„Weil Gott Euch prüfen will, ob ihr ihn liebet oder nicht." Aus diesen und unzähligen anderen Beispielen der Kirchengeschichte geht klar hervor, daß, wo immer ein kirchlicher Lehrer vom Glauben abirrt, Gott es zu unserer Prüfung zuläßt, damit wir uns bewähren, ob wir ihn von gan= zem Herzen und aus ganzer Seele lieben.

Also kann nur derjenige ein wahrer und treuer Katholik sein, der die Wahrheit Gottes, der die Kirche, der den Leib Christi liebt; der der gött= lichen Religion und dem katholischen Glauben nichts in der Welt vorzieht, weder das Ansehen eines Menschen, noch die Liebe; weder das Talent, noch die Philosophie, sondern, das Alles gering achtend und im Glauben fest und standhaft verharrend, entschlossen ist, das allein zu glauben und festzu= halten, was von Alters her die katholische Kirche geglaubt und festgehalten hat, dagegen all' dasjenige, was von irgend Einem Neues und Unerhör= tes gegen die Lehren der Heiligen eingeführt werden will, als etwas nicht zur Religion, sondern zur Prüfung Gehöriges anzusehen. „Irrlehren müssen sein," spricht der Apostel [1]), „damit die Erprobten unter Euch offenbar werden." Darum werden auch die Urheber der Irrlehren nicht alsogleich ausgerottet, damit Jeder sich zeige, ob er ein fester und treuer Anhänger des katholischen Glaubens sei. Bei diesem Anlaß wird der gute Weizen in der Tenne zurückgehalten, die leere Spreu dagegen ausgeschieden. Denn bei jeder entstandenen Neuerung fliegen Einige plötzlich hinzu, Andere, lediglich erschüttert vom Sturme, fürchten zu Grunde zu gehen und schämen sich, verwundet, halb todt und halb lebend, wie sie sind, zurückzukehren. Sie haben nämlich das Gift nur in einem Maße eingenommen, daß es weder tödtet noch verdaut wird, weder sterben macht, noch leben läßt. O trauriger Zustand! Von welchen Sorgen werden Solche geängstigt, von welchen Stürmen umhergetrieben! Bald werden sie vom Irrthum fortgerissen, wohin der Windzug bläßt, bald zu sich selber eingekehrt, wie Gegenwellen wieder zurückgeworfen; nun billigen sie verwegen, was ganz ungewiß scheint, und schrecken von dem zurück, was ganz gewiß ist; un= gewiß selber, ob sie gehen oder zurückkehren, was sie anstreben, was sie fliehen, was sie festhalten, was sie lassen sollen. Diese Betrübniß eines zweifelhaften und schwankenden Herzens ist für sie eine Arznei der gött= lichen Erbarmung, wenn sie zu besseren Gesinnungen zurückkehren. Denn darum werden sie außerhalb des sicheren Hafens des katholischen Glau= bens von den verschiedensten Gedankenstürmen umhergeworfen und bei= nahe zu Grunde gerichtet, damit sie die weit entfalteten Segel ihrer Hoffart streichen, die sie vor den Winden der Neuerungen ausgespannt hatten, sich

---

1) 1. Kor. 11.

innerhalb den wohlgeschützten Hafenplatz der lieben und theuren Mutter zurückbegeben und halten und die bitteren und unruhigen Fluthen der Irrthümer zuerst abtreiben, um darnach den Trunk des gesunden und lebendigen Wassers trinken zu können. So müssen sie gut verlernen, was sie nicht gut sich angelernt haben, und in jedem Dogma der Kirche das, was mit dem Verstand erfaßt werden kann, e r f a s s e n, was nicht begrif= fen werden kann, g l a u b e n.

Darum ist mir die Verwegenheit und Blindheit gewisser Menschen ganz unbegreiflich, die sich mit der einmal gegebenen und von Alters her überlieferten Glaubensregel nicht zufrieden geben, sondern von Tag zu Tag immer Neues suchen, und der Religion immer etwas anzufügen oder zu entziehen oder an ihr zu ändern streben; als wenn sie nicht ein gött= liches Dogma wäre, bei dem es genügt, einmal geoffenbart zu sein, son= dern als wenn sie vielmehr eine irdische Anstalt wäre, welche nicht anders, als durch beständige Verbesserung oder vielmehr durch immerwährenden Tadel vollendet werden könnte, da doch das Wort Gottes uns zuruft: „Versetze die Gränzmarken nicht, die deine Väter gesetzt haben" [1]); und jene andere Warnung des Apostels, womit er wie mit einem Schwert= streich die Neuerungen aller Irrlehrer enthauptet: „O Timotheus! bewahre die Hinterlage, und meide die unheiligen Wortneuerungen und Einwürfe einer fälschlich sich so nennenden Wissenschaft, zu welcher Einige sich bekannten, und so vom Glauben abgefallen sind" [2]). Wer von den Neuerern wird von dem Gewichte dieser apostolischen Worte nicht erdrückt, wer von den Blitzen dieser Aussprüche nicht zu Boden geworfen? Ja, die Neuerer verheißen die Wissenschaft, eine neue und bisher noch nicht bekannte Lehre. Kommet, sagen sie, ihr Armen und Ungebildeten, die ihr gewöhnlich Katholiken genannt werdet, kommet und lernet bei uns den wahren Glau= ben, den außer uns Niemand Anderer versteht, der seit vielen Jahrhunder= ten verborgen lag, neulich aber offenbar ward und an das Tageslicht trat. Aber erlernet ihn verstohlen und geheim, er wird Euch ergötzen. Und wenn ihr ihn werdet gelernt haben, dann lehret ihn geheim, damit es weder die Welt höre noch die Kirche wisse; denn nur Wenigen ist es ver= liehen, die verborgene Weisheit eines so großen Geheimnisses zu fassen! Doch kehren wir zum Worte des Apostels zurück: „O Timotheus, be= wahre die Hinterlage und meide die unheiligen Lehrneuerungen!" So rief der Apostel aus, weil er die künftigen Irrthümer voraussah und zugleich beklagte. Wer ist heute dieser Timotheus anders, als entweder die gesammte Kirche, oder dann insbesondere der g a n z e K ö r p e r der Kirchenvor=

---

1) Sprichw. 22. — 2) I. Tim. 6, 21.

steher, welche die volle Wissenschaft des göttlichen Kultus sowohl selber haben als Anderen mittheilen sollen. Was heißt — bewahre die Hinterlage? Nichts Anderes als — bewahre die Hinterlage wegen der Diebe, wegen der Feinde, damit sie, wenn die Menschen schlafen, nicht Unkraut in den guten Weizen auf den Acker des Menschensohnes streuen können. Was ist die Hinterlage? Das, was dir anvertraut, nicht was von dir erfunden ist; das, was du empfangen, nicht was du erfunden hast, eine Sache nicht deines Talentes, sondern der erhaltenen Unter= weisung, nicht privatlichen Besitzes, sondern öffentlicher Ueberlieferung; eine Sache dir zugeführt, nicht von dir hervorgebracht, von der du nicht der Urheber, sondern nur der Bewahrer sein darfst, nicht der Erfinder, sondern der Befolger. „Bewahre," sagt er, „die Hinterlage!" Erhalte das Talent des katholischen Glaubens unverfälscht und unverletzlich. Was dir ist anvertraut worden, das bleibe bei dir bewahrt, das werde von dir wieder überliefert. Du hast Gold empfangen, gib das Gold zurück. Ich will nicht, daß du dafür betrügerisch etwas Anderes, Blei oder Erz für das Gold zurückgebest. Nicht den Schein, ich will das Wesen des Goldes haben. O Timotheus, o Bischof, o Lehrer! wenn dich das göttliche Amt nach Talent, Uebung und Lehre tüchtig gemacht hat, sei ein geistiger Bewahrer des Heiligthums, bilde die kostbaren Edelsteine des göttlichen Dogma aus, ver= binde sie geeignet mit einander, ziere sie weise aus, gib ihnen Glanz, Zierde, Schönheit. Unter deiner Arbeit werde klar erkannt, was vorher nur dunkel geglaubt worden; durch deine Bemühung erfreue die Nachwelt sich des Verständnisses von dem, was früher die Vorwelt nicht verstanden, aber verehrt hat. Lehre aber dasselbe, was du gelernt hast, so daß du, wenn du es auch auf neue Weise sagst, dennoch niemals etwas Neues sagest.

Vielleicht wendet mir Jemand ein: „Wenn Alles beim Alten bleiben muß ist ja in der katholischen Kirche kein Fortschritt möglich!" Allerdings ist in der Kirche ein Fortschritt und zwar ein sehr großer Fortschritt möglich. Denn wer ist der von Gott und den Menschen gehaßte Mensch, der einen solchen hindern wollte, insofern er ein wahrer Fortschritt im Glauben und keine Veränderung des Glaubens ist? Denn der Fortschritt besteht darin, daß jegliches Ding in sich selber erweitert wird, die Veränderung dagegen darin, daß Etwas aus einem Bestimmten zu einem ganz Anderen umgewandelt wird. Da= her soll wachsen und auf das eifrigste fortschreiten die Weisheit, die Wissen= schaft und Erkenntniß sowohl Aller als jedes Einzelnen und der gesamm= ten Kirche nach den Stufen der Alter und Jahrhunderte, aber lediglich in seiner Art, in demselben Dogma nämlich, in derselben Sinnweise und in

derselben Lehrmeinung. **Die Religion der Seelen ahme die Ent=
wicklungsweise der Körper nach,** welche, obwohl sie im Laufe der
Jahre ihre Glieder entwickeln und ausbilden, dennoch immer dieselben
bleiben, die sie waren. Ein großer Unterschied liegt zwischen der Blüthe
der Knabenjahre und der Reise des Greisenalters. Dennoch wachsen ganz
die Gleichen zu Greisen heran, welche einst Jünglinge waren, so daß eine
und dieselbe Natur und eine und dieselbe Person bleibt, obgleich der Zu=
stand und die Lebensweise desselben Menschen sich verändert hat. Klein
sind die Glieder der Säuglinge, die der Jünglinge groß, die Glieder sel=
ber sind die gleichen. So viele Gelenke die Kleinen, so viele derer haben
die Erwachsenen, sie sind schon im Embryo selber gelegen, so daß nichts
Neues bei den Greisen zum Vorschein kommt, was nicht schon bei den
Knaben verborgen lag. Darin besteht also die wahre und erlaubte Regel
des Fortschrittes, darin die ächte und herrliche Ordnung des Wachsthums,
daß sie bei den Größern mit dem Laufe der Jahre jene Theile und For=
men immer mehr zur Ausbildung bringt, welche die Weisheit des Schöpfers
schon bei den Kleinen vorgebildet hat. Würde die menschliche Gestalt
später zu einem naturwidrigen Zerrbilde verzogen, oder etwas der Zahl
ihrer Glieder entzogen oder beigefügt, so müßte nothwendig der ganze
Körper entweder zerstört oder mißgestaltet, in jedem Falle geschwächt
werden. **Die gleichen Gesetze des Fortschrittes muß auch die
Grundlehre (dogma) der christlichen Religion befolgen.** Sie muß
mit den Jahren sich befestigen, mit der Zeit sich erweitern, mit dem Alter
sich erheben, **jedoch immer unverletzt und rein verbleiben** und
in allen Maßen ihrer Theile und in ihren eigenen Gliedern und Sinnes=
werkzeugen ganz und vollständig erhalten werden, darum keinerlei Ver=
änderung zulassen, keinerlei Abbruch an ihrer Eigenthümlichkeit und keinen
Wechsel ihrer Lehrbestimmung dulden. Haben unsere Vorfahren auf das
Ackerfeld der Kirche den guten Samen des Glaubens ausgesäet, so wäre
es ungeziemend und sündhaft für uns, ihre Nachkommen, statt dem Wei=
zen der wahren Lehre das beigemischte Unkraut des Irrthums einzuheim=
sen. Vielmehr ist es billig und verständig, daß wir das, was aus jenem
ersten Samenwurf im Laufe der Zeit sich entwickelt, auch jetzt noch weiter
ausbilden, dagegen an der Eigenthümlichkeit der Schößlinge nicht das Ge=
ringste ändern. Jene Rosen der katholischen Lehre dürfen nicht zu Dornen
umgewandelt, in diesem geistigen Paradiese dürfen aus den Schößlingen
des Zimmets und Balsams nicht Lauch und Wolfskraut aufwachsen. Was
daher immer auf dem Ackerfeld der Kirche durch den Glauben der Väter
ist gesäet worden, das und nichts Anderes soll durch den Fleiß der Söhne
weiter ausgebildet und beachtet werden, das und nichts Anderes soll empor=

blühen und ausreifen, fortſchreiten und vollendet werden. Es iſt alſo
ganz gut und recht, jene alten Lehrſätze der göttlichen Weisheit mit der
Zeit zu pflegen, zu verbinden und auszuſchmücken, aber unerlaubt und unrecht wäre es, ſie zu ändern, zu verſtümmeln oder ganz abzuſchneiden;
man mag ihnen Evidenz, Licht, Unterſcheidung verleihen, aber ſie müſſen
ihre Vollſtändigkeit, Ganzheit und Eigenthümlichkeit beibehalten. Denn
wenn ſie dieſe einmal durch die Frechheit eines gottloſen Betruges verloren
haben, dann ſteht die Religion ſelbſt in höchſter Gefahr, zerſchnitten und
zerſtört zu werden. Hat man vorerſt auch nur einen Theil des katholiſchen Dogma's aufgegeben, ſo werden alsbald auch andere und wieder
andere aufgegeben, und wird zuletzt das Ganze verworfen. Oder wird das
Neue mit dem Alten, das Fremde mit dem Einheimiſchen, das Weltliche
mit dem Heiligen vermiſcht, ſo wird dieſes Verfahren unvermerkt auf das
Ganze angewendet, ſo daß nachher in der Kirche nichts mehr unangetaſtet,
nichts mehr ganz vollſtändig und rein belaſſen bleibt, ſondern das Heiligthum, wo einſt die keuſche und unverletzte Wahrheit wohnte, zu einem
Bordell gottloſer Irrthümer herabgewürdigt wird, was Gott verhüten
wolle. Die Kirche aber, die eifrige und treue Hüterin der in ſie nieder-
gelegten Glaubenslehre, ändert nichts an ihnen, ſie mindert nichts, fügt
nichts bei, ſchneidet das Nothwendige nicht weg, ſetzt Ueberflüſſiges nicht
bei; ſie verliert das Ihrige nicht, ſie nimmt nichts Fremdes an, ſondern
ſucht nur das Eine mit höchſtem Eifer, daß ſie das Alte getreulich und
weiſe behandle und was von Alters her beſtimmt und feſtgeſetzt worden,
pflege und ausbilde, was aber ſchon erklärt und aus der Schale gehoben
iſt, befeſtige und bekräftige, was dagegen ſchon bekräftigt und erklärt iſt, un-
verſehrt bewahre. Denn was hat ſie mit den Dekreten der Concilien
je anders bezweckt, als daß, was vorher einfach geglaubt wurde, nachher
um ſo bewußter geglaubt werde, was vorher ſchwach gepredigt wurde,
nachher um ſo eifriger verkündet werde, und was vorher zuverſichtlich verehrt wurde, nachmals um ſo ſorglicher in vollen Ehren gehalten werde?
Nur das und nichts Anderes hat die katholiſche Kirche, durch die Neuerungen der Irrlehrer aufgeſchreckt, durch die Dekrete ihrer Concilien bezweckt,
als daß, was ſie früher von den Vorfahren bloß auf dem Wege der Ueberlieferung empfangen hatte, den Nachkommen auch noch durch die Urkunde
eines ſchriftlichen Zeugniſſes klar beſtimmt werde, indem ſie in wenig Worten eine große Maſſe von Lehrſtoff zuſammenfaßte und meiſtens zum beſſeren
Verſtändniß den nicht neuen Glaubensinhalt mit einer eigenen neuen Benennung bezeichnete [1]).

---

1) L. c. c. 23.

Darum, o Timotheus! bewahre die Hinterlage des Glaubens, vermeide die unheiligen Wortneuerungen, d. i. die neuen Glaubenslehren, welche der Vorzeit und dem Alterthum widersprechen. Denn werden diese angenommen, dann muß der Glaube der seligen Väter nothwendigerweise ganz oder sicher zum Theile verletzt und eingebrochen werden; dann muß man offen erklären, daß alle Gläubigen aller Alter, alle Heiligen, alle Keuschen, Enthaltsamen und Jungfrauen, alle Kleriker, Leviten und Priester, so viele tausend Bekenner, so viele Heerschaaren der Martyrer, die ungeheure Menge berühmter Städte und Völker, so viele Inseln, Provinzen, Könige, Nationen und Reiche, ja der ganze, durch den katholischen Glauben Christo dem Haupte einverleibte Erdkreis im Laufe so vieler Jahrhunderte geirrt, Gott gelästert und nicht gewußt habe, was er glaubte. Darum „hüte dich, o Timotheus, vor den unheiligen Wortneuerungen!" Denn wer hat jemals Irrlehren aufgestellt, als derjenige, der sich zuerst von der Uebereinstimmung, der Allgemeinheit und dem Alterthum der katholischen Kirche losgetrennt hatte? Dafür hat uns Pelagius selbst den klarsten Beweis geliefert. Denn wer vor ihm hat jemals dem freien Willen eine so große Kraft beigemessen, daß er zur Unterstützung dieses Willens im Guten für alle einzelnen Handlungen die Gnade Gottes nicht für nothwendig erachtete? Wer vor seinem schlechten Schüler Cölestius hat geläugnet, daß das ganze Menschengeschlecht an die Schuld der Uebertretung Adams gekettet sei? Wer hat vorgängig dem gottlosen Arius gewagt, die Einheit von der Trinität zu scheiden; wer vor dem lasterhaften Sabellius sich erfrecht, die Trinität mit der Einheit zu vermischen? Wer vor dem grausamen Novatian hat behauptet: Gott sei grausam, weil er den Tod des Sterbenden lieber wolle, als daß er sich bekehre und lebe? Wer hat vor dem, durch die Strafe des Apostels geschlagenen, Simon Magus, von welchem jene alte Quelle aller Schande bis auf den neuesten Priscillian in beständigen und verborgenen Abflüssen sich ergoß, lehren dürfen, daß Gott der ewige Schöpfer zugleich der Urheber aller Uebel und Lasterthaten sei? Denn dieser Unglückliche hat wirklich behauptet: Gott schaffe mit seinen Händen so die Natur des Menschen, daß sie aus ihrer eigenen Bewegung und einem nothwendigen Willenstriebe nicht anders als sündigen könne, weil sie, von den Furien aller Laster angetrieben und entzündet von einer unerschöpflichen Begierde, in den Abgrund aller Laster hingerissen werde. Unzählige andere Irrthümer könnten noch weiter angeführt werden, allein die hervorgehobenen genügen, um darin den Grundcharakter aller Irrlehrer nachzuweisen, daß sie immer an unheiligen Neuerungen Gefallen finden, die Wissenschaft des Alterthums verpönen und durch den Widerspruch einer fälschlich sich nennenden Wissenschaft am Glauben Schiffbruch leiden. Dagegen iſt es den Katholiken eigen, die Glaubenshinterlage der heiligen Väter und die anvertraute Lehre zu bewahren, die unheiligen Neuerungen zu verdammen und die Warnung des Apoſtels zu befolgen [1]): „Wer etwas Anderes verkündet, als was ihr empfangen habet, ſei verflucht!"

Wohl gebrauchen auch die Irrlehrer [2]) die Zeugniſſe der heiligen Schrift; durchblättern alle Theile derſelben, die Bücher Moſis und der Könige, die Pſalmen, die Evangelien, die Schriften der Apoſtel und der Propheten. Zu Hauſe und bei Anderen, privat und öffentlich, in ihren Vorträgen und Schriften, bei den Gelagen und auf den Marktplätzen bringen ſie von ihren Lehren nichts vor, ohne es durch Stellen der heiligen Schrift zu beſchönigen. Man leſe die Büchlein des Paulus von Samoſata, Priscillian's, Eunomius', Jovinians und der anderen Peſtkranken, überall ſuchen dieſe ihre Irrthümer durch Scheinbeweiſe mit Stellen des neuen oder alten Teſtamentes zu belegen, und ſie ſind daher um ſo mehr zu fürchten, weil ſie das Gift unter dem Schatten des göttlichen Geſetzes verbergen. Denn ſie wiſſen wohl, daß ihr Unrath Niemanden gefallen könnte, wenn ſie ihn ſchlicht und offen darlegen würden; darum mißbrauchen ſie den Wohlgeruch der göttlichen Ausſprüche, unter deren Schutz ſie ihre Irrthümer an den Mann bringen. Sie machen es wie Eltern, die, wenn ſie kranken Kindern den Bittertrank reichen wollen, den Saum des Bechers mit Honig beſtreichen, damit das unerfahrene Kind, wenn es vorerſt das Süße gekoſtet, von der nachfolgenden Bitterkeit nicht abgeſchreckt werde. Deswegen ermahnt uns der Erlöſer [3]): „Hütet euch vor den falſchen Propheten, die im Schafskleide zu euch kommen, im Innern aber reißende Wölfe ſind!" Was iſt das Schafskleid anders als die Ausſprüche der Propheten und der Apoſtel, welche ſie in aller Einfalt dem unbefleckten Lamme, das die Sünden der Welt hinnimmt, gleichſam zu einem Wollenpelz gewoben haben? Und wer ſind die reißenden Wölfe anders, als die beißenden Grundſätze der Irrlehrer, welche die Schafhürden der Kirche beſtändig anfallen und die Heerde Chriſti auf alle Weiſe zerreißen? Um aber die argloſen Schafe leichter zu fangen, legen ſie bei all' ihrer bleibenden Wolfswuth nach Außen hin den Wolfspelz ab und hüllen ſich mittelſt der Ausſprüche der göttlichen Schrift in das Schafsfell, damit die Gläubigen, durch die Weichheit der Wolle getäuſcht, die ſcharfen Wolfszähne um ſo weniger fürchten. Allein „aus ihren Früchten werdet ihr ſie erkennen," wie der Erlöſer ſpricht. Denn ſobald ſie im Weitern die Ausſprüche der heiligen Schrift erklären und deuten, dann kömmt jene Bitterkeit, jene Schärfe, jene Wuth zum Vorſchein; dann wird der neue Eiter ausgeſpritzt; dann treten die unheiligen

---

1) Gal. 1, 8. — 2) L. c. c. 25. — 3) Matth. 7.

Neuerungen zu Tage; dann werden die Gränzmarken der Väter verrückt, wird der katholische Glaube zertrümmert, die Glaubenslehre der Kirche zerrissen. Solche nennt der Apostel [1] falsche Apostel und betrügliche Arbeiter, welche die Gestalt der Apostel Christi annehmen. Und kein Wunder; denn der Satan selbst nimmt die Gestalt eines Engels des Lichtes an." Kein Wunder, daß auch seine Diener sich als Diener der Gerechtigkeit ausgeben und unter der Autorität der göttlichen Schriftworte die Betrüge ihrer hinterlistigen Irrthümer einführen. Als der Satan den heiligsten Erlöser auf der Zinne des Tempels versuchte, sich herunterzustürzen, mißbrauchte er hiefür Stellen aus der heiligen Schrift: „denn es steht geschrieben," sprach er, „er hat seinen Engeln befohlen, dich auf allen deinen Wegen zu bewahren." Dieser wichtige Vorfall soll uns zur unvergeßlichen Lehre dienen. So oft falsche Lehrer mit Stellen der heiligen Schrift den katholischen Glauben bekämpfen, dürfen wir nicht zweifeln, daß der alte Versucher zu uns spricht. Denn wie damals das Haupt zum Haupte, so sprechen jetzt die Glieder des Teufels zu den Gliedern Christi, die Treulosen zu den Treuen, die Irrlehrer zu den Katholiken. Was sprechen sie zu uns? Wenn du willst ein Sohn Gottes und ein Erbe des Himmelreiches sein, so stürze dich von der Tempelzinne der katholischen Kirche herunter und verlasse ihre feste Lehre und Ueberlieferung. Und wer sie fragt, warum soll ich sie verlassen, dem antworten die Verführer schnell: „denn es steht geschrieben"; und auf der Stelle führen sie tausend Geschichten, tausend Beispiele, tausend Autoritäten aus dem Gesetze, den Psalmen, den Propheten und Aposteln, verbunden mit einer neuen und schlechten Auslegung, an, um die unglückliche Seele von der festen Burg des katholischen Glaubens in den Abgrund der Irrthümer herabzustürzen. Dabei geben sie vor, daß in ihrer Kirche d. i. in dem Konventikel ihrer Gemeinschaft eine eigene, große, gleichsam persönliche Gnade Gottes zu finden sei, vermöge welcher sie ohne alle Mühe und Arbeit, ohne allen Fleiß und Eifer, wenn sie auch weder bitten noch anklopfen, und nur zur auserwählten Zahl gehören, so von Gott begnadigt würden, daß sie, von den Engeln wie auf den Händen getragen, niemals ihren Fuß an Steine der Aergernisse anstoßen könnten.

Wenn aber die falschen Lehrer die Aussprüche der heiligen Schrift so sehr mißbrauchen, was sollen die Katholiken, die Söhne der heiligen Kirche thun, um in den heiligen Schriften das Wahre von dem Falschen zu unterscheiden? Das sollen sie thun, was uns, wie wir zu Anfang dieser Schrift bemerkt haben, heilige und gelehrte Männer überliefert haben.

---

1) 2. Kor. 11, 13.

Sie müssen den göttlichen Kanon der heiligen Schrift nach der Ueberlieferung der allgemeinen Kirche und nach den Regeln der katholischen
Glaubenslehre auslegen und hierin nothwendig der Allgemeinheit, dem
Alterthum und der Uebereinstimmung der apostolischen und katholischen Kirche folgen. Wo dann immer der Theil gegen das Ganze, die
Neuheit gegen das Alterthum, der Widerspruch eines oder weniger Irren-
den gegen die Uebereinstimmung Aller oder des weit größeren Theiles der
Katholiken sich empört, müssen sie die Reinheit der Allgemeinheit der Ansteckung eines Theiles vorziehen; in dieser Allgemeinheit nicht der Entheili-
gung der Neuerung, sondern der Religion des Alterthums, nicht der Verwegenheit Eines oder Weniger, sondern den Dekreten des allgemeinen
Conciliums, wenn solche vorhanden sind, den Vorzug geben, oder den
Lehrmeinungen vieler und großer Kirchenlehrer folgen. Beachten wir das,
dann werden wir ohne besondere Schwierigkeit alle verderblichen Irrthümer
der Häretiker schon bei ihrem Beginne entdecken und verwerfen können.
Die Irrthümer der Neuerer sind vorzüglich an der Uebereinstimmung
der Väter in den Glaubenslehren leicht zu entdecken. Diese ihre Uebereinstimmung müssen wir nicht gerade in allen kleinen Fragen des göttlichen
Gesetzes, sondern vorzüglich in der Glaubensregel mit großem Eifer erforschen. Indessen sind nicht alle Irrlehren, sondern nur die neuesten auf
diese Weise zu bekämpfen. Die älteren Irrlehren, die sich schon lange
eingewurzelt haben, können wir am füglichsten durch das Ansehen der
heiligen Schrift bekämpfen, oder weil sie schon vor Alters durch die allgemeinen Concilien der katholischen Bischöfe verurtheilt wurden, einfach meiden. Tritt aber ein neuer Irrthum auf und will er sich durch Schriftstellen und falsche Auslegung geltend machen, so muß man für die Auslegung der Schrift sogleich die Meinungen der Väter sammeln, durch
welche jede Neuerung ohne Umschweif sogleich aufgedeckt und verurtheilt
wird. Allein nur jene Väter sind hiebei zu Rathe zu ziehen, welche in der
Glaubenslehre und Gemeinschaft heilig, weise und standhaft gelebt,
gelehrt, ihre Standhaftigkeit bewährt und verdient haben, in Christo getreu
zu sterben, oder so glücklich waren, für Christus den Tod zu erdulden.
Diesen muß man nach der Regel glauben, daß was immer entweder Alle
oder Mehrere in einem und demselben Verstande, offenbar, zum öftern, beharrlich, wie in einem übereinstimmenden Lehrerconvente angenommen, festgehalten und aufgestellt haben, für zweifellos, gewiß und giltig gehalten
werde. Wo dagegen immer Einer, und wäre dieser sogar ein Heiliger und
Gelehrter, ein Bischof, ein Bekenner oder Marthyer, außerhalb Aller oder
gegen alle Anderen etwas lehrt, so werde Solches von der Autorität der
allgemein angenommenen und öffentlichen Lehrmeinung zu den besonderen

und eigenen Privatansichten verwiesen, damit nicht zur höchsten Gefährde des ewigen Heiles, nach der gottlosen Sitte der Häretiker, die alte Wahrheit der allgemeinen Glaubenslehre verlassen und dafür die Neulehre eines einzelnen Menschen angenommen werde. Diese heilige und katholische Uebereinstimmung der seligen Väter ist hoch zu halten; „denn Gott hat in seiner Kirche," wie der Apostel schreibt, (2. Kor. 12.) „Einige als Apostel, Andere als Propheten und Lehrer aufgestellt"; und wer ihre übereinstimmende Lehre in Sachen des Glaubens verachtet, verachtet nicht einen Menschen, sondern Christum selbst und der Apostel beschwört uns, von ihrer rechtgläubigen Einheit nicht abzuweichen, denn er schreibt [1]): „Ich bitte Euch, Brüder, durch den Namen unseres Herrn Jesu Christi, daß ihr Alle einerlei Sprache führt und keinerlei Spaltungen unter euch seien, daß ihr vielmehr vollkommen Eines Sinnes und Einer Meinung seied!" Wir haben nun noch unser Versprechen zu erfüllen und zu zeigen, wo und wie die Lehrmeinungen der heiligen Väter gesammelt wurden, um durch das Ansehen und das Dekret des Concils die Regel des Glaubens zu bilden [2]).

Es war, wie wir bisher dargethan, immerwährende Uebung der Katholiken, den wahren Glauben auf zweifache Weise zu beweisen, vorerst durch die Autorität des heiligen Schriftkanons, sodann durch die Ueberlieferung der katholischen Kirche. Nicht darum, als ob der heilige Schriftkanon nicht für Alles genüge, sondern weil die Worte der heiligen Schrift bei willkührlicher Auslegung verschiedene Meinungen und Irrthümer veranlassen, deswegen wird es nothwendig, das Verständniß der göttlichen Schrift auf die Regel des kirchlichen Sinnes hinzulenken, vorzüglich in jenen Fragen, auf welche die Fundamente der ganzen katholischen Glaubenslehre sich stützen. Wir haben ferner bemerkt, daß man hinwiederum in der Kirche selber die Uebereinstimmung der Allgemeinheit und des Alterthums wohl beachten müsse, damit wir niemals von der Ganzheit der Einheit zum Sondertheile des Schisma abgebrochen, oder von dem Alterthum der Religion zu den Neuerungen der Irrlehren hingerissen werden. Wir haben gleichfalls hervorgehoben, daß man in dem Alterthume der Kirche selber auf zwei Dinge sorglich zu achten habe, und zwar vorerst, ob irgend Etwas von Alters her von allen Bischöfen der katholischen Kirche in der Autorität eines allgemeinen Concils darüber bestimmt und festgesetzt worden sei. Wenn aber beim Auftauchen einer neuen Frage darüber nichts zu finden wäre, muß man zu den Lehren der heiligen Väter seine Zuflucht nehmen,

---

1) 1. Kor. 1, 10.
2) Hier endet der erste Theil des Kommonitoriums, der zweite Theil ging leider verloren und ist nur noch in einem schwachen Auszuge von 5 Kapiteln vorhanden.

derjenigen nämlich, welche, jeder zu seiner Zeit und an seinem Orte, in der Einheit des Glaubens und der Gemeinschaft beharrend, als bewährte Lehrer sich ausgewiesen haben, und was immer diese Eines Sinnes und Verständnisses festgehalten, als die wahre und katholische Lehre der Kirche ohne alle Beängstigung annehmen. Zum Beweise, dafür führen wir nicht unsere eigene Autorität, sondern als Beispiel das heilige Concil an, welches vor drei Jahren (im J. 431) zu Ephesus in Asien unter dem Konsulate des Bassus und Antiochus ist abgehalten worden. Denn als dort über die Feststellung der Glaubensregeln gestritten wurde, haben, damit nicht nach der Weise der Ariminensischen Treulosigkeit irgend eine unheilige Neuerung sich einschleichen könne, alle Bischöfe[1], die beinahe zweihundert an der Zahl sich dort versammelten, es als eine ganz katholische, treue und treffliche Maßregel betrachtet, daß in Mitte der Versammlung die Lehrmeinungen der heiligen Väter vorgetragen werden, welche erwiesenermaßen entweder Martyrer oder Bekenner, alle aber katholische Bischöfe gewesen und geblieben seien, damit sodann giltig und feierlich mit ihrer Aller Uebereinstimmung und Satzung die Religion der alten Glaubenslehre bekräftiget und die Lästerung der unheiligen Neuerung verurtheilet werde. Als das geschehen, wurde nach Recht und Verdienst jener gottlose Nestorius als Widersacher des katholischen Alterthums, der selige Cyrillus aber als mit der heiligen Vorzeit gleichgesinnt erfunden.

Wir haben die Namen und die Zahl der Väter früher in einer Schrift veröffentlichet, deren übereinstimmende Lehrmeinungen dort vorgetragen wurden und führen davon hier einige wieder an, deren Schriften auf jenem Concil vorgelesen wurden. Es sind dies, der heilige Petrus, Bischof von Alexandrien, ein ausgezeichneter Lehrer und seliger Martyrer; der heilige Athanasius, Bischof derselben Stadt, der treueste Lehrmeister und herrlichste Bekenner; der heilige Theophilus, Bischof der gleichen Stadt, weit berühmt als ein Mann des Glaubens, der Heiligkeit und der Wissenschaft, welchem der heilige Cyrillus auf dem bischöflichen Stuhle nachfolgte, der gegenwärtig die Kirche von Alexandrien verherrlichet. Allein, damit die Lehre nicht als Lehre einer einzigen Stadt oder Provinz erscheine, wurden noch jene großen Leuchten Kappadociens beigezogen, der heilige Gregor († 389), Bischof und Bekenner von Nazianz, der heilige Basilius († 379), Bischof von Cäsarea in Kappadocien, der andere heilige Gregor († 394),

---

1) Sacerdotibus — Vinzenz nimmt zuweilen Sacerdotes und Episcopi für synonym, nach der Weise jener Zeit, ohne den verschiedenen Ordo beider zu vermischen. So schreibt er cap. 31. „Quanta Concilii illius (Ephesini) fuerit humilitas et sanctitas, ut tot numero Sacerdotes, pene ex majori parte Metropolitani."

Bischof von Nyssa, nach Glaube, Heiligkeit, Reinheit und Weisheit so ganz würdig, der Bruder des Basilius zu sein. Damit aber der Beweis geleistet werde, daß nicht Griechenland oder der Orient allein, sondern auch der abendländische oder lateinische Erdkreis allzeit den gleichen Glauben getheilt habe, wurden dort auch einige, an gewisse Bischöfe gerichtete Briefe des heiligen Martyrers Felix (Papst v. 269—274) und des heiligen Julius (Papst v. 337—52), beide Bischöfe der Stadt Rom, vorgelesen. Damit aber nicht nur das Haupt des Erdkreises (caput orbis), sondern auch die Seiten für jenes Urtheil Zeugniß geben, wurde noch von Westen her der seligste Cyprian († 258), Martyrer und Bischof von Karthago, vom Norden aber der heilige Ambrosius, († 397), Bischof von Mailand, beigezogen. Dies sind nach der heiligen Zahl des Dekaloges alle Lehrer, welche zu Ephesus als Räthe, Zeugen und Richter aufgeführt wurden; ihre Lehre hat die heilige Synode festgehalten, ihren Rath befolgt, ihrem Zeugniße geglaubt, ihrem Ausspruche gehorcht und ohne Leidenschaft, Vorurtheil oder Eingenommenheit ausgesprochen, was des Glaubens ist. Wohl hätte eine weit größere Zahl der alten Väter noch angeführt werden können; das war aber nicht nöthig, weil Niemand daran zweifeln konnte, daß dasjenige, was die Zehn Wahres gelehrt, sich auch übereinstimmend in den Schriften aller Uebrigen finden lasse.

Bischof Cyrillus führt am Schlusse der Geschichte des Concils von Ephesus den Brief des verehrungswürdigen Capreolus, Bischofs von Karthago, an und fügt bei: dieser Brief des Bischofs Capreolus von Karthago wurde verlesen. Seine Meinung ist klar und offengelegt; er will, daß die Sätze des alten Glaubens bestätigt, die Neulehren, unnützen Erfindungen und gottlosen Kundgebungen verworfen und verdammt werden. Alle Bischöfe gaben durch Zuruf ihre Beistimmung kund: „Dies ist die Stimmgebung Aller, das sagen Alle, das ist die Meinung Aller." Und die Stimmabgabe und Meinung dieser Aller war keine andere, als daß das von Alters her Ueberlieferte festgehalten, das erst neulich Erfundene aber verworfen werde. Darauf haben wir die große Demuth und Heiligkeit jenes Concils bewundert und verkündet, daß die so zahlreichen Bischöfe, größtentheils Metropoliten, und von so großer Gelehrsamkeit und Wissenschaft, daß beinahe Alle zu Disputationen in dogmatischen Lehren befähigt waren, deren vereinte Versammlung doch das Vertrauen einzugeben schien, von sich selber etwas festzusetzen, dennoch sich gar nichts anmaßten, sondern vielmehr auf alle Weise sich hüteten, nichts den Nachkommen zu überliefern, was sie selber nicht von den Vätern überkommen, und nicht nur für die Gegenwart die Angelegenheit wohl beizulegen, sondern auch für die Zukunft das Beispiel aufzustellen, wie auch die Nachkommen die

Glaubenssätze des geheiligten Alterthums ehren und die Erfindungen der unheiligen Neuerung verdammen sollen. Wir haben uns auch gegen die lasterhafte Vermessenheit des Nestorius ausgesprochen, welcher prahlte, er verstehe allein und zum erstenmale recht die heilige Schrift, alle Anderen aber kennen sie nicht, welche vor ihm das Lehramt verwaltet und die heilige Schrift erklärt haben, alle Bischöfe nämlich, alle Bekenner und Martyrer, von denen Einige das Gesetz Gottes ausgelegt, Andere aber den Auslegern beigestimmt und geglaubt haben; ja der zu behaupten sich erfrechte, die ganze Kirche irre jetzt und habe immer geirrt, da sie, wie er schmähte, bisher so ungläubigen und unwissenden Lehren gefolgt sei und jetzt noch folge.

Obwohl das Alles mehr als hinreicht, um alle Neuerungen in Sachen des Glaubens zu ersticken und auszurotten, wollen wir doch zum guten Abschluße, damit dem schönen Ganzen nichts fehle, die vereinte Autorität des apostolischen Stuhles noch beifügen, die Eine nämlich des heiligen Papstes Sixtus (vom J. 432—40), der gegenwärtig die römische Kirche verherrlichet; die Andere seines Vorgängers, des Papstes Cölestin (vom J. 422—32) seligen Angedenkens, die wir hier einzuschalten für nothwendig erachten. Der heilige Papst Sixtus (III.) schreibt in seinem Briefe über die Irrlehre des Nestorius an den Bischof von Antiochia: „Darum, weil, wie der Apostel spricht, nur Ein Glaube ist, sollen wir glauben, was er mit Gewißheit zu lehren enthält, und lehren, was er festzuhalten vorschreibt." Was muß man aber glauben und lehren? Er fährt fort: „Nichts werde der Neuerung zugestanden, weil es nicht erlaubt ist, der alten Glaubenslehre etwas beizufügen; der klare Glaube der Väter werde durch keine Beimischung von Unrath getrübt." So sprach sich Papst Sixtus durchaus apostolisch aus, indem er den Glauben der Vorfahren in das klare Licht hervorhob, die unheiligen neuen Lehren dagegen mit einer Beimischung von Unrath verglich. Allein auch der heilige Papst Cölestin äußerte sich auf gleiche Weise und in der gleichen Meinung; denn er sagt in seinem Briefe an die Bischöfe Galliens, worin er ihren Hang tadelt, den alten Glauben durch Stillschweigen schutzlos hinzustellen und die unheiligen Neulehren so unbehindert aufwachsen zu lassen: „Wir tragen die Schuld, wenn wir durch unser Stillschweigen den Irrthum begünstigen. Darum sollen die Irrlehrer bekämpft werden, ihnen werde das freie Wort nach ihrem Gedünken nicht gestattet." Wer aber Zweifel heget, ob er den Verkündern der alten Lehre oder den Erfindern der Neuerungen das freie Wort will entzogen wissen, dem gibt er selber Aufschluß in den Worten: „Wenn es so ist, so höre endlich die Neuerung auf, die alte Lehre anzugreifen." Das war die heilige Meinung des seligen Cölestin, daß nicht die alte Lehre aufhöre, über die Neulehre herzufallen, sondern vielmehr die Neulehre abstehe, die alte Lehre anzugreifen [1]).

Wer daher immer diesen apostolischen und katholischen Aussprüchen zuwiderhandelt, der beleidigt vor Allem auch nothwendig das Andenken des heiligen Cölestin, welcher bestimmt hat, daß die Neuerung abstehen solle, die alte Lehre anzugreifen, und er höhnt die Bestimmungen des heiligen Sixtus, welcher festgesetzt, daß der Neuerung keinerlei Zugeständnisse gemacht werden, weil es nicht erlaubt ist, dem alten Glauben etwas anzufügen; sodann verachtet er auch die Satzungen des seligen Cyrillus, welcher den Eifer des ehrwürdigen Capreolus mit hohem Lobe auszeichnete, weil er die alten Lehrsätze des Glaubens bestätigt, die neuen Erfindungen dagegen verdammt wissen wollte. Endlich würde ein Solcher auch das Ansehen der Synode von Ephesus d. i. die Urtheilssprüche der Bischöfe beinahe des gesammten Orientes mit Füßen treten, denen es nach göttlicher Eingebung gefiel (divinitus placuit), nichts für die Nachkommen als Glaubenswahrheit festzusetzen, als was das geheiligte und unter sich übereinstimmende Alterthum der Väter festgehalten, welche mit Worten und Zurufen, wie aus einem Munde, bezeugt haben, das sei die Stimmgebung Aller, das wünschen Alle, das beschließen Alle, damit wie alle Irrlehrer vor Nestorius, welche das Alterthum verachtet und die Neuerung aufgestellt haben, verurtheilt worden, Nestorius selber, der Urheber der neuesten Neuerung und Bekämpfer des Alterthums, verurtheilt würde. Wem aber diese, von dem Beistande der hochheiligen und himmlischen Gnade eingeflößte, Uebereinstimmung dieser Väter mißfällt, muß der nicht nothwendig auch behaupten: die unheilige Neuerung des Nestorius sei nicht mit Recht verurtheilt worden? Muß er nicht zuletzt auch die gesammte Kirche Christi und ihre Lehrer, die Apostel und Propheten, vorzüglich aber den heiligen Apostel Paulus, wie einen Unrath verachten; und zwar die Kirche Christi, weil sie von der Religion des ihr überlieferten Glaubens niemals abwich; den Apostel Paulus aber, weil er schreibt: „O Timotheus bewahre die Hinterlage und meide die unheiligen Wortneuerungen!" und anderswo: „Wenn euch Einer etwas Anderes predigt als ihr empfangen habt, der sei verflucht!" Wenn aber weder die apostolischen Bestimmungen, noch die Satzungen der Kirche entehrt werden dürfen, durch welche, nach der hochheiligen Uebereinstimmung der Allgemeinheit und des Alterthums, immer alle Irrlehrer und in neuester Zeit Pelagius, Cölestius und Nestorius nach Recht und

---

1) L. c. c. 33.

Verdienſt verurtheilt worden, ſo müſſen wahrlich von nun an alle Katho=
liken, welche ſich als wahre Söhne ihrer Mutter, der Kirche, beweiſen
wollen, dem heiligen Glauben der heiligen Väter anhangen, ſich verbinden
und auf's engſte ſich anſchließen; dagegen die unheiligen Neuerungen der
Neuerer verwünſchen, verabſcheuen, verfolgen und bekämpfen. Das unge=
fähr iſt's, was ich in beiden Theilen meiner Denkſchrift einläßlicher behan=
delt, jetzt aber kürzer nach dem Geſetze der Rekapitulation zuſammengefaßt
habe, um mein Gedächtniß, zu deſſen Beihilfe ich dieſes verfaßt habe,
durch den Reiz einer Mahnungsſchrift aufzufriſchen, ohne es durch das
Uebermaß der Wortſchweifigkeit zu beläſtigen."

So hat Vinzenz von Lerin uns auf überraſchende Weiſe das
Problem gelöst: warum, während im Sturme der Völkerwanderung das
römiſche Reich dahin ſank, die katholiſche Kirche allein ſich aufrecht hielt
und, während in dem Wechſel der Zeitereigniſſe alle politiſchen Geſtaltungen
ſich änderten, die Kirche allein gegen alle Auflöſungsverſuche der Irrlehren
unentwegt die unveränderliche Identität ihrer göttlichen Glaubenslehre
bewahrte. In ſeiner Mahn= und Denkſchrift (commonitorium) hat er
nicht nur ſeine perſönliche Geſinnung, ſondern auch den Glauben aus=
geſprochen, der ſeine Mitgenoſſen und Brüder in der berühmten Schule
von Lerin beſeelte, wie er ihn, nach ſeiner wiederholten Verſicherung,
„von den heiligen Vätern ſelber empfangen hatte." Daß ſein Zeugniß
auch für die iriſche Kirche von großer Bedeutung iſt, wird unſere Dar=
ſtellung in ihrer weiteren Entwickelung zeigen. Vinzenz von Lerin hat in
ſeiner goldenen Denkſchrift nachgewieſen, daß der Herr ſeiner Kirche eine
ſo wunderbare und weiſe Einrichtung gegeben hat, daß ſie jeden auftauchen=
den Irrthum allzeit an dem Kriterium der Neuheit, die ihr anvertraute
göttliche Wahrheit aber an den Kennzeichen der Allgemeinheit, des Alter=
thums und der Uebereinſtimmung leicht erkennen kann. Denn wie Chriſtus
in ihr die ganze Fülle ſeiner Lehre hinterlegt hat, entwickelt und erklärt ſie
lediglich ſelbe nach Außen, nimmt aber von Außen nichts Fremdartiges
in das göttliche Bewußtſein, ihres Glaubens auf und vermiſcht eben ſo
wenig die göttlichen und weltlichen Lehrelemente miteinander. Die volle
und ganze Lehre Chriſti liegt ſowohl in dem heiligen Schrift=Kanon als
in der Ueberlieferung der Kirche, und wo die Schrift durch die Willkühr
der Irrlehrer verkehrt gedeutet wird, muß ihr wahrer Sinn nach der
Ueberlieferung der Kirche und ihrer katholiſchen Glaubensregel gedeutet
werden. Erhebt ſich eine Irrlehre gegen den bisherigen Glauben der
Kirche, ſo iſt ihre Falſchheit an dem Kennzeichen ihrer Neuheit, die wahre
Glaubenslehre aber an dem zu erkennen, was allgemein in der Kirche ge=
glaubt wird, was von Alters her darüber geglaubt worden, und was über=

einstimmend die durch Glaubenstreue, Wissenschaft und Heiligkeit bewährten Väter oder Bischöfe der Kirche darüber glauben und lehren. Die Allge= meinheit des Alterthums und insbesondere die Uebereinstimmung in der Glaubenslehre treten aber in einem allgemeinen Concil der Bischöfe zu Tage, welche auf der Unterlage der heiligen Schriften und der Ueber= lieferung der Kirche, die, wie mündlich im Leben der Kirche, so auch schrift= lich in den Werken der rechtgläubigen Väter fortlebt, unter der göttlichen Obhut (divinitus placuit decernere) für Alle verbindlich (quod posteris credendum) gegenüber den Irrlehren beschließen, was der unveränderlichen Lehre der Kirche gemäß die Gläubigen zu glauben und was sie als Neue= rung und Irrthum in Glaubenssachen zu verwerfen haben. Ueber der Autorität aller anderen Bischöfe im Morgen= und Abend= lande ragt aber jene der Bischöfe der Stadt Rom, der Haupt= stadt des Erdkreises hervor, die den apostolischen Stuhl inne= haben, und ihr oberster Ausspruch ist in Glaubensstreitig= keiten von einem ganz überwiegenden und entscheidenden Gewichte.

Das höchste Ansehen kirchlicher Machtvollkommenheit, welches Vinzenz von Lerin den römischen Päpsten zu seiner Zeit (i. J. 434) beilegt, haben diese selber damals und bis in die Zeiten der Apostel zurück, mit dem vollen Bewußtsein ihrer obersten Würde und Machtvollkommenheit in der Kirche wirklich ausgeübt. Auf dem Concil von Chalcedon (451) nennt Paschasin, der Legat Papst Leo des Großen, den römischen Bischof „das Haupt aller Kirchen", und erklärt, nach dessen Befehl dürfe Dioskorus in dem Concil nicht sitzen. Als Grund hievon gibt Lucentius, der andere Legat Leo's an: „weil Dioskorus wegen der Synode, die er ohne Ermäch= tigung des apostolischen Stuhles abgehalten habe, sich vorerst verantworten müsse; denn dergleichen sei noch nie vorgekommen und nie zu thun erlaubt gewesen." Die Legaten erklärten im Weitern: „daß Leo durch sie und die Synode mit Petrus als dem Felsen und Sockel der katholischen Kirche und dem Fundamente der Rechtgläubigkeit, den Dioskorus aller seiner Wür= den entkleide" [1]). Papst Cölestin I. (um d. J. 429 — 31) schreibt an den heiligen Cyrillus, Bischof von Jerusalem [2]): „Wohl sind wir weit von Euch entfernt, allein durch die wachende Obsorge schauen wir das Ganze wie in der Nähe an. Die Hirtensorge des heiligen Petrus hat Alle gegenwärtig vor sich und wir können uns vor unserem Herrn nicht entschuldigen über das, wovon wir Kenntniß haben." In seinem Briefe an das Concil von

---

1) Concil. Chalced. Act. III.
2) Epist. X.

Epheſus (um d. J. 431) verurtheilt er die Irrlehre des Neſtorius und fährt alſo fort: „an Euch iſt es, die ihr dort anweſend ſeid, das zu voll= ziehen, wozu wir euch abweſend ermahnen; denn da wir dieſe Fürſorge Allen ſchulden, iſt es unſere Pflicht, vorzüglich den voreiligen Antiochenern zu Hilfe zu kommen, die von der giftigen Krankheit bereits ergriffen wur= den. Wir wollen Allen Hilfe bieten, denen wir nach der Satzung der Religion ſie leiſten müſſen, wie es ſchon unſer Name beſagt. Ueber jene aber, die mit Neſtorius, gleich gottvergeſſen, den gleichen Irrthum theilen, obwohl gegen ſie ſchon ein Urtheil gefällt worden, beſchließen wir was Rechtens iſt. Vieles iſt bei derlei Angelegenheiten in Erwägung zu ziehen, was der apoſtoliſche Stuhl auch allzeit mit in Berathung zog.“ Sodann ermahnt er, Alle wieder aufzunehmen, welche reumüthig zum Bekenntniß der Kirche zurückkehren, die Widerſpänſtigen aber mit dem Anathem zu belegen. Auf dem Concil von Epheſus nennt der Legat Philippus den römiſchen Papſt das Haupt, die Väter der Synode deſſen Glieder, und da, wie ſie wohl wiſſen, Petrus das Haupt der Gläubigen und der Fürſt der Apoſtel ſei, ſeien die Legaten angewieſen, was in ihrer Abweſenheit ge= ſchehen ſei, zu vernehmen und zu beſtätigen [1]. „Es iſt Keinem zweifelhaft, vielmehr allen Jahrhunderten bekannt, daß der heiligſte und ſeligſte Petrus, der Exarch und das Haupt der Apoſtel, die Säule des Glaubens, das Fundament der katholiſchen Kirche von unſerem Herrn Jeſus Chriſtus, dem Heilande und Erlöſer des Menſchengeſchlechtes, die Schlüſſel des Himmel= reiches empfing und ihm die Macht, Sünden zu binden und zu löſen, verliehen wurde; Petrus aber lebt und richtet bis jetzt und immerdar in ſei= nen Nachfolgern. Nach deſſen Ordnung hat daher der Nachfolger und Stellvertreter, unſer heiliger und ſeliger Vater, der Biſchof Cöleſtin, uns als Repräſentanten ſeiner Gegenwart an dieſe heilige Synode ab= geſendet.“

Die brieflichen Entſcheidungen der Päpſte Cornelius und Stephanus (251—57) an Cyprian und die Biſchöfe von Afrika über die Ketzertaufe „wurden allen Kirchen und Gläubigen der ganzen Welt bekannt gemacht“ [2]; „mit der römiſchen Kirche müſſen, ihres erhabenen Vorrangs wegen alle anderen Kirchen der Welt übereinſtimmen“, ſchreibt Jrenäus von Lyon, der Schüler Polykarp’s [3], und ſchon zu Ende des erſten Jahrhunderts wendet ſich die Kirche von Korinth um Rath und Beiſtand an die Kirche von Rom, und der Apoſtelſchüler und Nachfolger Petri, Clemens von Rom,

---

1) Conc. Ephes. Act. III. ad init.
2) S. Cyprian. Epist. 52.
3) S. Jren. advers. haeres. III. 3.

verließ denselben, „in dem höchst tüchtigen Schreiben", wie Irenäus es
nennt [1]). So wurde zu aller Zeit und vom Anfange an, der Vorrang der römischen Kirche über alle anderen Kirchen anerkannt, ihr Glaube galt allen Andern
als Regel und Gesetz, die Uebereinstimmung und Verbindung mit ihr,
wurde als unerläßlich angesehen, um sich der Gemeinschaft der katholischen
Kirche zu erfreuen. Und wie der heilige Petrus in Verbindung mit allen
Aposteln, die Kirche von Jerusalem, im Vereine mit Paulus, jene von
Antiochia und Rom, durch die Absendung des Markus auch jene von
Alexandrien gegründet hatte, empfing von seiner Kirche in Rom später
ganz Afrika das Christenthum; ganz Italien, Gallien, Spanien, Britannien
verdankten dem heiligen Petrus und seinen Nachfolgern ihre ersten Kirchen
und Bischöfe; alle diese Länder richteten ihre Blicke mit tiefer Ehrfurcht
auf die Mutterkirche von Rom hin, welche gegründet von dem Apostelfürsten, unterrichtet durch ihn und seinen großen Mitapostel Paulus, durch
das Martyr-Blut Beider auch befruchtet und geheiliget worden. Von
ihrer Autorität empfingen sie den Glauben, den Gottesdienst und die Gesetze der christlichen Religion, und in steter Rückverbindung zu ihr, verharrten sie in der von Christus gebotenen Einheit der allgemeinen Kirche.

<hr>

Drittes Kapitel.

„Die Schule von Lerin und ihre vorzüglichen Schüler."

Schon um das Jahr 328 gründete der heilige Antonius in Aegypten
Klöster für Männer und für Frauen, deren Lebensweise und Einrichtung
uns der heilige Chrysostomus in einer seiner Homilien [2]) schildert. Sie
verbreiteten sich rasch im Oriente; besonders durch die Bemühungen des
heiligen Basilius erhoben sich Klöster nicht nur in den Wüsten, sondern auch
in den Städten, von denen Manche so viele in ihrem Weichbilde zählten, daß
sie einem einzigen großen Kloster verschiedener Abtheilungen glichen. Nach dem
Abendlande verpflanzte sie der heilige Athanasius, Bischof von Alexandrien;
denn als er im Jahre 340 nach Rom kam, brachte er die Lebensgeschichte,
die er über Antonius verfaßt hatte, mit sich und machte die römische Welt
mit den klösterlichen Einrichtungen des Orientes, namentlich mit den Ordens-
häusern des Pachomius in der Thebais bekannt. Diese Weise des beschau-

<hr>

1) L. c. III. 13.
2) S. Joh. Chrys. Hom. 8. in Matth.

lichen Lebens fand in Rom großen Anklang; nach Mailand wurde ſie
durch den heiligen Ambroſius: durch den heiligen Auguſtin nach Afrika;
nach Gallien durch den heiligen Martin übertragen. Später brachte
Johannes Kaſſian, der längere Zeit bei den Anachoreten der Thebais und in
den Klöſtern Aegyptens ſich aufgehalten, in ſeinen Kollationen über ihre
Ordensregeln und Uebungen einläßlichere Kunde in das Abendland, ins=
beſondere nach Marſeille und nach Lerin. Als die eingetretene Völker=
wanderung (von 364 an) den ganzen Kontinent unſicher machte und bloß=
ſtellte, flüchteten ſich die Anachoreten und Mönche auf die Inſeln des mittel=
ländiſchen Meeres, ließen ſich auf den einſamen, von der Meeresbrandung
umſpülten Felſen oder auf waldbedeckten Hügeln nieder, darunter Viele,
die aus den ſchimmernden Paläſten ihrer Ahnen in dieſe armen Zellen des
Büßerlebens geflohen waren, um unter den härteſten Entſagungen und
Uebungen der Buße ihre Seele in allen Tugenden auszubilden und für
Gott allein zu heiligen. Als Maſcezel im Jahr 398 von Piſa auszog,
um ſeinen Bruder Gildon in Afrika zu bekriegen, fand er die kleine Inſel
Capraria, zwiſchen Korſika und Piſa gelegen, mit Einſiedlern angefüllt,
welche, wie Hieronymus berichtet, von den Almoſen der Fabiola lebten.
An ihren Abt Eudoxius richtete Auguſtin ein Schreiben [1]), und Hieronymus
entwirft uns in dem Briefe an ſeinen Jugendfreund Bonoſus [2]) ein er=
hebendes Bild von der Lebensweiſe und Gottſeligkeit der heiligen Bewohner,
die auf den verſchiedenen kleinen Inſeln des thusſiſchen Meeres ſich von
der Welt zurückgezogen hatten.

Nachdem der heilige Martin (373) den Biſchofsſtuhl von Tours be=
ſtiegen, gründete er nicht ferne von dieſer Stadt die nachmals ſo berühmte
Abtei Marmoutier. Dort an dem einſamen Orte, der von der einen Seite
von ſchroffen, unzugänglichen Felſen begränzt, auf der anderen von den
Windungen der Loire umſchloſſen iſt, wohnte er mit achtzig Mönchen.
Ein Jeder hatte ſeine eigene Zelle aus Weiden geflochten, alles Andere
war ihnen gemeinſam. Man ſpeiste einmal im Tage; Wein wurde von
der Tafel fern gehalten; die Kleidung beſtand aus einem langen Ober=
gewande von Kameelhaaren, welche durch einen Gürtel um die Lenden be=
feſtigt wurde. Die Mönche verließen ihre Zellen nur, um zum gemein=
ſamen Gebete ſich zu verſammeln. Ringsum entſtanden allmälig nach
dem Muſter Marmoutier's klöſterliche Innungen in großer Anzahl; die
Schüler Martins, wie Sulpizius Severus und Victrizius von Rouen,
verbreiteten das Ordensleben nach gleicher Form weiter, und auf dieſem
Wege wurde Gallien nach allen Richtungen mit klöſterlichen Inſtituten

---

1) S. Aug. Ep. 81. — 2) S. Hieron. ep. 1.

versehen, deren Schüler in die Städte als Lehrer, oder auf die bischöflichen
Sitze als Kirchenhirten berufen, mitten in der Auflösungsperiode der unter-
gehenden alten Welt zu Lichtpunkten für die beginnende Bildung der neuen
christlichen Weltordnung unter den Völkern germanischen Stammes wurden. Zur Begräbnißfeier des heiligen Martins (400) zu Caude an der
Grenze von Tours gegen Angers gelegen — konnten sich schon 2000 Mönche
aus allen Gegenden Galliens einfinden, auch die Städte der Umgegend wie Tours, Poitiers und Vienne nahmen an der Leichenfeier
Theil. In den Schülern des Sulpizius Severus, deren Lebensweise uns
Bischof Paulin von Nola als Augenzeuge schildert, lernen wir auch jene
der Söhne des heiligen Martin kennen [1]). Das Kloster St. Severs
stand um das Jahr 400 in voller Blüthe. Seine Zöglinge trugen in
ihrem ganzen Wesen das Gepräge eines strengen Büßerlebens. Von Bußübungen und Fasten war ihr Angesicht blaß und abgemagert, sie trugen
auf ihrem Leibe stechende, härene Gewande einfach mit einem Strick um-
gürtet; ihr Haupthaar war bis zur Kopfhaut abgeschoren, über der Stirne
selbst rasirt. Einige von ihnen trieben ihren Bußeifer so weit, das sie
die natürliche Schönheit ihres Körpers künstlich zu mißstalten suchten, damit die Schönheit ihrer Seele um so lichter erglänze [2]), und nur der
Gehorsam war im Stande, die fromme Begeisterung zum rechten Maß
zurückzuführen. An ihrer Spitze erschien Severus selbst, sonst von hoher
Geburt, mit rauhem Büßergewand angethan. Paulin, sein Freund, der
einem gleich strengen Leben sich zugewendet, war Prätor der Narbonensi-
schen Provinz und hatte, wie als Rhetor und Dichter erster Größe neben
Ausonius, so als Konsul Roms an der Seite des Kaisers geglänzt. Beispiele solcher Art erregten schon damals großen Anstoß in den Augen aller
Weltgenießer, und Meister und Schüler wurden von ihnen als Thoren
gescholten und verschrieen. Sever antwortete den Schreiern: „Ist ihnen
mein Fasten zuwider, gut, ich kann ihre Trunksucht so nicht ertragen; wenn
ihnen die Tröckne unserer Lippen mißfällt, wir nehmen Anstoß an ihren
immer nassen Kehlen; finden sie Aergerniß an dem magern Zustande
unseres nüchternen Leibes, wir stoßen uns an ihren vollgefüllten Bäuchen.
Mögen sie also kommen und uns sehen, nicht schon am Morgen betrun-
ken, sondern am Abend noch nüchtern; nicht vom gestrigen Weine noch
aufgebläht, sondern auch vom heutigen uns enthaltend." Die Mahlzeit
erst am Abend eingenommen, bestand in einem Brei von Bohnen im
Wasser mit einigem Oel gekocht, der auch zu festen Rundscheiben gebacken [3])

---

1) Adolf Buse's Paulin, Bischof von Nola u. s. Zeit. 1856. II, 1.
2) S. Paulin. Ep. 22.
3) S. c. **cap.** 23.

und in dieſer Form genoſſen wurde. Wir wenden uns nun zur Inſel Lerin, dieſer berühmten Stätte des Friedens, der Wiſſenſchaft und Frömmigkeit, worin ſo viele ausgezeichnete Prieſter und Biſchöfe ihre Bildung erhielten; ſie werden im Verlaufe unſerer Schilderung der Ge= genſtand unſerer Bewunderung ſein.

An der ſüdöſtlichen Küſte Frankreichs nach Nizza hin, nicht weit vom Lande gelegen, dehnt ſich im mittelländiſchen Meere eine Gruppe kleiner Inſeln aus, unter denen St. Margaritha und ſüdlich davon St. Honorat die bedeutendſten ſind. Von Klippen und Riffen umgeben waren ſie ſchon zu Anfang des V. Jahrhunderts, wie heute noch, den Schiffen gefährlich; damals unbewohnt [1]), voll ungeſunder Dünſte und giftiger Thiere, dage= gen, nicht weit entfernt vom Fuße der Alpen und den biſchöflichen Sitzen von Marſeille und Frejus, zum Aufenthalte frommer Einſiedler wie ge= ſchaffen. Um das Jahr 405 bezog der heilige Honorat die Inſel Lerin und gründete dort ein Kloſter, deſſen Schule bald einen weltberühmten Ruf gewann. Honorat war ein geborner Römer aus konſulariſchem Ge= ſchlechte [2]); ſeine Ahnen hatten ſich bis zur Stufe des Konſulates empor= geſchwungen, ſein Vater wahrſcheinlich als Prokonſul die Narbonenſiſche Provinz verwaltet. Nach Geſinnung und Sitte ein ausgebildeter Welt= mann, hielt er ſeinen Sohn lange von der Taufe zurück, aus Furcht, derſelbe möchte, vom Göttlichen einmal erfaßt, für ſeine Familie ganz ver= loren gehen; und als er wahrnahm, wie der Jüngling immer eifriger ſich dem höheren Leben zuwandte, ſuchte er ihn durch weltliche Vergnügungen davon abzuziehen und mit Jagden und Waffenſpielen zu ergötzen, um in ihm die Liebe zur Welt wieder wach zu rufen. Allein dem auserwählten Jünglinge ging über Alles, die Gnade der heiligen Taufe in ſich zu be= wahren; was den Vater ergötzte, das mißfiel dem Sohne, und die Vor= ſtellungen, gleich den anderen Söhnen des Adels die Freuden der Welt zu genießen, pflegte er mit den Worten abzuweiſen: „Das irdiſche Leben er= götzet zwar, aber es betrügt zugleich. In den Kirchen höre ich Gottes Gebote verkünden, hier in meinem Vaterhauſe ſehe ich ſie übertreten; dort waltet die Frömmigkeit, hier ein ungebundener Weltſinn; die Welt ver= geht und ihre Luſt, nur wer die Gebote Gottes hält, währet wie Gott in Ewigkeit. Mögen Andere ſich an Silber und Gold erfreuen oder am Beſitze ihrer Güter und Ehrenämter ihr Vergnügen finden, ich will mich

---

1) S. Hilar. vita S. Honorati cap. 3. Bolland. Mens. Maj. tom. II. pag. 28. Dieſe wichtige vita wurde von dem heiligen Biſchof Hilarius von Arles als Gedächtniß= rede auf St. Honorat, ſeinen Vorgänger, im Jahre 430 verfaßt.

2) L. c. cap. 1, 2.

freuen, frei zu sein von den Stricken der Sünden, und mein einziger Schatz
soll Christus sein" [1]). Von solchen Gesinnungen beseelt, trat er den Dienst
des Herrn an, wohl erkennend, daß die Freiheit einer ungebundenen Jugend
der Knechtschaft höchste sei. Das schöne, reich herabwallende Haupthaar
wird bis zur feinsten Kürze abgeschnitten, die äußere Pracht der Kleider
an den reinen Schmuck der Seele umgetauscht, die Zierde des milchweißen
Nackens mit rauhen Pallien bedeckt, die Freude an den Ernst, die körperliche Kraft an die Tugenden des Geistes dahingegeben. Das schöne Angesicht erbleichte allmälig unter dem harten Fasten und in kurzer Zeit
wurde aus ihm ein so ganz anderer Mensch, daß der Vater, als er ihn
wieder sah, laut aufschrie: „ich habe meinen Sohn verloren." Wie der Vater
sich auch Mühe gab, schmeichelte, tadelte, drohte, er war nicht im Stande,
den tiefen Gottessinn des Sohnes zu erschüttern. Sein älterer Bruder
Venantius schloß sich ihm zu gleichem Streben an und suchte, wie in der
strengen Lebensweise, so in hoher Tugend ihm ähnlich zu werden. Zwischen beiden hub ein edler Wettstreit auf der Bahn des vollkommenen
Lebens an und immer wurde derjenige als Sieger angesehen, dessen Gemüth in der Andacht inniger, dessen Speise für den Gaumen härter, dessen
Rede gefälliger, dessen Kleidung rauher war. Viele Bischöfe von Nah'
und Ferne besuchten das außerordentliche Brüderpaar, bewunderten ihr
strenges Bußleben und gingen immer, erbaut und gehoben im Geiste und
Herzen, wieder von dannen. Auch Kleriker und Laien fanden sich von
allen Seiten bei ihnen ein, und wie es das Bedürfniß eines Jeden forderte, wurden sie entweder mit heilsamen Lehren oder mit leiblicher Unterstützung von ihnen bedacht oder beides — ernährt und unterrichtet zugleich.
Keiner von denen, die sie besuchten, hat je die beschwerliche Reise bereut;
alle aber verließen sie mit Schmerz, als müßten sie ihr eigenes Vaterhaus
verlassen. Wie der Ruf dieser auserwählten Brüder sich über alle Lande
verbreitete, so war auch ihr Heimathland Aquitanien davon erfüllt. Die
dortigen Bewohner aller Stände wetteiferten, ihnen Ehre und Liebe zu
erweisen, und ließen sie weder in Vergessenheit noch in völlige Armuth
sinken. Denn je mehr sie ihr Leben zu verbergen suchten, um so glänzender erschien ihr Name vor Aller Augen; wahrlich, sie lebten, in allen
Tugenden sich übend, wie himmlische Engel auf Erden. Um der Gesellschaft und aller Huld der Menschen zu entgehen, faßten sie den Entschluß,
ihre Heimath zu verlassen und eine Einöde aufzusuchen. Kaum war ihr
Vorhaben bekannt geworden, so ließen die Bekannten und Verwandten
kein Mittel unversucht, sie zurückzuhalten [2]). Welch' ein Kampf zwischen

---

1) L. c. num. 8. — 2) L. c. num. 11.

Glaube und Liebe wurde da geftritten, wie viele Räthe, Bitten und Thränen wurden da aufgewendet. Ganz Aquitanien glaubte mit diefen Jünglingen feine Landesväter zu verlieren. Doch die Liebe zu Gott, die ihre Herzen entzündete, fiegte über alle Hinderniffe. Noch theilten fie vor ihrem Abfchiede ihr großes Vermögen unter die Armen aus. Das Vater= land empfing die Gaben und zahlte fie durch feine reichen Thränen zurück. So zogen die beiden Brüder fort und nahmen den frommen Einfiedler Kaprafius zu ihrem Führer an die Seite. Ueberall, wohin ihr Weg fie führte, ging ihnen ihr Ruf voran; und während die heiligen Orte des Morgenlandes den Reifenden erhebende Erinnerungen boten, wußten die Pilger durch ihr eigenes Beifpiel in den Herzen Aller, die fie fahen, die Liebe zum Himmlifchen zu entzünden. Furchtlos fuhren fie durch die ftürmifchen Meere, befuchten den Staub und die Dürre der Achajifchen Geftade, und wiewohl fie von gar zartem Körperbau und fein erzogen waren, ertrugen fie ftarkmüthig die Wechfelfälle der Witterung und des Meeres. Was fie auf diefer Reife gelitten und ertragen, bewies der fchnelle Tod des Venantius, der zu Methone in Theffalien allzufrühe ftarb. Von dort kehrte Honorat wieder zurück; Italien freute fich feiner Ankunft und Tos= kana nahm ihn mit Jubel auf. Obwohl ihn hier der Klerus längere Zeit zurückhielt, zerriß die göttliche Vorfehung alle Bande und führte ihn aus fo fernen Landen wieder glücklich nach feiner Heimath in die Einöde der Infel Lerin zurück, die in der Nähe der Stadt Marfeille und von Frejus liegt, wo fein Freund Leontius damals den bifchöflichen Sitz ein= nahm. Um ihn für ihre Gegenden zu gewinnen, fchilderten ihm die Land= bewohner die Infel Lerin als eine fchreckliche Einöde[1]), worin viel gifti= ges Gewürm fich aufhalte. Allein entfchloffen, wie er war, allen Umgang mit den Menfchen abzubrechen und die Einfamkeit zu fuchen, hielt Honorat den Warnungen die Stelle der Schrift entgegen[2]): „Ueber Nattern und Bafilisken wirft du wandeln und den Löwen und den Drachen zertreten." So betrat er wohlgemuth die Infel mit einigen Schülern. Bald floh der Schrecken der Wildniß dahin, die Menge der Schlangen wich von dannen[3]). „Wir felber fahen dort," fchreibt Hilarius[4]), „viele Schlangen, die auf den ausgetrockneten Gründen, namentlich bei großer Meerfchwüle, häufig zum Vorfchein kamen, und es war wunderbar zu fehen, wie fie fürderhin Keinem der Brüder mehr Gefährde brachten oder Furcht einflößten." Hier fchlug Honorat feine Wohnung auf und verherrlichte durch den Dienft Gottes

---

1) „Terribilem illi vastitatem ferebant."
2) Pfalm 90, 13.
3) „Cedit turba serpentium" l. c.
4) L. c. n. 16.

diese Insel, welche die Menschen schon so lange aus Furcht vor verderb=
licher Ausdünstung und giftigem Gethier gemieden hatten."

War Honorat bisher nur Kleriker und Mönch gewesen, so stieg er
jetzt schnell auf den verschiedenen Weihestufen bis zur Priesterwürde hinan,
ohne aufzuhören, nach seiner Demuth ein Mönch zu sein. Ein Tempel
wurde gebaut, Wohnungen für die Schaar der Jünger eingerichtet; Quel=
len, die seit Jahrhunderten nie geflossen, sprudelten jetzt aus den Felsen der
Insel mitten im Meere hervor und lieferten süßes Quellwasser in aller
Fülle. Nun galt es, den Tempel seiner eigenen Vollkommenheit auszu=
bauen und auf diesem Fundamente die neue Klostergemeinde zu gründen;
denn in seinem eigenen Beispiele sollten die Schüler als in einem Spiegel
sehen, wie ihr Wandel müsse beschaffen sein, um Christo aufrichtig zu
dienen und nachzufolgen [1]). Und wirklich hielt Honorat ihnen in seinem
süßen Wandel das Vorbild aller Tugenden vor die Augen; denn er
war bemüthig, in sich gekehrt, sanftmüthig und voll der Milde und Liebe.
Zu diesem Leben höherer Vollkommenheit hatte er in der Uebungsschule
eines strengen Büßerlebens den Grund gelegt. Seine Nahrung bestand
aus trockenem Brode und Wasser, nur an festlichen Tagen nahm er aus
Rücksicht für den Festtag eine gesalzene Kräuterspeise oder gekochtes Ge=
müse zu sich. Strenge gegen sich selber und mild gegen Andere, bereitete
er täglich den Brüdern ein kräftiges Muß zu, damit die Gesunden wie
die Schwächlichen mit Zufriedenheit das Joch Christi tragen möchten.
Auf seinem Leibe trug er ein Bußkleid, darüber noch ein rauhes, aber
reinliches Gewand; das Haupt war mit der Kapuze eines zusammenge=
zogenen Schaffelles bedeckt, zur Fußbedeckung dienten schlechte Schuhe aus
Palmblättern geflochten. Die Härte körperlicher Abtödtung, welche in
dem bleichen Angesichte und in der Abmagerung des ganzen Leibes zu Tage
trat, hatte seinen Blick so wunderbar belebt, daß der Sünder, der ihn
sah, sich zur Buße wandte, der Gerechte aber von einem noch größeren
Eifer im Dienste Gottes ergriffen wurde. Auf diesem Wege Meister
über seine Sinnlichkeit und Herr über seinen Willen geworden, war er
auch befähigt, wie sonst Keiner, Andere auf dem Wege der Vollkommen=
heit zu leiten. Denn das Licht des Geistes, das er leuchten ließ, konnte
nicht lange unter den Schäffel der Einsamkeit gestellt und verborgen blei=
ben, es entsendete seine Strahlen nach allen Gegenden; von allen Seiten
strömten Solche, die Gott suchten, nach der Insel Lerin und wer Honorat
fand, glaubte Christum selbst zu finden. Er nahm sie mit offenen Armen
auf und so groß war die Zahl der Ankömmlinge aus den verschiedensten

---

[1]) Vita S. Honor. in Brev. antiq. Eccles. Massillien.

Provinzen, daß der Bischof Hilarius [1]) schon um das Jahr 430 die Fra=
gen stellen konnte: Wo ist ein Land, wo ein Volk zu finden, das in die=
sem Kloster nicht Angehörige zählt? Welch' rohe Sitten wußte Honorat
an ihnen zu mildern, wie viele reißende Thiere hat er in Tauben umge=
wandelt, wie viele herbe Gewohnheiten in die Süßigkeiten christlicher Tugen=
den umgebildet? Viele, denen ihre Laster selber zur Last geworden, wur=
den in diese Schule versetzt, durch ihre angenommene Liebenswürdigkeit bald
allen Andern zur Wonne.

In seiner Erziehungsweise folgte Honorat einer überwiegenden Milde
und Herzensgüte, und leitete seine Schüler mehr durch Bitten als durch
Befehle [2]), um bei Keinem Widerwillen zu erwecken; wie ein Diener Aller
stand er Allen zu allen Diensten bereit. Er liebkoste die Jünglinge, er=
munterte die Starken und erquickte die Alten, die er wie seine Brüder,
Herren und Väter ehrte; Alle mahnte er, das Joch Christi mit Freuden
zu tragen und untereinander vollkommene Liebe zu pflegen. Die Ergötzun=
gen der Welt, eitle Unterhaltungen und gefährlichen Müssiggang floh er
mit ängstlicher Sorgfalt: die Begierden des Fleisches zu reinigen, die
rebellische Sinnlichkeit zu bezähmen, den Versuchungen zu widerstehen und
Gott allein sich hinzugeben, hielt er als die Aufgabe seines Lebens unver=
wandt vor Augen. Mehr durch seine Beispiele als durch seine Worte
lehrte er seine Schüler, eifrig zu Gott zu beten, ihre Anliegen ihm mit Ver=
trauen vorzulegen, in allen Dingen Gottes Ehre allein zu suchen, dann
würden sie die Stunde des furchtbaren Gerichtes nicht zu fürchten haben.
Alles, was er that, war für sie Lehre, Anleitung und Vorbild zum himm=
lischen Leben. Hatte Einer etwas zu thun unterlassen, so that Honorat
es selbst für ihn, und diese zarte Beschämung bewirkte, daß Jeder auf das
eifrigste beflissen war, seine Schuldigkeit selber zu erfüllen. Hatte Einer
gefehlt, so ging er mit ihm zu Rathe, wie er fürderhin am besten seine
Fehler meiden könnte, und führte so ihn liebevoll von seinem Fehler zur
genauen Erfüllung seiner Pflicht zurück. Was sein Beispiel nicht erzielte,
suchte er durch sein eifriges Gebet zu erreichen. Die Fehler seiner Schüler
beweinte er wie seine eigenen vor Gott; weinte mit den Weinenden, freute
sich mit den Fröhlichen und die den Schwachen erwiesene Erbarmung trug
ihm reiche Frucht. Die Schwachen, die er für Gott gewonnen und die
Guten, die er befestiget und weiter ausgebildet, vereinigten sich, um eine
Ehrenkrone auf sein Haupt zu flechten. Unermüdet thätig und immer
wachsam durchschaute er eines Jeden Gemüthsart und sittliches Verhalten;

---

1) L. c. n. 17.
2) Brev. antiq. Massil.

die Einen mahnte er geheim, die Andern öffentlich; Diesen behandelte er sanft, Jenen strenge; darum auch Keiner jemals, wie er, so geliebt und ge= fürchtet zugleich war; die Liebe zu ihm erzeugte in Allen die Furcht vor den Vergehen, die Furcht vor ihm die Liebe zur Tugend. Es ist unglaub= lich, wie väterlich er für Jeden sorgte, damit weder die Traurigkeit ihn befalle noch der Weltsinn ihn versuche; als hätte er die Herzen Aller in seinem Herzen beschlossen, erkannte er schnell, was Jeden drücke. Bei allen seinen Anordnungen ließ er Schonung und Mitleid walten, damit Keiner mit übermäßiger Arbeit beladen, oder mit zu wenig Beschäftigung bedacht, zur Faulheit verleitet würde. Selbst die nöthige Schlafzeit mußte er für jeden Einzelnen mit weiser Rücksicht zu bemessen, daß die Gesun= den von der Trägheit bewahrt blieben, die Schwächern aber der erforder= lichen Ruhe pflegen konnten. Wie durch einen göttlichen Instinkt kannte er die Kräfte Aller, die Herzen Aller und selbst die Magen Aller, und er benützte diese Kenntniß von Allen, um in Allem der Diener Aller zu sein. Es war wunderbar zu sehen [1]): wie viele Geschäfte dieser Eine er= ledigte, wie viele Arbeiten er vollzog, wie viele Schüler er unterrichtete und leitete; und obgleich er von sehr schwächlicher und gebrochener Gesund= heit war, hielt er im Fasten und im Wachen mit den Gesündesten und Stärksten gleichen Schritt. Oft noch kränker als die Kranken selbst, be= suchte er gar häufig die Kranken, bot ihnen für Leib und Seele die nöthige Erquickung und, während er keinen Dienst für sie scheute, plagte ihn dennoch der Kummer unaufhörlich, er habe ihnen viel zu wenig ge= leistet. Sein Sinnen und Denken umfaßte jeden Einzelnen und Alle zu= gleich. Denn hier, wie überall, wo sich Viele von verschiedener Gemüths= art und Eigenheit zum gemeinsamen Leben zusammenfinden, galt es, die Verschiedenheiten auszugleichen. Dem Einen ist die Arbeit zu schwer, dem Andern die Speise nicht angemessen; Dieser fühlt sich von einem Anderen beleidigt, Jener erträgt es schwer, daß der Andere so empfindlich, keine Nachsicht zu üben weiß. Allein dieser große Meister wußte Alle unter das süße Joch Christi zu bringen, mit seinem Lichte die Untugenden zu zer= streuen, mit seiner Liebe, die Liebe zu Christus und dem Nächsten zu ent= zünden und die Herzen Aller zu Einem Herzen zu vereinigen.

Die Wirkungen einer solchen Erziehung konnten nicht ausbleiben, sie machten sich in einer wunderbaren Umänderung des Lebens bei den Schülern geltend. Nachdem sie einmal die Süßigkeit der neuen Lebensweise ver= kostet, konnten sie nicht genug verabscheuen, was sie bisher innig geliebt; wie zu einem neuen Lichte hingeführt, verwünschten sie die Finsterniß des

1) S. Hil. vit. S. Hon. cap. 4.

Irrthums, worin sie bisher gefangen saßen; die Bitterkeit, der Haß und
jede andere Leidenschaft floh vor der einkehrenden Freiheit des Geistes
und nach langer Zerrissenheit kehrte in ihre Seele der Friede zurück.
Wurden nach der Sage die Menschen einst durch den Trunk aus dem
Becher der Circe in Thiere verwandelt, so wußte Honorat mit dem süßen
Honigseime der Lehre Christi die Thiere in Menschen umzubilden; denn
was alles vermochte nicht sein mit Heiterkeit gepaarter Eifer über die
Herzen der Menschen, und wie hätten nicht die harten Steine unter seinem
Walten in Söhne Abrahams verwandelt werden sollen? Alle, die dort
von seinem Namen angezogen, aus beinahe allen Ländern der Erde sich
bei ihm eingefunden, so verschieden sonst nach Sprache und Sitte unter
sich, wurden in Einer Liebe zu ihm zu Einem Leibe verbunden; Alle nann=
ten ihn ihren Vater und Herrn, Alle fühlten in seiner Nähe sich ihren
Eltern, Freunden und Verwandten wiedergegeben; denn sie wußten wohl,
daß er ihre Leiden zu den seinigen mache und auch an ihren Freuden den
innigsten Antheil nehme. Diese Zärtlichkeit des Vaters fand in den Her=
zen seiner Söhne vollen Wiederhall, so daß einer seiner liebsten Schüler,
der selige Priester Salvian, mit Wahrheit schreiben konnte: „wie die
Sonne je nach ihrer Düsterheit oder Helle das Angesicht des Himmels
verändert, so hat das Angesicht des Meisters den Schülern Trauer oder
Heiterkeit des Geistes verliehen." Kamen fremde Gäste an, so fanden sie
freundliche Aufnahme; die Schenkungen, welche Edelmänner ihm zu Füßen
legten, verwendete er für die Ausstattung der Kirchen und die Almosen
der Armen, und hielt davon für sich und die Seinigen nur so viel zurück,
als für den Nothbedarf täglicher Nahrung und Kleidung erforderlich war.
Der Geldbeutel war zwar oft erschöpft, das Vertrauen auf Gott aber
niemals. Die einzige Goldmünze, die sich einst noch darin vorfand, schenkte
Honorat einem vorbeigehenden Armen, und schon nach drei Stunden gab
der Herr durch die Hand neuer Wohlthäter dafür den reichlichsten Ersatz.
Von allen Seiten kamen ihm, der sich verborgen glaubte, Briefe zu, die
er immer mit neuen Gedanken und Wendungen zu beantworten wußte.
So stand auch sein berühmter Schüler, der selige Eucherius [1]), der
auf einer der nächstgelegenen Inseln wohnte, mit ihm im brieflichen Ver=
kehre. Nach damaliger Uebung waren die Briefe, die sie mit einander
wechselten, auf Wachstafeln [2]) geschrieben, und als Eucherius einmal
einen solchen Brief von ihm empfangen, soll er ausgerufen haben: „er hat
für das trockene Wachs mir seinen fließenden Honig zurückgegeben." Wirklich

---

1) Später Bischof von Lyon. L. c. n. 22.
2) „In tabulis, ut assolet, cera illitis litteras ejus suscepit."

waren seine Schreiben so voll Geist und Süßigkeit zugleich, daß sie nicht
nur in den Briefkästen und Bücherschränken, sondern in den Gewölben
der Herzen verdienen aufbewahrt zu werden. Viele bewahren sie darum
noch jetzt in ihrem Gedächtnisse und sagen sie auf Verlangen ohne alle
Mühe auswendig her."

Hat Hilarius, Bischof von Arles, uns in diesen Zügen das Bild
seines großen Meisters entworfen, so wußte ein anderer Schüler — Eucherius, den Grundzug seines Charakters in dem einzigen Satze auszudrücken:* „Wer nach einem sprechenden Vorbilde die Liebe malen wolle,
müsse in das Angesicht des Honoratus schauen." Und in der That, wie
die Kraft des apostolischen Geistes ihn beseelte, strahlte auch die Liebe aus
seinen Augen, ein ehrwürdiges Wesen aus seinem ganzen Antlitze [1]. Wenn
der Mensch durch das Licht und die Gnade Christi erhöht wird, zieht er
auch die ihn umgebende Natur mit sich in den Kreis höherer Entwickelung
hinan. Die Insel Lerin verlor bald ihr verwildertes Aussehen; die heiligen
Ansiedler pflanzten Weinberge und legten fruchtbare Aecker an; reine Quellen
bewässerten die lieblichen Niederungen und die neuerstellten, grünenden Wiesen, voll üppiger Kräuter, verscheuchten mit ihren Oel- und Obstbäumen
die verderblichen Dünste und gewährten dem Auge des Beobachters den
lieblichsten Anblick. Im Kloster selbst wurde die Lebensweise eingehalten,
die früher der heilige Martin für die Klöster seiner Stiftung eingeführt,
auch die Gebräuche der Mönche Aegyptens wurden theilweise verwendet,
welche Kassian (405—410), von daher zurückgekehrt, in seinem Buche „über
die Einrichtungen der Mönche" [2] für die Klöster bei Marseille und in
Lerin überbrachte. In der Tagesordnung wechselten das Gebet, der Psalmgesang, die Lektüre und das Studium mit Händearbeit ab, welche in landwirthschaftlicher Beschäftigung und insbesondere im Flechten von Netzen
für den Fischfang bestand. Auch unter dem spärlichen Mahle wurde die
Lesung aus der heiligen Schrift und ascetischen Büchern eingehalten. Die
einen Schüler wohnten beisammen im Kloster, die anderen nach Weise der
Anachoreten in gesonderten Zellen oder Hütten. Welch' eine Schaar von
Heiligen, ruft Einer ihrer Mitgenossen und Augenzeuge, der selige Eucherius
aus. Unter ihnen befanden sich Kaprasius, der einstige Reisebegleiter Honorat's, Maximus, sein Nachfolger in Lerin, Faustus, Lupus, der
nachmalige Bischof von Troyes, Salvian, Hilarius, welchen Honorat
wie ein kühner Jäger mitten in dem Gewirre der Welt, mehr durch sein
Gebet als durch seine Ermahnungen eingefangen, und als eine kostbare

---

1) S. Eucher. de Laude Eremi. n. 42.
2) Joh. Cassian. de Institutis monachorum.

Beute nach Lerin heimgeführt [1]); sodann Eucherius selber mit seinen beiden Söhnen Veranus und Salonius; Vinzenz, den wir in seiner goldenen Denkschrift kennen gelernt und viele andere Männer erster Größe, die sich bei Honorat, von allen Seiten her, wie um ihren geistigen Mittelpunkt eingefunden [2]). Das Leben der Klostermönche wird von einem gleichzeitigen Verfasser in folgenden Zügen geschildert [3]): „Dort wurde vor Allem die Welt verachtet, die Sinnenlust bezähmt, die Sünde überwunden, die Mühe der Arbeit gerne ertragen und die Zeit in beständiger Beschäftigung vertrieben. Man las in den heiligen Schriften, heiligte das Studium durch Fasten und Wachen; zufrieden mit einem einzigen Kleide wußte man die Hitze des Sommers und die Kälte des Winters zu ertragen; alle Reisen wurden zu Fuß zurückgelegt, der Nothbedarf des Unterhaltes hieß die Brüder den Samen selber auf die Aecker streuen und die Gärten pflegen; das Bedürfniß nach Wein veranlaßte sie, Weinberge auf der Insel anzulegen; so wurde keiner der Gefahr des Müssiganges preisgegeben. War für den Unterhalt der Brüdergemeine vorgesorgt, dann wurde das Uebrige unter die Armen ausgetheilt. Der Betrachtung göttlicher Dinge allzeit obzuliegen, das Wort Gottes zu verkünden, in den überreichen Geheimnissen der ewigen Weisheit zu forschen, Gott und den Nächsten zu lieben, sich gegenseitig zur Liebe des Göttlichen zu entzünden — war ihres Geistes vorzüglichstes Bestreben." Für solche Lebensweise bot den Klosterbewohnern wie den Einsiedlern die Einsamkeit die geeignete Gelegenheit, und Eucherius, der der Letztern längere Zeit angehörte, entwirft uns von dem hohen Werthe der Einöde ein glänzendes Lob in einer Schrift, die er seinem Freunde Hilarius, Bischof von Arles (432), widmete.

Doch nicht allein die Ascese, sondern auch das Studium der Wissenschaften wurde in der Schule von Lerin eifrig betrieben. Wie damals im Oriente die Städte Alexandrien, Antiochien, Athen und Konstantinopel ihre öffentlichen Schulen besaßen, so waren im Abendlande neben jenen von Rom und Aquileja, auch in Gallien, insbesondere in Aquitanien die Schulen von Arles, Narbonne, Toulouse und Bordeaux hochberühmt. Bordeaux hatte schon vor dem Jahre 400 eine vollständige Akademie, deren Lehrer uns der Dichter Ausonius in einem seiner Gedichte anführt [4]). Dort wurden Grammatik, Latein und Griechisch gelehrt, Rhetorik, Poesie, Ge-

---

1) S. Hilar. in vit. S. Honor. cap. 8, 37.
2) S. Eucher. de Laude Eremi n. 42.
3) Vit S. Hilar. Boll M. Maj. tom. II. p. 28.
4) Auson. Carm. de Profess. Burdigal.

schichte und Philosophie vorgetragen; von den Klassikern las man den Herodot, Livius, Varro, Virgil, Horaz und Andere. Die Bildung, die in dem gesegneten Aquitanien und namentlich in den nahgelegenen Städten Arles und Marseille blühte, mußte nothwendig auch auf die neue Ansiedelung in Lerin ihren Einfluß üben. An den Früchten erkennt man den Baum, und an den Schülern die Schule. Die ausgezeich= neten Schriften, die uns Hilarius, Eucherius, Salvian, Vinzenz, Prosper und später Cäsarius von Arles († 529), hinterlassen, geben ein ruhmvolles Zeugniß von der Bildung, welche diese hervorragenden Bischöfe und Priester zu Lerin einst genossen. Eucherius, später Bischof von Lyon, von dem wir das begeisterte Lob von der Einöde noch hören werden, lebte längere Zeit, wie der heilige Nilus einst im Oriente, mit seiner Frau und seinen beiden Söhnen Salonius und Veranus auf der Insel Lero (jetzt St. Margerith), in der Nähe von Lerin, ganz allein und abgeschieden von aller Welt. Um seinen Söhnen eine geeignete Erziehung zu verschaffen, sandte er sie zu Honorat auf das nahe Lerin, wo vorerst Hilarius ihre Bildung leitete, später aber Salvian und Vinzenz ihnen in der Rhetorik Unterricht ertheilten [1]). Eucherius selbst unterließ es nicht, ihre weitere Ausbildung durch Briefe und Abhandlungen, von denen ein Theil sich noch erhalten hat, zu fördern und sie namentlich in das Verständniß der heiligen Schriften einzuführen. Die von Hieronymus nach den alten griechi= schen Handschriften verbesserte lateinische Vulgata war damals in Lerin noch nicht bekannt; wie die Vergleichung der Texte herausstellt, wurde dort für die Bücher des neuen Testamentes eine jener vielen, un= gleichartigen Uebersetzungen gebraucht, von denen damals Hieronymus be= haupten konnte: es seien beinahe so viele und verschiedenartige Ueber= setzungen, als Codices in der lateinischen Kirche in Umlauf gesetzt [2]). Durch Eucherius veranlaßt trat auch der berühmte Dichter und Schriftsteller, der heilige Paulin, Bischof von Nola, der einst in Aquitanien mit Ausonius seine Bildung erhalten, mit Lerin in Verbindung; und um die Schätze der Wissenschaft dieses großen Bischofs für sich und seine Anstalt zu Nutzen zu machen, sandte Honorat drei Zöglinge seines Klosters, Gelasius, Augendus und Tigridius nach Nola zu Paulin. Man las in Lerin die Schriften Xenophon's, Virgil's, Cicero's [3]); man kannte die Werke des Origenes,

---

1) S. Eucher. Praef. in lib. I. Instruct.

2) S. Hieron. Praef. in Evang ad Damasum, PP. Tot enim sunt exempla-ria pene quot Codices.

3) Sie werden in den Abhandlungen Salvians, Vinzenz', Eucherius' und Hilarius' angeführt.

Cyprian's, Gregor's von Nazianz, Basilius', die Kirchengeschichte des Eusebius, die Akten der drei ersten ökumenischen Concilien, die Werke des Hierony=mus, Paulin's, Ambrosius'. Dagegen werden jene von Augustinus nirgends erwähnt. Der Geist, der in dieser Schule herrschte, war, wie wir aus der Denkschrift des Vinzenz vernommen, ein durchaus rechtgläubiger, der den Irrlehren entschieden entgegentrat und mit der römischen Kirche die reinste Uebereinstimmung bewahrte; die semipelagianische Tonart des Kassian fand in Lerin keinen Anklang.

Inzwischen wurde Honorat im Jahre 426 auf den bischöflichen Stuhl von Arles, nach dem bereits einstimmigen Wunsche des Klerus und Volkes berufen [1]). Wie bisher in der einsamen Klosterzelle, ließ er auch jetzt, auf den Kronleuchter der Kirche erhoben, das Licht seiner Heiligkeit und Wissen=schaft leuchten, so daß Hilarius, sein einstiger Schüler und späterer Nach=folger im bischöflichen Hirtenamte, bei der Gedächtnißfeier vor Geistlichkeit und Volk ihm das schöne Zeugniß geben konnte: „Ihr selber habt die wachsame Hirtensorge, den Eifer für die Kirchenzucht, die Thränen heißer Andacht, die stete, nie getrübte Andacht — kurz alle jene Tugenden ge=sehen, von denen sein sich immer gleichbleibendes Angesicht ein so treuer Ausdruck war. Ihr Alle habt das mit seinem Leben übereinstimmende große Rednertalent gehört, bei welchem das Bewußtsein eines reinen Her=zens der ganzen Rede Klarheit und Werth verlieh. Ihr selber konntet den weiten Umfang seiner Liebe, die Niemanden ausschloß, überschauen. Keiner, der je zu ihm kam, glaubte ihn genug gesehen zu haben, Aller Augen waren auf ihn gerichtet, Aller Herzen schlugen ihm entgegen. Dabei wußte Keiner, wie er, die Liebenswürdigkeit mit dem Ernste zu verbinden, die Strenge mit der Milde auszugleichen und bei all' der Tugendhöhe, die er mit unausgesetztem Ringen erklommen, die tiefste Demuth zu bewahren. Wer in Kümmerniß zu ihm kam, ging immer von ihm getröstet wieder von bannen; der Rohe lernte bei ihm edlere Sitten kennen, der Aus=gelassene den Schmuck eines keuschen Lebens schätzen, kurz er ist Allen Alles, Allen zu einer Arznei der Seele geworden. Auch dann als sein Lebens=ende schon herannahte, ließ er von seiner unermüdeten Thätigkeit nicht ab. Trotz der Schmerzen, die er litt, hielt er auf das Verlangen seiner Diöze=sanen noch am Tage der Epiphanie die Festrede in der Kirche [2]), die letzte seines bischöflichen Amtes; denn alsbald wurde er von der Krankheit an=gefallen. Weniger der Brand des Fiebers als die anhaltende Schwäche, die er sich durch seine übergroße Strenge gegen sich zugezogen, rieb im Laufe von acht Tagen seine Kräfte auf. Er tröstete die Brüder, die ihm am

---

1) S. Hilar. vit. v. 25. — 2) L. c. 29.

Krankenlager dienten, ordnete Alles mit größter Seelenruhe wie Einer, der in ein besseres Land abreist; über wichtigere Angelegenheiten ließ er noch die nöthigen Urkunden fertigen."

„Als ich in jenen Tagen", fährt Hilarius fort, „einmal an seinem Sterbe= bette den Strom der Thränen nicht mehr zurückhalten konnte und sie mir von den Augen abwischte, sprach er zu mir: warum beweinst du das un= ausweichliche Schicksal des menschlichen Geschlechtes? Kann mein Hintritt dich überraschen, da er doch mich selbsten nicht unvorbereitet findet? Ich konnte vor Schluchzen und Weinen lange nicht zum Worte kommen, dann erwiederte ich ihm: daß ich den großen Verlust, der mir bevorstehe, nicht beweine, weil ich fest vertraue, sein Gebet werde mir nie fehlen und seine Fürbitte im Himmel für mich noch kräftiger sein; daß ich aber über seine Schmerzen mich betrübe und die letzten Todeskämpfe für ihn tief beklage. Er antwortete: Was leide ich Allergeringster denn im Vergleiche zu dem, was die meisten Heiligen Schmerzliches in ihrem Todeskampfe gelitten haben, und er fügte aus den alten Klassikern die Stelle an: Große Männer müssen Vieles leiden, um diejenigen leiden zu lehren, für deren Beispiel sie geboren wurden [1]). Als sodann der Magistrat, der Präfekt und die Amtsmänner der Präfektur vor ihn traten, richtete er bei schon eingetrete= ner Todeskälte an sie noch folgende Worte: Ihr sehet, sprach er, welch' gebrechliches Pilgerhaus wir hienieden bewohnen. So hoch wir im Leben hinangestiegen, so tief werden wir vom Tode wieder heruntergerissen. Weder Ehren noch Reichthümer können uns vor diesem Verhängnisse schützen, es ist dem Gerechten wie dem Ungerechten, und dem Mächtigen wie dem Armen gleich gemein. Höchsten Dank schulden wir Alle Christus dem Herrn, der durch seine Auferstehung von den Todten für uns den Tod überwunden, seine Schrecken verscheucht und das ewige Leben uns wiedergegeben hat. Darum, Ihr Männer! verwendet euer Leben hienieden so, daß Ihr des Lebens Ende nicht zu fürchten brauchet, sondern das, was man Tod nennt, wie eine Auswanderung in ein besseres Land mit Freu= den erwarten dürft; denn der Tod ist keine Strafe, wenn er nicht zur Verdammniß führt. Wohl ist die Trennung des Leibes und der Seele hart, unendlich härter aber die Vereinigung beider in den Flammen des ewigen Feuers, wenn der Geist nicht, während seines irdischen Lebens, sei= nen hohen Adel erkennend, dem Körper den Krieg gemacht und alle sinn= lichen Begierden bekämpft hat. Denn durch eine glückliche Ehescheidung sollen wir hienieden den Geist von aller Vermischung des Fleisches abson=

---

1) „Magni viri multa patiuntur, ut et illos pati doceant, ad quorum nati sunt exemplum."

dern und beide Naturen, Geist und Körper, makellos für den ewigen Frie=
den bewahren, um sie dort wieder in reiner Ehe zu verbinden, wo die
Heiligen jubeln in der Herrlichkeit, und sich erfreuen auf ihren Ruheplätzen,
d. i. in ihren Körpern wie in ihren Wohnungen. Das beachtet wohl, die=
ses Erbe läßt Honoratus Euch zurück, und ladet Euch, mit seinem letzten
Athemzuge, zum unvergänglichen Erbe des himmlischen Reiches ein. Keiner
von Euch lasse sich allzusehr von der Liebe zur Welt anziehen; am besten
ist's, dem freiwillig zu entsagen, was man in Bälde doch nothgedrungen
verlassen muß. Keiner besitze überflüssiges Vermögen, noch lasse sich Einer
durch die Pracht der Reichthümer verderben. Es ist schmählich, den Preis
des ewigen Heiles zu unserem Unheile zu verkehren, und in dem betrogen
zu werden, durch das wir sollen gerettet werden. — Inniger noch als mit
diesen Worten, sprach er zu den Umstehenden mit seinem verklärten Ange=
sichte und seinen zum Himmel erhobenen Augen."

Allmälig versagten ihm die Glieder ihren Dienst, um so lebendiger
offenbarte dann aber die Gnade sich in seinem Geiste. Nachdem er Einiges
noch angeordnet, rief er zum Letztenmale alle seine Lieben in's Gedächtniß
zurück, konnte jedoch ihre Namen einzeln vor Mattigkeit nicht mehr aus=
sprechen, ließ ihnen aber insgesammt durch diejenigen, die anwesend waren,
seinen letzten Segen zukommen. Keinem gab er eine bestimmte Weisung,
sondern überließ es der freien Wahl eines Jeden, ob er nach seinem Tode
weiterziehen, oder in der Brüdergenossenschaft von Lerin noch ferner bleiben
wolle. Und die Meisten blieben zu gemeinsamem Leben vereint, jene aus=
genommen, die schon bei seinen Lebzeiten fort gezogen waren, oder jene,
die von ihm früher den Rath hiefür erhalten hatten, weil ihnen nach sei=
nem Urtheile ihre Heimat allzulieb und die Klosterzucht allzustrenge schien.
Darauf fiel er in einen tiefen Schlaf, welchen wir aus Besorgniß zu unter=
brechen suchten, er aber sprach: „Ich wundere mich, daß Euch mein Schlum=
mer nach so vielen schlaflosen Nächten, die ich durchgewacht, so bedenklich
vorkommen kann." Und als wir ihn nicht länger im Sessel sitzen lassen
wollten, sagte er scherzend mit gewohnter Heiterkeit: „er müsse uns Müde
und Lästige in dieser Fürsorge nun gewähren lassen." So ging bei ihm
beinahe früher das Leben, als die Süßigkeit der Rede zu Ende. Hierauf
schlief er wieder ein und schlafend ging er in den Schlummer des Todes
über, ohne allen Todeskampf und frei von aller Seelenangst, am 16. Jän=
ner des Jahres 430. Während seine heilige Seele zu den Chören der
Engel aufgenommen ward, wurde der entseelte Leib vom Geiste wie von
Neuem belebt, und sein Angesicht leuchtete in blühender Schönheit vor
Aller Augen. Als die Kunde von seinem Ableben sich verbreitete, eilte das
Volk schaarenweise in die bischöfliche Kirche, um den Leichnam des Ver=

ewigten zu sehen, und Jeder hielt es für einen großen Verlust, wenn er nicht seinen Mund oder seine Hände, oder wenigstens die Todtenbahre küssen konnte. Der Leichnam wurde festlich angekleidet, allein beinahe entblößt gefunden, als man ihn in das Grab legen wollte. Denn die Liebe der Kleriker und des Volkes schonte der Kleider und Tücher nicht, die er trug; man riß sich Stücklein von seinem Gewande, die wie ein großer Schatz aufbewahrt wurden, und wer an seinem Begräbnisse Theil nehmen konnte, glaubte an ihm einen Fürsprecher im Himmel gewonnen zu haben. Der Todtenbahre wurden Weihrauch und Aroma vorangetragen und die allgemeine Liebe und Verehrung zu ihm gab sich in Liedern verschiedener Sprachen kund. Wunder verherrlichten noch nach dem Tode das Grab dieses Auserwählten. Zu seinem Nachfolger im Bisthume Arles wurde sein Schüler Hilarius gewählt. Die frommen Gebräuche des christlichen Begräbnisses, das Gebet für die Abgestorbenen, die Fürbitte der Heiligen und die Verehrung ihrer Reliquien, die wir zu dieser Zeit in der Kirche von Arles in Uebung finden, wurden damals auch in den Kirchen Italiens und Afrika's eingehalten, wie uns die Schriften der gleichzeitigen Bischöfe Paulin von Nola und Augustin von Hyppo lehren. Vom Bischofe Paulin veranlaßt schrieb Augustin (um das Jahr 421) das Buch „von der nöthigen Sorge für die Abgestorbenen" [1], worin er auch über die Verehrung der Reliquien sich ausspricht, die er schon in seinem Werke, „vom Staate Gottes" so herrlich begründet hatte [2]. „Wenn man einen Ring oder ein Kleid des Verstorbenen hochachtet, um wie viel mehr sollen wir die Glieder des Körpers achten, deren sich der Geist als seiner Werkzeuge zu allem Guten auf Erden einst bediente? Daher kömmt es auch, daß die Aufmerksamkeit und Theilnahme, welche die Kirche dem Begräbnisse der Verstorbenen zuwendet, sowohl im alten Bunde [3], als im neuen [4], Lob und Anerkennung findet." „Das Begräbniß der Verstorbenen," fährt Augustin fort [5], „bei den Monumenten und Denkmälern der Martyrer, schon an sich so empfehlenswerth, gewinnt überdies noch einen doppelten Werth, weil die Lebenden dadurch angespornt werden, für die Verstorbenen, und zwar unter Anrufung der Martyrer, bei Gott ihre Gebete einzulegen. Denn wie heilsam dies sei, zeigt die allgemeine Sitte der Kirche, für die Abgestorbenen heilige Opfer und Gebete zu entrichten" [6].

Bevor wir die vorzüglicheren Schüler von Lerin hervorheben, dürfen wir einen Mann nicht übergehen, der bedeutend an Talent und Willens-

---

1) S. Aug. de cura gerenda pro mortuis. — 2) S. Aug. de civ Dei. I. 12. — 3) Tob. 12, 12. — 4) Matth. 26, 10. — 5) S. Aug. de cur. ger. c. 23. — 6) L. c. c. 6, 22.

kraft, nicht ohne Einfluß auf jene Schule blieb; dieser Mann ist Johann
Kaſſian, der bei dem pelagianiſchen Kampfe ſich ſo eifrig und einſeitig
betheiligte, daß er zum Gründer des ſemipelagianiſchen Irrthums wurde.
Als die Mönche des Kloſters Abrumet in Afrika gegen Auguſtin die Klage
erhoben: „während er die Gnade gegen die Pelagianer vertheidige, vernichte
er die Freiheit des Willens", ſah Auguſtin ſich genöthigt (427) in ſeinem
tiefſinnigen Buche — von „der Gnade und dem freien Willen", als Vertheidiger der menſchlichen Freiheit aufzutreten; dieſem Buche ließ er bald
darauf noch die Schrift, „von der Zurechtweiſung und der Gnade", folgen.
Die Bedenken der Mönche in Afrika fanden auch in Gallien Anklang und
es wurde behauptet: „Auguſtin lehre unter dem Namen der Gnade eine
unausweichliche Nothwendigkeit, wie jene des Fatum's ſei, unterſcheide zwei
Arten von Menſchen, die Guten und die Böſen und, nach der Weiſe der
Manichäer, eine zweifache Natur." So mußte die Frage über das Verhältniß der Gnade zur Freiheit erörtert werden, worüber die Kirche ſich
noch nicht beſtimmt ausgeſprochen hatte. Während die Schule von Lerin
ſich in dieſem Streite zurückhaltend benahm, war in ihrer Nähe zu Marſeille eine zweite entſtanden, welche ſich den Gegnern Auguſtins zuwandte
und einen neuen Irrthum unter dem Namen des Semipelagianismus begründete. Caſſian, früher an der Seite Chryſoſtomus' in Konſtantinopel,
und ſpäter unter Papſt Innozenz I. in Rom gebildet, begab ſich (407)
nach Marſeille, wo er zwei Klöſter, das Eine für Männer, das Andere
für Frauen, ſtiftete. Auf das beſondere Verlangen des Biſchofs Caſtor
von Apt, ſchrieb er ſein Werk, „über die klöſterlichen Einrichtungen", wie
er ſie im Oriente ſelbſt beobachtet, und berückſichtigte darin die eigenthümlichen Sitten und Gebräuche des Occidentes. Wenn auch Caſſian in dieſem Buche ſich entſchieden gegen die Irrlehre des Pelagius ausſpricht,
riefen einzelne Stellen doch große Bedenken hervor. Denn er lehrte: „der
Menſch bedürfe der Gnade, aber der Anfang des gottgefälligen Lebens
gehe zuweilen eben ſo wohl von der Freiheit, als von der Gnade aus.
Vorerſt müſſe der Menſch durch ſeine natürlichen Kräfte ſuchen, anklopfen,
fragen, erſt dann mache die Gnade die Pforte auf." Dabei äußerte ſich
Caſſian, ohne ihn zu nennen, mit großer Bitterkeit gegen Auguſtin. Auf
dieſe Schrift ließ Caſſian noch eine Zweite, „die Collationen oder Unter-
redungen" folgen, welche er mit den Mönchen Aegyptens über das geiſt-
liche Leben einſt geführt. Dieſer Schrift ſtellte Auguſtin, von Prosper aufge-
gefordert, die Bücher „von der Vorbeſtimmung der Heiligen und über die
Gabe der Beharrlichkeit" entgegen, worin er nachwies, daß ſeine Lehre von
der Gnade keine neue, ſondern die Lehre der Väter ſei, und daß, ſowohl
der Anfang des Guten als die Beharrlichkeit bis an das Ende ein freies

Gnadengeschenk Gottes seien. Cassian setzte seinerseits auf besondere Er=
munterung des Honoratus und Eucherius von Lerin [1]), seine Collationen
bis auf die Zahl von vier und zwanzig fort, und trug besonders in der
Dreizehnten, „vom Schutze Gottes", seine früheren Irrthümer wieder vor.
Dessen ungeachtet wurden die Anhänger Cassians weder von Augustin noch
von Prosper als formelle Häretiker angesehen, gegentheils drangen Beide
darauf, ihnen mit aller Schonung und Liebe zu begegnen [2]). Im Uebrigen
wurden die Schriften Cassians wegen ihres Schatzes von Lehren und Er=
fahrungen über das ascetische Leben hochgeschätzt; Gregor der Große und
Urban VI. sprechen darüber ihr Lob aus, und Cassiodor fällt über sie das
vollgiltige Urtheil: „man solle sie lesen, aber sich vor der Gnadenlehre
darin hüten" [3]). Obwohl die Schule von Lerin mit Cassian eng befreundet
war, wußte sie sich frei von den semipelagianischen Irrthümern zu erhalten;
in den Schriften der Leriner findet man für die gegentheilige Meinung
keine Stützpunkte.

Mittlerweile verbreiteten die Schüler von Lerin den Ruhm der Ordens=
schule, in welcher sie ihre Bildung erhalten hatten; der Baum wurde an
seinen Früchten erkannt. Viele von den einstigen Zöglingen wurden der
Reihe nach auf die wichtigsten Bischofssitze Galliens berufen; Maximus,
Honorat's Nachfolger zu Lerin, nach Riez, Hilarius nach Arles,
Lupus (427) nach Troyes, Eucherius (435) nach Lyon, wo sein Sohn
Veranus ihm auf dem Bischofsstuhle nachfolgte, während Salonius,
sein zweiter Sohn, Bischof von Genf wurde. Alle diese Männer, die in
der Einsamkeit von Lerin den Grund zu ihrer apostolischen Lebensweise
und Geistesbildung gelegt, erwiesen sich in ihrer bischöflichen Stellung als
strahlende Leuchter der Kirche; durch ihren Muth, ihre Hingebung, ihre
Rednergabe und Wissenschaft richteten sie überall, wo sie wirkten, in jener
drangsalvollen Zeit, die gesunkene Kirche wieder auf, sammelten tüchtige
Jünglinge und Männer um sich, unterrichteten und erzogen sie, um sie
nachmals als Priester und Gehilfen in die große Ernte auszusenden. So
kannte Hilarius als Bischof von Arles kein seligeres Vergnügen [4]), als
Klöster in seinem Sprengel zu errichten, Kirchen zu bauen, gottesdienstliche
Gegenstände zu segnen, Waisen aufzunehmen, die Mönche im Guten zu
stärken, die Laien an sich zu ziehen, Bischöfe zu konsekriren, täglich vor
Gott sein Gewissen in aller Strenge zu erforschen, um ihm einst über
die Verwendung der anvertrauten Talente gute Rechenschaft ablegen zu
können. Dabei war er so voll Güte und Barmherzigkeit gegen Andere,

---

1) Joh. Cassian. Collat. XVIII, 1. - 2) S. Aug. de Don. persev. 24. —
3) Cassiod. Instit. div. lect. c. 29. — 4) Vit. S. Hilar. 2, 10.

daß er zu den Schätzen der Kirche griff, um aus den Händen der Gothen und der Hunnen die Gefangenen loszukaufen, und das Gold und Silber der Baſiliken hergab, um ſie vom Tode zu erretten. Seine apoſtoliſchen Reiſen waren nicht nur für ſeine Diözeſe, ſondern auch für die übrigen Bisthumsſprengel Galliens von höchſtem Nutzen; mit Germanus, dem Biſchof von Auxerre, kam er öfters zuſammen, berieth ſich mit ihm in kirchlichen Angelegenheiten und bewahrte bis zu ſeinem Tode (449) ihm eine innige Freundſchaft [1]).

Auf dem biſchöflichen Stuhle von Auxerre ſaß um das Jahr 418 der Biſchof Amator, der Fünfte in der Reihenfolge der Biſchöfe dieſer alten Kirche, deren Erſter der heilige Peregrin mit einigen Diakonen und Prieſtern vom Papſte Sixtus II. unter Kaiſer Valerian (256—58) von Rom aus nach Auxerre abgeſendet worden war, und dort ſpäter mit dem Diakon Korkodemus, unter Diokletian und Maximin (290—300) den Martyrtod erlitt [2]). Schon lange hatte der alternde Biſchof Amator ſein Auge auf den hoffnungsvollen Jüngling Germanus gerichtet, der gleich ausgezeichnet wie an Adel, ſo auch an Bildung und Reichthum war; allein noch ging derſelbe mehr den Freuden der Jagd, als den Uebungen der chriſtlichen Religion nach, und fand ein beſonderes Vergnügen daran, die Köpfe des erlegten Gewildes an den Aeſten eines gewaltigen Birnbaumes aufzuhängen, woran ſie mitten in der Stadt Auxerre dem ſchauluſtigen Volke, nach alter Heidenweiſe, zu ärgerlichen Poſſen dienten. Zum großen Verdruſſe German's, ließ Biſchof Amator den Baum umhauen und die Thierſchädel beſeitigen. Eine große Umwandlung ging inzwiſchen mit dem jungen Manne vor; denn, wie die Berichte melden [3]), wurde er (417—18), wie einſt Ambroſius, von dem Laienſtande ſogleich zum Nachfolger Amator's erwählt und auf den biſchöflichen Stuhl von Auxerre erhoben. Vor ſeiner Erhebung hatte er einige Zeit in dem Kloſter Lerin zugebracht; denn eine alte Urkunde über den Urſprung der galliſchen und iriſchen Liturgie [4]), vom Jahre 680 ſagt ausdrücklich, daß er ſich einige Zeit bei den Mönchen von Lerin aufgehalten und dort unter Honorat auch den Biſchof Lupus von Troyes zu ſeinem Mitſchüler gehabt habe. Zur biſchöflichen Würde erhoben, folgte German der ſtrengen Lebensweiſe, wie die Mönche von Lerin und von St. Martin bei Tours ſie führten; er wußte mitten in ſeiner vielſeitigen Verbindung mit den Menſchen das ſtille Leben der

---

1) L. c. c. 3, 21.
2) Vit. S. Germ. Boll. Jul. VII, 190. „A romana urbe missus fuerat imperio Papae Sixti."
3) L. c. I. 6—10. — 4) Spelman Conc. Brit. I.

Einsamkeit zu bewahren und entfaltete die segensreichste Wirksamkeit für seine weite Diöcese; ihre wiederbelebende und stärkende Kraft kam auch der Kirche in Britannien wohl zu Statten. Dort hatte der Pelagianer Agrikola[1]) unter den Gläubigen seine Irrthümer verbreitet, die immer mehr Boden zu gewinnen drohten. Die daherige Gefahr für die brittische Kirche entging dem wachenden Auge des Papstes Cölestin I. nicht, der um diese Zeit (429) den Palladius, Erzdiakon der römischen Kirche, als Glaubensboten nach Irland abgesendet hatte; auch die treugebliebenen Bischöfe Britanniens sammelten sich zum Widerstande. Palladius berichtete darüber nach Rom und die einheimischen Bischöfe sandten Abgeordnete an die Bischöfe in Gallien, um bei ihnen Hilfe gegen das eingerissene Uebel nachzusuchen. Auf der Synode von Troyes wurden Germanns von Auxerre und Lupus von Troyes mit der Sendung nach Britannien betraut, wie Constantius berichtet[2]). Dagegen schreibt Prosper[3]), daß Papst Cölestin auf besonderes Betreiben des Diakon Palladius, den Bischof Germanus von Auxerre an seiner Statt nach Britannien gesendet, der dort die Häretiker zerstreut und die Britten zum katholischen Glauben zurückgeführt habe. Beides konnte geschehen, wenn Papst Cölestin der gallischen Synode es überließ, für diese Mission die geeigneten Männer auszuwählen, und den Gewählten seine Vollmacht hiefür ertheilte.

Die Winterzeit war schon angebrochen, als Germanus und Lupus ihre Mission nach Britannien antraten; sie nahmen ihren Weg über Paris und Nanterre und wurden auf hoher See von einem gewaltigen Sturme überfallen; mit dem Steuerruder des Gebetes bezähmten sie die tobenden Fluthen des Ozeans[1]) und gossen heiliges Oel in die schäumenden Wogen, um sie zu besänftigen. Glücklich erreichten sie die brittischen Ufer, ihr Ruf war ihnen schon vorangeeilt; denn, als sie sich den Mauern der Stadt nahten, kam ihnen die ganze Bevölkerung entgegen und der Herr segnete durch seinen wunderbaren Beistand ihren apostolischen Fischfang. Eilend (raptim) durchzogen sie predigend und lehrend die ganze Insel; die Völkerschaften drängten sich zu ihnen. Nicht nur in den Kirchen und in den Städten, auf allen Wegen und Straßen, auf dem Lande, zu Berg und Thal ließen sie ihre Vorträge erschallen, um das Volk im katholischen Glauben zu stärken und die gefährlichen Wege des Irrthums ihm aufzudecken. Und ihre Anstrengungen waren mit dem besten Erfolge begleitet;

---

1) Prosper chron. ad an. 429. — 2) Const. Vit. S. Germ. I. 5.
3) Prosp. in chron. ad an. 429. „Ad actionem Palladii diaconi Papa Coelestinus Germanum Antiss. episc. vice sua mittit" etc.
4.) L. c. u. Const. vit. S. Germ. lib. I. c. 6.

denn sie besaßen ein Ansehen wie die Apostel; ihre Lehrtüchtigkeit, Wissenschaft und Verdienste gaben ihren Worten eine siegreiche Kraft. So ging
die Masse des Volkes schnell zu ihrer Lehre über; die Urheber der Verführung dagegen, bisher in ihren Winkeln verborgen, traten nun hervor,
um gegen die apostolischen Männer den Kampf zu wagen. Eine ungeheure Volksmenge hatte sich zu diesem öffentlichen Glaubenskampfe eingefunden, Hohe und Niedere, Geistliche und Laien, selbst die Weiber mit
ihren Kindern auf den Armen. Das Volk sollte für jetzt und die Zukunft
für die eine oder andere Glaubenslehre sich entscheiden; der Einen stand
die göttliche Autorität zur Seite, der Anderen die menschliche Anmaßung;
dort die Glaubenstreue, hier die Treulosigkeit; dort Christus als Haupt,
hier der Irrlehrer Pelagius [1]). Auf das leere Geschwätz der Gegner ließen die seligen Bischöfe einen Strom von herrlichen Reden, untermischt
mit apostolischen Donnerschlägen, über sie ergehen, und verbanden und
schmückten die göttlichen Lehren mit ihrer eigenen glänzenden Beredsamkeit.
Der leere Schein wurde besiegt, die Treulosigkeit beschämt; die Gegner
gaben sich selbst für überwunden an. Kaum vermochte das richtende Volk
die Hände zum Beifallklatschen zurückzuhalten, sprach aber sein Urtheil
durch einen allgemeinen Jubelruf aus, der wie Meeressturm in weite
Ferne erscholl. Während die beiden Bischöfe ihre Sendung in Britannien
mit so glücklichem Erfolge erfüllten, wurden die Britten von den vereinten
Pikten und Angelsachsen [2]) mit Krieg bedroht und zur Abwehr dieser neuen
Angriffe aufgerufen. In ihrer Bedrängniß suchten sie bei den neuange-
kommenen Bischöfen Rath und Hilfe; und wirklich schien mit ihnen ein
ganzes Kriegsheer eingezogen zu sein, so sehr wußten diese das schwache
Vertrauen und den gesunkenen Muth der Bedrohten zu heben. Christus
war jetzt zu ihrem Heerführer geworden [3]). Die heilige Zeit der vierzig-
tägigen Fasten war eben angebrochen, sie wurde durch die Gegenwart der
beiden Bischöfe weit heiliger als sonst gehalten, und weil unter den christlichen Britten noch viele Heiden auf dem Lande und im Heere zerstreut
lebten, kamen diese, durch die täglichen Predigten der Bischöfe aufgeweckt,
schaarenweise zur heiligen Taufe. Auf den heiligen Ostertag wurde die
Kirche mit grünen Baumästen ausgeschmückt und auf den Kriegszug, wie
ein Waffenplatz, hergerichtet. Vom Taufwasser noch benetzt, zog das Kriegs-

---

1) Beda Hist. eccl. I. 17. nach Constant. vit. S. Germ. l. c.
2) Die Angelsachsen, um das Jahr 409 von den Britten als Hilfstruppen gegen
die Pikten hergerufen, verbanden sich nicht lange nachher mit den Pikten, um die Britten zu bekriegen. Beda, Kirchg. I. 15.
3) Constant. cap. 6, 51. Beda, Hist. eccl. I, 20.

heer gegen den Feind aus; der Glaube erglühte im Volke auf's Neue, nicht von dem Glücke der Waffen, von Gott allein erwartete man Rettung und Sieg. Im feindlichen Lager dagegen verachtete man das brittische Heer und wiegte sich in dem Wahne, mit leichter Mühe den Sieg zu er= ringen. Germanus hatte die Stärke und Stellung des Feindes zur rech= ten Zeit auskundschaften lassen und besetzte mit einer auserlesenen Schaar einen Hügel, an dessen Fuß das feindliche Heer vorbeiziehen mußte. Als es bei dem Engpaß angekommen war, riefen, wie verabredet worden, Germanus und Lupus dreimal „Alleluja", und wie aus Einem Munde fiel das gesammte Heer in den dreimaligen Ruf „Alleluja" ein, daß die Schluchten und Berge donnernd wiederhallten. Die Feinde, von Schrecken und Furcht betäubt, als wollten die hohen Felsen, ja die Bogen des Him= mels auf sie einstürzen, warfen die Waffen weg und suchten in der Flucht ihr Heil; Viele gingen in dem nahen Strome zu Grunde. Die blühende Insel ward gerettet, die Niederlage der Pelagianer und der Sachsen ent= schieden, der Sieg und mit ihm der Friede mehr durch die Kraft des Glau= bens, als durch die Tapferkeit der Krieger errungen. Darnach kehrten die Bischöfe nach Gallien zurück und wurden zu Hause überall mit großem Jubel aufgenommen. Germanus begab sich bald darauf zum Bischofe Hilarius nach Arles, den er wie seinen Vater liebte, und wurde dort auf das Festlichste aufgenommen [1]). Das Feuer der pelagianischen Irrthümer glimmte indessen in Britannien unter der Asche fort; und um das Jahr 439 kamen zum Zweitenmale Boten zu Germanus herüber, um ihn zu bitten, zum Schutze der Kirche in Britannien nochmals einzustehen. Germanus folgte dem Rufe und nahm dießmal den Bischof Sever von Trier — einen Schüler des Bischofs Lupus, als Begleiter mit. Diese zweite Sen= dung ward mit so glücklichem Erfolge gekrönt, daß von dieser Zeit an die pelagianische Irrlehre auf brittischem Boden allmälig ganz erlosch.

Nach Hause zurückgekehrt, sah sich Germanus bald in einen kirchlichen Rechtsstreit mitverflochten, der für ihn und den Bischof Hilarius von Arles große Verdrießlichkeiten zur Folge hatte. Dieser war eben bei ihm in Auxerre zu einer Berathung eingetroffen, als Viele vom Adel= und Mittel= stande, voll feurigen Eifers, vor beiden Bischöfen die Klage erhoben [2]): „Chelidonius, Bischof von Besançon, habe mit einer Wittwe sich ehelich verbunden, sei Blutgerichten vorgestanden, von welchen Mehrere zum Tode verurtheilt worden, und habe anderer Thathandlungen sich schuldig gemacht, welche von der Autorität des apostolischen Stuhles von Rom und den Vorschriften der heiligen Kanonen strenge verboten wären." Sie verlang=

---

1) L. c. cap. 7. — 2) Vit. S. Hilar. cap. 3, 21.

ten, daß Zeugen darüber einvernommen werden ſollen. Bald darauf wurde (im Jahre 444) eine Synode von Biſchöfen vieler Orte abgehalten, der Beklagte vorgerufen und ihm befohlen, auf ſeinen Biſchofsſitz Verzicht zu leiſten. Chelidonius begab ſich aber nach Rom und klagte bei Papſt Leo dem Großen, daß er mit allzugroßer Strenge ſei behandelt und verurtheilt worden. Als Hilarius dies vernahm, achtete er weder der Strenge des Winters noch der Eismaſſen der Gletſcher, ſondern eilte ihm nach und legte zu Fuß die Reiſe über die hohen Alpen bis nach Rom zurück. Nach= dem er dort vorerſt die Gräber der heiligen Apoſtel und Martyrer be= ſucht, ließ er ſich dem ſeligen Papſte Leo vorſtellen, brachte ihm voll Ehr= furcht ſeine Huldigung dar und bat ihn in aller Demuth, daß er nach üblicher Weiſe den verwirrten Zuſtand der Kirchen in Gallien in Ordnung bringen möchte [1]), zugleich fügte er bei: „es ſeien Einige in Gallien nach Verdienen mit öffentlichen Strafen belegt worden, die jetzt in Rom an den heiligen Altären ſich befänden. Er bat und beſchwor: Leo möchte ſeine Aufſchlüſſe in dieſen Sachen wohlwollend aufnehmen; er ſei zu gehorſamem Dienſte, nicht zur Prozeßführung nach Rom gekommen, mehr um ſich zu vertheidigen, als um Andere anzuklagen; und um zu beleuchten, was geſchehen ſei. Wolle der Papſt etwas Anderes, ſo werde er ihm durch keinen Wider= ſpruch läſtig fallen." Die Maßregel der Synode gegen Biſchof Cheli= donius wurde vom Papſte Leo ſehr mißfällig aufgenommen, und Hilarius ſelbſt erfuhr in Rom ſcharfe Beurtheilung; der alte Biograph geht mit der zarten Bemerkung darüber hinweg: „Weil ich nicht wage, die Urtheile von ſo erhabenen Männern, die ſchon in die Ewigkeit abgegangen ſind, auch nur in der Erzählung zu bekritteln, will ich einzig bemerken, daß Hilarius ganz allein gegen ſo viele bedeutende Männer ſich aufrecht hielt, vor ihrem Zorne nicht erſchrak, die Unterſucher belehrte, die Widerſtreiten= den beſiegte und den Mächtigen das Feld nicht räumte. Mit Chelidonius, den er, in Verbindung mit ſo ausgezeichneten Biſchöfen, verurtheilt hatte, trat er in keine Gemeinſchaft, und ungeachtet er von Wachen umſtellt war, verließ er bei ſtrengſter Winterkälte diejenigen, die er mit vernünfti= gen Gründen nicht zu beugen vermochte." Von Rom wieder heimgekehrt, wandte Hilarius, zwar von Krankheit gebrochen, aber ſtark durch Frömmig= keit, Alles an, um durch ein demüthiges Entgegenkommen den Unmuth des ſeligen Papſtes Leo zu beſchwichtigen, indem er zuerſt den Prieſter Ravenius, ſeinen nachmaligen Nachfolger und hierauf die vorzüglichen Prieſter Nektarius und Konſtantius an ihn abſandte. Allein Papſt Leo ließ ſich nicht beſänftigen; er erließ an die Biſchöfe der Provinz Vienne

---

1) „Ut (P. Leo) ecclesiarum statum more solito ordinaret." L. c. cap. 3, 21.

ein scharfes Schreiben, worin er den Hilarius wegen der stolzen Ueberhebung tadelt, die er in seinem Verfahren gegen den Bischof Chelidonius
an den Tag gelegt habe. Er wurde seines Metropolitenamtes entkleidet,
das Urtheil gegen Chelidonius aufgehoben und dieser auf den bischöflichen
Stuhl wieder eingesetzt. All' das ertrug Hilarius mit solcher Achtung gegen den römischen Papst, daß er sich dessen Urtheil schweigend unterwarf,
obwohl er die Autorität der abgehaltenen Synode, die Aussagen der Zeugen, das Urtheil der versammelten Bischöfe und insbesondere das gewich-
tige Ansehen des heiligen Germanus, Bischof's von Auxerre, auf seiner
Seite hatte. Dessenungeachtet unterzog sich Hilarius dem Ausspruche, ohne
die Streitfrage weiter fortzuspinnen, und starb kurze Zeit nachher im
Jahre 449 [1]).

Hatte Germanus bisher der Kirche in den wichtigsten Angelegenheiten
seinen Rath und Beistand mit so glücklichem Gelingen gewidmet, so war
er noch in den letzten Jahren seines Lebens berufen, auch dem bürgerlichen
Gemeinwesen seine Dienste zuzuwenden, und wie hoch man diese anschlug,
beweist die Abordnung aus dem armorischen Gallien (Bretagne), welche
bei ihm sich einfand, um durch seine Vermittlung die bevorstehende Verheerung von ihrer Provinz abzuwenden. Denn um den Aufruhr und
Uebermuth jener Völkerschaft zu züchtigen, hatte der römische Feldherr
Aëtius dem Alanenkönig Eurich die Gegenden Armorika's zur Verwüstung
preisgegeben. Diesem kriegerischen Volke und seinem heidnischen Könige
sollte der ehrwürdige Greis Germanus ganz allein sich entgegenstellen;
allein Christus war mit ihm, der ihn stärker machte als das ganze Heer.
Schon waren die Kriegsschaaren unter ihrem Anführer ausgezogen, alle
Straßen mit gepanzerten Reitern besetzt; Germanus brach sich durch die
Schaaren Bahn, traf den König in Mitte des Heeres und trug ihm durch
einen Dolmetscher seine Bitten vor. Eurich wollte den Entscheid verschie-
ben und weiter ziehen; allein Germanus ergriff die Zügel des Pferdes,
hielt den König an und brachte an jener Stelle den Zug der ganzen
Kriegsschaar zum Stehen. Der stolze König wurde mit Bewunderung
für den greisen Bischof erfüllt, und durch die Kühnheit dieser Autorität
so überwunden, daß er den Kriegszug in eine Friedensunterhandlung um-
wandelte und darin den Bitten des greisen Bischofs entsprach. Eurich
kehrte mit dem Heere in die Quartiere zurück und versprach, den Frieden
geben und halten zu wollen, wenn der Kaiser selbst oder Aëtius dafür

---

1) Bellarmin bemerkt hierüber Tom. VII. p. 1607. „Auch gegen Bischof Mamer-
tus sei Leo in gleicher Weise verfahren; bei Streitfragen können auch die Päpste durch
Einflüsterungen zu Mißgriffen verleitet werden.“

bei ihm einkomme. Um dieses zu erreichen, reiste Germanus über die Alpen nach Italien[1]), hielt sich einige Zeit in Mailand auf und langte endlich in Ravenna an. Er zog zur Nachtzeit in die Stadt, um unbemerkt zu bleiben, allein er konnte dem Auge der Wachen nicht entgehen, die seine Verehrer ausgestellt hatten, um schnelle Kunde von seiner Ankunft zu erhalten. Damals war Petrus (Chrysologus † 450) Bischof in Ravenna, der die Kirche in apostolischer Lehre und Ordnung bewahrte; das römische Reich regierte die Kaiserin Placidia mit ihrem Sohne Valentinian (III.), damals noch ein Jüngling[2]). Beide waren dem katholischen Glauben auf das Wärmste zugethan und nahmen den ehrwürdigen Bischof mit wetteifernder Liebe und Verehrung auf; die Fürsten und die Vornehmsten der Stadt besuchten ihn und der gesammte Klerus brachte ihm seine Huldigung dar. Die Kaiserin Placidia sandte ihm in den Gasthof ein ganz kostbares Silbergefäß voll von Süßigkeiten zu, denen jedoch Nichts von Fleisch beigemischt war. Er nahm das Geschenk mit dem Bedinge an, daß er die Leckerbissen unter seine Diener vertheilen, das Silbergefäß aber verkaufen und den Erlös zu Almosen für die Armen verwenden dürfe. Der Kaiserin aber ließ er einen kleinen hölzernen Teller und Gerstenbrod darauf als Erwiederung für ihr Geschenk überbringen, sie nahm ihn mit unendlicher Freude entgegen. Inzwischen hatte Germanus sich die Gunst des Eunuchen Acholius erworben, welcher auf die Kaiserin den größten Einfluß übte, und er hätte für Armorika das Geschäft, um dessen willen er die beschwerliche Reise unternommen, glücklich zum Abschluß bringen und Schonung und Rechtssicherheit für die Bewohner erwirken können, wenn die treulosen Schwankungen jenes leicht erregbaren und ungezogenen Volkes nicht neuen Aufruhr hervorgerufen hätten. Allein durch dieses neue Ereigniß wurden die Mühen und Bitten des Bischofs vereitelt und die Mißleiteten traf für ihre Hinterlist und Empörung schwere Strafe. Während Germanus mit dem Bischofe Petrus (Chrysologus) und anderen Bischöfen der Umgegend über kirchliche Dinge Berathungen hielt, wurde er vom Fieber befallen; er eröffnete ihnen sein bevorstehendes Ende mit dem Bedeuten: diese Nacht kam mir vor, als wenn Christus mir die Wegzehrung (viaticum) dargereicht hätte. Als ich nach der Ursache fragte, sprach er zu mir: „Fürchte dich nicht, ich weise dich nicht zur Heimreise an, sondern in jenes Vaterland, wo du auf ewig Ruhe und Frieden finden wirst." Die Nachricht von seiner Krankheit erfüllte die ganze Stadt mit Trauer. Die Kaiserin Placidia ließ täglich nach seinem Befinden fragen und ihm alles Nöthige zukommen; sie ge-

---

währte ihm auch die Bitte, daß sein Leichnam der Stadt Auxerre zurückgegeben werde. Weder die Kammern noch der Haushof konnte die Menge
der Menschen fassen, welche ihn zu besuchen herströmten; ununterbrochen
wurde das Chorgebet in der Kirche für ihn verrichtet; allein am siebenten
Tage, nachdem ihn die Krankheit befallen, erfolgte sein Tod. Von seiner
Hinterlassenschaft zog der Kaiser einen Theil an sich, der andere wurde
den Bischöfen überlassen; die Kapsel mit den Reliquien erhielt die Kaiserin
Placidia; der Bischof Petrus die Cuculla und das innere Cilicium; das
Halstuch, den Gürtel, die Tunika und den Mantel theilten die Bischöfe
unter sich. Acholius ließ den Leichnam mit Aroma-Salben stärken, die
Kaiserin ihn ankleiden und der Kaiser selber ordnete den Leichenzug nach
der Heimath an. Vor der Abfahrt wurde noch in allen Kirchen für ihn
Gottesdienst gehalten, und von einer ansehnlichen Schaar begleitet, trat
der Leichenwagen seinen Heimzug über Piazenza an. Der heilige Germanus starb zu Ravenna am 31. Juli 448, nachdem er dreißig Jahre
und fünf und zwanzig Tage die bischöfliche Kirche von Auxerre verwaltet
hatte; sein Leichnam wurde am 30. September gleichen Jahres in Auxerre
feierlich beigesetzt. „Von den vielen Schülern, die er in Christo gezeugt
und in der Religion unterrichtet, genügt es einen Einzigen, den hochberühm-
ten Patrizius, den Apostel Irlands zu nennen, der so viele Jahre unter
seiner Leitung stand[1]). Und diesen hat Germanus nicht nur in den heiligen
Wissenschaften unterrichtet, sondern auch zum heiligen Papste Cölestin nach
Rom in Begleitung seines Priesters Segetius gesendet, um über die kirchliche Zuverlässigkeit beim apostolischen Stuhle von ihm Zeugniß zu geben;
mit dessen Genehmigung, Autorität und Segnung ausgerüstet er sodann
nach Irland zurückkehrte, zum Apostel jenes Volkes wurde und schon zu
seiner Lebzeit durch seine Lehren und Wunder selbes verherrlichte, wie er
es heute noch und auf immer mit den wunderbaren Wirkungen seines
Apostolates beglückt."

---

1) Herici monachi de mirac. S. Germ. c. 1. 2, 21. Der Verfasser schrieb um
das Jahr 876.

Zweites Buch.

Der heilige Patrizius

und

sein Apostolat in Irland.

Erstes Kapitel.

„Die ältesten Spuren des Christenthums auf den brittischen Inseln und Palladius' Sendung nach Irland."

Wir betreten Irland, „die heilige Insel", wie schon die alten Druiden sie nannten, „die Insel der Heiligen", wie sie von den Christen gepriesen ward, einen Schauplatz neuer Herrlichkeit für die Kirche in den nächstfolgenden Jahrhunderten. An der äußersten Westgränze der alten Welt gelegen, blieb diese schöne Insel selbst von den Römern unangefochten[1], obwohl sie beinahe fünfhundert Jahre lang das nahe Britannien ununterbrochen besetzt hielten. Der angelsächsische Kirchenhistoriker Beda († 735) entwirft von ihr folgendes Bild[2]: „Irland, nach Britannien die größte aller übrigen Inseln, ist im Westen Britanniens gelegen, minder breit gegen Norden hin, breiter dagegen in der Mitte, dehnt sie sich ihrer Länge nach gegen das nördliche Spanien aus, von welchem sie durch das zwischenliegende Meer abgegränzt wird. Sowohl durch den Breitegrad ihrer Lage als durch ihre gesunde und reine Luft ist sie Britannien weit vorzuziehen. Auf ihr bleibt der Schnee selten länger als drei Tage, und des Winters wegen wird dort weder das Gras im Sommer zu Heu gedörrt, noch werden Stallungen für das Vieh auf den Triften errichtet. Kein kriechend

---

1) „Inacessa Romanis Loca" nennt sie Tertul. adv. Judaeos c. 7.
2) Beda Hist. eccles. gentis Anglorum I. 1.

Gethier ist dort zu sehen, noch vermag eine Schlange da zu leben. Schon oft wurden Solche von Britannien herübergebracht, doch kaum hatten sie die jenseitigen Gestade erreicht, so gingen sie unter jener Luft alsbald wieder zu Grunde. Dagegen ist beinahe Alles, was diese Insel erzeugt, heilsam gegen das Gift. Sie ist reich an Milch und Honig [1]), mit Weinbergen geschmückt, nicht arm an Fischen und an Vögeln und für die Hirschenjagd ganz ausgezeichnet." Irland hat diese Eigenthümlichkeiten der Natur bis auf den heutigen Tag bewahrt. Die Insel enthält neben zahlreichen Sümpfen und Mooren im Innern große Ebenen von Wiesen und Ackerfeldern, die an den Küsten durch Gruppen von Bergen mäßiger Höhe vom Meere abgegränzt, durch ihre vielen Seen und Wasserfälle malerische Landschaften bilden. Das Klima ist gemäßigt, der Schnee noch immer eine seltene Erscheinung, so daß das Vieh im ganzen Jahre im Freien grasen kann. Der Regen stellt sich häufig ein und die daherige Fruchtbarkeit des Bodens erzeugt eine Wiesenpracht, die von keinem anderen Lande übertroffen, der Insel den Namen „des ewig grünen Erins", „der smaragdenen Insel" erworben hat. Die Gräser, Blumen und Baumarten, ihre Bildung, Farben und Stoffe erinnern zum Theil an das nördliche Frankreich, zum Theil an Asturien im nördlichen Spanien. Außer Irland gibt es in Europa kein anderes Land, welchem der Maulwurf und alle Arten von Feldmäusen fehlen, und eben so seltsam ist der gänzliche Mangel an Schlangen jeder Art und die sonstige große Armuth an Amphibien; außer der hier und da zerstreut vorkommenden gemeinen Eidechse findet sich kein anderes Glied dieser Familie dort vor, eben so selten sind die Kröten und die Frösche. Wiederholte Versuche in neuerer Zeit, diese Thierarten dort einzuführen, blieben ohne allen Erfolg [2]).

Die Insel Irland wurde von den frühesten Zeiten an Hibernia oder auch Scotia genannt und die Namen Iren, Hibernier oder Scoten gelten durch das ganze Mittelalter für gleichbedeutend [3]). Ueber die erste Be-

---

1) Rhaban Maurus irrt daher, wenn er über Irland sagt: „illic nulla anguis, avis rara, apis nulla." Oper. I. 179. Modonnoc, der Coenobite des St. David Klosters in Wales, brachte die Bienen von dort nach Irland hinüber.

2) Wie weit geologische Gründe diese Erscheinung erklären mögen, ist hier nicht der Ort zu untersuchen. Dagegen wird noch heute in und um Dublin und Cork ein altes Volkslied gesungen, worin die Strophe vorkömmt:

„Im ganzen Land ist nichts bekannt
Von wilden gift'gen Thieren,
St. Patrid's Hand hat sie gebannt
Aus unseren Revieren"

3) So bei Adamnan in vit. S. Columbae, Beda l. c., Rhaban Maur., Walfrid Strabo in vit. S. Galli, Notter in Martyrol. u. A.

6 *

völkerung der brittischen Inseln weiß uns Beda zu berichten [1]): daß die
Britten vom gallischen Armorika her in Britannien eingewandert, die
Pikten aber von Skythien, her auf langen Schiffen nach dem Norden
von Irland gekommen seien, und bei den dortigen Scoten Wohnsitze
nachgesucht, aber keine erhalten hätten. Denn es wurde ihnen bedeutet:
die Insel biete für zwei Völkerschaften zu wenig Land dar, ganz in der
Nähe aber liege eine andere Insel, die bei heiterer Witterung mit freiem
Auge gesehen werde, dorthin sollten sie ziehen und in Kriegsläuften ihre
Bundesgenossen sein. Die Pikten zogen darauf in die nördlichen Theile
Britanniens ab, die westlichen waren schon von den Britten bewohnt.
Im Laufe der Zeit wanderte noch ein drittes Volk — die Scoten, in
Britannien ein und ließen sich in der Nähe der Pikten nieder. Sie waren
unter ihrem Fürsten Reuda aus Irland ausgezogen und hatten sich fried=
lich oder durch Waffengewalt ihre Wohnsitze (in Scotland) erworben,
weßwegen sie Dalreudiner hießen. Mit den Angelsachsen trat (449)
die vierte Völkerschaft auf den brittischen Boden über; die Römer, unter
den Britten zerstreut, bildeten die fünfte. Daher zählt Beda fünf ver=
schiedene Sprachen auf, die in Britannien geschrieben wurden — die angel=
sächsische, die brittische (wälische), die scotische (irische oder gälische), die
piktische (ein gälischer Dialekt) und die lateinische; gesprochen wurden nur
die vier erstgenannten Sprachen.

Fragen wir nach der gemeinsamen Abstammung der genannten Völker,
so haben die ethnographischen Forschungen der Neuzeit zu dem Resultate
geführt, daß die Britten, die Iren oder Scoten und die Pikten den Kel=
ten, die Angelsachsen bekanntlich den Germanen — zwei Völkerfamilien
angehören, welche in dem Gomer der mosaischen Völkertafel ihren ge=
meinsamen Stammvater haben. Sie alle sind Gomeriden oder Kimmerier,
im weitesten Sinne, und zu verschiedenen Zeiten aus der Urheimat am
kimmerischen Bosphorus (Kolchis) ausgewandert. Früher als die Ger=
manen zogen die Kelten von dort nach dem Westen und waren um die
Zeit vor Christi Geburt über den größten Theil von Europa bis an die
Nord= und Ostsee in Jütland verbreitet; in ihrer eigenthümlichen Volks=
art und Sprache haben sie sich jetzt nur noch in Großbritannien in den
Iren und Walen, und in der französischen Bretagne erhalten. Die Iren,
ein Zweig des großen Keltenstammes, sind die ersten bis zum äußersten
Westen von Europa vorgedrungenen Bewohner der Insel Erin, lange
nach ihnen kommen die Kymren und ihre Bruderstämme und Zweige auf
die große Insel Prytain (Britannien). Der irische Keltenstamm ist nicht

---

1) L. c. I. 1.

aus Gallien, Belgien oder Jütland nach Erin gezogen, sondern, wie alte Ueberlieferungen berichten, von Spanien aus dorthin gekommen [1]). Sonach wären die Iren mit den Keltiberiern wohl am nächsten verwandt, und vom nördlichen Spanien aus nach Irland vorgedrungen, wie dann die Entfernung vom Kap Ortegal in Biscaya bis zum Vorgebirge Clear an der Küste von Irland nur 120 geographische Meilen beträgt und jenen Theil des Ozeans in sich begreift, der schon von den Phöniziern stark befahren war. Um die Zeit vor Christi Geburt war der irische Zweig der Kelten durch die aus Gallien eingerückten Kymren, Britten und Pikten schon auf Irland und das nördliche Britannien bis an den spätern Severuswall beschränkt. Nachdem die Kämpfe mit Rom unter Kaiser Honorius (410) ihr Ende erreicht hatten, begannen die Bruderkriege der Britten und der Pikten gegen einander, bis der Brittenkönig Vortigern (440—450) aus dem nördlichen Deutschland Sachsen, Angeln und Jüten zu Hilfe rief, welche durch nachrückende Schaaren verstärkt, die Pikten besiegten, um mit ihnen zugleich die Britten zu unterwerfen und das Inselreich zu erobern, wo sie bekanntlich die deutschen Fürstenthümer gründeten, aus denen die Heptarchie der Angelsachsen in Britannien erstand. Für die kirchengeschichtliche Periode, die wir betreten, haben wir sonach vor uns die Pikten in Caledonien oder im östlichen Schottland auf beiden Seiten der Grampianbergkette; die Iren oder Scoten in Erin; die Scoten im südwestlichen Theile von Schottland, die von dem irischen Dalriada dort einwanderten; die Britten, früher die Besitzer der ganzen Insel Britannien, später von den Angelsachsen auf den westlichen Theil derselben in die Gebirge von Wales, auf die Erdzunge Cornwallis und an die Küstengegenden gedrängt, die zwischen den Ufern des Clyde und denen der Mersey liegen.

Die erste Einführung des Christenthums in Irland verliert sich in ein tiefes Dunkel. Wenn Tertullian um das Jahr 200 berichtet [2]): schon zu seiner Zeit sei der christliche Glaube bis zu jenen Gegenden Britanniens gedrungen, die bis anhin von den Römern nicht betreten worden, so mag er eher Irland und Caledonien als das eigentliche Britannien in's Auge gefaßt haben; denn es konnte wohl diesem kundigen Historiker nicht unbekannt sein, daß schon unter Julius Cäsar und Kaiser Klaudius Britannien von den Römern unterworfen wurde, welche dort beständig vier Legionen zum Schutze ihrer Herrschaft hielten [3]). Beda gibt uns die

1) P. Carl Brandis in der Vorrede zu Montalembert „Geschichte der abendl. Mönche" III. 1866.
2) Tert. Adv. Judaeos c. 7.
3) Josephus de bello Jud. II. 16.

wichtige Nachricht[1]): „Um das Jahr 156, als der heilige Mann Eleu= therius dem Pontifikate der römischen Kirche vorstand, sandte Luzius, der König der Britten, ein Schreiben an ihn, mit der Meldung, daß er durch dessen Vermittlung (per ejus mandatum) Christ werden möchte. Als= bald wurde diese Bitte ihm gewährt und die Britten bewahrten den an= genommenen Glauben rein und unverletzt im ungestörten Frieden bis zur Zeit der diokletianischen Verfolgung", in welcher viele Bekenner und vor Allen der junge Diakon Alban, mit dem Martyrtode die brittische Kirche verherrlichten. Diese Nachricht schöpfte Beda aus der uralten Chronik der brittischen Könige, welche Gaufrid von Monmmouth im Jahre 1142 aus dem altbrittischen Grundtext in's Lateinische übersetzte. Auch die irischen Chroniken melden: „daß Donald, der König der Scoten oder Iren unter Papst Viktor im Jahre 202 mit seinem ganzen Volke sich zum christ= lichen Glauben bekehrt habe." Sicher hat von Gallien aus das Christen= thum schon sehr frühe in Britannien Wurzel gefaßt und der Blüthen= staub des christlichen Glaubens mußte auf den Flügeln des täglichen Ver= kehres um so eher nach Irland übertragen werden, als auch selbst von Nantes und anderen Seehäfen des armorischen Galliens aus seit den frühesten Zeiten ein lebhafter Handel direkte mit Irland unterhalten wurde. Dazu kamen noch die häufigen Raubzüge, welche die irischen Clans oder Häuptlinge auf den nordwestlichen Küstenländern Galliens von Zeit zu Zeit ausführten, von wo sie dann mit Beute beladen, auch viele gefangene Christen als Sclaven mit sich heimführten. Auf diesem Wege wurde auch der heilige Patrizius als sechszehnjähriger Jüngling von den Gestaden Armorika's durch die Piraten des Königs Neill's „von den neun Geiseln" „mit vielen tausend Andern nach Irland in die Gefangenschaft fortge= schleppt", wie er uns selber in seiner Bekenntnißschrift erzählt[2]). Kamen auf diese Weise von Britannien und Gallien her schon sehr frühe viele Christen nach Irland, die unter die Heiden zerstreut, sei es vereinzelt oder zu kleineren Gruppen verbunden, ihren christlichen Glauben, so gut es gehen mochte, bewahrten und übten, so wurde doch unter dem Ponti= fikate des Papstes Cölestin I. (von 422—32) Irland noch nicht zu den christlichen Inseln gerechnet; denn bis dahin hatte noch kein apostolischer Glaubensbote die Küsten des eigentlichen Irlands betreten und auch die Versuche, welche der heilige Ninian zur Bekehrung der Scoten und Pikten in Caledonien gemacht, scheinen ohne nachhaltigen Erfolg gewesen zu sein. Derselbe, ein Britte von Geburt, ging zu Anfang des vierten Jahrhun= derts nach Rom, wurde dort im christlichen Glauben und Gottesdienste

---

1) Beda Hist. I. 4. — 2) S. Patrit. confessio c. 2.

unterrichtet und eingeübt [1]), verweilte daselbst unter den Päpsten Damasus und Sirizius (von 370—391) vier und zwanzig Jahre lang und wurde von dem Letztgenannten zum Bischofe geweiht. Nach Britannien zurück=gekehrt, zog er an die Gränzen des Piktenlandes in jene Gegend, welche zwi=schen der Mauer Antonins im Norden und der Severus Mauer im Süden lag, an deren äußerstem Westende gegen Irland hingekehrt, das alte Galwidia (Galloway) eine Art Halbinsel bildet. Am Rande einer dieser Buchten auf einem Vorgebirge, wo man die fernen Küsten von Cumberland und die Insel Man erblickt, gründete Ninian eine Kirche von Stein und Gebäude für eine klösterliche Innung, die, ihrer bisher im Lande ungewohnten Bauart wegen, den Namen candida casa oder White Horn erhielten und ihn bis auf den heutigen Tag bewahrt haben. Diese Kirche weihte er zu Ehren des heiligen Martin von Tours ein, der ihm Maurer und Arbeiter soll mitgegeben haben, um eine Kirche nach römi=scher Weise zu bauen. Das Heidenthum war damals unter den Be=wohnern Nordbritanniens und Südschottlands, den Caledoniern, Meaten und Attacoten auf die Stufe tiefer Entartung herabgesunken; denn nicht nur die Kirchenlehrer Chrysostomus und Hieronymus, sondern auch die Profanhistoriker Dio und Strabo zeihen sie blutschänderischer Verbindun=gen und der Menschenfresserei; gleich den Wilden des stillen Ozeans punktir=ten sie ihre Leiber mit wunderlichen Figuren in bunten Farben (Picti) und waren gewohnt, nackten Leibes gegen den Feind zu kämpfen. Unter diesen verwilderten Völkerschaften begann (um das Jahr 411) Ninian sein Bekehrungswerk, verwendete darauf zwanzig Jahre und starb (432) als ein Greis von siebenzig Jahren in seinem Kloster zum „weißen Haus", das er als den kirchlichen Mittelpunkt seiner apostolischen Mission im Norden errichtet hatte. Bis dahin aber hatte noch nie ein christlicher Glaubensbote die Gestade Irlands betreten, noch nie über die Hügel und Thäler des grünen Erins die Sonne des Christenthums geleuchtet. Im Gefolge der heiligen Bischöfe Germanus und Lupus soll sich (429) bei ihrer Sendung nach Britannien auch Patrizius eingefunden haben, der aus seiner wiederholten mehr als sechsjährigen Gefangenschaft die religiö=sen Zustände Irlands genau kennen gelernt hatte. Die Bischöfe wurden wohl durch ihn und andere Männer veranlaßt, ihre Blicke auch auf die Nachbarinsel hinzuwerfen und die Aussichten, die sie für die Ausbreitung der Kirche darbot, dem apostolischen Stuhle zur Kenntniß zu bringen, wozu der Bericht, den sie über die Erfolge ihrer brittischen Sendung an ihn abzustatten hatten, eine geeignete Gelegenheit eröffnete.

---

1) Beda l. c. III. 4.

Prosper von Aquitanien, der in der römischen Kirche eine hervorragende Stellung einnahm, schrieb im Jahre 434 eine kurze Chronik, in welcher er bei jedem Jahre die wichtigsten Ereignisse desselben kurz einzeichnet. Bei dem Jahre 431 berichtet er wörtlich: „Palladius wird vom Papste Cölestin an die christgläubigen Scoten abgesendet und als erster Bischof zu ihnen geschickt" [1]. Die historische Glaubwürdigkeit Prospers steht bei allen irischen und englischen Geschichtschreibern der Neuzeit unangefochten da und eben so unbestreitbar ist die Thatsache, daß Bischof Palladius von Papst Cölestin zu den Scoten (Iren) abgesendet worden, von denen schon damals eine gewisse Zahl „christgläubig" waren. Ueber das Leben des Palladius geben uns die römischen Schriftsteller sehr spärliche Nachrichten. Der gleiche Prosper meldet einzig noch: daß, auf die Verwendung des Diakons Palladius, Papst Cölestin (zwei Jahre früher) Germanus, den Bischof von Auxerre, an seiner Statt (vice sua) nach Britannien entsendet habe, um dort die Irrlehre des Pelagius auszurotten und die Britten zum katholischen Glauben zurückzuführen. Prosper schrieb sein Chronikon für die Römer und der einfache Name — „Palladius" — den er in der ersten Stelle, und „der Diakon", den er in der zweiten gebraucht, beweist, daß Palladius den Römern ganz gut bekannt war und in Rom das Amt eines Diakons der römischen Kirche bekleidete. Die irischen Geschichtschreiber und namentlich Muirchu-Maccu-Mactheni in dem Buche von Armagh (vor dem Jahre 700 verfaßt) erheben dies zur vollen Gewißheit; denn sie nennen ihn ausdrücklich „Diakon" und auch „Erzdiakon des Papstes Cölestin" [2], ein Amt von großer Bedeutung und Wichtigkeit in der römischen Kirche. Mehrere der ältesten Päpste wurden aus der Zahl der römischen Diakonen genommen und während der Sedisvakanz des heiligen Stuhles oder der Gefangenschaft der Päpste ging immer auf sie die Verwaltung der Kirche über. Zweihundert Jahre nach der Sendung des Palladius sandte der Erzbischof Tomian von Armagh ein Schreiben über die Osterfeier nach Rom und die Antwort darauf, die während einer Sedisvakanz erfolgte, trägt die Unterschrift — „Hilarius, Erzdiakon, Wächter während der Vakatur des apostolischen Stuhles und Johannes der Diakon." Der Letztere wurde nachmals zum Papste gewählt und bestieg unter dem Namen Johannes IV. den apostolischen Stuhl Petri (640). Palladius, der, wie wir gesehen, schon lange sein Auge nach Britannien

---

1) Ad Scotos in Christum credentes ordinatur a Papa Coelestino Palladius et primus episcopus mittitur. S. Prosp. Chron.

2) Dr. Moran, Vice-Rector of the Irish College, Rome: Essays on the Origin etc. of the Early Irish Church. Dublin 1864 p. 4.

und den übrigen Inseln im Westen Europa's gerichtet und die Sendung des Germanus und Lupus bei Papst Cölestin bewirkt hatte, war daher ganz der geeignete Mann, um mit der wichtigen Aufgabe betraut zu wer= den, als erster Glaubensbote in Irland, theils die zerstreuten Christen im Glauben zu stärken, theils der übrigen heidnischen Bevölkerung den Glauben zu verkünden. So hatten die römischen Päpste seit den ältesten Zeiten vermöge ihrer Primatial=Stellung in der Kirche: die Schafe und die Lämmer der Heerde Christi auf Erden zu weiden, gehandelt und durch ihre Sendboten das Licht des Evangeliums zu den heidnischen Nationen übertragen. Auf die daherigen Thatsachen des Alterthums gestützt, konnte Papst Innozenz I. im Jahre 402 an Dezentius bezeugen[1]): „Ist es nicht Allen bekannt, daß das, was durch Petrus, dem Fürsten der Apostel, der römischen Kirche übertragen und bis zur Stunde immer beibehalten wurde, von Allen beachtet werden muß, und daß Nichts ohne ihre Autori= tät eingeführt oder anderswoher entlehnt werden darf? Insbesondere ist es bekannt genug, daß Niemand Kirchen in Italien, Gallien, Spanien, Afrika und Sicilien, oder auf den zwischenliegenden Inseln jemals ge= gründet hat, außer die Männer, welche der ehrwürdige Petrus oder seine Nachfolger als Priester (oder Bischöfe) hiefür aufgestellt hatten"[2]).

Das angeführte wichtige Buch von Armagh[3]) berichtet: „daß Palladius zu Hy=Garrchon (jetzt Wicklow in Irland) landete und bis in's Innere des Landes drang, wo er mehrere Kirchen gründete wie Tuach=na=Roman d. i. das Römerhaus, Killfine und Andere mehr. Er wurde jedoch von der Bevölkerung nicht gut aufgenommen, sondern sah sich genöthigt, rings um die Küste und nach Norden zu schiffen, bis er durch einen Sturm an die Gestade des Landes der Pikten getrieben wurde, wo er die Kirche von Fordun vorfand, und dort ist er unter dem Namen Pladi (abgekürzte Form von Palladius) bekannt." Eine andere alte Urkunde[4]) fügt ergän= zend bei: „Der heilige Papst Cölestin weihte Palladius, den Erzdiakon der römischen Kirche, zum Bischofe, sandte ihn nach der Insel Irland und gab ihm Reliquien vom heiligen Petrus und Paulus und anderen Heiligen, sammt den Büchern des alten und des neuen Testamentes mit. Bei sei= nem Eintritt in das Land der Scoten (Iren) kam er zuerst in die Gegend

---

1) Epist. Innoc. I. bei Constant.

2) „Nullum hominem instituisse ecclesias nisi eos, quos venerabilis Petrus aut ejus Successores constituerunt Sacerdotes."

3) Liber Armachensis herausg. von Petrie „Essay on Tara", Royal Irisch Acad. Dublin 1851. p. 84. Die Vita S. Patricii von Muirchu-Maccu ist zu= verlässig vor dem Jahre 700 verfaßt.

4) Vita Secunda S. Patritii bei J. Colgan's Trias Thaumaturga p. 5.

von Leinster, deren Fürst (Clans) Nathi mac Garrchon seinem Wirken entgegen trat. Andere jedoch, welche die göttliche Gnade zur Anbetung hinzog, empfingen im Namen der, heiligen Dreieinigkeit die Taufe. In der gleichen Gegend baute Palladius drei Kirchen; die eine davon wird Kill = fine (Kirche des Fintus) genannt, und bis auf den heutigen Tag werden in ihr die vom heiligen Papste Cölestin geschenkten Bücher und die Büchse mit den Reliquien der heiligen Apostel Petrus und Paulus und anderer Heiligen, sowie die Tafeln, auf denen Palladius zu schreiben pflegte, aufbewahrt und in großer Verehrung gehalten; die andere Kirche hieß Teach=na=Roman d. i. Haus der Römer, die dritte aber Domnach=Ardech, in welcher die heiligen Gefährten des Palladius — Sylvester und Salonius ruhen, die dort annoch verehrt werden. Kurze Zeit darnach starb Palladius zu Fordan, und Einige behaupten: „er sei dort mit dem Martyrium gekrönt worden." Wir wollen diese uralten Nachrichten mit dem Berichte des heiligen Aileran schließen [1]), der um die Mitte des VII. Jahrhunderts schrieb: „Im Lande der Lagenier angelangt begann Palladius das Wort Gottes zu verkünden. Weil es aber von dem allmächtigen Gott nicht vorbestimmt war, durch ihn das irische Volk von den Irrthümern des Heidenthums zum Glauben an die heilige und untheilbare Dreieinigkeit zu bekehren [2]), blieb er nur wenige Tage dort. Dennoch bekehrte er einige Wenige zum Glauben und gründete drei Kirchen, von denen die eine Kill= Finte heißt, in welcher bis auf den heutigen Tag die Bücher aufbewahrt werden, die er vom Papste Cölestin erhielt und eine Büchse mit Reliquien der heiligen Apostel Petrus und Paulus und anderer Heiligen, sowie seine Schreibtafeln, welche nach seinem Namen Pallad=ir heißen und in großer Verehrung gehalten werden. Eine andere Kirche wurde von den Schülern des Palladius gebaut und heißt — Haus der Römer, die dritte trägt den Namen Domnach=arda, in welcher die beiden Gefährten Sylvester und Solinus ruhen, deren Ueberreste später auf die Insel Boethin [3]) über=tragen wurden, wo sie noch in hohen Ehren gehalten werden. Als aber Palladius wahrnahm, daß er dort nicht viel Gutes wirken könne, wollte er nach Rom zurückkehren und starb auf der Heimreise im Lande der Pikten; andere dagegen behaupten, er sei in Irland mit der Martyrkrone geschmückt worden." Ohne bestimmte Nachricht vom Erfolge dieser Mission zu haben, hatte daher Prosper allzufrühe die Hoffnung, die er hegte,

---

1) Vita quarta S. Patrit. bei Colgan. Trias Thaum. p. 38.

2) Daher das irische Sprichwort: „Nicht dem Palladius, sondern dem Patrizius gab Gott die Gnade Irland zu bekehren."

3) Unweit von Arklow, Grafschaft Widlow, in Irland. Dieses Kloster wurde nach den Annalen von Ulster im Jahre 774 geplündert und zerstört.

als Thatsache hingestellt, als er in seinem Buche gegen Cassian [1]) berichtete: „Zum Bischof geweiht hat Palladius, während er die römische Insel (Britannien) im katholischen Glauben zu erhalten suchte, auch die barbarische (Irland) christlich gemacht." Denn seine Sendung in Irland mißlang, wie wir gesehen haben, und die Nachricht Prospers war verfrüht.

Manche Schriftsteller der englischen Hochkirche haben versucht, die Einführung der christlichen Kirche in Irland lange vor der Zeit des Palladius und Patrizius (430) hinaufzurücken, denn es läge ihnen bequem, jede historische Verbindung der ursprünglichen Kirche Irlands mit der Mutterkirche von Rom zu beseitigen. Unter diesen hat in neuerer Zeit William Betham [2]) ein Christenthum in Irland entdeckt, das schon Jahrhunderte vor der Ankunft des Palladius und Patrizius dort bestanden habe und er beruft sich gleichfalls auf die angeführte Stelle Prospers, welche meldet — „daß Palladius an die Scoten gesendet worden sei, die schon an Christus glaubten." Er trägt jedoch kein Bedenken, für seinen Zweck die wichtige Beifügung Prospers zu unterdrücken, welcher ausdrücklich sagt: „Palladius ad Scotos primus episcopus mittitur — Palladius wird als erster Bischof an die Scoten abgesendet", womit Prosper deutlich genug zu verstehen gibt, daß dem Palladius vorgängig noch kein anderer Bischof in Irland aufgetreten, eingesetzt oder dahin abgesendet worden sei. Doch wir sind im Falle, für jene wichtige Stelle Prospers, einen authentischen Ausleger aus dem neunten Jahrhundert, den Anachoreten und Bischof Markus, vorzuführen, welcher viele Jahre als Mönch und Anachoret in irischen Klöstern verlebt und später Norditalien von Bobbio aus durch seine Heiligkeit und Wissenschaft erbaut hat. — Es ist derselbe, welcher seine Pilgerfahrt nach Rom über St. Gallen einschlug, in diesem Kloster seinen Neffen Möngal — den später so berühmten Lehrer Marzellus mit vielen irischen Handschriften hinterließ [3]), von denen sich einige bis auf unsere Tage erhalten haben. Bischof Markus schrieb im Jahre 822 eine Geschichte der Britten [4]), worin er, gestützt auf die altirischen Nachrichten über Palladius, die Worte Prospers dahin erklärt: „Während Patrizius in Rom sich auf seine Sendung nach Irland vorbereitete, wurde Palladius von dem Papste Cölestin als erster Bischof

---

1) Prosp. lib. contra Collator. cap. 41.

2) In seinen Antiquarian Researches p. 248.

3) Rapert. Casus monasterii S Galli in Pertz monum. II. p. 78.

4) „Historia Britonum edita ab Anachoreta Marco, ejusdem gentis sancto Episcopo", herausg. (voll Fehler) von W. Gun, London 1819, aus einer Pergamenthandschrift der Vaticana, von der ich 1835 für den Board of Records in London eine genaue Abschrift nahm.

gesendet, um das irische Volk zu Christus zu bekehren — Palladius primus episcopus mittitur ad Scotos convertendos ad Christum."
Man sieht, daß Bischof Markus den Text Prospers entweder vor sich
oder im Gedächtnisse hatte und die unklaren Worte desselben ad Scotos in Christum credentes — mit — ad Scotos in Christum convertendos kommentirte. Wie kann daher vor dem Jahre 430—32,
von einer allgemeinen Einführung des Christenthums oder auch nur von
einer Kirche oder einem einzigen Bischofssitze in Irland die Rede sein?
Wohl gab es, wie wir früher bemerkt, schon vor der Ankunft des Palladius
einzelne Christen unter den Heiden zerstreut, Sclaven, von Gallien her eingeführt, oder einheimische Scoten, welche in Britannien das Christenthum
angenommen und es dann in ihrer Heimath verbreitet hatten [1] wie jener
Scote war, der, ein irischer Fürstensohn, vom heiligen Germanus im
Jahre 429 in Britannien zum Christenthum bekehrt wurde, sodann nach
Irland zurückkehrte und dort seinen Freunden und Angehörigen den Unterricht im christlichen Glauben und nachmals die heilige Taufe ertheilte [2].
Derlei Fälle mochten damals und schon früher in Irland häufig vorgekommen sein und sicher gab Germanus dem Papste Cölestin davon Kenntniß, daß die ersten Strahlen des christlichen Glaubenslichtes in jene heidnische Insel bereits eingedrungen seien. Er veranlaßte ihn auf diesem Wege,
einen Bischof theils zur Leitung jener Neophyten dahin abzusenden, theils
die nöthigen Vorkehrungen zu treffen, um allmälig diese Insel für die
Kirche Christi zu gewinnen. Diese Erklärung stimmt sowohl mit der
Sachlage als mit dem Berichte Prospers vollkommen überein. Patrizius
selber läßt sich über den früheren Zustand Irlands in seiner Bekenntnißschrift also vernehmen [3]: „Ich mußte als Menschenfischer meine Netze
sehr weit ausbreiten, damit die unermeßliche Menge für Gott gefischt
werde und überall Kleriker wären, um das verlassene und heilbegierige
Volk zu unterrichten. Wie sind aber die Irländer erst vor Kurzem
zu einem Volke Gottes geworden, welche bis dahin noch keine
Gotteskenntniß hatten, sondern nur ihre unreinen Götzenbilder
verehrten? Die Söhne der Scoten sind nun Mönche und die Töchter
der Häuptlinge Jungfrauen Christi geworden." Diese historischen Belege
fanden auch in neuester Zeit bei dem anglikanischen Historiker Dr. Todd,
in seinem Werke über Patrizius, so vollkommene Anerkennung, daß er die
ältere Fiktion Ushers über eine vor-patrizische Kirche in Irland in's
Reich der Träumerei verwies.

---

1) Dr. Todd's St. Patrik p. 189.
2) Sein Leben Boll. Act SS. Maj. I p. 189.
3) S. Patrit. Confess. ad finem.

So anerkennenswerth übrigens die Verdienste sind, welche der eben genannte gelehrte Forscher in der Beleuchtung der ältesten kirchengeschicht= lichen Denkmäler Irlands sich erworben, konnte er sich von den anererbten Vorurtheilen der Hochkirche nicht gänzlich frei machen, sondern, wie er den Apostolat des Patrizius in Irland erst auf das Jahr 440 ansetzt und in Folge dessen, wie wir später sehen werden, für ihn keine Sendung durch Papst Cölestin von Rom zugibt, so behauptet er auch von demselben Vor= urtheil geleitet, daß Palladius kein Diakon der römischen Kirche, sondern einfach ein Diakon des Bischofs Germanus von Auxerre gewesen sei. „Es ist nirgends gesagt", schreibt er [1]), „daß Palladius von Rom, oder ein Diakon von Rom und noch weniger, daß er Diakon des Papstes Cölestin gewesen. All' das ist unberechtigte Annahme und Phantasie. Die Worte Prospers finden eine natürlichere Erklärung, wenn man annimmt, Palladius sei ein Diakon des Bischofs Germanus gewesen." Eine sonder= bare Natur, welche diese Erklärung „natürlich" findet. Wie lauten die Worte Prospers? „Ad actionem Palladii diaconi Papa Coelestinus Germanum Autissiodorensem Episcopum vice sua mittit. d. i. auf Ver= wendung des Diakons Palladius sendet Papst Cölestin an seiner Statt den Germanus, Bischof von Auxerre", so und nicht anders haben die früheren anglikanischen Lehrer bis auf Usher und weiter hinab die Stelle Prospers übersetzt und den Palladius immerdar als einen Diakon von Rom angenommen. Die einfache Bezeichnung — „Diakon Palladius" deutet an, daß sein Name und Amt den Römern ganz gut bekannt war, für welche Prosper seine Chronik schrieb und die Beifügung „auf die Ver= wendung des Palladius" legt ihm eine einflußreiche Stellung beim Papste selber bei, die, wie wir schon gesehen, mit seinem Amte in Rom allerdings verbunden war. Wie kann nun Dr. Todd, gegenüber diesem klaren Zeug= nisse sich zur „willführlichen Annahme und Phantasie" verirren: Palladius sei weder von Rom, noch ein Diakon von Rom, am allerwenigsten ein Diakon des Papstes Cölestin gewesen? Wir haben schon früher die be= zügliche Stelle aus dem uralten Buche von Armagh angeführt, worin Palladius „als Erz=Diakon Cölestin's, des Bischofs der Stadt Rom" be= zeichnet wird. Allein auch die vita secunda — oder das zweite Patrizius= leben, nach Dr. Todd's eigenem Urtheil dem VIII. Jahrhunderte, sicherer aber dem VII. zugehörig, spricht nicht nur von „Palladius dem Erzdiakon, den der Papst Cölestin gesendet [2]), „sondern fügt noch ausdrücklich bei [3]):

1) Dr. J. H. Todd „St. Patrik, Apostle of Ireland." Dublin 1864 p. 276.
2) Vit. secunda cap. 22.
3) L. c. cap. 24, bei Colgan Tr. Thaum. p. 13.

„Papst Cölestin weihte noch vorher zum Bischof den Erzdiakon der römi=
schen Kirche, Namens Palladius, und sandte ihn nach der Insel Irland."
In dem alten Patrizius' Leben von Aileran lesen wir gleichfalls: „Palla=
dius der Archidiakon des Papstes Cölestin, ward von diesem Papste ge=
weiht und gesendet den Glauben in Irland zu predigen" [1]); und um
Andere zu übergehen, nennt Probus [2]) in seinem Patrizius=Leben aus=
drücklich den Palladius „Archidiakon des Papstes Cölestin, welchen dieser
Papst, der 45. in der Reihenfolge von Petrus an, nach Irland gesendet
habe, weil der Mann Gottes Patrizius damals die bischöfliche Würde
noch nicht erlangt hatte." Der Umstand, daß es damals in Gallien noch
Andere gab, die Palladius hießen, kann der besprochenen historischen That=
sache eben so wenig einen Eintrag thun, als Dr. Todd zu beweisen im Stande
ist, daß Germanus den Palladius an Papst Cölestin abgesendet habe;
denn davon wissen die Quellenschriftsteller nichts zu berichten. Allein wir
finden einen Palladius auch in Konstantinopel, an welchen Gregor von
Nazianz einen Brief richtete; einen andern in Afrika, dessen Beziehungen
zu Augustin allen Kirchengeschichtskundigen wohl bekannt sind; ja, in dem=
selben Jahre 431, in welchem Palladius nach Irland gesendet ward, finden
wir einen Palladius im Kaiserpallaste mit hohem Amte bekleidet, welcher
die Briefe der beiden Kaiser Theodosius' des Jüngern und Valentinian's
dem Concil von Ephesus zu überbringen beauftragt wurde [3]); und sonder=
bar genug, noch einen weltlichen Palladius, der zur gleichen Zeit, als
Papst Cölestin seinen Palladius nach Britannien zur Ausrottung der
pelagianischen Irrlehre, und nach Irland zur Verbreitung des Christen=
thums sandte, von den Kaisern (damals in Ravenna) beordert wurde, alle
Pelagianer der Stadt Rom oder wo sie sich immer vorfinden mit strenger
Strafe zu belegen. Dieses Edikt wurde von Palladius dem Präfekten
des Prätoriums verkündet und gerichtet — „in Pelagium atque Coeles-
tium catholici dogmatis fidem saevis tractatibus destruentes" [4]).
Auch in den kirchlichen Kreisen Roms war der Name Palladius damals
nicht unbekannt und in einer Inscription der Katakomben von St. Calixtus
um das Jahr 400, finden wir einen „Palladius exorcista" verzeichnet [5]),
welcher der römischen Kirche angehörte.

---

1) L. c. pag. 38. — 2) Probus in Vita S. Patrit. cap. 23. l. c.
3) Haenel — Corpus legum ante Justin. Lips. 1857 p. 246. Missae per
Palladium Magisterianum."
4) L. c. p. 239 wo das Edikt abgedruckt ist.
5) J. B. Rossi. Roma soterranea" 1864.

Zweites Kapitel.

„Die Jugendzeit des heiligen Patrizius; sein Aufenthalt in Lerin und bei dem heiligen Germanus und seine Sendung durch Papst Cölestin I."

Patrizius, in dem armorischen Gallien zu Boulogne sur mere [1]) in der heutigen Pikardie um das Jahr 387 geboren, stammte von einer acht= baren altrömischen Familie; sein Vater bekleidete das Amt eines städtischen Senators (decurio). Nach seiner eigenen Angabe wurde er im sechszehn= ten Jahre seines Lebens bei einem Ueberfalle gefangen genommen und um das Jahr 403 nach Irland abgeführt, in jener merkwürdigen Periode der irischen Geschichte, wo der Monarch Niall „von den neun Geiseln" nach Verheerung der großbritannischen Küste seine Raubzüge auch auf die Küsten= länder Galliens ausdehnte. Nach Irland gebracht, wurde Patrizius in der Gegend des irischen Dalraida an den heidnischen Häuptling Milcho verkauft, und von diesem angewiesen, die Schafe zu hüten. Er selber schildert in seinem denkwürdigen Bekenntnisse die Schicksale seiner Jugend in folgenden Zügen [2]): „So viele Gnaden habe ihm Gott nach seiner Gefangenschaft zur Bekehrung des irischen Volkes gewährt, wie er es in seinem jugendlichen Alter nie geahnt. Nach Irland versetzt habe er täglich die Schafe gehütet und den Tag über viel gebetet. So sei die Liebe Gottes in seinem Herzen immer mehr erglüht und die Gottesfurcht, der Glaube und der Geist in ihm so stark geworden, daß er täglich bis hundert Gebete und bereits eben so viele zur Nachtzeit verrichtet habe" [3]). „Oft wenn ich", fährt er fort, „mit meinen Schafen in den Wäldern und auf den Bergen weilte, wurde ich durch Schnee, Kälte und Regen vor Sonnen= untergang vom Schlafe zum Gebete aufgeweckt und ich fühlte dabei weder Mißbehagen noch Müdigkeit, wie ich sie jetzt empfinde, weil damals der Geist in mir mächtig waltete. Dort auf jenen Bergen [4]) hörte ich im Traume einmal in der Nacht eine Stimme, die zu mir sprach: Faste nur, bald wirst du heimkehren in dein Vaterland, und gleich darauf vernahm ich die Worte: Siehe dein Schiff steht zur Abfahrt bereit. Und die Stimme kam von weiter Ferne und von einem Orte her, wo ich niemals war, noch je einen bekannten Menschen hatte. Darauf ergriff ich die Flucht

---

1) Was Dr. Lanigan Ecclesiast. Histor. cap. 8. unwidersprechlich nachgewie= sen hat.
2) Confes S. Patrit. Bolland. Mart. 17. tom II. p. 533
3) l. c. cap. 2. — 4) Das heutige Sliebhmis, Grafschaft Antrim.

und verließ den Herrn, bei dem ich sechs Jahre lang im Dienste war.
Ich kam nach Boyen, wo ich am Gestade das mir angekündigte Schiff
zur Abfahrt schon bereit fand und bat den Kapitän, daß er mich mit=
fahren lasse, allein ich wurde von ihm abgewiesen; ich suchte in der Nähe
eine Hütte für mein Obdach aufzufinden und betete auf dem Wege. Und
sieh, noch vor dem Schlusse meines Gebetes hörte ich einen jener Männer
mir nachrufen: Komm eilends, denn diese Männer rufen dich. Sogleich
kehrte ich zu ihnen zurück und sie sprachen zu mir: Komme und schließe
Freundschaft mit uns, wenn du willst. Am gleichen Tage bestieg ich das
Schiff, aber ich durfte nicht erwarten, daß sie mich an Bord nehmen
werden mit den Worten: Komm im Glauben Christi, denn sie waren
Heiden. Und dennoch nahmen sie mich auf und wir fuhren sogleich ab.
Nach drei Tagen erreichten wir das Land [1]) und mußten 17 Tage land=
einwärts zu Fuß reisen und wir hungerten. Da sprach der Kapitän zu
mir: Nun wie steht's du Christ! du sagst uns: dein Gott sei groß und
allmächtig, warum vermagst du bei ihm für uns Nichts zu erbitten. Bete,
denn sonst gehen wir vor Hunger zu Grunde und schwerlich werden wir
jemals wieder einen Menschen sehen. Ich sprach zu ihm: bekehret Euch
von Eurem ganzen Herzen zu dem Herrn meinem Gott; denn ihm ist Nichts
unmöglich, er kann uns heute noch auf unserer Reise Speisen zubereiten;
und so geschah es, durch Gottes Fügung kam auf dem Wege eine Heerde
Schweine in unsere Sicht, die Männer tödteten einige davon und wir
blieben wohlgesättigt noch zwei Nächte über an jenem Orte. Von da an
hatten die Männer Ueberfluß an Speise, sie fanden auch Waldhonig und
gaben auch mir davon, und der es mir bot, sprach: nimm hin; denn es
ist (den Göttern) geopfert worden; allein Gott sei Dank, ich habe Nichts
davon verkostet. In der gleichen Nacht ward ich im Schlafe vom Satan
versucht; es war mir, als ob ein ungeheurer Stein auf meiner Brust
laste und alle meine Kräfte erschöpfe. Ich rief aus allen Kräften: Elias,
Elias, und sieh ich sah die Strahlen der Sonne auf mich herniederfallen
und sogleich wich der schwere Druck. - Auf der ganzen Reise versah uns
Gott täglich mit Speise, Feuer und Trank, bis wir am 14. Tage darauf
wieder Menschen trafen. Nach einigen Jahren fiel ich wieder in Gefangen=
schaft, blieb aber darin nur zwei Monate, wie mir vorverkündet war. In
der 60. Nacht befreite mich der Herr aus den Händen meiner Herren und
ich verblieb wieder einige Jahre in Britannien bei meinen Verwandten,
die mich wie ihren Sohn aufnahmen und mich unter vielen Thränen baten,
sie nach so vielen erstandenen Irrsalen nicht mehr zu verlassen. Dort sah

---

1) Die gallische Küste.

ich im nächtlichen Gesichte einen Mann, Namens Viktor, der mit un=
zähligen Briefen aus Irland zu mir kam. Er reichte mir einen davon
dar, ich las den Eingang, der die Worte enthielt: „Die Stimme der
Irländer." Und im gleichen Augenblicke glaubte ich die Stimme der
Bewohner am Waldsaume von Foclut zu hören, welches nahe am west=
lichen Meere liegt. Sie riefen mir wie aus einem Munde zu: Wir bitten
dich, heiliger Jüngling, komme wieder zu uns zurück und lebe unter uns.
Und ich war im Herzen tief ergriffen und konnte den Brief nicht zu Ende
lesen und daran erwachte ich. Ihr Ruf wurde nach vielen Jahren später
von Gott erhört."

Von seiner Flucht an, bis zum Tage, da im nächtlichen Gesichte der
Ruf an ihn erging, wieder nach Irland zurückzukehren, muß eine geraume
Zeit verflossen sein, für welche Patrizius selbst in seiner Bekenntnißschrift
keine näheren Daten angibt, da er sich nur im Allgemeinen über sein
späteres apostolisches Wirken in Irland darin ausspricht. Dagegen wissen
die ältesten irischen Quellen diese Lücke mit folgenden Nachrichten zu er=
gänzen: Durch göttliche Führung in seinem 22. Altersjahre aus der Ge=
fangenschaft befreit, faßte Patrizius den Entschluß, sich dem Dienste Gottes
zu widmen. Er zog nach Marmoutier, dem Kloster des heiligen Martin [1]),
eine halbe Meile von Tours gelegen, um dort den Grund zu seiner wei=
teren Ausbildung in der christlichen Vollkommenheit und Wissenschaft zu
legen, denn bis dahin hatte er noch keinen Unterricht genossen, sondern war,
nach seiner eigenen Aussage, roh und ungebildet aufgewachsen [2]). Wenige
Jahre darauf besuchte er „die glückselige Insel" [3]) Lerin, diesen berühm=
ten Sitz kirchlicher Bildung und Frömmigkeit, wohin damals so viele her=
vorragende Jünglinge und Männer aus allen Ländern der Erde ström=
ten; dort hatte er die heiligen Mönche Honoratus, Hilarius, Eucherius,
Lupus u. A. zu seinen Mitgenossen. Wie seine Lebensgeschichten uns
melden, begab sich Patrizius von Lerin aus nach Rom, um dem aposto=
lischen Stuhle die tiefe Finsterniß des Heidenthums zu schildern, die da=
mals noch über Irland verbreitet war. Italien war jedoch durch die Ein=
fälle der Barbaren in voller Verwirrung und der heilige Stuhl nicht in
der Lage, für Irland eine besondere Vorkehrung zu treffen. Darum kehrte
Patrizius nach Gallien zurück, kam zum heiligen Germanus nach Auxerre
und widmete sich unter seiner Leitung den Uebungen der Frömmigkeit und
der Wissenschaft. Als Bischof Germanus im Jahre 429 mit dem Bischofe

---

1) Mit Recht sagt daher Mabillon in seinen Annal. Bened. daß „das Mönchs=
leben durch Patrizius, den Schüler des heiligen Martins nach Irland verpflanzt wurde."

2) „Unde ego primum rusticus, profuga et indoctus" Confess. cap. 1.

3) „Beata insula" S. Hilar. in vit. S. Honorat. cap. 17.

Lupus vom Papste Cölestin zur Bekämpfung der pelagianischen Irrlehre nach Britannien gesendet wurde, wählte er seinen Schüler und Freund Patrizius, ihn auf dieser wichtigen Reise zu begleiten. So wurde Patrizius für sein künftiges Apostelamt vorbereitet, und in die Verbindung mit dem heiligen Stuhle von Rom hineingezogen. Nachdem Germanus von der Sendung des Palladius nach Irland (431) und deren gänzlichem Mißlingen Kunde erhalten, richtete er seine Augen auf Patrizius, der, mit der Kenntniß der irischen Sprache und jenes Volkes und Landes ausgerüstet, vor allen Anderen geeignet und wie von oben gegeben schien, die Mission für das irische Volk auf ein Neues wieder aufzunehmen. Für dieses große Unternehmen wollte er sich vor Allem des Segens und der Zustimmung des Oberhauptes der Kirche versichern und er richtete, nach Probus [1]), folgendes Gebet zu Gott: „Ich bitte dich, Herr Jesus Christ! führe mich zum Stuhle der heiligen römischen Kirche, damit ich dort die Vollmacht erhalte, mit Vertrauen deine heilige Lehre zu verkünden, und sodann durch meinen Dienst das irische Volk zum Schafstalle Christi geführt werde." Schon im Begriffe nach Irland abzureisen, wandte sich dieser Mann Gottes, wie er es wünschte, zuerst noch nach Rom, zum Haupte der ganzen Kirche, begehrte und empfing dort den apostolischen Segen und kehrte auf demselben Wege, auf dem er hingereist, wieder zurück" [2]). Der Glaube, welchen Patrizius von der Primatial-Gewalt des römischen Papstes über die ganze Kirche auf Erden hier an den Tag legt, hatte, um frühere zu übergehen, schon vor ihm der heilige Athanasius an Papst Julius, und Johannes Chrysostomus an Papst Innozenz I. ausgesprochen, und während der heilige Patrizius seines Apostolates in Irland waltete, schrieb Papst Leo der Große an Athanasius, Bischof von Thessalonik: „Wir anvertrauen dir unsere Stellvertretung in dem Sinne, daß du zur Theilnahme an unserer Hirtensorge, nicht aber zur Fülle der Gewalt (plenitudinem potestatis) berufen seiest" [3]). Und er fügte bei: „Von daher ist der Unterschied der Bischöfe entstanden, daß nicht Alle sich Alles beimessen, sondern in den einzelnen Provinzen einzelne Bischöfe, in den größeren Städten wieder Andere seien, die eine weitere Hirtensorge zu übernehmen haben, durch welche die Obsorge für die allgemeine Kirche dem Einen Stuhle Petri zufließt und auf solche Weise kein Glied vom Haupte sich trenne."

Auf seiner Reise nach Rom wurde Patrizius von einem Priester Namens Segetius begleitet, der von Germanus beauftragt war, über

---

1) Probus in vita S. Patricii bei Colgan Tr. Thaum. p. 49 und Bolland. 17. Mart.

2) Probus l. c. p. 49. — 3) S. Leon. Ep. 14. bei Baller.

die Eigenschaften und die Glaubenstreue seines Schülers beim heiligen Stuhle Zeugniß abzulegen und ihn darzustellen, „als einen starkmüthigen Mann, der für die Aerndte des Herrn als ein ganz tüchtiger Arbeiter sich bewähren würde." Papst Cölestin mochte wohl dem Zeugnisse eines so ausgezeichneten Bischofs, den er erst kürzlich zu seinem Stellvertreter und Legaten bei der brittischen Mission erkoren, vollen Glauben schenken und der Empfohlene ihm für das wichtige Unternehmen ganz geeignet scheinen. Mit dem Segen und Auftrage des Papstes Cölestin, der bald darauf starb (432), kehrte Patrizius zu Germanus, seinem Freunde und Beschützer zurück, und als er von da gegen die Westküste Irlands zusteuerte, um sein apostolisches Werk zu beginnen, brachten zwei Schüler des Palladius ihm die Nachricht von dem erfolgten Tode dieses Bischofs, worauf er zum Bischof Amatorex zurückkehrte, von diesem zum Bischof geweiht wurde und begleitet von Auxilius, Jserninus und einigen Anderen im Sommer des Jahres 432 an der Küste Irlands landete." So lauten die irischen Nachrichten über die Schicksale des heiligen Patrizius bis zum Antritte seines Apostolates, und da seine Verbindung mit dem heiligen Germanus von Auxerre für die Beurtheilung der ersten christlichen Kirche in Irland von entscheidender Bedeutung ist, müssen wir dieselbe nach den ursprünglichen Quellen hier näher ermitteln.

Der heilige Fiach, erster Bischof von Sletty, einer bedeutenden Ortschaft bei Carlow gelegen, ist der Verfasser eines Hymnus [1] auf den heiligen Patrizius, den er in altirischer Sprache verfaßte. Früher ein Schüler des Druidischen Barden Dubtach, wurde er nachmals ein Zögling des heiligen Patrizius und predigte unter seiner Leitung den christlichen Glauben in der Gegend von Leinster. Patrizius [2] übertrug ihm die Bischofswürde und beschenkte ihn mit einem Cumtach, d. i. mit einer Büchse, einem Glöcklein, einem Menstir, einem Bischofstabe und einem Festkalender, die Fiach größtentheils seiner Kirche hinterließ [3]. Das Zeugniß, das dieser Schüler über den einstigen Aufenthalt seines Meisters bei Germanus ablegt, ist von großem Gewichte. Er schreibt [4]:

„Der Engel Viktor sandte Patrizius über die Alpen,
    Wunderbar war diese seine Reise,

---

1) Er ist erhalten in dem Liber Hymnor.. von dem eine Handschrift aus dem 9. oder 10. Jahrhundert im Trin. Coll. zu Dublin, eine zweite im Coll. S. Isidor. zu Rom aufbewahrt wird.

2) Tirechan im Buche von Armagh.

3) „Eique reliquit sacram Supellectilem, Cymbalum ministeriale, Epistolas Paulinas et baculum pastoralem, Vit. Tripart." Bei Colgan l. c. p. 152.

4) Der Grundtext ist bei Colgan l. c. pag. 1. abgedruckt.

Bis er seine Wohnung bei Germanus nahm.
Er zog weg nach dem Süden der Letha;
Auf den Inseln des tyrrhenischen Meeres weilte er,
Dort war er in das Göttliche versenkt,
Mit Germanus las er den Kanon der Schrift,
Das lehrt uns die Geschichte."

So hat Fiach den Aufenthalt des Patrizius in Lerin und bei Ger= manus in seinem Lobliede hervorgehoben und konnte sich hiefür auf schrift= liche Nachrichten berufen, wahrscheinlich auf solche, welche Patrizius selber seinem Schüler hinterließ und diese sind in seinen „Aussprüchen" (dicta S. Patricii) enthalten, welche das uralte Buch von Armagh aufbewahrt hat [1]). Unter denselben lautet Einer: „Ich hatte die Gottesfurcht zur Führerin auf meiner Reise durch Gallien und Italien und sie stund mir zur Seite auch auf den Inseln des Tyrrhenischen Meeres." In demselben Buche von Armagh ist ein Auszug von St. Patrizius Leben zu lesen, verfaßt von Muirchu=Mac=Mactheni. Der Verfasser wohnte der Synode von Adamnan bei, welche unter dem Vorsitze von Flann=Febhla, Abt von Armagh im Jahre 697 abgehalten wurde [2]). Die kurze Notiz, die er über Patrizius gibt, ist an Aidus, Bischof von Sletty († 699) gerichtet, welcher derselben Synode beiwohnte. In der Vorrede bemerkt er: „daß Manche bisher sich bemühten, eine richtige Erzählung der Thatsachen der heiligen Geschichte zu schreiben, doch hätten sie das Ziel nicht erreicht; sein Vater Cogitosus sei vielleicht der Einzige gewesen, der auf diesem bewegten Meere zwischen der Scylla und Charybdis die sichere Linie eingehalten; er selber aber habe, mit schwacher Kenntniß, ohne bestimmten Führer, mit gebrech= lichem Gedächtnisse und ungeschminktem Style, jedoch in der reinsten Absicht, aus Achtung vor der Autorität des Aidus und aus Gehorsam gegen sein Gebot es unternommen, einige Wenige von den vielen Thaten des heili= gen Patrizius vorzutragen." Von seinem Patrizius' Leben, welches er noch vor dem Ablauf des VII. Jahrhunderts schrieb, sind die ersten Kapi= tel leider verloren gegangen, allein die Titel davon noch erhalten geblieben. Von diesen lautet die Ueberschrift des VI. Kapitels: „St. Patrizius' Reise nach Gallien, wo er den heiligen Germanus fand und sodann bei ihm verweilend nicht weiter zog [3]). Das zweite Blatt des Buches von Armagh

---

1) Das lib. Armach. wurde nach der gelehrten Untersuchung des Dr. Graves — (Proceeding of R. J. Coll. Acad. 30. Nov. 1846. Dublin) im Jahre 807 abge= schrieben nach einem älteren Codex.

2) Die Dekrete dieser Synode siehe bei Colgan Act. SS. p. 382. et Dr. Reeves' Adamnani vit. S. Columbae.

3) „De inventione S. Germani in Galliis et ideo non exivit ultra." Petrie Essay on Tara p. 87.

gibt darüber noch die wichtige Erläuterung [1]): „der Engel Viktor fündigt
Patrizius an, daß die Zeit gekommen sei, wo er mit dem evangelischen
Netze ausziehen sollte, um zu fischen bei den wilden und barbarischen Na=
tionen, für deren Bekehrung er bestimmt worden.... Als dann eine gün=
stige Gelegenheit sich ihm darbot, unternahm er unter dem Beistande des
Himmels das Werk der Verkündung des Evangeliums, wozu er sich schon
lange vorbereitet hatte; und Germanus sandte mit ihm einen hei=
ligen Priester Namens Segetius, der ihm ein Begleiter und zugleich ein
Zeugnißgeber sein sollte, weil er damals vom heiligen Germanus die bischöf=
liche Weihe noch nicht erhalten hatte" [2]). Der Aufenthalt des Patrizius
sowohl in Lerin als bei Germanus in Auxerre wird gleichfalls durch
das schon oben erwähnte wichtige Fragment über den Ursprung der irischen
Liturgie bestätigt, dessen Abfassung der berühmte Usher [3]) vor die Zeit
Beda's, Spelman [4]) und Wilkens aber in das VII. Jahrhundert verlegen.
Nachdem darin der heilige Markus als Urheber der scotischen Liturgie an=
gegeben wird, theilt das Fragment noch die weitere Nachricht mit: „Nach=
mals war diese scotische Psalmgesangweise, Liturgie (cursus, qui dicitur
praesenti tempore Scotorum) vom seligen Cassian eingehalten, der im
Kloster Lerin den seligen Honoratus zum Mitgenossen hatte. Und nach ihm
haben der selige Honoratus, der erste Abt dieses Klosters und der heilige
Cäsarius, Bischof von Arles (512) und der selige Eucherius, der in jenem
Kloster war, den gleichen Kurs gesungen, sie alle hatten den seligen Lupus
und Germanus als Mönche in ihrem Kloster. Und auch diese haben unter
der Anweisung der Regel diesen Kurs dort gesungen und nachher zum
Lohne ihres heiligen Lebens auf dem Lehrstuhle des Episcopats die höchste
Ehre erreicht."

Um das Jahr 875 blühte Herich (Ericus) von Auxerre zu einer Zeit,
wo das Frankenreich mit einer Menge heiliger und gelehrter Mönche
aus Irland so reichlich bedacht war, daß Herich an Kaiser Karl den
Kahlen schreiben konnte: was soll ich von Irland sagen, das, allen Ge=
fahren des Meeres trotzend, beinahe mit der ganzen Schaar seiner Phi=
losophen auf unsere Küsten auswandert" [5])? Erich schrieb das Leben
des heiligen Germanus, war vertraut mit den irischen Ueberlieferungen
und beruft sich für seine Erzählungen über Patrizius auf die ältesten

1) Lib. Armach. fol. 20.
2) Lib. Armach. fol. 2.
3) Usher's Primordia p. 840
4) Spelman Concilia I. p. 167; Wilk. Conc. magn. Britan. VI. p. 741.
5) Heric. Epist. ad Carol. Calv. sive Praefat. ad vit. S. German.

Denkmäler. Er schreibt [7]): „weil die Ehre eines Vaters in der Erziehung
seiner Söhne wiederstrahlt, genügt es von den Vielen, welche der heilige
Germanus in Christo als Söhne, in der Religion als Schüler gehabt hat,
Einen und zwar den berühmtesten in Kürze zu erwähnen, Patrizius
nämlich, welcher, wie die Geschichten seiner Thaten meldet, der vorzügliche
Apostel der Insel Irland — der Lehrleitung des Germanus achtzehn Jahre
unterstellt, aus dieser reichen Quelle eine nicht bloß mittelmäßige Bildung
in den göttlichen Schriften schöpfte." Erich konnte also Angesichts der
vielen gelehrten Iren im Frankenreiche mit aller Zuversicht den heiligen
Patrizius als einen Hauptschüler des heiligen Germanus hervorheben und
dessen Aufenthalt in Auxerre zum besonderen Lobe des Heiligen verwenden,
dessen Leben er schrieb. Der gelehrte Franziskaner Johannes Colgan, ein
geborner Irländer, hat in seiner Ausgabe der Leben der Heiligen, Patrizius,
Brigitta und Kolumba (Trias Thaumaturga) einen altirischen Kommentar
über den Fiach's Hymnus auf St. Patrizius veröffentlicht, welchen die
ersten Kenner der keltisch-gälischen Sprache in das VII. oder VIII. Jahrhundert verlegen, während Dr. Petrie [2]) schon die Handschrift davon, dem
IX. Jahrhundert zuschreibt. Colgan spricht sich über den Scholiasten dahin
aus: er schrieb theils lateinisch eine Vorrede zum Hymnus des Fiach und
setzte die Erklärungen dazu an den Seitenrand des Codex, der vor Alter
beinahe verdorben und unleserlich geworden ist. Der Scholiast scheint in
der Kunde des vaterländischen Alterthums sehr bewandert und selber sehr
alt zu sein, so daß wir behaupten dürfen, er habe um das Jahr 580
oder gegen das Ende des VI. Jahrhunderts geblüht" [3]). Jener alte Ausleger des Fiach's Hymnus berührt die Verbindung des Patrizius mit Germanus in folgenden Worten: „Germanus war Bischof der Stadt Auxerre
und unter seiner Leitung widmete sich Patrizius den Studien. Nun geschah es, daß Germanus nach Britannien kam, um die pelagianische
Irrlehre auszurotten und er kam dahin von Patrizius und vielen Anderen
begleitet und arbeitete unaufhörlich an der Ausrottung der Irrlehre, bis
er vernahm, daß seine eigene Stadt davon angesteckt zu werden in Gefahr
stehe. Alsdann kehrten er und Patrizius wieder in das Frankenreich zurück
und waren beflissen, dort die Pest der gleichen Irrthümer zu bekämpfen [4]).
Als sie einmal in einer Stadt ohne allen Erfolg predigten, ging Germanus
mit Patrizius zu Rath, wohin sie nun weiter auf ihrer Missionsreise ziehen
sollten und Patrizius antwortete: „Laßt uns drei Tage lang ein strenges
Fasten beobachten an den Thoren der Stadt und die ganze Sache in die

---

1) L. c. I. cap. 2, 21. — 2) Essay on Tara p. 71. — 3) Colgan Tr.
Thaum. p. 7. — 4) L. c. p. 5.

Hände Gottes legen." Der Rath wurde befolgt, und darnach erfreuten sich ihre Predigten des besten Erfolges. Im Verlaufe seiner Auslegung kömmt der Scholiast mehr als einmal auf den Aufenthalt des Patrizius in Auxerre zurück und meldet, „von Germanus habe er die heiligen Kanones und [1]) alle kirchlichen Wissenschaften erlernt", und am Schluße erwähnt er ausdrücklich: „Germanus habe den Patrizius an Papst Cölestin gesendet, ihm den heiligen Priester Segetius zum Reisebegleiter beigegeben und diesen beauftragt, von den Verdiensten und Tugenden des Gesendeten bei dem apostolischen Stuhle Zeugniß zu geben."

Der irische Nennius [2]), eine Uebersetzung des altbrittischen Autors, jedenfalls aber ein eigenes, auf die Berichte altirischer Quellen angelegtes Werk, erzählt sehr einläßlich die Lebensgeschichte des heiligen Germanus und verbindet damit einen kurzen Abriß vom Leben des heiligen Patrizius in den Worten: „Zu jener Zeit war Patrizius in Gefangenschaft in Erin mit Milive und gleichzeitig wurde Palladius abgesendet, um in Erin zu predigen. Patrizius wandte sich gen Süden zum Studium und las den Kanon (der heiligen Schriften) mit Germanus. Palladius aber wurde aus Erin vertrieben und ging nach Fordun in Mairne, wo er Gott diente. Nach seinen Studien kam Patrizius wieder nach Erin und taufte die Bewohner von Erin. Die Wunder des Patrizius Euch, o Männer von Erin zu schildern, hieße Wasser tragen in den See, sie sind zahlreicher als die Sandkörner am Meere. Darum werde ich sie übergehen, ohne jetzt eine Erzählung davon zu geben." Die alten Lebensbeschreibungen über Patrizius, die auf uns gekommen, bezeugen die gleiche Thatsache, daß Germanus der geistliche Leiter und Führer des Patrizius gewesen [3]). Die vita secunda, nach Colgans Urtheil, von einem Schüler des Patrizius im VI. Jahrhunderte verfaßt, und wie der gelehrte Dr. Todd bemerkt, voll innerer Gewißheit, daß ihr Verfasser uraltes Material für seine Arbeit benutzt habe, widmet das 22. Kapitel dem Aufenthalte des Patrizius bei Germanus in folgenden Stellen: „Ueber das brittische Meer schiffend, suchte Patrizius einen heiligen Mann auf, berühmt durch seinen Glaubenseifer und als Haupt der gallischen Kirchen, den Bischof von Auxerre nämlich, zubenannt Germanus. Bei diesem blieb er geraume Zeit, gleich Paulus zu den Füßen Gamaliels; im Gehorsame, in demüthiger Unterwürfigkeit und mit eifrigem Gemüthe betrieb er dort das Studium der Weisheit und der heiligen

---

1) „Sacros canones omnesque ecclesiasticas disciplinas" l. c.
2) Irish Nennius, herausg. von der irischen archäolog. Gesellschaft, Dublin 1848. L. c. pag. 107.
3) Sie wurden herausgegeben von Colgan Act. SS. und Trias Thaum.

Schriften.... Es war auf der Insel Lerin, wo Patrizius von Germanus unterrichtet wurde. Damals war er dreißig Jahre alt, dreißig Jahre blieb er unter der Leitung des Germanus und sechzig Jahre predigte er dem irischen Volke." Gegen diese dreißig Jahre, die Patrizius unter der Leitung des Germanus zugebracht, haben die protestantischen Geschichts= forscher Englands und in neuerer Zeit Dr. Todd [1]), große Bedenken er= hoben, nichts destoweniger werden sie von allen irischen Quellenschriften übereinstimmend angegeben und festgehalten. Die Gegner heben hervor: „Im Jahre 418 wurde Germanus zum Bischof von Auxerre gewählt. Vor dieser Epoche war er in der höchsten Civilbeamtung thätig und konnte sonach mit dem Unterrichte und der Leitung von Schülern sich un= möglich befassen. Wie ist dies aber mit jenen dreißig Jahren und mit dem Jahre 432 vereinbar, in welchem Patrizius seine Mission in Irland antrat?" Diese Schwierigkeit ist leicht zu heben, wenn man annimmt, daß Patrizius dreißig Jahre lang den Germanus als seinen geistlichen Führer betrachtete, ohne gerade so viele Jahre persönlich bei ihm in Auxerre ver= lebt zu haben. Denn in den Zeitraum dieser dreißig Jahre verlegen die altirischen Schriftsteller die Reise des Patrizius nach Lerin und Rom, sei= nen Aufenthalt bei Germanus, seine Sendung nach Irland und die fort= während e Verbindung, die er mit Germanus, bis zu dessen Tode auch noch in Irland unterhielt. Vom Jahre 418 bis zum Todesjahre des heiligen Germanus (448), welchen Patrizius noch immer als seinen Rath= geber, Vater und Führer betrachtete, waren aber gerade dreißig Jahre abge= laufen. Die dritte vita ist noch reicher an einzelnen Nachrichten über Patrizius; nach ihr „wurde er in Erin durch eine Vision gemahnt, in's Ausland zu ziehen und dort in einer Schule den Wissenschaften obzuliegen. Deshalb wandte er sich an den sehr weisen Germanus in der Stadt Auxerre, der von allen Bischöfen Galliens verehrt wurde, weilte vier Jahre lang bei ihm, erforschend und erfüllend die heiligen Schriften, und blieb an Leib und Seele ein reiner Jüngling." Von Auxerre begab er sich nach Lerin (insula Tamerensis) und „nachdem er dort neun Jahre zuge= bracht, wünschte er nach Rom, zum Haupte aller Kirchen, zu reisen, wo die Christen aus allen Theilen der Welt zusammenströmen. Dieser Plan wurde von dem heiligen Germanus genehm gehalten, der mit ihm einen ehrwürdigen Priester, Segetius mit Namen sandte, damit er als Zeuge für die religiöse Laufbahn diene, welche Patrizius beginnen wollte." Das Patrizius' Leben von Aileran, vor dem Jahre 774 verfaßt [2]), wiederholt

---

1) Dr. Todd, St. Patrick. p. 319. not. i.
2) Colgan Tr. Thaum. p. 22.

die gleiche Erzählung und fügt noch bei: „Germanus habe den Patrizius mit hoher Achtung aufgenommen. Lerin war der Name der Insel, wo er unter der Leitung des Germanus blieb und dreißig Jahre lang folgte er dessen Führung." Während seinem Aufenthalte bei Germanus wurde Patrizius in einer Vision gemahnt, dem Lande Erin das Evangelium zu verfünden. Nachdem Germanus den Tod des Palladius vernommen, „sandte er den Patrizius nach Rom, damit er mit der Bewilligung des Bischofs des apostolischen Stuhles, das Predigtamt ausübe, denn dies forderte die Ordnung der Kirche" [1]. Probus berichtet in seiner vortrefflichen vita: „Patrizius sei vor seiner Reise nach Rom einige Zeit bei Germanus geblieben, habe Alles seiner Leitung unterstellt und Gehorsam, Demuth und die Unschuld des Leibes und der Seele in der Furcht des Herrn die ganze Zeit seiner sterblichen Laufbahn bewahrt. Während seinem Aufenthalte bei Germanus wurde er öfters durch himmlische Gesichte gemahnt, daß die Zeit für ihn nun gekommen sei, den Schauplatz seiner Missionsthätigkeit zu betreten; sodann sandte der heilige Germanus mit ihm den seligen Priester Segetius, als Begleiter und Zeuge zugleich" [2]. Das altirische Fragment einer vita in dem sogenannten Leabhar Breac [3] meldet in Kürze: „Patrizius ging um Weisheit und Religion zu lernen nach dem Süd-Osten Italiens zum Bischof Germanus." Der geographische Verstoß dieses uralten Zeugnisses kann seine historische Bedeutung nicht im geringsten schwächen.

Die vita tripartita ursprünglich in irischer Sprache geschrieben, wurde nach dem Urtheil Colgans und des neuen Kelto-Philologen Curry [4] im VI. Jahrhunderte, wahrscheinlich von dem heiligen Evin, dem Stifter des alten Klosters Monasterevan, verfaßt, welchen Aengus in seiner Festologie (Felire) „den schönen Heiligen von den Ufern des Barrow-Stromes" nennt. Uebereinstimmend mit den alten Nachrichten meldet der Verfasser die Vision, worin Patrizius die Stimmen der irischen Jugend aus dem Walde von Foclut vernimmt, die ihn einladen, zu ihnen zu kommen und ihnen das Evangelium zu verkünden. Geleitet vom Engel Viktor faßte er den Entschluß, sich vorerst den heiligen Wissenschaften zu widmen und stellte sich unter die Leitung des heiligen Germanus." Dieser Bischof war durch

---

1) Misit ergo S. Germanus b. Patricium Romam, ut cum Apostolicae sedis Episcopi licentia ad praedicationem iret, sic enim ordo exigebat." l. c. p. 39.

2) L. c p. 48.

3) Herausgegeben mit dem irischen Texte von der irischen archäolog. Gesellschaft. Dublin 1844 p. 431. Siehe darüber das Weitere unten.

4) Von Colgan l. c. mit dem lateinischen Texte herausgegeben. Curry's Lectures p. 345 ff.

Geburt und Würdigkeit, Tugend und Gelehrsamkeit, im heiligen Dienste und in Wundern ausgezeichnet. Von ihm erhielt Patrizius die verschiedenen Grade der kirchlichen Weihen..... Darnach entschloß er sich, den Stuhl des heiligen Petrus zu besuchen, welcher auf den Felsen gegründet ist, damit er dort die kanonischen Satzungen der heiligen römischen Kirche vollkommen erlerne und für seine Unternehmung sich noch den Segen der apostolischen Autorität erwerbe." „Der heilige Germanus genehmigte diesen Entschluß und gab ihm den Diener Christi Segetius als Gefährten und als tauglichen Zeugen seines heiligen Lebens mit" [1]). So verschieden daher auch die Wendungen und Worte sind, deren die altirischen Quellen sich bei ihrer Erzählung bedienen, so heben dennoch alle den Kern der historischen Thatsache hervor, daß Patrizius nach seiner Befreiung aus der Gefangenschaft bis zu seiner entscheidenden Reise nach Rom im Jahre 432 sich sowohl im Kloster Lerin als bei dem Bischofe Germanus längere Zeit aufgehalten, von diesem zu seinem Apostelamte vorbereitet worden und mit diesem auch noch in Irland die engste Verbindung unterhalten habe; eine Thatsache, die für die Erklärung der Liturgie, der Disciplin, der Kirchenordnung und aller anderen Alterthümer der primitiven irischen Kirche von der höchsten Wichtigkeit ist. Wir haben nun die geschichtlichen Belege vorzuführen, welche für die zweite Thatsache den Beweis liefern, daß der heilige Patrizius seine Sendung zur Bekehrung des irischen Volkes mit ausdrücklicher Vollmacht und Gutheißung des apostolischen Stuhles von Rom vorgenommen und ausgeführt hat, wofür schon die bereits angeführten Stellen ein lautes Zeugniß ablegen. Dieses entscheidende Faktum wird gegenwärtig von den vorzüglichsten protestantischen Gelehrten Großbritanniens, wie z. B. von Dr. Petrie [2]) als unzweifelhaft zugegeben; schon vor zweihundert Jahren bezeichnete der berühmte Usher selbes als den Schlüssel zur Behandlung und Entscheidung aller anderen Kontroversfragen über das Christenthum und dessen Einführung in Irland in der ältesten Zeit.

In seinen schönen Denksprüchen (dicta S. Patricii [3]) weiset der heilige Patrizius selber auf den Stuhl des heiligen Petrus als auf die Quelle hin, von woher die Wahrheit des christlichen Glaubens den Iren zugeführt worden und benützt dabei diesen Anlaß, seine geistigen Kinder in Christus

---

1) „Sedem Sancti petere Petri in petra fundati et S. Romanae Ecclesiae canonicis institutis uberius imbui cupiens auctoritate Apostolica et actus suos roborari." Colgan Tr. Thaum. p. 70.

2) A Discours on the Religion anciently professed by the Irish, Dublin 1815 p. 84.

3) Im Buche von Armagh.

zu ermahnen, der römischen Kirche allzeit treu ergeben zu sein. „Von der Welt," spricht er zu ihnen, „seid Ihr zum Paradies, Gott sei Dank, ge= langt, zur Stadt Gottes; die Kirche Irlands ist eine Kirche der Römer und wie Ihr Christen (Kinder Christi), so seid Ihr auch Römer (Kinder der römischen Kirche)" [1]). Was Patrizius in dieser Stelle aus= gesprochen, wiederholte (um das Jahr 614) Einer seiner Schüler und Nachfolger, Kolumban, der Stifter Lüxeuil's in Burgund und Bobbio's in Norditalien, der (um das Jahr 535), in Irland geboren, noch mit Sol= chen, welche unmittelbare Schüler des heiligen Patrizius waren, verkehrt haben mochte. Columban läßt sich in seinem Briefe an Papst Bonifaz IV. dahin vernehmen [2]): „Wir Irländer alle sind Schüler des heili= gen Petrus und Paulus und all' der Jünger, welche unter dem Bei= stande des heiligen Geistes den göttlichen Schriftkanon verfaßt haben, und, obwohl wir an der äußersten Gränze der Erde wohnen, haben wir den= noch nichts der evangelischen und apostolischen Lehre Widersprechendes an= genommen. Keiner der Unsrigen war je ein Irrlehrer, Keiner ein Jude, Keiner ein Schismatiker, sondern noch immer wird bei uns der katholische Glaube, wie er von Euch, d. i. von den Nachfolgern der heiligen Apostel überliefert worden, unerschütterlich fest= gehalten." — Der heilige Ultan von Ardbraccan war einer der Ersten, der die Lebensgeschichte des heiligen Patrizius in ein geordnetes Ganzes brachte; von ihm sagt Aengus in seinem Martyrologium (4. Sept.): „Groß ist das Glück der Kinder Ultan's von Ard = Breccain" [3]). Leider ging sein Werk verloren, doch blieben im Buche von Armagh einige Aus= züge erhalten, welche Tirechan, einer seiner Schüler, daraus gemacht. Tirechan spricht von sich selber als „einer Familie angehörig, welche Gott und dem heiligen Patrizius geweiht sei", wie er ebendort als „ein Zögling und Schüler des heiligen Ultan" bezeichnet wird mit dem Beifügen: „daß die Nachrichten, die er über Patrizius gesammelt, aus dem Buche aus= gezogen seien, das ihm Ultan selber aus seinem Munde oder Buche in die Feder diktirt habe" [4]). Darin nun kommen folgende Annalen vor:

---

1) „Ecclesia Scotorum imo et Romanorum, ut Christiani ita et Romani sitis" l. c. fol. 9.

2) S. Columbani Epist. ad Bonif. P. P. IV. Bibl. St. Patr. XIII. p. 28. „Sed fides sicut a Vobis primum Sanctorum scilicet Apostolorum successori- bus tradita est, inconcussa tenetur."

3) Bischof Ultan starb im höchsten Alter im Jahre 657 zur Zeit der großen Pest nach den Ulster Annalen und den vier Meistern.

4) „Tirechan episcopus haec scripsit ex ore vel libro Ultani episcopi." S. Currys Lectures p. 608.

„Im dreizehnten Jahre des Kaisers Theodosius wird von dem Bischofe Cölestin, Papst von Rom, der Bischof Patrizius zur Unterweisung der Scoten gesendet, welcher Cölestin, von dem Apostel Petrus an, der 44. Bischof in der Stadt Rom war." Ferner: „Der Bischof Palladius, mit anderm Namen auch Patrizius genannt, wird zuerst gesendet, welcher bei den Scoten den Märtyrtod erlitt, wie die heiligen Altväter überliefern" [1]).

„Nachher wird Patrizius der Zweite (wenn Palladius als Erster gilt) von dem Engel Gottes Viktor und von dem Papste Cölestin gesendet, welchem ganz Irland glaubte und der es auch beinahe ganz taufte" [2]).

Vernehmen wir das Buch Leabhar Breac, das bei den gälischen Alterthumsforschern wie Petrie, Curry u. A. als das älteste und beste irische Denkmal für die Kirchengeschichte Irland's gilt und von Professor Curry [3]) wiederholt als ein Schriftwerk „von größter Wichtigkeit und Bedeutung bezeichnet wird, welches die vorzüglichste Sammlung religiöser Abhandlungen enthalte, die in gälischer Mundart verfaßt, noch erhalten wurden. Unter diesen befindet sich eine alte Abhandlung über das Leben des Patrizius, in irischer Sprache, welche reich an Hinweisungen auf die Ereignisse des Kontinents und der ältesten Schriftsteller Irlands, ausdrücklich auch der Sendung erwähnt, welche Papst Cölestin dem Palladius und Patrizius übertragen, das Wort Gottes in Irland zu verkünden." Darin heißt es: „Wir sollen Kenntniß nehmen, zu welcher Zeit Patrizius, der heilige Bischof und Hauptlehrer des irischen Volkes nach Irland kam, um zu predigen und zu taufen, und wiederzuerwecken die Todten und die Kranken zu heilen und zu bannen alle Dämonen in Irland, und zu heiligen und zu konsekriren und die Weihen zu spenden und zu segnen, und zu kämpfen und zu triumphiren u. s. w. Das Jahr also, da Patrizius nach Irland kam, war das 433. von der Menschwerdung, das 9. der Herrschaft des Theodosius, des Königs der Welt und das 1. Jahr des Episkopates des Sixtus, des Nachfolgers (Coarb) Petri, das 5. Jahr der Regierung Leogaire's-Mac-Niall von Tara und das 60. Jahr seines eigenen Lebens und sechzig Jahre lang taufte und lehrte er die Be-

---

1) Das Buch von Armagh, herausg. von Petrie. Siehe dessen Tara p. 85.

2) „Decimo tertio anno Theodosii imperatoris a Coelestino episcopo, Papa Romae Patricius episcopus ad doctrinam Scotorum mittitur, qui Coelestinus XLIV. episcopus fuit a Petro Apostolo in urbe Roma. Palladius primo mittitur, qui Patricius alio nomine appellabatur, qui martyrium passus est apud Scotos, ut tradunt sancti antiqui. Deinde Patricius secundus ab angelo Dei Victor nomine et a Coelestino Papa mittitur, cui Hibernia tota credidit et qui eam pene totam baptizavit." Liber Armach. l. c.

3) In seinen Lectures p. 352.

wohner von Erin, wie Fiach spricht: „dreimal zwanzig Jahre predigte er
die Kreuzigung Christi den Stämmen von Feni" und so wurde das Bild
von Patrizius gezeichnet durch Heleran zur Zeit, als er von ihm Bericht
brachte nach Klonard:

> Sanft und groß war Kalpurnus' Sohn,
> Eine Weinrebe beladen mit Frucht...

Palladius war vom Papste Cölestin mit einem Evangelium für Patrizius
abgesendet, um es dem irischen Volke zu verkünden; dies geschah im 401. Jahre
von der Kreuzigung Christi an [1]). Ein Jahr nachher zog Patrizius aus,
um in Irland zu predigen unter dem Konsulate des Aëtius und Valerius.
In diesem Jahre erhielt Sixtus nach Cölestin die Obergewalt (Suprematie)
von Rom und dies war das 4. Jahr der Regierung Leoghaire's, des
Sohnes Niall's zu Tara." Dieses uralte Zeugniß mit all' seiner chrono=
logischen Bestimmtheit beweist wohl auf unwidersprechliche Weise die That=
sache, daß Patrizius vom Papste Cölestin den Auftrag und die Vollmacht
erhielt, auf der Insel Irland das Evangelium zu verkünden. Der ange=
führte Vers von Eileran (Aileran, Heleran) kömmt in der Festologie des
Aengus am 17. März vor; Eileran selbst wird von den irischen Autoren
„der Weise", Eileranus sapiens genannt, und starb nach der Angabe der
vier Meister im Jahre 664. Er war Abt von Clonard und verfaßte
außer einem Patrizius' Leben noch eine lateinische Abhandlung über die
Geschlechtsfolge unseres Erlösers und eine schöne irische Litanei [2]). Ihm
schreibt Colgan auch die vita quarta S. Patricii zu, worin die Sendung
des Patrizius durch Papst Cölestin wieder bestätiget wird. Wir lesen
dort: „Der heilige Germanus sandte den heiligen Patrizius nach Rom,
damit er mit Erlaubniß des Bischofs des apostolischen Stuhles [3]) das
Predigtamt antrete; denn so erfordert es die Ordnung. Er begab sich
daher zu Schiff auf dem tyrrhenischen Meere dorthin und in Rom ange=
kommen, wurde er vom heiligen Papste Cölestin ganz ehrenvoll aufgenom=
men und nachdem er von ihm Reliquien der Heiligen erhalten hatte, wurde
er von demselben Papste Cölestin nach Irland gesendet" [4]). Germanus,
einmal einverstanden mit dem Plane, daß Patrizius die Mission nach
Irland übernehmen solle, mußte ihn nothwendig vorerst nach Rom senden

---

1) Die irischen Schriftsteller setzen die Kreuzigung Christi in das Jahr 31 der
jetzigen Zeitrechnung.

2) Auszüge davon hat Curry in seinen Lectures veröffentlicht.

3) „Ut cum Apostolicae Sedis Episcopi licentia ad praedicationem exiret."

4) „Perveniente vero illo Romam, a S. Papa Coelestino honorifice est
susceptus et traditis sibi Sanctorum reliquiis ab eodem Papa Coelestino in
Hiberniam missus est (Patricius)." Colgan Tr. Thaum. p. 39.

und ihm für dieses apostolische Unternehmen die Vollmacht und den Segen des apostolischen Stuhles verschaffen, wollte er sich anders nicht mit den Lehren und Uebungen der gallischen Kirche in offenen Widerspruch setzen. Denn auch Irenäus, Bischof von Lyon und ein Schüler Polykarp's, welcher von dem Apostel Johannes selbst seine Lehren empfangen, sprach schon im II. Jahrhunderte gegenüber den Irrlehrern den Grundsatz aus: „mit der Kirche von Rom muß wegen ihrem mächtigeren Vorrang jede andere Kirche, müssen alle übrigen Gläubigen der Welt übereinstimmen, in welcher all-zeit die von den Aposteln herstammende Ueberlieferung bewahrt worden"[1]). Papst Zosimus, ein Zeitgenosse des Germanus, fand diesen Glauben an den Vorrang des Bischofs der römischen Kirche bei den Bischöfen Galliens vor und konnte daher die Weisung an sie richten[2]): „Wir verord-nen, daß der Metropolit der Stadt Arles in der Ausweihung der Priester wie bis anhin eine vorzügliche Autorität (Vollmacht) haben und die Kirchen-provinzen von Vienne, und die erste und zweite von Narbonne vor sein Pontifikat rufen soll. Wer daher von nun an wider die Anordnungen des apostolischen Stuhles und die Satzungen der Väter mit Hintansetzung des Metropolitanbischofs in den benannten Provinzen einen ausweihen würde, oder wer mit Wissen sich unerlaubterweise ausweihen ließe, soll der Priestergewalt enthoben werden." Kurz darauf erließ Papst Hilarius an die Bischöfe der Provinz Taragon in Spanien ein ähnliches Schreiben.

Wie der Scholiast über den St. Fiach's Hymnus die Verbindung des Patrizius mit Germanus hervorhebt, so spricht er sich noch einläßlicher über die Sendung aus, welche der irische Apostel vom heiligen Stuhle zu Rom erhielt. „Als Patrizius sich dem Studium der Kanones und anderer kirchlichen Wissenschaften unter Germanus' Leitung widmete, er-öffnete er diesem, daß er in himmlischen Gesichten von dem Orte Caille Tochlaid her Stimmen von Kindern gehört habe, die ihn eingeladen, dem irischen Volke zu Hilfe zu kommen. Germanus antwortete ihm: „Gehe zum Nachfolger Petri, d. i. zu Cölestin, damit er dich hiefür bevollmächtige." Um diese Vollmacht zu erlangen, wandte sich Patri-zius an den Papst Cölestin; allein dieser genehmigte vorerst das Vor-haben nicht, weil er schon den Palladius zur Verkündung des Evan-geliums nach Irland abgesendet hatte..... Patrizius erzählte dem Ger-manus zum zweitenmal die Visionen, die ihm geworden und darum sandte dieser ihn zum zweitenmal an Cölestin und gab ihm den Segetius zum Begleiter, um an Germanus' Statt von Patrizius in Rom Zeugniß zu geben. Als Papst Cölestin den Tod des Palladius vernahm, sprach er:

---

1) S. Iren. lib. III, 3, adv. Haeres. — 2) S. Zosimi Epist. 5.

„Niemand kann etwas empfangen auf Erden, außer wem es von oben gegeben ist." Alsdann wurde Patrizius mit Bewilligung Cölestins und Theodosius' des Jüngern, welcher König der Welt war, zum Bischof geweiht. Bischof Amatorex hat ihn geweiht und wie man sagt, lebte Cölestin nur noch eine Woche nach der Weihe des Patrizius. Sein Nachfolger war Papst Sixtus (III. von 432—40) und im ersten Jahre seines Papstthums kam Patrizius nach Irland. Sixtus behandelte ihn sehr wohlwollend und gab ihm Einiges von den Reliquien der Apostel Petrus und Paulus und viele Bücher mit" [1]). Die vita secunda berichtet gleichfalls: „Von demselben Papste Cölestin (der den Palladius sandte) wurde Patrizius nach Irland gesendet" [2]) und die vita quarta meldet eben so deutlich: „Dann kehrte Patrizius auf Befehl des Papstes Cölestin nach dieser Insel zurück." Probus erwähnt in seinem Patrizius' Leben der Gebete, welche der Apostel Irlands zu verrichten pflegte, damit der Himmel ihn nach Rom führen möge und bemerkt, „diese Gebete seien erhört worden, und nachdem er den apostolischen Segen in Rom verlangt und erhalten, habe er sich an sein geistliches Arbeitswerk nach Irland begeben." Am Schlusse schreibt die vita tripartita: „Der Engel Viktor verkündete dem Patrizius, daß er von Gott bestimmt sei, nach Irland zu gehen, um dem dortigen Volke den Glauben Christi zu predigen." Im Gehorsam gegen die Mahnung des Engels und das göttliche Gebot, faßte Patrizius den Entschluß, den Stuhl Petri zu besuchen, den Lehrer des Glaubens und den Quellbrunn des ganzen Apostolates, damit so seine Reise und sein Predigtamt von der Autorität dieses Stuhles bekräftigt und geheiligt werde. Weswegen dann auf die Nachricht von dem Tode des Palladius die göttlich verordnete Sendung zur Bekehrung des irischen Volkes dem Patrizius übertragen wurde. Cölestin weihte ihn mit Einwilligung des Germanus und Amatorex, des Römers, zum Bischof aus und gab ihm den Namen Patrizius" [3]). Sind die Angaben dieser Patrizius' Leben in manchen Einzelheiten auch verschieden, so stimmen sie dennoch in dem Zeugnisse für die wichtige Thatsache überein, daß die Sendung des Patrizius nach Irland von Rom ausgegangen und durch die höchste Autorität des Nachfolgers Petri auf dem römischen Stuhle sei angeordnet worden. Dieses Zeugniß wird in der Lebensgeschichte vieler irischen Heiligen der ältesten Zeit wiederholt; so lesen wir in St. Kieran's Leben: „Der glorreiche

---

1) Colgan l. c. p. 5.
2) „Patricius ab eodem Papa Coelestino in Hiberniam transmissus." L. c. p. 13 et 23.
3) Colgan Tr. Thaum. p. 122.

Erzbischof Patrizius kam, vom Papste Cölestin gesandt, nach Irland und hat mit Gottes Gnade Könige, Herzoge, Fürsten und Völker zu Christus bekehrt und ganz Irland mit dem Glauben und der Taufe Christi be= glückt" [1]).

Wir gelangen zu dem späteren Herich oder Erich (875), welcher diese Thatsache folgenderweise berührt [2]): „Patrizius wurde in den göttlichen Wahrheiten von dem heiligen Bischofe von Auxerre angebildet. Und als dann Germanus sah, wie hochherzig in der Religion, ausgezeichnet in der Tugend, und eifrig im heiligen Dienste sein Schüler war, hielt er es für unangemessen, daß ein so starker Ackermann für die Pflege der Gottes= ärnte müssig bleibe, und sandte ihn an den heiligen Cölestin, Papst der Stadt Rom, mit seinem Priester Segetius, der für den ausgezeichneten Mann beim apostolischen Stuhl das Zeugniß kirchlicher Rechtschaffenheit ablegen sollte. Genehmigt durch das Urtheil des heiligen Stuhles, auf dessen Autorität gestützt und mit dessen Segen gestärkt, kehrte er nach Irland zurück und, für jenes Volk als Apostel aufgestellt, hat er Irland damals mit seinen Lehren und Wundern verherrlichet, wie er es auch jetzt noch und für immer mit den wunderbaren Vorrechten seines Apostolates auszeichnet." Früher noch als Erich hat der fromme Bischof Markus aus Irland, den wir oben erwähnten, im Jahre 822 in seiner Geschichte der Britten die altirischen Nachrichten über Patrizius mit den Worten zusam= mengefaßt: „Unter göttlicher Leitung wurde Patrizius in den heiligen Schriften unterrichtet, ging hierauf nach Rom und weilte dort längere Zeit, dem Studium sich widmend, und vom heiligen Geiste erfüllt, lernte er die heiligen Schriften und die göttlichen Geheimnisse. Während er dort dieses Ziel verfolgte, wurde Palladius von dem Papste Cölestin als erster Bischof gesendet, um das irische Volk zu Christus zu bekehren [3]). Allein Gott verhinderte durch einen Sturmwind und andere Zeichen seine Erfolge. Denn Niemand vermag etwas auf Erden zu erreichen, außer es sei ihm von oben gegeben. Dieser Palladius starb auf seiner Rückkehr aus Irland nach Britannien im Lande der Pikten. Auf die Nachricht von seinem Tode wurde unter der Herrschaft der Patrizier Theodosius und Valentinian Patrizius vom Papste Cölestin gesendet; der Engel Gottes, Viktor, begleitete, beschützte und unterstützte ihn, und von Bischof Germanus weg zog er aus, um das irische Volk zum Glauben

---

1) Usher, Primordia p. 720.
2) Erici vit. S. Germ. I. cap. 2.
3) „Ad Scotos convertendos ad Christum", so erklärt Bischof Markus die Worte Prospers — „ad Scotos in Christum credentes".

an die heilige Dreieinigkeit zu bekehren." Es bleibt noch übrig, die zuver-
lässigsten irischen Annalisten, bekannt unter dem Namen „vier Meister",
anzuführen, welche die Ankunft des heiligen Patrizius in Irland als den
wichtigsten Stützpunkt der irischen Zeitrechnung in der Geschichte Irlands
festhalten und dessen Sendung gleichfalls vom heiligen Stuhle von Rom
ableiten mit den Worten: „Der heilige Patrizius wurde zum Bischof geweiht von dem heiligen Papste Cölestin, welcher der Erste war, der ihn
beauftragte, nach Irland zu gehen und zu predigen, und dieser gab dem
irischen Volke die Satzungen des Glaubens und der Religion"[1]). Die
Annalen von Innisfallen berichten: „daß Patrizius von Rom her als
Bischof nach Irland kam und eifrigst dort den Glauben Christi predigte"[2]),
und die Annalen von Ulster beginnen mit folgenden Daten: „Im Jahre
von der Menschwerdung des Herrn 431 wird von Cölestin, Bischof der
Stadt Rom, Palladius zum Bischof für die Scoten geweiht unter dem
Konsulate des Aëtius und Valerian. Er wird, der Erste, nach Irland im
8. Regierungsjahre des Theodosius gesendet, um sie mit dem Glauben
Christi vertraut zu machen (ut Christum credere potuissent). Im
Jahre 432 kam Patrizius nach Irland, im 9. Jahre der Regierung Theo-
dosius des Jüngern, im ersten des Pontifikates Sixtus des 42. Bischofs
der römischen Kirche (so zählen Beda und Marzellin und Isidor in ihren
Chroniken) und im 12. Jahre der Regierung Leoghaire-Mac-Neill's.....
Im Jahre 439 werden Sekundin, Auxilius und Isernin als Bischöfe zur
Hilfe des Patrizius nach Irland gesendet." Dr. Petrie[3]) wollte zwar dieses
Zeugniß der Ulterannalen aus dem Grunde abschwächen, weil sie sich
auf Beda, Marzellin und Isidor berufen, welche der Sendung des Patrizius in ihren Geschichtswerken nirgends gedenken; allein die Bezugnahme
jener Annalen auf die benannten Autoren steht in gar keiner Verbindung
mit der Sendung des Patrizius, wohl aber mit der Reihenfolge und
Zahl der römischen Päpste und Kaiser. Denn schon unter den altirischen Annalisten, wie noch heute unter den Kirchenhistorikern, bildete die
Frage eine Kontroverse: wie die richtige Zahl der Päpste von Petrus an
bis auf Sixtus III. zu ermitteln und festzustellen sei. Einige betrachteten
nämlich den heiligen Clemens als bloßen Gehilfen des heiligen Petrus,
Andere den Anakletus als identisch mit Kletus. Wie wir aber eben gesehen, wurde Papst Cölestin von Tirechan und von dem Verfasser der
vita tripartita als der 45. Papst in der Reihenfolge der römischen Päpste

---

1) Four Masters, herausg. von O'Donovan, Dublin 1824, ad annum 432.
2) O'Conor, Rerum Hibern. Scripor. II. p. 95.
3) Essays on Tara p. 85.

bezeichnet. Der Ulster = Annalist dagegen, der Meinung folgend, daß Sixtus (III.) der 42. Papst sei, beruft sich hiefür auf Beda, Marzellin und Isidor, nicht aber deswegen, um sie als Autoritäten für die Ankunft des Patrizius in Irland anzuführen, denn niemals haben die einheimischen Annalisten Irlands für diese Thatsache ihrer Heimatsgeschichte sich auf ausländische Schriftsteller berufen. Die Thatsache selber setzt er unbedingt in das 9. Regierungsjahr des Königs Theodosius, in das 1. Jahr des Pontifikates des Sixtus III. und in das 12. des Königs Leoghaire.

Auch Marianus Scotus führt in seiner Chronik das große Ereigniß an, welches dem irischen Volke zur Gnade des Christenthums verhalf. Marianus Scotus, dessen irischer Namen sonst Mälbrigte (Diener der Brigitta) lautet, war im Jahre 1028 zu Ulster in Irland geboren und hatte zu seinem Lehrer den berühmten Tigernach von Boirche [1]), einen Nachfolger Finian's im Kloster Moville. Im Jahre 1052 nahm er das Ordenskleid in Irland an und vier Jahre später trat er in das irische (Scoten) Kloster St. Martin zu Köln ein. Zu Würzburg im Jahre 1059 zum Priester geweiht, nahm er die strenge Lebensweise eines Abgeschlossenen (Reclusi) an und blieb eingeschlossen zehn Jahre lang in Fulda. Von da nach Mainz versetzt, vollendete er in völliger Abgeschlossenheit seine große Weltchronik [2]). Ueber dieses Werk spricht sich der gründliche Historiker Dr. Reeves also aus: „Es ist die fleißigste historische Arbeit des Mittelalters und hat sich von jeher des höchsten Ruhmes der Gelehrsamkeit erfreut" [3]). Ueber die Sendung des Patrizius nach Irland schreibt Marian Scotus: „Im 8. Regierungsjahre des Theodosius, unter dem Konsulate des Bassus und Antiochus, wurde Palladius vom Papste Cölestin geweiht und als erster Bischof zu den Iren gesendet, welche an Christus glaubten [4]). Nach ihm wurde der heilige Patrizius gesendet, der, ein Britte von Geburt, vom Papste Cölestin geweiht und gesendet wurde auf den erzbischöflichen Sitz von Irland. Dieser hat während 60 Jahren seine Predigten durch Zeichen und Wunder bekräftiget und ganz Irland zum Glauben Christi bekehrt." Auf diese Zeugnisse der ältesten wie der spätern irischen und römischen Autoren gestützt, steht die historische Thatsache unerschütterlich fest: daß der heilige Patrizius unter der Leitung

---

1) Siehe Annalen der Four Masters ad annum 1061 et 1098.

2) Die autographische Handschrift mit der Unterschrift Marian's versehen, befindet sich in der Vatikan. Bibliothek, von welcher sie herausgegeben wurde in Pertz Monument. VII. p. 481.

3) Siehe Wittenbach, Urkunden der Schottenklöster in Deutschland. Leipzig 1856. In's Englische übersetzt von Dr. Reeves.

4) „Ad Scotos in Christum credentes," nach Prosper.

des heiligen Germanus, Bischofs von Auxerre, sich zu seinem
Apostelamt für Irland angebildet und die Sendung und
Vollmacht hiefür vom Papste Cölestin erhalten habe, darum
auch unwidersprechlich als der Apostel des irischen Volkes
anzusehen und zu verehren sei, wie er von ihm seit den ältesten
Zeiten als solcher anerkannt und verehrt wurde.

Schon im VIII. Jahrhunderte widmet Aengus in seinem Felire dem
heiligen Patrizius das Lied [1]):

> Der strahlenden Sonne Glast, der Apostel des mackellosen Erins,
> Patrizius mit zahllosen Schaaren, mög' uns vor allem Unglück' bewahren.

und die Litaneien der irischen und auswärtigen Handschriften aus dem
gleichen Jahrhunderte weisen ihm unter dem heiligen Irland die erste
Stelle an [2]). Ein Hymnus auf die heilige Brigitta (abgeschrieben noch
vor dem Ende des VIII. Jahrhunderts) führt unter ihren Ehrentiteln
auch jenen an, daß sie „eine Schülerin des heiligen Patrizius gewesen
(alumna Patricii)" und nennt ihn „ihren festen Hort — opima Patricii
patrocinia" [3]). Noch zahlreicher an Denkmälern ist das VII. Jahrhundert.
Adamnan rühmt einem Bischofe nach, „daß er ein Schüler des heiligen
Bischofes Patrizius gewesen" [4]), und Abt Kummian gebraucht in einem
Schreiben vom Jahre 630 über die Osterfeier als Beweis für das Alter
des römischen Cyklus den Umstand, daß denselben schon Patricius
„Papa noster" beobachtet habe [5]); Beda feiert dessen Gedächtniß in seinem
Martyrologium am 17. März. Der anglikanische Gelehrte Dr. Reeves
fährt also fort: „Der Patrizius-Hymnus von Sechnall ist in einer Handschrift des VIII. Jahrhunderts enthalten, und um das Jahr 800 wurde
die Confessio Patricii in das Buch von Armagh aus dem autographischen
Kodex abgeschrieben, der schon damals vor Alter kaum lesbar war; und
dennoch stellen Leute wie Ryver und Ledwich sogar die historische Existenz
des heiligen Patrizius in Zweifel, und zuletzt tritt noch ein deutscher Heiß-
sporn [6]) mit der Behauptung auf: Die unter dem Namen des Patrizius
bekannten Schriften seien erdichtet, und falsch, was von ihm in den verschiedenen Leben erzählt werde." Die vorzüglichsten Patrizius' Leben, die
sich im Buche von Armagh befinden, sind die von Macentheni und Tirechan
vom VII. Jahrhundert und auch diese Verfasser nennen einen früheren
heiligen Bischof in Irland als ihren Gewährsmann und als die Quelle,

---

1) Curry Lectures p. 368. — 2) So das berühmte Stowe-Missale. —
3) Abgedruckt in Mone's Hymn. med. aevi III, 241. — 4) Reeves' Adamnan
Praef. II. — 5) Usher Sylloge Epist. Hibern. Ep. XI. — 6) So C. G. Schöll,
Eccles. Brit. Scotorumque Hist. Fontes Berolini 1856.

aus der sie ihre Erzählungen schöpften. Das berühmte Antiphonar von Banchor vor dem Jahr 691 verfaßt [1]), enthält den Hymnus Sekundin's (Sechnall) auf den heiligen Patrizius mit der Aufschrift: „Hymnus S. Patricii magistri Scotorum." St. Kummian Fota († 661) hinterließ ein Loblied auf die heiligen Apostel, und die 16. Strophe derselben ist dem heiligen Patrizius gewidmet in den Worten: „Um der Verdienste des Vaters Patrizius willen laßt uns bitten, daß wir mögen Gott wohlgefällige Werke verrichten" [2]). St. Kummian Albus, Abt von Jona, bezeichnet in dem Leben des Gründers dieses großen Klosters „den heiligen Patrizius als den ersten Bischof von Irland" und der gleichzeitige Cuimin von Conor rühmt in seinem Gedichte über die eigenthümlichen Tugenden der irischen Heiligen" das strenge Fasten des Patrizius von Ardmachan's Stadt, des Kalpurnius' Sohn." Sogar im VI. Jahrhundert finden wir den Namen des irischen Patriarchen vom heiligen Kolumba, dem großen Apostel der Pikten, eigenhändig in die Abschrift des Cathach oder Psalmbuches eingezeichnet, die er selber fertigte und mit einem Gebete „zum heiligen Bischof Patrizius" schloß [3]). Der Hymnus des heiligen Fiach, unwidersprechlich von höchstem Alterthume, enthält Einiges über St. Patrizius' Tod und die Scholien darüber in der altgälischen Sprache verfaßt, werden von Usher dem VI. Jahrhundert zugeschrieben; in die gleiche Zeit ist nach Curry die vita tripartita vom heiligen Evin zu versetzen, Fiach selber beruft sich in seiner Hymne noch auf ältere schriftliche Nachrichten über den heiligen Patrizius und Evin führt in seiner vita nicht nur derlei ältere Urkunden an, sondern auch alte Gebräuche und Denksprüche, welche ihren Ursprung in den Thaten und dem Wirken des heiligen Patrizius haben. Einige von den erwähnten Nachrichten haben sich noch erhalten. So ist der alte Hymnus vom heiligen Sekundin an den heiligen Patrizius gerichtet, während dieser noch am Leben war; denn wir lesen in dem Fiach-Hymnus die Stelle:

> Der Hymnus, dir bei deiner Lebzeit noch gesungen,
> Ist ein Schutzpanzer für uns Alle.

An diese Zeugnisse reihen sich endlich die eigenen Schriften des heiligen Patrizius, seine „Confessio", seine „Canones", sein Schreiben an Coroticus, das Gebet oder die Lorica, das er verfaßt, so wie die übrigen Schriftfragmente, deren Autentizität aus dem Untersuche der neuesten

---

1) Lanigan, Eccles. Histor. I. 59.
2) „Patricii patris obsecremus merita, ut Deo digna perpetremus opera." Dr. Todd, Liber Hymnor. Fasc. I. p. 77.
3) Reeves Columba p. 242 et 327.

Kritik als durchaus bewährt hervorgegangen sind. So hatte Alkuin, der Lehrer Karl's des Großen, wohl eine feste historische Unterlage, als er sein bekanntes Epigramm [1]) (um das Jahr 780—90) verfaßte:

> Patrizius, Cheranus, die Zierden des irischen Volkes,
> Kolumbanus sodann, Komgallus und Adamnanus nicht minder,
> Hehre Väter, Lehrmeister der Sitten und christlichen Lebens
> Mögen sie gnädig auf unser Gebet uns Hilfe verleihen.

Nachdem die Sendung des Palladius nach Irland ohne bedeutenden Erfolg geblieben, war es dem heiligen Patrizius von Gott vorbehalten, das große Werk der Bekehrung des irischen Volkes auszuführen; ihm gebührt daher mit Recht der Name und Ruhm eines „Apostels der Iren."

Gehen wir nun zur Beleuchtung der Einwürfe über, welche von den englisch-irischen Geschichtsforschern hochkirchlicher Richtung gegen die Zeitbestimmung des patrizischen Apostolates und gegen den römischen Ursprung seines Apostolates erhoben wurden. Dr. Todd hat sie in seiner Schrift: St. Patrick [2]), in Folgendem zusammengefaßt: „In dem Briefe an Coroticus (verfaßt zwischen 480—90) bemerkt St. Patrizius: daß er sein Schreiben durch einen ehrwürdigen Priester absende, den er selber von Kindheit an unterrichtet habe. Wenn er einen von Kindheit an erzogen hatte, der damals Priester und tüchtig war, eine so heikle Sendung zu vollziehen, so dürfen wir für seine vorangegangene bischöfliche Wirksamkeit nicht weniger als 30 oder 40 Jahre annehmen — und somit das Jahr der bischöflichen Konsekration und des Beginnes seiner apostolischen Mission in Irland für Patrizius nicht früher als in die Jahre von 440—450, höchstens 460 ansetzen." Dr. Moran [3]) antwortet darauf: „Weder in jenem Briefe noch sonst wo wird gemeldet, daß der „ehrwürdige Priester" von Patrizius im ersten Jahre seines Episkopates sei getauft worden. Nehmen wir nun an, daß Patrizius selber ihm im Jahre 450 die heilige Taufe ertheilt, sind wir dann berechtiget, das Jahr 450 als das erste Jahr seines irischen Apostolates anzunehmen? Wenn Patrizius im Jahre 432 die irische Mission begann, konnte er diesen Priester nicht im Jahre 450 getauft und nachmals erzogen haben? Noch mehr, die Angabe im Briefe

1) Flac. Alcuini Opera II. p. 219.
   Patricius, Cheranus, Scotorum gloria gentis,
   Atque Columbanus, Comgallus Adamnanus atque
   Praeclari patres, morum vitaeque magistri
   Ilis precibus pietas horum nos adjuvet omnes.
2) Dr. Todd, St. Patrick p. 392.
3) Dr. Moran, Essays on the origin etc. of the early Irish Church. p. 55.

an Coroticus bekräftigt auf's neue die altirische Zeitrechnung über den Apostolat des heiligen Patrizius. Denn, wurde dieser Brief (nach der Annahme aller Historiker) zwischen 480—90 durch einen abgesendet, wel= cher von Patrizius getauft und später unterrichtet und zum Priester ge= weiht wurde, so dürfen wir seine Taufe nicht später als auf das Jahr 433 ansetzen, weil alle irischen Geschichtschreiber einstimmig berichten, daß St. Patrizius 60 Jahre lang das Apostelamt in Irland ausgeübt habe, wie in ihrer Aller Namen der Fiach = Hymnus meldet:

„Er predigte dreimal zwanzig Jahr
Die Kreuzigung Christi den Feni = Stämmen" 1).

Diese Verse zitirt der Leabhar Breac und erklärt sie mit den Worten: „sechzig Jahre lang predigte er und taufte das ganze irische Volk"; end= lich melden alle altirischen Annalisten einstimmig den Tod des heiligen Patrizius bei dem Jahre 493 und den Beginn seiner Mission in Irland bei dem Jahre 432.

Die irische Uebersetzung des Nennius (verfaßt um das Jahr 1050) berichtet die Rückkehr des heiligen Germanus von seiner Mission in Bri= tannien und fährt dann also fort: „Zu dieser Zeit war Patrizius gefan= gen in Irland bei Milchu, und es war zu dieser Zeit, daß Palladius nach Irland gesendet wurde, dort zu predigen. Patrizius begab sich nach dem Süden, um sich unterrichten zu lassen und las bei Germanus die heiligen Schriften." Dr. Todd schließt hieraus: „da Palladius nach Irland gesandt wurde, zur Zeit als Patrizius bei Milchu in Irland gefangen saß, so folgt nothwendig, daß, als Palladius im Jahre 431 nach Irland kam, St. Pa= trizius nicht schon im darauffolgenden Jahre vom Papste Cölestin abgesen= det werden konnte." Will Dr. Todd die Worte „zu dieser Zeit" im strik= ten Sinne nehmen, dann tritt er mit seiner eigenen Behauptung — daß St. Patrik erst im Jahre 440 seinen Apostolat in Irland begonnen habe, in offenen Widerspruch. Denn wir wissen aus der Bekenntnißschrift des Patrizius, daß er im 45. Altersjahr zum Bischof geweiht und im 22. aus der Gefangenschaft befreit wurde; nach Todd würde er aber seinen Apo= stolat erst im Jahre 455, somit fünfzehn Jahre später, als Todd selber an= genommen, angetreten haben. Allein der irische Ausdruck „zu dieser Zeit" wird gar oft in dem unbestimmten Sinne beiläufiger Zeitrechnung genom= men und bezieht sich meist auf das Hauptsubjekt des folgenden Satzes. So heißt es im Buche von Lecan: „Es war zu jener Zeit des Königs Lug= haidh, daß Patrizius nach Irland kam, und er begab sich nach Tara, wo Lughaidh war und bot ihm Weizen an ohne Feldbau, Milch genug mit

_____

1) Petrie — Tara p. 75.

Küßen für sein ganzes Leben und den Himmel am Ende seines Lebens u. s. w. Und weil Lughaidh das Angebot nicht annahm, fluchte ihm Patrizius." König Lughaidh bestieg erst im Jahre 474 den Thron; der Ausdruck „zu jener Zeit" bezieht sich nicht auf die Ankunft des Patrizius, sondern auf den folgenden Satz, worin der Fluch erwähnt wird, den Patrizius über Lughaidh aussprach. Im gleichen Sinne wird dieser Ausdruck vom irischen Nennius [1]) gebraucht, der überdies bei der Chronologie der piktischen Könige noch ausdrücklich der Ankunft des Patrizius in Irland mit den Worten gedenkt: „Im 19. Regierungsjahre des Königs Drust, kam der heilige Bischof Patrizius in Irland an" [2]), welches Jahr, nach der Angabe der schottischen Schriftsteller, das Jahr 433 der christlichen Zeitrechnung ist.

„Eine alte synchronistische Tabelle der irischen Könige meldet: daß die Schlacht von Ocha, in welcher König Dilioll Molt geschlagen wurde, gerade dreiundvierzig Jahre nach der Ankunft des Patrizius in Irland vorfiel; nach den Ulster Annalen fand aber diese Schlacht im Jahre 482 oder 483 statt, darum kann Patrizius erst 439 oder 440 nach Irland gekommen sein"; so lautet ein anderer Einwurf Dr. Todd's. Dagegen ist zu erwidern: „die Schlacht von Ocha wird allgemein in das Jahr 478 verlegt; das alte Lied auf diese Schlacht, welches Curry in seinen interessanten Lectures veröffentlicht hat, gibt hiefür das Jahr 478 an; die Annalen der vier Meister berichten „im Jahre 478 wurde Dilioll Molt, der Sohn Dathi's, nachdem er zwanzig Jahre lang den Thron inne gehabt, in der Schlacht von Ocha geschlagen" und das Chronicon Scotorum [3]) setzt für den Anfang der Regierung seines Nachfolgers das Jahr 480 an. Was sodann die dreiundvierzig Jahre betrifft, die seit der Ankunft des Patrizius bis zu jener Schlacht verliefen, wurde diese Zahl mit xliii in den Handschriften ausgedrückt und jeder Handschriftenkenner weiß, wie leicht namentlich die altirischen Kopisten das v oder u mit ii und umgekehrt verwechselten, worüber auch Dr. Todd im gleichen Schriftwerke mehrere Beispiele anführt. Lesen wir nun für den benannten Zeitabschnitt xlvi = 46 Jahre und nehmen wir für die Schlacht von Ocha das Jahr 478 an, so muß der Anfang des Apostolates des heiligen Patrizius in Irland auf das Jahr 432 fallen. Wenn im Weiteren Dr. Todd den Ulster Annalen für die Jahrangabe der Schlacht von Ocha so großes Gewicht beilegt, wie kann er dann gerade den Stützpunkt verwerfen, worauf die gleichen Annalen ihre ganze Chronologie gründen, welche berichten: „Im Jahre 432 kam

---

1) Herausgegeben von der irisch-keltischen Gesellschaft. Dublin.
2) L. c. p. 161. — 3) Herausg. von O'Donovan.

St. Patrizius in Irland an, im 9. Jahre Theodosius' des Jüngern und im ersten des Papstthums des heiligen Sixtus"[1])? Beleuchten wir eine schwierige Stelle Tirechan's, die sich im Buche von Armagh erhalten hat und also lautet: „Von der Kreuzigung Christi bis zum Tode des Pa= trizius sind in Allem 436 Jahre. König Leoghaire regierte zwei oder fünf Jahre nach dem Tode des Patrizius und die ganze Dauer seiner Regierung war, nach unserer Meinung, sechsunddreißig Jahre." Ist St. Patrizius wirklich nach obiger Angabe im Jahre 469 (von Christi Geburt an ge= rechnet) gestorben und das erste Regierungsjahr Leoghair's auf das Jahr 438 zu setzen, so ist der Anfang der Mission des Patrizius in Irland vier Jahre später, somit in das Jahr 442 zu versetzen und kann nicht schon in das letzte Jahr des Papstthums Cölestins I. fallen." Diese Stelle Tire= chan's muß nothwendig im Sinne einer anderen ihre Erklärung finden, worin derselbe Annalist klar und bestimmt das Jahr für den Anfang der apostolischen Mission des Patrizius mit den Worten angibt: „im 13. Re= gierungsjahre des Kaisers Theodosius wurde Patrizius vom Bischofe Cölestin, dem Papste von Rom, gesendet, dem irischen Volke das Evan= gelium zu verkünden." Und, um über die Person des Patrizius jeden Zweifel zu beseitigen, fügt er bei: „daß dieser Patrizius durch den Engel Gottes, Viktor, und den Papst Cölestin sei gesendet worden und ganz Irland habe von ihm die Glaubenslehre empfangen." Wenn nun Dr. Todd willkührlich annimmt: Patrizius sei im Jahre 431 erst zweiundzwanzig Jahre alt gewesen und dieser selbst in seiner Konfession, bei seiner Weihe zum Bischof, sich ein Alter von fünfundvierzig Jahren zutheilt[2]), so müßte nach dieser Berechnung seine Konsekration in das Jahr 454, und sein Tod in das Jahr 469 verlegt werden. In diesem Falle wäre Patrizius in seinem 60. Altersjahre gestorben und wo bliebe dann „der ehrwürdige Greis" von höchstem Alter, wie ihn übereinstimmend alle alten Autoren darstellen? Allein wir halten mit Petrie dafür, daß die hervorgehobene Stelle Tirechan's sich nicht auf den irischen Apostel Patrizius, sondern auf einen seiner Schüler — Namens Sen=Patrizius — beziehe, der schon im Jahre 457 starb. Wie vor Alters, so stimmen die Annalisten neuerer Zeit in ihren Angaben über das Todesjahr König Leoghair's nicht über= ein; Einige setzen hiefür das Jahr 458 oder 459, Andere das Jahr 463. Nehmen wir letzteres Datum an und ziehen wir die sechsunddreißig Jahre seiner Regierung davon ab, so müssen wir den Anfang seiner Regierung auf das Jahr 428 zurückversetzen und im 4. Jahre seiner Regierung d. i. im Jahre 432, mochte gar wohl Patrizius vom Papste Cölestin nach

---

1) Siehe Petrie, Tara S. 82. — 2) Confess. 3, 11. 12.

Irland gesendet werden, wie der gleiche Tirechan uns meldet. Die von ihm oben angeführte Jahrzahl von CCCCXXXVI. (436) ist daher ein bloßer Schreibfehler des Kopisten, der ein X zuviel beisetzte und CCCCXXVI. (426) hätte schreiben sollen. Denn die irischen Annalisten setzen die Kreuzigung Christi in das Jahr 31 unserer Zeitrechnung, wie Petrie durch eine Stelle aus dem Leabhar Breac klar nachweist[1]), und darum muß das Jahr 426 von der Kreuzigung Christi an als das Jahr 457 unserer Zeitrechnung angenommen werden, welches zugleich das Todesjahr des SenPatrizius gewesen ist.

„Der irische Barde Gilla=Cämhain aus dem XI. Jahrhundert nimmt von der Ankunft des Patrizius in Irland bis zum Tode Gregor des Großen († 12. März 604) eine Zwischenzeit von 162 Jahren an, somit fällt die Ankunft des Patrizius auf das Jahr 442.“ Diese Folgerung Tobb's ist schon darum unbegründet, weil der irische Barde das Todesjahr Gregor des Großen nicht angibt, welches möglicherweise um mehrere Jahre von dem angegebenen Datum variren konnte. Die irischen Chronisten erweisen sich gar oft unsicher, wenn sie Jahrangaben über Ereignisse geben, die auf dem europäischen Festlande vorfielen. So werden z. B. in dem „Leabhar Breac“ zehn Jahre angegeben, die vom Tode Augustins († 430) bis zur Sendung des Palladius verliefen, während der gleiche Verfasser ausdrücklich das Jahr 431 und das letzte Jahr des Pontifikates Cölestin's, als den Zeitpunkt bezeichnet, da Palladius nach Irland gesendet wurde. An beiden Stellen hat also entweder der Kopist in seiner Abschrift, oder aber der Verfasser in der Berechnung der Jahre geirrt. Das Letztere trifft bei dem irischen Barden öfter ein. So berechnet er irrigerweise „vom Tode des Königs Diarmait = Mac = Carroll bis zum Tode Papst Gregor's 33 Jahre, während alle übrigen Chronisten Irlands den Tod dieses Königs auf das Jahr 560, seine Thronbesteigung aber auf das Jahr 539 verlegen, und 21 Jahre für seine Regierungszeit feststellen, Papst Gregor aber im Jahre 604 starb. Eine andere Stelle des gleichen Barden, welche Dr. Todd tendenziös seinen Lesern vorenthält, hat in der Zeitberechnung das Richtige getroffen, weil er sie auf die Regierungsjahre der einheimischen Könige stützte. Er nimmt „von der Ankunft des Patrizius bis zum Tode des Königs Diarmáit einen Zeitraum von 129 Jahren“ an und diese Jahrangabe stimmt mit der Ankunft des Patrizius im Jahre 432 vollkommen überein, da die vier Meister die Thronbesteigung dieses Königs in das Jahr 539 und seinen Tod in das Jahr 560 verlegen. Derselbe Dichter und Historiker Gilla=Cämhain schrieb

---

1) Petrie, Tara S. 28.

aber noch ein anderes Werk, welches beginnt: „Edles Erin, Insel der Könige"[1] und abschriftlich im Buche von Lecan sich vorfindet, worin „er die Namen der Monarchen Irlands und die Regierungsjahre für jeden Einzelnen angibt, bis zur Ankunft des heiligen Patrizius unter der Regierung des Königs Leoghaire im Jahre des Herrn 432."

Endlich wendet Dr. Todd ein: „eine chronologische Abhandlung im Buche von Lecan berichtet: König Leoghaire regierte dreißig Jahre und sein Nachfolger Oilioll = Molt zwanzig Jahre." Der Letztgenannte wurde nach den Ulster Annalen erschlagen im Jahre 482, somit ist das Jahr 432 das erste Regierungsjahr König Leoghaire's. Wir haben oben nachgewiesen, daß mehrere Annalisten den Tod des Königs Oilioll in das Jahr 478 versetzen und überdies die Ulster Annalen das Jahr der Ankunft des Patrizius genau und richtig mit 432 angeben. Sie melden auch seinen Tod beim Jahre 492 mit den Worten: „Patricius archiepiscopus Scotorum quievit, sexagesimo anno, ex quo venit ad Hiberniam ad baptizandos Scotos." Die chronologische Stelle im Buche von Lecan lautet wörtlich: „Leoghaire, Sohn des Niail von den neun Geiseln, behielt das Königthum dreißig Jahre lang nach der Ankunft des Patrizius, oder wie O'Flaherty[2] in seiner Handschrift in lateinischen Worten las: „Leogair triginta annis regnum Hiberniae post adventum Patricii tenuit." Nun ist, selbst nach Dr. Todd's Meinung, die erwähnte chronologische Abhandlung nichts Anderes, als eine erweiterte Abschrift der gleichen Abhandlung, die sich im Buche von Leinster vorfindet, und in diesem lesen wir gleichfalls: „Leogaire Mac Niail triginta annos regnum Hiberniae post adventum Patricii tenuit"[3]. Weit entfernt daher, daß die angeführte chronologische Abhandlung der allgemein angenommenen Meinung über das Jahr 432 als das Jahr der Ankunft des Patrizius, und des Beginnes seines Apostolates in Irland widerspricht, bestätigt sie vielmehr selbe und erklärt die varirende Angabe für das Todesjahr König Leoghaire's. Ueber das Ankunftsjahr des Patrizius war man allgemein einig, sowie über das erste Regierungsjahr König Leoghaire's, welches man in das Jahr 428 oder 429 versetzte. Nur über die Dauer seiner Regierung, d. i. die Zahl der Jahre seiner Regierung, waren die Meinungen verschieden; Einige nahmen für die ganze Dauer seiner Regierung dreißig Jahre an und setzten seinen Tod in das Jahr 458, Andere zählten dreißig Regierungsjahre von der Ankunft des Patrizius (432) an und verlegten seinen Tod sonach in das Jahr 462. So stimmen alle irischen Chronisten und

---

1) Herausgegeben von der irisch-kelt. Gesellschaft. Dublin 1820.
2) In seiner Ogygia S. 429. — 3) Bei Dr. Todd a. a. O. S. 184.

Ueberlieferungen mit dem großen Mittelpunkt ihrer Kirchen- und Landesgeschichte überein, der in der geschichtlichen Thatsache liegt, daß St. Patrizius
im Jahre 432 nach Irland gekommen und dort sein Apostolat begonnen
habe, im letzten Jahre der Regierung Papst Cölestins I. († 432) und im
ersten seines Nachfolgers Sixtus, der im Sommer des gleichen Jahres gewählt wurde. Die Wahrheit dieser Thatsache ist so über allen Zweifel
erhaben, daß der berühmte Colgan es für unnöthig hielt, dafür viele Zeugnisse vorzuführen [1] — haec sententia videtur tam indubitata et tam
recepta, ut pro ea non judicaverim operae pretium esse producere
testimonia —; Usher [2] wiederholt die gleiche Ansicht mit den Worten:
„über das Missionsjahr des Patrizius in Irland waltet unter den irischen
Autoren keine Meinungsverschiedenheit", und in der That, sowohl das
chronicon Scotorum, als die Annalen von Ulster, von Innisfallen, der
vier Meister, des Marianus Scotus, die im Buche von Armagh enthaltenen
Nachrichten, alle Biographen des heiligen Patrizius geben hiefür ausdrücklich das Jahr 432, oder das letzte Pontifikatsjahr Cölestins und das erste
seines Nachfolgers Sixtus (III.) an. Auf diese Zeugnisse gestützt, konnte
in neuerer Zeit der berühmte Dr. Lanigan [3] sich dahin aussprechen: „es
wäre Zeitverschwendung, für die historische Wahrheit dieser Zeitangabe,
noch weitere Zeugnisse vorzuführen." Und seit Lanigan seine Kirchengeschichte schrieb, wurde die Schrift von Tirechan aufgefunden, welche das
gleiche Datum gibt; wurde der Leabhar Breac bekannt, der ausdrücklich
den Anfang der Mission des Patrizius in Irland in „das Jahr 432 versetzt, in das 9. des Theodosius, des Königs der Welt, in das 1. des Pontifikates Sixtus', des Nachfolgers Petri und in das 4. Jahr der Regierung Leoghair's"; hierauf folgt dort die weitere Nachricht: „daß Patrizius
nach Irland kam ein Jahr nach Palladius; Aëtius und Valerius waren
Konsuln in diesem Jahre und Xystus erhielt in diesem Jahre die Oberhirten-
gewalt von Rom nach Cölestin, dieses war das 4. Jahr der Regierung
Leoghair's." In neuester Zeit wurden zwei alte Abhandlungen über die
Landrichtergesetze (Brehon laws) in Irland, aufgefunden, welche das Gleiche
bestätigen. Die eine davon, anspielend auf die Kompilation des Sanchus
Mor im Jahre 438, behauptet, daß schon „in diesem Jahre die Reinheit
des Glaubens von allen Männern Irlands erkannt, und das Evangelium
Christi überall ihnen verkündet ward." Die andere Abhandlung führt
eine altirische Gnome in der Strophe an:

---

1) J. Colgan. Tria Thaum. p. 254.
2) Usheri Primordia p. 880.
3) Lanigan. Eccles. Histor. I. S. 209.

„Patrizius tauft mit Ruhm und Ehre
Zur Zeit des Theodosius,
Er predigt das Evangelium ohne Falsch,
Dem würdigen Volk der Mila's Kinder",

und erzählt sodann: „Die Ankunft des Patrizius in Irland zur Verbreitung der Taufe und des Glaubens im 9. Jahre der Regierung des
Theodosius und im 4. Jahre König Leoghair's, Sohn des Nieil's — Monarchen von Irland." Auf dieser Unterlage der ältesten, längst bekannten,
wie der in neuester Zeit erst aufgefundenen Zeugnisse, war Dr. Petrie
wohl berechtiget, gegenüber den schwachen Einwürfen Dr. Todd's, die alte
Meinung auf ein Neues in den Worten zu bestätigen: „daß das Jahr 432
nach dem Zeugnisse aller Autoritäten als das Jahr angenommen werden
müsse, in welchem Patrizius nach Irland gekommen sei und dort seine
apostolische Mission begonnen habe" [1]).

Wie man so das Jahresdatum der alten Autoren für die irische Mission des Patrizius bestritt, um absichtlich den irischen Apostel durch eine
Reihe mehrerer Jahre von dem Papste Cölestin zu trennen, so wurde auch
der römische Ursprung dieser Mission und des Apostolates des heiligen Patrizius beanstandet und namentlich von Dr. Todd behauptet:
„Patrizius habe seine Mission nicht vom römischen Stuhle erhalten."
Er stützt seine Meinung lediglich auf den Umstand, daß vier alte Schrift-
urkunden, nämlich die Bekenntnißschrift des Patrizius, der Hymnus von
Sechnall (Secundinus), der Hymnus des Fiach und die kurze vita Patricii
von Muirchu-Maccu-Mactheni hiervon nichts erwähnen. Allein aus dem
Stillschweigen dieser Urkunden folgt keineswegs das, was Dr. Todd daraus
folgern möchte. Denn was die Confessio S. Patricii betrifft, wurde sie
gegen das Ende seines irischen Apostolates — (483—90) verfaßt, zur Zeit,
als das Licht des christlichen Glaubens über ganz Irland verbreitet war
und eine Menge der Neubekehrten schon eine hohe Stufe in der christlichen
Vollkommenheit erreicht hatten. Wir haben diese Confessio schon oben
im Auszuge mitgetheilt; Patrizius hatte bei der Abfassung dieser Schrift
keine andere Absicht, als vor aller Welt die Erbarmungen zu verkünden,
welche Gott ihm und dem irischen Volke erwies, und nachzuweisen, daß er
nach Gottes Anleitung zur irischen Mission sei berufen worden, obwohl
er selber ein armer und unwissender Sünder gewesen. Der Mission von
Rom darin zu erwähnen, lag um so mehr seinem Zwecke fern, als er diese
als allgemein bekannt voraussetzen konnte. Außer der Confessio besitzen
wir von Patrizius noch die Lorica oder das Patrizius-Gebet, welche

---

1) Dr. Petrie a. a. O. S. 48—52.

Dr. Petrie als authentisch nachgewiesen und Dr. Todd in's Englische übersetzte. Niemand wird in diesem Gebete eine Nachricht von der Verbindung des Patrizius mit Papst Cölestin erwarten, so wenig als in seiner Confession; kann aber das Stillschweigen darüber als Grund dienen, eine solche Verbindung Beider, die in anderen Urkunden bezeugt wird, zu bestreiten? Viele andere Fragmente von Patrizius wurden im Buche von Armagh erhalten, darunter auch „die Denksprüche". Von diesen wird berichtet: daß Patrizius ausgezogen sei, „um in Italien und Gallien, und auf den Inseln des tyrrhenischen Meeres (Lerin), geistliche Weisheit zu suchen", und daß „die neubekehrte Kirche von Irland im engsten Verbande mit der Kirche von Rom gestanden sei", endlich bezeichnet ein gleichzeitiger Synodalkanon Rom „als die Hinterlage des wahren Glaubens, an dessen Tribunal alle wichtigen Streitigkeiten übermittelt werden sollen." Wir werden in der Folge sehen, wie lebhaft schon von der ersten Zeit ihres Bestandes an die Kirche Irlands diese Verbindung mit Rom unterhielt. — Der Hymnus von Sechnall enthält freilich in der Weise, wie Dr. Todd ihn fälschlich übersetzt hat, keinen Hinweis auf die Sendung des Patrizius durch Papst Cölestin, wohl aber eine solche in der wortgetreuen Uebersetzung, dessen dritte Strophe also lautet:

> „Constans (Patricius) in Dei timore et fide immobilis,
> Super quem edificatur, ut Petrus, ecclesia,
> Cujusque apostolatum a Deo sortitus est,
> In cujus porta adversus inferni non praevalent"

d. i. er (Patrizius) war fest in der Gottesfurcht und unerschütterlich im Glauben, wie Petrus, über welchem die Kirche gebaut ist und deren Apostelamt er von Gott empfing, deren Bollwerk die Pforten der Hölle nicht zu überwältigen vermögen." Die Uebersetzung von Usher und Todd: „über welchen (Patrizius) wie über Petrus", oder „über welchen als über einen zweiten Petrus", verstößt sich gegen die grammatische Regel, welche für diesen Fall nicht — ut Petrus — zuließe, sondern — ut Petrum — fordern würde. — Wer kann übersehen, daß in der angeführten Strophe die römische Mission des Patrizius dadurch angedeutet wird, daß der irische Apostel als Theilnehmer an dem Apostolate und der Mission Petri hervorgehoben wird? Geschieht hievon auch in dem Fiach-Hymnus keine besondere Erwähnung, so darf man in einem Hymnus nicht alle Ereignisse in dem Leben eines Heiligen suchen. Der Biograph Konstantius schrieb, vierzig Jahre nach dem Tode des Bischofs Germanus, das Leben dieses Heiligen, beschrieb seine zweimalige Mission zur Ausrottung der pelagianischen Irrlehre in Britannien, ohne des besonderen Auftrages zu gedenken, den er erwiesener Maßen vom Papste Cölestin für die erste erhalten hatte;

Erich, der Verfasser der vita metrica, übergeht ihn gleichfalls mit Still=
schweigen, eben so Beda, der sonst den größten Theil dieser vita in seine
Kirchengeschichte aufgenommen hat, während eine Menge anderer Autoren
diesen Umstand besonders hervorheben. Wie kann also, unter so vielen
anderen Zeugnissen, das Stillschweigen des Fiach=Hymnus einen Anhalts=
punkt bilden, die historische Wahrheit zu bestreiten, daß Patrizius seine
apostolische Sendung für Irland vom Papste Cölestin erhalten habe?

Was endlich die Abhandlung oder vita S. Patricii von Muirchu=
Maccu=Macthéni betrifft, muß wohl beachtet werden, daß das ganze erste
Buch davon im Laufe der zwei letztverflossenen Jahrhunderte auf eine bis
jetzt unerklärte Weise verschwunden ist und mit ihm auch die
bezüglichen Kapitel, welche von den Beziehungen des Patrizius mit
Papst Cölestin handelten; von den Kapiteln dieses ersten Buches be=
sitzen wir nur noch die Aufschriften, welche das Buch von Armagh gleich
zu Anfang des noch erhaltenen Theiles der Abhandlung von Macthéni
mit folgenden Nummern enthält: 1. De ortu Patricii et ejus prima cap-
tivitate; 2. De navigio ejus cum gentibus (gentilibus) et vexatione deserti
cibo sibi et gentilibus divinitus delato; 3. De secunda captura, quam
senis decies diebus ab inimicis pertulerat; 4. de susceptione sua a
parentibus ejus, ubi agnoverunt eum; 5. de aetate ejus, quando
iens videre Sedem Apostolicam voluit discere sapientiam;
6. De inventione S. Germani in Galliis et ideo non exivit
ultra; 7. De aetate ejus, quando visitavit eum angelus, ut veniret adhuc (in Hiberniam); 8. de reversione ejus de Galliis et ordinatione
Palladii et mox morte ejus; 9. De ordinatione ejus ab Amathorege
episcopo, defuncto Palladio." Aus der Aufschrift des 5. und 6. Kapitels
will Dr. Todd folgern: „Patrizius wollte zwar den apostolischen Stuhl
in Rom besuchen und dort die Wissenschaften lernen, allein er blieb bei
St. Germanus in Gallien und ging nicht mehr weiter." Allein der In=
halt des 5. und jener des 6. Kapitels bilden zwei ganz verschiedene und
gesonderte Epochen im Leben des heiligen Patrizius und die Worte — et
ideo non exivit ultra — können nicht bedeuten — „und er ging von dort
nicht mehr weiter" — was der Geschichte widerspräche, sondern sie müssen
mehr als eine allgemeine Redensart aufgefaßt und dahin gedeutet werden,
daß Patrizius von da an immer unter der geistlichen Leitung des Ger=
manus blieb und von ihr niemehr abließ. Eine andere Entdeckung hat
aber die ganze Frage auf eine überraschende Weise entschieden. Es ist nun
allgemein anerkannt, daß die vita S. Patricii von Probus nichts anderes
als ein verbesserter Text derselben vita von Macthéni ist, und Todd, Petrie
und Reeves haben durch eine vergleichende Zusammenstellung beider Texte

den Beweis für die Identität beider Lebensgeschichten geliefert [1]). Das Inhaltsverzeichniß der Kapitel von Mactheni findet einen entsprechenden Stoff in Probus, und die Erzählungen der Thatsachen sind in Mactheni und Probus identisch; auch das 7., 8. und 9. Kapitel von Mactheni, von denen das Buch von Armagh den Text noch erhalten hat, stimmen mit den bezüglichen des Probus vollkommen überein. Von dem 5. und 6. Kapitel sind jedoch nur noch die Titel vorhanden, sie sind aber ihrem ursprünglichen Texte und Inhalte nach in den entsprechenden Kapiteln des Probus enthalten, von denen das 5. also lautet: „Der heilige Patrizius richtete zu dem Herrn folgendes Gebet: Herr Jesu Christe, der du meine Schritte geleitet hast durch Gallien und Italien zu dieser Insel, führe mich, ich bitte dich, zum Stuhle der heiligen römischen Kirche, damit ich dort empfangen möge die erforderliche Autorität, mit Vertrauen deine Wahrheiten zu verkünden und so das Volk von Irland durch meinen Dienst deiner Heerde möge angereiht werden! Und nicht lange nachher zog der Mann Gottes, wie er es verlangte, von Irland nach Rom, zum Haupte aller Kirchen, dort erbat und empfing er den apostolischen Segen und kehrte auf dem gleichen Wege zurück, auf dem er hingezogen war." Der Inhalt des 6. Kapitels lautet also: „Nachdem Patrizius das brittische Meer befahren und seinen Aufenthalt in Gallien angetreten hatte, kam er seinem Verlangen gemäß zu Germanus, Bischof von Auxerre, der ein ganz heiliger und berühmter Mann nach seinem Glauben und seiner Gelehrsamkeit und das Haupt aller Kirchen in Gallien war. Bei diesem blieb er in aller Unterwürfigkeit eine nicht geringe Zeit lang in der Ausübung der Geduld, des Gehorsams, der Liebe, der Keuschheit und fleckenloser Reinheit nach Sinn und Herz, seine Unschuld bewahrend in der Furcht des Herrn und beharrend in der Güte und Einfalt des Herzens, während der ganzen Zeit seiner irdischen Pilgerschaft." Das war unzweifelhaft der Inhalt des 5. und 6. Kapitels von Mactheni, und wenn auch, wie dies bei den älteren vitae oft der Fall ist, in der chronologischen Reihenfolge versetzt gestellt, geben sie dennoch davon Zeugniß, wie sehr Patrizius den heiligen Stuhl von Rom verehrte, von ihm die apostolische Sendung für Irland zu erhalten wünschte, und sie nachmals auch wirklich von ihm erhalten hat.

In der Zeitbestimmung für den Apostolat des heiligen Patrizius stimmen alle altirischen Autoren und Quellen so vollkommen überein, daß Colgan, der jede Einzelheit im Leben dieses Heiligen auf das sorgfältigste

---

1) Petrie, Tara S. 53 ff. Todd, St. Patrick S. 472, Reeves, Essay on the churches of Armagh S. 45 ff.

erforscht, „es nicht der Mühe werth findet, dafür noch weitere Zeugen an=
zuführen" [1]). Usher wiederholt dieselbe Ansicht, „daß unter den irischen
Schriftstellern über die Jahrangabe für den Apostolat des Patrizius in
Irland keine Meinungsverschiedenheit walte" [2]), und eben so hat Lanigan
in neuerer Zeit dieselbe chronologisch getreu und bewährt gefunden [3]).

Drittes Kapitel.

„Der Apostolat des heiligen Patrizius in Irland."

Vom heiligen Stuhle in Rom gesendet, trat Patrizius den Apostolat
für Irland im Jahre 432 an, im letzten des Pontifikates Cölestin's I.
und im ersten des Pontifikates seines Nachfolgers Sixtus III. Ob Patrizius
in Rom selbst, noch vor seiner Abreise, durch Papst Cölestin, oder aber
auf seiner Hinreise nach Irland, durch den Bischof Amatorer, zu Eboria,
einer Stadt im nordwestlichen Gallien, zum Bischof geweiht worden, ist
schwer zu ermitteln. Der alte Scholiast des Fiach=Hymnus schreibt: „Als
Papst Cölestin den Tod des Palladius vernahm, sprach er: Niemand kann
hienieden etwas erlangen, es sei ihm denn von oben gegeben. Alsdann
wurde Patrizius mit Genehmigung [4]) Cölestin's und Theodosius' des Jüngern,
des Königs der Welt, zum Bischofe geweiht. Bischof Amatorer hat ihn
geweiht, und wie man sagt, hat Cölestin nach der Weihe des Patrizius
nur noch eine Woche gelebt." Die vita tripartita spricht sich darüber
also aus: „Cölestin weihte den Patrizius mit Zustimmung des Germanus
und Amatorer, des Römers, zum Bischofe und gab ihm den Namen Pa=
trizius." Nach der letztgenannten Quelle wurde Patrizius vom Papste
Cölestin, mit Zustimmung des Germanus und Amatorer, des Römers,
nach der ersten dagegen von Bischof Amatorer mit Genehmhaltung des
Papstes Cölestin und des Königs Theodosius zum Bischof geweiht. Auf
seiner Rückreise von Rom nach Irland, kam Patrizius durch Gallien nach
Britannien, wurde von mehreren Gefährten begleitet, verkündete das Evan=
gelium an den Küsten von Cornwall und langte im ersten Jahre des Pon=
tifikates Sixtus III. in Irland an.

------

1) Colg. Tr. Thaum. p. 254. — 2) Usheri Primord. — 3) Lanigan
Eccles. Hist. I. 209.

4) Colgan l. c. p. 5. Der Ausdruck: in Conspectu Coelestini et Theodosii
— wird von den gleichzeitigen Autoren im Sinne von „Gutheißung" genommen.

An der Küste von Dublin im Gebiete der Evolaner angekommen, wurde der neue Glaubensbote abgewiesen und wandte sich von hier nordwärts, um seinen alten Dienstherrn Milcho in Dalreudia aufzusuchen. Nachdem er gegen Ulster steuernd im alten Hafen von Strangford (Baron. Lecale) mit seinen Gefährten an's Land gestiegen, stießen sie auf einen Hirten, der sie für Seeräuber hielt, davon lief und seinen Herrn, Namens Dicho, zur Wehr aufrief. Dieser erschien an der Spitze einer bewaffneten Schaar, wurde aber bei dem Anblick der ehrwürdigen Fremdlinge so ergriffen, daß er seine schon geschwungene Waffe niedersenkte und die ganze Gesellschaft der Ankömmlinge in seine Wohnung einlud. In Bälde wurde der heidnische Häuptling und sein ganzes Haus zum christlichen Glauben bekehrt und in einer nahegelegenen Scheune (Sabhul Padruic oder Patrizius-Scheune) in Darbringung des heiligen Opfers des neuen Bundes durch Patrizius der erste christliche Gottesdienst in Irland abgehalten. Die Hoffnung, seinen ehevorigen Dienstherrn Milcho, der bei den Cruthenern oder irischen Pikten in Dalreudia wohnte, bekehrt zu sehen, ging nicht in Erfüllung. Denn als der unbeugsame Heide die Ankunft des Glaubensboten vernahm, weigerte er sich, ihn zu empfangen. Der Rückweg führte ihn bei Tara, der Burg der Könige von Irland, vorbei; das Osterfest war nahe und zugleich die Zeit, wo alle Fürsten und Häuptlinge des ganzen Königreiches sich um ihren Monarchen in der Königsburg von Tara zu versammeln pflegten. Auf seiner Reise dahin schloß sich ihm ein Jüngling an, den er taufte; er gab ihm seines sanften Charakters wegen den Namen Benignus, der nachmals einer seiner Lieblingsschüler und sein Nachfolger auf dem Bischofssitze von Armagh wurde. Zu Slane angekommen, in der Nähe von Tara, schlug der Heilige mit seinen Gefährten am Vorabende des Osterfestes die Zelte für die Nacht auf, und zündete mit dem Einbruch derselben nach der alten Liturgie das Osterfeuer an. Allein am gleichen Abende feierte König Leoghaire mit den versammelten Großen, nach altem Brauche, das heidnische Fest oder die Abendmahlzeit, La Bealtinne, und da nach dem Gesetze in dieser Nacht kein anderes Feuer angezündet werden durfte, wurden alle Anwesenden von Staunen ergriffen, als sie von den Höhen Tara's im Thale das Feuer anlodern sahen. Dem erzürnten Könige sollen die Druiden vorverkündet haben: „Dieses Feuer, das vor unsern Augen brennt, wird, wenn es diese Nacht nicht gelöscht wird, in alle Ewigkeit nicht erlöschen, ja es wird über alle unsere von Alters her üblichen Feuer hoch emporflammen und derjenige, der es angezündet, wird in Kurzem dein Königreich zertrümmern"[1]). Darauf wurde Patrizius,

---

1) Probus in Vit. S. Patr. 1. 35.

der sich gegen den alten Brauch vergangen, eingefangen und den versam=
melten Clans vorgeführt, die sich auf dem Grase im Kreise herum gesetzt
hatten, um ihn sitzend zu empfangen; ein Einziger von ihnen, Herc, Dego's
Sohn, erhob sich und grüßte mit Ehrfurcht den wundersamen Fremden.
Am folgenden Tage verkündete Patrizius, auf der Königsburg zu Tara,
in Gegenwart des Königs und der Clans, das Evangelium und bestand
siegreich den Glaubensstreit, den die Druiden gegen ihn anhoben. Der
Druide, der dem Patrizius den Tag zuvor Ehrfurcht bezeugte, war der Dichter
Dubtach, der sich bei diesem Anlasse bekehrt, und die Lieder, die er einst
zum Lobe der falschen Götter gesungen, von nun an mit weit reinerer
Begeisterung, in Hymnen zu Ehren des allmächtigen Gottes verwandelte [1]).
Auch König Leoghaire soll, während er die Schilderung der ewigen Wahr=
heiten über Tod und Gericht, Himmel und Hölle anhörte, den ihn
umgebenden Clans zugerufen haben: „besser für mich, zu glauben, als zu
sterben", und sodann sich zum Christenthum bekehrt haben. Die Frauen
aus den höchsten Ständen gehörten zu den Ersten, die sich dem neuen
Glauben anschlossen, wie jene scotische junge Dame, die mit ihrem hohen
Adel hohe Heiligkeit verband und ein Musterbild von Schönheit [2]) war,
sodann die beiden Töchtern des Königs Leoghaire, Ethnea und Fethlimia,
denen er an einer Quelle, in der Nähe der königlichen Residenz Cruachan
begegnete, die Grundwahrheiten des Christenthums verkündete und die heilige
Taufe spendete; beide wurden nachmals gottgeheiligte Jungfrauen der Kirche [3]).
Patrizius ließ keine Gelegenheit unbenützt, die ihm zur Förderung seines
großen Bekehrungswerkes geeignet schien; zu diesem Zwecke wohnte er den
taltinischen Spielen bei, um der ungeheuren Volksmenge, die sich dabei ein=
gefunden, das Christenthum zu verkünden; in gleicher Absicht begab er sich
auch nach jener Schreckensstätte der Grausamkeit und des Aberglaubens,
nach der Mordebene in der Grafschaft Leitrim, wo seit undenklichen Zeiten
der druidische Götze Crom=Cruach stand, der als Haupt der Sonne ver=
ehrt wurde. Diesem Götzen, dem abendländischen Bel oder Moloch, soll
bei allen Colonien, die nach einander die Insel eroberten, göttliche Ehre
erwiesen worden sein; ihm wurden kleine Kinder geopfert. Patrizius zer=
störte die Stätte so vieler Gräuel und errichtete dort, vorerst aus Flecht=
werk, Thon und Schilf, ein Kirchlein, das später zu einem großen Tempel
umgestaltet wurde. Seine Missionsreisen in West=Irland wurden mit dem
glänzendsten Erfolge begleitet; er taufte überall, wohin er kam, Schaaren
von Menschen, versah die neu errichteten Christengemeinden mit Kirchen,

---

1) Jocel. vit. Ein schöner Hymnus von ihm findet sich im Felire des Aengus. —
2) „Una benedicta Scota, genitiva, nobilis pulcherrima, quam ego baptizavi."
— 3) Vita tripart. Probus.

weihte die tüchtigsten seiner Jünger zu Priestern und Bischöfen aus und be=
nützte sie zur Leitung der Gläubigen und zur Ausbreitung des Christen=
thums. Die heilige Fastenzeit brachte er meist in Uebungen des Gebetes
und der Buße auf dem Berge Eagle (Cruachan=aichle und seitdem Cruach=
Phadruic, Patriziusberg in Majo) zu. Nach diesen Geistesübungen reiste
der Heilige nordwärts nach dem damaligen Tir=amalgaidh (Baronie Thyraw=
ley) und kam so in die Nähe des unweit vom Ozean gelegenen Waldes Foclut,
von wo aus einst die Stimmen der Irländer im Traumgesichte zu ihm
herübergetönt hatten. Er kam zu einer Zeit in dieser Gegend an, als der
dortige König vor Kurzem gestorben war und seine sieben Söhne, die
eben ihren Zwist über die Thronfolge beendigt hatten, in Mitte einer zahl=
reich versammelten Volksmenge beisammen waren. Patrizius trat in den
Kreis der Versammlung ein und brachte durch seine Predigt nicht nur die
sieben Prinzen, darunter den neuen König selbst, sondern auch zwölftausend
Andere zum christlichen Glauben, denen er bald darauf die heilige Taufe
spendete. Der wunderbare Apostel zog predigend, taufend und segnend
durch die Gegenden von Leinster, Ulster und Münster, überall wurde
seine staunenswürdige Thätigkeit und Selbstaufopferung von den größten
Siegen begleitet, überall erwies sich das Volk größtentheils bereitwillig
und gelehrig für das Christenthum. Diejenigen von den höheren Ständen,
die er nicht gewinnen konnte, setzten seinen Bemühungen für Andere keine
Hindernisse entgegen, darum auch die Bekehrung des irischen Volkes ohne
grausame Verfolgungen und Martyrien vor sich ging. Diese wußte der
Heilige, wo ihr Ausbruch zu befürchten war, durch Geschenke an die Clans
und Fürsten zuweilen abzuwenden, welche, wenn sie selber auch verstockt
blieben, wenigstens ihren Söhnen erlaubten, sich dem großen Apostel an=
zuschließen. Dennoch blieb die Verfolgung für ihn nicht ganz aus. Ein
Häuptling Namens Failge hatte den Plan gefaßt, den Heiligen auf seiner
Reise durch Kings=County anzufallen. Hievon in Kenntniß gesetzt, nahm
der Fuhrmann Odran den Sitz des Patrizius im Wagen ein und wurde
statt dessen sodann von der Lanze des Mörders durchbohrt. Bei einer
anderen Gelegenheit hatte der Räuberhauptmann Maccaldus einen An=
schlag auf sein Leben gemacht, allein Patrizius wußte durch seine Geistes=
gegenwart nicht nur das eigene Leben zu retten, sondern auch die Seele
des reumüthigen Räubers für Christus zu gewinnen. Zur Sühne seiner
Sünden hieß er ihn Irland zu verlassen [1]), sich in einem ledernen Boote

---

1) Muirchu im Buche von Armagh Bl. 9. „Mitte te in navim unius pellis
absque gubernaculo et absque remo", und die vit. trip. nennt das Boot „lem-
bum exiguum de uno corio." Von derartigen ledernen Booten wußte schon Julius

allein den Wellen anzuvertrauen, außer einem rauhen Kleide nichts mit
sich zu nehmen, an der ersten Küste, wohin ihn der Wind treibe, zu landen,
und sich da dem Dienste Gottes zu weihen. Maccaldus gehorchte, und
wurde von dem Winde nach der Insel Man getrieben, wo er zwei heilige
Bischöfe soll getroffen haben, die ihn freundlich aufnahmen und auf dem
Wege des Heiles so gut leiteten, daß er nach ihrem Tode die Leitung des
Bisthums der Insel übernahm und mit großer Auszeichnung es verwaltete.

Zwischen die Jahre von 470—80 fällt die Abfassung seines Briefes
an Corotikus. Als der Heilige an der Küste von Münster sich aufhielt,
und dort eine Menge Neubekehrter getauft und gefirmt hatte, landete des
andern Tages mit einer bewaffneten Bande Corotikus, ein brittischer Fürst,
dem Namen nach ein Christ, nichtsdestoweniger aber ein Seeräuber und
ein Mörder. Nachdem diese Piraten mehrere Christen ermordet hatten,
schleppten sie noch eine große Anzahl von Gefangenen weg, welche sie an
die Scoten und Pikten, die gerade einen Einfall in Britannien unter=
nommen hatten, als Sclaven verkauften. Der authentische Brief, den
Patrizius an Corotikus schrieb, ist noch vorhanden; er forderte darin von
ihm die getauften Gefangenen und einen Theil der räuberischen Beute
zurück, jedoch ohne Erfolg [1]). Er beginnt sein Schreiben mit der Auf=
schrift: „Ich Patrizius, ein ungebildeter Sünder, zum Bischof von Irland
aufgestellt, glaube auf das Bestimmteste, von Gott empfangen zu haben,
was ich bin, ein Ankömmling nämlich und ein Flüchtling unter den bar=
barischen Völkern, Gott zu lieb. Wider meinen Willen, aber aus Eifer

---

Cäsar Bel. civ. I. 54 zu erzählen: „Carinae primum ac statumina ex levi ma-
teria fiebant, reliquum corpus navium viminibus contextum c o r i i s intege-
batur." Von den Pikten sagt Gildas (de excid Brit. c. 15.) emergunt certatim de
curicis (Curach, coracle) quibus sunt trans Tithicam vallem vecti; und von
dem heiligen Brendan (570—90) wird erzählt: S. Brendanus et qui cum eo erant,
fecerunt naviculam levissimam costatam et columnatam ex vimine, sicut mos
est in illis partibus (Mount Brendan in Kerry) et cooperuerunt eam coriis
bovinis et rubricatis in cortice roborina linieruntque foris omnes juncturas
navis et expendia 40 dierum et butirum ad pelles praeparandas assump-
serunt ad cooperimentum navis et cetera utensilia, quae ad usum vitae hu-
manae pertinent. Arborem posuerunt in medio navis et velum et caetera,
quae ad gubernationem navis pertinent." Vit. S. Brendani. Adamnan in
vit. 1. Columbae I. 34 spricht gleichfalls von einem solchen currach von Flechtwerk
gebaut und mit Ochsenfell gedeckt; derlei Fahrzeuge waren sehr leicht zu leiten. Er
unterscheidet überhaupt drei Arten von Schiffen — naves longae, scaphae und
curucae; auch Jocelin braucht curicae für ganz kleine Barken, die je nach Umständen
sowohl mit antennae, vela und rudentes als mit Rudern ausgerüstet waren.

1) „Patricius peccator indoctus, Hiberione constitutus episcopus" Epist.
ad Christianos Corotici Tyranni subditos.

für Gott und die Wahrheit Christi muß ich strenge Urtheile aussprechen, von der Liebe zu meinen Nächsten und Kindern geleitet, für die ich mein Vaterland und meine Eltern hingegeben habe und entschlossen war, mein Leben aufzuopfern, als ich Gott angelobte, die Völker zu lehren. Und diese Worte schrieb ich mit eigener Hand, um sie den Soldaten des Coro= tifus zu übermitteln, die ich nicht meine Mitbürger, noch Mitbürger der heiligen Römer, (cives sanctorum Romanorum), sondern wegen ihrer bösen Werke, durch welche sie nach Weise der Barbaren von Raub und Mord leben — Mitgenossen der Dämonen und Bundesgesellen der Scoten und der apostatischen Pikten nenne, weil sie sich vom Blute der unschul= digen Christen sättigen wollen, die ich in unzähliger Menge durch die Taufe Gott geboren und in Christus gefirmt habe. Schon am andern Tage, als die neubekehrten Christen mit dem weißen Kleide geschmückt worden und der Chrysam noch auf ihrer Stirne glänzte [1]), wurden sie grausam mit dem Schwerte ermordet und ich sandte an die Unholden einen Brief durch einen heiligen Priester, den ich mit anderen Klerikern von Jugend auf unterrichtet hatte und bat sie, mir den Rest der Beute und die noch überge= bliebenen gefangenen Christen zurückzustellen; allein meine Bitte wurde mit Hohngelächter erwiedert. Soll ich mehr die Ermordeten um ihres herben Schicksals oder die Mörder um ihrer zukünftigen Verdammniß willen beweinen? Diese Gottlosen haben das Gesetz Gottes verworfen, das er so wohl und so fest in den letzten Zeiten in Irland gepflanzt und ein= geführt hat. Auch ich gehöre zu denen, die er berufen, das Evangelium unter nicht geringen Verfolgungen bis an die Gränzen der Erde zu ver= künden, obwohl der Erbfeind sich dagegen erhebt durch den Tyrannen Corotifus, der weder Gott fürchtet, noch die Priester, denen der Herr die höchste und wahrhaft göttliche Gewalt verlieh, auf Erden zu binden und zu lösen, was auch im Himmel gebunden und gelöst sein wird. Solchen Bösewichten darf man nicht schmeicheln, noch mit ihnen Speise und Trank genießen, bis sie ihre Sünden büßend die getauften Diener Gottes und Mägde Christi wieder frei geben. Wenn es Niemanden erlaubt ist, einen Anderen zu tödten, um wie viel lasterhafter ist derjenige, der seine Hände mit dem Blute der Kinder Gottes bemakelt, die er erst neulich durch unseren Predigtdienst an diesen äußersten Gränzen der Welt sich erworben hat? Oder bin ich ohne Gott aus bloß irdischer Absicht nach Irland

---

1) „Wir haben hier", sagt der protestantische Dr. Lanigan, „in wenig Worten eine genaue Beschreibung der alten Disciplin, nach welcher das Sakrament der Firmung oder des Chrysams gleich nach der Taufe vom Bischofe ertheilt zu werden pflegte, wenn er selber taufte. Auch finden wir hier das weiße Kleid der Katechumenen."

gekommen? Wer hat mich angetrieben? Habe ich nicht Barmherzigkeit
geübt gegen ein Volk, das mich einst gefangen nahm, und die
Knechte und Mägde meines Vaters mißhandelte? Von Hause aus bin
ich edelgeboren, denn mein Vater war Dekurio; aber ich habe meinen Adel
in Kauf gegeben um des Heiles Anderer willen und mich einem fremden
Volke geweiht, des ewigen Lebens wegen. Nun aber werden deine Schafe
zerrissen, o Herr, und von diesen Räubern geraubt, wie es der Feind
Corotikus befohlen. Der Liebe Gottes ganz entfremdet, liefert er die
Christen in die Hände der Scoten und Pikten und gierige Wölfe ver-
schlingen die Heerde des Herrn, die in Irland so herrlich aufwuchs, daß
die Söhne der Könige Mönche und ihre Töchter gottgeweihte
Jungfrauen wurden. Diese Feinde bereichern sich mit dem Raube der
ermordeten Christen, die Christen von Rom und Gallien aber schicken
nach alter Uebung heilige und tüchtige Priester zu den Franken und
fremden Völkern mit vielen tausenden von Schillingen (solidorum), um
die Getauften aus der Gefangenschaft zu erlösen. Du aber, o Korotikus,
verkaufst sie an ein fremdes Volk, das Gott nicht kennt und gibst die
Glieder Christi der Entehrung preis" [1]).

Erst nachdem der heilige Patrizius in allen Provinzen geprediget und
auf der ganzen Insel christliche Gemeinden errichtet und Kirchen gegründet
hatte, dachte er an die Errichtung eines großen kirchlichen Mittelpunktes
oder bischöflichen Sitzes für die ganze Insel. Er wählte hiefür die Anhöhe
Ardmacha oder Armagh, in deren Nähe einst der alte Königssitz Emania
gestanden. Nachdem der Bisthumssitz von Armagh gegründet und die
Masse des irischen Volkes für das Christenthum gewonnen war, verlebte
der heilige Patrizius den Rest seiner Tage theils zu Armagh, theils an
seinem Lieblingsort zu Sabhul, wo er sein Apostolat begonnen hatte.
Vor seinem Lebensende hielt er in Beisein des Auxilius und Isernin noch
einige Synoden, von denen mehrere Kanones unter seinem Namen sich
erhalten haben und schrieb im Vorgefühle des herannahenden Endes sein
Bekenntniß oder Confessio, um den einheimischen wie den fremden Glau-
bensbrüdern die große Umänderung in Erinnerung zu bringen, welche Gott
durch sein Apostelamt unter den Irländern zu wirken sich gewürdigt hatte.

---

1) Die Pikten nennt er „apostatae" darum, weil der heilige Ninian schon im
Anfange des fünften Jahrhunderts unter ihnen das Christenthum verbreitete und
Palladius aus Irland heimkehrend dort wohl schon einige Christen vorfand. Allein
aus Mangel an Arbeitern verdorrte bald wieder die junge Pflanzung, bis hundert
Jahre später der heilige Columba die Söhne der scotischen Väter, die Patrizius bekehrt
hatte, nach dem nördlichen Britannien führte, dort mit den Pikten verband und mit
ihrer Hülfe sodann sein Bekehrungswerk bei den Pikten begann.

Nachdem er darin vorerst die Schicksale seiner Jugend und zweimaliger Gefangenschaft geschildert, erzählt er weiter, wie er dem Rufe Gottes folgend, Vaterland und Eltern verlassen und alle die vielen Geschenke zurückgewiesen habe, die sie ihm unter Weinen und Seufzen angeboten, wenn er bei ihnen bliebe. Allein Gott habe ihm Kraft gegeben, das Alles zu überwinden, um dem irischen Volke das Evangelium zu verkünden, von den Ungläubigen Unbill zu ertragen und selbst zum Tode für Christus bereit zu sein. „Gott gab mir dann so hohe Gnaden", fährt er fort, „daß viele Völker durch mich in Christus wiedergeboren, zum Heile geführt und für sie überall Kleriker ausgeweiht wurden, um das nun zum Glauben bekehrte Volk zu leiten, welches dann auch zur Erkenntniß kam, wie glorreich die Verheißung an ihm in Erfüllung ging (Jes. 49, 8.): „Unsere Väter haben falschen Götzen gehuldigt, bei denen kein Heil ist", und „sie werden von Aufgang bis zum Niedergang der Sonne kommen und mit Abraham, Isaak und Jakob zu Tische sitzen." Darum mußte ich als Menschenfischer mein Netz sehr weit ausbreiten, damit die unermeßliche Menge für Gott gefischt werde und überall Kleriker wären, um das verlassene und heilbegierige Volk zu unterrichten [1]. Wie sind aber die Irländer noch vor Kurzem zu einem Volke Gottes geworden, welche bis anhin noch keine Kenntniß Gottes hatten, sondern nur ihre unreinen Götzenbilder verehrten? Die Söhne der Scoten sind Mönche und die Töchter der Könige sind Jungfrauen Christi geworden. Eine Jungfrau, edelgeboren, ein Bild von Schönheit, die ich getauft, kam nach wenigen Tagen darauf zu mir und eröffnete mir ihr sehnlichstes Verlangen, das, was alle Jungfrauen Gottes, ebenfalls zu vollbringen (das gottgeweihte Leben), zwar nicht nach dem Willen ihrer Väter; denn sie müssen dafür von ihren Verwandten Verfolgung und Schmach erdulden. Nichtsdestoweniger mehrt sich ihre Zahl und wir können außer den Wittwen und den Enthaltsamen die Zahl der gottgeweihten Jungfrauen nicht mehr zählen. Allein auch diejenigen beeifern sich, die bei Herrschaften in Diensten stehen; sie ertragen Schrecken und Drohungen; denn Christus der Herr reicht seinen Mägden die stärkende Gnade und ob man es ihnen auch verbietet, sie folgen starkmüthig dem erhabenen Beispiele nach. Darum, wenn ich es auch noch wollte, wie könnte ich diese Jungfrauen verlassen und nach Britannien gehen, obwohl ich mit Freuden dorthin ginge, um mein Vaterland und meine Verwandten wieder zu sehen; und nicht nur dorthin, sondern auch nach Gallien zu meinen Brüdern (Bischöfen, Priestern und Mönchen), um das Angesicht der Heiligen meines Herrn zu sehen. Gott weiß es, wie oft ich es ge-

---

1) S. Patric. Confess. cap. 4, 18.

wünscht habe. Allein vom Geiste gebunden, der es mir als eine Sünde verbietet, fürchte ich die Arbeit, die ich hier begonnen, unvollendet zu lassen; doch nicht ich, Christus der Herr hat sie begonnen, der mir befohlen hat, hieher zu kommen und den Rest meines Lebens bei den Iren zuzubringen. Ich weiß zum Theil, daß ich das vollkommne Leben nicht gelernt wie die übrigen Gläubigen, aber ich bekenne meinen Herrn und erröthe nicht vor seinem Angesichte, weil ich nicht lüge, wenn ich bekenne: Seit ich ihn in meiner Jugend kennen gelernt, wuchs in mir die Liebe Gottes und die Furcht vor ihm und bis hieher habe ich mit Gottes Gnade den Glauben bewahrt."

„Viele wollten mich hindern, die Sendung nach Irland zu übernehmen und tadelten mein Vorhaben hinter meinem Rücken: warum denn will sich dieser mitten in die Feinde werfen, die Gott nicht kennen, und sie konnten sich wegen meinem Mangel an Bildung mit diesem Plane nicht verständigen. Allein, nachdem mir die Gnade geworden, habe ich, durch sie gehoben, mich an das große Werk gewagt und es in diesem Volke vollzogen, ohne von irgend Jemanden Geschenke anzunehmen, obwohl mir die Brüder und Jungfrauen Christi und die frommen Frauen solche darboten und sogar mir ihr Geschmeide auf den Altar warfen. Allein ich gab ihnen Alles wieder zurück, denn ich suchte in der Hoffnung auf die selige Ewigkeit meinen einzigen Lohn. So habe ich mit Vorsicht gehandelt, damit ich den Ungläubigen nicht den geringsten Anlaß böte, sich zu ärgern oder mich zu verläumden. So viele tausend Menschen habe ich getauft, von Keinem habe ich auch nur einen halben Denar verlangt. Wer mir etwas gegeben, der sage es frei, ich werde es ihm zurückerstatten. Und als ich überall Priester ausgeweiht, habe ich ihnen nicht ohne allen Lohn das heilige Amt übertragen? Habe ich auch nur die Hälfte einer Schuhsohle von Jemand verlangt, der sage es, ich werde ihm das Doppelte ersetzen. Euch habe ich mein Leben geweiht, um Euer willen habe ich mich in so viele Gefahren begeben, bin in Gegenden hingedrungen, die eines Fremdlings Fuß noch nie betreten und wo man weiter nicht mehr gehen konnte. Ich zog hin, um zu taufen und Geistliche zu weihen und das Volk im Glauben zu bestärken, — das Alles habe ich, von Gottes Gnade unterstützt, für Euch gethan. Inzwischen machte ich auch den Königen Geschenke und reichte Gaben ihren Söhnen dar, die auf dem Wege des Glaubens mit mir wandeln. Dennoch haben sie mich mit meinen Begleitern ergriffen, um mich am bestimmten Tage zu tödten. Allein noch war die Zeit nicht da; sie raubten uns Alles, was wir hatten, banden mich mit Ketten, doch nach vierzehn Tagen befreite mich der Herr aus ihrer Gewalt und sie gaben uns Gott zu Lieb, was unser war, und noch dazu die uns so nöthigen Freunde wieder zurück. Ihr selber wisset wohl, wie viel ich den Bedürftigen auf meinen öfteren Besuchen in allen Gegenden gespendet habe, die daherige Summe mag wohl den Geldwerth von fünfzehn Menschen überwiegen; ich that es, damit sie mich genießen und ich mich ihrer erfreue. Möge Gott es fügen, mich selber für sie hinzugeben, ich würde mein Leben für ihre Seelen überreichlich verwerthen. Für mich selber suche ich nichts; ich will arm und verlassen bleiben, wie Christus selber es auf Erden war, denn ich muß täglich mich gefaßt halten, ermordet zu werden oder in Gefangenschaft zu fallen, ohne daß ich dazu Anlaß biete. Allein das Alles fürchte ich nicht in der Hoffnung auf die Verheißung des Himmels; denn ich habe mich in die Hand Gottes des Allmächtigen geworfen, der überall regiert. Ihm empfehle ich meine Seele, dessen Sendung ich vollziehe in meiner Schwachheit. Er hat mich zu diesem Amte auserwählt, daß ich einer seiner geringsten Diener sei. Möge er dessen walten, daß ich keine der Völkerschaften mehr verliere, die ich für ihn hier am äußersten Ende des Erdkreises gewonnen habe. Ich bitte ihn, mir die Beharrlichkeit zu verleihen bis zu meinem Hinscheiden und mir die Gnade zu geben, mit vielen anderen Anhängern und Gefangenen mein Blut zu vergießen. Und ich erschrecke nicht, wenn auch mein Leib des Grabes entbehren und in Stücke zerrissen den Vögeln, Hunden oder wilden Thieren zur Beute werden sollte; denn wir werden in der Klarheit der Sonne an jenem Tage wieder auferstehen und dann Kinder Gottes und Erben Christi im ewigen Reiche sein"[1]).

In seiner Einsamkeit zu Sabhul wurde der ehrwürdige Bischofgreis von seiner letzten Krankheit befallen. Da er sein Ende nahe fühlte, raffte er noch seine Kräfte zusammen, um nach Armagh heimzukehren, das er sich zur Ruhestätte ausersehen; allein auf dem Wege durch eine innere Stimme gemahnt, wandte er sich wieder nach Sabhul zurück und starb daselbst nach acht Tagen am 17. März des Jahres 493 im höchsten Greisenalter.

Das große Ackerfeld des Reiches Gottes, das der irische Apostel an= gebaut, wurde nach seinem Tode von den Schülern auf das eifrigste be= stellt, so daß zu Anfang des VI. Jahrhunderts das Christenthum in ganz Irland verbreitet war. Diese außerordentlichen Erfolge sind einiger= maßen erklärbar, wenn wir einen Blick auf die Schüler und Nachfolger des großen Mannes werfen, die mit aller Begeisterung das begonnene

---

1) Diese Bekenntnißschrift des heiligen Patrizius ist um so wichtiger, als für deren Authentizität sich mit Usher alle namhaften Historiker Englands und Irlands, wie Pietri, Lanigan, Todd, Reeves u. A. einstimmig aussprechen.

Werk ihres Meisters fortsetzten. Die Zahl derjenigen war keineswegs gering, die sich von Rom, Italien, Gallien, insbesondere von Wales oder Cambrien an seiner Seite eingefunden. Sie bilden die Väter der irischen Kirche „erster Ordnung", die noch unmittelbar unter der Leitung des heiligen Patrizius gestanden waren. Mit neun Begleitern war er von der Seite des Papstes Cölestin im Jahre 432 nach Irland zurückgereist und schon im Jahre 439 wurden ihm Sekundin, Auxilius und Iserninus [1]) von Rom aus zur Hilfeleistung nachgesendet, von denen die beiden Erst= genannten als Bischöfe mit Benignus der ersten Synode von Armagh [2]) um das Jahr 456 beiwohnten. Sekundin (irisch Sechnall) aus Ober= italien gebürtig, der den Lobhymnus auf Patrizius: audite omnes amantes Deum — noch bei dessen Lebzeiten verfaßte, starb jedoch schon im Jahre 458. Unter den Mitgenossen der Reisen und Arbeiten des Heiligen erscheint auch der Bischof Triamus, ein geborener Römer [3]), der zur Verbreitung des christlichen Glaubens Großes leistete und so ganz die Lebensweise der ersten Apostel übte, daß seine Nahrung in nichts Anderem, als in der Milch einer einzigen Kuh bestand, die er hielt und selber pflegte. Bald nachdem Patrizius von seinem alten Dienstherren Milcho aus irisch Dal= riada zurückgekehrt war und den Häuptling Dicho in der Gegend von Ulster für Christus gewonnen hatte, gründete er auf den Besitzungen dieses Neophyten das Kloster Sabhul in der Nähe von Dun (Down) und gab ihm zum ersten Vorstand seinen Schüler Dunnius, der es als Abt = Bischof verwaltete. Von hier südwärts steuernd lief er mit seinen Gefährten in den Hafen Colp an der Mündung der Boyna ein, von wo er sich mit ihnen nach dem Thale Breg begab, in welchem der alte König= sitz von Tara lag. Als er am altheidnischen Feste La Bealtinne vor dem Könige Leoghaire und den Großen und Ständen des Reiches das Evan= gelium verkündete und gegen die gelehrtesten Druiden einen Glaubenskampf siegreich bestanden, schien sein Wort für den Augenblick noch von geringem Erfolge zu sein. Dennoch hatte es das Herz des Königs und seiner Töchter getroffen. Auch der Hauptdichter Dubtach wurde bekehrt, der „sein Talent, das er bisher zum Lobe der falschen Götter verbrauchte,

---

1) Die Annalen von Inniskfallen ad an. 439 bemerken über die drei Genannten: „in auxilium Patricii missi, nec tamen tenuerunt Apostolatum nisi Patricius solus."

2) Der bezügliche Kanon befindet sich in einer gleichzeitigen Handschrift von Armagh, welche O'Curry in seinen Lectures on the manusc. materials of Irish History p. 611 mittheilt.

3) Triamus natione romanus S. Patricii itineris et laboris socius. Jocel. VIII. 68.

fortan zur Verherrlichung des wahren Gottes verwendete"[1]). Die Bekeh=
rungen zum christlichen Glauben nahmen unter dem Volke einen solchen
Umfang an, daß Patrizius, ohne Widerstand zu finden, das Bisthum An=
thrim gründen und seinen Neffen Leoman dort als ersten Bischof auf=
stellen konnte. Patrizius bereiste darauf die ganze Insel Erin, gründete
Kirchen, meistens mit Klöstern verbunden, weihte für sie Bischöfe aus,
von denen sich Sen=Patrizius an der Kirche von Armagh († 457), Fiech,
der Bischof von Sletty (bei Carlow), ein Abkömmling des Cathair=Mor,
des Königs von Leinster und später von ganz Irland (um das Jahr 130-50)[2]),
sodann Mochua, Bischof von Aendrum, der noch als Hirtenknabe von
Patrizius unterrichtet worden, Carbreus, der erste Bischof von Culrathain
(Colerain) auf der östlichen Seite des Flusses Bann sich bemerkbar machten.
Ihnen reiht sich Maccarthen an, ein geborener Ire, der die bischöfliche
Kirche von Airghialla oder Clogher an der Stelle der alten Königsburg
gründete, wie Patrizius ihn angewiesen hatte: „Geh' hin im Frieden, mein
Sohn, und baue dir ein Kloster auf der Ebene vor dem Königssitze
Airghialla"[3]). Da aber Irland selber erst seit kurzer Zeit zum Christen=
thume bekehrt, die nöthige Anzahl Arbeiter für die große Aerndte nicht
liefern konnte, sah der große Apostel sich angewiesen, solche in Britannien
an den Küsten Cambriens aufzusuchen, von wo ihm schon früher mit vielen
Anderen die Söhne Tigribia's, einer seiner beiden Schwestern, Brochad,
Brochan, Mogenoch und Leoman oder Luman und die Söhne Darercha's,
seiner anderen Schwester — Mel, Rioch und Muna[4]) nach Irland gefolgt
waren, welche ihn auf seinen Missionsreisen begleiteten; sie wurden später
als heilige Bischöfe in den Litaneien der irischen Kirche gefeiert.

In Britannien hatten inzwischen die heidnischen Angelsachsen begonnen
(450), mit der Eroberung jener Insel auch die Zertrümmerung der alt=
brittischen Kirche durchzuführen; die christlichen Britten wurden von ihnen
immer mehr nach dem westlichen und nördlichen Theil der Insel gedrängt
und viele walische und brittische Mönche flohen, um dem Gräuel der Ver=
wüstung zu entgehen, theils nach Armorika, theils nach Irland hinüber,
wo für die Kirche ein so viel verheißender Frühling aufgegangen war.
„Als Patrizius die reiche Aerndte in Irland sah[5]), ging er nach Britannien
hinüber, um sich dort Gehilfen für den Weinberg Christi aufzusuchen.
Dort bekämpfte er zugleich die pelagianische Irrlehre, bestärkte die Gläu=
bigen im wahren Glauben und sammelte von allen Seiten gelehrte und

---

1) Jocel. vit.
2) W. Reeves Life of S. Columba written by Adamnan, Dublin 1864 p. 164.
3) Colg. Tr. Thaum. p. 738. — 4) Jocel. 17. 44. — 5) Jocel. l. c. X. 79.

fromme Männer der Menge nach (viros multos litteratos et religiosos)
und führte sie mit sich nach Irland zurück. Von diesen hat er dreißig
nochmals zu Bischöfen ausgeweiht. In Irland verwendete er sie insbe=
sondere dafür, die Bewohner der vielen umliegenden Inseln zum Glauben
zu bekehren. Denn bei der Ausbreitung der Religion in jenem Lande ver=
folgte er den Plan, nicht nur in den Städten, sondern auch in den be=
deutenderen Ortschaften Bischöfe aus der Reihe seiner Schüler aufzustellen,
damit die Getauften der Gnade der heiligen Firmung nicht beraubt wür=
den und in kleinere Sprengel eingetheilt, ihren Oberhirten immer gegen=
wärtig hätten." Die cambrische Legende[1]) nennt unter den Gefährten des
Patrizius ausdrücklich den walisischen Cönobiten Carantoc oder Carannog,
den sie einen „starken Streiter unter der Sonne und einen Herold des
Himmels" nennt, fügt jedoch bei, daß beide wegen der Menge der Kleriker
ihres Geleites übereingekommen wären, sich zu trennen, so daß der Eine
nach der Rechten, der Andere nach der Linken zog. Mochta von Lugmagh
oder Louth, ein anderer Mönch aus Cambrien, der schon früher an der
Seite des heiligen Patrizius in Irland gewirkt hatte, landete um das
Jahr 500 zu Omeath in Irland mit zwölf anderen Genossen, die er alle
zur Verbreitung des Glaubens verwendete, weßwegen er den Namen —
Erzpriester des Patrizius erhielt[2]); er starb nach den Ulster Annalen im
Jahre 534, zu gleicher Zeit, als sein Landsmann Modonnoc, der Cönobite
des St. David = Klosters in Wales nach Irland herüber kam und die
Bienenzucht auf der Insel einführte, wo bis dahin noch nie Bienen
waren gesehen worden[3]). Den neuen landwirthschaftlichen Zweig wußten
die Einwohner sich bald zu Nutzen zu machen, denn die Bienenzucht gedieh
in Irland vortrefflich und der heilige Mönch lehrte sie den gesammelten
Honig zu verwenden, indem er den Armen damit eine schmackhafte Speise
zubereitete und die bisherige rohe Nahrung verdrängte. Die Söhne der
römischen Kirche, mochten sie Italien, Gallien oder Britannien angehören,
die zu den Schülern des heiligen Patrizius zählen, haben aber Irland mit
noch höheren Gütern beglückt. Sie verpflanzten im Gefolge dieses großen
Apostels, und auch in späterer Zeit, Künste und Wissenschaften auf jene
Insel; die ältesten Schriftsteller geben ihm drei Schmide oder Künstler bei,
welche in Anfertigung von Glocken und Kirchengefäßen bewandert waren[4]);
sie hießen Essa, Bitnus und Tesach und wurden später als Heilige verehrt.

Allein auch das höchste Gut des Lebens — die christliche Religion
hat Irland der römischen Kirche zu verdanken. Denn wie Patrizius mit

---

1) Rees p. 98.
2) Vit Trip., Tighern. nennt ihn Proselytus — Fremdling und Schüler des
heiligen Patrizius. — 3) Rees' Cambro - Brit. Saints. — 4) Vit. Trip. III. 98.

seinen Schülern von Rom aus den christlichen Glauben und Gottesdienst dorthin übertragen, so war das Christenthum noch früher von Rom nach Gallien und Britannien verpflanzt worden, und aus den Kirchen und Klöstern Britanniens und Cambriens zogen die Gehilfen für Patrizius nach Irland aus, um unter seiner Leitung an der Verbreitung des Reiches Gottes theilzunehmen. Schon zu Lebzeiten des heiligen Patrizius bildete sich zwischen der römischen Kirche und der irischen eine innige und ununterbrochene Verbindung, die vorzüglich von Klerikern und Mönchen unterhalten wurde, welche von Irland nach Rom wanderten, um sich dort weiter auszubilden und die sodann als Bischöfe oder Priester wieder in ihr Vaterland zurückkehrten, und den Glauben und Gottesdienst der römischen Kirche in ihrer Heimath festhielten, worin sie einst in Rom selbst auferzogen und unterrichtet worden. Darin liegt auch der Grund, der hinreicht, die wichtige Thatsache zu erklären, daß wir zwischen beiden Kirchen, einige Momente kirchlicher Disciplin von untergeordnetem Belange ausgenommen, in Sachen des Glaubens und des Gottesdienstes vollkommene Uebereinstimmung wahrnehmen [1]). So haben Ailbhe oder Albeus, seiner Verdienste wegen Patrizius der Zweite genannt, Declan und Ibar, die Apostel der Mumoner und Dessier, Enna oder Enda, der Gründer des großen Klosters von Aran auf der Insel gleichen Namens, Conblaed, der Bischof von Kildare (†519) u. A., sämmtlich Schüler des heiligen Patrizius, ihre Ausbildung und bischöfliche Weihe in Rom erhalten. Als Patrizius später auf einer Rückreise von Britannien nach Irland begriffen war, begegnete er auf dem Wege sechs Klerikern von Irland, die nach Rom wallfahrteten; ihnen zur Seite waren eben so viele Knaben, welche an Leibgurten ihnen ihre Bücher nachtrugen. Als Patrizius dies sah, sprach er zu ihnen: „Nehmt diese Felldecke, auf welcher ich in Irland zwölf Jahre lang während der Darbringung der Messe zu stehen pflegte und macht Euch daraus einen Sack (peram), so werdet ihr die Bücher bequemer tragen können" [2]). Diese Kleriker waren [3]) Lugach), Colman, Meldan, Lugaidh, Cassan und Ciaran; sie wurden in Rom zu Bischöfen geweiht, kehrten nach ihrer Heimath zurück und werden den ältesten Bischöfen und Vätern der irischen Kirche beigezählt. Von ihnen gründete Ciaran ein Jahr vor seinem Tode (†549) das Kloster Clonmacnois, das nachmals zu ganz hoher Bedeutung sich erhob; ihn zählt Abt Cumian in seinem Briefe über die Oster-

---

1) Der gelehrte Anglikaner Dr. Todd gibt dies in seiner jüngsten „Denkschrift über den heiligen Patrizius" zu, dennoch behauptet er: die irische Kirche sei vom heiligen Stuhle unabhängig gewesen.

2) Vita Trip. II. 9. bei Colg. p. 130.

3) Jocel. X. 88.

feier [1]) „zu den ältesten Vätern der irischen Kirche." Er und sein Freund
Enna sahen einst im Gesichte einen Baum am Ufer des Shannon empor=
wachsen, der mit seinem erquickenden Schatten ganz Irland überdeckte.
Enna deutete das Bild auf Ciaran in den weissagenden Worten: „Dein
Ruhm, o Freund, wird ganz Irland erfüllen, der Schatten deines Beistandes,
deiner Andacht und Gnade wird es von den Dämonen, Plagen und Ge=
fahren schützen, und die Früchte deiner Aussaat werden weit und breit für
Viele Nutzen stiften" [2]).

Von dieser Zeit an wurde der Verkehr zwischen Irland und Rom
immer durch irische Pilger unterhalten, die nach den Gräbern der Apostel
wallfahrteten und nach längerem oder kürzerem Aufenthalte in Rom wieder
nach Irland zurückkehrten. Sie hatten schon in ihrer Heimath Rom als
das Haupt der Welt preisen gehört, als die glückselige Stadt, in welcher
der Apostelfürst seinen Lehrstuhl aufgerichtet und ihn durch den Primat
der Ehre und Gewalt, den Christus ihm und seinen Nachfolgern über=
tragen, zum Mittelpunkt der Kirche Gottes auf Erden aufgestellt. Sie
hatten Rom als die Metropole der Christenheit verehren gelernt, welche
mit dem Purpur des Martyriums beider Apostelfürsten geschmückt und mit
den Reliquien unzähliger Blutzeugen und Heiligen bereichert, die Schön=
heiten aller übrigen Städte der Welt weit überstrahlet. Sie zogen daher
hin, um die Wunder und Denkwürdigkeiten der ewigen Stadt zu sehen,
an der apostolischen Quelle ihren Glauben zu stärken und trugen die
Lehren, Eindrücke und Erfahrungen, die sie dort gewonnen hatten, zur
Kräftigung ihrer Landsleute in die Kirchen ihrer Heimath zurück. Es lohnt
sich der Mühe, diese Wahrheit mit einigen Beispielen zu belegen. Der
jüngere Germanus war ein Zeitgenosse des heiligen Patrizius; als Sohn
eines irischen Clan hatte er von dem großen Bischofe von Auxerre mit
der heiligen Taufe auch den neuen Namen empfangen und wurde von
diesem, wie Patrizius einst, nach Rom geschickt, um dort an der Haupt=
quelle der Erblehre und Kirchendisciplin Stärkung des Glaubens und der
Frömmigkeit sich zu holen. In Rom angelangt, blieb er oft stundenlang
bei den Gräbern der heiligen Apostel, mit dem ganzen Leibe auf den Boden
hingestreckt und unter vielen Thränen in demüthiges Gebet versunken [3]).
Der Biograph fügt bei: „Der Heilige habe die übrige Zeit seines Auf=
enthaltes in Rom dazu verwendet, bei Tag die Kirchen und Heiligthümer
der Stadt zu besuchen, die Nachtzeit dagegen habe er im Vorhofe der

---

1) Usheri Sylloge Epist. XI.
2) Vit. S. Kierani c. 21 in Colg. Trias. Thaum. p. 458
3) Vit S. Germ. jun. Bolland. Maj. I. 266.

Peterskirche zugebracht, wo er dann unzähligemal die Kirchthürschwellen geküßt habe, ohne seinen frommen Eifer jemals sättigen zu können"[1]). Der heilige Enna oder Enda, ein Schüler des heiligen Patrizius, wird von den irischen Hagiographen als der große Antonius der irischen Kirche gefeiert. Er gründete auf einer der Inseln von Aran ein Kloster, das später zu den berühmtesten des Landes gezählt wurde. So groß war die Menge der Berufenen, die dort in die Schule christlicher Vollkommenheit eintraten, daß man diese Klostergemeinde allgemein nur — „das Aran der Heiligen" nannte und schon der heilige Albeus von ihm rühmen konnte: „Gewiß ist diese Insel — ein Land der Heiligen; Gott allein kennt die Gerechten, die an diesem Orte ruhen"[2]). Marian O'Gorman nennt Enda „den jungfräulichen Heiligen der Insel Aran und Abt Cumian von Conor preist seine Tugenden in den Versen:

„Enda liebte ruhmvolle Abtödtung
In Aran — die siegreiche Tugend,
Ein schmales Loch im Kieselstein'
Ist sie, für das Volk die Thüre zum Himmel."

Enda befand sich mit Declan, Ibar und noch neun anderen Klerikern im Gefolge des Albeus, als dieser die Pilgerreise nach Rom unternahm; sie wurden vom Papste auf das wohlwollendste empfangen, und die Meisten von ihnen mit der bischöflichen Würde ausgezeichnet[3]). „In Rom vertrieben sie ihre Zeit auf das Beste, indem sie die Beispiele der Heiligen nachahmten und sich auf den Empfang der heiligen Priesterweihen vorbereiteten." Nachdem Enda die heiligen Weihen empfangen, gründete er in der Nähe von Rom ein Kloster, das er „Lätinum" oder Kloster der himmlischen Freude hieß. Und „es verdiente diesen Namen wohl, denn das Gebot der Liebe Gottes und des Nächsten wurde dort von Allen auf das Pünktlichste befolgt"[4]). Ein alter Schriftsteller meldet überdies[5]), daß während seines Aufenthaltes in Rom der Papst starb. Und weil nach damaliger Uebung der Klerus und das Volk in der St. Peterskirche sich versammelte, um einen Nachfolger zu wählen, begab sich auch Enda mit Ailbhe und einem anderen Reisegenossen, Namens Benedikt dahin. Während alle Anwesenden um den Hauptaltar auf den Knieen ihre Gebete verrichteten, soll eine Taube rings um die Kirche geflogen sein und sich auf die Schultern Benedikts herabgelassen haben. Klerus und Volk

---

1) „Nocte vero ad S. Petri basilicam revertebatur, et praedulcia figens oscula in ecclesiae liminibus" etc.

2) Colg. Act. SS. Hib. p. 717.

3) Vit. S. Albei, Handschr. des Dubl. Trin. Colleg.

4) Act. Ss. Colg. l. c. — 5) L. c. p. 708 u. 711.

hielten dies für ein himmlisches Zeichen und wählten diesen zum Papste. Doch nichts vermochte ihn zu bewegen, die dargebotene Würde anzunehmen; nur der Name Papa oder Papaeus ist ihm bei den alten Schriftstellern geblieben [1]). „Vor seiner Heimreise empfing Enda noch den Segen von dem neugewählten Papste und das Buch der vier Evangelien, sowie ein Meßgewand reich in Gold und Silber gestickt zum Geschenke"; er starb um das Jahr 540 [2]). Der heilige Conblaed, Bischof von Kilbare († 3. Mai 519 noch vor dem Tode der heiligen Brigitta) hatte Rom gleichfalls besucht. Er war ein geschickter Künstler in Gold, Silber und anderen Metallen, und St. Brogan in seiner metrischen Lebensgeschichte der heiligen Brigitta berichtet von ihm, daß er von Rom eine Anzahl kostbarer Kirchen= gewänder mit sich nach Irland brachte [3]):

> „Wie manches Wunder sie (Brigitta) wirkte, kann keine Zunge sagen,
> Sie segnete die Kirchengewänder von Conblaed, die er mit sich von Leatha —
> (Latium oder Rom) brachte."

Diese Meßgewänder gelangten nochmals in der Kirche zu großer Be= rühmtheit, und Cogitosus berichtet im Leben der heiligen Brigitta: „Daß diese Heilige, dem Beispiel des seligen Job nachfolgend, niemals zuließ, daß ein Nothleidender ohne Almosen von ihrem Kloster schied; sie verkaufte sogar für die Armen die überseeischen und seltenen Meßgewänder des Bischofs Conblaed glorreichen Lebens, die er zu gebrauchen pflegte, wenn er die hei= ligen Geheimnisse auf dem Altare an den Festtagen unseres Herrn, oder an den Vigilien der Aposteltage darbrachte" [4]). Derselbe alte Autor be= richtet im Weitern, „daß die Grabstätte des heiligen Conblaed auf der rechten Seite des Hochaltars in der Kirche von Kilbare angebracht, mit Gold und Silber und mit Gemmen und Edelsteinen sei geziert gewesen, eine Krone aus Gold und Silber hing über demselben." Wie der Bischof Conblaed sich als ein Künstler in der kirchlichen Ornamentik und Plastik erwies, so wissen die alten Schriftsteller dieselbe Meisterschaft auch an dem heiligen Bischofe Dagan (Daggeus, Daygh, † 587) zu rühmen. „Er ver= fertigte den Klosteräbten und anderen Kirchenvorständen Irlands Glocken, Schellen, Bischofstäbe, Kreuze, Reliquienkästchen, Kapseln, Büchsen, Kelche, Teller, Altärchen, Chrismenbehälter und Bücherdeckel, von denen die einen nur glatt gefertiget, die anderen aber mit Gold und Silber und kostbaren Steinen überdeckt waren. Alle diese Kunstsachen führte er gar sinnig und wundersam aus, ohne dafür irgend einen zeitlichen Lohn zu verlangen, aus

---

1) L. c. — 2) O'Dovan, Todd St. Patr. S. 442.
3) Todd's St. Patr. S. 23.
4) Colg. Tr. Thaum. p. 522.

Liebe zu Gott und zur Verehrung der Heiligen"[1]). Er war auch als Schreiber berühmt, und ihm werden die Abschriften von dreihundert Evangelien zugeschrieben. Unter den irischen Romfahrern finden wir auch den heiligen Nennib, zugenannt „von der reinen Hand", weil er der heiligen Brigitta, der großen Schutzheiligen der irischen Kirche, an ihrem Ende die letzte Wegzehrung dargereicht[2]). Die Gesinnungen der Ehrfurcht, von denen diese berühmte Stifterin von Kildare gegen den apostolischen Stuhl von Rom erfüllt war, hat der heilige Coelan von Inis-Keltra um das Jahr 680 in dem metrischen Leben dieser Heiligen also beschrieben: „sie sehnte sich nach der Stadt Rom zu pilgern, allein dies war in jenen Tagen für sie unmöglich. Doch wurde sie von Gott mit einem himmlischen Gesichte beglückt, in welchem sie im Geiste bei den Gräbern der Apostel gegenwärtig war und dem heiligen Opfer beiwohnte, das über deren geheiligten Ueberresten dargebracht wurde. Später sandte sie einen Priester nach Rom, um in ihrem Namen den Papst zu besuchen und zugleich in den Riten und Ceremonien der heiligen Stadt sich unterrichten zu lassen, und nachdem dieser Abgesandte unserer Heiligen einige Zeit sich in Rom aufgehalten, brachte er für Brigitta und ihre heiligen Ordensschwestern von Kildare mancherlei Geschenke, und darunter auch ein Rituale und ein Choralgesangbuch zurück, welche der Papst ihm übergeben hatte"[3]).

Der heilige Finnian von Cluain-Iraird (jetzt Clonard, Grafschaft Meath) wird im Martyrologium von Donegal und von den vier Meistern „der Beschützer der irischen Heiligen" genannt. Er starb nach den Ulster Annalen im Jahre 548 zur Zeit einer großen Sterblichkeit; Aengus erwähnt ihn in seinem Festkalender unterm 23. Dezember mit den Worten:

> Ein Thurm von Gold über dem Meere
> Und der treue Freund meiner Seele,
> Ist Finnian, der Fährmann, der belobte Stifter
> Des großen Cluain-Iraird (Clonard).

Dreitausend Schüler sollen nach diesem Kloster gezogen sein, um von ihm in der Wissenschaft und Frömmigkeit unterwiesen zu werden, unter ihnen befand sich auch der heilige Columba, der große Apostel der Pikten; von ihm rühmt ein alter Hymnus[4]):

> „Trium virorum millium sorte fit doctor humilis,
> Verbi his fudit fluvium, ut fons emanans rivulis."

Zwölf von seinen Schülern erreichten unter seiner Leitung eine hohe Stufe der Vollkommenheit; sie sind bekannt unter dem Namen der

---

1) Boll. Act. SS. August. III. p. 659. — 2) Colg. Act. SS. p. 114.
3) Colg. Tr. Thaum. p. 582 u. Boll. Act. SS. — 4) Colg. Act. SS. p. 401.

zwölf Apostel der irischen Kirche [1]). Ein altes Leben [2]) schildert ihn in den Worten: „Gleich der Sonne am Firmamente erleuchtete er die Welt mit dem Strahlenglanze seiner Tugenden sowohl als mit seiner Wissen= schaft und Wunderkraft, und der Ruf von seinen Werken zog viele be= rühmte Männer aus allen Theilen der Welt an, seine Schule zu besuchen, die als ein Hort der Weisheit geachtet ward, um darin theils im Studium der heiligen Schriften, theils in der Kirchendisciplin unterrichtet zu wer= den." Der irische Schriftsteller O'Clery [3]) bezeichnet Finnian's Kloster zu Clonard „als eine heilige Stadt, voll von Weisheit und Tugend", darum auch sein Stifter den Namen „Finnian der Weise" erhielt. In seinem Kirchenofficium wird er als „Doctor Hiberniae, lictor infidelium, thesaurus Clonardiae" gepriesen. Finnian war in inniger Freund= schaft mit den heiligen Bischöfen David und Cathmäl oder Cadoc — diesen Zierden der wälischen Kirche, verbunden. Mit Cadoc und seinem eigenen großen Schüler Mobius von Clainech († 545), einem der zwölf irischen Apostel, unternahm Finnian die Pilgerreise nach Rom [4]). Allein auf der Hinreise erschien ihnen ein Engel und mahnte sie, zu ihren Amtsstellen in die Heimat zurückzukehren, denn Gott habe ihnen den Willen für die That angerechnet. St. Finnian antwortete: „welche Gnade ihm dann für diese Pilgerreise zu Theil würde", und der Engel erwiederte: „errichte einen Altar Gott zu Ehren, und wer immer diesen Altar mit Andacht besucht, wird die gleichen Gnaden empfangen, die er in Rom sich suchen würde." Ein Zeitgenosse von ihm war der gleichnamige Finnian von Maghbile (jetzt Moville), († 589 nach Tighernach und den Ulster Annalen), welcher in alter Zeit als besonderer Schutzheiliger der Grafschaften von Down und Antrim verehrt wurde. Von ihm rühmt das Psalterium na=Rann, ein Gedicht aus dem IX. Jahrhunderte [5]):

„Der Richter Erins ist Patrizius von der großen Stadt Armagh,
Selig auf ewig ist der heilige Mann, der königliche Edelstein der Gnade,
Die Hy=Neill Sippe steht unter Kolumbkill's Schutz, nicht unter schwachen Schirm,
Unter der Hut Finnian's von Maghbile stehen Alle von Ulidian."

St. Finnian von Maghbile (Moville) wurde unter St. Colman, dem ersten Stifter und Bischof von Dromore, gebildet, der um das Jahr 510 blühte. Später lebte er im Kloster Neudrum unter der Leitung des hei=

---

1) L. c. p. 405.
2) Herausg. von Ware Antiquit. of Ireland, p. 241.
3) Calend. Sanctor. Hib. bei Colg. a. a. O. p. 401.
4) Vita S. Fin. Colg. l. c. p. 395.
5) Herausg. von der Celtic Society, Dubl. 1850, II. p. 775.

ligen Abtes Cälan [1]). Da er dem fürstlichen Hause von Ulster ent=
stammte, suchte manche Adelsfamilie durch eine eheliche Verbindung ver=
wandtschaftliche Bande mit ihm anzuknüpfen, allein durch ein höheres
Licht erleuchtet, beschloß er, sich Gott allein zu weihen und eine Pilger=
fahrt nach Rom zu den Gräbern der heiligen Apostel zu unternehmen.
Der Ruf seiner Tugend und Wissenschaft war ihm dorthin vorangeeilt,
und er wurde von Papst Pelagius (555—60) auf das ehrenvollste empfangen.
Drei Monate lang blieb er in Rom, der heiligen Stadt, „um die aposto=
lischen Gebräuche und die Kirchengesetze kennen zu lernen", und nachdem
er den apostolischen Segen erhalten, kehrte er wieder in sein Vaterland
zurück und brachte „eine Handschrift des verbesserten Textes der Vulgata
von Hieronymus, Reliquien der Heiligen und jene Pönitential = Kanones
mit sich zurück, welche, wie der alte Biograph schreibt, annoch die Kanones
St. Finnian's genannt werden" [2]). Sie sind noch vorhanden und führen
den Titel: „Collectio hibernensis Canonum" [3]). St. Finnian's Hand=
schrift der Evangelien hat in der irischen Kirchengeschichte des VI. Jahr=
hunderts, wie wir bald erfahren werden, eine große Berühmtheit erlangt,
und wird in dem Leben der heiligen Fintan, Columba und Comgall ganz
besonders erwähnt. Mehrere Geschichtsforscher haben unseren St. Finnian
für den irischen Apostel von Lucca gehalten, der in Italien unter dem
Namen Frigidianus bekannt ist. Die Beweise, welche O'Connor [4]) in
seiner Sammlung, und Colgan [5]) für diese Ansicht anführen, so wie
Dr. Todd in seiner Erklärung des Hymnus von St. Mugiat, erheben
diese Ansicht zu einer nicht geringen Sicherheit. Ueberdies setzen die Ulster
Annalen den Tod Finnian's in das Jahr 588; die italienischen Annalen
nach Ughelli, den Tod Frigidian's in das gleiche Jahr, was wieder für
die Identität beider spricht. War der irische Finnian der Patron und
Bischof von Lucca, dann hat er wohl die Ehre verdient, den Papst Gregor
den Großen selbst zu seinem Lobredner zu haben [6]). Gewiß ist jedenfalls,
daß der heilige Bischof von Lucca ein Irländer von Geburt war, und
daß er im Laufe des VI. Jahrhunderts in Italien zu großer Berühmtheit
gelangte. Gleich hohen Ruhm wurde ihm auch in seiner eigenen Heimat
zu Theil. Das ältere Leben St. Comgall's [7]) nennt ihn — „vir vitae
venerabilis S. Finnianus Episcopus, qui jacet in miraculis multis in
sua civitate Maghbile"; Marianus O'Gorman bezeichnet ihn — „Fin-

---

1) S. Reeve's Eccl. Ant. of Down and Connor, p. 187. — 2) Colg.
Act. SS. p. 633. — 3) Herausg. nach den Handschr. von St. Gallen, Wien und
Paris von Wasserschleben, Halle 1851. — 4) O'Connor in s. rerum hibern. Script.
— 5) Colgan Act. SS. p. 642. — 6) s. Gregor. in lib. III. Dialog. — 7) Bei
Fleming Collectan. p. 303.

nianus corde devotus", während ein altirisches Gedicht sein Andenken in den Worten hervorhebt: „O segenreiche Schule, Ruheplatz von Finnian, wie selig, daß ein einziger Heiliger zum Beschützer einer so großen Menge von Heiligen wurde."

Der berühmte Historiker Gildas war um das Jahr 490 in Britannien geboren, dennoch zählt er zu den irischen Heiligen, weil er sein Leben für den Apostolat in Irland verwendete. Ausdrücklich wird von ihm gemeldet, daß er nach Irland kam, „um dort aus den reinen Strömen der heiligen Wissenschaft zu trinken." In der Folge lehrte er selber die kirchlichen Lehrfächer in Armagh, gewann durch sein heiliges Leben sich einen be= rühmten Namen, und wurde den großen Meistern der zweiten Ordnung der irischen Heiligen (der Nachfolger der Schüler des heiligen Patrizius) beigezählt. Gegen das Ende seines Lebens war er von König Ainmire (568—71), einem Vetter des heiligen Columkille (Columba), eingeladen, Irland wieder zu besuchen. Der königlichen Einladung folgend, machte er eine Rundreise in Irland, und suchte mit apostolischem Eifer die ge= sunkene Religion und Sittenzucht überall wieder herzustellen. Sein Tod fällt in das Jahr 570 [1]). Auch Gildas besuchte Rom unter dem Ponti= fikate des Agapitus (535—36), und machte diesem heiligen Papste zum Zeichen seiner Huldigung ein reich verziertes Glöcklein zum Geschenke, das er von Irland mit sich brachte. Als der heilige Cadoc gelegentlich dieses Glöcklein (nolam) sah, ward er von seiner Ausschmückung, Ton und Farbe so erfüllt, daß er es durch Ankauf zu erwerben suchte, allein Gildas bedeutete ihm, „daß er beabsichtige, es auf dem Altare von St. Peter in Rom zu opfern, und um keinen Preis es veräußern werde" [2]). Ueber St. Molua von Clonfert=Mulloe (Queen's County) spricht St. Cumian [3]) das Lob:

> „Molua von Cluain=fert liebt glorreiche und reine Demuth,
> Unterwerfung gegen Schutzherren und Eltern,
> Unterwerfung gegen alle Menschen."

Eine alte Legende meldet von ihm, daß er Willens war, nach Rom zu pilgern, „um dort vor den Reliquien der heiligen Apostel zu beten, und seine Huldigung bei ihren geheiligten Gräbern ihnen darzubringen" [4]); er starb im Jahre 609. St. Flannan wird von Aengus als „der König der Sanftmuth" gepriesen [5]), und als der Patron von Killaloe verehrt. Vorerst in der Schule des heiligen Molua auferzogen, brachte er mehrere Jahre in stiller Zurückgezogenheit in dem weit berühmten Kloster von Lismore zu. Später reiste er nach Rom, um bie Gräber der Apostel zu

---

1) Todd, St. Patrick, S. 112. — 2) Colg. l. c. vit. S. Cadoci. — 3) Calend. Sanct. Hibern. p. 167. — 4) Colg. l. c. p. 213. — 5) Aengus' Festol. 18. Dec.

besuchen, wurde dort vom Papste selbst zum ersten Bischof von Killaloe geweiht, und stund dieser Kirche mit großer Auszeichnung bis zu seinem Tode vor. Nach seinem Ableben versammelten sich die Fürsten und Prälaten zu Killaloe, und beschlossen, für die irdischen Ueberreste ihres heiligen Bischofes ein würdiges Denkmal anfertigen zu lassen. Sie wurden dann in einer reichen Urne von Gold und Silber beigesetzt, und diese feierlich über dem Hochaltar der Kirche gestellt. Allein St. Flannan war nicht der einzige, der in jener Zeit die bischöfliche Weihe aus den Händen des Nachfolgers Petri zu Rom empfing; wenige Jahre früher ward auch St. Carthagus, der Aeltere, dort zum Bischofe geweiht, wie Aengus unterm 5. März von ihm meldet:

„Der schweigende Mann zog mit Ruhm ostwärts über das Meer,
Carthagus war's, der Königlichen Einer von Rom."

Das Hauptkloster dieses Heiligen lag am Ufer des Mang. Er selber blühte vor dem Jahre 580. Auch Laserian, vorerst Abt und später Bischof von Leighlin, gehört dieser Klasse der irischen Heiligen an. Er machte seine Studien in Rom und wurde vom heiligen Gregor dem Großen zum Diakon und Priester geweiht. Bei seiner Rückkehr nach Irland übergab ihm Papst Gregor eine Abschrift des Evangeliums, und befahl ihm, die Wahrheiten des Glaubens zu verkünden. Zu gleicher Zeit sah der heilige Abt Gobhan, als er am Ufer des Barrow predigte, in einem Gesichte eine Schaar Engel über Leighlin herabschweben, und verkündete seinen Schülern, daß eines Tages ein begeisterter Fremdling an diesem Orte Diener Gottes zahlreich wie diese Schaaren der Engel versammeln werde. St. Laserian erfüllte das Gesicht; vom Rufe seiner Heiligkeit angezogen, hatten sich in diesem Kloster schon um das Jahr 630 über 1500 Mönche eingefunden [1]), so daß der alte Biograph ausruft: „Glückselige Innung von Männern, die durch die Heerschaaren des Himmels vorverkündet wurde!" Laserian vertheidigte mit Eifer und Geschick die Osterfrage nach römischer Rechnung auf der Synode von Maghlene, und wurde von den versammelten Vätern zu ihrem Abgeordneten nach Rom (ad sanctam civitatem) gewählt. Während er im Jahre 633 in Rom weilte, erhob ihn Papst Honorius I. zur bischöflichen Würde und ertheilte selber ihm die Weihe. Sein Festtag wird in den irischen Kirchenkalendern am 18. April angegeben und Aengus widmet ihm die Strophe:

„Wir verkünden den Festtag der sieben,
Herrlich beschützten Diakonen
Mit Laserian, dem Manne glänzender Tugend,
Dem Abten des hell leuchtenden Leighlin."

---

1) Colg. l. c.

So zeigen uns schon die Pilger und Bischöfe der irischen Kirche seit den ältesten Zeiten, wie eng diese durch die Bande des Glaubens und der Liebe mit dem Nachfolger des Fürstapostels, mit der römischen Kirche ver= bunden war.

Den Heiligen, welche im VI. Jahrhundert die irische Kirche verherr= lichten, ist St. Canich (Cainech) anzureihen; geboren im Jahre 516, blieb er sein ganzes Leben über der Freund und Gefährte der heiligen Columba, Comgall, Brendan von Birr und Fintan von Clonenagh. Von ihm rühmt St. Cumian:

„Canich liebt Abtödtung und Wohnsitz in rauher Wüste,
Wo Niemand seiner achtet, als das wilde Gethier."

Er faßte den Entschluß, Rom zu besuchen und den apostolischen Stuhl zu verehren; auf der Reise durch Italien schenkte ihm ein Fürst bedeutende Besitzungen, in deren Umkreis er ein Kloster baute und viele Jahre dort verblieb, bis ihn eine höhere Weisung zur Rückkehr nach Irland veranlaßte, „wo für ihn die Stätte der Auferstehung von Gott bestimmt sei"[1]). St. Foelan oder Foillan wird als der Hauptpatron von Brabant (31. Oct.) verehrt; Aengus erwähnt ihn: „Foillan mit seinen vielen Mitarbeitern", und eine alte Glosse fügt bei: „er war ein Bruder des Fursa und ein Märtyrer." Er wirkte einige Zeit in England, bis sein Kloster von Räu= bern zerstört wurde. Darauf begab er sich nach Rom und empfing vom Papste Martin I. (649—54) die Vollmacht, das Evangelium in Gallien zu verkünden, wo er, wie sein Leben meldet, „eine große Menge geistiger Kinder Christo zuführte."

St. Senan, Bischof von Inniscaterry, einer Insel im untern Shan= non, und Patron von Hy=Connail, war noch vor dem Tode des heiligen Patrizius im Jahre 488 geboren. In seinem Leben wird berichtet[2]): er sei nach Rom gegangen, um die heiligen Gräber der Apostel zu be= suchen, und nachdem er in Rom seine Andacht verrichtet, sei er durch Frankreich heimgereist und bei dem großen Kloster St. Martin bei Tours angekehrt. Nach seiner Rückkunft gründete er eine Kirche zu Inniscarra (5 Meilen von Cork). „Nicht lange nach der Gründung dieser Kirche landete dort ein Schiff mit vielen frommen Pilgern; unter diesen befan= den sich fünfzig römische Ordensmänner, welche das Verlangen nach einem Büßerleben und dem Studium der heiligen Schrift, das damals bei uns

---

1) Vit. S. Caineci, herausg. von Marquis von Ormond 1853.
2) Colg. Act. SS p. 532.

in voller Blüthe stand, nach unserer Insel führte. Sie wünschten sich unter die Leitung der heiligen Männer zu stellen, welche durch die Heilig= keit ihres Lebens und ihre strenge Beobachtung der Kirchenzucht sich weit und breit berühmt gemacht hatten." Diese Stelle beweist zur Genüge, wie lebhaft die Kirchen von Rom und Irland schon so frühe ihren gegenseitigen Verkehr unterhielten. Rom war in Irland berühmt als die Stadt des aposto= lischen Stuhles, und darum zogen die irischen Mönche, Priester und Bi= schöfe so häufig dorthin; Irland dagegen war in Rom bekannt als eine Insel, wo christliches Leben, christlicher Glaube und christliche Wissenschaft zu hoffnungsvoller Blüthe gediehen war. Als nachmals in Rom und Italien die Klöster durch die Einfälle der germanischen Völker verwüstet wurden, suchten viele vertriebene Ordensmänner ein freundliches Asyl in Irland, in dessen friedlichen Klöstern und Thälern sie ungestört dem Leben der Vollkommenheit und der Wissenschaft sich widmen konnten. Dr. Petrie spricht [1]) von Schaaren fremder Geistlicher aus Aegypten, Rom, Italien, dem Frankenreiche, Britannien und Sachsen, die im Laufe des V. und VI. Jahrhunderts nach Irland flohen, um sich dort ein Asyl zu suchen. „Diese Einwanderung", fährt er fort, „kann keinem Zweifel unterliegen; denn, um von der großen Zahl fremder Geistlicher nicht zu sprechen, welche noch Schüler des heiligen Patrizius waren, und deren Namen theils in seinem Leben, theils in dem Leben der ältesten und ersten Heiligen der irischen Kirche uns theilweise noch aufbewahrt wurden, genügt es, auf die Litanei des Aengus (verfaßt im Jahre 799) hinzuweisen, worin eine so große Menge ausländischer Heiligen, die in Irland begraben worden, an= gerufen werden."

St. Dagan wird in den irischen Martyrologien „der Kriegerische, der Pilger, der Demüthige und der Adelige" genannt; er war, wie Beda in seiner Kirchengeschichte berichtet [2]), in der Osterfrage einer der heftigsten Vertheidiger der altirischen Zeitrechnung. Um das Jahr 600 ging er nach Rom und suchte bei Papst Gregor dem Großen die Bestätigung der Ordensregel seines Lehrers, des heiligen Molua, nach. Nachdem Gregor die Regel gelesen, sprach er sich in Gegenwart Aller darüber also aus: „Der Heilige, der diese Regel schrieb, hat seinen Schülern getreulich die Schätze des Himmels gesichert." Und Gregor sandte an St. Molua sei= nen Segen und die Bestätigung der Regel [3]). Allein dieser Abt war von den irischen Heiligen nicht der Einzige, der die Bestätigung seiner Regel beim apostolischen Stuhle nachsuchte; in dem Leabhar = nah = Uidhre

1) Dr. Petrie, Abhandl. über die runden Thürme in Irland.
2) Bed. Hist. eccl. II. 4. — 3) Colg. l. c. p. 585.

wird gemeldet, daß auch Comgall von Bangor den Beoan, Sohn des
Innli von Teach=Dabeog, nach Rom an Papst Gregor den Großen ab=
sandte, um von ihm die Hausordnung und Regel für sein Kloster be=
stättigen zu lassen [1]).

St. Dichuill, besser bekannt unter dem Namen „Deicola", war ein
Schüler und Gefährte Kolumban's und ein naher Verwandter des heiligen
Gallus; sein Leben [2]) wurde von Jonas im Jahre 643 geschrieben. Nach=
dem er im burgundischen Jura in der Diözese Besançon das Kloster
Lutra (Lure) gegründet, baute er die Kirche zu Ehren der heiligen Apostel
Petrus und Paulus und begab sich im Jahre 625 nach Rom (Romanam
petiit celsitudinem), um die Hauptstadt der christlichen Welt zu besuchen
und für sein Kloster den Segen und Schutz des Nachfolgers Petri zu er=
bitten. „Ich bin geboren auf der Insel Erin", sprach er zum heiligen
Vater „und ein Pilger um Christi willen; die Bethäuser, die ich errichtet,
tragen alle den Namen der edlen Apostel Petrus und Paulus, denen diese
römische Burg zu eigen angehört — qui hanc romanam possident arcem [3]).
Sie wurden bereichert mit vielen Vergabungen und Besitzungen von den
umliegenden Fürsten, und ich bin zu dir gekommen, dem obersten Bischofe —
ad Praesulem capitalem —, um sie unter deine apostolische Obhut zu stellen."
Was der heilige Abt verlangte, wurde ihm gewährt. Die Stiftungsurkunde
seines Klosters wurde bekräftiget mit dem Siegel der apostolischen Autorität
— apostolica auctoritate sigillatam — und er kehrte zu seinen geist=
lichen Söhnen heim, beladen mit reichen Schätzen von Reliquien heiliger
Martyrer und mit vielen Zierraten für seine Gotteshäuser" [4]). Um das
Jahr 686 zog St. Kilian, der Apostel der östlichen Franken, mit seinen
Genossen von Irland aus; über ihn berichtet eine vita aus dem IX. Jahr=
hunderte [5]): „Damals lebte in Irland ein heiliger Mann von fürstlichem
Geschlechte Namens Kilian. Er sammelte einige Schüler um sich und er=
mahnte sie, die vergänglichen Güter dieser Welt zu verachten, im Geiste des
Evangeliums Land und Leute zu verlassen und Christum nachzufolgen.
Sie folgten dieser Ueberzeugung, und nachdem sie in Deutschland gelandet,
richtete ihr Führer, der heilige Kilian, an sie folgende Worte: Brüder,
wie schön ist dieses Land, wie liebenswürdig dieses Volk, und noch sitzen
diese Bewohner in der Finsterniß des Irrthums. Wenn es euch gut scheint,
laßt uns vollziehen, was wir einst angelobten, als wir noch in unserer
eigenen Heimat waren. Gehen wir nach Rom, um die Schwelle des

---

1) Reeves' Eccl. Antiq. of Down. p. 376.
2) Bei Colg. Act. SS. Hibern. p. 115 u. bei Bolland. Jan. 18. tom. II. Jan.
3) L. c. p. 120. — 4) Colg. l. c. p. 121.
5) Boll. ad VIII. Julii, u. II. Canis. Lect. ant. tom. IV. p. 613.

Fürsten der Apostel zu besuchen und uns selber dem heiligen Papste Johannes (V. von 685—86) vorzustellen; und wenn es Gottes Wille ist, daß wir die Sanktion des apostolischen Stuhles empfangen, werden wir unter seinem Schutze zu diesem Volke zurückkehren und ihm den Namen unseres Herrn Jesus verkünden. Unverzüglich brachten sie ihre That mit diesem Worte in Uebereinstimmung und zogen nach der Kirchenschwelle von St. Peter, dem Fürsten der Apostel. Als sie dort anlangten, war der heilige Papst Johannes schon in das ewige Leben eingegangen, aber sie wurden von seinem Nachfolger Papst Conon auf das Freundlichste empfangen. Als dieser heilige Papst vernommen, von wannen und warum sie hergekommen und aus welchem Lande sie wären und wie glühend ihr frommer Eifer sei, empfing er das Bekenntniß ihres heiligen Glaubens und befahl ihnen im Namen Gottes und St. Peters das Evangelium Christi zu lehren und zu predigen." Es ist bekannt, daß St. Kilian im Frankenlande mit seinen Gefährten diese heilige Sendung vollzog und mit seinem Martyrblute den Glauben und die Ehrfurcht seiner vaterländischen Kirche gegen die Nachfolger des Fürstapostels in der römischen Kirche besiegelte. Zu gleicher Zeit — gegen das Ende des VII. Jahrhunderts, wurden zwei andere berühmte Männer der irischen Kirche, die heiligen Wiro und Plechelm in Rom mit der bischöflichen Würde bekleidet. Von ihnen rühmt ein alter Vesperhymnus:

„Invitos Scotia destinat infulis, sacram confugiunt ad cathedram Petri,
Sed mandante Papa tandem hierarchicis sublimantur honoribus."

Ihr Leben, im X. Jahrhundert geschrieben, schildert Irland als — uber sanctorum patrum insula, stellarum numeris Sanctorum coaequans patrocinia[1] und erzählt im Weitern: daß Wiro, bevor er die bischöfliche Weihe empfangen, eine Pilgerreise nach Rom unternommen, in der geheimen Absicht, dort durch den Papst von der ihm übertragenen Würde entlastet zu werden, sein Reisebegleiter war der gottselige Plechelm. In Rom küßten sie voll Ehrfurcht die Thürschwellen der Apostel Petrus und Paulus, benetzten den Marmorboden mit ihren Thränen und besuchten unausgesetzt die Gräber der Heiligen Gottes, um durch ihre Fürbitte die Hilfe von oben anzuflehen." Wiro trug dem heiligen Vater sein Verlangen vor, allein der Papst war nicht zu bewegen, auf seine Bitten einzugehen, bestätigte die Bischofswahl und verlieh mit seinen eigenen Händen ihm und Plechelm die bischöfliche Weihe[2]. Auch die Schwester des heiligen Sylas wallfahrtete nach Rom, wie es Sitte des irischen Volkes war (Sicut moris est gentis illius[3]), um vor den Reliquien der heiligen

---

1) Boll. Act. SS. Maj. II. p. 309. — 2) Colg. l. c. p. 316. — 3) L. c. p. 101.

Apostel Petrus und Paulus ihre Andacht zu verrichten, sie wurde aber schon auf ihrer Heimreise zu Lucca vom Tode ereilt. Ihr Bruder, der heilige Sylas, unternahm später die Reise nach Rom, um für seine Klöster und Kirchen den Schutz des heiligen Stuhles gegen die Bedrückungen eines Dynasten seiner Diözese nachzusuchen. Auf seiner Heimreise hielt er sich einige Zeit in Lucca auf, wo neben St. Finnian auch die Asche seiner Schwester ruhte, dort rief ihn Gott aus diesem Leben ab und sein Leib wurde in der Kirche der heiligen Justina beigesetzt.

Wir finden auf dem Concilium von Rom, das gegen den Bilderstürmer Kaiser Leo den Isaurier im Jahre 721 unter Papst Gregor II. abgehalten wurde, einen irischen Bischof, der die Akten unterzeichnete — Ego Sedulius episcopus Britanniae de genere Scotorum — subscripsi [1]); und fünf Jahrhunderte später fanden sich auf dem IV. lateranensischen Concil mehrere irische Bischöfe ein, von denen Einer, um die Einkünfte für seinen Lebensunterhalt angefragt, die Antwort gab: „Mein ganzes Einkommen besteht in drei Milchkühen und wenn sie keine Milch mehr geben, stellen die Parochianen für sie drei andere ein" [2]). Von zwei beim Concil anwesenden Bischöfen aus Irland legte der Eine die Reise durch Frankenreich und Italien zu Fuß, der Andere zu Pferd zurück. Auch St. Caidoc, der Apostel von Morini in Gallien, begab sich im Laufe des VII. Jahrhunderts nach Rom und etwas später unternahm St. Albert, Bischof von Emly, mit 19 Genossen die gleiche Pilgerfahrt „und ruhte nicht, bis er nach der Weise seiner Landsleute Rom, die Mutter und Hüterin unserer Religion und die Spitze der apostolischen Würde begrüßen und verehren konnte" [3]). Unter den Angelsachsen, welche im VII. und VIII. Jahrhundert in Irland ihrer Ausbildung sich widmeten, zeichnete sich Willibrord besonders aus. Von Kindheit an wurde er von den irischen Mönchen von Ripon unterrichtet und verwendete später zwölf Jahre in Irland dem Studium der heiligen Schriften [4]). Sein erster Schritt auf dem Festlande führte ihn nach Rom zum apostolischen Lehrstuhl, auf welchem (687—701) damals Papst Sergius I. saß, damit er von ihm die Genehmigung und den Segen für die Mission erhalte, den heidnischen Völkern das Evangelium zu predigen. Beides wurde ihm zu Theil und bereichert mit Reliquien der heiligen Märtyrer kehrte er zurück und verkündete den Friesen den christlichen Glauben. Einige Jahre darauf finden wir ihn wieder in Rom, wo er auf das Ansuchen König Pipins von demselben Papste zum ersten Bischof von Friesland geweiht wurde. St. Boni-

---

1) Labbé Conc. Coll. — 2) Hist. Archiep. Bremen p. 64. — 3) Colg. Act. SS. p. 39. — 4) Alcuin. Vita S. Willib. Op. II. p. 183.

fazius, der berühmte Martyrer und Apoſtel Deutſchlands, war von väter=
licher und mütterlicher Seite ein geborner Irländer[1]), erſt bei ſeinem
Aufenthalte in England erhielt er im Kloſter den Namen Winfrid und
nahm ſpäter als Erzbiſchof von Mainz und Gründer des Kloſters Fulda
den Namen — Bonifazius an. Papſt Gregor II. übertrug ihm die Voll=
macht und Sendung, das Evangelium den heidniſchen Germanen zu ver=
künden[2]) „im Namen der untheilbaren Dreieinigkeit Gottes und durch
die Autorität des ſeligen Fürſtapoſtels Petrus, deſſen Lehramt er beſitze
und deſſen heiligen Stuhl er verwalte.“ Von demſelben Papſte erhielt
Bonifazius die biſchöfliche Weihe am Feſte des heiligen Andreas im Jahre 723.
Während ſeinem Apoſtolate in Deutſchland beſuchte er mehr als einmal
Rom, um in Angelegenheiten ſeiner Heerde den Rath des heiligen Stuhles
einzuholen und zum Oeftern finden wir ihn in Streitfragen mit iriſchen
Miſſionären verflochten, wobei beide Theile immer darin übereinſtimmten,
jede unausgeglichene kirchliche Controverſe ſei dem heiligen Stuhle von Rom
zum endgiltigen Entſcheide vorzulegen. Um das Jahr 825 kehrte der
iriſche Biſchof Markus auf ſeiner Römerreiſe mit ſeinem Neffen Möngal
im Kloſter St. Gallen an und ließ dieſen mit mehreren werthvollen iri=
ſchen Handſchriften hier zurück[3]). Dieſe Römerreiſen iriſcher Mönche und
Biſchöfe wurden ſo häufig, daß auf dem Feſtlande an verſchiedenen Orten
für die iriſchen Pilger Hoſpitien gegründet wurden. Kaiſer Karl der Kahle
errichtete im Jahre 880 ein ſolches für zwölf iriſche Pilger auf dem St. Vik=
torsberge bei Nanlwyl (Vorarlberg) zum Andenken an den heiligen Ana=
choreten Euſebius, einen gebornen Iren oder Schotten, der ſich vom Klo=
ſter St. Gallen aus dorthin zurückgezogen hatte[4]). Schon im Jahre 845
wurden auf einer Synode zu Meaux[5]) Klagen über den Verfall der
iriſchen Hoſpitien an manchen Orten des fränkiſchen Reiches erhoben, welche
von frommen Gläubigen zu Gunſten der iriſchen Pilger in früherer Zeit
waren geſtiftet und mit reichen Vergabungen ausgeſtattet worden, um
ihnen auf ihrer Pilgerreiſe nach Rom Ruhe= und Zufluchtsſtätten zu ge=
währen, und die verſammelten Väter erließen zu deren Sicherung geeignete
Dekrete. Zu Köln, Paris, Regensburg, Wien, in Ungarn und Italien
wurden ſolche Häuſer gegründet, und die Pilgerfahrten der Iren nach Rom
nahmen ſo überhand, daß Ricemarch in ſeinem Leben von St. David von
Wales „von einem unauslöſchlichen Verlangen der Iren, die Reliquien

---

1) Die Beweiſe dafür ſiehe in Pertz monum. tom. VII in chron. Marian. ad
an. 737. 45. 52. Tentamen vit S Galli l. c. Trithem.
2) Opera S. Bonifac. epiſt. Greg. II. edit. Giles p. 26
3) Rappert. Casus Mon. S. Galli. — 4) L. c. — 5) Harduin Concil. IV. p. 1490.

der heiligen Apostel Petrus und Paulus zu besuchen" — sprechen konnte.
Diese Erscheinung, deren Thatsachen wir wie Glieder einer zusammen-
hängenden Kette von St. Patrizius an, im Zeitalter seiner unmittelbaren
ersten Schüler wie in jenem ihrer Nachfolger und in den darauffolgenden
nächsten Jahrhunderten nachgewiesen haben, wird wohl jeden Unbefangenen
zur Erkenntniß ihrer letzten Ursache führen, welche keine andere sein kann, als
die Gesinnungen des Glaubens und der Ehrfurcht zu dem heiligen Stuhle
Petri in Rom, dem Mittelpunkte der katholischen Einheit, welche der heilige Patrizius in seinem eigenen Herzen bewahrte, seinen Schülern und
Gläubigen überlieferte, und als ein theures Vermächtniß der irischen Kirche
hinterließ. Die ununterbrochenen Pilgerzüge irischer Bischöfe und Aebte,
Priester und Mönche nach Rom von der ältesten Zeit an, wären eine
ganz unerklärbare Erscheinung, wenn die Vorgabe der anglikanischen Historiker späterer Zeit irgend einen Grund der Wahrheit für sich hätte, welche,
um das Band der ursprünglichen Verbindung zwischen der römischen und
der irischen Kirche abzuschneiden, die ersten Anfänge des Christenthums für
die Iren von Asien her verschrieben, die irische Kirche als eine vom heiligen Stuhle ganz unabhängige und schismatische darstellten, und sogar
einen wesentlichen Unterschied im Glauben und Gottesdienste Beider zu
behaupten keinen Anstand nahmen. Die Zeugen, die wir vorführten, ver-
weisen durch ihre Lehren und Thaten eine solche Behauptung in das Reich
leerer Erfindungen.

Drittes Buch.

Der heilige Columba und sein Apostolat

unter den Iren und Pikten.

Erstes Kapitel.

„Die Väter der irischen Kirche zweiter Ordnung und ihre Kirchen und Klöster; die höheren Bezüge des Heidenthums zum Christenthum, der Einfluß der Kirche auf die Ausbildung der Wissenschaften und der Künste, der Schifffahrt und des Ackerbaues; Adamnan's Lebensgeschichte des heiligen Columba.‟

Was der heilige Patrizius vorgesagt, ging auch nach seinem Tode noch glänzend in Erfüllung: Die Söhne der irischen Könige und Fürsten wurden Mönche und ihre Töchter gottgeweihte Jungfrauen, an die Stelle der alten Druiden traten jetzt die neuen Heiligen der christlichen Kirche. Zahlreiche Klosterinnungen, die ihre Mitglieder, wie wir später sehen werden, nach Hunderten und Tausenden zählten, wurden gegründet, deren Stifter man „die älteren Väter der irischen Kirche‟ nannte. Sie gehören den Vätern der zweiten Ordnung an, von denen die meisten noch unter der Leitung der unmittelbaren Schüler des heiligen Patrizius auferzogen wurden. Zwölf von ihnen, die sich unter dem berühmten Abte Finnian im Kloster Clonard [1]) eingefunden, sind unter dem Namen der „zwölf Apostel Irlands‟ bekannt, an ihrer Spitze strahlt der heilige Columba, der Apostel der Pikten, wie die Sonne unter den übrigen Sternen. Sie heißen: Columba von Jona, Comgall von Bangor, Cainech von Achedbo, Ciaran von Clonmaicnois, Cormach von Deormagh, Mobhi von Clareinech,

---

[1]) Colg., vit. S. Fin. Act. SS. p. 395.

Brendan von Clonfert, Brendan von Birr, Fintan (Munna von Taghmon), Columba von Tirgelaß, Molua Fillan und Molasch von Damhs-Inis. Diese und viele Andere errichteten auf allen Punkten Irlands und den um= liegenden Inseln Kirchen und Klöster, welche alsbald zu Trägern des kirch= lichen Lebens und zu Lichtpunkten kirchlicher Wissenschaft und Kunst sich ausbildeten. Wir werden die Klöster von Jona und von Bangor bald näher kennen lernen und heben daher vorläufig hier einige andere hervor. Neben dem Kloster Monasterevan, im Jahre 504 an den Ufern des Bar= row gegründet, blühte gleichzeitig jenes von Monasterboyce im Boynethale, zu einer großartigen Anstalt von Laien und Klerikern empor; es wurde von dem heiligen Buithe (Boétius), Bischof von Mainister, gestiftet [1]), der ein Sohn von Bronach, eines Nachkommen Tadhys, des Sohnes Cian's, des Sohnes Ailill Olum's und als solcher von dem Geschlechte (Clan) der Cianachta war, deren Gebiet die südliche Hälfte von Louth umfaßte, wo auch dies Kloster lag. Vor seinem Tode (7. Dec. 521) verkündete er noch den Umstehenden die Geburt des heiligen Columba in den Worten: „Heute ist ein Knabe geboren worden, der vor Gott und den Menschen glorreich sein wird; nach dreißig Jahren wird er hierherkommen, mein Grab eröffnen und meinem Leibe eine neue Grabstätte anweisen." Wie Monaster= boyce, so konnte auch Glendalough seinen Ursprung auf einen Schüler des heiligen Patrizius, den heiligen Kevin, zurückführen, welchem nach= gerühmt wurde, daß er „unzählige Seelen zum himmlischen Vaterland geführt habe." Das Kloster Clonard in Meath, ragte an Bedeutung über alle Anderen empor; es wurde von dem heiligen Abte Finnian (Finbarr, auch Finnen, von Finn und Barr, „pulcher vertex", Albus oder Albinus — der Blondhaarige „propter candorem capillorum" genannt [2]), gegrün= det, welcher von dem gleichnamigen Bischofe von Moville wohl zu unter= scheiden ist: beide waren nacheinander Lehrer des heiligen Columba. Fin= nian, in Irland geboren, hielt sich dreißig Jahre in Britannien, theils im Kloster des heiligen David in Wales, theils in anderen brittischen Klöstern auf, ehe er in seine Heimat zurückkehrte und jene berühmte Schule und Klosterstadt anlegte, welche noch bei seiner Lebzeit 3000 Mönche in sich vereinigte. Wir haben ihn schon oben unter den irischen Pilgern kennen ge= lernt. Für Ciaran, den Gründer von Clonmacnois, galt es als eine be= sondere Auszeichnung, daß er „in der Schule des überaus gelehrten Lehrers Finnian, mit anderen Heiligen seine Bildung erhalten." Auch dem Columba

---

1) Nicht Buithe, wie Montalembert: „Die Mönche des Abendlandes" III. S. 97. ihn nennt, auch starb dieser nicht 624, sondern schon 521, am Geburtstage des heiligen Columba.

2) Colgan Act. SS. p. 738.

von Tirgelaß wurde nachgerühmt, „daß er von dem Ruhme Finnian's angezogen, sich nach Clonard begeben, um bei ihm das Studium der heiligen Schriften zu betreiben"; ebenso las Ruadhain von Lothra „bei ihm die verschiedenen Bücher der heiligen Schrift mit so glücklichem Erfolge, daß er, durch die Wissenschaft und Heiligkeit seines Lebens, wieder vielen Anderen zum Lehrer wurde" [1]), und St. Molasch von Damhs-Inis brachte unter dem gleichen Meister einige Zeit zu, und verlegte sich mit größtem Fleiße auf die Erkärung der heiligen Schrift." Als später die Studien in den irischen Klöstern sich erweiterten, wurde ein eigener Fir-leghinn — Scholastikus oder Lesemeister für die Leitung der Studien aufgestellt [2]). Abt Finnian starb im Jahre 549, während Bischof Finnian von Magh-bile (Moville) bis zum Jahre 579 lebte und ein Alter von 95 Jahren erreichte.

Ein anderes Kloster von größter Bedeutung war Clonmacnois, es lag gleichsam im Mittelpunkte von Irland, im Gebiete des Sohnes von Nos (Mac-Nois), des Sohnes von Fiadach, einer von dem Clan der Dealbhna-Eathra (nun Baron. Garrycastle in der Königsgrafschaft), weswegen es „Sohn-Nois-Au" hieß. Der heilige Ciaran, einer der Zwölfen von Clonard, hatte es im Jahre 548, ein Jahr vor seinem am 5. Sept. 549 erfolgten Tode, gestiftet, und König Diarmaid es mit großen Vergabungen an Grundstücken bedacht, welche die Brüder selber bebauten. Die Landwirthschaft scheint dort eine der Hauptbeschäftigungen der Brüder gewesen zu sein; als Columba sie einst mit seinem Besuche überraschte, mußten sie zu seinem Empfange von den nahen Hügeln in der Umgebung des Klosters herbeigerufen werden [3]), auf denen sie eben mit dem Feldbau beschäftigt waren; besonders wurde der Weizenbau dort stark betrieben und an gallische Kaufleute oft Weizen an Wein umgetauscht. Denn als einst die Brüder eben in der Fruchtärndte begriffen waren, kamen gallische Kaufleute zu Ciaran; er bezog von ihnen für Weizen ein Faß Wein und schenkte davon an die Brüder aus [4]). Stunden keine Handwerker zu Gebote, um Dörröfen (Canabas) zum Trocknen und Ausschlagen der Aehren zu errichten, dann wurde die Weizen- und die Gersten-Frucht auf den eingestampften, platten Feldboden geworfen und darauf ausgedroschen [5]). Ciaran war der Sohn eines Zimmermanns, er wurde zu den Haupttheiligen und älteren Vätern der irischen Kirche gerechnet und sein Angedenken in hohen Ehren gehalten. Columba selber nahm bei seinem Besuche in Clonmacnois, vom Grabe des heiligen Ciaran Erdenstaub mit sich), als er wieder nach Hy heimkehrte. Auf der Rückreise wurde er von einem

---

1) Colg. Act. SS. p. 401. — 2) Trias Thaum. p. 632. — 3) Adamn. vit. S. Col. I. 3. — 4) Vit. S. Ciar. cap. 31. — 5) Vit. S. Cain. c. 33.

gewaltigen Meeresſturme überfallen und das Schiff dem Strudel Core=
breacayu zugetrieben, der ſelbſt größere Schiffe, die in ſeine Nähe getrieben
wurden, in den Abgrund verſchlang. Schon fing der Strudel an das
Schifflein an ſich zu ziehen; wie St. Germanus einſt heiliges Oel in die
tobenden Fluthen des Meeres gegoſſen hatte, um ſie zu ſtillen, ſo warf
jetzt Columba einiges von der Graberde des heiligen Ciaran in die Wellen
des Meeres, und ſiehe der Sturm der Winde und die Bewegung der Wo=
gen ließen nach und das Schifflein konnte ruhig ſeine Weiterfahrt fort=
ſetzen [1]).

Unter den iriſchen Pilgern nach Rom haben wir oben auch den heiligen
Cainech gefunden; geboren im Jahre 517 († 600 zu Keenaght), (in der
Grafſchaft Londonderry), wo ſeine Hauptſtiftung, die Kirche von Drumachoſe
lag, war er ein Verwandter Comgall's, als Abkömmling des Rudhraigh
Mor, von dem Geſchlechte Ir, des Königs von Irland, ſtammte jedoch von
einem ganz anderen Zweige ab. Denn die Familie, welcher er angehörte,
war die Corca=Dallann, eine Seitenlinie des Clanna Rudhraigh, und von
Dallann und von ſeinem Urgroßvater hatte er den Namen Mac = Ua=
Dallann — filius nepotis Dallanni — oder Mocu Dallon erhalten, wie
Adamnan [2]) ihn nennt. Sein Vater war „ein ehrwürdiger Barde“.
Cainech verlebte ſeine Jugendzeit zu Clonard, mit Columba, der ihn als
Begleiter auf ſeiner Reiſe zum Piktenkönige Brudhe mit ſich nahm, wo
Cainech den Schwertſtreich abwendete, welchen der zornentbrannte König
gegen Columba ſchon ausgeholt hatte. Beide blieben ſich bis zum Tode
in treuer Freundſchaft ergeben und noch in ſpäterer Zeit pries Columba
ſelig die Stunden, die er mit Cainech und Comgall einſt verlebt [3]). Im
Süden gründete Cainech das große Kloſter Aghaboe und die beiden anderen
von Kilkennys. Auch in Schottland leiteten viele Kirchen ihren Urſprung
von ihm ab, wo er allgemein unter dem Namen Kenneth bekannt iſt, da=
her Kilkenneth der gewöhnliche Name der Kirchen in Argyleshire und den
weſtlichen Inſeln Schottlands iſt. Brendan, ein anderer Schüler Finnian's
von Clonard, war der Gründer von Cloafert, er ſtammte von dem Clan
des Ciar ab, des Sohnes von Fergus, des Sohnes von Ros, des Sohnes
von Rudhraigh, deren Nachkommen — die Ciarraighe — einigen Bezirken
in Irland und namentlich der Grafſchaft Kerry den Namen gaben. Der
Zuname Mac=Ua=Alta — filius nepotis Altae — der von Adamnan
und den iriſchen Annaliſten Brendan beigegeben wird, trägt er von ſeinem
Urgroßvater Alta, deſſen Sohn Olchu der Vater des Finnlogh, dieſer aber

---

1) Tr. Thaum. p. 458. — 2) Adamn. III. 17.
3) St. Columba's Gedicht bei W. Reeves. Adamn. p. 275.

der Vater Brendan's war. Er gründete Clonfert im Jahre 559 und starb den 16. Mai 577 fünfundneunzig Jahre alt. Wie der heilige Columba, war Brendan ein einfacher Priester, die höheren liturgischen Verrichtungen vollzog ihm zur Seite in Clonfert immer ein Bischof, welcher dem Kloster beigegeben war, wie denn der Tod des Bischofs Maenu in Clonfert, bei dem Jahre 571, von Tighernach wirklich gemeldet wird. Brendan hat sich durch seine vielen und weiten Seefahrten einen berühmten Namen er=worben; er durchschiffte das Weltmeer mit seinen vertrauten Genossen, um unbekannte Länder und Inseln aufzusuchen und dort sodann den Glauben zu verbreiten. Diese See=Pilgerfahrten wurden später in seiner vita zu einer Art christlicher Odyssee ausgebildet, welche der Dichtkunst des Mittelalters eine Quelle sinnreicher Motive eröffnete. Der andere Brendan, Freund und Zeitgenosse des ersten und gleichfalls Columba's vertrauter Freund, war der Gründer des Klosters Birr (Parsonstown), so genannt von Bior oder dem Flusse, an dessen Ufern es angebaut war, im Gebiete von Leinster. Er war der Sohn von Neman und Mannsena, einem von dem Clan von Aulam, dem Großenkel Rudhraighs, des Stammvaters von Clanna=Rudh=raighe [1]). Zum Unterschiede von dem Erstern wurde er „Brendan der Aeltere“ genannt, und in den Schulen jener Zeiten für einen Propheten gehalten [2]). Er starb im Jahre 571, in der Nacht auf den 29. November, im achtzigsten Jahre seines Alters. Zu den berühmten Seefahrern, welche die Inseln des Meeres aufsuchten, um dort eine Einöde für sich zu finden [3]), gehörte auch Cormac. Nicht weniger als dreimal hat er größere Seereisen auf dem Ozean unternommen, allein nicht gefunden, was er suchte, weil er „ohne Erlaubniß seines Abtes“ die Reise angetreten [4]), und so die allge=meine Uebung und den Gehorsam schwer verletzt hatte. Cormac war ein Nachkomme des Clan Liathain, eines Fürsten, welcher der sechste Nachkomme des Königs Olill=Olum von Münster war, der um das Jahr 234 blühte. Das Kloster Dearmagh (Durrow) verehrte ihn als seinen Stifter; er soll ihm längere Zeit als Abt=Bischof vorgestanden sein. Wir finden ihn in Gesellschaft mit Columba, Brendan und Cainech, zuweilen mit Comgall, Columba und Cainech [5]); zwei altirische Gedichte feiern die innige Freundschaft, die zwischen ihm und Columba waltete, das Eine, in Form eines Dialoges, wurde verfaßt, als er den Gefahren seiner Seefahrten entronnen war, das Andere, als er von Durrow aus, Columba in Jona mit einem Besuche

---

1) O'Flaherty, Ogyg. p. 274. — 2) Vit. Finnian. c. 19. — 3) Adamn. l. 6.
    4) In dem Leben der irischen Heiligen ist gewöhnlich die Formel: acceptā licen-
tiā mit der Meldung von ihrer Abreise verbunden. W. Reeves' l. c. S. 31.
    5) Vit. S. Munnae cap. 26. et Vit. S. Columbae.

erfreute [1]). Wir gelangen zu einem anderen von den Zwölfen von Clonard [2]), zu Mobhi; er gründete das Kloster Clareinech (jetzt Glasnevin bei Dublin), welches der jüngere Fürst Aedh, Sohn des Königs Ainmir, mit großen Vergabungen bedachte. Mobhi's Tod fällt nach den ältesten Annalen in das Jahr 544. Sein Kloster, am Ufer des Finglaß (Tolka) aufgebaut, bestand aus einer Gruppe von Hütten oder Zellen und einem Bethaus oder einer Kirche; dort verweilten Comgall, Ciaran, Cainech und Columba einige Zeit; die Hütten waren ganz nahe am Flusse errichtet. Zu den berühmten Schülern von Clonard gehört auch der Abt Finten, mehr unter dem Namen Munna bekannt, ein Sohn Tailchan's, eines Nachkommen Conall's, des Sohnes Königs Niaill's des Großen, mit dem er auch von der Seite seiner Mutter Fedelm verwandt war [3]). Er lag dem Studium der göttlichen Wissenschaft (dialis sophiae [4]) ob, vorerst in Clonard, dann unter Comgall in Bangor, unter Columba zu Cillmor=Dithreamh und unter dem Abte Sinell zu Claoinis oder Cluain=Inis (Cleenish), bei dem später auch Columban, der Lehrer Gall's sich zum Unterrichte eingefunden; dort blieb er achtzehn Jahre lang [5]). Schon in seiner Jugend hatte Finten indessen den Entschluß gefaßt, von Irland auszuwandern, um sich dem heiligen Columba in Hy anzuschließen und der Priester Columb-Cray, sein vertrauter Freund, der in der Nähe von Derry nach der Meerseite hin wohnte, billigte sein Vorhaben. Die Nachricht von dem jüngst erfolgten Ableben Columba's, die er von zwei Mönchen von Hy, auf seiner Hinreise vernahm, vermochte nicht seinen Plan zu ändern und er setzte seine Reise fort, um unter dem Abte Baithen, dem Nachfolger Columba's, das Ordensleben in Jona (Hy) fortzuführen. Wie ward er aber betroffen, als Baithen seine Bitte um Aufnahme in das Kloster mit den Worten abwies: „Vor seinem Tode hat unser Vater Columba mir den Auftrag gegeben, wenn nach meinem Tode Finten, vom Geschlechte der Mocumoi in Irland, um Aufnahme in dieses Kloster sich melden wird, so sage ihm: es sei nicht Gottes Wille, daß er irgend eines Abten Mönch werde, sondern Gott habe ihn zu einem Abte der Mönche bestimmt und zu einem Führer der Seelen in's himmlische Reich; darum soll er von diesen Inseln wieder nach Irland zurückkehren, und in der Gegend von Leinster, in der Nähe der Ufer des Meeres, ein Kloster gründen. Dort werde sich ihm eine Heerde von Dienern Gottes anschließen und er werde unzählige Seelen dem Him-

---

1) Beide hat W. Reeves l. c. p. 265—71 abgedruckt.
2) W. Reeves l. c. lxxii. not. marg.
3) Colg. Act. SS. 452. — 4) Adamn. I. 2.
5) S. Finten. vit. cap. 5, 6. u. Usher's Werke VI. p. 530.

mel zuführen ¹). Finten zog (im Jahre 598) wieder heim und errichtete das Kloster Teach=Munna oder Haus des Munna in Ui Ceinnselach (Taginon), sieben Meilen westlich von Wexford gelegen. Außerdem grün= dete er noch eine Kirche zu Ath=Caoin auf der Insel Coimirighi, zu Achadh= Leicce und zu Teach=Telli (Tehelln) bei Durrow ²). Auch in Schottland leitete die Kirche von Kilmond (Kilmun in Cowall) ihren Ursprung von ihm ab. Im Kloster Ceinnselach lebten 233 Mönche unter seiner Leitung, von denen 150 als Martyrer gestorben sind ³). Später wurde er mit dem Aussatze behaftet und als Lobar (Leprosus) von Suibhne, dem Sohne Domhnall's, des Herrn von Hua=Mairche, auf der Synode von Campus Albus ausgehöhnt, wo er sich als heftiger Vertheidiger der Osterfeier nach altirischer Rechnung erwies. Tighernach meldet seinen Tod beim Jahre 636. Diesen Vätern, welche im Laufe des VI. Jahrhunderts in Irland und Schottland Kirchen und Klöster der Menge nach gegründet haben, können noch beigezählt werden: Die Heiligen Molua, Colman, Comgall von Bangor, und eine unabsehbare Reihe anderer Gottesmänner.

Sowohl zur Zeit des heiligen Patrizius und seiner Schüler als unter diesen Vätern erfreute sich das Christenthum einer so schnellen Ausbreitung in Irland, und sie erfolgte ohne schwere Erschütterungen, weil die Bischöfe, Priester und Ordensmänner sie im Geiste christlicher Milde und mit aller Schonung nationaler Eigenthümlichkeiten vollzogen. Allein der tiefere Grund hievon lag im Christenthume selbst. Denn da es als universale Welt= religion Alles, was wahr und rein menschlich, aber zur Lüge und zum Zerr= bilde verkehrt, in den polytheistischen Religionen sich vorfand, zur Wahrheit führte und erfüllte, fand es auch in den vorchristlichen Götterkulten manche Anknüpfungspunkte, die ihm bei den heidnischen Völkern eine willigere Aufnahme bereiteten. Leichtfertige Absprecher haben daraus beweisen wollen, daß die katholische Kirche ihren religiösen Kult den heidnischen Volksreli= gionen entlehnt und deren Formen sich eigen gemacht habe. Das hieße aber aus dem Irrthume die Wahrheit, aus der Mißgestalt das Kunstwerk, aus dem Tode das Leben, das Frühere aus dem Spätern ableiten. In Wahrheit hat das Gegentheil hier Statt gefunden. Was ursprünglich rein und wahr gewesen, die Volksreligionen aber verkehrt und entstellt hatten, wurde im Christenthume wieder zu seiner ursprünglichen Wahrheit und Reinheit zurückgeführt; darum Christus auch hierin die Erfüllung der Zeiten und aller wahren Naturstimmen im religiösen Völkerleben ist, die sich in den Sybillen und vielen Mythen ausgesprochen und in manchen reli=

---

1) Adamn. l. c. I. 2. — 2) Colg. Tr. Thaum. p. 373.
3) Colg. Act. SS. p. 453.

giösen Gebräuchen kund gegeben haben. Die Sonne unter dem Namen Bel, war zur heidnischen Zeit die Hauptgottheit der Iren und das Fest des Samhin oder Himmels, eine der vier Abtheilungen des irischen Jahres. Wie sinnig und schön knüpfte der heilige Patrizius an diesen Irrthum die höhere ihm zu Grunde liegende Wahrheit, in den Worten seiner Be= kenntnißschrift an sie: „Jene Sonne, welche wir sehen, geht täglich auf Gottes Befehl zu unserem Dienste auf, doch wird sie nie herrschen, noch wird ihr Glanz fortdauern und Alle, die sie anbeten, werden unglückselig zur Strafe in den Abgrund hinabsteigen. Wir aber glauben an die wahre Sonne Christus und beten ihn an"[1]). Wo immer die Sonne verehrt ward, wurde diese Verehrung auch dem Monde zu Theil und die Iren huldigten diesem Himmelslichte unter dem geheiligten Namen Re. Die Wechselbeziehung der Sonne und des Mondes im Reiche der Natur, ward im Reiche der Gnade abgespiegelt, in dem Verhältnisse Christi zur auserwählten Jungfrau = Mutter, die schön wie der Mond dem Aufgange der Sonne vorangehet, und von dem Letzten der Seher geschildert wird als leuchtend in einem Strahlenglanze, den Mond unter ihren Füßen und den Kranz der zwölf Sterne um ihr Haupt gewunden[2]). Wurden bisher von den Iren das Feuer und das Wasser (die Quellen) in der Nähe alter Eichen besonders verehrt, so wußte die christliche Kirche die abergläubige Seite solcher Verehrung zu beseitigen, und die Elemente und die Haupt= erzeugnisse der Natur in den Dienst des Göttlichen heraufzuziehen und durch die Segnung im Namen Christi, sie in den Sakramentalien zur Heiligung der Menschen zu verwenden. Denn in Folge der Sünde des Menschen war die Natur selbst in die Knechtschaft des Bösen gerathen und seufzet nach der Erlösung[3]), welche die Kirche den Elementen des Lichtes, des Feuers, des Wassers, der Luft, den edleren, vegetabilischen und animalischen Naturprodukten durch Segnungen, Weihungen, Räucherungen und Gebete mittheilt.

Bei allen Völkern der Erde finden wir, wie den Glauben an Gott, so als den Ausdruck ihrer Gottesverehrung die Opfer vor, sie fehlten auch bei den heidnischen Iren nicht. Allein wie bei allen anderen Völkern, so war auch ihr Opferkult keineswegs so harmlos und unschuldig, wie manche glaubenslose Schwärmer träumen; auch der irische Boden wurde durch Menschenopfer geschändet. Der heilige Patrizius besuchte auf seiner Reise nach Connaght jene Schreckensstätte der Grausamkeit und des Aberglaubens — die Mordebene in der Grafschaft Leitrim, wo seit un= denklichen Zeiten der druidische Götze Crom=Cruach stand, auch „Haupt

---

1) S. Patr. confess. — 2) Offenb. Joh. 12, 1. — 3) Röm. 8, 22.

der Sonne" genannt. Diesem gräßlichen Götzen, in der Mitte von zwölf kleineren Götzen aufgestellt, brachten die Iren in der Nacht des Samhin ihre erstgeborenen Kinder zum Opfer dar. So schrecklich diese Gräuel waren, lag ihnen, wenn auch in furchtbarer Entstellung — die Idee des wahren Opfers zu Grunde, die der göttliche Erlöser durch sein vollgiltiges Opfer am Kreuze in seinem Blute verwirklichte und fortwährend in seiner Kirche durch das Opfergeheimniß des Altares vom Aufgang bis zum Untergang der Sonne verwirklichen läßt. Der heilige Patrizius verkündete jenen Hohenpriester in Ewigkeit, der allein im Stande war, durch sein Blut die Sünden zu tilgen; er zerstörte das Götzenbild sammt dem gräuel- haften Dienste und erbante eine große Kirche an der Stätte, wo diese Gräuel schon so lange waren verübt worden [1]. Das Christenthum hatte den ewigen Rathschluß Gottes zu vollziehen, als Weltkirche nicht nur die Juden, sondern auch die heidnischen Völker zu umfassen, und wie es bei den Juden in Typen und Weissagungen nach Gottes besonderer Anordnung vorgebildet war, so hatte sich von der Uroffenbarung im religiösen Völker- leben unter den Scheinbildern der Mythen und den Formen der polythei- stischen Superstition noch Manches erhalten, was die christliche Kirche später sich nicht angeeignet, sondern nur zur Wahrheit geführt, sich nicht assimi- lirt, sondern gereiniget, nicht als Zweck betrachtet, sondern als Mittel zur Heiligung und Veredlung der Völker benützt hat. Gleicherweise hat die christliche Religion den Stamm des alten Menschen nicht des Gänzlichen zerstört, wohl aber die Sünde und den Irrthum in ihm getilgt und in den also gereinigten Stamm der menschlichen Natur alsdann das Pfropf- reis des neuen Gnadenlebens eingesenkt, das unter den Wärmestrahlen des heiligen Geistes zur herrlichen Blüthe gedieh. In diesem Sinne schrieb Papst Gregor der Große an den Bischof Mellitus (593) nach England [2]: „Zerstöret die in den Götzentempeln vorfindlichen Götzen, segnet Wasser und besprengt damit jene Tempel. Errichtet Altäre und stellet darauf Reliquien der Heiligen aus. Denn sind die Götzentempel gut gebaut, so muß man sie dem Dienste der Teufel entziehen und zum Dienste des wahren Gottes einweihen, damit das Volk, wenn es seine bisherigen Tem- pel nicht zerstört sieht, den Irrthum aus seinem Herzen entfernt und den wahren Gott erkennend und anbetend, um so lieber die gewohnten Orte besucht. Denn es unterliegt keinem Zweifel, daß es unmöglich ist, aus verhärteten Herzen Alles auf einmal auszurotten; überhaupt muß der, welcher den Gipfel erreichen will, stufen- und schrittweise und nicht in Sprüngen emporsteigen." Es reden die heiligen Apostel Petrus und Paulus

---

1) Prob. und vit. tripart. — 2) Bed. Hist. gent. Angl. I. 30.

von einer göttlichen Anordnung der Zeiten, in deren Mitte und
Erfüllung der Welterlöser erschien; aber auch die großen Hauptmomente
seines Lebens, seine Geburt, sein Tod und seine Auferstehung, seine Him=
melfahrt und die Sendung des heiligen Geistes stehen mit den Haupt=
abschnitten der Bewegung der Erde in der Ekliptik d. i. mit dem Winter=
und Frühlingssolstitium in einer überraschenden Kongruenz. Da die heid=
nischen Völker jene Merkzeiten des natürlichen Sonnenjahres festlich be=
gingen, trafen sie auch mit den hohen Festen des Kirchenjahres an Weih=
nachten, Ostern und Pfingsten zusammen und diese konnten leicht an die
Stelle der heidnischen Feste früherer Zeit treten. Das Samhimfest, all=
jährlich in Irland zur Zeit der Frühlingsnachtgleiche einst gefeiert, traf
mit der christlichen Osterfeier zusammen und die zur Begrüßung des
Sommersolstitiums, einst am Abende des ersten Maitages gebräuchlichen
Feuer wurden nachmals auf den St. Johannis=Abend verlegt und ange=
zündet. Der Uebergang zum Christenthume wurde dem Volke auch dadurch
erleichtert, daß der christliche Cult die Form des alten nicht gänzlich ver=
drängte, sondern reinigte und benützte. Der Neubekehrte erblickte in der
Quelle, worin er (per immersionem), wie später in dem besonderen Tauf=
becken getauft wurde, die heilige Quelle, bei welcher seine Väter ihre Gebete
einst verrichtet hatten. In der Nähe alter Eichen, zur Seite der merk=
würdigen Rundthürme der alten Druiden erhoben sich die christlichen Tem=
pel und erneuerten im reinen Lichte die an diesen Stätten einst erweckten
religiösen Gefühle. Der heilige Hain trat auf ein neues in den Dienst
der Religion, die vorigen Gräuel wurden beseitiget, gar häufig in die
Mitte solcher Haine die neuen Tempel errichtet. Der Orden der druidischen
Jungfrauen, die das ewige Feuer in Irland bisher gehütet, fanden ihre
rechte Bedeutung erst in den gottgeweihten Jungfrauen der christlichen
Klöster, von denen jene der heiligen Brigitta zu Kildare gleichfalls ein
immerwährendes Feuer oder Licht zu Ehren Christi, ihres ewigen Bräuti=
gams unterhielten.

Allein die Kirche brachte dem Volke, das bis anhin in der Finsterniß
und im Schatten des Todes wandelte, nicht nur das Licht und die Gnade
ewiger Erlösung, sie hob zugleich auch hier, wie überall, wo sie Eingang
fand, die Wissenschaften, Künste und Gewerke des sozialen Lebens, streifte
die rohen Auswüchse ihnen ab und verlieh ihnen die Kraft zu einer neuen
Entwicklung, sie versenkend in den göttlichen Grundstamm jenes vom himm=
lischen Hausvater neugepflanzten Fruchtbaumes, unter welchem die Völker
der Erde wie Vogelschaaren sich sammelten, um Schatten und Nahrung
zu suchen. Die Wissenschaft empfing von dem Christenthume neue, bisher
nicht gekannte Ideen und erweiterte Kreise für ihre Erkenntnisse; war sie

auch anfänglich, wie alles Leben in seinem Beginne, noch im Zustande des aufkeimenden Saatkornes, einfach und nur auf das Studium der heiligen Schriften, der Glaubenssymbole, einiger Werke der Väter und der Legenden der Heiligen beschränkt, so trug sie mit der Grundanschauung vom Reiche Gottes, welches Himmel und Erde umfaßt und die geistige und natürliche Welt in sich beschließt, den göttlichen Grundkeim zu einer unendlichen Entfaltung und unermeßlichen Erweiterung, in den Glaubens= lehren aber für alle Orientirung auf dem unsicheren Meere des Wissens sicher leitende Sterne. Schon die vorchristliche Welt liefert uns im Ueber= flusse die Beweise, daß, wie die Wissenschaft, auch alle Künste die Religion — die Kirche — zu ihrer Mutter haben. Die nothwendige Umfriedung der gottgeweihten Stätte rief den Tempelbau und die Architektur in's Dasein; schon sehr frühe wurde das Opfer, dieses Medium der Verbindung der Menschen mit dem Uebersinnlichen vor Götterbildern vollzogen, sie anzu= fertigen blieb der Sculptur vorbehalten. Das Innere des Heiligthumes mußte von den gewöhnlichen Wohnungen der sterblichen Menschen ausge= zeichnet werden und die Malerei mit ihrer Ornamentik leistete diesen Dienst. Die Ritualsprache des Priesters ließ sich in höherer Prosa ver= nehmen und die Musik und Poesie erhoben mit ihren Gesängen und Hymnen die religiöse Feier; alle Künste — auch in der vorchristlichen Zeit, weisen auf die Religion, als auf ihren ersten Ursprung, zurück, und eben so ist die christliche Kunst nach allen ihren Arten aus der Kirche hervor= gegangen, von ihr gepflegt und großgezogen worden. Betrachten wir dieses Verhältniß nach einigen Zügen in der irischen Kirche der frühesten Zeit.

Die ersten und ältesten Klöster in Irland waren keine zusammen= hängenden große Gebäude von Mauerwerk, sondern bestanden aus einer Menge abgesonderter Zellen (Hütten), die aus Flechtwerk von Stauden und Binsenstroh gebaut waren; in ihrer Mitte stand die Kirche oder das Ora= torium für das gemeinsame Gebet und den Gottesdienst auf gleiche Weise konstruirt. Als Palladius nach Irland kam, baute er drei Kirchen von Eichenholz[1]; als aber später Patrizius Tirawley besuchte, mußte er zu= frieden sein, „ein Kirchlein aus bloßem Erdengrund im Vierecke, gleich einem Stalle aufgeworfen, herzurichten, weil in der ganzen weiten Um= gegend kein Wald zu finden war", wie Tirechan im Buche von Armagh berichtet. Die Kelten waren gewohnt, die Mauern ihrer Kirchen und Wohngebäude von außen mit Flechtruthenwerk zu decken, um sie vor dem Wasseranschlage und der Witterung zu schützen[2], und ihrem Beispiele

---

1) Jocel. Vit. S. Patr. cap. 25. Tr. Thaum. p. 70.
2) Adamn. l. c. II. 3.

folgend, bauten die ersten Gründer der brittischen Kirche Kapellen aus
Steinen und ließen den unteren Theil der Mauer im ganzen Umkreise
mit gewundenen Ruthen und Gesträuchen umgeben ¹); dagegen war die
erste Kapelle des heiligen Davids in Cambrien nur mit Waldmoos und
Epheuschlingen von außen geziert ²), und St. Gwynllyw steckte den Friedhof (coemeterium) aus und baute in dessen Mitte aus Balken und Ruthen
einen Tempel ³). Die irischen Kirchenbauer der ersten Zeit nahmen jedoch
von dem Mauerwerke völlig Umgang. Als St. Ciaran von Saighir seine
Zelle und Kirche baute, leistete ihm ein Waldeber den Dienst, Ruthen und
Gesträuche mit seinen scharfen Zähnen wacker abzubeißen, um ihm das
nöthige Baumaterial hiefür zu liefern ⁴); auch St. Kevin von Glendaloch,
ein Schüler des heiligen Patrizius, baute sich ein Oratorium aus Ruthen,
Baumästen und Moos ⁵). St. Columba wollte in Raithin eine Zelle
bauen und hatte hiefür schon drei Ruthenbündel geflochten, ließ aber von
seinem Plane ab mit dem Bedeuten: daß nach ihm ein Anderer kommen
werde, dem Gott diesen Ort zur Wohnung angewiesen habe. Und wirklich
kam bald darauf Carthac dorthin und baute sich aus jenen Ruthenbündeln
eine Zelle ⁶). Noch längere Zeit wurde bei Kirchenbauten das Mauerwerk
von den Iren vermieden. Denn als St. Finan von seiner bischöflichen
Sendung von Hy zurückkehrte, „baute er zu Lindisfarn eine dem Bisthums-
sitze angemessene Kirche, die er aber nach dem Gebrauche der Iren nicht
aus Stein, sondern ganz aus behauenem Eichenholz errichtete und von
außen mit Epheu bedeckte" ⁷). Auch St. Boloc baute für seine Wohnung
ein kleines Häuschen, aus Binsen und Ruthen zusammengeflochten. Doch
wurde allmählig diese rohe Bauart überwunden und an eine edlere ver-
tauscht. Die Kirche von Lindisfarn wurde von dem Nachfolger Finan's
gänzlich d. i. sowohl das Dach als die Wände mit Bleiblech bedeckt.
Als Bischof Paulin Glastonbury besuchte, „ließ er die Mauern der alten
Kirche aus Holzbalken errichten und außerhalb von Oben bis Unten die
Seitenwände mit Blei bedecken." Die Kirche St. Peter in York war ursprünglich von Holz (de ligno) gebaut ⁸), aber die römische Bauart, steinerne Gebäude aufzuführen, machte sich immer mehr geltend und eröffnete
der Architektur die Bahn zu weiterer Entwickelung. Die Gebäude aus Stein
wurden als Produkte römischer Bauart angesehen und bei den Südpikten
erhielt die St. Ninian's-Kirche zu Withern „nur darum den Namen

---

1) Wilhelm. Malmesb. Chron. — 2) Girald. Cambr. Itin. Camb. I. 3.
3) W. Reeves Cambr. Britt. SS. p. 148.
4) Colg. Act. SS. p. 458. - 5) Bolland. Act. SS. Jun. I. 316.
6) Boll. Act. SS. Maj. III. 381. — 7) Bed. l. c. III. 25.
8) L. c. II. 14.

candida casa — Weißhaus, weil sie aus Stein und nicht nach brittischem Gebrauche gebaut war"[1]. Schon im Jahre 710 „berief Naiton, König der Nordpikten, Architekten zu sich, um durch sie in seinem Lande den Bau einer neuen Kirche aus Stein nach der Bauart der Römer aufzuführen"[2]. Allein noch früher (im Jahre 676) brachte der Bischof Benedict Maurer aus Gallien nach Britannien mit herüber, die ihm in Wirmouth eine steinerne Kirche nach römischem Baustyle erstellen mußten"[3] und gleichzeitig ließ Derlaisse, die Vorsteherin des Klosters Cill-Sleibh-Cuilinn in Irland ihre Klosterkirche aus behauenen Brettern (tabulis dedolatis) nach der Bauart des irischen Volkes aufführen; denn die Scoten errichten keine Mauern, noch erhalten sie die schon vorhandenen. Sie ließ also die Kirche ganz von Neuem aufbauen, und die Künstler und Holzhauer gingen in den nahen Wald, um hiefür das nöthige Holz zu fällen"[4]. Bis in das XII. Jahrhundert hinein pflanzte sich diese Vorliebe der Iren für Kirchen von Holz fort, und wo noch steinerne Kirchen bestanden, wurden sie als Werke ausländischen Ursprunges angesehen, wie uns der heilige Bernhard in dem Leben St. Malachias mittheilt[5]. Wie in früherer Zeit in Gallien und in Britannien, so führte die römische Kirche später auch in Irland die edleren Künste und schönere architektonische Formen für die Kirchenbauten ein; der Choralgesang und die Modulationen der Kirchenhymnen trugen in sich die Grundweisen für die religiösen Volkslieder und die Musik in allen ihren Zweigen, die alten Heldenlieder gingen in die Lobgedichte Christi und seiner Heiligen über.

Da die neuen Ordensmänner meistens in entvölkerten und verwilderten Gegenden ihre Wohnsitze wählten, sahen sie sich angewiesen, die Wildnisse auszureuten und den Landbau zu betreiben, und während sie diese Beschäftigung betrieben, wurde der Ackerbau verbessert und durch ihn manche bisher öde Gegend zu einem lieblichen und fruchtbaren Wohnsitz der Menschen umgebildet. Der Mensch zum Christen geworden, zieht auch die äußere Natur zu seiner höheren Stellung hinan! Selbst die Schifffahrt wurde erweitert, und die christlichen Missionäre entdeckten für die Forschung sowohl als für die Ansiedelung der Menschen, neue bisher unbekannte Inseln im Weltmeere. Während diese Gottesmänner in leichtgebauten Kähnen sich auf das Meer wagten, um sich auf fernen Inseln eine Einöde zu suchen und dort das Christenthum zu gründen, lernten sie die Gefahren des Meeres kennen und wurden mit den Mitteln vertraut, sie zu überwinden. Viele irische Heilige jener Zeit unternahmen Reisen zu Meer; Brendan

1) L. c. III. 3. — 2) L. c. V. 21. — 3) Histor. Abbat. Wiremuth. §. 5.
4) Vit. S. Monnenae p. 54. — 5) S. Bern. Vit. S. Malachiae.

zog mit Schülern nach den westlichen Inseln, Cormac nach den nördlichen
bis zu den Orkaden[1]), von wo aus er bei sehr günstigem Winde in vier=
zehn Tagen die Rückfahrt nach Jona zurücklegte, und dies geschah früher,
als der Piktenkönig Bruidh nach seiner Bekehrung (563) Mittel und Anlaß
fand, durch Columba und die Söhne von Hy im Norden den christlichen
Glauben zu verkünden. Von St. Ailbe von Emly († 534) wird erzählt[2]):
er habe den Entschluß gefaßt, nach der Insel Tile (Thule) im Nordmeer zu
fahren, allein gehindert durch den König von Cashel, sich persönlich bei dieser
Unternehmung zu betheiligen, habe er zweiundzwanzig Männer über das Meer
entsendet. Die Insel, nach der sie fuhren, war wahrscheinlich Mainland
unter den Shetlandsinseln die größte und das Thule des Tacitus. Daß irische
Missionäre schon in ganz früher Zeit ihren Weg bis zu den entlegensten
Gegenden des Nordens fanden, bezeugt das Landnama Buch[3]), welches
berichtet: „Bevor Island von den Norwegen bewohnt wurde, haben sich
dort Männer aufgehalten, welche die Norwegen Papas nannten; sie be=
kannten sich zur christlichen Religion, und kamen nach der Sage, von
Westen (Irland) her über Meer dorthin. Denn sie haben irische Bücher,
Glocken, Bischofsstäbe u. A. zurückgelassen, die mit vielen anderen Sachen
später dort gefunden wurden, und diese scheinen anzudeuten, daß sie Vesi=
mannen gewesen sind." Der Ire Dicuil schrieb im Jahre 825 seine Ab=
handlung: „de mensura orbis", und gibt darin über die Insel Tile wich=
tige Nachrichten, die ihm, wie er bemerkt, von gewissen Klerikern seien
mitgetheilt worden, welche vor dem Jahre 797 sich dort aufgehalten hätten;
dann fährt er fort: „es gibt noch viele andere Inseln im nördlichen Meere
Britanniens; sie können in zwei Tagen und Nächten bei günstigem Winde
erreicht werden. Schon vor beinahe hundert Jahren sind Eremiten
aus unserem Irland zu Schiff auf jene Inseln gekommen und haben
sie bewohnt"[4]). Wie wir schon vernommen, begab sich auch St. Bren=
dan von Clonfert mit einigen Gefährten auf eine solche Seereise; sie
bauten ein leichtes Schifflein aus Flechtwerk von Stauden mit Seiten=
rippen von Holz versehen, wie man in jenen Gegenden, d. i. am Bren=
dan's Berg (in Kerry) Schiffe zu bauen pflegt, überzogen es mit Eichen=
rinde und Ochsenleder, verstrichen die Nieten und Spalten mit Harz,
stellten in Mitte des Schiffleins einen Segelbaum auf, und nahmen das
Segeltuch und alles Andere mit sich, was zum Rudern und zur Leitung
des Schiffes erforderlich ist. Dabei vergaßen sie nicht, sich mit Allem für
den Nothbedarf von 40 Tagen zu versehen, mit Butter zur Zubereitung

---

1) Adamn. II. 41. — 2) Colg. Act. SS. p. 241.
3) Uebersetzt von Johnston in j. Antiq. Celt. Scandin.
4) Colg. l. c. p. 241.

der Felle für die Dachung des Schiffes, und mit dem Uebrigen, was zum Lebensunterhalte gehört"[1]. Es gab aber gottbegeisterte Missionäre, welche sich dieser Fürsorge größtentheils überhoben; sie setzten sich in ein Schifflein ohne Ruder und Segelstange, überließen sich dem Winde und im Vertrauen auf denjenigen, der dem Winde und dem Meere gebietet, erkannten sie die Küsten, an die sie getrieben wurden, als den Ort an, den ihnen Gott für ihre zukünftige Wirksamkeit angewiesen habe. Muirchi[2] legt dem heiligen Patrizius die Worte an seinen Schüler Maccuil in den Mund: „setze dich in ein Schifflein (Currach), aus einem Ochsenfell gebaut, ohne Steuer und Ruder mit dir zu nehmen", und noch im Jahre 878 „entflohen heimlich aus Irland Dubslan, Mac-Beathu und Malmumin, um eine Einöde auf einer Insel aufzusuchen und dort Gott zu dienen. Sie nahmen Nahrung für 8 Tage mit sich, setzten sich in ein Schifflein, das aus zwei und einer halben Ochsenhaut zusammengenäht war, und wunderbar, ohne Segel und Ruder langten sie nach sieben Tagen in Cornubien (Cornwales) an, wo sie sich niederließen." Die Begeisterung für die Ausbreitung des Christenthums auf den nordischen Inseln war schon um die Mitte des VI. Jahrhunderts unter den irischen Ordensmännern eine allgemeine. So fuhr Maelrubha mit mehreren Brüdern nach der Insel Scia (Sky), wo er zu Apencrossan (Applecroß) ein Kloster gründete, welches auf erhöhter Lage gebaut, weithin die umliegende Landschaft beherrschte. Moluok oder Molnay ging nach Lismore in Schottland, wo er eine Kirche stiftete, und als Schutzheiliger des Bisthums Arghle verehrt wurde; Molaisi (Molaisch) oder Laisren, Declan's Sohn, ein Zeitgenosse Columba's, gründete Inis-Muiredhaig (Innismurry) auf der Insel gleichen Namens im atlantischen Meere nördlich von Sligo; Donan schiffte sich in Irland mit 52 Genossen ein, und fuhr mit ihnen nach den Hebriden. Als er einst zu St. Columba kam und ihn ansprach, sein Seelenfreund und Beichtvater[3] sein zu wollen, soll Columba ihm erwiedert haben: „ich mag nicht Beichtvater für eine Genossenschaft werden, deren Mitglieder bald zum rothen Martyrthum gelangen werden." Dieses Wort ging schnell an ihnen in Erfüllung. Donan landete mit den Seinigen in einer Bucht der Insel Eig, wo, wie die alte vita erzählt, die Königin des Landes ihre Schiffe aufbewahren ließ. Ihre Ankunft wurde der Königin hinterbracht, und sie befahl, sie alle umzubringen. „Das

---

[1] Vita S. Brendan. in Colg. l. c.

[2] Vit. S. Patr. im Buche von Armagh, p. 6.

[3] W. Reeves l. c. p. 305 erklärt, daß Anmchara im Irischen überall confessarius bedeute.

wäre nicht gerecht", sprach das Volk, dennoch wurden sie mörderisch an=
gefallen, als einer der Mönche eben die heilige Messe las. Donan rief
den Mördern zu: „Verschont uns doch noch, bis die Messe zu Ende ist",
und als die Messe zu Ende war, wurden sie Alle erschlagen. Von ihnen
meldet der Festkalender des Aengus: „Am Festtage Petrus, des Diakons,
stieg zum glorreichen Martyrthum hinan Donan im kalten Eig mit seinen
Klerikern von reinstem Leben." Der Kalender von Mariay Gorman
feiert ihr Gedächtniß mit den Worten: „Donan der Große mit seinen
Mönchen", und der begleitende Commentar fügt bei: „52 waren in seiner
Gesellschaft auf der Insel Eig, da kamen Piraten vom Meere her und
erschlugen sie Alle." Ihre Namen werden angegeben. Doch außer diesen
zogen noch eine Menge anderer Heiligen nach dem Norden, von denen
erwähnt werden: Findbarr, der Gründer und Schutzheiliger der Kirche
von Cork, Comgall, der die Kirche in Heth oder Tire gründete, Brendan,
der Stifter der Kirche von Ailech (Alyth in Pertshire) und von Kilbran=
don auf der Insel Seil, die beiden Fillan, von denen der Eine Stratfillan,
der Andere Rath=Eraan in Alba stiftete, Flanan, der den Flanan's Inseln
den Namen gab, sodann die heiligen Berach, Berchan, Blaan, Euban,
Comgan, Fiachra, Merinus, Mernoc, Monenna, Munna, Ronan, Vigean
und Andere. „Pro Christo peregrinare volens, enavigavit", war der
gewöhnliche Ausdruck für die überseeischen Missionsunternehmungen, wel=
chen auch Adamnan für die Auswanderung Columba's nach Caledonien
gebraucht [1]), die in ihren Folgen an Größe und Bedeutung alle anderen
jenes Jahrhunderts weit überragte. Bevor wir das Missionswerk dieses
großen Apostels der Pikten schildern, haben wir uns zuerst noch sowohl
über das Land und Volk, das er der christlichen Kirche zugeführt, als
auch über den alten Biographen, dem wir die Schilderung seines
Lebens und Wirkens zu verdanken haben, gehörig zu verständigen.

An den nordöstlichen Gränzen Irlands wohnten die Ehrutiner oder
die irischen Pikten im alten Dalriada, d. i. in der südlichen Hälfte der
jetzigen Grafschaft Antrim und im größern Theile der Grafschaft Down,
ihr Gebiet zog sich westwärts bis in die Nähe von Derry hin. In Irland
nannte man diese Pikten Ehrutiner. Dagegen wurden die Pikten in Schott=
land Picti oder auch Pictores genannt [2]). Von den Scoten, die im
eigentlichen Irland wohnten, sind jene Scoten, welche im Norden Britan=
niens (Schottland) sich niederließen, sowie diese von den Pikten, die von

---

1) Adamn. l. c. praef. 2.
2) So im I. u. IV. Vit. S. Patric., in den Ulster Annalen u. s. w. W. Reeves
Adamn. p. 67.

den Scoten weiter nach Norden gedrängt wurden, wohl zu unterscheiden. Schon Beda [1]) hält diese Unterscheidung fest; er nennt den König Aedan „König der Scoten, die in Britannien wohnen", und dessen Nachfolger, „Könige der Scoten in Britannien." Beda unterscheidet aber auch die brittischen Scoten von den Pikten als „zwei Völkerschaften, welche die nördlichen Gränzen Britanniens besetzt halten" [2]), und nennt beide „über= seeische Völker (transmarinas gentes), nicht darum, weil sie außer den Gränzen Britanniens wohnen, sondern weil sie vom eigentlichen Britten= lande weit entfernt und durch zwei Meerbusen von ihm abgegränzt seien." Näher dem eigentlichen Britannien hatten sich die Scoten, nördlicher die Pikten niedergelassen, beide wurden durch die Bergkette von einander ab= gegränzt [3]), die Adamnan Dorsus Britanniae, (irisch Druim Bretain) nennt, und heute die Gränzscheide zwischen den Landschaften Perthshire und Argyle bildet. Sie läuft in die grampian'schen Hügel aus auf der Rückseite Schottlands, von welchen die östlichen und westlichen Flüsse entspringen. Das näher gelegene brittische Schottland erhielt vom irischen Dalriada gleichfalls den Namen Dalriada, der nördlich gelegene Theil hieß das Land der Pikten (Caledonien). Die brittischen Scoten, und eben so die Pikten waren nicht gut beleumdet. Schon Patrizius sagt in seinem Briefe an Coroticus von ihnen: „Gott erstorben leben wie im Tode die Genossen der Scoten und der apostatischen Pikten", und er nennt den Häuptling Coroticus selber einen „Verräther, der die Christen den Scoten und Pikten ausliefere." „Dort seien", fährt er fort, „die freigebornen Christen ver= kauft und zu Sclaven der nichtswürdigen, schlechten und abgefallenen Pikten gemacht worden", und Gildas [4]) bezeichnet sie als „verkommene Schaaren von Scoten und Pikten, die zwar theilweise nach ihren Sitten ungleich — aber in der Blutdürstigkeit ganz gleich seien." Von ihrer sittlichen Ver= kommenheit konnte Adamnan um das Jahr 697 noch sagen [5]): „Obwohl beide Völker mit schweren Sünden beladen waren, verschonte sie der ewige Richter noch immer in seiner Langmuth, und Niemanden Anderem als dem heiligen Columba ist diese Gnade zuzuschreiben, dessen Klöster inner= halb den Gränzen beider Völker bestehen, und von beiden bis zur gegen= wärtigen Zeit sehr hoch geschätzt werden. Allein es gibt unter beiden Völkern noch allzuviele Thoren, die es nicht erkennen wollen, daß sie durch das Gebet der Heiligen von dem Uebel der verheerenden Pest freigeblieben sind. Wir sagen aber Gott zum Oeftern Dank, der uns und alle unsere Inseln durch das Gebet unseres ehrwürdigen Schutzheiligen von dem Ein=

1) Beda l. c. I. 34. — 2) L. c. II. 5. — 3) Adamn. Vit. S. Columb. II. 46. — 4) Gildas Hist. brit. c. 15. — 5) Adamn. l. c. II. 46.

bringen der großen Sterblichkeit beschützt, und auch uns und unsere Be=
gleiter, als wir in Sachsen (England) während der Pestzeit unseren
Freund, König Aldfrid, besuchten und mitten in der Todesgefahr herum=
wandelten, so wunderbar bewahrte, daß Keiner von unseren Begleitern
starb, noch von irgend einer anderen Krankheit belästiget wurde."

Ueber die ursprüngliche Einwanderung und die nachmalige Bevöl=
kerung von Dalriada oder brittisch Schottland walten unter den irischen
Geschichtsforschern zwei verschiedene Ansichten; die Einen, an deren Spitze
der berühmte Ußher steht[1]), betrachten die Kolonie vom Jahr 506 als die
erste, Andere, wie O'Connor, nehmen eine frühere an und behaupten, daß
der Häuptling Riada (Cairbe Riada) schon um die Mitte des IV. Jahr=
hunderts eine solche aus Irland hinüberführte. Allgemein wird jedoch
angenommen, daß um das Jahr 506 ein Theil der Familie Eirc, des
Sohnes Muinreamhar's, der theilweise Besitzer von Dalriada (jetzt die
nördliche Hälfte der Grafschaft Antrim in Irland) war, und sodann der
Stellvertreter des Häuptlings Righfada (von Beda — Reuda, und von
den spätern Schriftstellern Riada genannt) mit einer beträchtlichen Anzahl
von Nachzüglern in den nächstgelegenen Theil des heutigen Argyleshire
übersiedelte, wo sie sich niederließen und das Königreich von brittisch
Schottland oder Dalriada gründeten[2]). So lautet die Angabe Beda's
„Britannien erhielt das Volk der Scoten (Iren), die unter Anfüh=
rung Reuda's von Irland auszogen", und damit übereinstimmend
meldet Tighernach: „Feargus Mor vom Stamme Earca hielt mit dem
Volke Dalriadas einen Theil Britanniens besetzt und starb dort." Dieser
Fergus wird[3]) als der jüngste Sohn dieses Stammes bezeichnet, und in
den ältesten Nachrichten erscheint er als König erst nach dem Tode seines
ältern Bruders Loarn. Die wichtige Stellung, welche später seine Familie
einnahm, macht ihn zum merkwürdigsten Gliede dieser Kolonie, und er ist
als ihr Anführer anzusehen, da seine Familie mehr als 200 Jahre die
Oberherrschaft über sie führte. Nach der irischen Abhandlung, „über die
Männer von Alba", waren die Auswanderer „dreimal fünfzig Mann stark,
welche mit den Söhnen Earc's fortzogen." In Folge der Zunahme der
ursprünglich geringen Bevölkerung dehnte die Kolonie ihr Gebiet noch
weiter nördlich aus. Sechs Söhne von Earc zogen nach Britannien aus,
von denen in jenem Lande nur Loarn Mor, Fergus Beg und Fergus Mor
ihr Ansehen behaupten konnten, und wie die irische Abhandlung sich aus=

1) Ußhers Work VI. p. 147. u. O'Connor Dissert. p. 277.
2) W. Reeves vit. S. Col. additional Notes, p. 433.
3) Vit. tripart. S. Patric. II. 135.

drückte — „die drei mächtigen Stammgeschlechter (Cinel) der Gabhrein, Aengus und Loarn Mor gründeten." Neben Loarn Mor, dem Gründer des Geschlechtes Loairn (genus Loërni), und Aengus Beg, dem Stamm= halter des Cinel (genus) Aengusa, das sich in Island niederließ, gründete der Stamm des Fergus Mor in zwei Linien Comgall und Gabhran sich theilend, die beiden Geschlechter, das der Comgall, welches der Landschaft Comgl seinen Namen gab, und jenes der Gabhran, das die ursprüngliche Niederlassung in Cantyre und Knapdale beibehielt. Dem Fergus Mor folgte in der Herrschaft sein Sohn Domhangart, der mit einer Tochter Brian's, eines Nachkommen des Eochaidh Muighmeadhoin, Monarchen von Irland vom Jahre 358—365 — verehelicht war. Ihre Söhne waren die genannten Comgall und Gabhran, Comgall's Sohn war Conall der sechste König von brittisch Dalriada und „der Conallus rex filius Comgill" des Adamnan, in dessen Regierungszeit die Gründung des Klosters Hy durch den heiligen Columba fällt. Auf Conall folgte sein Vetter Aedhan — der „Aedanus" des Adamnan. Dieser Fürst war der erste unter den Regenten von Dalriada, der eine größere Tüchtigkeit bewährte; er änderte den bisherigen Titel eines „Toisech" oder Herren in den eines „Righ" oder Königs um, legte den eigentlichen Grund zur schottischen Monarchie, und ordnete für sich eine feierliche Königskrönung an. Als der König von Irland, der bisher brittisch Dalriada als eine zinspflichtige Kolonie Irlands betrachtet hatte, von Aedan die Huldigung forderte, weigerte sich dieser ent= schieden, sie zu leisten, und erhielt auch wirklich in Folge der Uebereins= kunft von Drumceatt die förmliche Anerkennung und Unabhängigkeit für sich und sein Königreich zugesichert.

Die Hauptquelle nun, aus welcher wir die Nachrichten über den heiligen Columba schöpfen, ist uns in der Lebensgeschichte dieses Heiligen erhalten worden, welche der Abt Adamnan von Hy verfaßt hat. „St. Columba", schreibt der gelehrte W. Reeves [1]), „war noch nicht lange im Grabe († 597), als wahrscheinlich ein Mitglied der Klostergemeinde von Hy es unternahm, die Akten dieses berühmten Heiligen zu sammeln, und vorzüg= lich solche Begebenheiten aus dessen Leben aufzuzeichnen, welche der Rich= tung und dem Geschmacke jener Zeit zusagten oder geeignet waren, das Angedenken des heiligen Gründers zu verherrlichen." Bei Verfolgung dieses Zieles wandte er seine Aufmerksamkeit mehr der wunderbaren als der profangeschichtlichen Seite des Lebens dieses Heiligen zu, und ließ sich mehr von der Absicht leiten, bei jenem einfachen und gläubigen Zeitalter für seinen Ordenspatron Bewunderung und bei seinen Ordensbrüdern

---

1) W. Reeves, The Life of St. Columba etc. Preface.

Erbauung zu erwecken, als eine pragmatische Geschichte des Heiligen zu
liefern, wie die historische Kritik einer spätern Zeit sie zu fordern gewohnt
ist. Als Adamnan, Abt von Hy, hundert Jahre nach dem Tode Colum=
ba's (d. i. 697) auf die dringenden Bitten seiner Ordenssöhne es unter=
nahm, das Leben des heiligen Columba zu schreiben, schöpfte er, wie er
selbst gesteht, seine Nachrichten theils aus vorhandenen Schriften, theils
aus mündlichen Berichten. Das Gleiche fand bei der Abfassung anderer
Heiligen=Leben, und gerade der werthvollsten derselben statt. Sie wurden
meistens von den Schülern oder den unmittelbaren Nachfolgern der be=
treffenden Heiligen geschrieben, wie das Leben des heiligen Martin von
Tours von Sulpitius Severus, das des heiligen Germanus von Auxerre
von Konstantius, das des heiligen Columbanus von Jonas, das des hei=
ligen Cuthbert von Beda. Der Abt Adamnan schrieb das Leben Colum=
ba's, „um den dringenden Bitten der Brüder zu entsprechen" [1]), und was
er berichtet, hat er gesammelt theils aus Schriften, die schon vor ihm
geschrieben waren, theils durch fleißiges Nachfragen von treuen alten
Männern vernommen, welche das, was sie selber erfahren, ihm in aller
Treue wieder erzählten" [2]). Durch die mündlichen Zeugen, auf welche
Adamnan sich beruft, wurde er der Zeit ganz nahe gestellt, um aus authenti=
schen Quellen schöpfen zu können; denn geboren im Jahre 624, während
Columba im Jahre 597 starb, war er im Falle, sich für seine Nachrichten
auf solche zu berufen, die noch mit Columba gelebt. So erzählt er: „daß
er als Jüngling aus dem eigenen Munde Ernan's die Erscheinungen er=
zählen gehört, welche dieser in der Nacht gehabt habe, als Columba starb" [3]).
Adamnan hatte im Kloster Hy geeigneten Anlaß, diejenigen auszuforschen,
welche den heiligen Columba noch persönlich gekannt hatten; er schrieb
beinahe an der gleichen Stelle, wo sein großer Vorfahrer die letzten Ab=
schiedsworte diktirte, und war umgeben von Gegenständen, welche das
Andenken an den Verewigten in lebendiger Erinnerung forterhielten. Von
den historischen Dokumenten hatte Adamnan vor sich die Erzählung Cum=
menan's des Schönen, den er in seinem Berichte über König Aidan's
Krönung [4]) mit Namen anführt, und dessen Bericht er vollständig und
beinahe wörtlich übersetzt. Ihm stund aber auch noch eine andere Denk=
schrift zur Benützung zu Gebote, jene nämlich des Baithen Mor, des un=
mittelbaren Nachfolgers Columba's in Hy, aus welcher er einen Vorfall be=
richtet, der in der Schrift Cummenan's nicht erwähnt wird. Dieser Baithen
Mor, der sich der besonderen Freundschaft Columba's erfreute, soll Einiges
von dem Leben seines Vorgängers aufgezeichnet haben, und ihm werden

---

1) L. c. I. 1. — 2) L. c. II. 8. — 3) L. c. III. 23. — 4) L. c. III. 5.

von O'Donnell [1]) Gedichte auf den heiligen Columba zugeschrieben und metri=
sche Fragmente angeführt, die den Namen des heiligen Mura († 645),
des Stifters des Klosters und der Kirche von Fathan (jetzt Fahan auf
der südwestlichen Seite von Inishowen) tragen. Es waren daher außer
den lateinischen Berichten zur Zeit Adamnan's viele Lobgedichte auf Co=
lumba in Umlauf, von denen das berühmte Ahmra noch zur Lebzeit des
Heiligen verfaßt wurde. So mit Urkunden und Ueberlieferungen versehen
und für die Verherrlichung eines so großen Mannes, seines Verwandten, be=
geistert, war der neunte Abt von Hy ganz geeignet, der Biograph des ersten
zu sein. Der Verfasser hat seine vita S. Columbae in drei Bücher ab=
getheilt, in denen er der Reihe nach: „von den prophetischen Offenbarungen,
von den Tugendwundern und den Engelerscheinungen" spricht, die dem Hei=
ligen zu Theil geworden. Unsere wunderscheue Zeit ist gewöhnt, von ihrer
eingebildeten Höhe auf solche Materien verächtlich herabzublicken; darüber
das Nöthige zu sagen, wird später die geeignete Gelegenheit sich bieten.
Wir lassen einstweilen einen gründlichen Geschichtsforscher neuester Zeit
aus der protestantischen Kirche England's sprechen [2]), der darüber sich also
äußert: „Adamnan verfaßte ein Werk, welches in Vielem nicht gerade
streng historisch, sondern die Züge des Verfassers und seiner Zeit an sich
tragend, dennoch als die vorzüglichste Urkunde betrachtet werden muß, die
über sonst unbekannte, wichtige Alterthümer und Ereignisse der irisch=
schottischen Kirchen = und Landesgeschichte uns erhalten blieb, wie Innes
in seiner Civil = und Kirchengeschichte Schottlands mit Grund bemerkt."
In gleichem Sinne spricht sich der gelehrte Colgan [3]) darüber also aus:
„Diese Akten sind so genau geschrieben, daß sie über die Kirchen = und
Landesgeschichte Irlands und Schottlands vom Jahre 500 bis 700 ein
ganz wunderbares Licht verbreiten, und wenn wir einige andere Leben
unserer irischen Heiligen so genau beschrieben besäßen, dann wäre Hoff=
nung vorhanden, die verlornen Quellen der Geschichte unserer Vorzeit zu
ergänzen, und die daherigen schmerzlichen Verluste wieder auszugleichen."
Pinkerton, ein sehr bedeutender Alterthumsforscher Schottlands [4]), nennt
die vita S. Columbae das vollständigste Exemplar von Biographien dieser
Art, dessen Europa nicht allein in einer so frühen Periode, sondern durch
das ganze Mittelalter sich rühmen kann. Adamnan ist, wie Reeves weiter
beifügt, so frei von den Fehlern der damaligen Hagiologie, als irgend ein

---

1) O'Donnell vita S. Columbae I. 26., Trias Thaum. 393.

2) W. Reeves, Curat von Kilconriola in der prot. Diözese Connor in Irland,
l. c. preface. VII.

3) Colg. Tr. Thaum. p. 372.

4) Pinkerton, Enquiry Vol. I. Pref. 48. Edinbourg 1814.

anderer Schriftsteller der alten Zeit in diesem Zweige der Literatur; zu
bedauern ist nur, daß er nur eine einzelne Persönlichkeit, statt die Gesell=
schaft selbst, in der er lebte, zum Gegenstande seiner Schilderung wählte,
und gegenüber seinem ruhmvollen Schutzheiligen, der Geschichte seiner
Kirche nur eine untergeordnete Stellung anwies. Hätte Beda sich begnügt,
nur der Biograph des heiligen Cuthbert, statt der Geschichtschreiber der
Kirche Englands zu sein, er würde wohl schwerlich schon bei seinen Zeit=
genossen den Namen „des Ehrwürdigen" erworben haben; und würde
Adamnan für das Leben Columba's die Schreibart und Darstellungskunst,
die er in seiner Abhandlung: „über die heiligen Orte" verwendete, ein=
gehalten und damit die Gründlichkeit, das Gefühl und die Frömmigkeit,
die seine vita S. Columbae auszeichnen, verbunden haben, die christliche
Nachwelt hätte ihn mit dem Namen „des Wunderbaren" geschmückt. Aber
auch in dem engen Kreise, den er für seine Arbeit wählte, hat er sich
eine allgemeine Berühmtheit erworben, und die zahlreichen Abschriften von
seinen Werken, welche in ganz Europa verbreitet wurden, beweisen, in
welch' hoher Achtung er überall im In = und Ausland stand." Ueber die
vielen irischen (scotischen) Personen = und Ortsnamen, die in seinem Buche
vorkommen, entschuldigt sich Adamnan in der Vorrede mit den Worten:
„Der Leser möchte den schönen Inhalt seines Werkes nicht verachten wegen
einiger dunkeln Namen von Personen, Orten und Völkerschaften, die er
in der irischen oder scotischen — einer gar wüsten Sprache (vilis videlicet
linguae), habe anführen müssen." Diese Klagen über das irisch=gälische
Idiom waren bei den Schriftstellern jener Zeit nicht selten; Papst Gregor
der Große [1]) bezeichnet einen verwandten Dialekt als — „lingua Britanniae, quae nil aliud noverat quam barbarum frendere." Ein angel=
sächsischer König [2]), der nur die angelsächsische Sprache kannte, verließ den
irischen Bischof Agilbert, dessen barbarische Sprache er nicht ausstehen
konnte — pertaesus barbarae loquelae." Walfrid Strabo (um das
Jahr 840) [3]), läßt die Namen der irischen Schüler und Nachfolger des
heiligen Gallus, welche er als Zeugen für die Wahrheit seiner Erzählung
sonst anzuführen im Falle wäre, wegen ihrer barbarischen Aussprache weg,
damit sie die Würde der lateinischen Sprache nicht verunstalten." Der
Bibliothekar Athanasius verwundert sich: „wie Johannes Scotus Erigena
„vir ille barbarus in fine mundi positus" fähig war, die Werke des Pseudo=
Dionysius Areopagita aus dem Griechischen zu übersetzen", und im XII. Jahr=
hundert schreibt Jocelin [4]); „er habe viele scotische Orts = und Personen=

---

1) S. Greg. Op. I. 862. — 2) Beda l. c. III. 7. — 3) Contin. vit. S. Galli
Lib. II. 10. — 4) Joc. vit. S. Patric. c. 89.

namen der rauhen und ungeschlachten Worte wegen ausgelassen, um den lateinischen Ohren nicht Ueberdruß und Abscheu einzuflößen."

<hr>

Zweites Kapitel.

„Der heilige Columba, sein Leben und Wirken in Irland, Scotland und Caledonien bis zu seinem Tode."

Der heilige Columba wurde zu Gartan, einer wilden Gegend in der Grafschaft Donegal, geboren, am gleichen Tage, da der heilige Buithe (Boëthius), der Stifter des Klosters Monasterboice, aus diesem Leben schied. „Gartan ist der Name des Ortes, wo er geboren ward (Gartan din ainm in Luice in ro genir)", sagt eine altirische vita, und damit übereinstimmend meldet Mura in seinem Lobgedichte [1]):

„Zu Gartan war er geboren und ernährt zu Kill-mic-Nevin.
Und der Sohn voll Güte wurde getauft zu Tulach Dubhglaise für Gott."

Sein Geburtstag war der 7. Dezember des Jahres 521. Der genannte Buithe oder Boetius erscheint in den altirischen Geschlechtsregistern als der Sohn Bronach's, und als solcher, wie wir oben schon vernommen, einer von dem mächtigen Geschlechte der Cianachta, welche über die südliche Hälfte von Louth herrschten, in welchem Gebiete Buithe auch das Kloster Monasterboice gegründet hatte. Er wurde Bischof von Mainistir genannt und soll, nach der altirischen vita, an seinem Sterbetage die gleichzeitig erfolgte Geburt Columba's mit der Weissagung verkündet haben: „Das Kind, das jetzt geboren wird, wird zu einem Manne aufwachsen, der vor Gott und den Menschen groß sein wird; nach dreißig Jahren wird er hieher kommen, mein Grab eröffnen und ein anderes mir anweisen." Auch Ciaran von Clonmacnois und Enna hatten Vorahnungen von der großen Zukunft dieses Kindes. So sah Ciaran [2]) in einem Gesichte, wie ein großer Baum am Ufer des Flusses Shanon emporwuchse und mit seinem Schatten ganz Irland bedecke. Dieses Gesicht gab wohl ein treffendes Bild von Columba und seiner künftigen Wirksamkeit, die er in der ersten Hälfte seines Lebens im eigentlichen Irland, seinem Vaterlande, und sodann in der zweiten bis zu seinem Tode in Scotland und im Piktenlande, von Jona (Hy) aus für die Verbreitung des Christenthumes durch seine wunderbare Thätigkeit

<hr>

1) O'Donnell im Kalender von Donegall.
2) Adamn. vit. S. Columbae III. 21.

entfaltete. Als die Mutter ihn noch unter ihrem Herzen trug, erschien nach den alten Berichten ihr ein Engel Gottes; er breitete einen Schleier von unvergleichlicher Schönheit, voll farbenreicher Blumen vor ihren Augen aus und übergab ihr ihn, zog ihn aber alsbald wieder aus ihrer Hand und entfaltete ihn in der weiten Luft. „Warum", fragte sie den Engel, „entziehst du mir wieder den schmuckvollen Schleier?" „Darum", antwortete er, „weil du das Sinnbild so hoher Ehren nicht länger behalten kannst." Darauf flog der buntgewirkte Schleier immer höher in die Luft und dehnte sich nach der Weite der Felder immer weiter aus, so daß sein Maß weit über alle Wälder und Berge reichte. Darauf vernahm sie eine Stimme: „traure nicht, denn du wirst deinem Manne einen Sohn schenken, der unter seinem Volke wie ein Prophet Gottes geehrt und von Gott erwählt werden wird, ein Führer zum himmlischen Vaterlande für unzählige Seelen zu sein"[1].

Columba stammte von väterlicher Seite von Niail dem Großen, dem Ahnherrn vieler irischen Könige ab; sein Vater Fedlimidh herrschte über das weite Gebiet rings um Gartan und war überdies ein Glied der regierenden Königsfamilie im brittischen Dalriada, seine Abstammung kann nach den altirischen Geschlechtsregistern[2] einerseits bis auf König Loarn Mor (503) und Niail, andererseits bis auf Eochaidh Muinremhar, dem Fürsten von Dalriada, zurückgeführt und bis auf König David († 1159) fortgeleitet werden. Columba's Mutter, Eithne mit Namen, stammte von den berühmten Provinzialkönigen von Leinster ab; in Columba war sonach der Adel zweier Königsgeschlechter vereinigt. Die Auszeichnung hoher Abkunft sowohl, als die Vorzüge vortrefflicher Geistesgaben und einer gewählten Erziehung, begründeten den mächtigen Einfluß, den Columba in Irland, Britannien und Scotland im Laufe seines Lebens gewann und für die Ausbreitung des Christenthums in diesen Ländern verwendete. Er wurde von dem Priester Cruithnechan getauft, unter dem Namen Colum, dem in der Folge das Wort Kille d. h. Zelle oder Kirchlein beigefügt wurde, um die große Zuneigung anzudeuten, die der Knabe dem Kirchlein des Ortes zuwandte, wo er seine Kinderzeit vertrieb. Darum wußte schon Beda[3] den Namen Columba oder Columcille, richtig von Cella und Columba abzuleiten. Schon als er noch ein Knabe war, pflegten seine übrigen Genossen, wenn sie in ihre Nähe kam[4], vor Freuden die Hände zum Himmel zu erheben und auszurufen: „Seht, Columba kömmt von der Zelle", und das Buch Leabhar Breac meldet: „er wurde Colum (Columba — Taube) von der Einfalt seines Herzens und Cille darum genannt,

1) L. c. III. 2. — 2) Reeves gibt sie l. c. p. 342 und 538.
3) Bed. l. c. V. 9. — 4) O'Donnell bei Colg. Act. SS. p. 645.

weil er sehr häufig das Kirchlein besuchte, in welchem er im Kreise der
Kinder aus der Nachbarschaft die Psalmen las." Der Kalender von
Donegal berichtet [1]): „Der Beiname Cille wurde ihm gegeben, weil er
bei und in der Kirche Kill=mac=Enain (Kirche der Söhne Enan's) in Tir=
conallia, seiner Heimat, erzogen wurde. Der Ort, wo er die heilige Taufe
empfing, heißt Tulach=Dubhglaise (Temple=Douglas), zwischen Gartan und
Letterkenny gelegen, wo noch jetzt ein Friedhof von bedeutendem Umfange,
die blosgelegten Mauern einer alten Kapelle und nicht ferne davon ein
abgegränztes Viereck von erhöhter Lage sich vorfinden, eine denkwürdige
Stätte, an die sich viele alte Erinnerungen knüpfen. Wie manche andere
Heilige jener Zeit, wurde der Knabe Columba der besonderen Obhut des
Priesters Cruithnechan, der ihn getauft, anbefohlen, und als dieser einst
nach dargebrachtem heiligen Meßopfer [2]), von der Kirche Cillmicnenain
(Killmercnan in Donegal) in sein Haus zurückkehrte, sah er das ganze
Haus vom hellsten Lichte erleuchtet und eine Feuerkugel über dem Gesichte
des schlafenden Knaben schweben. Das Leben ausgezeichneter Menschen
war immer mit außerordentlichen Zeichen begleitet; die gleiche Erscheinung
wird von dem Knaben Comgall und von der Stelle erzählt, wo Brigitta
als Kind gelegen; selbst Livius weiß uns von einem Feuer zu berichten,
das dem Servius Tullius auf dem Kopfe gebrannt [3]) habe, als er noch
ein Knabe war und das gleiche sagt Virgil von Julius [4]). Der Ort, wo
Columba den größeren Theil seiner Knabenjahre verlebte, war nach der
Sage Doire=Eithne, ein Weiler in der gleichen Grafschaft, der später sei=
nen Namen in Kill=mac=Nenain umtauschte, zum Angedenken an „den
Sohn Enan", dessen Mutter eine von den Schwestern Columba's war.

Zum Jünglinge herangewachsen verließ Columba seinen bisherigen
Aufenthalt, und nach Süden sich wendend, kam er nach dem Kloster Moville
(Maghbile) in Strangford Lough, wo er unter die Leitung des berühmten
Bischofs Finnian trat. Dieser war der Sohn von Cairbre, eines Familien=
gliedes der Dal=Fiatach, der Könige der Provinz Ulster, bei deren Be=
wohnern er später als Schutzheiliger in besonderer Verehrung stand. Außer
dem Kloster Moville gründete Finnian noch jenes von Druim Fionn
(Dromin in Louth). Von diesem Meister, dem man nachrühmte, daß er der
Erste war, der den Pentateuch nach Irland gebracht habe, wurde der Jüng=
ling Columba „in den Wissenschaften der heiligen Schrift unterrichtet" [5])
und später von ihm zum Diakon geweiht. Hier lernte er den greisen

---

1) Colg. Tr. Thaum. p. 483.
2) „Post missam ab ecclesia revertens." Adamn. l. c. III. 3.
3) Liv. I. 39. — 4) Virg. Aen. II. 682. — 5) Adamn. l. c II. 1.

Dichter Gemman kennen, bei dem er Unterricht in der Dichtkunst genoß. Als Gemman eines Tages auf den Feldern um Moville in den Büchern las, begab es sich [1]), daß ein ruchloser Mensch eine Jungfrau feldeinwärts verfolgte; sie floh so schnell sie konnte zu Gemman hin. Dieser rief Columba herbei, der auf einem Hügel in der Nähe sich mit Lesen unterhielt, und schnell zur Hilfe herbei eilte. Beide verbargen die Flüchtige unter ihre Mäntel, allein der Wüthende durchbohrte sie mit seiner Lanze und sie fiel todt zu ihren Füßen nieder. Der Verbrecher wollte sich entfernen, aber Columba erschütterte ihn durch den feierlichen Urtheilsspruch: „Zur gleichen Stunde wird die Seele dieser Ermordeten in den Himmel aufsteigen, und deine Seele zur Hölle fahren!" Und sieh, im gleichen Augenblicke fiel der Mörder todt zu Erde nieder. Der Ruf von diesem Ereignisse verbreitete sich schnell über ganz Irland, überall wurde der Name des jungen Diakons gefeiert, durch welchen Gott ein so gräßliches Verbrechen gerächt hatte. Gemman war ein christlicher Barde von derselben Klasse wie Dallann Forgaill, der Panegiriker Columbas; er hatte sich später seine Zelle auf dem Blachfelde von Meath hergerichtet, wo er häufig mit dem Abte Finnian von Clonard, dessen Kloster in dieser Gegend lag, in Berührung trat. So kam er eines Tages zu diesem heiligen Abte und überreichte ihm ein wohlgelungenes Lobgedicht auf dessen Tugenden und Verdienste. Für das Gedicht verlangte der Barde weder Gold noch Silber noch irgend ein anderes zeitliches Gut; er erbat sich von Finnian einzig die Gnade, daß er den Segen über die unfruchtbaren Felder spreche, welche Gemman schon so lange beinahe nutzlos bebaut hatte [2]). Von Moville zog Columba nach dem Kloster Clonard, welches Abt Finnian zu einer der berühmtesten Schulen seiner Zeit erhoben hatte, und trat hier in die Reihe der Mitschüler, welche, wie wir oben vernommen, später unter dem Namen „der zwölf Apostel oder der Väter der irischen Kirche" verehrt wurden. Abt Finnian war nicht mit der bischöflichen Würde bekleidet; denn als nachmals Columba für die höhere Priesterweihe würdig erfunden worden, wurde er von Etchen, dem Bischofe von Clonfad (bei Farbill in West-Meath), zum Priester geweiht [3]). Nachdem er mehrere Jahre zu Clonard unter so ausgewählten Mitgenossen verweilt, begab er sich in das Kloster Mobbi Clainech) zu Glas-Navidhen (Glasnevin bei Dublin), welches aus einer Gruppe von Häuschen oder Zellen und einem Kirchlein (Oratorium) bestand und am Ufer des Flusses Finglas (Tolka) angebaut

---

1) L. c. II. 25. — 2) Colg. Act. SS. p. 395.
3) Der Bischof Etchen stammte von den Clans von Leinster und starb nach Tighernach am 11. Febr. 578. Colgan Act. SS. p. 304.

war. Hier hatten auch seine Jugendfreunde Comgall, Ciaran und Cainech sich eingefunden. Allein eine heftige Seuche, die im Jahre 544 in der Umgegend ausgebrochen und auch in die friedlichen Zellen eingebrochen war, nöthigte Columba, diesen Ort zu verlassen und nach dem Norden zurück=zukehren. Auf seiner Reise setzte er über den schmalen Strom Bior (Ma=jola), der nordwestlich in den See Neagh fließt, und am Ufer dieses Stromes flehete er zu Gott, daß er nur bis hieher und nicht weiter die Seuche vordringen lasse, welche damals als Gallar Buithe — flava pestis — oder das gelbe Fieber, Irland entvölkerte[1]). Von ihr meldet eine alte vita[2]): „eine grausame Pest wüthete damals in Momonia; in der Stadt Cassel trat sie heftiger als an anderen Orten auf; sie machte zuerst die Leute gelb, und dann brachte sie ihnen den Tod[3]).“

Neunzehn Jahre verfloßen entzwischen bis zur Zeit, als Columba Irland verließ und nach brittisch Scotland und Piktenland auswanderte, und über diesen langen Zeitraum hat uns Adamnan nur spärliche Nach=richten überliefert. Dagegen geben die vielen Klöster und Kirchen, die Columba während dieser Zeit in Irland gründete, ein um so sprechenderes Bild von der außerordentlichen Thätigkeit, die er für die Ausbreitung und Forterhaltung des Christenthumes in seinem Heimatlande entwickelte; wir führen von denselben nur einige der bedeutenderen hier an[4]). Durrow früher Roß Grencha, bei Adamnan „Dairmag“ — roboreti campus (Eichenfeld) genannt, war eine der größten Stiftungen Columba's, aber nicht von langer Dauer. „Er baute dieses herrliche Kloster (nobile monasterium)“, wie Beda erzählt[5]), „bevor er nach Britannien (brittisch Scotland) kam in einem Haine vieler alten Eichen.“ Der neuere Name des Ortes, wo einst diese berühmte Abtei blühte, heißt Durrow, eine Pfarrei in der Diö=zese Meath, im Norden der King's County gelegen. Das altirische Leben Columba's nennt diese Stiftung Recles d. i. ecclesia oder Abtei=Kirche und bringt den Namen von Colman=Mor, dem zweiten Sohne von König Diarmait mit ihr in Verbindung. Von der alten Abtei Durrow erhielt sich noch ein schönes Evangelarium — das „Buch von Durrow“, dessen Alter bis in die Zeit Columba's herabreicht[6]). Bevor Columba von Durrow schied, richtete er an die Vorstände und Brüder ein Abschiedslied, dem wir folgende Strophen entheben:

---

1) Girald. Cambr. Itin. II. 1.
2) Vit. S. Declan. Bolland. Jul. V. 602.
3) Hundert Jahre später (644) verheerte die gleiche Krankheit ganz England und Irland. Beda III. 27.
4) W. Reeves zählt l. c. p. 276 deren in Irland allein 37 auf.
5) Beda l. c. III. 4. — 6) Aufbewahrt im Trinity=Colleg. zu Dublin.

Lobet die herrlichen Sieben, die Christus erwählt für sein Reich,
Ich verlasse sie nun, die rein zu bewahren meine stäte Sorge war.
Drei von ihnen sind hier in diesem Land, Cormac, Dima's Sohn, und Aengus,
Und Collan, der Mann von reinem Herzen, der sich mit ihnen verband.
Libren, Senan, der liebreiche Conrach, der Sohn Ua-Cheins und sein Bruder
Sind außer den Andern die Vier, die kommen werden hieher.
Dies sind die sieben Pfeiler, die sieben Häupter sind sie,
Ihnen befahl Gott selbst zu wohnen unter dem gleichen Dach [1].

Derry, gegründet im Jahre 545, wurde eigentlich Daire = Calgaich oder Roboretum Calgachi genannt. Die ursprüngliche Kirche hieß Dub-Regles — Cella nigra oder Schwarzkirche, worin Columba drei Jahre lang sich aufhielt, wie Tighernach meldet:

Drei Jahre ohne Licht brachte Colum in dieser Schwarzkirche zu,
Nach siebenzig und sieben Jahren fuhr er aus seinem Leibe zu den Engeln hinan.

Das alte Kirchlein sammt bedeutenden Grundstücken und einem könig-lichen Schlosse, das in der Nähe lag, wurde von König Aedh, dem Sohne Ainmir's an Columba vergabet, der diese Schenkung anzunehmen sich vor-erst weigerte, weil sein früherer Lehrer Mobi Clarainech es ihm untersagt hatte. Als er aber von der Burg herunterkam, begegnete er zweien Män-nern, aus der Gegend von Glasnevin, die ihm den Gürtel Mobi's über-brachten mit dem Bedeuten: Columcille werde eine Schenkung von Grund-besitzungen erhalten, die er annehmen dürfe, denn Mobi sei gestorben († 544). Darauf bezog Columba die Burg des Königs Aedh und gründete Derry. Die dritte wichtigere Stiftung Columba's in Irland war Kells (irisch Cenannus im Nordwesten von Meath gelegen); der Ort soll früher der Königssitz (Dun) von Diarmait Mac Cerbhaill gewesen sein, wie die irische vita berichtet: „Columcille steckte selber den Plan der Stadt in dem Umfange aus, wie sie gegenwärtig ist; obwohl sie zur bedeutendsten Stadt des ganzen Landes sich erhob, ward ihm doch nicht vergönnt, dort den Tag seiner Auferstehung zu feiern." Im Jahre 807 wurde die Stadt Cenann's oder Kells gänzlich umgebaut und von da an das dortige Co-lumba = Kloster als Mittelpunkt aller anderen Columba = Klöster angesehen. Von ihm haben sich einige Denkmäler bis auf unsere Tage erhalten: ein runder Thurm von 90 Fuß Höhe, das Columcill=Haus, ein Oratorium, drei große Kreuze mit Schnitzwerken von biblischen Bildern und die be-rühmte Handschrift „das Buch von Kells", ein Evangelienbuch, ähnlich jenem von Durrow, weit schöner jedoch nach Schrift und kostbarer durch die Arbeit und Ausstattung des Einbandes.
Während Columba noch in Irland weilte, fanden blutige Kriege zwi-

---

1) W. Reeves l. c. p. 276—77.

schen seinen Verwandten — den Hy-Nieill des Nordens und jenen des
Südens statt, in Folge deren er sich genöthigt sah, Irland zu verlassen.
Er wandte sich zu den nördlichen Pikten in brittisch-Scotland, die noch
Heiden waren; bei ihnen eröffnete sich ein weites Feld für seine apostolische
Wirksamkeit. Seine Auswanderung war eine unfreiwillige, denn nach allen
altirischen Chronisten war sie die Folge eines Strafurtheiles, welches der
Bischof Molaisi an der Spitze einer Synode gegen Columba erließ, weil
er die häuslichen Fehden der beiden Linien Nieill's, seiner Verwandten,
angestiftet habe, die in der Schlacht von Culedrebina (555) einen so blutigen Ausgang nahmen. Der alte Chronist Keating berichtet darüber:
„Molaise (St. Molasch, auch Lasrian genannt, von Dams-Inis, jetzt De-
venish) verurtheilte Colum-Kille, nach Alba auszuwandern, weil er beschul-
digt wurde, die drei Schlachten von Cuil-Dreimhne, von Rathan und von
Cuil-Fedhna angestiftet zu haben.“ Allein das fragliche Synodalurtheil
kann sich nur auf die Schlacht von Cuil-Dreimhne vom Jahre 555 beziehen,
da die beiden anderen lange n a ch der Auswanderung Columba's stattgefunden haben. Die alte Chronik Uidhre von Kiaran [1]) gibt über die
Veranlassung der erstgenannten Schlacht folgende Aufschlüsse: „Diarmait,
der Sohn des Fergus Cerbhoil, König von Irland, hielt ein Fest zu Tara
und an diesem Feste wurde ein Edelmann ermordet von Curnan, dem
Sohne Aod's, des Sohnes von Echaidh Tiorm-Carna. Diesen tödtete
darauf Diarmait zur Sühne der begangenen Unthat, weil er einen Mord
begangen am Feste zu Tara gegen das Gesetz und die Heiligkeit des Ortes.
Bevor jedoch Curnan zum Tode geführt wurde, rief er den Schutz Columcill's (Columba's) an, und trotz dieser Schutzberufung wurde er von
Diarmait getödtet. In Folge dessen suchte Columcill den Clana Neill
des Nordens auf, weil sein Schutzrecht und das der Söhne Eare's verletzt
worden, worauf die Schlacht von Cuil-Dreimhne gegen Diarmait und die
Männer von Connacht gewonnen wurde, denn sie wurden auf's Haupt
geschlagen durch das Gebet Columcill's.“ Der Leabhar Breac von Molaga
fügt noch bei: „Diese Schlacht sei überdies noch durch den ungerechten
Urtheilsspruch veranlaßt worden, welchen Diarmait gegen Columcill erließ.
Dieser hatte nämlich nach einer Handschrift Finnian's von Mioville das
Psalmbuch David's heimlich ohne Wissen und Willen des Besitzers abgeschrieben. Finnian behauptete: Die Abschrift von seinem Buche gehöre
nicht Columba, sondern ihm an, beide wählten zum Schiedrichter den
König Diarmait und dieser gab den Entscheid dahin: „Jedem Buche gehöre
die Abschrift, wie der Kuh das Kalb.“ Das Gleiche berichten die vier

---

[1]) Reeves l. c. p. 248.

Meister beim 17. Regierungsjahre Diarmait's (555). Dieser König war das Haupt der südlichen Linie des Fürstenstammes der Hy-Rieill, Ainel Eaghain aber und Ainel Conaill die Häupter der nordischen Linie, die sich auch noch bei anderen Kriegsläuften jener Zeit hervorthaten. Denn Beide wohnten schon im Jahre 543 der Schlacht von Sligo bei, in welcher Eoghan Beul, König von Connaught, geschlagen wurde; sie besiegten im Jahre 549 auch den Ailill Inbana, den späteren König von Connaught in dem Treffen von Cuil-Conaire in Cara (Grafschaft Majo). Gegen Diarmait verbunden, vertheidigten sie nun die Sache des Connaughtischen Clan's und die ihrem Landsmanne und Verwandten angethane Unbill mochte sie wohl zum Kampfe bei Cul-Dreimhne aufgerufen haben, der, wie jener von Sligo auf connaughtischem Gebiete, ganz in der Nähe der Gränzen von Connaught und Ulster ausgefochten wurde. Weil nun Columba im Verdachte stand, diesen blutigen Kampf angeschürt zu haben, erging über ihn in Form einer Verbannung die berührte Kirchenstrafe. O'Donnell und Colgan äußern sich über diesen Vorfall also [1]): „Nachmals wurde auf einer Synode der heiligen Väter Irland's gegen Columba die schwere Anklage erhoben: daß er der Urheber so vielen vergossenen Blutes sei, weßwegen sie ihn durch gemeinsames Urtheil verpflichteten: er müsse so viele Seelen für Christus gewinnen, als Krieger in jener Schlacht umgekommen seien." Nach einem anderen Berichte [2]) wurde der Entscheid über Columba auf jener Synode dem „schriftkundigen" Bischofe Molaisi überlassen, der ihn nicht nur zu der eben erwähnten Leistung, sondern zu ewiger Verbannung außerhalb Irland's Gränzen verurtheilt habe. Daß Columba wirklich wegen der Schlacht von Cuil-Dreimhne Gewissensunruhe empfunden, bestätigt auch der Verfasser [3]) der Lebensgeschichte St. Abban's, dessen Gebete Columba die Seelen der dort Erschlagenen eindringlich empfahl. Nach O'Donnell hat Columba die Verbannung zur Sühne für das mitverschuldete Blutvergießen sich selber freiwillig auferlegt und es werden ihm die Worte an seine Verwandten in den Mund gelegt: „Von dem Engel des Herrn wurde ich angewiesen, aus Irland auszuwandern und für immer in der Verbannung zu leben, weil um meinetwillen Viele durch Euch getödtet wurden." Das Buch Finnian's, wovon Columba eine Abschrift nahm, war nicht, wie der alte Bericht angibt, ein Evangelienbuch, sondern das Buch der Psalmen; es blieb erhalten und bildet noch mit seinem silbernen Einbande unter dem Namen Cathach (praeliator) das älteste Cimelion der irischen Kirche [4]). Von ihm weiß O'Donnell (der um

---

1) Colg. Act. SS. p. 645. — 2) Vit. S. Molaisi cap. 28.
3) Colg. l. c. p. 624.
4) Dieses merkwürdige Buch enthält 58 Pergamentblätter; alle anderen, die dem

das Jahr 1532 schrieb) zu erzählen: „Wegen diesem Buche wurde die
Schlacht von Cuil-Dreimhne geschlagen; dies ist das vorzüglichste Denkmal von Columcill im Gebiete des Cinel Conaill Gulban. Selbes ist mit
Gold und Silber bedeckt und nicht Jedermann ist's erlaubt, es zu öffnen.
Wenn es dreimal, so versichert die alte Sage, um das Heer Cinell-Co-
naill's herumgetragen wird, bevor es in den Krieg zieht, werden die Krieger
siegreich aus dem Kampfe heimkehren. Aber der Cathach muß auf der
Brust eines Hirten oder eines Priesters herumgetragen werden, welcher
der beste von seinem Stande und frei von irdischem Sinne ist" [1]. Nachdem Columba Irland längst verlassen, fielen noch zwei andere nicht minder
blutige Kämpfe vor und die Veranlassung beider werden ihm nach den
alten Berichten zur Last gelegt; es sind die Schlachten gemeint, die zu
Cuil-Rathan und Cuil-Feadha vorfielen. Die erste wurde in Folge eines
Streites zwischen Columba und Comgall von Bangor wegen der Kirche
Roß-Tarathair hervorgerufen, die in der Nähe von Colerain lag. Das
Gebiet, westlich von dieser Kirche gelegen, bildete schon früher einen Zank-
apfel zwischen den Dal-Araidnern, den Stammverwandten Comgall's und
den Hy-Nieill, den Stammgenossen Columba's, und es ist wahrscheinlich,
daß zwischen den beiden Jugendfreunden bezüglich der Jurisdiktions- oder
Eigenthumsfrage über diese Sache Zwist entstand, da Columba öfters in
der Nähe dieser Kirche sich aufhielt. Fiachna, Boadan's Sohn, war mit
den Männern seines Stammgeschlechtes Rudhraigh ein kriegerischer Fürst
auf Seite der Dalriadner und Oberherr dieses Landes; er wohnte [2] auf
der Burg Rath-Mor in Moylinny und war ein besonderer Freund Comgall's; der brennende Faden des kirchlichen Streites mochte gar wohl auf
dem Grunde der alten Eifersucht zwischen den beiden Stämmen der nordischen Dalriadern und der Hy-Nieill in Ulster die Flamme zum Kriege
entzündet haben. Die Schlacht von Cuil-Feadha endlich fiel im Jahre 587
vor, über deren Veranlassung das Buch von Molaga folgende Nachricht
mittheilt: „Dies war die Veranlassung zur Schlacht von Cuil-Feadha gegen
Colman, Diarmait's Sohn: sie wurde geschlagen von Aedh, Sohn des
Ainmir, zur Sühne der Ermordung Boadan's, des Sohnes Ninneadh's,
des Königs von Irland, der von Cuimin, Colman's Sohn, zu Leim-an-eich
mit Entweihung des Heiligthumes getödtet wurde. Colman, der Sohn
Diarmait's, blieb in dieser Schlacht mit 5000 seiner Krieger in Folge einer

---

31. Psalme vorangingen, sind verloren gegangen, und auf dem letzten Blatte nur die
13 ersten Verse des 106. Psalmes zu lesen. Noch im Jahre 1497 wurde es wie eine
Schlachtstandarte im Kriege verwendet und befindet sich gegenwärtig im Besitze der
Familie O'Donnell. Reeves l. c. 320.
1) O'Donnell II. 3. Tr. Thaum. 400. — 2) Vit. S. Comgalli cap. 45.

Weiſſagung Columcill's, und Aedh, der Sohn Ainmir's, blieb Sieger" [1]). In welch' nahe Beziehung damals Columba zu dieſen blutigen Kämpfen gebracht wurde, ſcheint der Hiſtoriker Beda anzudeuten, der über ihn das Urtheil fällt [2]): „Wer er (Columba) ſelber immer geweſen ſein mag, ſo viel ſteht nach unſerer Ueberzeugung feſt, daß er Männer von großer Ent= haltſamkeit, göttlicher Liebe und regelrechten Lebens als ſeine Nachfolger hinterließ." Wie weit er zu dieſem Kriege eine mitwirkende Veranlaſſung bot, iſt mit Sicherheit nicht mehr zu ermitteln; jedenfalls muß man bei der Beurtheilung ſeiner allfälligen Mitbetheiligung, wie W. Reeves be= merkt [3]), „die Wirren der Zeit, in der er geboren, und die häuslichen Zwiſtigkeiten des hohen Stammgeſchlechtes, dem er angehörte, mit in An= ſchlag bringen." Die Zeit, in welcher Artur durch ſeine Heldenthaten den Grund zum großen Sagenkreiſe ſeiner Tafelrunde legte, war durch und durch kriegeriſch geſinnt und zu Abentheuern geneigt; ſelbſt die Frauen wurden genöthigt, mit in die Schlacht zu ziehen und auch die Geiſtlichen angewieſen, das Kriegshandwerk im Widerſpruche zu ihrem heiligen Berufe auszuüben. Dies war nicht allein in Irland, ſondern auch in Gallien zur Sitte geworden und Gregor von Tours [4]) zählt uns mehrere Beiſpiele dieſer Art auf. Mitten im Sturme der Völkerwanderung, die ihre Wellen= ſchläge nach allen Richtungen trieb, wurden ſelbſt die Ordensmänner ge= zwungen, auf dem Kontinente ihre Kirchen und Klöſter gegen die Ueber= fälle der Krieger und Räuber, auf den Inſeln aber gegen die Plünderungen der Piraten mannhaft zu vertheidigen. So vernehmen wir von Adamnan [5]): wie Columba einen Räuber in die Flucht trieb und ihn in's Meer hinein ſo lange verfolgte, bis das Waſſer ihm an die Knie reichte; wie er bei einem anderen Anlaſſe auf der Inſel Himba mehrere Räuber, welche eine Kirche geplündert hatten, mit dem Kirchenbanne belegte, von denen Einer bald nachher im Kampfe, von einem Speere durchbohrt, fiel, der im Namen Columba's auf ihn geſchleudert wurde. Bei der Beurtheilung dieſes außer= ordentlichen Mannes darf ebenſowenig die Beziehung vergeſſen werden, in der er zu ſeinen königlichen Stammverwandten in Irland und Scot= land ſtand. Vom Stamme der Könige von Irland entſproſſen und nicht minder mit jenen von brittiſch Dalriada in Schottland nahe verwandt, hatte er unter Umſtänden als ein erbberechtigtes Familienglied, Anſprüche auf die Kronen beider Königreiche. Als er geboren wurde (521), ſaß ſein

---

1) Keating's Histor. und Tighern. ad an. 587.
2) Bed. III. 4. „Qualiscumque fuerit ipse."
3) W. Reeves Summary of the Life l. c. p. 77.
4) Greg. Turon. Hist. IV. 41. — 5) Adamn. l. c. II. 22.

Halb-Onkel Muircetach auf Irland's Thron und sein nachfolgendes Leben fiel in die Regierungsjahre seiner Vetter Domhnall, Fergus und Eochaidh und seiner nächsten Verwandten Ainmir, Baedan, Aedh, des Sohnes Ainmir's. Diesem Umstande, sowie seinen außerordentlichen Eigenschaften, ist der große Einfluß zuzuschreiben, den Columba in beiden Ländern besaß und für die Verbreitung des Christenthumes, der Kirchen und Klöster zu verwerthen wußte. Er übte eine Art geistlicher Oberherrlichkeit auf jenen Inseln aus, welche der weltlichen Herrschaft seiner nahen Verwandten zur Seite ging und die Autorität, die er auf die patriarchalischen und klösterlichen Einrichtungen jener Zeit ausübte, brachte dem Lande den größten Nutzen. Billig werden wir im weiteren Verlaufe seines Lebens den Helden bewundern, der aller weltlichen Ehre und Größe freiwillig entsagte und sein Vaterland verließ, um unter unzähligen Mühen und Gefahren bei den verwilderten Völkern des brittischen Nordens das Christenthum zu pflanzen. Adamnan bestätigt [1]), daß Columba auf der Synode zu Teilte (um das Jahr 561) sei verurtheilt und wegen gewissen leichten und entschuldbaren Ursachen, jedoch nicht gerechterweise (non recte) wie nachmals die Folge klar zeigte, sei exkommunizirt worden. Als Columba in die Versammlung eintrat, um das Urtheil zu vernehmen, erhob sich St. Brendan von Birr von seinem Sitze, beugte vor ihm sein Haupt und küßte ihn in hoher Ehrfurcht. Das erregte Widerwillen und Murren unter den anderen Vätern und Einige fragten ihn: „Warum trägst du kein Bedenken, einem Exkommunizirten den Friedenskuß zu geben?" Er antwortete ihnen: „Ihr habt heute einen Auserwählten entehrt, den Gott vor meinen Augen hoch geehrt; der Herr hat ihn auf keine Weise von der Kirchengemeinschaft ausgeschlossen, vielmehr wird er ihn in der Kirche immer mehr erhöhen." Und als sie weiter nach den Gründen seines Urtheiles fragten, antwortete St. Brendan ihnen: „Ich sah eine feurige lichte Säule dem Manne Gottes vorangehen und Engel, die ihn auf den Feldwegen begleiteten. Darum wage ich es nicht, denjenigen zu verachten, welchen Gott zu einem Führer der Völker zum ewigen Leben vorbestimmt hat." Mit Schmerz und tiefer Wehmuth verließ Columba Irland, seine alte Heimath und auch in Alba und in Caledonien verließ ihn das Heimweh nach dem Vaterlande nie; die Gefühle, die sein Herz bewegten, sprach er in folgendem Liede aus [2]):

1) Adamn. III. 3. Diese Synode fand um das Jahr 561 zu Teilte (Teltown) statt, gegenwärtig eine kleine Pfarrei im Südosten von Kells, wo noch ein Friedhof und die Ruinen einer alten Kirche zu treffen sind.

2) Dieses Lied Columba's wurde später mit Zusätzen vermehrt und durch Anachronismen alterirt.

„Wonnevoll ist's auf dem Eiland Edar[1]),
Ehe man geht auf das weiße Meer,
Zu sehen den Wellenschlag gegen die Felsenwand,
Den Umkreis seiner öden Gestade.

Wonnevoll ist's auf dem Eiland Edar,
Wann zurück man kömmt vom tückischen Meer,
Vorwärts zu rudern im kleinen Kahn
Ach, am wogenumgürteten Gestade.

Wie schnell ist doch meines Bootes Lauf
Und sein Rücken nach Derry gekehrt;
Wie schmerzt mich diese Fahrt über das Meer,
Meine Reise nach Alba, dem Raubnest.

Mein Fuß steht noch im winzigen Kahn,
Mir blutet noch mein trauernd Herz,
Schwach ist der Mann, er kann den Kahn nicht leiten,
Wie blind sind die Unkundigen Alle!

Da ist ein altgraues Aug',
Das zurück nach Erin blickt,
Und nie wird es sie wieder sehen,
Die Männer von Erin und ihre Frauen.

Ich werfe meinen Blick über die Salzfluth hin
Vom breiten Eichenbrett des Kahnes aus,
Reich rinnt die Thräne mir vom grauen Aug',
Wenn zurück ich nach Erin schaue.

Nach Erin ist mein Sinn gerichtet,
Nach dem See Levin[2]), nach Line[3]),
Nach dem Lande meiner Ultonier,
Nach den grünen Ebenen von Münster und nach Meath.

Zahlreich sind im Osten[4]) die kühnen Recken,
Manche Kämpfe auch und manche Wirren dort,
Viele mit ärmlichem Gewande,
Viele dort mit hartem und erbittertem Herzen.

In Fülle wächst im Westen[5]) die Apfelfrucht,
Zahlreich sind die Könige und Fürsten dort,
Fruchtbar ist Erin an wuchernder Schlehe,
Fruchtbar wie Eichen voll Eicheln sind seine Edlen.

---

1) Bei Dublin. — 2) Jetzt Lough=Lené bei Tove in West=Meath.
3) Jetzt Magh=line bei der Stadt Antrim.
4) d. i. in Schottland. — 5) Irland.

Melodisch singen seine Priester, melodisch die Vögel,
Freundlich sind dort die Jünglinge, die Alten weise,
Berühmt die Männer, erhebend zu schauen,
Berühmt auch durch ihren Liebreiz die Frauen.

Im Westen der süße Brendan [1]) wohnt
Und Colum, Crimthann's Sohn [2]),
Im Westen wird auch der schöne Baithen sein,
Dort wird nicht minder auch Adamnan sein [3]).

Ich richte mein Sinnen sodann
Auf Comgall [4]) hin im ewigen Leben,
Ich richte mein Sinnen sodann
Auf den tapfern König hin der schönen Emaniaburg [5]).

Ich bringe mit dir, du edle Jugend,
Mein Heil und meinen Segen,
Die eine Hälfte über Erin siebenfach,
Die andere auf Alba zu gleicher Zeit.

Ich sende meinen Segen über das Meer
Den Edlen der Insel von Gädhil [6]),
Glaubt den Worten Molaisi's [7]) nicht,
Noch seiner schweren Anklage.

Wäre es nicht wegen Molaisi's Worten,
Bei dem Kreuze von At=Imlaisi [8]),
Werde ich nicht mehr zulassen
Kämpfe und Zerwürfniß in Irland.

Nimm' meinen Segen mit dir nach Westen,
Gebrochen ist mir das Herz in der Brust,
Wird plötzlich der Tod mich ereilen,
So sterb' ich vor großer Liebe zu Gaedhil.

---

1) Der Gründer von Clonfert † 577 35 Jahre alt.

2) Der Gründer von Tirdaglaß, Mitschüler Columba's im St. Finnian's-Kloster zu Clonfert † 518 zur Pestzeit.

3) Baithen, unmittelbarer Nachfolger Columba's (597) in Hy, und Adamnus der 9. Abt um das Jahr 682.

4) Stifter von Bangor † 604.

5) Alter Sitz der Könige von Ulster. — 6) Irland.

7) Anspielung auf das Synodalurtheil bezüglich seiner Verbannung.

8) Ahamlish, die nördlichste Pfarrei in der Grafschaft Sligo. Colman, Finan's Sohn, Abt von At=Imlaist, war Eigenthümer der Insel Inismurrh, wo St. Molais' Name sich bis jetzt erhalten hat.

Gaedhil, Gaedhil, geliebter Name,
Dich zu nennen ist meine einzige Lust;
Geliebt ist Cuimin [1]) mit dem schönen Haar,
Geliebt sind Cainech [2]) und Comgall.

Wäre der Reichthum von ganz Alba mein,
Von der Mitte bis zu den Gränzen hin,
Ich wollte lieber wohnen in einem Hause
In der Mitte des schönen Derry.

Ich liebe Derry so sehr,
Weil es so still und weil es so rein,
Weil in ihm wimmeln die weißen Engel
Von einem Ende zum andern.

Ich liebe Derry so sehr,
Weil es so stille, weil es so rein:
Voll besetzt von Engeln des Himmels
Ist jedes Blatt der Eichen von Derry.

Mein Derry, mein kleiner Eichenhain,
Mein Wohnort und meine stille Zelle,
O ewiger Gott im Himmel oben,
Wehe dem, der sie zu schänden wagt.

Geliebt sind Durrow und Derry,
Geliebt ist Raphoe, die reine,
Geliebt Drumhome mit seinen reichen Früchten,
Geliebt sind Smords und Kells.

Lieb meinem Herzen im Westen
Ist auch Drumcliff am Culcinne's Strand [3])
Zu schauen den schönen See Feual [4]),
Die Form seiner Ufer ist wonnevoll.

Wonnevoll ist auch und wonnevoll immerdar
Des Meeres Salzfluth, über welche die Möve schreit,
Bei meiner Ankunft vom fernen Derry;
Ist so still das Meer und ist es so wonnevoll!"

Im Jahre 563, im zwei und vierzigsten seines Lebens, schiffte Columba nach der westlichen Küste Schottlands hinüber; mit dieser Auswanderung trat er die wichtigere Periode seiner Lebenszeit an; denn sie war der Anfang seines glänzenden Apostolates unter dem Volke der Pikten im alten

---

1) Cuimin Finn oder Cumeneus Albus VII, Abt von Hy vom Jahre 657—669.
  2) Abt und Stifter von Agaboe in der Königsgrafschaft, Bisthums Ossory, geboren 517, gestorben 600. — 3) Der alte Name von Drumcliff Bay. — 4) Lough Foyle.

Caledonien. Zwölf Schüler, darunter mehrere aus seiner Verwandtschaft, schlossen sich ihm an [1]), nämlich zwei Söhne von Brendan, seinem Oheime von mütterlicher Seite, Baithen oder Coniu, sein späterer Nachfolger im Kloster Jona oder Hy, und Cobtach, dessen Bruder; Ernaan, sein Oheim, Diormitius, sein Diener, Rus und Fechno, die beiden Söhne Rodain's, Scandal, der Sohn Breasal's, des Sohnes von Enna, des Sohnes von Niell, Luguid Mocuthemne, Echoid, Tochannu Mocufir=Cetea, Cairnaan und Grillan, Namen, welche in den irischen Kirchenkalendern gefeiert werden. Wie schon früher, begegnen wir wieder „einer Zwölfzahl" von Jüngern. Die Vorliebe der frühesten christlichen Zeit, den Typus der Apostelzahl bei der Einrichtung kirchlicher Ordnungen anzuwenden, machte sich auch in der ältesten irischen Kirche geltend, sie wurde als eine heilige und gesegnete Zahl nicht nur bei den Stiftungen von Klöstern und bei der Auswahl der Mönche für dieselben oder der Reise= und Missionsgenossen, son=dern auch bei Regelung anderer moralischer und sozialer Verhältnisse damals häufig, sowohl in Irland als in Britannien, nachgeahmt. Palladius kam nach Irland (429) mit zwölf Gefährten [2]), Patrizius mit vierundzwanzig Genossen (432); Mochta, der Britte (500), wurde von zwölf Schülern begleitet [3]); unter den zahlreichen Schülern Finnian's von Clonard haben wir zwölf von großer Auszeichnung wahrgenommen; Brendan entdeckte auf seinen Seefahrten ein Inselkloster mit einem Abte und vierundzwanzig Brüdern [4]); Albeus durchkreuzte das Meer mit vierundzwanzig Mönchen. In der Litanei des Aengus werden St. Colmann Finn mit seinen zwölf Gefährten in Morthreath Corenea, der andere Finnian mit zwölf Schülern in Ard=Brendomnuigh, und zwölf Bischöfe als Bewohner von Killach Tromshod bei Falgheid in Irland angerufen. Der heilige Corpreus sam=melt um sich zwölf Priester im Kloster Clonmacnois [5]); Columba zieht mit zwölf Genossen nach der Insel Jona aus und sendet den Moch=hona (Macharius oder Mauritius genannt) mit zwölf Begleitern zu den Pikten [6]); Columban [7]) verläßt (um das Jahr 588) mit zwölf Brüdern Irland und begibt sich nach Gallien, Burgund, Alemannien und Italien; Gallus, sein Schüler, baut (um das Jahr 613) am Ufer der Steinach „Zellen rings in einen Umkreis gestellt, zu Wohnungen für zwölf Brüder [8]), in denen er den Eifer für das Ewige entzündet hatte." Kilian zieht (um das Jahr 680) an der Spitze von zwölf Schülern von Irland aus nach

---

1) Hector Boethius Scotti chron. III. 4.

2) Tr. Thaum. p. 123 und vit. trip. I. 38. — 3) Colg. Act. SS. p. 724.

4) S. Brend. Vit. c. 17. — 5) Colg. l. c. p. 509.

6) Adamn. l. c. III. 26. — 7) Jonas Vit. — 8) Jon. l. c. cap. 30.

Franken[1]), wo er die Kirche zu Würzburg stiftet; der Schüler Fursa's, Eloquius, verbreitet mit zwölf Gehilfen das Christenthum in Belgien[2]), Ruppert in Bayern, Willibrod in Frießland. Auch bei der Bestimmung der Mitgliederzahl für Klöster und andere Stiftungen fand die typische Zahl der Apostel vielfache Berücksichtigung. St. Carthach gründete zu Rahan in Irland eine Klosterinnung von zwölf Mitgliedern[3]); St. David, Bischof von Menevia in Wales, stiftete zwölf Klöster[4]); der Irländer Disibod errichtete auf Dysenberg ein Stift für zwölf Stiftsherren „ad numerum 12 Apostolorum"[5]); Rhabannus Maurus hatte zu Fulda 270 Mönche, unter denen sich „nach der Apostelzahl" zwölf durch Gelehrsam= keit besonders auszeichneten[6]); Kaiser Karl der Kahle gründete auf dem Viktorsberge bei Rankwyl in Vorarlberg um das Jahr 880 ein Haus für zwölf irische Pilger zum dankbaren Andenken an den irischen Mönch Eusebius von St. Gallen[7]), und bekanntermaßen wurde die Zwölfzahl auch vom Papste Gregor dem Großen bei der Errichtung der bischöflichen Kirchen in England eingehalten und nach der gleichen Norm später die Mitgliederzahl für die Domkapitel jener Kirchen bestimmt.

Im brittischen Dalriada oder Scotland angekommen, traf Columba in Conall, dem Herren des Landes, einen Verwandten, mit dem er noch im gleichen Jahre eine Zusammenkunft hielt[8]). Bei den Scoten war das Christenthum in Zerfall gerathen, die Pikten dagegen waren noch Heiden; dort die erlöschende Flamme der christlichen Religion wieder auf ein neues anzufachen, hier sie einem verwilderten Volke mitzutheilen, war die große Aufgabe, deren Lösung Columba mit apostolischer Begeisterung übernahm. Er besuchte den Pikten=König Brudeus auf seiner Burg Craig Phadrig (südwestlich von Inverneß in Scotland), begleitet von seinen Freunden Comgall und Cainech[9]). Am Fuße der Königsburg angekommen, setzte er sich mit ihnen nieder, und die heilige Brüderschaar betete und sang nach ihrer Gewohnheit die Vespern zum Lobe Gottes. Magier kamen herbei, um sie daran zu hindern, damit die umliegenden Heiden die Töne des göttlichen Lobgesanges nicht vernähmen. Allein Columba intonirte mit seiner gewaltigen Stimme den 44. Psalm: „Es quillt mein Herz von guter Rede, ich singe mein Lied für den König!" Und stark wie der Donner hallte sein Gesang durch die Lüfte, daß der König und das Volk davon erschüttert wurden. König Brude sah von dem Söller seines

---

1) Bolland. Jul. II. p. 613. — 2) Colg. l. c. p. 433.
3) Boll. Maj. II. 382. — 4) W. Reeves Cambro-British Saints p. 123.
5) Boll. Jul. II. p. 596. — 6) Tritem. Annal. Hirsaug. I. 5.
7) Rapert. Casus mon. S. Galli. — 8) Adamn. — 9) Adamn. II. 35.

Schlosses stolz auf die Fremdlinge herab und hielt das Burgthor vor ihnen verschlossen. Doch mit lebendigem Gottvertrauen trat Columba mit den Seinen an die Pforte, bezeichnete sie mit dem Kreuzzeichen, klopfte dreimal an, die Thürflügel gingen auf und die Sendboten des Evange= liums zogen ein, worüber der König mit seinen Dienstmannen nicht wenig erschrack. Doch ging er ihnen entgegen, empfing sie mit freundlichen Wor= ten und von Stunde an schloß er mit Columba eine Freundschaft, die unveränderlich für ihr ganzes Leben dauerte. Der König ließ sich unter= richten, empfing die heilige Taufe und bot Columba allen Beistand an, um das Christenthum unter seinem Volke zu verbreiten. Zu diesem Zwecke sah sich Columba nach einer Besitzung um, die für die Gründung einer größe= ren Klosteranstalt geeignet und für den kirchlichen Verkehr mit den Pikten und Scoten wohl gelegen schien. Er wählte hiefür die kleine Insel Jona oder Hy und erhielt sie durch Vergabung von dem Könige. So berichtet Beda [1]): „Columba kam nach Britannien, als König Brudeus, der Sohn Meilchom's, über die Pikten herrschte, im neunten Regierungsjahre dieses Königs (565); er bekehrte durch Lehre und Beispiel dieses Volk zum Christenthume und erhielt darum von ihm (ab eis) die Insel Hy eigen= thümlich, um auf ihr ein Kloster zu gründen." Unmittelbar vorher be= merkt Beda: „Diese Insel steht zwar unter brittischem Hoheitsrechte, denn sie ist von Britannien nur durch einen ganz unbedeutenden Meerbusen getrennt; allein sie wurde unter der Herrschaft der Pikten, welche jene Gegenden Britannien's bewohnen, schon längst den irischen Mönchen durch Vergabung überlassen (tradita), weil die Pikten, von ihnen unterrichtet, den christlichen Glauben empfangen haben." Als Columba die Insel Hy bezog, war sie wahrscheinlich unbewohnt und keines Herren förmliches Eigenthum. Lange vor der Einführung des Christenthumes in Irland und Scotland mögen Druiden sie bewohnt haben. Denn noch jetzt ist sie den schottischen Hochländern nur unter dem Namen — Innis=nan=Druidneach — „Insel der Druiden" bekannt. Dort sollen sie eine geistliche Lehranstalt in sehr früher Zeit besessen haben, welche bis zur Zeit ihrer Vertreibung blühte. Die Insel selbst, von Adamnan insula Jona [2]), von den irischen Schriftstellern Jona, auch Ja, Jo und Hia, Hya, Hu, von Walfrid Strabo († 849) Eo [3]), von Hermannus Contractus († 1054) Hu genannt — liegt südwestlich von dem Moorland von Müll (Roß Mull) und wird von diesem durch einen breiten Canal (Fretum Jonae insulae des Adamnan oder der Bay of Finfort) geschieden, der jetzt Sund oder die Meerenge von Jona heißt. Die Länge der Insel beträgt ungefähr drei, ihre größte

---

1) Beda III. 4. — 2) Adamn. I. 2. — 3) Canis. Lect. ant. VI. 572.

Breite anderthalb englische Meilen. „Sie ist nicht groß", schrieb Beda, „sondern nach angelsächsischer Schätzung zu fünf Familien berechnet d. i. zu fünf Hufen pflügbaren Landes, wie Beda's angelsächsischer Ausleger es erklärt. Ihr ganzer Flächenraum mag 3000 Morgen Landes betragen, von denen kaum 500 angebaut sind, die übrigen aus unfruchtbaren Morästen, Sümpfen und nackten Felsen bestehen. Der Boden ist sehr uneben, die schmalen grünen Weideplätze und Aecker sind von Felsenvorsprüngen durchzogen, die im nördlichen Theile der Insel höher und zackiger mit tiefen Schluchten versehen, im Süden aber zusammenhängender gruppirt, dem Auge einen wellenförmigen Flächenraum einer grauen, unfruchtbaren Wüste darbieten, ein wohlgewählter Aufenthalt sonach für Ordensmänner eines der Betrachtung, dem Gebete und der Arbeit geweihten Lebens [1]).

Von Jona aus betrat nun Columba die neue Laufbahn für sein apostolisches Wirken unter den Pikten in Caledonien und unter den Scoten im brittischen Dalriada, welches von Gott mit wunderbarem Beistande beglückt und mit außerordentlichen Erfolgen gekrönt wurde. Er erwies sich in der That „als der von Gott vorbestimmte Führer dieser Völker für das ewige Leben", wie St. Brendan von Birr ihn auf der Synode von Teilte vor den versammelten Vätern in einem Augenblicke verkündet hatte, als er vor ihnen als ein Verurtheilter erschien. Die vielen und großen Wunder, die Gott durch ihn wirkte, erwarben ihm den Namen „des Wunderbaren." Wer zu einer Lebensansicht herabgesunken ist, die nur eine diesseitige Welt anerkennt oder ein vom Weltall unnatürlich getrenntes ewiges Wesen, wird mit den Wundern leichterdings fertig; es kann bei ihm weder von einer ordentlichen, noch von einer außerordentlichen Einwirkung des Göttlichen auf die Kräfte der Natur und des Geistes und ebensowenig auf die Schicksale der Menschen die Rede sein. Wo ist aber der Naturforscher, der im sichtbaren Weltall keine Geheimnisse und Wunder — alles sonnenklar und begreiflich findet? Wo der Physiologe, der aus der Materie allein und aus den einfachen Zellen den wunderbaren Organismus uns erklären kann? Ueberall wird doch eine verständig wirkende Kraft wahrgenommen, die nach einem bestimmten Zweckbegriff durch das Mittel der Materie den Körper ausgestaltet; und weist die verständig wirkende Kraft nicht auf eine lebendige Verbindung hin, durch welche der Herr aller Dinge mit dem innersten Kerne der geschaffenen Wesen zu

---

1) Die Insel zählt gegenwärtig 520 Einwohner, von denen die Mehrzahl ein Dorf bewohnen, die anderen in armseligen Hütten auf dem Felde leben. Vor der Reformation bildete die Insel eine eigene Pfarrei; Ueberreste von Kapellen und Friedhöfen sind noch vorhanden.

sammenhängt und auf sie ein= und überwirken kann nach seinem Willen? Und wer maßt sich an, für dieses Wirken der göttlichen Allmacht und Weisheit Bedingungen und Gränzen vorzuschreiben? Ist der Plan der Schöpfung, sind die Naturgesetze uns so genau bekannt, um die Be= hauptung wagen zu dürfen, daß die Wunder den Naturgesetzen wider= streiten? Gehören die Abweichungen der Gestirne in ihren Umlaufszeiten nicht zu jener außergewöhnlichen Ordnung, welche in den Weltplan auf= genommen, auch ihrerseits beitragen muß, das große Ganze zu erhalten? Dieser außergewöhnlichen Ordnung sind die wirklichen Wunder einzureihen, sie werden durch Gottes Allmacht auf dem Grunde der Naturkräfte und ihrer Gesetze in einer Weise vollzogen, die weder an einen Zeitcyklus der Entwicklung, noch an eine besondere Mitwirkung der gewöhnlichen Natur= kräfte gebunden ist. Klein ist der Mensch, „Gott aber unendlich groß [1]), der Wunder thut, weil er allein Gott ist." In seiner Allmacht liegen alle Kräfte des Weltalls, die er mit freiem Willen nach seinen anbetungs= würdigen Absichten verwendet; sein Wille lebt und waltet in allen Dingen und wiewohl ewig in sich vollendet und selbständig, durchdringt er dennoch alle Wesen vermöge einer Immanenz, durch welche allein die fortwährende Erhaltung und Leitung der Welt für uns zu erklären ist. Es war nicht wider die Natur, daß Christus Kranke geheilt, denn die Genesung war die Wiederherstellung der gestörten Ordnung durch eine Erneuerung der Kräfte des Lebens auf außergewöhnliche Weise; die Blinden, die wieder zum Augenlichte kamen, trugen der Anlage nach das Gesichtsorgan im kranken oder erloschenen Auge schon bei sich und das unmittelbare Wirken der göttlichen Kraft verlieh dieser Anlage die normale, aber plötzliche Aus= bildung. Im organischen Prozesse des Weinstockes wird das Wasser in den Wein verwandelt; die göttliche Macht bedarf weder der Zeitfolge des Wachsthumes, noch des Mittels des Weinstockes, um durch eine Substanzen= verwandlung das Wasser in Wein zu verwandeln; das Wandeln auf dem Wasser setzt nur eine Kraft voraus, welche der natürlichen Schwerkraft des Körpers das Gleichgewicht hält. Und was der Herr vollbracht, haben, wie er es vorgesagt, die Apostel und die Heiligen in seiner Kraft und in seinem Namen vollbracht. Die Wunder, ohne Ausnahme, läugnen wollen, hieße das Sonnenlicht am Himmel läugnen und allen historischen Glauben zerstören [2]).

Wer die Wunder der Bibel und der Heiligenleben beurtheilen will,

---

1) Psalm 11, 85.

2) Ueber die verschiedenen Grade der Glaubwürdigkeit der Heiligenleben und der darin berichteten Wunder werden wir später das Nöthige anbringen.

muß über jene höchſte Thatſache der Weltgeſchichte mit ſich einig ſein, daß
Gott durch Chriſtus ſeinen eingebornen Sohn in der Fülle der Zeiten die
gefallene Menſchheit wieder erlöst hat. Wie durch Wunder und Weiſ-
ſagungen das Chriſtenthum eingeleitet, ſo wurde es durch die gleichen Mittel von Chriſtus in der Welt begründet und von ſeinen Apoſteln und deren
Nachfolgern in den verſchiedenen Ländern bei den Völkern eingeführt und
verbreitet. Das Wort des Herrn an die Apoſtel und Jünger gilt für
alle Zeiten [1]): „wahrlich, ſage ich Euch, wer an mich glaubt, der wird
auch die Werke thun, die ich thue, denn ich gehe zum Vater. Und was
ihr immer den Vater in meinem Namen bitten werdet, das will ich thun."
Und als er ſie ausſandte den Völkern das Evangelium zu verkünden,
fügte er die Verſicherung bei [2]): „Denen, welche glauben, werden die Wunder folgen: in meinem Namen werden ſie Teufel austreiben, in neuen
Sprachen reden; wenn ſie was tödtliches trinken, wird es ihnen nicht
ſchaden, Kranken werden ſie die Hände auflegen und dieſe werden geneſen."
Dieſes Wort des göttlichen Erlöſers ging nicht nur an den Apoſteln, ſondern im Leben der Heiligen unzähligemale in Erfüllung. Denn die außerordentliche Einwirkung und Mitwirkung Gottes war nicht nur bei der
erſten Gründung der chriſtlichen Religion, ſondern auch für die weitere
Einführung und Verbreitung der Kirche von Nöthen. „Wenn der Landmann", ſagt Gregor der Große, „den jungen Baum in's Erdreich pflanzt,
ſo begießt er ihn ſehr häufig, bis er einmal Wurzel gefaßt hat und zum
kräftigen Wachsthum gelangt iſt, erſt dann wird die Begießung ſeltener und
hört ſpäter ganz auf. So mußte der himmliſche Vater den jungen Baum
des Chriſtenthums in ſeiner erſten Zeit häufig mit dem Waſſer der Wunder begießen, bis er einmal unter den Völkern zum vollen Wachsthume
gelangt war [3]). Columba war das erwählte Werkzeug Gottes, um den
Namen des Herrn vor die Völker und die Könige hinzutragen, wie ſchon
der Britte Mocteus, ein Schüler des heiligen Patrizius, von ihm weiſſagend
verkündet hatte: „der Ruf ſeines Namens werde ſich einſt auf allen Inſeln des Meeres verbreiten, wie ein Lichtgeſtirn werde er über ſeinem Zeitalter leuchten, und er werde Gott lieb und vor ſeinen Augen groß ſein" [4]).
Von Gott hiefür mit außerordentlichem Beiſtande begnadigt, war er auch
in ſich ſelber durch ſeine hohe Herkunft ſowohl als durch die hohen Vorzüge ſeines Geiſtes und Herzens mit den nöthigen Eigenſchaften ausge-
rüſtet, die Sendung eines Apoſtels unter dem Volke des Pikten auf das
Segenreichſte zu vollziehen.

---

1) Joh. 5, 20. — 2) Mark. 15, 16. — 3) S. Greg. Homil. — 4) Adamn.
Praef. II.

Durch die Naturkräfte und ihre besondern Bezüge zur Seele kann die Erkenntniß bis zu einem Fernsehen im Raume und in der Zeit erweitert und gehoben werden, und schon die heidnischen Alten lehrten: daß der menschlichen Seele von Natur aus eine prophetische Kraft innewohne, eine Vorahnung künftiger Jahrhunderte. Scipio hat im Palmenstand der Sonne Roms, auf den Trümmern von Karthago den einstigen Untergang seiner Vaterstadt vorgefühlt und Tacitus den drohenden Sturz des Reiches vierhundert Jahre vorgeahnt, bevor er eingetreten. „Inhaeret in mentibus quasi augurium quoddam saeculorum futurorum", sagt schon Cicero [1]). Die menschliche Seele steht aber auch nach Oben in einer lebendigen Beziehung zu Gott selbst, und in dem Maße als sie sich Gott nähert, nähert sich Gott auch ihr, erfüllt sie mit seinem Lichte, daß ihre Erkenntniß im göttlichen Lichte schauend, bis zum Fernsehen im Raume und in der Zeit erweitert wird. Diese Anlage zum höheren Fernsehen und zum Schauen in die Zukunft wurde bei Columba schon in seinem Jünglingsalter wahrgenommen. Denn schon damals sagte er zuweilen [2]) das Künftige voraus und verkündete den Anwesenden, was im Raume ferne lag; er war, dem Geiste nach entfernten Dingen und Personen gegenwärtig und konnte sehen, was in weiter Ferne wirklich vor sich ging; denn nach dem Worte Pauli wird, wer Gott anhängt, mit ihm eines Geistes. Das hat denn auch Columba einigen Brüdern, die ihn darüber ausforschten, zur Antwort gegeben und nicht in Abrede gestellt, „daß er zuweilen von der göttlichen Gnade erleuchtet, in seinem geistigen Schauen die ganze Welt wie in einen Lichtstrahl gesammelt sehe und ihm dann jedesmal dabei die Schranken seines Geistes wunderbar gehoben und gelöst würden" [3]). Mit der Gabe der Fernsicht und der Weissagung verband er die Gabe der Wunder, und Adamnan [4]) faßt sie in folgendem Umriß zusammen: „Die verschiedensten Krankheitsfälle der Menschen hat der heilige Columba durch die Kraft des Gebetes im Namen unseres Herrn Jesu Christi geheilt; er allein, jedoch mit dem Beistande Gottes ausgerüstet, hat gegen Schaaren von Dämonen, die dem Auge sichtbar waren, siegreich gekämpft und sie von der Insel Jona ausgetrieben, als sie die Ordensgemeinde mit Krankheiten schlagen wollten. Er hat die Wuth wilder Thiere mit Christi Hilfe überwunden, andere gezähmt, und das Aufrauschen der Meereswogen, die oft zu Bergen sich aufthürmten, gedämmt. Auf sein Flehen erreichten die be-

---

1) Cic. Tusc. qu. I. 15. 33. — 2) Adamn. I. 1.

3) „In aliquantis dialis gratiae speculationibus totum etiam mundum veluti uno solis radio collectum, sinu mentis mirabiliter laxato, manifestatum perspiciens speculabatur.

4) Adamn. I. 1.

drohten Schiffe aus gefahrvollen Stürmen den ersehnten Hafen und änderten die Gegenwinde ihren Zug zu günstiger Fahrt. Von seiner Segnung empfing ein Kieselstein, dem Waldbach enthoben, Heilkraft gegen Krankheiten und schwamm vor den Augen des Piktenkönigs Brude wie ein Apfel auf dem Wasser. Als es einst in Moville dem Bischofe Finnian bei der Feier der heiligen Messe an Opferwein gebrach, verwandelte er, damals Diakon, das Wasser in Wein. Sein Haupt sahen viele Brüder oftmalen sowohl bei Tag als auch bei der Nacht von einem himmlischen Lichte umstrahlt, auch Engel des Himmels wurden öfters in seiner Gesellschaft wahrgenommen. Er sah zuweilen, wie die Engel die Seelen der Gerechten hinauf in den Himmel trugen, die Teufel aber die Seelen der Bösen zur Hölle hinabgeleiteten. Vielen sagte er ihre zukünftigen Geschicke voraus, den Einen glückliche, den Anderen unglückliche, je nach ihrem Verdienen. So kräftig und wirksam war sein Gebet, daß Gott nach ihm den Sieg oder die Niederlage der Könige in den Schlachten lenkte, wie er auch nach seinem Tode noch dem Sachsenkönige Oswald auf seinem Feldzuge gegen den Brittenkönig Cedwalla (633) zu Nacht im Zelte erschien und ermuthigend zu ihm sprach: „in der folgenden Nacht ziehe aus zur Schlacht; denn diesmal wird der Herr deinen Feind Cedwalla in deine Hände geben." König Oswald folgte der Mahnung, die Schlacht erfolgte, wurde gewonnen und Cedwalla darin erschlagen, obgleich die Uebermacht des Feindes sehr groß war." Adamnan bezeugt: er habe diese Thatsache von Failbe [1], seinem Vorfahren in der Abtwürde von Jona, erzählen gehört, der sie hinwiederum mit dem Abte Segin aus dem Munde des Königs Oswald selber vernommen hatte. Ueberhaupt ermangelt Adamnan nicht, zum öftern bei seinen einzelnen Erzählungen die Gewährsmänner dafür anzuführen; Vieles hatte er noch von dem Abte Segin und den ältern Vätern — Columba's Zeitgenossen — vernommen [2]), oder es wurde ihm von ganz wohlunterrichteten Männern mitgetheilt [3]); er ist nicht verlegen, die Zeugen dafür und den Schauplatz der Begebenheit mit Namen anzuführen, welche in der altirischen Geschichte und Topographie ihre volle Bestätigung finden. Darum war Adamnan im Falle, seine Schrift mit der Erklärung einzuleiten [4]): „Niemand glaube, daß ich in meinen Erzählungen Lügen vorbringe oder überhaupt nur Unsicheres und Zweifelhaftes geschrieben habe. Vielmehr werde ich nur Solches erzählen, was ganz angesehene und treuherzige Männer uns überliefert, oder was wir in älteren Schriften aufgezeichnet

---

1) Failbe war der 8. Abt von Hy von 659 bis 679; Segin der 5. Abt von 623 bis 652.

2) Adamn. II. 4. — 3) L. c. II. 6. — 4) L. c. Praef. II.

vorgefunden oder auch von einigen erfahrenen und glaubwürdigen Alten
selbst erzählen gehört, die mit aller Zuversicht auf unsere genaue Ausfor=
schung hin es uns erzählt haben."

In Jona hatte Columba einen wohlgelegenen Sitz gewonnen, von wo
aus er leicht mit Irland, mit Scotland und Caledonien sich in Berüh=
rung setzen konnte und nach beiden Seiten wußte er eine außerordentliche
Wirksamkeit zu entwickeln; er selber wurde zum lebendigen Mittelpunkte
für die Geistlichen und Gläubigen jener Länder. Denn wie er zuweilen
nach Irland ging, um in Angelegenheiten seiner hohen Verwandten oder
der von ihm dort gestifteten Kirchen und Klöster zu Rathe zu sein, so durch=
zog er predigend und heilspendend das Piktenland, gründete dort und auf
den Inseln Kirchen und Klöster, welche alle Hy oder Jona als ihr Stamm=
kloster betrachteten, von denen zweiunddreißig Kirchen größtentheils mit
Klosterwohnungen verbunden in Scotland und achtzehn bei den Pikten in
einem Zeitraume von dreiunddreißig Jahren (von 563 bis 597, von ihm
errichtet wurden [1]). Schon bei seiner Lebzeit war er der hochgefeierte
Mann, zu dem von allen Seiten die Vorstände der Kirchen und Klöster,
die Fürsten und Vornehmen, die Priester und Mönche, die Gläubigen aller
Stände und Ordnungen hinströmten, um bei ihm Rath in zweifelhaf=
ten Dingen, Heil für ihre Seele, Hilfe in den Nöthen ihres Lebens zu
suchen. Es galt, wie beim Urbarmachen eines verwilderten Bodens, vor=
erst das Unkraut auszurotten und dann in den gelockerten Grund den
neuen Samen einzupflanzen. Columba erfüllte beides unter den Pikten,
er bekämpfte den Aberglauben der Heiden, die Arglist der Magier und
die Bosheit verbrecherischer Menschen. Auf einer seiner Bekehrungsreisen
führte man ihn an eine Quelle [2]), welche die Heiden wie eine Gottheit
verehrten. Sie tranken von ihrem Wasser oder wuschen sich darin absicht=
lich die Füße, kehrten aber, weil die Quelle durch dämonischen Einfluß
verunreinigt war, entweder aussätzig oder mit einer anderen Krankheit ge=
schlagen zurück; dennoch erwiesen die Verblendeten der Quelle göttliche Ehre.
Als Columba bei der Quelle vorbei kam, freuten sich die Magier, denn
sie glaubten, auch er werde von ihr Schaden nehmen. Allein der Heilige
erhob seine Rechte, reinigte die Quelle im Namen Jesu Christi von allem
Einfluß des Bösen und segnete ihr Wasser; darauf wusch er sich Hände und
Füße und trank mit seinen Gefährten aus der Quelle. Von dieser Stunde
an wichen die Dämonen, ihr Wasser konnte Keinem mehr schaden, vielmehr
wurde sie zu einer Heilquelle für die Kranken von Nah und Ferne umge=
wandelt. Der Magier Broichan [3]), einst der Lehrer des Königs Brude,

1) W. Reeves l. c. p. 289 ff. — 2) Adamn. II 11. — 3) Adamn. II. 32.

hielt ein irisches Mädchen bei sich gefangen; die Verwendungen Columba's, sie aus Barmherzigkeit zu entlassen, blieben erfolglos. Wie Columba ihm angedroht, wurde er plötzlich von einer Krankheit befallen, versprach jetzt die Gefangene frei zu geben, suchte und fand bei dem wunderbaren Gottes= mann durch einen Trunk Wasser, das er gesegnet hatte, die vorige Gesund= heit wieder. Dem räuberischen Joan [1]) half es wenig, daß er, der ent= artete Sohn Gabran's, des Königs von Alba (dem brittischen Dalriada), von hohem Hause abstammte. Columba wußte das Laster auch bei Hoch= gestellten zu verachten und zu strafen. Denn als dieser Räuber mit seinen Gesellen einige Kirchen und Klöster an der Westküste Scotlands geplün= dert hatte und seinen Raub schon in der Bucht der Halbinsel Ardnamur= chan, an der Nordgränze von Argeleshire, in's Schiff zu bringen im Be= griffe war, verfolgte ihn Columba in's Meer hinein, bis das Wasser ihm an die Kniee reichte. Der Räuber entkam zwar zu Schiff mit seinen Ge= sellen, aber belastet mit dem Fluche Columba's: daß er heute noch mit ihnen Allen eines plötzlichen Todes sterben werde. Als sie weiterfuhren, war der Tag heiter und Windstille herrschte auf dem weiten Meere. Zwischen den Inseln Mull und Colonsay angekommen, wurden sie plötzlich von einem gewaltigen Ungewitter überfallen, der Sturm schlug die Wellen in das Schiff und sie Alle gingen jämmerlich zu Grunde. So hielt Co= lumba über verbrecherische Menschen strenges Gericht. Einem Schändlichen, der meuchlerisch seinen Gast im Schlafe ermordet hatte [2]), sagte er den Tod voraus, der ihn auch wirklich im folgenden Herbste befiel; und der Mörder, der schon seine Lanze gegen ihn angelegt hatte, um ihn zu durch= bohren, von Findlegan aber abgehalten wurde, starb ein Jahr später am gleichen Tage in einem Gefechte vom Pfeile Cronan's, des Sohnes Bai= ten's, getroffen, den dieser auf ihn im Namen Columba's geschleudert hatte. Beim Herannahen des Frühlings empfinden auch die Wesen, die in den Tiefen wohnen, den Odem des neu erwachenden Lebens, brechen hervor und wenden sich dem Sonnenlichte zu. Die größten Sünder suchten den Heiligen in Jona auf, durch ihn hofften sie Gnade bei Gott und Ruhe für ihr Gewissen zu finden. Mit dem Ordensbruder Lugaid kam eines Tages ein Unglücklicher zu Schiffe im Hafen von Jona angefahren [3]), der ein Blutschänder und zugleich ein Brudermörder war. Columba ließ ihm verbieten an das Land zu steigen und wies ihm die nahe Insel Mull (Malea) als Bußort an. Allein der Unglückliche schwur bei Gott: nie werde er mehr einen Bissen Speise mit Anderen genießen, bevor er den heiligen Mann gesehen und gesprochen habe. Als Columba dieß hörte,

---

1) L. c. II. 22. — 2) L. c. II. 23. — 3) L. c. I. 30.

ging er zu dem Hafen herab. Der Sünder warf sich am Ufer vor ihm auf die Kniee nieder und versprach unter heißen Thränen, alle Bußstrafen erfüllen zu wollen, die der Heilige ihm auferlegen würde. Columba sprach zu ihm: „zwölf Jahre lang sollst du mit Seufzen und Weinen unter den Britten Buße thun und nie mehr nach Irland zurückkehren, dann wird Gott viel= leicht deinen Sünden gnädig sein." Der Sünder hielt sein Versprechen nicht; denn bald darauf kehrte er nach Irland zurück, wo er aber kurze Zeit nach seiner Rückkehr ermordet wurde. Auch Fechna [1]), ein Weiser aus Irland, fuhr zu ihm nach Jona hinüber, wo ihm Columba bis an das Schiff entgegen ging. Fechna stieg an's Land, warf sich vor dem Heiligen auf die Kniee nieder, seufzte und weinte bitterlich und beichtete ihm vor allen Anwesenden seine Sünden. Columba entließ ihn mit den Worten: „Steh auf und sei getrost, deine Sünden sind dir vergeben." Der Büßer begab sich sodann zu Baithen, dem Vorsteher des Klosters Campo Lunge auf der Insel Tire (Heth) (auf welcher nach Jordun die Gerste vortrefflich gedieh), wo er nach einigen Tagen starb. Auf den um= liegenden Inseln, wie auf Mull, Colonjay, Heth, Sky, Himba, Ethica, Elena, hatte Columba im Laufe der Jahre kleinere Kirchen und Zellen oder Klosterwohnungen gegründet und unter die Leitung seiner Schüler gestellt, die er zuweilen besuchte. Als er auf der Insel Scia (Sky) einige Tage zubrachte [2]), erschien vor ihm Arthraban, ein heidnischer Greis aus dem Lande der Pikten, der eine natürliche Gutmüthigkeit das ganze Leben über bewahrt hatte. Columba verkehrte mit ihm durch einen Dollmetscher, unter= richtete ihn in den Wahrheiten des Glaubens und ertheilte ihm im nahen Bache die heilige Taufe; der glückliche Greis starb noch am gleichen Tage eines seligen Todes.

Wer guten Rath suchte oder in schwerem Leide nach Trost sich sehnte, schiffte zu dem Gottesmanne nach Jona über und kehrte getröstet wieder zu den Seinigen zurück. Fürstensöhne, deren Väter in blutigen Kämpfen Krone und Reich verloren, kamen herbei, ihm ihr Leid zu klagen, und je nach ihrem Verdienen entließ er die Einen mit ernsten Warnungen, mit tröstlichen Hoffnungen die Andern. Bei einem kurzen Aufenthalte in Ir= land [3]) trug er kein Bedenken, dem Könige Aed=Slan, die ihm bevorstehende Strafe Gottes mit den Worten vor Augen zu halten: „Gebe acht, mein Sohn, daß Gott dir die volle Königsgewalt über ganz Irland, die er dir einst übertrug, um der Sünde eines Verwandtenmordes willen, nicht wie= der entziehe. Denn, wenn du dieses Verbrechen begehest, wird der größte Theil der Herrschergewalt deines Vaters dir entrissen werden." Aed=Slan,

---

1) L. c. l. 30. — 2) Adamn. I. 33. — 3) L. c. I. 14.

der älteste Sohn des Königs Diarmait Mac Cerbhaill, vom Stamme der
Hy-Nieill, ermordete nachmals im Jahre 600 den Suibhne — Sohn des
Colman Mor und mußte darauf mit Colman Rimidh, seinem Mitregenten
die souveräne Gewalt theilen. Auch sein Sohn Oingus floh, mit seinen
zwei Brüdern aus dem Vaterlande vertrieben, zu Columba nach Jona,
der ihn mit der Verheißung tröstete: er werde alle seine Brüder überleben,
nie in die Gewalt seiner Feinde fallen, sondern eines sanften Todes einst
im Kreise seiner Freunde sterben [1]). So groß und allgemein war das
Vertrauen auf seinen erleuchteten Blick in die zukünftigen Schicksale der
Menschen, daß Roderch [2]), der Sohn des Königs Tothail von Aleluith in
Cambrien, sich an ihn wandte, um seine künftige Todesart von ihm zu
erfahren, und die Landleute von weiter Ferne her ihre Knaben zuführten [3]),
um über deren künftigen Beruf und Lebenslauf von ihm Rath und Auf=
schluß zu erhalten. Es war aber auch keine seltene Erscheinung, daß in
Jona Könige und Fürstensöhne aller irdischen Herrlichkeit entsagten, ihre
Kriegswaffen vor dem Altare niederlegten und in die Reihen der Krieger
Christi sich aufnehmen ließen. So waren wie Columba selber, seine Schü=
ler und Nachfolger in Hy — Baithen, Laisren, Fergna, Brit, Seghuine
u. A. königlichen Geschlechtern zugehörig, nicht minder die Brendan von
Birr und von Clonfert, Comgall von Bangor und viele Andere. Con=
stantin [4]), König von Cornwall, verließ Krone und Reich auf Erden, um
in den Dienst des ewigen Königs einzutreten; er kam mit Columba nach
Scotland, wo er den Scoten und Pikten den christlichen Glauben verkün=
dete. Der eifrige Priester Findchan [5]) glaubte Aidan den Schwarzen,
Herrn von Dalriada, aus dem Geschlechte der Könige der Chrutener oder
irischen Pikten, den Sohn des Suibhne, für Gott gewonnen zu haben,
denselben, der im Jahre 565 den König Diarmait, den Sohn des Fergus
Cerbhall, vom Stamme Nicill ermordet und sich sonst als ein blutdürstiger
Fürst bemerkbar gemacht hatte. Mit dem Klosterhabit bekleidet wurde er von
Findchan Columba in Jona vorgestellt, wo er einige Zeit mit den Brüdern
gemeinsam lebte, und allzu voreilig von dem dortigen Klosterbischof ohne
Vorwissen Columba's zum Priester geweiht wurde. Die schlimme Ahnung
Columba's ging bald in Erfüllung; denn die Bekehrung Aed's war nur
eine scheinbare, er kehrte zu seinen ehevorigen Schandthaten zurück, wurde
aber später von Gottes Gericht ereilt. Wenige Jahre vergingen und er
wurde von einer Lanze durchbohrt, fiel vom Vorderdeck eines Schiffes in
den See und ertrank. Edlere Fürsten aus den Stammgeschlechtern Ir=

---

1) L. c. I. 13. — 2) L. c. I. 16. — 3) L. c. I. 17.
4) Fordun. Scottichronic. III. 26. — 5) Adamn. I. 20.

lands und Scotlands folgten später mit glücklicherem Erfolge dem höheren
Rufe und vertauschten in Jona den Königsmantel an das arme Ordenskleid; so zog Freajach, König von Irland, nachdem er sieben Jahre regiert
hatte, sich nach Hy zurück, wo er 778 starb; und fünfzig Jahre vor ihm
der Fürst Selbach von Dalriada und Echtan, König der Pikten [1]).

Das Gebet des heiligen Columba war von wunderbarer Kraft, sein
Segen von außerordentlichem Einfluß auf die Elemente und Kräfte der
Natur, beide kamen auch seinen abwesenden Freunden in weiter Ferne bei
Gefahr und Noth augenblicklich zu Nutzen, da er mit der Gabe des Fern-
sehens ausgerüstet, das Entfernte in sich als gegenwärtig schaute. Als
Columban, Beogni's Sohn, von der Nordküste Irlands zu ihm nach Jona
überschiffte, und in der Nähe der Insel Rathlin von dem Brekan's
Strudel [2]) schon ergriffen in großer Gefahr schwebte, erzählte Columba
gleichzeitig in Jona seinen Ordenssöhnen den Vorfall mit allen Einzelheiten: „wie Columban so eben im Wasserwirbel des Brekan in größter
Gefahr schwebe, auf der Vorderseite des Schiffes beide Hände zum Himmel erhebe, über das wilderregte Meer den Segen spreche; der Herr werde
aber das Schiff nicht von den Wellen bedecken lassen, sondern wolle seine
Diener nur prüfen und zu eifrigem Gebete anregen." Zur gleichen Stunde
als in Irland (565) die Schlacht von Ondemon [3]) (Moin-Dair-Lothair)
zwischen den Cruithern oder Dalriadnern unter ihrem Könige Echod Laib,
und den nordischen Hy-Niell unter König Ainmir, dem Sohne Sedna's,
des Onkels Columba's, geschlagen war, saß Columba beim Könige Conall,
Comgill's Sohn [4]), in Scotland, und erzählte ihm alles, wie die Schlacht
so eben begonnen habe, wie König Ainmir mit seinen Verbündeten den
Sieg errungen, Echod Laib, der König der Cruithner aber besiegt worden
und auf seinem Wagen aus der Schlacht entflohen sei. Gleichzeitig als
König Aidan von Scotland (596) das Treffen bei Chirchin (Kirkintu-
loch bei Glasgow) gegen die Sachsen begann, befahl Columba in Jona
seinem Diener Diormitius, die Glocke zu läuten. Auf ihr Zeichen versammelten sich die Brüder in der Kirche, und Columba sprach zu ihnen:
„Jetzt müssen wir inbrünstig für dieses Volk und seinen König Aidan zum
Herrn flehen, denn eben kämpft er in der Schlacht." Und als er nach
einer Weile das Bethaus verließ, blickte er zum Himmel und fuhr also
fort: „nun werden die Barbaren in die Flucht geschlagen, und König
Aidan hat den Sieg unter schweren Opfern erkämpft" [5]). Allein seine

---

1) Tighern. ad an. 723. — 2) Adamn. l. 5. — 3) L. c. I. 7.

4) Er folgte in der Herrschaft seinem Onkel Gabran im Jahre 560, und auf ihn
folgte sein Vetter Aidan im Jahre 574 nach Tighernach.

5) Adamn. I. 8.

beiden Söhne, Artur und Echod Find, waren im Kampfe gefallen, und Domingart, der dritte Sohn, wurde bald darauf in einer anderen Schlacht von den Sachsen getödtet, nur Echod Buid, der jüngste Sohn, blieb über und folgte dem Vater in der Herrschaft nach, wie lange vorher Columba es dem Könige Aidan vorgesagt: „Dieser jüngste Sohn wird nach dir regieren, und nach ihm werden seine Söhne die Herrschaft erben." Auf die Elemente und die Pflanzen, auf die Thiere und die Menschen übte sein Segen einen wunderbaren Einfluß aus. Er betet auf dem Meere mitten im tobenden Sturme, schon will das Schifflein von den Wogen überschüttet sinken, allein auf sein Gebet legt sich der Sturm und guter Wind begünstiget bei hellem Himmel seine Fahrt [1]). Er segnet im Namen des Allmächtigen beim Kloster Durrow einen Apfelbaum, der bisher nur saure und unschmackhafte Aepfel trug, und sie werden in süße umgebildet [2]); der Weizensaame, der im Anfang Juni gesäet worden, wird durch seinen Segen gekräftigt, schon im nächsten Herbste gezeitiget und reif [3]). Auf der Insel Hy waren die Vipern, von den dortigen Morästen und Sümpfen begünstiget, sehr zahlreich [4]); noch am Vorabende seines Sterbetages sprach Columba seinen Segen über die ganze Insel aus, und von da an verschwand das giftige Ungeziefer. Ein Storch [5]) kam eines Tages von Irland her der Insel Jona zugeflogen; von den Windstürmen hin- und hergetrieben kam er erst am neunten Tage am Gestade an und setzte sich, um auszuruhen, an's Ufer hin. Columba ließ ihn dort holen, in eine nahe Hütte tragen und drei Tage und Nächte bewirthen. Ich empfehle dir, sprach er zu seinem Diener Diormitius, den seltenen Gast zu besonderer Obsorge und liebevollen Pflege, denn er gehört meinem theuern Vaterlande an. Nach drei Tagen genossener Ruhe und Erfrischung verließ der Storch die Hütte, hob sich in die Höhe, erspähte vorerst die rechte Zuglinie in der Luft, und flog bei heiterem Himmel über das Meer in gerader Richtung nach Irland zurück. — Der Segen, den er zum Lohne genossener Gastfreundschaft der kleinen Viehherde eines frommen Landmanns spendete [6]), war so wirksam, daß die fünf Stücke sich im Laufe einiger Jahre zu hundert und fünf vermehrten. Der Ruf von seiner wunderbaren Heilkraft erscholl über alle Lande; man brachte die Kranken zu ihm nach Jona, oder trug sie vor ihn hin, wo er auf seinen Reisen ankehrte, und er heilte sie selber oder sandte auch seine Jünger in die verschiedenen Gegenden Caledoniens und Scotlands bis nach Irland hinüber, um die Kranken zu heilen. Das Gebet und die Händeauflegung [7]), geweihtes Wasser, in

---

1) L. c. II. 21. — 2) L. c. II. 2. — 3) L. c. II. 10. — 4) L. c. II. 28. — 5) L. c. I. 48. — 6) L. c. II. 2. — 7) L. c. II. 6.

welches man den Kieselstein, oder Brodstücke, die er vorher gesegnet, oder auch eine Reliquienkapsel von Fichtenholz eintauchte, waren die Mittel, die zur Heilung der Kranken mit überraschenden Erfolgen verwendet wurden.

Inzwischen war Conall, der Herr von brittisch Dalriada, im Jahre 574 gestorben; das Erbe seiner Herrschaft ging nun auf seinen Vetter Aidan über, und Columba weihte ihn in Hy förmlich zum Könige [1]). Während der „Weihefeier" legte Columba seine rechte Hand auf das Haupt des Fürsten und richtete an ihn die Worte: „Glaube unbezweifelt, o Aidan! Keiner deiner Feinde wird jemals etwas wider dich vermögen, so lange du nicht böse List verübest gegen mich und meine Anverwandten. Darum lege dies deinen Söhnen an das Herz, und das Gleiche sollen auch sie ihren Söhnen und Nachkommen anempfehlen, damit sie nicht durch böse Anschläge das Scepter dieses Reiches verlieren. Denn wenn sie früher oder später gegen mich oder gegen meine Anverwandten, die in Irland wohnen, auftreten würden, wird die Geisel Gottes zur großen Züchtigung sich gegen sie wenden; das Männerherz wird ihnen genommen und ihre Feinde werden gegen sie mächtig gekräftiget werden." „Diese Weissagung", schreibt Adamnan, „ging in unseren Tagen in Erfüllung im Kriege von Roth (637), in welchem Domnail Bree, Aidan's Enkel und König der Scoten in Alba von Domnill, dem Neffen Ainmnireg, Königs von Irland überwunden wurde und an den Sieger Krone und Reich verlor." Nachdem König Aidan das scotische Dalriada mit seinem bisherigen Fürstenthume vereiniget hatte, war er zu hinreichender Macht gelangt, nicht nur seinem Stammgeschlechte die souveräne Gewalt zu sichern, sondern sie auch noch über die anderen Gebiete des Scoten- und Pikten- landes auszubreiten. Kurz nach seiner Erhebung zum Könige gab er die Absicht zu erkennen, aus den verschiedenen Gebietstheilen ein unabhängiges Königreich zu gründen, und die bisherige Abhängigkeit vom Könige von Irland abzustreifen. Dieser fuhr indessen fort, das scotische Dalriada als eine irische Colonie zu betrachten, und nach alter Uebung von ihm Dienstleistungen und Tribut zu fordern; Aidan beanspruchte seinerseits für sich die Gerichtsbarkeit über das stammverwandte irische Dalriada. Die aufgeworfene wichtige Frage führte zu ernsten Erörterungen zwischen beiden Theilen, und um sie in Minne beizulegen, fand im Jahre 575 eine Reichsversammlung der Fürsten, Bischöfe und Aebte zu Druimceath statt. Die Streitfrage und ihre Lösung werden in der Vorrede zu dem Lob- gedichte Amhra dahin angegeben: „Wegen Dalriada waltete damals ein Streit zwischen den Männern von Alba (brittisch Scotland) und jenen

---

1) „In regem ordinavit." l. c. III. 5.

von Erin; denn beide stammten vom Geschlechte des Cairbre Righfaba,
d. i. von dem Clan von Münster ab. Als nämlich in alter Zeit eine
große Hungersnoth über Münsterland gekommen war, verließen die Abkömmlinge von Cairbre Righfaba das Land, der eine Theil von ihnen zog
nach Alba hinüber, der andere blieb in Irland zurück, und von jenen
haben die (scotischen) Dalriader sich bis auf den heutigen Tag erhalten.
Sie breiteten sich später in jenen Gegenden aus bis zur Zeit Aidan's, des
Sohnes Gabhran's, des Königs von Alba und Aedh's, des Sohnes
Ainmir's, des Königs von Irland. Wegen ihnen nun entstand der Streit
zwischen diesen zwei Königen. Und das war eine von den drei Ursachen,
warum Columcill (Columba) nach Irland kam, nämlich, um Frieden zu
stiften zwischen den Männern von Irland, und jenen von Alba vorzüglich
wegen Dalriada. Als er an die Reichsversammlung kam, begleitete ihn
Colman, Sohn des Comgellan; Columcill wurde angegangen, zwischen
den Männern von Erin und Alba das Schiedurtheil zu sprechen, aber er
entgegnete: „es ist nicht nöthig, daß ich das Urtheil fälle; dieser Jüngling, den ich hierher gebracht, wird es thun." Darauf gab Colman das
Schiedurtheil: „Die von Alba sollen allzeit mit den Männern von Erin
bei Kriegen und anderen Unternehmungen, die den verwandten Stamm
betreffen, verbündet sein; die von Erin dagegen ihre Einkünfte, Gewinnste
und Schiffe mit den Männern von Alba gemeinsam haben. Und wenn
einer von den Männern Erin's oder Alba's von Osten her käme, soll der
Dalriader ihn unterhalten, seien es Wenige oder Viele, und sie fortführen,
wenn sie es verlangen" [1]). Der große Erfolg dieser Vereinbarung war
jedenfalls, daß König Aidan die Ansprüche Aedh's, des Königs von Irland,
auf die Lehenshoheit über brittisch Dalriada für immer abgewiesen,
die Unabhängigkeit dieser Provinz errungen, sich die Anerkennung als
souveräner König von Scotland verschafft hatte, und von nun an die
Stellung und Mittel besaß, sein unabhängiges Königreich gegen alle Angriffe mit den Waffen in der Hand zu vertheidigen.

Einen zweiten Gegenstand der Verhandlungen auf dieser Reichsversammlung bildeten die wider die Druiden oder Barden erhobenen
Klagen. Zu einem eigenen Stande in bestimmten Ordnungen und nach
besonderen Regeln und Satzungen verbunden, genossen die Druiden in
Irland besondere Freiheiten und Rechte. Sie zogen im Lande umher,
und sangen in den größeren Ortschaften, bei Klöstern oder Vornehmen
mit Begleitung der Harfe und der Cyther ihre Helden- und Minnelieder,
und empfingen dafür reichen Sold. Dem Könige Aengus von Mamonia

---

1) Colg. Tr. Thaum. p. 432, u. Keating Hist. ad regem Aedh.

wird nachgerühmt[1]): „er habe an seinem Hofe vortreffliche Cytherspieler gehalten, die vor ihm unter dem Cytherspiele gar süß alte Heldenlieder (acta Heroum in carmine) gesungen." Als Columba einst sich mit seinen Begleitern beim Kloster Boyle niedersetzte, trat Cronan, ein irischer Barde, zu ihm hin, und gegen seine Gewohnheit unterließ es Columba diesmal, ihn anzugehen, daß er ihm Lieder nach seinen Weisen singe[2]), weil er die Ermordung des Barden vorahnte, die bald darauf erfolgte. Was die Druiden einst zur heidnischen Zeit, das waren die Barden in Irland später zur christlichen Zeit. Sie bildeten einen sehr einflußreichen Stand, und wo immer ihre Zahl die der Geistlichen überholte, übten sie einen drückenden Einfluß aus. Aus ihren übertriebenen Forderungen ging das Sprichwort hervor: „Cori Santi — Hafen der Habsucht" — wie die Casse ihrer Gewinnste genannt wurde. Dreimal waren sie in Gefahr, aus dem Königreiche vertrieben zu werden, und jedesmal fanden sie an dem Könige von Ulster einen mächtigen Beschützer. Vorzüglich suchte König Aedh an der Versammlung von Druimecath bei den Häuptlingen Irlands ein Austreibungsdekret gegen sie zu erwirken, allein Columba erhob sich zu ihrer Vertheidigung, und bewirkte, daß die gänzliche Unterdrückung in eine Beschränkung ihrer Anzahl und ihrer Forderungen umgewandelt wurde[3]). Ihre Eifersucht machte sie bei der Geistlichkeit, ihre Habsucht bei allen Ständen verhaßt. Als einst St. Colman von Dromor in einem Walde dem Volke predigte[4]), kamen unverschämte Barden auf ihn zu und verlangten von ihm eine Gabe; und als er ihnen die höchste Gabe, das Wort Gottes anbot, höhnten sie ihn aus. Ihre selbstverschuldete Erniedrigung drückte Dallan in seiner Elegie auf St. Columba (592) in den Versen aus:

„Gleich einem Gesang' bei einer Harfe ohne Saiten
Sind wir, nachdem man unsers Adels uns beraubt."

Eine Krankheit, die im Jahre 593 Columba befiel, brachte ihn dem Tode nahe; so mag der Sinn der Worte jenes Engels erklärt werden, welcher gesendet war, die Seele Columba's in das Paradies zu führen, dessen Dienst jedoch für vier Jahre aufgeschoben ward. Ueber die letzten Augenblicke dieses Heiligen und großen Mannes hat uns Adamnan eine Schilderung hinterlassen, die es verdient, jenen der klassischen Meister an die Seite gestellt zu werden. „Schon längst", schreibt derselbe[5]), „fühlte

---

1) Vit. S. Ciarani cap. 17 bei Colg. Act. SS. p. 460. — 2) Adamn. I. 42.
3) Die Schilderung dieses Prozesses ist enthalten in der Vorrede zum Lobgedichte Amhra Columcill, und weit und breit beschrieben in Keating's chronicon sub rege Aedh.
4) Bolland. Jun. II. 27. — 5) Adamn. III. 22.

Greith. **14**

der Kenner der Zukunft, daß seiner Tage letzter nahe, und er ließ sich an einem schönen Maientage auf einem Wagen zu den Brüdern führen, welche im westlichen Theile der Insel Hy die Aecker pflügten. Bei ihnen angekommen, sprach er: „An der verflossenen Osterfeier habe ich sehnlichst verlangt, zu Christus hinüberzuziehen, und hätte ich es gewollt, er würde mir dies gestattet haben. Allein um Euere Osterfreude nicht in Trauer zu verwandeln, wollte ich lieber den Tag meines Hinscheidens aus dieser Welt noch hinausschieben." Ueber diese Rede wurden die Brüder tief betrübt; er suchte sie aber mit tröstlichen Worten wieder aufzuheitern. Hierauf wandte er sein Angesicht gen Osten und segnete vom Wagen aus, auf dem er saß, die ganze Insel und deren Bewohner, und von da an vermochte das Gift der dreizüngigen Vipern bis auf den heutigen Tag weder den Menschen noch den Thieren dort zu schaden. Nach dieser Segnung fuhr der Heilige wieder in das Kloster zurück. Als dann einige Tage darnach die Feier der Messe an einem Sonntage der Uebung gemäß festlich begangen wurde, sah man das Antlitz des ehrwürdigen Greisen mit zum Himmel erhobenen Augen von einem blühenden Rosenroth umflossen; denn wie geschrieben steht [1]), blüht bei freudiger Stimmung des Gemüthes das Angesicht des Menschen. Zur gleichen Stunde sah er nämlich einen Engel Gottes innert der Wandung seines Oratoriums schweben, und weil der liebenswürdige und stille Anblick der heiligen Engel dem Herzen der Auserwählten Wonne bereitet, war diese Erscheinung die Ursache der dem seligen Mann so plötzlich eingegossenen Freude. Als die Anwesenden, die neben ihm waren, ihn über die Ursache dieser Freude befragten, blickte er aufwärts und gab zur Antwort: „Wunderbar und unvergleichlich ist die Natur der Engel! Denn siehe, der Engel des Herrn, der gesendet war, ein Gott theueres Unterpfand zurückzufordern, hat uns innert der Kirche betrachtet und gesegnet, und ist dann durch das Fenster der Kirche wieder zurückgekehrt, ohne von seinem Ausgange eine Spur zurückzulassen." Niemand konnte indessen erfahren, wie jenes Unterpfand beschaffen gewesen, der Heilige hat aber seine eigene Seele darunter verstanden, welche nach Ablauf von weiteren sechs Tagen in der Nacht vom Samstag auf den Sonntag zum Herrn eingegangen; denn am Ende jener Woche ging er mit seinem treuen Diener Diormitius zur nächsten Scheune, um sie zu segnen. Als er bei seinem Eintritte die Segnung verrichtete und zwei gesonderte Fruchthaufen darin erblickte, sprach er mit Danksagung das Wort: „ich wünsche meinen ergebenen Mönchen von Herzen Glück, sie werden in diesem Jahre, sollte ich inzwischen sie verlassen müssen, Frucht genug haben."

---

1) Sprichw. 15, 13.

Auf dieses Wort erwiederte Diormitius traurig: „Im Laufe dieses Jahres betrübst du uns doch recht oft, o Vater, weil du so häufig von deinem nahen Tode redest." Er antwortete: „ich will dir im Vertrauen eine Eröffnung über meinen Hintritt machen, wenn du mir versprichst, sie Niemanden vor meinem Tode zu offenbaren." Kniefällig ging der Diener das Versprechen ein, und dann hub der ehrwürdige Mann also an: „Dieser Tag wird in den heiligen Büchern Sabbattag genannt, welches Ruhe bedeutet. Der heutige Tag ist für Euch Alle wahrhaft ein Tag der Ruhe, denn er wird der letzte meines mühevollen Lebens auf Erden sein, wo ich von meinen vielen Mühen und Beschwerden Sabbat halten kann, um sodann in der nächsten heiligen Nacht auf den Sonntag den Weg der Väter zu betreten. Denn schon hat mein Herr Jesus Christus sich gewürdiget, mich zu sich einzuladen, und heute um Mitternacht werde ich zu ihm gehen; so ist es mir von dem Herrn selbst geoffenbart worden." Auf diese traurigen Worte fing der Diener bitterlich an zu weinen, der Heilige aber tröstete ihn, so gut er konnte. Hierauf verließ er die Scheune und setzte sich auf dem Rückwege in das Kloster bei Wegesmitte an der Stelle nieder, wo nachmals zum Andenken ein Kreuzbild in einen Mühlstein gefestet, errichtet wurde, das am Rande des Weges heute noch zu sehen ist. Während dort der Heilige, vom Alter müde, ein wenig ausruhte, sieh, da kam ein alter Schimmel herbei — sonst ein gar gehorsames Dienstthier, das gewöhnlich die Milch = und Buttergefäße von den Viehställen zum Kloster hin = und zurückzutragen gewohnt war. Als der Schimmel zum heiligen Columba kam, neigte er den Kopf in seinen Schooß. Wohl auf Anregung Gottes, dem jedes Thier sich fügt wie er, der Schöpfer, ihm befiehlt, hatte er das Vorgefühl, daß sein Herr bald von ihm scheiden und er ihn nicht mehr sehen werde. Er fing an zu heulen, stark zu schäumen und zu weinen, und reiche Thränen wie ein Mensch in den Schooß zu vergießen. Als der Diener dies sah, wollte er den schluchzenden Heuler wegtreiben, allein der Heilige ließ es nicht zu, und sprach: „Laß doch diesen, unseren Freund, das Klaggeschrei seines bitteren Schmerzes in meinen Schooß ergießen! Sieh, du bist ein Mensch, hast eine vernünftige Seele und konntest von meinem nahen Tode keine andere Kenntniß haben, als die ich dir jüngsthin selber darüber eröffnet habe; diesem armen und unvernünftigen Thiere aber wollte in irgend einer Weise der Schöpfer selbst zu empfinden geben, daß sein Herr bald hingehen werde in die Gruft." Darauf ertheilte er dem heimkehrenden Dienstpferde den Segen. Von dort weg ging er auf einen nahen Hügel, der das Kloster überragt, und stand auf dessen Spitze ein wenig still; dann erhob er stehend seine beiden Hände, segnete sein Kloster und sprach: „Diesen Ort, so gering einst und

14*

und so unansehnlich, halten jetzt nicht nur die Könige der Scoten und
ihre untergebenen Völker in hohen Ehren, sondern auch die Vorsteher der
übrigen Kirchen entbieten ihm hohe Achtung." Darauf stieg er von dem
Hügel herab, setzte sich auf dem Rückwege zum Kloster in eine Hütte und
schrieb an seinem Psalterium weiter fort. Als er zu dem Verse des
33. Psalmes kam: „Die den Herren suchen, werden an keinem Gute
Mangel leiden (inquirentes autem Dominum, non deficient omni
bono)"[1], sprach er: „hier am Ende des Blattes soll auch der Schluß
meiner Arbeit sein, das Uebrige mag Baithen schreiben!" Und so paßte
der letzte Vers, den der Scheidende schrieb, für ihn ganz wohl, denn sicher
werden die ewigen Güter im Himmel ihm nicht fehlen; für seinen Nachfolger aber, den Lehrer seiner geistlichen Söhne auf Erden, eigneten sich
die zunächst folgenden Worte des Verses: „Kommet ihr Söhne und höret
mich, die Furcht des Herrn will ich euch lehren." Denn, wie der Ab-
tretende es ihm anbefohlen, folgte Baithen seinem Vorfahrer nicht nur
im eifrigen Unterricht, sondern auch im fleißigen Schreiben nach.

Nachdem der Heilige die Pergamentseite zu Ende geschrieben, ging er
in der Sonntagsmorgenfrühe zur Messe in die Kirche, las sogleich die
Messe und kehrte wieder in sein Gasthäuschen zurück, wo er sitzend auf
seinem Bettlein die Nacht durchwachte. Auf dem Bette war statt des
Strohes eine rohe Steinplatte, und statt des Kopfkissens ein harter Stein,
der noch heute bei seinem Grabe wohl als die schönste Grabschrift steht[2].
Sitzend trug er dem Diener noch die letzten Befehle an die Brüder auf
und sprach: „Diese Worte, o Söhne, empfehle ich Euch, sie werden meine
letzten sein. Bewahret untereinander gegenseitige, ungeheuchelte Liebe in
aller Friedfertigkeit, und wenn Ihr das nach dem Beispiele der heiligen
Väter beobachtet, dann wird Gott, der die Guten stärket, Euch helfen in
Eueren Nöthen, und wenn ich bei ihm sein werde, will ich für Euch beten.
Er wird Euch nicht nur das Nöthige für den Lebensbedarf geben, sondern
auch den Lohn der ewigen Güter Euch ertheilen, die Allen verheißen sind,
welche die göttlichen Gebote befolgen." Dies waren die letzten Worte,
die unser ehrwürdige Schutzheilige sprach, der von dieser sterblichen Pilgerfahrt in das himmlische Vaterland eingegangen. Als die letzte glückliche
Stunde herannahte, schwieg der Heilige; als dann aber nach Mitternacht
bei Tagesanbruch die Glocke ertönte, stand er eilend auf und ging in die

---

1) Die Vulgata setzt für deficient — minuentur; Adamnan, und wahrscheinlich
auch Cumian, gebrauchte die in Irland verbreitete Vor-Hieronymische Uebersetzung der
heiligen Schrift (vetus Itala). Siehe Lanigan Hist. Eccl. II. S. 247.

2) In Columba's Haus zu Kells wird noch ein flacher Stein von 6 Fuß Länge
und 1 Fuß Dicke als das Bußbett Columba's vorgezeigt. Petrie, Round Towers p. 426.

Kirche, und weil er eiliger als die Anderen lief, trat er allein in die Kirche ein und fiel beim Altare auf die Knie zum Gebete nieder. Im gleichen Augenblicke sah Diormitius, der langsam nachgekommen, plötzlich das Innere der ganzen Kirche um den Heiligen von himmlischem Lichte erleuchtet, als er aber zur Kirchenpforte kam, war das Licht, das er früher gesehen, wieder verschwunden. Auch einige Wenige von den übrigen Brüdern, die oberhalb standen, sahen das Licht. Darauf trat Diormitius in die Kirche ein und rief mit weinender Stimme: „wo bist du, mein Vater?" und weil die Brüder die Laternen noch nicht herbeigebracht hatten, tastete er im Dunkeln herum und fand dann den Heiligen vor dem Altare auf dem Boden hingestreckt. Er hub ihn ein wenig auf, setzte sich zu ihm hin und legte dessen Haupt in seinen Schooß. Inzwischen eilten die Brüder mit Lichtern herbei, sahen den Vater am Sterben und fingen laut zu weinen an. Und wie wir von solchen, die dabei gegenwärtig waren, vernommen haben, blickte der Heilige noch mit zum Himmel gerichteten Augen auf beide Seiten mit einer wunderbaren Heiterkeit des Angesichtes und Freude des Geistes; er hat wohl die heiligen Engel gesehen, die ihm entgegen kamen. Darauf bewegte der ehrwürdige Vater, so weit er konnte, seine Hand, als wollte er, was er mit lebendiger Stimme bei der Nähe des Todes nicht mehr vermochte, wenigstens mit der Handbewegung den Brüdern noch seinen Segen ertheilen. Darauf hauchte er sogleich seinen Geist aus, am 9. Juni des Jahres 597. War der Geist auch aus der Hütte des Körpers ausgezogen, so blieb das Angesicht dennoch roth und wunderbar, wie von einer himmlischen Erscheinung so ganz verklärt, daß er nicht einem Verstorbenen, sondern einem Schlafenden, der lebt, ähnlich schien. Inzwischen erscholl die ganze Kirche vom Klaggeschrei der trauernden Brüder. Sein Hinscheiden sollen gleichzeitig in den fernen Gegenden Irlands und Schottlands heilige Männer in wunderbaren Gesichten vernommen und ausgerufen haben: „Columba, die Säule so vieler Kirchen, ist diese Nacht zum Herren heimgegangen!" Sie sahen bei seinem Tode die Insel Hy von der Klarheit der Engel umleuchtet, welche zahllos vom Himmel herabfuhren, um diese heilige Seele in den Himmel hinaufzuführen. Nach dem Schlusse der Morgen=Metten wurde der Leib des Heiligen unter dem lieblichen Psalmgesange der Brüder aus der Kirche in das Gasthaus getragen, wohin er vor Kurzem noch lebend gekommen war, und wie es sich ziemte, wurden drei Tage und drei Nächte ehrenvolle Exequien für ihn gehalten. Als diese Lobgesänge Gottes vorüber waren, wurde der Leichnam in reine Leinwand eingewickelt und in den zubereiteten Todtensarg mit schuldiger Ehrerbietung gelegt, von wo er einst in lichter und ewiger Klarheit wieder auferstehen wird.

Ueber das, was uns von dieser dreitägigen Todtenfeier von Augen=
zeugen erzählt worden, noch kurz das Wenige. Als nämlich Einer der
Brüder einmal in seiner Einfalt zu dem ehrwürdigen Vater sprach: „Wann
du einst wirst gestorben sein", wird zu deiner Leichenfeier das gesammte
Volk dieser Provinzen nach Iona schiffen und die ganze Insel erfüllen",
erwiederte ihm darauf der Heilige: „Mein Sohn, die Folge wird
dein Wort nicht bestätigen; denn das Volk wird an meiner Leichenfeier
nicht kommen können, und nur meine untergebenen Mönche werden mein
Begräbniß vollziehen und die letzte Ehre der Exequien mir erweisen."
Dieses Wort ging durch Gottes Allmacht wirklich in Erfüllung; denn
während der dreitägigen Trauerfeier wüthete Tag und Nacht ein so ge=
waltiger Sturmwind ohne Regen, daß es unmöglich war, zu Schiff hin=
über oder zur Insel herzufahren. Nach dem Begräbnisse aber ließ der
Sturm sogleich nach, der Wind legte sich und das Meer wurde wieder
ganz ruhig. Was er aber bei seinem Tode wirkte, hat er nach der hohen
Ehre, mit der ihn Gott ausgezeichnet, auch in seinem Leben gewirkt.
Denn als er noch in seinem sterblichen Leibe wandelte, verlieh ihm Gott
auf sein Gebet, daß gewaltige Stürme gestillt und die tobenden Meere
beruhigt wurden, oder wo es nöthig war, Stürme einbrachen und die
Wogen des Meeres sich aufthürmten. — So endete dieser ausgezeich=
nete Mann, der, um mit der Schrift zu reden, nun Theil nimmt an den
ewigen Triumphen, eingetreten ist in den Kreis der Väter, eingereiht den
Aposteln und Propheten, und in seiner jungfräulichen Reinigkeit aufge=
nommen ist zu jenen unzähligen Seligen in weißen Gewändern, die im
Blute des Lammes ihre Stola gewaschen haben, und es überallhin be=
gleiten. Allein nicht nur bei den Völkern der hebridischen Inseln wurde
das Andenken dieses großen und heiligen Mannes in hohen Ehren ge=
halten, sein Name und Ruhm erscholl auch über ganz Irland und über
die größte aller übrigen Inseln der Welt — Britannien nämlich, obwohl
er sich größtentheils auf dieser kleinen und sehr entfernten Insel (Hy)
aufgehalten. Sein Ruhm drang aber auch bis nach dem dreieckigen
Spanien hinab (ad trigonam usque Hispaniam)[1], nach Gallien und
über die penninischen Alpen nach Italien, ja selbst bis zur Stadt Rom,
welche das Haupt aller Städte der Welt ist. Solch' hohe Ehre wurde
neben anderen Gnadengeschenken ihm von Gott zu Theil, der diejenigen
liebt, die ihn lieben, und Alle, die ihn mit würdigem Lobe verherrlichen,
zu einer unermeßlichen Ehre erhöht, darin er gepriesen ist in Ewigkeit."
    Die denkwürdige Lebensgeschichte, welche Adamnan uns von dem Apostel

---

[1] Worte aus der Cosmographie des Aethikus und des Pompon. Mela.

der Pikten hinterlassen, faßt er in der zweiten Vorrede zu seinem Werke in dem schönen Bilde kurz zusammen: „Sein Vater hieß Fedilmidh), welcher durch seinen Vater Fergus von Niall dem Großen, König von Irland (vom Jahre 379—405) abstammte, wie andererseits Erca die Gattin des Fergus, eine Tochter Loarn's, des ersten Königs von scotisch Dalriada war. In der Absicht um Christi willen auszuwandern, schiffte Columba nach Britannien über im zweiten Jahre nach dem Kriege von Cul-Debrin und im 42. seines Alters. Von Kindheit an einer christlichen Erziehung übergeben, verband er unter Gottes Walten mit dem Studium der Weisheit die Unschuld des Leibes und die Reinheit der Seele, und legte mitten im Gewirre der irdischen Dinge himmlische Tugenden an den Tag. Von Angesicht glich er einem Engel, in seiner Redeweise war er zierlich, heilig in seinem Thun und Lassen, mit reichen Geistesgaben geschmückt, groß im Rathgeben und vierunddreißig Jahre lang ein Krieger Christi auf den Inseln. Keine Stunde des Tages konnte vorübergehen, die er nicht dem Gebete, dem Lesen, dem Schreiben oder irgend einer anderen Arbeit widmete. Bei Tag wie bei Nacht ertrug er die Mühen schwerer Fasten und Wachen ohne Unterlaß in solchem Grade, daß die Last der daherigen Entbehrungen die menschlichen Kräfte weit zu übersteigen schienen. Und bei alledem blieb er Allen lieb und offenbarte er immer eine heitere Minne auf seinem Angesichte; denn sein innerstes Herz war allzeit voll der Freude des heiligen Geistes" [1]). So schrieb Adamnan (✝ 704) von seinem heiligen Vorfahren schon im Jahre 697, während die Nachrichten Beda's (um 726), Alcuin's (um 810), unseres Walfried Strabo (um 840) in seinem Lobgedichte über Blaitmaic und des heiligen Notkers in seinem Martyrolog (um 890) von viel späterem Datum sind [2]).

---

1) Adamn. Praefat. II.

2) Columba hat sich mit Schreiben viel beschäftigt, und Adamnan (l. c. II 9.) spricht ausdrücklich von Büchern, die er schrieb, darunter ein Hymnorum liber Septimanorum S. Columbae manu descriptus — ein Buch sonach, das die Kirchenhymnen für das Officium auf alle Tage der Woche enthielt. Gegenwärtig besitzt die irische Kirche keine größere Hymnen-Sammlung, die dem angeführten Hymnarium entspräche; allein reiches Material für ein solches bieten das Antiphonarium von Bangor in der Ambrosiana, der Leabhar Breac, Mone's Hymni medii aevi, Freiburg bei Herder 1853—54, und insbesondere die berühmte Sammlung liber Hymnorum, handschriftlich in der Bibliothek des Trinity College zu Dublin, welches Dr. Todd für die irisch archäologische und keltische Gesellschaft veröffentlicht hat. Auch in II. 44. spricht Adamnan von Büchern — libris stylo ipsius descriptis, die später bei Volksandachten mit dem weißen Ordenskleide (tunica), worin der Heilige starb, unter Gebeten in die Luft gehoben wurden, um nach langer Dürre von Gott Regen zu erstehen. Endlich erwähnt er (III. 23.) des Psalmenbuches, mit dessen Abschrift er noch kurz vor seinem Ende beschäftigt war. Sein Bücherschreiben war sonach mehr ein Abschreiben

Alte Lieder und Sagen melden, daß bei der Plünderung des Klosters Hy durch den Dänen Mandar um das Jahr 802, der heilige Leib des Patriarchen von Hy nach Down in Irland gekommen und dort zu St. Patrizius und Brigitta im gleichen Grabe sei beigesetzt worden. „Wie der heilige Berchan erzählte [1]), kam Mandar, Sohn des Königs der Dänen und Nordmannen, und verwüstete an der Spitze einer Seeräuberflotte mit Feuer und Schwert die nördlichen Theile Britanniens, er kam auch auf die Insel Jona, wo er Alles raubte, und den Boden aufwühlte, um Schätze zu finden. Sie fanden wirklich einen großen Schatz, nämlich den Sarg des heiligen Columba, den sie auf das Schiff trugen und auf ihrem Zuge nach Irland eröffneten. Als sie aber darin nichts als Menschengebeine und Asche fanden, verschlossen sie den Sarg wieder und warfen ihn in's Meer. Auf den Wogen schwimmend wurde sodann der Sarg an die Küste Irlands in den Meerbusen von Down getrieben, wo der Abt des dortigen Klosters den Sarg auffing und öffnete, die heiligen Gebeine erkannte und sie im Grabe der heiligen Patrizius und Brigitta feierlich beisetzte." Ein Lied aus späterer Zeit legt ihm die prophetischen Worte in den Mund:

> „Mandar wird auf einem großen Schiffe kommen,
> Und fortführen meinen Leib von meinem Volke,
> Patrizius war's, der es vorgesagt,
> O seliger Baithen denke daran.

> Patrizius hat es vorhergesagt fürwahr,
> Und Brigitta, die allzeit reine zugleich:
> Daß ihre Leiber ruhen sollen im makellosen Dun,
> Und an meinen Leib, o Baithen, gedenk.

vorhandener Handschriften, als ein Verfasser von eigenen Werken. Doch fehlte es ihm auch an Produkten eigener Schöpfung, namentlich im Gebiete der Dichtkunst, nicht. Ihm werden drei lateinische Hymnen von bedeutender Schönheit zugeschrieben, die er mit einer Vorrede einleitet und darin die Veranlassung zum Gedicht bespricht. Sie befinden sich in der angeführten alten Hymnen = Sammlung, handschriftlich im Trinitäts-Collegium zu Dublin, und wurden von Colgan in seiner Trias Thaum. abgedruckt. Er verfaßte auch Gedichte in irischer Sprache, von denen Reeves in seinem Life of St. Columba auf S. 264, 277, 285 — 89 einige Bruchstücke lieferte. Dort sind auch „sein Lebewohl nach Aran" in zweiundzwanzig Strophen, und ein anderes Gedicht abgedruckt, das er wahrscheinlich auf seiner Flucht vor König Diarmait verfaßte. Außer diesen besteht noch eine Sammlung von fünfzehn Gedichten, die den Namen Columba's tragen (handschriftlich auf der Bibliothek zu Brüssel, Cod. 615), und eine noch größere Sammlung in einer Handschrift der Bibliothek von Oxford; diese Handschrift enthält aber eine Menge Gedichte, die einer viel spätern Zeit angehören. Auch „Prophezeiungen" werden ihm zugeschrieben, deren Aechtheit übrigens schon Colgan (Tr. Thaum. 472 ff) in Zweifel zog.

[1]) Vit. Tripart. III. 78. Tr. Thaum. 446.

Wohl werd' ich begraben werden in Hy,
Wie es mein sanfter König will,
Doch werd' ich in Dun gelegt werden in's Grab,
O König, mir stammverwandt, es ist wahr.

Wohl ward ich beerdigt in Hy,
Doch werd' ich begraben in Dun
Mit Patrizius und Brigitta, den siegreichen,
Und unsere Leiber wird decken das Eine Grab.

Drittes Kapitel.

„Der Gottesdienst, die Disciplin und das Ordensleben im Kloster Hy."

Schon unter dem heiligen Columba hatte das Kloster Hy sich zu einer großen Pflanzschule von Missionären und Ordensmännern ausgebildet und war zur Mutter vieler Kirchen und Klöster in Irland, im Scoten- und Piktenlande geworden. Columba's Leben und Wirken fiel in eine Zeit, wo die irischen Heiligen und Väter Irlands zweiter Ordnung blühten, ihr gehörten mit ihm seine vorzüglichsten Freunde, Brendan, Comgall und Cainech an. „Zu jener Zeit", schreibt Usher, „gab es wenige Bischöfe und viele Priester; sie feierten die heilige Messe nach verschiedenen Liturgien, befolgten verschiedene Ordensregeln, feierten die Ostern am 14. des Neu- mondes, trugen die Tonsur von einem Ohre zum andern, ließen keine Frauenspersonen zur Besorgung der Hauswirthschaft zu und hielten sie auch von den Klöstern ausgeschlossen" [1]. Die verschiedenen Liturgien waren besondere Unterschiede und Eigenthümlichkeiten in der Meßfeier, welche von den Vätern erster Ordnung ihren Ursprung genommen haben, unter denen sich römische, fränkische, brittische, vielleicht auch ägyp- tische Priester und Mönche befunden haben, die an der Seite des heiligen Patrizius noch zu seiner Lebzeit in Irland sich einfanden.

Eine Menge Kirchen und Klöster, bei welchen nachmals bischöfliche Sitze errichtet wurden, sind durch Ordensgeistliche (Priester) gegründet worden, wie Clonard von Finnian, Clonmacnois von Ciaran, Clonfert von Brendan, Aghabo von Cainech, Glendaloch von Kevin, Lismor von Carthach, Derry, Rawphoe und Hy von Columba. Die großen Stifter von Kirchen und Klöstern waren größtentheils einfache Aebte, vermieden,

---

1) Usher Werke, VI. 477.

wo es gehen mochte, schon aus demüthiger Gesinnung ihre Erhebung zur
bischöflichen Würde und beschränkten sich darauf, die heiligen Sakramente
zu spenden, die Missionsunternehmungen zu leiten, die frommen Uebungen
der Andacht und Disciplin in ihren Klostervereinen zu überwachen und in
den Schulen Unterricht zu ertheilen. Nicht selten stund dem Abte des
Klosters ein Bischof zur Seite, dem zwar der Vorrang der Würde und
Ehre, und lediglich die Ertheilung der heiligen Weihen und die übrigen
mit seiner Würde verbundenen Functionen, allein keinerlei Jurisdiktions=
rechte über die Brüder, noch eine andere Gewalt über die geistlichen oder
weltlichen Angelegenheiten des Klosters zukam [1]). Die daherige Ausschei=
dung der beiderseitigen Rechte hatte auch die Regel des heiligen Columban
später scharf in's Auge gefaßt und genau bestimmt. Die Abtwürde von
Hy blieb nach dem Tode Columba's bei seinen Stammverwandten in der
Familie der Tir=Conallian längere Zeit wie ein Erblehen, ein Umstand,
welcher später, wie die Aufhebung des Conventual=Lebens in Bangor und
die Zuchtlosigkeit der Mönche in Armagh, diese Institute schon zur Zeit
des heiligen Bernhard [2]) ihrer Auflösung nahe brachte. Die irischen Klöster
wuchsen im Laufe des VI. Jahrhunderts eben so schnell empor, als die
Zahl ihrer Bewohner außerordentlich zunahm. So zählte das Kloster
Finnian's zu Clonard 3000 Mönche, eben so viele Mitglieder zählten die
Klöster von Bangor und von Birr (Brendan's); der heilige Molaissi oder
Laisren hatte deren 1500; Columban und Fechin jeder 300, Carthach 867,
Gobban 1000, Maidoc, Manchan, Natalis, Ruadhan, jeder 150 unter sich
und Kevin und Molua waren „die Führer mehrerer Tausend Seelen",
wie uns die irischen Hagiolisten versichern; in dem Kloster Bangor in
Wales (Britannien) allein lebten nach Beda's [3]) Angabe 2100 Mönche. Für
diese vielen Klöster bestand keine bestimmte allgemeine Ordensregel, wie
eine solche der heilige Benedikt für die Klostervereine seines Ordens (529)
schrieb, noch für die einzelnen Klöster eine örtliche; eine solche hat der
heilige Columba weder für Hy noch für die übrigen Klöster verfaßt und
wenn in den älteren Autoren von einer solchen die Rede ist, gilt sie als
gleichbedeutend mit klösterlicher Uebung und Observanz. Keinen anderen
Sinn haben die Ausdrücke der alten Hagiologen: „Lerne die Regel der
heiligen Väter Irlands (vit. S. Brendani)", „er blieb unter der Regel des
heiligen Comgall in Bangor" u. s. w. Columban war der erste, der diese
Uebungen und Ueberlieferungen des irischen Klosterlebens in eine gemein=
same Ordensregel zusammen faßte. Alle geistlichen Orden der Kirche, aus

---

1) Reg. S. Columban. — 2) S. Bern. in vita S. Malach., c. 7.
3) Beda l. c. II. 2.

den evangelischen Räthen hervorgegangen, haben als ihr Zielbestreben sich vorgesetzt, Gott zu verherrlichen, die christlichen Vollkommenheiten zu üben und durch die georbnete Thätigkeit eines gemeinsamen Lebens sich und der Welt nützlich zu werden. Der Gottesdienst, die Disciplin und die Verrichtungen des thätigen Lebens bilden auch die Hauptseiten, die das Kloster Hy der Betrachtung bietet, und Adamnan, Beda und die gleichzeitigen Schriftsteller entwerfen uns darüber folgendes Bild.

Der Gottesdienst im Kloster Hy bestand in dem Abbeten und Singen der Psalmen und Kirchen-Hymnen (Officium — synaxis) und in der Feier des heiligen Meßopfers, dem sich die Spendung der übrigen heiligen Sakramente anschloß. Die Tage des Jahres waren in gewöhnliche Wochentage, in Sonntage und in Festtage (dies solemnes) eingetheilt. Der Psalmenkurs aus früherer Zeit oder die synaxis bildete sich allmälig auch in Hy zu den sieben kanonischen Tagzeiten aus; die Matutin, Prim, Terz und Sext werden von Adamnan ausdrücklich genannt, und wir lesen in dem Leben St. Cainech's [1]), daß die Non in Hy eingehalten wurde. Von der Theilnahme am Gebete und Gesange der Tagzeiten waren die Brüder ausgenommen, welche auf dem Felde arbeiteten; nach den Mühen ihres Tagewerkes wurde ihnen ungestörter Schlaf gegönnt. Ein Zeichen mit der Glocke (signo personante [2]) rief die Brüder zur Verrichtung der Tagzeiten und zur Feier des Gottesdienstes zusammen, das Gleiche geschah bei anderen besonderen Vorfällen. Nachdem sie sich versammelt hatten, zogen sie in der Reihe zum Bethaus (oratorium) und trugen bei Nachtzeit brennende Laternen [3]) vor sich hin. Neben den Sonntagen wurden noch die Feste des Herrn, Mariens und der Heiligen (dies Sanctorum natales) gefeiert und dadurch ausgezeichnet, daß an ihnen alle körperliche Arbeit unterblieb, in feierlicher Weise das Meßopfer der Eucharistie verrichtet und ein besseres Mahl bei Tisch vorgesetzt wurde. Der Festtag begann mit dem Sonnenuntergang des vorangegangenen Tages und der festgesetzte Gottesdienst bestand während der folgenden Nacht in dem Matutin-Psalmenkurs, der Vespermesse (vespertinalis Missa), in Prim, Terz, Sext und Non [4]). Im Haupt-Gottesdienste wurde das feierliche Amt der Messe (missarum solemnia [5]) begangen [6]) und je nach Umständen zuweilen bei der Prim oder bei der Sext abgehalten. Die Sänger (cantores) sangen während der Feier der heiligen Messe den üblichen Choralkurs, in

---

1) Vit S. Cainech. c. 25. — 2) Adamn. II. 42. — 3) L. c. III. 23.
4) Adamn. l. c. II. 5 III. 2 und a. O.
5) L. c. I. 40, III. 12. und a. O
6) W. Reeves l c. p. 346.

welchem zuweilen nach dem Offertorium die Namen bestimmter Heiligen
der allgemeinen, auch der gallikanischen und irischen Kirche kommemorirt
wurden. Man bezeichnete die Feier der heiligen Messe mit den Ausdrücken
— Sacra Eucharistiae mysteria, Sacra mysteria, Sacrae oblationis
mysteria oder obsequia [1]). Es wurden dabei Brod, Wein und Wasser [2]),
die beiden letztern in Krüglein (urcei) durch den Diakon zubereitet. Der
Priester stand zuerst vor dem Altare, schritt sodann auf den Altar zur
Opferung und Consekration; sacra Eucharistiae consecrare mysteria
oder sacram oblationem consecrare oder sacra Eucharistiae mysteria
conficere, Christi corpus conficere [3]), sind hiefür die Ausdrucksweisen
jener Zeit. Waren mehrere Priester anwesend, so wurde Einer davon für
die Feier der heiligen Messe bestimmt, der zuweilen auch noch einen Zwei=
ten beizog, mit ihm zugleich das Brod des Herrn (dominicum panem)
zu brechen [4]), zum Zeichen ihrer Gleichheit in der Würde. Verrichtete aber
ein Bischof das Meßopfer, dann brach er gewöhnlich das Brod allein,
zum Zeichen seiner höheren Würde, und die Brüder traten zum Altare
und empfingen aus seinen Händen die heilige Eucharistie. Hatte auch das
zweite Concil von Sevilla (619) den Priestern verboten in Gegenwart
eines Bischofs — sacramenta corporis et sanguinis Christi conficere,
so kam es in der irischen Kirche doch zuweilen vor, daß die anwesenden
Priester zugleich mit dem Bischofe durch Worte und Handbewegung bei
der Feier mitwirkten [5]), wie dies die Neomysten nach empfangener Priester=
weihe mit dem Bischofe in der römischen Kirche noch thun.

Als St. Columba eines Tages das Klösterlein von Trefoit im Boyen=
thale besuchte, war eben der Sonntag eingetreten. Die Brüder wählten
einen Priester aus ihrer Mitte, der ihnen die heilige Messe halten sollte,
weil sie ihn für sehr fromm hielten [6]). Allein der herzenskundige Columba
bedeutete ihnen: „jetzt wird Reines und Unreines gemischt" d. h. die reinen
Geheimnisse des heiligen Opfers werden durch einen unreinen Menschen
dargebracht, denn jener Priester trug in seinem Gewissen eine große Sünde.
Er bekannte auch sogleich vor Allen seine Sünden und die Brüder bewun=
derten die Kenntniß der Herzen, welche Gott dem heiligen Columba ver=
liehen. Als der Bischof Cronan [7]), aus der Gegend von Münster, als
Pilger nach Jona kam, verbarg er so viel er konnte seine bischöfliche Würde,

---

1) Adamn. III. 12. — 2) L. c. II. 1.
3) Adamn. l. c. I. 44., III. 17. und a. O.
4) S. Hieronym. Epist. ad Heliodor. „Christi corpus sacro ore con-
ficiunt."
5) Martene Antiq. Eccl. Rit. I. 3, 8. — 6) Adamn. I. 40.
7) L c. I. 44.

damit Niemand ihn erkenne, doch erkannte ihn Columba sogleich und lud ihn am folgenden Sonntag ein: den Leib Christi zu wirken. (Christi corpus conficere). Der Bischof wollte, daß Columba mit ihm gemeinsam das Opfer der Eucharistie vollbringe und rief ihn zum Altare herbei. Als sodann Columba zum Altare hintrat, schaute er dem Bischofe in's Gesicht und sprach zu ihm: „Christus segne dich, Bruder! Breche dieses Brod allein nach bischöflichem Ritus, denn jetzt wissen wir, daß du ein Bischof bist. Warum hast du es bisher verheimlichet und so verhindert, dir die gebührende Ehre zu erweisen?" Für die Abgestorbenen wurde mit der Darbringung der heiligen Messe eine Gedächtnißfeier begangen; so für St. Brendan von Birr [1]), der im Jahre 571 im 80. Jahre seines Alters starb. An dessen Sterbetage rief nämlich St. Columba früh Morgens [2]) seinen Diener Diormitius herbei und befahl ihm, das Nöthige zur Feier der heiligen Eucharistie zuzubereiten, „denn heute", sprach er, „ist der Geburtstag (dies natalis d. i. der Todestag) des seligen Brendan. „Warum" fragte der Diener, „befiehlst du heute das Amt der heiligen Messe zuzubereiten, da ja noch kein Trauerbote die Nachricht von dem Ableben dieses Mannes nach Scotland gebracht hat?" Columba bestand auf seinem Befehle und sprach: „in der vergangenen Nacht sah ich plötzlich den Himmel offen und eine Engel-Schaar der Seele des heiligen Brendan entgegeneilen, von ihrem Glanze war der ganze Erdkreis mit unvergleichlicher Klarheit erleuchtet." Doch dieser Seelengottesdienst ist in Hy nicht das einzige Beispiel, dessen Adamnan erwähnt, ein solcher wurde auch zum Andenken an den verstorbenen Columban (auch Colman genannt), Bischof in Leinster, dort abgehalten. Dieser war, gleichfalls stammverwandt mit dem Ahnherrn Rudhraigh, von Jugend auf Columba vertraut, der ihn von Jona aus dem heiligen Fintan zur weiteren Ausbildung einst zugewiesen hatte [3]). Als nun die Brüder in Hy eines Tages früh Morgens ihre Schuhe anzogen und von der Kirche weg an ihre Arbeit gehen wollten, gab Columba ihnen Rasttag mit der Weisung, das Nöthige zur Feier der heiligen Messe zuzubereiten und beim Mittagmahle, wie an einem Sonntage, eine Speise mehr zuzusetzen. „Denn", fuhr er fort, „wie wohl unwürdig, muß ich zum ehrenden Gedächtnisse der Seele, die in der vergangenen Nacht von Engeln umgeben über die Räume des siderischen Himmels hinauffuhr, die heiligen Geheimnisse der Eucharistie feiern." Wirklich setzten die Brüder an diesem Tage ihre Arbeit aus und zogen weiß gekleidet, wie an einem hohen Festtage, mit Columba in die

---

1) Brendan von Birr, verschieden von jenem von Clonfert (senior), war ein besonderer Freund und Verehrer Columba's, der Sohn des berühmten Dichters Neman, vom Stamme Rudhraigh, und wurde für einen Propheten gehalten. Reeves, l. c. 210.
2) L. c. III. 11. — 3) Vit. S. Fint. c. 22. Colg. Act. SS. p. 353.

Kirche. Als dann die Brüder unter dem Amte der Messe in melodischer Weise jenes übliche Gebet absangen, worin mit anderen Heiligen auch der Name des heiligen Martin erwähnt wird, wies Columba bei diesem Namen sogleich die Sänger an: heute müßt ihr für den heiligen Bischof Columban singen. Alle anwesenden Brüder merkten sofort, daß Columban, Bischof in Leinster, Columba's lieber Freund zum Herrn heimgegangen. Adamnans Erzählung stimmt vollkommen mit der liturgischen Ordnung jener Zeit überein, denn auch in der gallikanischen Liturgie, von welcher gar Vieles in die irische überging, sprach oder sang der Priester, nachdem er die Opfergaben (Brod und Wein) beim Offertorium auf den Altar gelegt, das Gebet, welches im Missale der römischen Kirche noch immer beibehalten blieb: Veni sanctificator omnipotens aeterne Deus et benedic hoc sacrificium tuo sancto nomini praeparatum. Darauf folgte damals aus den Dyptichen die Verlesung der Namen lebender und verstorbener Heiligen oder Gläubigen, zu deren Gedächtniß oder für deren Seelenheil das Meßopfer dargebracht wurde. Wir lernen die Weise dieser Commemoratio aus derjenigen kennen, welche der heilige Aurelian für die Kirche von Arles vorschrieb [1]). In dieser wird zuerst das Gebet verrichtet für die Seelen der verstorbenen Bischöfe und Vorsteher der Kirche von Arles unter Anführung ihrer Namen und unter Anrufung der heiligen Apostel und anderer Landesheiligen, zuletzt dann der heiligen Bischöfe Martin von Tours († 374) und Caesarius von Arles († 542); die letztere Abtheilung dieses Gebetes hieß — collectio post nomina. Mit dem heiligen Meßopfer war die Austheilung der heiligen Communion an die Anwesenden verbunden; der Ausdruck — presbiterum sacra Eucharistiae mysteria conficientem, galt für das heilige Opfer des Altares, der andere — Dominicum panem frangere — bedeutete die Austheilung „des Leibes des Herrn" an die Kommunikanten.

Die heilige Taufe wurde den Kindern sogleich, den Erwachsenen nach kurzem Unterrichte und erfolgter Bekehrung gespendet [2]); zuweilen ertheilte Columba sie auf seinen Bekehrungsreisen ganzen Familien, oft Einzelnen unmittelbar vor ihrem Tode; die Taufe fand, wo Gelegenheit sich bot, durch Untertauchen in den Quellen statt. Zu den vorzüglichsten Pflichten des Bischofs wurde schon zur Zeit des heiligen Patrizius die Ausspendung der heiligen Firmung gezählt, weswegen er überall, wo es möglich war, auf dem Lande eigene Bischöfe aufstellte. Die Beichte der Sünden wurde von den Priestern abgenommen und von ihnen den Büßenden der

---

1) Mabill. de liturg. gallic. I. 5.
2) Adamn. II. 32. III. 44 u. s. w.

Nachlaß der Sünden ertheilt. So kam St. Donan zu Columba, um ihn zum Beichtvater (Anmchara — confessarius) sich zu erbitten [1]) und beim Jahre 1065 wird im Chronicon von Hy der Tod Dubtach Albanach's als „des vorzüglichsten Beichtvaters in Irland und Alba" hervorgehoben. Der Laie Libran [2]) aus Connaught, einer der fünf alten Provinzen Irlands, hatte einen Mann ermordet; er floh nach Jona zu Columba, beichtete [3]) ihm alle seine Sünden und versprach ihm kniefällig, alle Bußsatzungen erfüllen zu wollen. Columba legte ihm sieben Jahre Buße im Kloster auf der Insel Ethica (Tiree) auf; nach Umfluß der sieben Jahre soll er zum Osterfeste wieder nach Jona kommen; „dann erst dürfe er zum Altare hintreten und die Eucharistie empfangen." Nach sieben Jahren erschien er wirklich in Jona wieder, empfing das heilige Abendmahl und wurde sodann von Columba angewiesen, den verursachten Schaden der beschädigten Familie gut zu machen. Das Band der Ehe wurde für unauflöslich gehalten. Als Columba [4]) sich auf der Insel Rathlin an der Nordküste von Antrim aufhielt, kam Lugneus, ein Pilote, zu ihm und führte vor ihm Klage, daß sein Weib ihm die eheliche Pflicht nicht leisten wolle. Er ließ das Weib zu sich rufen und stellte ihr vor: „warum thust du dieß gegen Gottes Gebot: sie werden Zwei in einem Fleische sein." Das Weib antwortete: „ich will Alles thun, was du verlangst, selbst auswandern über das Meer und in einem Frauenkloster (puellarum monasterio) mein Leben zubringen nur verlange von mir nicht, daß ich diesem Manne beiwohne." Columba erwiederte ihr: „Was du verlangst darf nicht geschehen, denn so lange dein Mann lebt, bist du durch das Gesetz des Mannes gebunden; es ist eine schwere Sünde für solche, sich zu trennen, die Gott rechtmäßig verbunden hat." („Nam adhuc viro vivente alligata es a lege viri; quos enim Deus licite conjunxit, nefas est separari.") Im V. und VI. Jahrhunderte wurde der Name sacerdos (Priester) auch den Bischöfen auferlegt, um ihr Oberpriesteramt damit auszudrücken, wie dieß in den Schriften von Paulin von Nola, Eucher von Lyon und Anderen, auch in den Monumentalinschriften der römischen Katakomben von sehr früher Zeit der Fall ist. Deswegen galt aber keineswegs der Ordo der Bischöfe und der Priester als gleichbedeutend. Die Bezeichnung der Bischöfe als „Priester" hatte seinen Grund in der uralten kirchlichen Sitte, nach welcher in der Regel der Bischof und nur im Behinderungsfalle der Presbyter (Priester) das heilige Opfer entrichtete. Jünglinge erhielten

---

1) Aengus in seinem Festkalender. — 2) Adamn. II. 39.

3) „Eadem hora omnia confessus sua peccata leges poenitentiae flexis in terram genibus se impleturum promisit"

4) Adamn. II. 41.

in Irland während ihrer Studienzeit in den Klosterschulen die Weihe des Diakonates, die dann ihrem Amte gemäß den Priester am Altare zu be= dienen hatten. Als der Priester Findchan [1]), Aidan den Schwarzen (Aedh Dubh), den Mörder König Diarmait's, nach Iona brachte und seiner er= heuchelten Bekehrung traute, betrieb er hinter dem Rücken Columba's dessen schnelle Ausweihung zum Priester. Aber obgleich die Sache Eile forderte, hat nicht der Priester Findchan ihm die Priesterweihe ertheilt, sondern „er zog den Bischof, der damals in Iona anwesend war bei, und dieser ertheilte ihm, wiewohl nicht erlaubterweise, (weil nicht mit Einhal= tung der vorgeschriebenen Interstitien) die Priesterweihe." Bevor aber der Bischof ihm die Hand auf das Haupt legte, wies er den Priester Findchan an, auch seine Hand zur Bekräftigung (pro confirmatione) auf das Haupt des Ordinanden zu legen, ganz gemäß der Bestimmung des IV. Concils von Karthago: „daß bei der Weihe eines Priesters die anwesenden Priester ihre Hände neben der Hand des Bischofes über dem Haupte des Ordinan= den halten sollen." Es kam auch zuweilen vor, daß der Abt, der Priester= weihe vorgängig, die rechte Hand auf das Haupt des Ordinanden legte, um den Bischof zur Vornahme der Weihe zu ermächtigen. Die Weihung der Bischöfe Aidan, Finan, Colman, Cellach und Columban von Mün= ster in Hy zeigt, daß dort immer ein Bischof Residenz hielt. Zur kanonisch= giltigen Bischofsweihe war die Gegenwart von wenigstens drei Bischöfen erforderlich [2]) und als Finan anderswo den Priester Cedd zum Bischofe weihte [3]), rief er noch zwei andere Bischöfe zur Assistenz an seine Seite; als Cedda vom Bischofe Vini zum Bischofe konsekrirt wurde, nahmen zwei brittische Bischöfe an der heiligen Handlung Theil [4]). Wo indessen ein Nothfall eintraf, wurde von dieser Vorschrift Umgang genommen. St. Servan soll von Palladius allein zum Bischofe geweiht worden sein, eben so Kentigern von einem Bischofe, der hiefür eigens von Irland her nach Britannien beschieden wurde. Darüber berichtet Jocelin [5]): „Sie inthronisirten ihn und ließen ihn nach der damaligen Uebung der Scoten (Iren) und Britten nur von einem Bischofe aus Irland konsekriren. In Britannien hatte sich der Brauch gebildet, bei der Weihung der Bischöfe nur die Häupter derselben durch Aufgießung des heiligen Chrisma unter Anrufung des heiligen Geistes, der Auflegung der Hände und der Segnung zu salben. Allein obwohl diese den Britten eigene Konsekration der Bi=

---

1) Adamn. I. 36.
2) Das Concil von Nizäa (325) verlangte hiefür zum mindesten drei. Labbé Concil. II. 29.
3) Bed. Hist. III. 22. — 4) L. c. III. 28.
5) Jocel. vita S. Kentingern. cap. 11.

schöfe weniger übereinzustimmen scheint, so fehlt ihr dennoch nicht die Kraft des Geheimnisses oder der bischöflichen Amtswürde. Weil aber die Insel=bewohner gleichsam außerhalb dem übrigen Erdkreis gestellt, unter den unaufhörlichen Angriffen der heidnischen Völker (der Pikten und Sachsen) die heiligen Kirchen=Satzungen nicht mehr kannten, hat die kirchliche Ober=behörde in milder Herablassung für sie Nachsicht eintreten lassen."

Wer von der Welt sich zurückzog und im Kloster als Aufenthalter oder als Ordenskandidat Aufnahme nachsuchte, hatte vor Allem den Klerikal=Habit anzuziehen oder wie der irische Ausdruck sagt: Gabhail Cleirceachta — Sumere clericatum [1]) und dieser Schritt wurde oft in der Absicht gethan, seine Sünden abzubüßen (ad delenda peccamina). War einer zur Ablegung der Gelübde vorbereitet, so lag es bei dem Abte, zu entscheiden, ob dies sogleich geschehen oder der Candidat noch längere Zeit für die Prüfung zurückbehalten werden sollte. Zur Zeit wurde er sodann in das Oratorium eingeführt, wo er auf den Knieen das Gelübde (monasteriale votum) wiederholte; das feierliche Gelübde wurde unter Anrufung des Namens Gottes des Allerhöchsten (per nomen excelsi Dei) abgelegt [2]). Die Tonsur der irischen Väter zweiter Ordnung, denen Columba angehört, war von einem Ohre zum anderen zugeschnitten d. h. die vordere Hälfte des Kopfes war geschoren, der Hintertheil desselben (occipitium) blieb haarbewachsen. Diese Tonsurform war schon zur Zeit des heiligen Patrizius in Uebung; sie mochte von der Tracht der alten Druiden ihren Ursprung genommen haben, wurde von Columba bei=behalten und in allen seinen Klöstern bis zum Jahre 718 strenge beachtet, wo dann die kronförmige Tonsur der römischen Kirche eingeführt wurde, zwei Jahre nach der Annahme der Osterfeier nach römischer Zeitrechnung. Die Tonsur der Griechen war eine totale d. i. der Tonsurist wurde ganz geschoren, man nannte sie die des heiligen Paulus, die römische die des heiligen Petrus (sie war eine kreis= oder kronförmige), die irische wurde (vielleicht spottweise) von Simon Magus abgeleitet. Als dies Ceolfrid dem Abte Adamnan vorhielt, antwortete er einfach: „thut nichts zur Sache, wenn ich auch nach der Gewohnheit unserer Väter die Tonsur des Simon Magus trage." Andere wollten sogar die irische Tonsur von dem Schweine=hirten des Königs Leoghaire ableiten [3]). Das Kreuzzeichen war wie in Irland so auch in Iona in Uebung und galt als ein heilsames Zeichen (signum salutare [4]). Es wurde vor den Arbeiten jeder Art, selbst vor dem Melken der Kühe gebraucht, man hielt es für wirksam, um die Dämo-

---

1) Adamn. I. 36, II. 39 — 2) Adamn. l c. II. 41.
3) Usher Eccl. Brit. Antiq. cap. 17. — 4) Adamn. II. 16.

neu zu vertreiben, Waldbäche in ihren Ufern zu halten, wilde Thiere zu erlegen oder Thüren aufzuschließen. Schon damals war es Sitte, an Weg= stellen, wo Menschen häufig sich begegneten, ein Kreuzbild (vexilum crucis) zu errichten [1]), und von Hy wurde gerühmt, daß 360 Kreuze auf der Insel ständen. Auch auf dem Meere betrachtete man das Kreuz auf dem Maste der Schiffe als segenbringend für eine glückliche Fahrt [2]). Segnungen wurden vorgenommen über das Brod, das Salz, das Wasser und das Ordenskleid (cuculla); die gleiche Uebung mit dem gleichen Glauben fand sich nach Beda [3]) auch in der angelsächsischen Kirche vor. Das Be= gräbniß der Todten wurde als ein religiöser Dienst angesehen und sowohl auf das zukünftige als auf das gegenwärtige Leben bezogen. Der Glaube an die Auferstehung gab der Beerdigung in Mitte der Ordens= genossen eine hohe Bedeutung und der Tag des Ablebens wurde als Ge= burtstag für das ewige Leben betrachtet; die Grabstelle selbst galt für den Begrabenen als Stätte seiner einstigen Auferstehung [4]). Die Leiche des Verstorbenen wurde in Leinwand gewickelt und in der Zelle ausgesetzt [5]); so blieb er drei Tage und Nächte während den Exequien, welche in der Feier der heiligen Messe, in Gebeten und im Psalmgesange bestanden. Der Leichnam wurde sodann in feierlicher Prozession zu Grabe getragen und mit angemessener Ehrenbezeugung beerdigt. Zu den hohen Festen wurde die Weihnacht (Natalitia Domini [6]) gezählt und während vierzig vorangehenden Tagen (Advent) mit Gebet und strengem Fasten eingeleitet. Ueberdies war in Hy jeder Mittwoch und Freitag der Woche (die Tage von Ostern bis zum weißen Sonntage ausgenommen) ein Fasttag, wo bis zur Nonzeit keine Speise genossen wurde, außer wenn der Prior der Gäste wegen eine Ausnahme gestattete. Das höchste Fest des Jahres war Ostern [7]), es wurde durch die vorgängige Fastenzeit eingeleitet. Während derselben mußte das Fasten (die Sonntage ausgenommen) bis auf den Abend ausgedehnt werden, dann aber wurde ein spärliches Mahl von Brod, leichter Milch und Eiern eingenommen. Usher hält es [8]) für wahr= scheinlich, daß die irische Kirche diese Uebung von der römischen Kirche empfangen und angenommen habe, wie schon der heilige Augustin an Ca= sulan schrieb [9]): „in der 4. und 6. Wochenferie und am Samstage haben die Gläubigen der römischen Kirche Fasten gehalten." St. Aidan, der die

---

1) L. c. I. 45., III. 23. — 2) L. c. II. 45.
3) Beda l. c. II. 12, 13., III. 2.
4) Adamn. II. 40. — 5) L. c. III. 23. — 6) Adamn. II. 9.
7) L. c. II. 39., III. 23.
8) Usheri Eccles. Brit. Antiqu. cap. 17.
9) S. August. Ep. 36.

Gebräuche von Hy nach Lindisfarn verpflanzte, führte die gleiche Fastenord=
nung auch in dieser Kirche ein ¹). Das hohe Osterfest (paschalis so-
lemnitas) wurde als ein besonderes Freudenfest begangen, das heilige Meß=
opfer feierlich gehalten, die heilige Eucharistie empfangen. Die folgenden
Tage bis zum weißen Sonntag galten als Ostertage (dies pascales) und
als Abschluß der größten Gnadenzeit im ganzen Jahre.

Diese Grundzüge des religiösen Glaubens und Gottesdienstes, wie er
in der zweiten Hälfte des sechsten Jahrhunderts in Hy eingehalten und geübt
wurde, sind geeignet, über die volle Uebereinstimmung der keltischen Kirchen
in Britannien, Irland und Scotland mit der römischen Kirche helles Licht
zu verbreiten und die willkührliche Annahme einer wesentlichen Verschieden=
heit beider, welche anglikanische Schriftsteller besonders im vorigen Jahr=
hunderte aufgestellt und deutsche Protestanten nachgeschrieben haben, gründ=
lich abzuweisen. Wir werden später Gelegenheit haben, den aktenmäßigen
Beweis zu leisten, daß die Vorstellungen, welche für die keltisch=irische
Kirche ein Urchristenthum von Asien her außerhalb der römisch=katholischen
Kirche herleiten wollten, zu den Erfindungen der Einbildung gehören,
die man leider so vielfach in die Geschichte hineingelegt, und so lange für
Parteizwecke verwerthet hat, bis sie durch die Forschungen der gründlichsten
Historiker der Neuzeit, wie W. Reeves und Petri's in Irland, Varin's
in Frankreich, Döllinger's, Walter's und Schrödl's in Deutsch=
land ihre vollständige Widerlegung gefunden haben. Die Unterschiede
zwischen beiden Kirchen betrafen weder Glaubenslehren, noch Sittengesetze,
noch das Wesentliche bei der Feier des Meßopfers oder der heiligen Sakra=
mente. Der oberste Primat des Bischofes von Rom wurde anerkannt,
der Priestercölibat wie in den übrigen Kirchen des Abendlandes
beobachtet; in der Meßliturgie bestanden wohl Sondergebräuche und eigen=
thümliche Formen, wie dies auch in den Kirchen von Gallien und Spanien,
die das Licht des Christenthumes von Rom erhalten hatten, der Fall war;
die Taufe der irischen Kirche war in ihren Ceremonien einfacher, als die
der römischen Kirche. Diese ergänzenden Ceremonien, von denen Beda
spricht ²), wollten die Insulaner nicht anerkennen, da ihre ersten, von Rom
gekommenen Apostel, sie bei ihnen nicht eingeführt hatten. So blieb noch
die Verschiedenheit der Tonsur übrig, die eine alte nationale Haartracht
(die der Druiden und Magier) war und die Osterberechnung, welche
die Britten und Iren unverändert so erhalten wissen wollten, wie sie die=
selbe ursprünglich von Rom erhalten hatten, ohne von den später gemach=
ten Berichtigungen jener Berechnungen in früherer Zeit Kenntniß erhalten

1) Bed. l. c. III. 5. — 2) Bed. II. 2.

zu haben. Wohl hatte schon das Concil von Nizäa für die Osterfeier den Sonntag nach dem vierzehnten des Mondes in der Frühlings Tag= und Nachtgleiche festgesetzt und diese Bestimmung war mit dem christlichen Glauben in den Kirchen Britanniens und Irlands eingeführt worden, sowohl durch Patrizius in Irland, als durch Columba in Caledonien. Die alexandrinische Kirche gewahrte zuerst den astronomischen Irrthum, der daher kam, daß die Christen den altjüdischen Cyklus ohne Berichtigung angenommen hatten. Die genauere Berechnung, die sie aufstellte, fand im ganzen Oriente Verbreitung, während die abendländische Kirche an dem früheren Cyklus festhielt; so kam es, daß unter Papst Leo dem Großen (440—461) zwischen der Osterfeier in Rom und jener im Oriente ein ganzer Monat Unterschied war. Im Jahre 532 kam die Ausgleichung zu Stande: Rom nahm die Berechnung des Abtes Dionysius des Kleinen (exiguus) an, bei welcher über den von dem Concil von Nizäa bestimmten Tag kein Irrthum möglich war und damit war die Gleichzeitigkeit der Osterfeier in der Kirche hergestellt. Allein die Britten und Iren erhielten oder nahmen von dieser Berichtigung keine Kenntniß und hielten unbeug= sam fest an der alten römischen Berechnung, jedes Abgehen davon galt ihnen als ein Abweichen von den Ueberlieferungen ihrer Väter [1]. Noch lange nachher, nachdem die Osterfrage nach der Norm der römischen Kirche geregelt war, hielten die Schüler Columba's in ihren Kirchen und Klöstern die Osterfeier nach der älteren Zeitrechnung fest, obwohl schon damals ihre Osterfeier zuweilen um mehr als einen Monat früher als in den übrigen Kirchen des Kontinentes einfiel. Erst im Jahre 716 wurde für die irische und kaledonische Kirche über die Zeitbestimmung der Osterfeier nach lang= wierigen bitteren Kämpfen die nöthige Einheit erzielt.

Die Ordnung und Disciplin in Hy bietet eine weitere Seite zur Betrachtung. Das Klosterleben wurde als eine militia Christi [2] an= gesehen, die Mönche galten für Krieger und Kämpfer (milites, athletae) Christi [3]. Jeder gelobte seinen festen Willen, sich Gott zum Opfer zu bringen (Deo exhibere hostiam [4]) und, mit Beseitigung aller anderen Sorgen der Welt, bereit zu sein, als Kämpfer Christi das Evangelium auszubreiten [5]. Die Genossenschaft oder der Cönobial=Konvent (collegium monachorum) wie Beda ihn nennt, bestand aus dem Abte und der Kloster= familie. Der Abt, auch Vater, heiliger Vater, heiliger Senior [6] und im eigenen Stiftungshause Patron genannt [7]), hatte seinen Sitz bei der

---

1) Döllinger, Kirchengeschichte I. 71. — 2) Adam. I. 32. — 3) L. c. III. 23. 4) L. c. I. 32. — 5) Beda III. 5. — 6) Adamn. I. 2. 7) L. c. Praef. II. III. 23.

Mutterkirche[1]) auf der Insel Hy, dem Mittelpunkte aller von Columba
gestifteten Kirchen und Klöster. Seine Gewalt erstreckte sich über Alle,
mochten sie in Scotland oder Irland liegen, und er besuchte und leitete
sie entweder persönlich, oder durch seine Schüler, aus deren Zahl er für
sie die Vorsteher (praepositi) bestellte[2]). Ueber diese Suprematie von
Hy meldet Beda ausdrücklich[3]): „Hy, wo der Leib des heiligen Columba
ruhe, habe über alle anderen Klöster Columba's die Obergewalt ausgeübt."
Der Abt war in der kirchlichen Rangordnung nicht ein Bischof, sondern
ein Priester; er las die heilige Messe am Altare[4]), sprach die Absolution
aus[5]) und wurde Priester und Abt genannt. Zuweilen wohnte an seiner
Seite in Hy oder an einer anderen Filial-Kirche ein Bischof, allein dieser
übte über das Innere und den Haushalt des Klosters keinerlei Gewalt
aus. Sollte ein Candidat zum Priester geweiht werden, so wurde der
Bischof herbeigerufen; hatte die Mission in entlegenen Gegenden glückliche
Erfolge errungen, so wurde ein Bischof für sie ausgeweiht, der dann hin-
ging, um an Ort und Stelle eine Kirche zu bauen und für die Bekehrten
seines Amtes zu walten. Kam ein beglaubigter Candidat von Irland nach
Jona, wie dies bei Columban der Fall war[6]), so wurde er in gleicher
Weise zum Bischofe geweiht. Columba zeigt durch sein eigenes Beispiel,
daß er im Dienste der Kirche und des Altares jede Gleichstellung mit einem
Bischofe abwies[7]) und die höchste Verehrung für die bischöfliche Würde
hegte. Dies war auch von ihm zu erwarten, der einst als Diakon in
einem Kloster lebte, wo Priester, diese[8]) „Diener des Altares," unter der
Leitung eines Bischofes (Finnian's von Moville) lebten und dessen Kloster
so häufig von den irischen Bischöfen besucht wurde. Der Abt pflegte sowohl bei Tag als bei Nacht die Brüder in das Bethaus zu rufen, dort
vom Altare aus sie anzusprechen und ihrem Gebete Personen und Angelegenheiten zu empfehlen[9]). Bei besonderen Anlässen ordnete er ein Fest
an, schrieb ein feierliches Amt der Messe — die Feier der heiligen Eucharistie vor[10]); er dispensirte von dem Fasten, ließ die Disciplinar-Bußen
nach oder mäßigte die Strenge derselben[11]). Bei ihm mußten die Brüder
für Reisen die Erlaubniß einholen, die er unter Ertheilung des Segens
den Scheidenden gab[12]). Die Mönche grüßten ihn mit einer Prostration
zur Erde. Verdächtigen Fremden verbot er das Betreten der Insel[13]).
Wo es nöthig war, entsandte er erlesene Brüder an entfernte Missions-

1) L. c. I 5. — 2) L. c. I. 30. 31. — 3) Beda III. 4.
4) L. c. I. 44 u. a. O. — 5) L. c. I. 30.
6) Vita S. Itae c. 21. bei Colg. Act. II. 69. — 7) Adamn. II. 2.
8) L. c. — 9) L. c. I. 9. 22. II. 43. — 10) L. c. III. 11.
11) L. c. I. 21. — 12) L. c. I. 2. — 13) L. c. I. 22.

posten oder für andere klösterliche Zwecke, wie er überhaupt die Aufsicht über alle zeitlichen Angelegenheiten des Klosters ausübte. Er predigte, taufte, spendete die heiligen Sakramente, so oft sich hiezu Gelegenheit dar= bot. Columba als erster Stifter und Abt von Hy ertheilte dem ersten selbständigen Könige von scotisch Dalriada [1]) die königliche Salbung und Weihe in Hy selbst und wahrscheinlich blieb auch nachmals noch längere Zeit die Krönungsweihe der Nachfolger als ein besonderes Ehrenrecht bei den Aebten von Hy. Der Stifter erwählte seinen Nachfolger in der Abtei [2]) in der Person Baithen's, eines seiner Schüler, von dem man rühmte, „daß er heilig, weise, freundlich, den fremden Gästen gefällig und nicht nur im Lehrfache, sondern auch im Schreiben erfahren sei." Bei den späteren Wahlen wurde den Verwandten des Stifters der Vorzug gegeben; von ihnen eilf Nachfolgern Columba's in Hy ist nur Einer — Suibne, der sechste Abt, zu nennen, dessen Abstammung unbekannt ist und ebenso nur Einer — Conamail, der zehnte Abt, der nicht aus dem Stammgeschlechte Columba's war [3]). Die Klostergemeinde (irisch muintir, monasterium auch familia genannt) bestand aus Brüdern oder Mitgliedern, welche der Stifter „meine vertrauten Mönche oder meine auserwählten Mönche" betitelte, von ihnen waren anfänglich zwölf an der Zahl mit ihm von Irland herübergekommen; ihre Genossenschaft nahm schnell zu und wurde durch Britten, Iren und Angelsachsen vermehrt. Die Seniores widmeten sich besonders der Andacht, die operarii fratres oder Werkbrüder der Arbeit, die Jüngeren — alumni oder pueri familiares den Wissenschaften. Außer dieser eigentlichen Klostergemeinde wohnten aber in Hy auch Fremde — peregrini, auch proselyti genannt; ebenso hielten sich Büßer (poeniten= tes) und Gäste (hospites) für kürzere oder längere Zeit dort auf [4]).

Die Klosterdisciplin war sehr streng, wir werden sie in der Regel Columban's später kennen lernen, welcher auch in Gallien, Burgund und Italien die irischen Lehren und Uebungen (Scoticorum traditionum tenacissimus consectator) [5]) beibehielt. Der Gehorsam, diese Grundregel des klösterlichen Lebens, wurde genau befolgt. Daher die Bereitwilligkeit der Brüder, sich auf die erste Anzeige sogleich für eine weite und beschwer= liche Reise vorzubereiten [6]), oder die Dienste im Kloster zu versehen, oder die Feldarbeiten zu verrichten auch bei ganz schlimmer Witterung; daher die schnelle Befolgung eines Befehles, diesen oder jenen Brauch zu unter= lassen und die strengen Strafen, die auf den Ungehorsam gelegt waren.

---

1) L. c. III. 5.   2) L. c. I. 2. III. 23.

3) Ihre Stammtafeln und Verwandtschaft mit Columba und der königlichen Familie von Tirconell hat W. Reeves aus den altirischen Stammregistern genau erstellt. L. c. p. 342. — 4) L. c. I. 32. 45. — 5) Jonas Vit. S. Col. — 6) L. c. I. 31.

Der Gehorsam „ohne Zögerung," diese Regel St. Benedikt's, wurde in Hy mit Freudigkeit befolgt, wie dies ein entfernter Bruder bewies, der auf den ersten Ruf des Abtes die Kirche seines Aufenthaltsortes sogleich verließ und nach Jona eilte, um dort im „wahren Gehorsame" zu leben [1]. Doch hatte auch der Gehorsam seine Schranken an dem bestehenden Gesetze; denn als Adamnan später als Abt von Hy die Osterfeier nach römischer Berechnung einführen wollte, vermochte er eine Aenderung der altirischen Uebung nicht durchzusetzen. Die Mitglieder hatten Alles gemein; persönliches Eigenthum war verboten nach der Weisung der Eremiten-Regel Columba's: „nach Christi Beispiel arm zu sein und gehorsam gegen die Gebote des Evangeliums", eine Vorschrift, die auch Columban in seine Regel aufnahm [2]. Die Zeit, die nach Erfüllung ihrer religiösen Pflichten übrig blieb, wandten die Brüder von Hy der Beschäftigung zu, dem L e s e n, S c h r e i b e n und den übrigen Arbeiten, nach dem Beispiele ihres Stifters, dem man nachrühmte: „daß er keine Zeit vorübergehen ließ, ohne sie für das Gebet, oder für das Lesen, oder für das Schreiben, oder eine andere Arbeit verwendet zu haben" [3]. Der vorzüglichste Gegenstand ihrer Studien war das Lesen der heiligen Schrift und das Auswendiglernen der Psalmen [4]. Ueberdies wurde in Jona auch das Studium sowohl der weltlichen als der geistlichen Schriftsteller (Scripturarum tam liberalium quam ecclesiasticarum), die ersteren mit Einschluß griechischer und lateinischer Klassiker, die letzteren mit besonderer Rücksicht auf die Kirchenväter betrieben [5]. Die zwei hinterlassenen Schriften Adamnan's — jene nämlich de locis terrae sanctae und die vita S. Columbae liefern den Beweis von seiner klassischen Bildung und Cummian's Brief [6] über die Osterfeier ist ein denkwürdiges Belege von dem Stande der kirchlichen Wissenschaften jener Tage. Den Studierenden aus Angelsachsen (England), welche im VIII. Jahrhunderte ihre Bildung in irischen Klöstern suchten, gaben die Eingebornen dort „Bücher zum Lesen" [7] und Hy war damals mit solchen gut versehen. So wurde schon frühe Columba selbst mit Ciaran und Comgall unter Finnian, dem gelehrtesten Meister seiner Zeit, in der Schule von Clonard gebildet und mit diesen auch Ruadhan von Lothra „im Lesen

---

1) l. c. I. 32. — 2) S. Columbani regula cap. 4.
3) Adamn. Praef. II. — 4) L. c. II. 1.
5) Albin, der Schüler Theodor's (710), war nach Beda (V. 20.) in den Wissenschaften so bewandert, daß er das Griechische guten Theiles verstund und das Lateinische wie das Anglische, seine Muttersprache, kannte. Die irisch geschriebenen Handschriften eines Horaz in Bern, eines Priscian's in St. Gallen — gehören dem VIII. Jahrhunderte an.
6) Gedruckt bei Usheri Syllog. XI. — 7) Bed. III. 27.

und Erklären der heiligen Schriften geübt"¹). Diese Thatsachen beleuchten
hinreichend die Stelle Beda's, worin er von den angelsächsischen Klerikern,
die in Irland im Jahre 664 den Wissenschaften sich widmeten, berichtet:
„Einige von ihnen widmeten sich dem Klosterleben, Andere zogen es vor,
herumzureisen, die Zellen der Lehrmeister zu besuchen und der Lesung sich
zu widmen. Die Scoten (Iren) nahmen sie mit Freuden auf und reichten
ihnen ohne alle Entschädigung zum Unterrichte noch die tägliche Nahrung.
Sie versahen sie auch mit Büchern zum Lesen und ertheilten ihnen unent-
geldlichen Unterricht"²). Für die gemeinsame Lesung wurden die Leben
der Heiligen verwendet und unter diesen das Leben St. Martins von Tours
mit besonderer Auszeichnung behandelt³). Das S ch r e i b e n bildete eine
der wichtigsten Beschäftigungen für die Ordensbrüder. Der Stifter selbst⁴)
hatte sie fleißig betrieben und mehrere Bücher seiner Arbeit hinterlassen;
dieses Beispiel befolgte auch Baithen, sein unmittelbarer Nachfolger in Hy.
Außer der Fortführung des Dienstbuches für die zahlreichen neu gestifteten
Kirchen und Klöster, das bis auf ihren Ursprung zurückging, und wahrscheinlich ohne besonderen Fleiß geschrieben war, wurde auf die Fertigung
der Handschriften großer Fleiß verwendet und namentlich die heiligen Bücher
mit schönen Verzierungen ausgestattet. Die Bücher von Kells und Durrow,
die St. Galler Handschriften der vier Evangelien und Priscian's sind be-
wunderungswürdige Denkmäler einer vollendeten Arbeit und es darf nicht
wundern, wenn die Schreiber solcher Handschriften, wie jener des St. Galler
Priscian's unter der Anstrengung ihrer langwierigen Arbeit oft seufzten,
den heiligen Patrizius um Hilfe anriefen und wehklagten: „wohl schreiben
nur drei Finger, aber der ganze Leib ist angestrengt." Als im XIII. Jahrhunderte Giraldus von Cambrien jene vielbewunderten Handschriften von
Kildare, Kells und Durrow sah, sprach er sich darüber also aus⁵): „Je
öfter und je näher ich sie anschaue, entdecke ich an ihnen immer neue
Schönheiten und ich kann diese wunderbaren Arbeiten nicht genug betrachten." Wahrscheinlich wurden in Hy auch Emortuarien oder Dyptichen zur
Aufzeichnung der Verstorbenen nach Tag und Jahr ihres Todes angelegt
und gehalten; aus ihnen gingen die Annalen, wie aus diesen später die
Chroniken hervor. Oft wurde der lateinische Büchertext in griechischen
Lettern geschrieben und im Leben Brendan's kommt die merkwürdige Stelle
vor⁶), „daß der gelehrte Gildas ein griechisches Missale⁷) besessen und

---

1) Colg. Act SS. 401. — 2) Beda V. 21. — 3) Adamn. l. c Praef. I. —
4) Adamn. II. 29. III 15. — 5) Girald. Cambr. Topograph. Hibern. II. c. 38.
6) Vit S. Brend
7) Vergleiche des gelehrten Alex. Penrose Forbes, Bischofes von Brechin in Schottland interessante Schrift: On Greek Rites in the West — 1867.

ſelbes auf den Altar hingelegt habe. Von Gildas angewieſen, habe der
Küſter zu St. Brendan geſagt: Mann Gottes, unſer heiliger Greis befiehlt
dir, den Leib Chriſti aufzuopfern. Sieh hier den Altar und darauf das
griechiſch geſchriebene Buch und fange an, in ihm, wie unſer Abt, zu ſingen.‟
Der heilige Brendan folgte im Vertrauen auf den Herren der Weiſung
und brachte die Meſſe nach griechiſcher Sprache und Liturgie glücklich
zu Ende.

Die übrige Beſchäftigung der Brüder beſtand in den Arbeiten der
Landwirthſchaft, im Pflügen der Aecker, Säen, Dreſchen u. ſ. w.
und im Melken der Kühe, Brodbacken, Schreinerarbeit und Sendungs=
reiſen zu Meer und zu Land. Ueberdies wurden ſie verwendet, die Speiſen
zuzubereiten und für die verſchiedenen Bedürfniſſe des Hauſes die nöthigen
Geräthſchaften, für die Brüder und Dienſtboten die Kleider herzurichten.
Die perſönlichen Fehler der Einzelnen ſowie ihr Betragen waren einer ſtrengen
Zucht unterworfen, und die drei großen Bedürfniſſe des Lebens — Nah=
rung, Kleidung und Ruhe nach Vorſchrift und Uebung des Stifters
in Allem genau geordnet. Die gewöhnliche Nahrung war ſehr einfach,
ſie beſtand in Brod, zuweilen aus Gerſtenmehl gebacken, aus Milch,
Fiſchen, Eiern und wahrſcheinlich auch aus geſalzenem Fleiſche. An Sonn=
und Feſttagen und bei Anweſenheit von Gäſten trat eine beſſere Mahlzeit
ein, die als consolatio cibi und prandioli adjectio galt, bei welchen
Anläſſen wahrſcheinlich auch Schaf = und Rindfleiſch aufgetragen wurde.
Wie oft man des Tages aß, kann nur muthmaßlich feſtgeſtellt werden.
Die Regel Columban's, die nur ein Abbild der Kloſterobſervanz von Ban=
gor war, ſcheint täglich eine einzige ſchwache Mahlzeit zuzulaſſen[1]) und
Ratramnus von Corbey (840) ſetzt feſt, gemäß der Uebung der ſcotiſchen
Klöſter in Irland müſſe die Mahlzeit bis zur Non (Abendzeit) verſchoben
werden — Sonn = und Feſttage ausgenommen. Das Mahl war von
St. Cainech erſt nach der Non eingenommen, namentlich in der eigentlichen
Faſtenzeit. Uebrigens mag die Diſciplin Columba's viel milder als jene
Comgall's in Bangor geweſen ſein, gleich jener, welche der heilige Benedikt
in ſeiner Regel aufſtellte. Die gewöhnliche Kleidung beſtand in einer
weißen Cuculla von grobgewobenem Schafwollentuche und aus der Tunika,
einem gleichfalls weißen Unterkleide. Die Cuculla (auch casula oder capa
genannt) beſtand aus dem Hauptgewande und der Kappe. Wenn die
Mönche arbeiteten, ſo trugen ſie Sandalen zur Fußbedeckung, die ſie vor
der Mahlzeit ablegten. Bei ſchlechtem Wetter oder nach ſtrenger Arbeit
ließ der Obere zuweilen die Arbeiter raſten (otiari). Die Mönche ſchliefen

1) S. Columban. Reg. c. 3.

auf kleinen Betten (lectuli), die in den einzelnen Zellen aufgestellt waren. Jedes Bett war mit Stroh versehen und mit einem Kopfkissen; sie schliefen in ihrer Ordenskleidung, um, wie die Regel St. Benedikt's sich ausdrückt, auch um Mitternacht auf das erste Glockenzeichen zum Werke (Dienst) Gottes bereit zu sein.

Das Klostergebäude bestand in Folgendem. Das eigentliche Kloster war von einem Wall (Vallum) umgeben und umfaßte die Kirche, das Refektorium, die Küche und das Gasthaus, die Bücherei (armarium) und auch die Schmidwerkstätte. Seine Ausdehnung war nicht groß und zur Aufnahme vieler Fremden nicht geräumig genug. Das wichtigste Ge= bäude war die Kirche — Domus sacra (Dom) auch Kirche (ecclesia) und Oratorium genannt. Sie war mit einem Altare versehen [1]), von der Hauptpforte entfernt und auf ihm waren die gewöhnlichen Gefäße, die Platte oder Patena (discus) [2]) und der Kelch aufgestellt. An hohen Fest= tagen wurden auf dem Altare Reliquien der Heiligen zur Verehrung aus= gesetzt. Der Kirche auf einer Seite angebaut und durch eine Thüre mit ihr in Verbindung gebracht war eine Kammer (cubiculum oder separa= tum conclave, auch exedra genannt), die wahrscheinlich als Sakristei diente und auch nach Außen einen Ausgang hatte; hier wurde wohl die Glocke aufbehalten, welche die Brüder zu den gottesdienstlichen Verrich= tungen zusammenrief. Adamnan erwähnt des Refektoriums zu Aghabo mit seinem kleinen Speisetische; ein solches war auch in Hy — es wurde Proiuntig (prandii tectum) genannt. Darin wurden die Messer, Löffel, Trinkgeschirre u. A. aufbewahrt. Mit dem Refektorium war die Küche verbunden (irisch foitchen oder kuikin), und darin war das Küchengeräthe, der Kochherd, das Kochgeschirr, die Wassereimer und ein Ofen (focus), um bei ganz kalter Witterung während der Studierzeit einzuheizen. Dort war auch höchst wahrscheinlich eine Kammer, um die Bücher und andere literarische Apparate aufzubewahren, wie z. B. die mit Wachs überzogenen Schreibtafeln, die Membranen, die Schreibstifte (styli), die Federn (pennae), die Dintenhörne. Die Bücher wurden zum Tragen auf Reisen in Säcke von Fellen geschoben. Unter diesen waren die heiligen Bücher beider Testamente (sacra volumina utriusque Canonis), die Werke der Kirchen= väter und weltlichen Schriftsteller. Innerhalb der Klausur war ein Hof= raum und in seinem Umkreise die Wohnungen für Gäste, gesonderte Hütten, ursprünglich aus Flechten oder Holz gebaut, die man Zellen (cellae) nannte. Adamnan erwähnt oft des Abtenhauses, des Gasthauses oder Gasthäus=

---

1) Adamn. Vit. I. 44. etc.
2) Vit. Trip. III. 51. „cum disco sive patena." Ebenso in Vit. S. Brend. c. 42.

chens (hospitiolum) und nennt es auch tugurium oder tuguriolum, als von den übrigen abgesondert, mit Querbalken und in erhöhter Lage gebaut. Hier saß und schrieb oder las Columba und ertheilte seine Weisungen, hier stund auch sein Bett, die Thüre war mit einem Schlosse und Riegel versehen. Wenn ein Fremder ankam, wurde für ihn ein Hospitium zu= bereitet. Starb er in Jona, so wurde seine Leiche ausgesetzt und man wachte in seiner Wohnung bis zum Tage seines Begräbnisses.

So war der Gottesdienst, die Verfassung und Disciplin und das ge= meinsame Leben der Ordensgenossenschaft im Kloster Hy beschaffen; die freundschaftliche Verbindung unter einander, welche Columba und Comgall sich bis an ihr Ende bewahrten, die gleiche Erziehung, die sie mit einander zu Moville, Clonard und Glasnevin genossen, die Betheiligung Comgall's mit Columba an der entscheidenden Sendung zum Piktenkönige Brude — die vielen gegenseitigen Besuche, welche Columba bei Comgall in Bangor und Comgall bei Columba in Jona erstattete, berechtigen wohl zu der Folgerung, daß der Glaube und Gottesdienst, die Disciplin und Lebens= weise zu Hy unter Columba, größtentheils auch im Kloster Bangor unter dem Abte Comgall eingehalten wurden.

Viertes Kapitel.

„Der heilige Comgall und das Kloster Bangor in Irland."

Im nordöstlichen Theile Irlands, unweit vom Meere, welches zwischen dem nördlichen Irland und Niederschottland den Nordkanal bildet, am Rande der Bucht von Belfast im Gebiete von Ulster lag einst das be= rühmte Kloster Bangor (Benchor, Banchor, Bendchair (Tigern.), welches der heilige Comgall an dieser Stelle im Jahre 558 gründete. Auf diese Gegend hatte schon der heilige Patrizius sein Augenmerk gerichtet; denn, wie uns Jocelin[1]) erzählt, durchzog er von dem nicht fernen Armagh aus die Gegend von Ulster, unterrichtete die Bewohner im katholischen Glauben und verweilte, um Ruhe zu finden, mit seinem Geleite öfters auf einem Hügel, der nicht ferne von dem Hochthale lag, wo später das Kloster Ban= gor erbaut wurde. Die Vorzeit liebte zuweilen, die Verehrung, die sie für große Männer fühlte, in der Form von Weissagungen auszudrücken,

---

1) Jocelin vit. 86.

die sie den Heiligen einer früheren Zeit in den Mund legte. Darum soll keineswegs die Aechtheit der Weissagungen im Leben vieler Heiligen ange= zweifelt werden, denn die menschliche Natur trägt in sich wie für die Ver= gangenheit, so auch für die Zukunft einen Sinn, der im Leben der Heiligen sich besonders entwickelt und mit der Gabe des heiligen Geistes vollendet hat. Die Begleiter des heiligen Patrizius sahen mit ihm oft von jener Anhöhe aus das ganze Hochthal von einem ätherischen Lichte erleuchtet und hörten Stimmen der Engel in Psalmen= und Hymnengesängen Gottes Lob verkünden. Ueber die Bedeutung dieser Erscheinung angefragt, soll Patri= zius ihnen geweissagt haben: „Ein Sohn der Gnade wird einst geboren werden; er wird Gott und den Menschen lieb und um seiner Tugenden und Verdienste willen von Christus erwählt werden, „ein schönes Unter= pfand", [1] für das Land zu sein. Dort an jenem lichtumflossenen Orte wird er eine Kirche bauen, worin unzählige Söhne des Lichtes und der Gnade sich dem Dienste Christi weihen werden." Diese prophetischen Worte sollten an dem heiligen Comgall in Erfüllung gehen. Er ward geboren im Jahre 517 [2] zu Mourne in der Nähe von Maghera=More, einem Gebiete im östlichen Theile der Grafschaft Antrim, etwas südlich von Larn [3]. Sein Vater hieß Setna, seine Mutter Brig, beide gehörten dem Fürsten= geschlechte des irischen Dalriada (der südlichen Hälfte der jetzigen Grafschaft Antrim) an. Adamnan nennt ihn bei seinem Stammnamen [4] — Com= gallus Mac Araidhe d. i. filius nepotum Araidi, weil er der vierzehnte in der Abstammung von Fiacha=Araidh (der um das Jahr 202 blühte), dem Stammvater der Fürsten des eben benannten Dalriada war, welches Gebiet zuweilen auch Crich na Cruithne — Land der (irischen) Pikten oder des Cruthiner=Volkes genannt wurde [5]. „Als am Vorabende seiner Geburt seine Eltern bei dem heiligen Bischofe Macnis zu Connert angefahren kamen, soll dieser ausgerufen haben: „Dieser Wagen führt einen König zu uns; denn diese hohe Frau (Brig) trägt einen König unter ihrem Herzen, der durch seine Tugenden und Zeichen die Welt erleuchten wird, ihm werden nicht nur Mönche zu Tausenden, sondern auch Könige und ganze Völker= stämme wie einem Könige dienen." Während der ganzen Nacht auf den Tag, da er geboren ward, wollten Viele über seinem Geburtsorte ein helles Licht am Himmel wahrgenommen haben. Um dem Kinde die Gnade

---

1) Comgall wird von den alten Autoren mit pulchrum pignus übersetzt.
2) Nach den Annalen Tighernach's. Nach den Ulster Annalen 516.
3) W. Reeves' Eccles. Antiquit. p. 269. — 4) Adamn. l. c. III. 17.
5) „Ortus de aquilonari Hiberniae regione nomine Dal-naraidh, quae est contra mare in aquilonari provinciae plaga Ultorum. S. Abbas Comgallus ortus fuit" vita ejusd. Bolland. ad 10. Maj. tom. II. p. 579.

der heiligen Taufe zu sichern, wurde es zum heiligen Priester Fedhlimin getragen, der, schon lange des Augenlichtes beraubt, den Taufritus aus= wendig wußte und bei einer Quelle das Kind „im Namen der Dreieinig= keit" taufte; es erhielt den Namen Comgall, was carum pignus, theures Unterpfand bedeutet [1]). Im Hause seiner Eltern fromm und gottesfürchtig erzogen, wuchs das Kind zum Knaben und Jünglinge heran. Kaum hatte Comgall das Jünglingsalter angetreten, als ein Krieg drohte, der seinen Vater Setna zum Heere an die Seite des Fürsten von Dalriada rief, um mit ihm gegen den Feind zu ziehen. Bei dem hohen Alter des Vaters zog der Sohn für ihn aus; doch ehe der Krieg zum Ausbruche kam, wurde der Friede abgeschlossen. Darauf kehrte Comgall, an Leib und Seele rein, zu seinen Eltern zurück [2]), legte seine weltlichen Kleider nieder und nahm den geistlichen Anzug an. So ging in Erfüllung, was er einst als junger Knabe im Traumgesichte gesehen. Denn als er damals eines Tages auf dem Felde arbeitete, ruhte er auf einem Steinhaufen ein wenig aus, schlief darüber ein und sah im Traume eine Feuersäule, die vom Himmel bis zu ihm herabreichte. Seinem Vater soll er einst bedeutet haben [3]): „Bebaue du immerhin dein Feld, ich aber werde hingehen und mit aller Inbrunst meines Herzens ein größeres Land suchen, welches reichere und süßere Früchte tragen wird."

Von einem Geistlichen auf dem Lande, der nichts weniger als seinem Stande gemäß lebte, erhielt er Unterricht in den ersten Anfängen der Bil= dung, verließ ihn aber bald und nahm seinen Weg nach West = Irland in die Provinz Leinster, wo er in das berühmte Kloster des heiligen Abts Finnian's von Clonard eintrat. Die vita secunda nennt diesen Finnian von Clonard Fintan, allein irrigerweise, denn Fintan oder Munna hielt sich in viel späterer Zeit bei Comgall auf, um sich in dessen Ordensregel einzuüben. Columba [4]) befahl unmittelbar vor seinem Tode den Brüdern in Hy, daß, wenn ein Jüngling von blondem Haare und rothen Wangen, den er in seinem Leben öfter gesehen, aus Irland kommen werde, um seine Aufnahme in den Klosterverband nachzusuchen, sie ihn nicht auf= nehmen sollten, denn er sei nicht bestimmt, ein Mönch unter einem Abte, sondern ein Abt über viele Mönche zu werden. Er möge daher wieder nach Irland zurückkehren, dort im Lande Leinster ein Kloster bauen, und in diesem Schafstalle in der Folge unzählige Seelen in den Himmel führen; das Gleiche berichtet auch die vita dieses Heiligen [5]). Dieser

---

1) Der heilige Columban übersetzt dieses Wort Glücklicher — Faustus. Instruct. ad monach.

2) Boll. l. c. vita II. cap. 1. — 3) l. c. cap. 2.

4) Adamn. l. c. I. 2. — 5) Colg. Act. SS.

Fintan gründete außer Teach Munna, d. i. Haus Munna's (Taghmon bei Wexford), wo er Abt war und starb, auch die Kirchen von Ath=caoin auf der Insel Coinmirighi, von Achad=Leicee und Teach Telli bei Durrow. Da er beim Tode Columba's noch Jüngling war, kann er nicht der Lehrer Comgalls sein, vielmehr war es Finnian von Clonard, zu dessen Schülern Comgall mit Columba von Hy, Ciaran von Clonmacnois und neun andern wirklich gezählt wurde, welche unter dem gemeinsamen Namen „der zwölf Apostel Irlands" bekannt sind. Unter der Leitung dieses ausge= zeichneten Meisters widmete sich Comgall geraume Zeit den Uebungen der Frömmigkeit und dem Studium der Wissenschaften, und wurde sodann von seinem Lehrer ermuntert, in seine Heimath zurückzukehren und dort „Zellen für die Diener Christi zu bauen." Auf seiner Heimreise besuchte er noch das Kloster seines Freundes und Mitschülers, des heiligen Ciaran zu Clonmacnois, wo er wieder einige Zeit verblieb. Von hier kehrte er [1]) in seine Heimat zurück, und sah sich alsbald von vielen gottseligen Männern umgeben, die von allen Seiten zu ihm strömten. Erst jetzt wurde er von dem Bischofe Lughaid (auch Mcluoc genannt, † 25. Juni 592)[2]) zum Diakon und nachmals zum Priester geweiht, und zog sich sodann auf eine Insel im See Earne zurück, wohin ihm viele Mönche folgten. Das Leben, das er in dieser Einöde führte, war so hart, daß viele der Brüder in Folge der strengen Bußübungen und Entbehrungen starben. Dennoch setzte Comgall seine Lebensweise fort und als einige Väter ihn bestimmen wollten, um seiner eigenen Erhaltung und der Wohl= fahrt der übrigen Brüder willen, von seiner Strenge etwas abzulassen, gab er zwar diesen die Erlaubniß, nach der Weise der anderen Mönche leben zu dürfen, änderte aber für sich nichts in seiner harten Lebensart[3]). Schon hatte er den Entschluß gefaßt, Irland ganz zu verlassen und um „Christi willen über das Meer nach Britannien auszuwandern, um dort bleibend seinen Aufenthalt zu nehmen"; jedoch die Bitten und Vorstellungen, die der heilige Bischof Lughaid dagegen erhob, brachten ihn von diesem Entschlusse ab, und er ließ sich von diesem und anderen heiligen Männern bestimmen: „in seiner eigenen Heimat Zellen und Klöster Gott zu Ehren zu bauen." Comgall wandte seinen Blick nach den Anhöhen von Ulster am westlichen Meere, und gründete im Jahre 558 das große Kloster Ban= gor[4]), in seiner ersten Form ein Complex von vielen Zellen und Hütten in einem nicht unbedeutenden Umkreise angelegt, wo schon zur Lebzeit des Heiligen dreitausend Mönche unter seiner Oberleitung zu gemeinsamem Gebete, Tugendübung und thätigem Leben sich vereinigten.

---

1) Vita S. Comg. c. 10. — 2) Tighern. „Obitus Lugide abbatis de Lismoer."
3) S. Comg. vit. cap. 11. — 4) Ein anderes Kloster, Bangor, war in Wales.

Von der Regel, nach welcher die Brüder in Bangor lebten, zeichnete Comgall ein Summarium in irischen Versen auf, sie bildete kein abgerundetes Statut, wie jene des heiligen Benedikts, sondern bestand vielmehr aus einer bestimmten Disciplin und Observanz, welche die herkömmlichen Uebungen und Gebräuche der Väter mit den eigenthümlichen Verhältnissen des Ortes und den besonderen Vorschriften des Stifters vereinbarte. Diese benützte später St. Columban, wie er selber bemerkt [1]), in seiner Regel, denn er führt sie, um ihr vor den Augen seiner Schüler Achtung zu verschaffen, „auf die erleuchteten und vortrefflichen Lehren des heiligen Comgall's", als auf ihre Quelle zurück. Das Leben Comgall's selbst war für seine Ordenssöhne die beste Regel, denn er stellte sich ihnen in allen Tugenden als ein Vorbild hin. Um sein höheres Leben auf festen Grund zu stellen, übte er eine außerordentliche Abtödtung und Enthaltsamkeit; sein Bett richtete er sich selber aus Brettern zu und gab ihm die Form eines Sarges, um den Tod sich immer vor Augen zu halten [2]). Als die Mitbrüder ihn baten, einige Besitzungen und Vergabungen, die ihm von Gutthätern angeboten wurden, anzunehmen, um auf denselben kleinere Klöster zu bauen und für Bangor selbst größere Fischenzen einzurichten, antwortete er ihnen: „stärker ist die Heerschaar Vieler, die auf einem Punkte gesammelt unter der Leitung ihres Führers kämpfen, als eine noch so große Zahl Anderer, die an vielen Orten zerstreut, ohne Führer sind. Eines Tages suchten einige Brüder bei ihm um die Erlaubniß nach, an einem sehr fischreichen See, der zwei Tagreisen entfernt im Innern des Landes lag, zum Fischfang abgehen zu dürfen, allein er antwortete ihnen: „Ihr habt ja das Meer hier ganz in der Nähe, warum wollt Ihr nicht hier fischen"? Sie erwiederten: „wir haben noch nie einen Fischfacht dort gesehen." Auf sein Geheiß warfen sie darauf ihre Netze aus und machten einen überreichen Fang. Wiewohl der Feldbau und die Arbeiten der Landwirthschaft eine der Hauptbeschäftigungen der Mönche in Bangor war, hatten sie, namentlich bei schlimmen Jahrgängen, nur Feld= und Gartengemüße und andere ganz geringe Nahrungsmittel zu ihrem Unterhalte [3]). Wie dürftig sie lebten, konnte der Bischof Finnian von Moville selbst erfahren, als er eines Tages Comgall, seinen früheren Schüler, in Bangor besuchte. Das Eintreffen dieses hohen Gastes war eben so unerwartet, als für Alle freudevoll. Ihm zu Ehren wurde ein gemeinsames Mahl zubereitet, allein die Gerichte bestanden nur in Brod und Wasser, und zur Auszeichnung wurden noch gebratene Fische aufge=

---

1) S. Columban. Regul. und Instruct. ad monach.
2) Vit. 2, 15. — 3) Vit. prim. cap. 6.

tragen, welche die Brüder im nahen Meere gefangen hatten. Auch das
schien einem Bruder noch ungenügend, denn er ging zum Abte Comgall
hin, ihn zu bitten, daß er den Bischof anhalte, wegen seiner schwächlichen
Gesundheit statt Wasser ein wenig Milch zu trinken. Denn Milch und
andere Speisen waren bisher im Kloster Bangor dem Gesichte und Ge=
schmacke ganz unbekannte Dinge [1]. Comgall ließ nun Milch herkommen,
und man mußte sie aus einem Viehstalle kommen lassen, weil im Kloster
selber keine vorhanden war. Bischof Finnian trank davon und gab dann
die Weisung, allen übrigen Mönchen davon mitzutheilen, und erst von da
an wurde der Gebrauch der Milch für die Kranken und die Greise in
Bangor eingeführt. Noch anderer Besuche ausgezeichneter Männer hatte
sich Comgall in Bangor zu erfreuen; seine Jugendfreunde Columba und
Cainech kehrten öfter bei ihm an. Als eines Tages Columba eintraf,
wusch Comgall bei seiner Ankunft ihm die Füße, und die ganze Kloster=
genossenschaft gerieth in die freudigste Bewegung. Er erwiederte ihm
später mit dem Abte Cainech diesen Besuch; beide reisten zu ihm nach
Schottland und trafen mit ihm auf der Insel Zimba zusammen. Auch
bei der Reichsversammlung von Druim=ceath (575) finden wir Comgall
an der Seite Columba's. Als sie auf der Heimreise [2] sich an einer
Quelle niedersetzten, wurde ihnen aus einem ehernen Gefäße Wasser zum
Händewaschen geboten. Darauf sprach Columba zu Comgall, der neben
ihm saß: „Der Tag wird kommen, wo dieses Quellwasser mit Blut ge=
mischt werden wird. Denn meine Verwandten vom Geschlechte Niaill und
deine Stammgenossen vom Chrutiner Volke, werden einst in der Nähe
dieser Burg Ceithirn sich eine Schlacht liefern; einer meiner Verwandten
wird hier bei dieser Quelle erschlagen, und sie wird mit seinem und dem
Blute vieler Anderer gefüllt werden." Das Treffen zwischen jenen Stamm=
genossen fand wirklich im Sommer des Jahres 581 in der Nähe der
Burg Ceithirn statt, wie Tighernach [3] meldet. Die frohe Erinnerung an
die mit Comgall und Cainech gemeinsam verlebten Tage, erneuerte
Columba in einem seiner Heimweh=Lieder in folgender Weise [4]):

Columcille cecinit:

„Wie süß wäre es, o Sohn meines Gottes, bei ruhiger See
Zu gleiten über die Wogen des Meeres nach dem Lande von Erin,
Ueber Moy'n Eolarg [5]) am Berge Ben=Eigny vorbei, über Loch Feval,

---

1) Vit 11 26. — 2) Adamn. 1. 49.
3) Tighern. ad an. 581 „Combustio regum ir Dun Ceithirn i. e. Dungal
regis Cruithne et Cendfaelath."
4) W. Reeves'. Life of S. Columba p. 274.
5) Ein Theil vom See Foyle bei Derry.

Um zu hören dort den süßen Gesang aus der Kehle der Schwanen[1]),
Wo die Schaaren der Möven das Ohr ergötzen mit ihrem scharfen Pfeifen.
Wird wohl mein Kahn Derry=Ned je erreichen den Hafen der wahrhaft Freudigen?
Voll von Geld und Gut ferne von Erin, thät ich doch oft daran denken
In dem unbekannten Land meines Aufenthaltes voll Finsterniß und Irrsal.
O weh der Verbannung, die mir ward auferlegt, o König verborgener Dinge,
Weil ich selber zog in die Schlacht von Cuil=Dreimhne.
Wie glücklich ist Dima's Sohn[2]) in der geweihten Kirche,
Wenn er hört in Durrow, wo all' sein Sehnen ruht,
Das Brausen der Winde in den Ulmen, wenn sie spielen,
Der Amsel fröhlich Getön, wenn sie singend ihre Flügel schlägt,
Am Früh=Morgen vernimmt in Roß Grencha[3]) bei der Heerde
Das Girren des Kuku vom Baume herab beim Aufgehen der Sonne.
Drei Dinge, mir die theuersten, hab' ich verlassen in dieser Welt
Durrow, Derry, das edle, engelgleiche Land und Tir Luighdech[4]).
Ich habe geliebt Erin, das Land der Wasserfälle, aber auch seine Fürsten,
Mein Besuch bei Comgall und mein Fest mit Cainech, wie süß waren sie!"

Der Ruf, dessen sich Bangor in weiten Kreisen erfreute, zog allmälig Berufene in Menge an, welche unter Abt Comgall sich dem Ordensleben dort widmen wollten. Unter diesen zeichnete sich besonders Cormac, der Sohn Diarmait's, des Königs von Leinster, aus dem Clan der Censelach, aus, der schon früher an das Kloster Bangor die drei Burgen Catherlach, Foibran und Arderena — alle im Gebiete von Leinster gelegen — „Gott und dem heiligen Comgall" vergabet hatte. Nachdem dieser fürstliche Sohn in den Klosterverband zu Bangor eingetreten war, überfiel ihn ein tiefes Heimweh und die Sehnsucht, die Seinigen wieder zu sehen. Er verlangte und erhielt hiezu die Erlaubniß, und trat von einigen Brüdern begleitet, die Heimreise an. Inzwischen betete Comgall, daß Gott ihn erleuchten möge. Auf seinem Wege schlief er auf einem Hügel in der Umgegend von Bangor ein. Da kam ihm im Traume vor, wie er so eben die Gränzen von Leinster überschritten, durch schöne Städte und an herrlichen Burgen vorbei und über blumenreiche Wiesen und fruchtbare Felder dahin gewandelt, und die schmuckvollen Wagen und das Königreich wieder erhalten habe; wie die Fürsten und Großen und die Vorsteher des Volkes die königlichen Würdezeichen zu seinen Füßen bewunderten und davon ganz entzückt wurden. Darauf erwachte er, all' diese irdische Herrlichkeit war verschwunden und ein lebendiges Gefühl ergriff seine Seele: wie doch Alles eitel und vergänglich sei auf Erden. Auf ein neues erwachte die Liebe zu dem unvergänglichen Gute in seinem Herzen, er kehrte wieder zu

---

1) „Comgall sah einst mit seinen Schülern am Ufer des See's Feabheil Schwanen schwimmen, die gar süß auf dem Wasser sangen", Vit. S. Comgalli cap 35.
2) Cormac. — 3) Durrow. — 4) Kirche in der Grafschaft Donegal.

Comgall nach Bangor zurück und beharrte dort im Dienste Gottes bis
an das Ende seines Lebens.

Die große Bedeutung, welche Bangor unter Comgall gewann, schildert Jocelin [1] mit den Worten: „Der Ort wurde fruchtbar an heiligen
Männern; gleich einem traubenbeladenen Weinstocke entsandte er seinen
Wohlgeruch nach allen Seiten und setzte seine Zweige ab bis an die Gestade des Meeres, ja weit über sie hinaus in ferne Zonen. Denn seine
Blüthgeschoße faßten nicht nur in Irland und Scotland, sondern auch in
den überseeischen Ländern Wurzel und riefen neue Klöster in's Dasein,
die mit den vortrefflichsten Mönchen bevölkert wurden. Wie wir aus
mündlichen Ueberlieferungen und alten Urkunden erfahren haben, hat
Luanus [2] oder Molua allein, einer von den Mönchen von Bangor, wohl
hundert Klöster gestiftet; ein anderer Zögling von dort, Columban mit
Namen, ein ganz heiliger und mit allen Gnadengaben geschmückter Mann,
hat gleichfalls viele Klöster gegründet und ist so zum geistlichen Vater unzähliger Mönche geworden. Derselbe stand vorerst dem Kloster Luxeuil
in Gallien (Burgund) vor, nachher jenem von Bobbio am Fuße der
Alpen, wo er durch verschiedene Wunder verherrlichet ward und nun glorreich im Frieden ruht." Columban wurde [3] um das Jahr 535 in der
Provinz Leinster zu einer Zeit geboren, als das Christenthum in Irland
seine ersten Blüthen trieb [4]. Während das Kind noch unter ihrem Herzen
ruhte, sah die Mutter im Traumgesichte eine hellglänzende Sonne aus
ihrem Leibe erstehen, die alle Theile der Welt mit ihrem Glanze erleuchtete [5]. Der Sohn, den sie gebar, wurde in der That durch das Licht
seiner Weisheit und den Tugendglanz seines Lebens eine Leuchte für die
Kirche nicht nur in Irland, sondern auch in Burgund, Alemannien und
Italien. Die Mutter hielt das Kind in so strenger Zucht, daß sie es
selbst den nächsten Verwandten nicht anvertraute. Zum Knaben angewachsen, widmete sich Columban mit ausgezeichneten Talenten den Studien
der freien Wissenschaften und der Grammatik, und setzte sie bis zu seinem männlichen Alter fort [6]. Er trat in die entscheidende Wende seines

---

1) Jocel. vit. S. Patric. 56.

2) Einer von den Reisegefährten Columban's.

3) Jonas in Vit. S. Columbani. S. Mabill. Act. SS. O. S. Bened. Saec. II.
p. 7 „inter primordia fidei gentis illius."

4) Sogar zwei Erinnerungstage irische Heilige auf, die den Namen Columban
(auch Coman genannt) und einundzwanzig irische, die den Namen Finian tragen.

5) Daher wird der Kopf der St. Columban mit der Sonne auf der Brust
abgebildet.

6) „Usque ad virilem aetatem." l. c. 7.

Lebens ein, die vorzugsweise durch die Lockungen frecher Buhlerinnen her-
beigeführt wurde, in denen seine schöne Gestalt die Flamme unreiner Lüste
entzündet hatte. Bisher hatte er mit eben so großem Fleiße als glück-
lichen Erfolgen sich in der Grammatik, Rhetorik, Geometrie und selbst im
Studium der heiligen Schriften gründlich umgesehen, nun sollte er sich
entscheiden, ob er den Freuden der Welt oder dem Dienste Gottes sein
Leben widmen wolle. Während er so diese Lebensfrage bei sich erwog,
kam er zur Zelle einer frommen Klausnerin, die der Welt den Abschied
gegeben hatte, um Christo allein zu dienen. Columban grüßte sie mit
Ehrfurcht und eröffnete ihr die inneren Kämpfe seines Herzens. Sie
sprach zu ihm: „Zwölf Jahre sind es schon, seit ich die Meinigen verlassen
habe, und wäre ich nicht eine schwache Frau, ich würde über die Meere
setzen, und mir eine Einöde aufsuchen, um meiner Heimath ganz ferne zu
sein. Du dagegen lebst noch ganz vom Feuer der Jugend erglüht, bei
den Deinigen und wähnest im täglichen Umgange mit dem anderen Geschlechte deine Unschuld bewahren zu können? Erinnere dich, wie Adam
durch Eva gefallen, Samson von Dalila verführt, David durch die Schönheit
Bethsabee's geblendet, und der weise Salomon durch Weiberliebe verkehrt
wurden. Wohlan, o Jüngling, fliehe die Gefahr, worin schon so Viele
zu Grunde gingen, und verlasse dein Vaterland." Tief drang diese Mahnung in das Herz des Jünglings, und er faßte den Entschluß, den Rath
auszuführen und die Heimath zu verlassen. Vergebens bat die Mutter
ihn unter einem Strome von Thränen, sie nicht zu verlassen; vergebens
raufte sie sich vor ungeheuerem Schmerz die Haare aus und warf sich
über die Thürschwelle des Hauses hin, um dem Sohne den Ausgang zu
versperren. Er setzte über die Mutter und die Schwelle hinweg und bat sie:
„ihren Trost bei Gott zu suchen: denn er dürfe um seines ewigen Heiles
willen dem höheren Berufe nicht widerstehen, er werde sie in diesem Leben
nie mehr, wohl aber im Himmel wieder sehen." Von da begab sich Columban nach dem Kloster Cluain-Inis (Cleniß oder Inielau) zu dem Abte
Sinell, der damals im Rufe hoher Heiligkeit und Schriftkunde stand [1]);
unter ihm hatte auch der nachmalige Abt Fintan oder Munna achtzehn
Jahre lang gelebt. „Der Meister nahm bald den Scharfsinn seines neuen
Schülers wahr, und führte ihn nach der damaligen Methode in das
Studium der heiligen Schriften ein. Der Lehrer stellte wie spielend an
seine Schüler Fragen, um an ihnen entweder die Fähigkeit ihres Geistes
oder ihre Schwäche und Lauigkeit kennen zu lernen. Columban löste die

---

1) L. c. 9. Sinell, nicht Silen, wie Mabillon, und nicht Senil, wie Andere
lesen.

Fragen über die schwierigsten Gegenstände, schüchtern zwar, um nicht der
Eitelkeit zu huldigen, aber mit Zuversicht und Muth; denn er besaß in
seinem Herzen einen so großen Schatz der heiligen Schriftkunde, daß er
noch im Jünglingsalter, das Buch der Psalmen in zierlicher Sprache er=
klärte, und vieles Andere, was zum Gesange dienlich oder für das Lehr=
fach nützlich ist, verfaßte." Darauf suchte er um das Jahr 565 die Auf=
nahme in die Gemeinschaft der Mönche des Klosters Bangor (irisch
Bainchair) nach, welchem der Abt Comgall, gleich ausgezeichnet durch eigene
Heiligkeit wie durch strenge Handhabung der Klosterzucht, ruhmvoll vor=
stand. Hier widmete sich Columban vor allem der Heiligung seiner selbst,
die er durch Gebete und Fasten und durch die Uebungen in der Geduld,
Selbstverleugnung und Nachfolge Christi zu erreichen suchte, damit er, was
er als einstiger Lehrmeister durch Worte seinen Schülern beibringen sollte,
zugleich durch das Beispiel seines abgetödteten Lebens ihnen vor die Augen
halte. „Kurze Zeit verfloß, und schon übertrug ihm der Abt Comgall die
Leitung der bedeutenden Klosterschule"; der Ruf des neuen Lehrers drang
bald weit über die Gränzmarken von Bangor hinaus, und die Vornehmen
des Landes schätzten sich glücklich, ihre Söhne zur Ausbildung einem
Manne anzuvertrauen, der eben so tief in der Wissenschaft als in der
christlichen Vollkommenheit begründet war; in die Reihen seiner Schüler
trat auch der Knabe Gallus ein.

Gallus [1]) wurde um das Jahr 545 in Irland geboren; ehrwürdige
Mönche aus Irland haben im neunten Jahrhunderte den nachforschenden
Mitbrüdern im Kloster St. Gallen über die Abstammung des heiligen
Gallus folgende Nachrichten gegeben und bekräftigt [2]): „König Unuchun
in Irland erzeugte einen Sohn, dem er den Namen Kethernach auferlegte,
der Sohn folgte dem Vater in der Herrschaft und war den Armen zu
Trost, den Waisen zur Hilfe, den Wittwen zum Schutz. Er zeugte einen
Sohn, dessen Name in seiner Sprache Callehe, bei den Lateinern aber
Gallus lautet." Ildephons von Arx hat diese Abstammung angezweifelt,
jedoch ohne besondere Gründe. Wie bei den Hebräern, wurden bei den
irischen Clans oder Stammgeschlechtern genaue Geburtsregister gehalten,
welche theilweise in den oftgenannten irischen Geschichtsquellen erhalten blie=
ben [3]). Jede Provinz hatte in Irland eine geordnete Nachfolgereihe von
Königen, und unter diesen standen wieder verschiedene Abstufungen von
untergeordneten Häuptlingen, welche ebenfalls als Könige (reguli) be=

---

1) In den ältesten Urkunden heißt er Gallon, Gallun, Gilian, und wird der
Name von Callehe — Milch — abgeleitet. Ildeph. v. Arx vit. prim S. Galli p. 5.
2) L. c. p. 34. — 3) W. Reeves' Adamn. p. 68.

zeichnet wurden. Ihr oberstes Haupt war der König von ganz Irland, der seinen Titel von dem Königssitze zu Tara trug, und dieselbe Verbindung mit den untergeordneten Fürsten und Häuptlingen unterhielt, wie der Primas von Irland in Armagh sie im kirchlichen Gebiete mit den verschiedenen Suffragan-Bischöfen und übrigen Dignitäten und Gliedern der hierarchischen Ordnung bis auf den heutigen Tag unterhält. Freilich war schon damals die politische Suprematie der Könige von Irland zum bloßen Titel und Schatten herabgesunken, unter welchem die untergeordneten Fürsten und Häuptlinge ihre unabhängige Stellung immer stärker ausbildeten. Vom fünften bis zum eilften Jahrhunderte war die königliche Obergewalt auf den Stamm der Nieill beschränkt, und mit zwei oder drei Ausnahmen blieb die Königswürde abwechselnd in den Familien von Conall Crimthan, dem Haupte von Clan Coghain und von Conall Gulban, dem Haupte der Familie Clan Coneil, des Gründers der Königreiche Meath, Tyronne und Tirconnell. Der Name, der dem Vater des heiligen Gallus beigelegt wird, kehrt in dem Stammschlosse Kethern (munitio Kethirni) des Adamnan [1]) wieder, welches bei den Iren Dun Ceithirn, später Dun Kehern hieß. Diese Burg leitete ihren Namen von Kethern, dem Sohne des Fintan's ab, eines der berühmten Helden des rothen Stammgeschlechtes (Red Branch), welches schon im Anfang der christlichen Zeitrechnung in Ulster blühte; sie lag an der nördlichen Gränze der jetzigen Grafschaft Londonderry. Kethern war von jenem Stamme der Iren, von welchem die irischen Pikten ihren Ursprung abgeleitet haben [2]); die Besitzung selbst ging von dieser Familie auf die Abkömmlinge Nieill's über und blieb ihnen bis zur Schlacht von Ocha (478), wo sie von den Dalriadern oder irischen Pikten zurückerobert wurde. Von Hy-Nieill im Jahre 563 wieder genommen, blieb sie seither für längere Zeit der Schauplatz des Kampfes zwischen den rivalisirenden Clans oder Stammgeschlechtern. Die Angaben der irischen St. Gallermönche im neunten Jahrhunderte über die Abstammung des heiligen Gallus, haben um so größeren Anspruch auf Glaubwürdigkeit, als der genealogische Bericht derselben über Patrizius und Brigitta mit demjenigen anderer Schriftsteller übereinstimmt. Gallus genoß schon im Hause seiner fürstlichen Eltern Unterricht „in den freien Künsten", und wurde sodann nach ihrer Anweisung zu weiterer Ausbildung dem berühmten Lehrer Columban in Bangor empfohlen, der seinen zahlreichen Schülern sowohl durch das Vorbild seines Lebens, als durch die süßen Lehren seiner Weisheit vorstand. „Unter seiner Leitung widmete Gallus sich besonders dem Studium der

---

1) Adamn. I. 49. — 2) Ogygia p. 190.

heiligen Schriften, lernte auch die Regeln der Grammatik und die Fein=
heiten der Dichtkunst mit so vorzüglicher Geistesbegabung, daß er den
Fragestellern die schwierigsten Stellen der heiligen Schrift erschloß, und
Alle, die seine Vorträge und Reden hörten, für ihn mit Bewunderung
und Lob erfüllt wurden"[1]. Noch in Bangor wurde er zum Priester ge=
weiht, und brachte dort mit hoher Andacht das heilige Opfer Christi dar[2].
Während er in Bangor unter der unmittelbaren Leitung Columban's
stand, waren Beide Schüler des Abtes Comgall; darum die Nachricht
St. Notkers[3] ganz mit dem Sachverhalte übereinstimmt, wenn er her=
vorhebt: „von den vielen Schülern und Genossen seines heiligen Lebens,
die Columba sich beigesellt, habe besonders Comgall oder Faustus vor
Allen sich ausgezeichnet — der Lehrer des seligen Columban's und unseres
Vaters Gall." In Bangor fanden diese Beiden die geeignete Schule, mit
welcher damals nur jene von Clonard den Vergleich aushielt, ihre Kennt=
nisse immer mehr zu erweitern und unter dem Einflusse so frommer und
gelehrter Männer, sowie unter den Eindrücken des großartigen Gottes=
dienstes, der hier gefeiert wurde, sich für ihren künftigen apostolischen Beruf
auf das Zweckmäßigste vorzubereiten. Sah man auf das gottgeweihte Leben,
die unermüdete Thätigkeit und den glühenden Glaubenseifer dieser Schaaren
von Ordensmännern hin, so boten sie ein schönes Bild von den drei
Ordnungen der Engel, der Apostel und der Martyrer, wie der Mönch=
Bischof St. Dega oder Dogan es ihnen in den Worten zeichnete: „Ich
danke meinem Gott, der mich unter Euch die drei Ordnungen von Mönchen
wieder finden läßt, die ich auch anderwärts schon vorgefunden, die näm=
lich, welche Engel sind durch ihre Reinigkeit, solche sodann, welche Apostel
sind durch ihren Eifer und ihre Thätigkeit, und diejenigen endlich, welche
Martyrer sein würden, wenn es sein müßte, durch die stete Bereitschaft
ihr Blut für Christus zu vergießen"[4].

Comgall hatte auch in Scotland das Kloster in Heth oder Tire um
das Jahr 565 und in Irland außer Bangor das Kloster Cambas gegrün=
det, das vier Meilen östlich von Dun Cethern oder der munitio Cetherni
lag, welche wir kennen gelernt[5]. Auch mehrere kleinere Klöster, die er in
der Provinz Leinster im Laufe der Jahre gestiftet, blieben seiner Oberlei=
tung unterstellt[6]. Er besuchte zuweilen die klösterlichen Anstalten seiner
Schöpfung in Begleitschaft einiger Schüler. Auf einer solchen Rund=

---

1) Walfr. Strabo in vit S. Galli c. 1. — 2) Vit. prim. 12.
3) S. Notkeri Martyrolog. ad 9. Jun. in H. Canis. Lect. antiq. VI.
4) Vit. S. Dogan. Boll. August. III. 57.
5) W. Reeves l. c. p. 96 und 220 not.
6) S. Comg. vit. prim. cap. 5.

reise mit seinem Diener Crimthan eines Tages begriffen, sah er sich ge=
nöthigt, Abends spät bei einer einsamen Landhütte einzukehren, um darin
Ruhe und Obdach für die Nacht zu suchen. Bevor er die Hütte betrat,
verrichtete Comgall sein Gebet; den angekommenen Gästen wurden die Füße
gewaschen, sie legten ihre Kleider über das Strohbett hin, zündeten Feuer
an, um sich das spärliche Mahl zu bereiten und vor dem Schlafengehen
wurde das Nachtgebet verrichtet. Mußte auf den Reisen in menschenleeren
Hütten auf den unabsehbaren Ebenen ein Obdach gesucht werden [1]), dann
wurde namentlich zur Winterszeit Holz für das Feuer herbeigeschafft, um
sich zu wärmen und Speise zu bereiten. Das Feuer wurde mit einem
feuerhaltigen Eisen (ferrum igniferum) aus einem Kieselstein geschlagen;
es diente zugleich beim Dunkel der Nacht für die nöthige Beleuchtung.
Wollte man ihnen auf den Burgen der Vornehmen keinen Einlaß gestatten,
wie dies auf jenen von Trahin und Moemad der Fall war, dann wand=
ten die Wanderer Gebet und Fasten an, um den Bewohnern mildere Ge=
sinnungen gegen sie beizubringen [2]). Auf seiner Wanderung trug Comgall
nach der Weise der irischen Bischöfe, Aebte und Missionäre eine sceta oder
scatula an der Seite, worin das Chrysmale zur Spendung der heiligen
Taufe, Reliquien der Heiligen, ein Ritualbuch, die heilige Schrift und litur=
gische Gefäße und Gegenstände verschlossen waren [3]). Als er auf der Rück=
reise vom Kloster Heth in Scotland die Büchse zum heiligen Chrysma an
seinem Halse trug, wurde er von Seeräubern überfallen. Sie hielten die
Büchse für den Götzen oder Talisman Comgall's, wagten nicht, ihn anzu=
greifen und ließen ihn unangefochten weiter ziehen, seine Begleiter aber
wurden mit ihrer ganzen Habe von ihnen fortgeschleppt, jedoch bald wieder
freigegeben. Wir finden diese sceta oder Reisetasche auch bei dem Bischofe
Fiachra; denn als dieser nach der Begräbnißfeier Comgall's (602) durch
die Provinz Leinster heimreiste, kehrte er in der Burg des Königs Aedh
ein, der ihm sogleich seinen Sohn zuführte, damit er ihm die heilige Taufe
ertheile. St. Fiachra öffnete sodann seine Reisetasche, zog das Taufritual=
buch und eine Reliquie St. Comgall's heraus und ertheilte dem königlichen
Prinzen die Taufe.

"Gegen das Ende seines Lebens wurde der greise Comgall mit ver=
schiedenen und schweren Leiden heimgesucht [4]). Ihm wurde das Gehör ge=
schlossen, daß er nichts mehr hörte, und was noch schmerzlicher war, auch
im Uringang traten Störungen ein, so daß er vom Anfange des Winters

1) S. Comg. vita secund. cap. 41.
2) L. c. cap. 42. — 3) L. c. cap. 21.
4) L. c. cap. 52.

bis zur Pfingsten die größten Schmerzen litt. Viele schrieben sie der über=
mäßigen Härte zu, die er gegen seinen eigenen Leib, wie der Regel gemäß
auch gegen seine Mönche, allzeit eingehalten. Andere hielten sie für eine
besondere Prüfung Gottes, der die Verdienste seines treuen Dieners für
den Himmel durch sie mehren wollte. Als das Ende seines Lebens heran=
nahete, suchten einige Mönche ihn zu bereden, täglich die heilige Eucharistie
sich darreichen und das heilige Opfer für sich entrichten zu lassen; er er=
wiederte ihnen: ich werde von keinem von Euch die Eucharistie empfangen;
wartet zu, bis der Abt Fiachra von Leinster kömmt. St. Fiachra,
dessen Kloster am Ufer des Flusses Berba an der Gränze des Landes
Leinster lag, wurde herbeigerufen, damit Comgall von seiner Hand den
Leib und das Blut Christi empfange[1]). Und im Kloster Bangor ange=
langt, reichte Fiachra sogleich dem seligen Vater die Communion des Herrn
(communionem dominicam) und bat sich von ihm ein Andenken aus.
Darauf schloß der heilige Greis, in Gegenwart vieler gottseliger Brüder
selig und voll des heiligen Geistes, die wunderbare Laufbahn seines Lebens
und gab seinen Geist auf am 10. Mai des Jahres 602, im 85. Jahre
seines Lebens und im 44. nach der Stiftung von Bangor[2]). Sein Leich=
nam wurde in Bangor mit den verdienten Ehrenbezeugungen begraben
und durch seine Fürbitte werden dort noch immer große Gnaden gewon=
nen.“ Nach einiger Zeit besuchte St. Fiachra das Grab seines Freundes,
erhob die heiligen Ueberreste und nahm davon ein Armbein mit sich nach
seinem Kloster zurück. Der verewigte Vater wurde von seinen Ordens=
söhnen zu den Heiligen gezählt und „seine Verdienste und Gebete Gott dar=
geboten, um von ihm für die Klosterinnung die Fortdauer des Friedens
zu erflehen“[3]). Kaum war ein Menschenalter nach seinem Tode verflossen,
als er in der gottesdienstlichen Feier zu Bangor schon durch den Festhym=
nus — Recordemur justitiae — von dreiundzwanzig Strophen verherr=
lichet wurde, den uns das alte Antiphonar von Bangor überliefert hat[4]).

1) „Ut accipiat de manibu ejus corpus et sanguinem Christi.“ cap. 53.

2) Nach den Ulster Annalen im Jahre 601, Tighernach gibt ihm ein Alter von
91 Jahren.

3) „Per merita et orationes S. Comgalli abbatis nostri omnes nos in tua
pace custodi.“ Im Antiphonar von Bangor aus dem VII. Jahrhundert.

4) Dieses merkwürdige Antiphonar wurde nach Lanigan's Urtheil — Eccles.
History. Pref. p. 8 im VII. Jahrhundert geschrieben, gehörte dem Kloster Ban=
gor eigenthümlich an, kam von dort sehr frühe nach Bobbio, wo es der Cardinal
Friedrich Boromeus 1592 entdeckte, mit sich nahm und der Ambrosiana in Mailand
einverleibte. Dort ist es noch unter Nr. 10. C. zu finden. Es wurde zuerst veröffent=
licht von Muratori in seiner Anecdota Ambrosiana vol. IV. Padua 1713. Dr. O'Conor
legt ihm das gleiche hohe Alterthum bei, wie Muratori und Montfaucon ihrerseits, die

Die Brüder „gedenken darin mit vollem Lobe ihres heiligen Patrons und Vaters Comgall, der vom heiligen Geiste begnadiget in allen Werken der Gerechtigkeit erglänzte, bis ihn Gott, umgeben von den Schaaren der Engel in die ätherischen Wohnungen aufgenommen. Schon in der Blüthe der Jugend im göttlichen Gesetze erfahren und in der heiligen Schrift vortrefflich unterrichtet, war er reich an heiligen Schätzen, in seinen Sitten heilig und, ein anderer Stephanus, lehrte er mit unerschrockenem Starkmuthe durch sein Beispiel den Andern die göttliche Weisheit. Wie die Sonne in der Mittagshöhe leuchtet, strahlte er in aller Tugend und schwang mit starker Hand das Schwert des Geistes, immer sicher, die Stolzen niederzuschlagen. Daneben demüthig und milde, im Gesetze Gottes erprobt, freundlichen Angesichtes war er Gott und den Menschen lieb. Von Gottes Liebe erfüllt trat er die tückische Welt mit Füßen und ein Liebhaber keuscher Schaam bildete er sein Herz zu einem Gottestempel aus, der mit den Blüthen aller Tugenden geziert war. In seiner Seele leuchtete der Weisheit Lampe, die er durch das Oel guter Werke ernährte. Darum war er ruhmvoll bekannt in der Rangordnung der Aebte, in der geordneten Kriegsschaar der Mönche, in den Reihen der Anachoreten, in der Versammlung der Väter, in Wahrheit ein apostolischer Mann, würdig um seinen bereiteten Sitz im Himmel unter den großen Heiligen einzunehmen." Aber auch die Erinnerungen an die erste Blüthezeit des Klosters Bangor wurden von gleichzeitigen Brüdern in dem schönen Liede — Benchuir bona regula — verewigt [1]), welches also lautet:

> Benchor, du selbst die gute Regel bist,
> Rechtleitend sie und göttlich ist,
> Fromm, heilig, wie die Sonne klar,
> Erhaben auch und wunderbar.

> Haus Bangor, du so selig traut,
> Bist auf des Glaubens Fels gebaut,
> Des Heiles Hoffnung schön dich schmückt,
> Die Liebe Gottes dich beglückt.

> Beim Wogenschlag' ein fester Kahn,
> Vergebens fällt der Sturm dich an,
> Du bist am Fest die schmucke Braut,
> Nach der dein König gnädig schaut.

---

es schon vor 160 Jahren für 1000 Jahre alt hielten. Bei dem Gedächtnisse der Aebte von Bangor wird Abt Cronan als noch lebend erwähnt und dieser starb im Jahre 691, darum muß die Abfassung dieses Antiponars auf eine noch frühere Zeit zurückgesetzt werden.

1) Im Antiphon. Bangor.

Ein Haus von Himmelswonne voll
Bist du auf Fels gegründet wohl,
Gepflanzt ein Weinberg wie bekannt
Herüber aus Aegyptenland.

Wahrhaft die feste Stadt du bist,
Die stark und gut befestigt ist,
Die ruhmumstrahlet immer siegt,
Und auf dem hohen Berge liegt.

O Arche ganz mit Gold belegt,
Der Cherub dich beschützend hegt,
Den Heiligthümern du ein Hort,
Vier Männer tragen froh Dich fort.

Du Christo theure Königin rein,
Dein Kleid glänzt wie der Sonnenschein,
Die hohe Einfalt, tiefe Wissenschaft,
Hat allwärts dir den Sieg verschafft.

Du Königssaal so schön bemalt,
Im Glanz der Edelstein er strahlt,
Du Hürd', wo Christi Heerd' sich schaart,
Dem höchsten Vater aufbewahrt.

Das Kloster Bangor, so nahe am Meer gelegen, war den Ueberfällen der pittischen Piraten sehr ausgesetzt; im Jahre 823 wurde es von den Dänen verwüstet, welche den Sarg St. Comgall's erbrachen und die Reliquien nach allen Seiten verwarfen [1]). Im Laufe des IX. Jahrhunderts zerstörten die Piraten es gänzlich und erst dem frommen Eifer des heiligen Bischofes Malachias war es vorbehalten, „dieses verlorene Paradies [2]) wieder herzustellen in Anbetracht, daß dort die Leiber so vieler Heiligen ruhen." Denn um von denjenigen zu schweigen, die dort in Ruhe sterben konnten, sollen an einem Tage 900 Mönche von den Pikten ermordet worden sein. Malachias nahm zehn Brüder mit sich und in Bangor angekommen, begann er den Wiederaufbau des Klosters, stellte in wenigen Tagen das Oratorium wieder her, so daß von da an immerfort wie vor Alters mit gleicher Andacht, wenn auch mit einer kleineren Brüderzahl, der Gottesdienst gehalten werden konnte. Malachias war einige Zeit selber der Vorstand der neuen Genossenschaft, aber auch die lebendige Regel für die Mönche. Von hier wurde er zum Bischofe von Connerth befördert und

---

1) Annal. von Ulster ad an. 823.
2) Worte des heiligen Bernhard in vit. S. Malachiae.

später auf den erzbischöflichen Sitz von Armagh berufen. Am Gestade
der Bucht von Belfast, wo Bangor einst gestanden, liegt jetzt ein unbe=
deutendes Dorf; von dem berühmten Kloster aber ist keine Ruine mehr
übrig geblieben, welche dem Wanderer eine große Vergangenheit in Erinne=
rung bringen und mit der Hinfälligkeit der menschlichen Dinge die Lehre
verkünden könnte, daß die Gerechten wie die Sonne am Firmamente ewig
leuchten.

Viertes Buch.

Der heilige Columban.

Erstes Kapitel.

„Die geschichtlichen Quellen, der Werth der Heiligenleben und die chronologischen Fragen."

Die Lebensgeschichte des heiligen Columban [1] haben wir dem sehr unterrichteten Mönche Jonas von Bobbio zu verdanken, dessen Schreibart, sonst nicht frei von rhetoristischer Zthererei, zu seiner Zeit und später noch

---

1) Von den Schriften Columban's selbst gingen verloren, eine Abhandlung über den Kirchen- und Psalmgesang (de cantu), die er noch in seiner Jugend schrieb, eine Schrift über die Osterfrage an den gallisch-fränkischen Bischof Ariginè, zwei Briefe über den gleichen Gegenstand an Papst Gregor den Großen (von 596—600), mehrere Mahnungsbriefe an den sittenlosen König Thenderich (von 602—609), eine Schutzschrift, die er „im blühenden Style" auf Begehren des Königs Agilulf (613—14) in Mailand gegen die Arianer schrieb, endlich ein Kommentar, den er über die Evangelien verfaßt haben soll. Dagegen blieben noch erhalten, sein Kommentar über das ganze Psalmbuch), den er noch als junger Mann in Irland (Jonas vit. 8) verfaßte; dieses Werk befand sich schon im IX. Jahrhundert in der Bibliothek des Klosters St. Gallen und wird in dem gleichzeitigen Bücherkatalog (cod. 728.) bezeichnet — expositio S. Columbani super omnes Psalmos —: man hielt es gleichfalls für verloren, bis in neuerer Zeit Peyron (Fragmenta inedita p. 189) und Zeuß (Grammatica celtica I. praef. 30) es in der bobbio'schen Handschrift der Ambrosiana (unter C. 301) entdeckten, welche, aus dem VII. Jahrhundert stammend, reich an irischen Interlinear- und Marginalglossen ist. Dieser Kommentar wurde mit den Werken des heiligen Hieronymus von Vallarsi (Op. S. Hieron VIII ad fin.) herausgegeben mit der Hindeutung, daß er wahrscheinlich nicht den heiligen Hieronymus, sondern den heiligen Columban zum Verfasser habe. Außer diesem Kommentar blieben noch erhalten die „klösterlichen Institutionen" Columban's, wahrscheinlich identisch mit dem Methodus monasteriorum, seine „regula coenobialis", die Instruktionen oder Sermonen an seine Mönche, die „mensura poe-

viele Bewunderer namentlich bei denen fand, die ihn für ihre biographi=
schen Arbeiten benützten und zum Muster wählten. Jonas wurde in der
Stadt Suza (Nieder Piemont) geboren und trat im Jahre 619, vier
Jahre nach Columban's Tode, unter dem Abte Attala in den Klostervor=
band von Bobbio ein, worin er neun Jahre [1]) schon zugebracht hatte, als
er unmittelbar vor dem Tode Attala's († 7. März 627) mit dem Priester
Blidulf und dem Diakon Hermenoald seine kranke Mutter in Suza be=
suchte. Von dieser Reise eilig heimgekehrt, fand er den Abt Attala am
Sterben; diesem folgte Bertulf als Abt, der im Jahre 628 eine Reise
nach Rom zu Papst Honorius I. unternahm, auf welcher ihn Jonas be=
gleitete. Im dreizehnten Jahre seines Amtes 640 [2]) starb Bertulf, auf
ihn folgte Abt Bobolen, während in Luxeuil nach Columban's Verbannung
Eustasius († 625) und nach diesem Waldebert (bis zum Jahre 665) das
dortige Kloster leitete. In der Vorrede zu seiner vita S. Columbani
weiset Jonas darauf hin, wann und wo er sie schrieb. „Er habe", meldet
er, „vor drei Jahren als er, sich zu erholen auf den appenneuischen Gefil=
den sich aufgehalten, den Bitten der Brüder und dem Befehle des seligen
Abtes Bertulf folgend, versprochen, die Lebensgeschichte des heiligen Vaters
Columban zu schreiben" und er widmet seine Schrift dem Abte Bobolen,
der nach dem Tode Bertulf's († 640) in der Reihe der Aebte von Bobbio
folgte. Die Abfassung seiner vita kann daher nicht vor dem Jahre 640
und, da er drei Jahre angibt, seit er sie dem Abte Bertulf versprochen
habe, nicht nach dem Jahre 643 erfolgt sein. Nach seiner eigenen An=
gabe hat er sie nicht in Bobbio selbst, sondern vielleicht in Luxeuil, wahr=
scheinlicher noch im Frauenkloster Fara=Mouster in Burgund geschrieben,

nitentiarum" und eine kurze Einleitung zu einer Abhandlung über „die acht Haupt=
sünden." Seine Briefe folgen nach chronologischer Ordnung also auseinander: 1. Der
Brief an Papst Gregor I. (598—600) über die Osterfrage, 2. jener vom Jahre 601
von Luxeuil aus an eine gallisch-fränkische Synode gerichtet, 3) das Schreiben an Papst
Bonifazius IV. (607—8) als Columban noch in Luxeuil (in desertis sedens) war,
4. das Schreiben, das er (609) von Nantes aus an seine Brüder in Luxeuil richtete
und 5. die größere Zuschrift, die er auf Geheiß Agilulf's (613—14) an Papst Bonifa=
zius über den vigilantischen und arianischen Streit erließ. Endlich blieben noch einige Ge=
dichte von ihm erhalten. Seine Schriften wurden gedruckt in Flemming's Collectanea
sacra, der Bibl. max SS. Patr. und a. O. Die Vaticana ist sehr arm an Hand=
schriften von Columban's Werken, wie ich mich dort (im Mai 1865) selber überzeugen
konnte. Ein ungedrucktes Fragment von einer Rede — Cogita non quid es, miser
homo, sed quid eris — ist auf der Vaticana im Cod. reg. Christ. 140. fol. 78
bis 81 zu finden.

1) Jon. vit. S. Attalae c. 6.
2) L. c. und Mabill. Act. SS. II. p. 126.

wo er sich längere Zeit aufhielt. Daß er auf seiner Reise von Bobbio nach Luxeuil den Weg nicht über den St. Bernhard, sondern über den rhätischen Septimerberg genommen und den heiligen Gallus bei der St. Gallenzelle besucht, geht aus einer merkwürdigen Stelle seines St. Columban-Lebens hervor, die bei Mabillon ¹) fehlt, jedoch in den zwei ältesten Pergamenthandschriften der Vatikana und der Stift St. Gallischen Bibliothek sich vorfindet ²). Nachdem nämlich Jonas den reichen Fischfang erzählt, welchen Gallus im Bache Brusch in den Vogesen gemacht hatte, fügt er bei: „haec nobis supradictus Gallus saepe narravit — das hat mir der obengenannte Gallus oft selbst erzählt." Jonas hat den heiligen Gallus sonach persönlich gekannt und längere Zeit bei ihm zugebracht, und da er bis nach dem Tode Attala's in Bobbio blieb und 628 den Abt Bertulf nach Rom begleitete, überdies sein Aufenthalt in Burgund zwischen 638—643 angesetzt werden muß, so ist auch sein Zusammentreffen mit dem heiligen Gallus in diese Zeit zu verlegen; es wird sogar wahrscheinlich, daß Gallus noch am Leben oder doch noch nicht lange gestorben war, als Jonas sein Columban-Leben schrieb, da er ihn, wie den Chagnoald, Theudebegisil, Somar und andere „Superis" d. i. „Superstites", nicht „beatus", sondern einfach „supradictus Gallus" nennt.

Jonas gibt die Veranlassung zu seiner Schrift in der Vorrede also an: „Dem früher (in Bobbio) gegebenen Versprechen wolle er nun Folge geben, besonders aus dem Grunde, weil sehr Viele von denen, die mit Columban einst gelebt und die von ihm vollbrachten Thaten selbst gesehen, bei Euch (in Bobbio und Luxeuil) noch am Leben sind. Diese haben uns nicht nur das, was sie von Anderen gehört, sondern was sie selbst mit angesehen haben, erzählt. Auch ist es uns von den ehrwürdigen Vätern Attala und Eustasius mitgetheilt worden, von denen der Erste einst dem Kloster Bobbio, der Zweite dem Kloster Luxeuil vorstand, deren Nachfolger im Amte Ihr (Bobolen und Waldebert) nun seid." Um den Verdacht poetischer Ausschmückung und selbsterfundener Beimischung von sich ferne zu halten, fügt Jonas bei: „Wir nehmen in unsere Schrift nur solche Thatsachen auf, welche wir von wahrheitsgetreuen Zeugen vernommen haben." Diese waren vor Allen Gallus, der ihm den reichen Fischfang im Bache Brusch öfter selbst erzählt ³), Theudebegisil, der ihm seinen wunderbar geheilten Finger vorgezeigt, Chagnoald, früher der Diener Columban's, später Bischof von Laon, der die trauliche Ge-

1) Mabill. Act. SS. II. p. 13.
2) Cod. Vat. Reg. Christ. 1025 und Cod. S. Gall. 553, beide aus dem VIII. Jahrhundert.
3) Jon. vit. S. Columb. 18. 19. 22. 23. 24. 30.

meinschaft Columban's mit den Thieren des Waldes zum öftern selbst mit angesehen; Donatus, später Bischof von Besançon, der Mönch Winoc und der Diener Somar. Als Jonas seine vita schrieb, waren die meisten von diesen noch am Leben. Dabei bemerkt er ausdrücklich[1]): „daß er Vieles von dem, was er von diesen oder von anderen Zeugen einst ver= nommen, weggelassen habe, weil er sich dessen nicht mehr vollständig er= innere und blos bruchstückweise es nicht erzählen möge." So viel ist daher gewiß, daß Jonas bei der Abfassung seiner Schrift angesichts solcher Zeu= gen sich genau an dem halten mußte, was sie ihm mündlich mitgetheilt hatten, und bei seinen Erzählungen weder auf das Dichten noch Entstellen sich verlegen durfte, denn der Widerspruch wäre von dieser Seite wohl nicht ausgeblieben. Was die Zeugen und Berichterstatter selbst betrifft, waren sie Alle ohne Ausnahme fromme, gottselige Männer, welche die Lüge schon zufolge ihres sittlichen Charakters verabscheuend, nach bestem Wissen und Gewissen die Wahrheit sagen wollten und nach ihrer Zeit und Lage, sie auch sagen konnten. Dabei bleibt die Möglichkeit nicht ausgeschlossen, daß der Eine oder der Andere zuweilen etwas als ein Wun= der ansehen mochte, was, näher besehen, vielleicht den Gnadenerweisungen und Gebeterhörungen anzureihen ist, mit denen der gütige Gott in der Leitung der Menschen seine Barmherzigkeit oft so „wunderbar" an seinen Dienern und Gläubigen offenbart.

Wie aber andererseits auch Apokryphenleben im Laufe der Zeiten kom= pilirt wurden, wollen wir zur Belehrung gerade an diesem objektiv gehal= tenen Columbanleben von Jonas in aller Kürze nachweisen. Ermenrich, ein Mönch von Ellwangen aus dem IX. Jahrhunderte nahm den Namen Theodor's († 665), des Schülers des heiligen Gallus und Freundes Mag= noald's an und schrieb unter diesem Namen die vita S. Magni, wofür er das Leben Columban's von Jonas, des Gallus von Walfrid Strabo, Oth= mar's von Iso und die Legende der heiligen Afra benützte. Der Betrug fällt jedoch Jedem sogleich in die Augen; denn der pseudonyme Theodor weiß uns in seiner vita S. Magni schon von St. Othmar, Karl Martell und König Pipin zu erzählen[2]), läßt den heiligen Gall „ein Kloster von wunderbarer Größe" bauen, macht den Magnus oder Magnoald zu einem Neffen des heiligen Gallus, der schon in Irland mit ihm zusammentrifft, während Walfrid Strabo ihn und Theodor erst beim Priester Willimar in Arbon (613) findet[3]). Der Pseudonyme benutzt zwar die älteren Quellen, aber ändert und fälscht ihre Erzählungen nach Gutdünken in der

---

1) L. c. 4. — 2) Vita S. Magni cap. 16.
3) Walfr. Strab. vit. S. Galli c. 9.

Absicht, seinen Heiligen möglichst hoch und wunderbar zu stellen. Jonas
erzählt uns [1]): „Der Kellerbruder habe zu Luxeuil Bier aus einem Fasse
in den vorgeschobenen Zuber (tymbrum) laufen lassen und, zu Columban
gerufen, in der Eile den Hahnen zu schließen unterlassen, was er erst auf
der Zelle Columban's wahrgenommen. Schnell in den Keller zurückgeeilt,
habe er zu seinem Erstaunen gesehen, daß das Bier im Zuber um keinen
Tropfen überlaufen sei, so daß man hätte glauben sollen (ut crederes),
die Höhe des Zubers hätte sich inzwischen verdoppelt.“ Wie erzählt dies
der Pseudonyme? Er läßt das mitigirende „ut crederes“ des Jonas'
weg, und um jede natürliche Erklärung des Faktums zu beseitigen, genügt
ihm die Zeit nicht, die zwischen dem Oeffnen des Hahnens im Keller und
der Zurückkunft des Kellners verstrichen war und möglicherweise ganz kurz
gewesen ist; er sucht eine längere Frist um jeden Preis in den Verlauf
dieses Vorfalles hineinzubringen, und um diese zu schaffen, zieht er auch
Magnus herbei, legt ihm eine längere Unterredung mit dem Kellner in
den Mund, läßt ihn zum Priester Winoc eilen, diesem den Vorfall erzählen und erst dann ihn wieder in den Keller zurückkommen. Inzwischen
fließt natürlich das Bier an Einem fort in den Zuber, läuft aber dennoch
nicht über, sondern staucht sich im Zuber immer höher auf und als Winoc
mit Magnus beim Fasse endlich angekommen, findet er Alles genau so,
wie ihm erzählt worden. Sogar ein Engel Gottes wird hinzugedichtet,
der dem Magnus auf dem Gange in den Keller vorangeht und über den
Zuber das Kreuzzeichen macht; „darum ist das Bier nicht überlaufen,
sondern wie eine runde Säule über dem Zuber aufgestaucht.“ Jonas erzählt [2]): „In der Einöde bei Bregenz seien den Brüdern eines Tages nur
Waldäpfel zur Nahrung noch übrig geblieben. Als Chagnoald dann ausgegangen, solche Aepfel im Walde für den Imbiß einzusammeln, habe er
einen Bären unter den Aepfelbäumen und Brombeerstauden umherstreichen
gesehen, der die Aepfel von den Bäumen abriß und verzehrte. Wie Columban ihn angewiesen, habe darauf Chagnoald mit einer Gerte die Obstbäume in zwei Abtheilungen von einander abgegränzt und ausgeschieden,
die eine davon den Brüdern für den Unterhalt vorbehalten, die andere
dem Thiere zur Fütterung überlassen und diesem befohlen, sich mit der ihm
zugewiesenen Abtheilung zu begnügen. Wirklich habe es auch die den
Brüdern vorbehaltene Abtheilung der Bäume unberührt gelassen und darunter nur das Gras abgeweidet, so lange die Brüder bei jener Waldstelle
sich aufhielten.“ Bei dem Pseudonymen tritt Magnus an die Stelle von
Chagnoald und spricht zum Bären: „Thier, im Namen unseres Herrn

1) Jon. vit. S. Columb. n. 26. — 2) l. c. 55.

steh' eine Weile still, bis ich die Aepfel werde eingesammelt haben; und das Thier blieb stehen und hielt seinen Kopf tief zur Erde geneigt, so lange, bis Magnus die Aepfel eingesammelt hatte" [1]. Wohl drastisch, aber auch handgreiflich ausgemalt. Schon damals, wie noch heutigen Tages, hielten die Vögel im Frühlinge und Herbste ihre Sammlungen an einsamen Waldstellen bei ihren Hin- oder Herwanderungen nach oder aus anderen Zonen. Jonas erzählt nun [2]: „Bei einem drei Tage anhaltenden Mangel an Nahrung sei das Vertrauen der Brüder unerschüttert geblieben. Sodann habe sich ein Zug Streichvögel im Walde eingefunden, welche, wie einst die Wachteln im Lager Israel's, den ganzen Umkreis jener Waldstelle zu erfüllen schienen. Die Brüder erkannten darin eine außerordentliche Führung Gottes und Columban befahl ihnen, von diesen Vögeln die benöthigte Anzahl für den gemeinsamen Unterhalt zu fangen. Wunderbar! während man auf sie jagte, suchte die übrige Schaar keineswegs davonzufliegen, sondern blieb drei Tage lang im Walde, bis die Brüder aus der Nachbarschaft mit Brod versehen wurden; hierauf flogen die Schaaren (alitum phalanges) wieder weiter." Auch ohne gerade ein Wunder vorauszusetzen, läßt sich denken, wie man in einem Walde unter Schaaren von Vögeln eine ordentliche Anzahl einfangen kann, ohne die ganze übrige Masse dadurch zu verscheuchen. Doch der fromme Sinn der Brüder sah darin eine wunderbare Leitung Gottes, ohne dessen Willen ja ohnehin kein Sperling vom Dache und kein Haar von unserem Haupte fällt und wir denken, auch jene Vögelschwärme im Walde bei Bregenz werden nicht außerhalb dem Kreise der Alles leitenden Vorsehung Gottes geblieben sein. Doch der Pseudonyme entstellt auch diese einfache Erzählung des Jonas nach seiner Weise [3]. Er will, wie die Aufschrift sagt, erzählen: „Wie auf Befehl des heiligen Magnus die Vögel zum Fange stehen blieben und wirklich läßt er ihn zu Gott beten: daß die Vögel auf den Aesten sitzen bleiben möchten, bis sie für den Nothbedarf von den Brüdern eingefangen wären." Nachdem dies vollzogen, „befiehlt St. Magnus den Schaaren der Gefiederten abzuziehen und sogleich faßten die Ueberbliebenen ihren Flug und zogen weiter." So wußte der Pseudonyme die historischen Berichte Jonas' über Columban zum Mythus zu verwandeln und diesen sodann zur Ausschmückung seines Heiligen zu verwenden, aber auch aus der mythischen Version schimmert der Kern der Thatsachen immer noch durch. Wie einige jener auffallenden Begebenheiten, welche Jonas und sein Berichterstatter in gottseliger Begeisterung für ihren großen Ordensstifter als eigentliche Mirabilien aufgefaßt, sich gleichwohl in der wunder-

---

1) Vit. S. Magni cap. 4. — 2) L. c. 51. — 3) Vita S. Magn. cap. 5.

baren Oekonomie der göttlichen Vorsehung vielleicht aus einer besonderen Beschützung, Gnadenerweisung und in diesem Sinne auf natürliche Weise erklären lassen, so mag dies auch mit anderen der Fall sein. Columban begegnet im Walde der Vogesen einer Schaar Wölfe; er bleibt furchtlos stehen und betet im Stillen [1]; sie beschnüffeln den Saum seines Gewandes und ziehen weiter durch den Forst, ohne dem Unerschrockenen etwas zu Leid zu thun. Wir haben hier einen Vorfall vor uns, wie manche Reisende ihn zu erzählen wissen, die im Oriente vor den Anfällen der Löwen und selbst der Tiger verschont blieben. So berichtet in neuester Zeit [2] Mgr. Theurel, Bischof von Akanthus, von einer Reise, die er in einem Tagmarsche über die Berge im westlichen Tong-King zu machen hatte: „Die Reise ging ohne bemerkenswerthen Vorfall von Statten, außer daß wir auf einen Tiger stießen, der uns einige Zeit folgte, ohne jedoch glücklicherweise uns anzugreifen." Der Diener Domoal beklagte sich einst in der Einöde, daß er das Wasser aus so großer Entfernung mit großer Mühe herbeitragen müsse [3]. Darauf wies Columban ihn an: im Rücken eines nahen Felsens nachzugraben (eminentis saxi terga cavare), um eine Wasserader aufzusuchen und während Columban für guten Erfolg betete, traf der Brunnengraber wirklich an jener Stelle eine reichlich fließende Quelle des besten Wassers. Beim Kloster Fontain [4] hatten die Brüder einst angefangen, auf den umliegenden Fruchtfeldern das Getreide der Ueberreife wegen schleunig einzusammeln. Ein starkes Ungewitter kam dazwischen und der Regen fiel in Strömen. Man betet gemeinsam um bessere Witterung und beginnt im Vertrauen auf Gott die Aerndtearbeit; auch Columban schließt sich mit vier anderen Brüdern den Schnittern an, und wunderbar, der Regen ließ im Umkreise jener Kornfelder nach, während er in weitern Kreisen noch fiel, die Sonne brach aus dem Gewölke hervor und sandte ihre heißen Strahlen auf den Rücken der Schnitter herab. Solches vermochte das Gebet des heiligen Columban's von Gott zu erwirken." Gehört diese Scene, richtig angesehen, zu den unmöglichen oder unerhörten Phänomenen der Meteorologie? Von einer wunderbaren Fürsorge Gottes für ihre Erhaltung wissen die christlichen Missionäre in den fremden Welttheilen heute noch zu berichten. Diese besonderen Gebetserhörungen und Hilfeleistungen Gottes sind ein offenkundiges Geheimniß des christlichen Lebens, die Jeder in seinem eigenen Leben erfährt, der ausdauernd in seinem Gebete und Vertrauen sich bewährt; aus dem

---

1) Jon. 15.
2) Annalen der Verbreitung des Glaubens. September 1866.
3) Jon. 16. — 4) l. c. 21.

Munde von Millionen bedrängter Christen, die beteten und Erhörung fanden, ist der freudige Dankruf zum Himmel hinangedrungen: „Gott hat mir wunderbar geholfen!" Das wirkt der Zufall nicht, das wird weder von einem paganistischen Fatum noch von einem pantheistischen Moloch mit so hoher Kunst in das Gewebe des Lebens eingewoben; das wirkt in seiner ewigen Vatergüte derjenige, welcher selbst über die Blumen des Feldes und den Sperling auf dem Dache seine Vatersorge walten läßt und uns durch seinen eingeborenen Sohn ermuntert: „Bittet und ihr werdet erhalten!" Wer aber erwägt: wie jene heiligen Altväter ihr Leben unter dem härtesten Kelterdrucke leiblicher und geistiger Buße abgetödtet und durch Gebet und Arbeit sich ganz und gar Gott hingegeben haben, wird wohl auch zugestehen müssen, daß, wie Meister Suso lehrt, ihr Unter= gang in der Buße zugleich ein Aufgang ihres Lebens in Gott war und, weil sie mit ihm auf das Innigste vereinigt waren, von ihm auch begna= digt wurden, gleich den ersten Menschen eine besondere Macht auf die Kräfte und Geschöpfe der Natur auszuüben.

Wie die Hagiographie, so konnte auch die Profangeschichtsschreibung eine mythische Behandlung nicht gänzlich von sich ferne halten. Der Ge= schichtschreibung überhaupt ging im Leben der Völker immer auch die Sage zur Seite. Denn nicht nur in bestimmten Annalen und Chroniken, sondern auch in mündlichen Ueberlieferungen und Liedern wurden die Thaten großer Männer gefeiert und in diesen mit einem Beigemisch poetischer Färbung versehen. So begegnen wir im klassischen Alterthume neben Herodot dem Homer, und Niebuhr knüpfte bekanntlich die ersten Erzählun= gen des Livius an untergegangene Volkslieder oder Sagen. Aus den historischen Königen Artur, Attila, Theodorich und Karl dem Großen wurden ebenso viele mythische ausgebildet und dieser Wechselverkehr zwischen Geschichte und Poesie kehrt allerdings auch auf dem weiten Gebiete der Hagiographie oder in den Lebensgeschichten der Heiligen wieder. Neben der größeren Masse der objectiv=historischen begegnen wir auch poetisch ausgeschmückten, sogar auch, wiewohl verhältnißmäßig in geringer Zahl, gefälschten Heiligenleben. Es fällt aber bei einiger Uebung auch ohne großen Scharfblick nicht schwer, die Authentischen von den Apokryphen zu sondern und selbst bei den erstern das wahre Licht vom Farbenstrahle und Farbenschatten auszuscheiden, in der poetischen Umhüllung den Kern der eigentlichen Thatsache herauszufinden. Schon im frühesten Mittelalter besaß jede bischöfliche Kirche, jedes größere Kloster, jede bedeutendere Wald= Einöde von Einsiedlern ihren Hagiographen, der entweder als Augenzeuge oder nach mündlichen und schriftlichen Berichten von Augenzeugen und Zeitgenossen das Leben der Ortsheiligen beschrieb. Seit Johannes Moschus seine Legendensammlung herausgab, ist für die Kritik und Sichtung der älteren Heiligenleben in der Kirche außerordentlicher Fleiß verwendet und Großes geleistet worden; die Sammlungen und kritischen Arbeiten der Bollandisten, Surius', Mabillon's, D'Achery u. A. haben ihren Werth und Ruhm bis auf den heutigen Tag in ungeschwächtem Maße bewahrt. Diese Männer haben bei ihren Forschungen eine historische Kritik geübt, gegen welche die moderne unserer Rationalisten sich wie Scheidewasser ausnimmt, das nicht bloß allfällige Beimischungen, sondern auch das ächte Gold in dem historischen Materiale wegäzt und als todten Niederschlag solcher Analyse das Nichts ihrer vorgeblichen Fabel oder Mythe zurückläßt. Wenn es erhebend ist, die Geschichte eines Volkes bei seinen ersten Quellen zu ergründen, die für die christlich = germanischen Völker überall bei ihren ersten Glaubensboten zu suchen sind, — so hat der Geschichtschreiber sich dabei immer an das oberste Gesetz zu halten: daß er billig und gerecht gegen Alle sei; daß er im Geiste des Christenthumes die Völker, die das Christenthum erzog und bildete und die ehrwürdigen Männer, welche christ= liche Bildung und Kultur bei ihnen gründeten und pflegten, zu beurtheilen wisse und nicht den Standpunkt seiner persönlichen Ansichten ihnen gleich= sam aufzwinge oder sie darnach beurtheile. Er hat diese Männer vielmehr so aufzufassen und darzustellen, wie sie als Kinder ihrer Zeit, als Träger der damaligen Anschauungen und Begriffe, als Vollzieher einer historischen Sendung unter den schwierigsten Zeitumständen gelebt und gehandelt haben. Von dieser Gerechtigkeit geleitet, wird er nicht ohne alle Noth die Motive dieser christlichen Helden verdächtigen, welche ihr Leben daran gegeben haben, ganze Völker aus dem Sumpfe des Heidenthumes und sittlicher Verwilde= rung herauszuziehen und es für christliche Bildung und Gesittung zu ge= winnen. Allein die verblendete Parteileidenschaft unserer Tage kennt keine Gerechtigkeit und der moderne Paganismus fühlt sich nur dann behaglich, wenn er alles Göttliche und Höhere aus der Geschichte ausmerzen kann. Er zerreißt vor unseren Augen mit Hohngelächter die heiligen Schriften göttlicher Offenbarung, er zersetzt unter den Zähnen der muthwilligsten Kritik die ältesten Urkunden der Kirchengeschichte und wo in der Vorzeit irgend noch ein Wegweiser oder ein Denkmal sich vorfindet, das dem müden Erdenpilger Rast gewährt und Winke nach der ewigen Heimat gibt, dies Alles soll lächerlich gemacht und aus der Geschichte hinaus= geworfen werden; so will es das negirende Dämonium, dem unsere Zeit so sehr anheimgefallen ist. Mit Hacken und Spaten stürzen diese Pyg= mäen herbei, um den herrlichen Gottestempel der alten Kirche Christi auf Erden Stück für Stück abzutragen, um, nachdem sie ihr vor sechzig Jahren in Deutschland und vor zwanzig Jahren in der stammverwandten Schweiz ihre letzten Tempelschätze geraubt, ihr auch noch den kostbaren Hort ihrer Geschichte und Ueberlieferungen zu entwenden. In diesem destruktiven Bestreben gingen ihnen schon vor hundert Jahren in Frankreich die Baillet, Voltaire, Argenteau, Simon u. A. voran; allen diesen Leuten war das Mittelalter nichts Anderes, als eine finstere Barbarei, wo Mönche falsche Urkunden und falsche Heiligenlegenden fabrizirten und die Geschichte mit einem undurchdringlichen Dunkel umhüllten. Man muß die hohlen Deklamationen des verflossenen und gegenwärtigen Jahrhunderts gegen die klösterlichen Orden, durch welche allein Europa kultivirt, gesittet und der große Schatz der alten Literatur bewahrt wurde, hören, um die Wuth zu begreifen, die sich bei der Zerstörung dieser unersetzlichen Institute der Kirche kund gab und die Macht sich zu erklären, welche diese kritische Besessenheit über den Verstand und Willen der Menschen ausübte. — Doch hat diese destruktive Kritik einer höheren, bei der Erforschung der geschichtlichen Denkmäler, gerufen, und ihren glänzenden Resultaten ist es zuzuschreiben, daß man sich längst jener albernen Auffassung des Mittelalters zu schämen angefangen hat; nur wenige Nachzügler gefallen sich heute noch in der eben so hochmüthigen als schwächlichen Anmaßung, an den kostbaren Denkmälern der christlichen Vorzeit ihre frostigen und gehässigen Negationen ausschließlich anzulegen und die ewige Vernunft Gottes sowie die Thatsachen und Werke des Christenthumes nur nach dem Maßstabe und der Tragweite der menschlichen Vernunft und innerhalb der Gränzen dessen zu messen und zu richten, was ihnen als natur= und vernunftgemäß erscheint.

Um die Heiligenleben der Alten zu beurtheilen, reicht die Wissenschaft allein nicht hin; man muß dazu einen Sinn für das mitbringen, was ihr Herz, ihr Leben und ihr Wirken hoch über den Kreis des alltäglichen Lebens emporgehalten; eine geistige Verwandtschaft und freudige Theilnahme für die Ideale ihres Glaubens muß uns in die Gedanken, Hoffnungen und Thaten jener längst dahingeschwundenen Geschlechter einführen; wir müssen in all' diesem mit ihnen eines werden und die Atmosphäre christlicher Begeisterung und Poesie, die sie umgab, nicht zum Vornherein als Lug und Trug wegscheuchen. Denn jede Zeit muß in und nach der Idee aufgefaßt und beurtheilt werden, die ihr eigenthümlich war, nur dann kann sie recht begriffen und richtig beurtheilt werden. Wir sind von der thörichten Forderung weit entfernt, daß Alles, was in den Heiligenleben sich vorfindet, alsbald und ohne alle weitere Prüfung und aus dem einzigen Grunde, weil es dort zu lesen ist, für wahr gehalten werden müsse. Allein wir behaupten, daß Thatsachen nur durch das Zeugniß, nicht aber durch den Spott der Plauderer oder durch das freche Abläugnen

anmaßender Polterer erprobt oder verworfen werden dürfen. Der un=
partheiische Forscher hat die Zeugnisse zu untersuchen und zu vergleichen,
scheinbare Widersprüche aufzulösen, wirkliche klar zu legen, den Zusammen=
hang des Erzählten mit den sicheren historischen Thatsachen hervorzuheben
oder allfällige Verstöße zu beleuchten — das sind der Hauptsache nach die
Regeln der ächten historischen Kritik, die eben so ferne von einem blinden
Köhlerglauben als von der frechen Plonsensophistik sich hält, welche den
frommen Charakter und den einfachen, aber verständigen Sinn der Alten
lächerlich zu machen sich vermißt. Wohl sind die Wunder der Heiligen
keine Glaubensartikel und die Kirche verbindet uns nicht, unbedingt an sie
zu glauben, während sie uns zum Glauben an die göttlichen Wahrheiten
und Geheimnisse der Religion sonst so strenge verpflichtet. Allein der
Glaube an diese religiösen Wahrheiten und Geheimnisse führt nothwendig
auch zum Glauben an die historisch erwiesenen Wunder im Leben
der Heiligen. Denn, wenn wir mit lebendigem Glauben festhalten, was
Gott in seiner unendlichen Liebe durch Christus für das Heil aller Menschen
gethan hat und an sein Wort uns erinnern: daß, wer an ihn glaube,
auch die Werke thun werde, die er gethan [1]), ja noch größere als diese
wirken werde, können wir dann läugnen, daß er an seinen treuesten Dienern
seine Macht und Herrlichkeit durch außerordentliche Zeichen offenbaren
könne und wolle und auch wirklich geoffenbaret habe insbesondere da, wo
diese Kundgebung der Ausbreitung seines göttlichen Reiches auf Erden
diente? Wer alle Wunder läugnet, der läugnet, was die heiligen Väter
als selbst Gesehenes oder hinlänglich Untersuchtes bezeugen und er kann
sich der absurden Schlußfolgerung nicht mehr entziehen, daß sie das Volk
entweder absichtlich getäuscht haben oder aus blödsinniger Leichtgläubigkeit
sich selber täuschen ließen. Es hieße jede Tradition verworfen, wenn wir
ausnahmlos den Wundern, die durch eine Linie bis auf die Heiligen
unserer Zeit fortgepflanzt wurden, jeden Glauben verweigern wollten.
Ueber solche hat schon der unsterbliche Bossuet das Urtheil gesprochen:
„Sie zeigen sich in der Beurtheilung der Wunder zügellos und halten es
für das Verständigste und Sinnreichste, den unverständigsten und sinnlose=
sten Unglauben gegen die Wunder geltend zu machen" [2]).

Der Werth der älteren Heiligenleben für die Sprachen =, Völker=,
Sitten =, Kultur = und Oertertunde kann namentlich von den Deutschen
nicht hoch genug gehalten werden. Jeder deutsche Geschichtsforscher begrüßt
mit freudigem Danke die spärlichen Urkunden und Notizen, die über die

---

1) Joh. 14, 12.
2) Bossuet or. pan. sur S. François d'Assis.

deutsche Geschichte des VI. und VII. Jahrhunderts einiges Licht verbreiten; denn das historische Material hiefür ist äußerst arm, die Quellen sind sehr unzureichend. Was uns hiefür noch übrig geblieben, sind die kurzen „Annalen", welche nach dem Vorbilde des Kirchenhistorikers Eusebius von Cäsarea in den bischöflichen Kirchen und in Klöstern bei Kirchenkalendern, zu Anfang alter Handschriften, in den Ostercyklen von je neunzehn Jahren (Decemnovales) verzeichnet wurden. Allein auch diese sind sehr dürftig, geben nur von der Weihung der Bischöfe und Aebte, von dem Geburts = oder Sterbetage berühmter Männer, von besonderen Kriegen oder Naturereignissen mit wenigen Worten Bericht; dazu ist ihre Zeitbestimmung eine ganz unsichere, weil über die Zeitberechnung für die Osterfeier die größte Verschiedenheit in den verschiedenen Kirchen herrschte und die Römer die Jahre nach den Indiktionen und Regierungsjahren der Päpste und der Kaiser, die Gallier, Franken und Burgunder nach den Regierungsjahren ihrer Könige und erst Beda in seiner Kirchengeschichte der Angelsachsen sie nach der christlichen Zeitrechnung bestimmte. Darum konnten auch die Regierungsjahre der fränkischen Könige bis zur Stunde mit der gewöhnlichen Zeitrechnung des Dionysius exiguus noch nicht in völlige Uebereinstimmung gebracht werden. Während die irischen Geschichtsquellen viel reicheres Material für die älteste Geschichte jenes Volkes liefern und bis in das III. Jahrhundert zurückreichen, geht keine der ältesten Annalen und Chroniken für deutsche Geschichte über das Jahr 680 zurück; die Annalen von St. Amand beginnen mit dem Jahre 687, die Tilianischen mit 708, die Petavischen mit 771, die von Lorsch mit 703, die St. Galler und Reichenauer mit 691 und 709. Zu diesen Annalen kommen noch die Chronik von Moissiac von Kaiser Honorius an, der Poëta Saxo über Karl den Großen, die älteren Annalen von Metz und jene von Fulda vom Jahre 731 an. Die großen Lücken, welche diese Denkmäler für die deutsche Geschichte des VII. und VIII. Jahrhunderts zurücklassen, können nur durch die Lebensgeschichten der Heiligen (vitae Sanctorum) damaliger Zeit einigermassen ausgefüllt werden, unter welchen die vita S. Columbani von Jonas, die vita S. Galli erster und zweiter Fassung, die vita S. Othmari von Iso u. A. ihre hohe Bedeutung für die Geschichte der deutschen Vorzeit in ungeschwächtem Maße erhalten haben. Vernehmen wir noch die Stimmen einiger bewährter Meister über den Werth der Heiligenleben! „Obwohl man den Verfassern derselben", schreibt Montesquieu [1]) „vorhalten kann, daß sie zuweilen ein wenig allzugläubig für Wunder waren, die Gott allerdings gewirkt hat, wenn sie in der Ordnung seiner Absichten

---

1) Montesquieu sur l'esprit des lois XXX. 2.

gelegen waren, so ermangelt man dennoch nicht, aus ihnen großes Licht über die Sitten und Gebräuche jener Zeiten zu ziehen." In seiner Weise schreibt der Historiker Gibbon: „Die alten Legendenschreiber verdienen einige Beachtung, weil sie nicht umhin können, auch das Fabelhafte mit der wirklichen Geschichte ihrer Zeit zu verweben;" und James Mackintosh [1]) äußert sich darüber: „Die große Sammlung der Heiligenleben wirft oft Licht auf die öffentlichen Ereignisse, und läßt uns die Gewohnheiten und Sitten der Menschen jener Zeiten schauen. Auch sind sie nicht ohne Interesse, obwohl zuweilen dies mehr poetisch und moralisch als historisch ist. Die ganze Kraft dieses edlen Strebens, die menschliche Natur zu erheben, warf sich in dieser Periode auf die Leben der Heiligen — eine Art moralischer Helden, ohne deren Kenntniß man schwerlich ein Zeitalter begreifen kann, in welchem sich das christliche Talent fast ausschließlich mit der Verherrlichung der damals am meisten verehrten Tugenden befaßte, wie sie sich in diesen heiligen Männern darstellte"[2]). Ueber die vita S. Fursaei, die durch Visionen und Wunderthaten sich auszeichnet, fällt Mone[3]) das Urtheil: „Wir haben uns durch Erfahrung überzeugt, daß dieses Leben für die Geschichte eine große Bedeutung hat, denn es enthält sehr viel Vortreffliches zur Erläuterung der deutschen Geschichte des siebenten Jahrhunderts, von welcher darin sehr Lesenswerthes über das Gemeinwesen der Sachsen, ihre Sitten und Gebräuche vorkommen." Das Urtheil des gründlichen Forschers Dr. W. Reeve's über die vita S. Columbae, haben wir früher vernommen; über die Heiligenleben im Allgemeinen spricht er sich dahin aus[4]): „Die Urkunden der altirischen Geschichte bestehen aus sehr verschiedenem Material, nämlich aus Genealogien, welche die Abstammung der Könige und der Heiligen oder deren Verwandten angeben und fortführen, aus Annalen, die mit gewissenhaftester Treue das Todesjahr der Heiligen oder anderer berühmter Männer angeben, aus Kirchenkalendern, welche mit derselben Pünktlichkeit den Tag des Monats bezeichnen, an welchem der Tod des Heiligen erfolgte, endlich aus den Leben der Heiligen selbst, zuweilen mit fabelhaften Wundern gemischt, aber selbst da noch für die Geschichte ihrer Zeit höchst merkwürdig. Die Bollandisten selbst haben über die Heiligenleben dieser Gattung eine strenge Kritik geübt und die wirklichen Thatsachen von den bloß vorgeblichen Wundern ausgeschieden."

Begegnen wir zuweilen in dem Heiligenleben Anachronismen, chrono-

---

1) Dissert. Vol. 1. 2.
2) Vergl. Histoire littéraire de la France VII. siècle.
3) Mone in Pertz Archiv IV. 328.
4) W. Reeve's, The Life of S. Columba preface not. 1.

logiſchen Verſtößen, metonymiſchen Irrungen bei Angabe der Perſonen und Orte u. A., ſo können auch dieſe dem Werthe des wirklich geſchicht= lichen Stoffes in ihnen keinen Abbruch thun. Herodot ſchrieb nieder, was er gehört und vorgefunden hat, manche Mythen und Sagen; den hiſtori= ſchen Kern davon bloß zu legen, bleibt der Geſchichtsforſchung überlaſſen, welche aus dieſen Mythen und Sagen ſchon ſo viele überraſchende Er= gebniſſe zu Tage gefördert hat. Livius erzählt, daß der Feldherr Regulus in der Nähe von Karthago gegen eine Rieſenſchlange von hundert Fuß Länge mit Schleudermaſchinen zu Felde zog, und Sueton berichtet [1]): Kaiſer Auguſtus ſei ein Sohn des Apollo, der in Geſtalt eines Drachen ſeiner Mutter beigewohnt, — wem iſt es nun je in den Sinn gekommen, ſolcher Notizen wegen, alle Bücher jener Hiſtoriker als Fabelbücher zu be= zeichnen? Der ältere Plinius redet in ſeiner Naturgeſchichte [2]) von einem angeblich im Main ſich aufhaltenden Fiſche, Silurus, der ein Raubfiſch und ſo groß geweſen ſei, daß er ſogar Pferde, die ſich ihm nahten, an= gefallen habe. War dieſes ſchwimmende Rieſenthier jemals im Main= ſtrome? Auch der Dichter Auſonius ſpricht von dieſem Silurus, den er ein pecus flumineum — ein friedliches Waſſerthier — nicht einen Raub= fiſch nennt. Neben dem Ur läßt Cäſar auch eine gewiſſe Art von Elephanten in den germaniſchen Wäldern hauſen. Weder von dieſem noch von dem Siluren melden ſeit Auſonius (430) die ſpätern Schriftſteller etwas; beide ſind wohl nur mythiſche Bilder der dichtenden Sage. Sind endlich die wichtigſten Geſchichtswerke des Mittelalters und ſelbſt die ſpäteren Chroni= ken bis auf unſern G. Tſchudi, Chſat, Stumpf, Etterlin u. A. herab, frei von einzelnen Unrichtigkeiten, Uebertreibungen und mythiſchen Zuſätzen? Sind die Schriften der Tendenzhiſtoriker unſerer Tage ſo objektiv und waſſerrein gehalten? Bekanntlich beſitzt Adam von Bremen als Geſchicht= ſchreiber für das nördliche Deutſchland ein nicht unbedeutendes Anſehen, doch iſt ſeine Nordlandskunde, die er aus Martianus Capella und Solinus zog, voll von Unrichtigkeiten und mythiſchen Zuthaten. So hält er die Oſtſee für den mäotiſchen Sumpf des Martianus, der wie ein Gürtel vom ſchwarzen Meere bis zum bothniſchen Meerbuſen und noch weiter ſich erſtrecke. Adam entlehnte aus der germaniſchen Mythologie auch die Rieſen in den unterirdiſchen Höhlen einer Inſelſtadt, den Gerithus des Saxo Grammaticus, den rieſenhaften Hund u. A.; dennoch weiß der Geſchicht= ſchreiber ſein übriges, rein hiſtoriſches Material wohl zu verwerthen, und der Alterthumsforſcher iſt ihm ſelbſt für die mythiſchen Beigaben zu großem Danke verpflichtet. Denn all' das iſt für den denkenden Mann

---

1) Sueton. in Octav. 94. — 2) Plin. hist. natur. IX. 15.

viel werthvoller als die wohlfeilen Phrasen einer platten Läugnerei, die so
oft nur das Blendglas nach Außen bildet, mit dem die innere Hohlheit
ihre Schwäche deckt und die schwachen Augen Anderer zu blenden weiß.

Die Chronologie der Lebensgeschichte des heiligen Columban
und Gallus bietet wie jene der fränkischen Könige ihrer Zeit manche
Schwierigkeit; zu ihrer Aufhellung wollen wir hier wenigstens einen Bei-
trag leisten, und diesen aus den selbsteigenen Angaben Columban's vorzugsweise schöpfen, die natürlich von größerer Bedeutung für die Frage
als die Angaben der Chronisten selber sind. Wann und wie lange hielt
sich Columban mit Gallus und den andern Brüdern im Kloster Luxeuil
in den Vogesen auf? In einem Schreiben an eine gallisch = fränkische
Provinzial = Synode bittet Columban [1]) die Väter, die auch wegen seiner
Angelegenheit (causa mei) zusammengekommen seien, ihm zu gönnen, im
Frieden und in der Liebe mit ihnen „in diesen Wäldern" (der Vogesen)
zu leben bei den Gräbern seiner siebenzehn, schon verstorbenen Brüder,
wie ihm bis jetzt vergönnt gewesen sei, zwölf Jahre lang unter ihnen
zu leben [2]). In welchem Jahre aber hat diese Provinzialsynode stattgefunden? Im gleichen Schreiben bemerkt Columban: „Die Frage, welche
auf der Synode von den Vätern behandelt werden solle, sei einfach,
welche Osterfeierübung die richtigere sei, die der gallisch = römischen Kirche
oder jene der Kirche des Westens (Irland, Britannien und Scotland).
Diese Frage habe er schon vor drei Jahren als Antwort auf die Einwürfe in einer Denkschrift, die er hier wieder für sie beilege, behandelt
und sie nicht nur in drei größern Briefen (tomis) dem heiligen Papste (Gregor dem Großen von 590—604) zur Kenntniß gebracht, sondern sie überdies noch ihrem heiligen Mitbruder Arigius (episcopus Vapincensis) [3])
in einer kurzen Schrift beleuchtet. Von den drei Briefen Columban's an
Papst Gregor I. ist nur noch ein einziger vorhanden, worin er einer
mündlichen Mittheilung erwähnt, die er von dem Priester Candidus erhalten, welchen Papst Gregor im Jahre 596 zur Verwaltung eines Patrimoniums der römischen Kirche nach Gallien sandte [4]). Candidus hatte die
Einkünfte dieses Patrimoniums für arme Knaben, die nicht über siebzehn-
zehn oder achtzehn Jahre alt waren [5]), zu verwenden, um sie für den
Kirchendienst in England in den Klöstern auferziehen und heranbilden zu

1) Ich benutzte für die Schriften Columban's eine genaue Abschrift, die um das
Jahr 1640 mit den Originalhandschriften von Bobbio daselbst verglichen wurde in codd.
S. Gall. 1346 – 1347 u. Act. mon. S. Galli III. p. 179 – 99.

2) S. Columb. Epist. ad Patres cujusd. Synod. Gall.

3) Sein Bischofsitz Gap lag zwischen Orleans und Autün.

4) S. Columb. Epist. ad Greg. I. — 5) Mabillon Annal. I. 257.

lassen. Wir finden diesen Priester Candidus in der Gesellschaft Augustins und der übrigen Mönche, die im Jahre 596 von Rom aus durch Gallien nach England reisten, und von demselben Papste dem Bischofe Desiderius von Vienne (dem späteren Martyrer) [1] empfohlen wurden. Augustin wird (16. Dezember 597) vom Bischofe Virgilius in Arles zum Bischofe geweiht [2]) und im Jahre 598—99 sendet Papst Gregor seinem Mitbischofe Augustin in England den Mellitus und Laurentius mit andern Mönchen zu und empfiehlt sie in einem Collectivschreiben [3]) den verschiedenen gallischen Bischöfen zu gastfreundlicher Aufnahme. Bei diesem Anlasse richtet er ein besonderes Schreiben an den Bischof Arigius und ermangelt nicht, ihm diese Missionäre und die beförderliche Versammlung einer Synode zu empfehlen, die ganz unerläßlich sei, um die Mißbräuche zu heben, und namentlich den Krebsschaden der Simonie aus der Kirche zu verbannen [4]). Das Gleiche um dieselbe Zeit legt Papst Gregor dem Bischof Siagrius von Autün [5]), und nicht minder der Königin Brunhild und den Brüder-Königen Theudebert und Theuderich dringend an das Herz, und hebt als Gegenstände der Berathung immer die kirchlichen Mißbräuche und die Simonie hervor, wie Columban seinerseits über die gleichen Gegenstände und über die Osterfeierfrage bei Papst Gregor auf eine Entscheidung gedrungen hatte.

Auf diese Vorlagen hin ist die Annahme wohl begründet, daß die Provinzialsynode unter dem Vorsitze des Bischofs Siagrius um das Jahr 601-602 abgehalten wurde. Da nun an diese Synode Columban seine Denkschrift über die Osterfrage richtet und darin angibt, er habe bisher zwölf Jahre lang ruhig in der Einöde der Vogesen gelebt, kam Columban (nach seiner eigenen Angabe) im Jahre 589—90 nach Gallien. Prüfen wir dieses Datum von dem entgegengesetzten Punkte, d. i. von seiner Verbannung von Luxeuil aus! Diese hat nach der Angabe Jonas' im zwanzigsten Jahre seines Aufenthaltes daselbst [6]), also im Jahre 609—610 stattgefunden. Vier oder fünf Jahre später (615) starb Columban in Bobbio; die letztgezählten Jahre wurden für die Reise durch Gallien nach Nantes, zu König Chlothar, zu König Theudebert, nach Tuggen und Bregenz, wo er mit den Seinen drei Jahre blieb [7]), verwendet, von wo er nach der Schlacht von Zülpich (612—13) nach Italien sich begab, bei König Agilulf in Mailand einige Zeit blieb, ein volles Jahr in Bobbio lebte und dort am einundzwanzigsten Wintermonat 615

1) S. Greg. P. Epist. V. 54. — 2) Mabill l. c. 246.
3) S. Greg Epist. IX. 52. — 4) L. c. epist. 51. — 5) L. c. VII. 113.
6) Jon. 38. „Vicesimo anno post incolatum eremi illius."
7) Vit. prim. u. Walfr. Strab. vit. S. Galli c. 6.

starb. Das Jahr seiner Verbannung (609—10) und seines Todes (615) wird nach Jonas noch besonders markirt durch das weissagende Wort, das er unmittelbar nach der Verbannung an Ragamund und an König Chlothar dahin aussprach: „innerhalb drei Jahren werde König Theuderich Krone und Leben verlieren und sein ganzer Stamm vertilgt werden"[1], was Alles nach der Schlacht von Zülpich (612—13) in Erfüllung ging. In die Jahre von 609—10 bis 612—13 fällt seine Reise durch Gallien, sein Aufenthalt in Tuggen und seine dreijährige Niederlassung in Bregenz; die letzten zwei Jahre seines Lebens brachte Columban in Mailand und ein volles Jahr davon in Bobbio zu. Auch von diesem Standpunkte aus ist daher seine Ankunft in Gallien in das Jahr 589—90 zu verlegen, wo er nicht mehr König Sigibert I. († 575) am Leben fand, sondern mit dessen Sohn Childebert und seiner Mutter, der Königin Brunhilde über seinen fernern Aufenthalt im Frankenreiche in Unterhandlung trat, wie dies gegen die Angabe Jonas' schon Mabillon[2] behauptet und begründet hat. Diese chronologischen Resultate werfen auch auf die Altersjahre unserer Heiligen das erwünschte Licht. Jonas[3] meldet von Columban: „er sei in den ersten Zeiten der Verbreitung des Christenthums in Irland geboren worden, habe bis zum männlichen Alter bei seiner Mutter im Elternhause gelebt[4], bei dem Abte Sinell einige Zeit zugebracht, und sei dann unter dem Abte Comgall in das Kloster Bangor eingetreten, welches im Jahre 558 gegründet wurde. Nachdem er hier viele Jahresläufe dem Lehrerberufe vorgestanden, habe er sich zur Auswanderung entschlossen." Die ältesten Handschriften von Rom und St. Gallen verlegen diese Auswanderung nach Gallien in sein dreißigstes Lebensjahr, da jedoch diese in das Jahr 589—90 fällt, hätte Columban bei seinem Tode höchstens sechsundfünfzig Altersjahre gezählt, was mit seinen eigenen Angaben im Widerspruche stünde. Allein in seiner metrischen Epistel an Fedolius, die er höchst wahrscheinlich noch in Luxeuil vor dem Jahre 609 schrieb, legt er sich ein Alter von sechzehn Olympiaden oder zweiundsiebenzig Jahren bei. Denn, wie wir aus dem Vocabularium[5] des Abtes Salomon von St. Gallen (um das Jahr 900) lernen, berechnete man die Olympiade gewöhnlich zu vier Jahren. Schon in seiner Denkschrift an die Väter der Provinzialsynode (um das Jahr 601—602) zählt Columban sich „zu den alten, armen und fremden Greisen (senes)". Nach all' diesen Momenten ist die Altersangabe Jonas' dahin zu berichtigen, daß Columban im

---

1) Jon. 39, 48. — 2) Mabill. Act. SS. II. 21. a. a. O.
3) Jon. 6. „Inter primordia fidei gentis Scotorum natus."
4) „Usque ad virilem aetatem."
5) Vocabulor. Salomon. Msc. S. Gall. 862.

dreißigsten Jahre seines Alters in Bangor eingetreten, oder dann im dreißigsten Jahre seines Aufenthaltes (incolatus sui) in Bangor ausgewandert ist, jedenfalls mußte er bei seinem Fortzug von Bangor mehr als dreißig Jahre alt gewesen sein, wenn wir sein Altersverhältniß zu Gallus und seine schon berührten Altersangaben in's Auge fassen. Schrieb er seinen Brief an Fedolius im zweiundsiebenzigsten Lebensjahre zu Luxeuil im Jahre 607, dann war er geboren im Jahre 535, trat im fünfundzwanzigsten Altersjahre (560) in Bangor ein, wanderte im Jahre 589—90 im vierundfünfzigsten bis fünfundfünfzigsten Altersjahre nach Gallien aus, war bei seiner Verbannung aus Luxeuil vierundsiebenzig bis fünfundsiebenzig Jahre, bei seinem Tode achtzig Jahre alt, überhaupt zehn Jahre älter, als der heilige Gallus, was mit den übrigen Angaben der alten Hagiographen vollkommen übereinstimmt. Nun hat der heilige Gallus nach der Angabe der älteren vita und nach Walfrid Strabo ein Alter von fünfundneunzig Jahren erreicht; wird sein Tod in das Jahr 640 verlegt, wofür die Gründe später werden angegeben werden, dann war er im Jahre 545 geboren, wurde im „Knabenalter“ unter Abt Com=gall dem Lehrer Columban im Kloster Bangor übergeben (zu den Knaben rechnet Papst Gregor, wie wir oben vernommen, Jünglinge von sechzehn bis siebenzehn Jahren), dort zum Priester ausgeweiht (was nach den Canones vor dem dreißigsten Altersjahre nicht geschehen durfte), und zog mit Columban im fünfundvierzigsten Altersjahre (589—90) nach Gallien, war bei der Verbannung aus Luxeuil fünfundsechzig, bei seinem Eintritte in die Wildniß an der Steinach (612—13) siebenundsechzig bis achtund=sechzig Jahre, und bei seinem Tode (640) fünfundneunzig Jahre alt.

Die Chronologie für die gleichzeitige Geschichte der fränkisch=merovin=gischen Könige bietet ebenfalls manche Schwierigkeit; denn sowohl Gregor von Tours als die späteren Fredegar und Aimoin halten sich für ihre Jahrangaben nicht an die christliche Zeitrechnung, sondern schließen ihre Erzählungen und Annalen an die Regierungsjahre der weströmischen Kaiser und an jene der fränkischen Könige an, worüber viel Unsicherheit und Dunkel schon darum verbreitet ist, weil diese Jahrangaben oft nicht in Worten, sondern in römischen Zahlen angegeben werden, und von diesen ein X oder V von den Abschreibern übersehen oder II für U d. i. V und umgekehrt genommen werden konnte. Um namentlich die Altersjahre der fränkischen Könige mit den ihnen zugeschriebenen Thaten in Einklang zu bringen, müssen dieselben bei Fredegar und Aimoin um wenige Jahre ab=geändert werden, was geschehen kann, ohne an ihren geschichtlichen Erzäh=lungen etwas zu alteriren. Nach der Angabe Fredegars war König Sigi=bert I. im Jahre 535 geboren und starb im Jahre 575 im vierzigsten

Jahre seines Lebens und im vierzehnten seiner Regierung. Er verehelichte sich mit Brunhild im Jahre 566, einunddreißig Jahre alt [1]); sein Sohn Childebert wurde ihm geboren im Jahre 570, und die Söhne Childeberts — Theudebert, nach Fredegar's Angabe, im siebenundzwanzigsten Regierungs= jahre König Guntram's von Burgund, oder (wie man gewöhnlich rechnet) im Jahre 587, und ein Jahr später (588) Theuderich; Sigibert II. end= lich, König Theuderich's Sohn, im Jahre 602—3. Nach dem Tode König Childebert's, ihres Vaters († 596) fiel die Herrschaft über Austrasien an Theudebert, jene über Burgund an Theuderich, also zu einer Zeit, da jener kaum neunjährig und dieser kaum achtjährig war; dennoch stellt sie Fredegar [2]) schon in diesem Jahre und Alter an die Spitze ihrer Heere und läßt sie gegen König Chlothar bei Latofaum unglücklich kämpfen. Im fünften Jahre ihrer Regierung (um das Jahr 601, und nach Frede= gar's Geburtsangaben in einem Knabenalter von fünfzehn und vierzehn Jahren) rücken sie wieder vereint gegen Chlothar in's Feld, schlagen ihn bei Auxerre, und dieser wird gezwungen, einen bedeutenden Theil seiner Länder an Theuderich abzutreten. Zwei Jahre darauf (also im Jahre 602—3) wird dem König Theuderich sein erster Sohn Sigibert geboren, welchen, wären die chronistischen Daten Fredegar's richtig, Theuderich schon als dreizehnjähriger Knabe erzeugt hätte. Nun starb König Theu= derich im Jahre 612; sein Sohn Sigibert II. wird durch Brunhild in die Herrschaft seines Vaters um das Jahr 612—13 eingesetzt und wirbt um die Hand Frideburga's bei ihrem Vater Unzelin oder Cunzo, dem Herzoge von Alemannien — also wieder in einem Alter von kaum eilf Jahren. Hätten wir für solche Angaben nur die Regierungsjahre dieser Fürsten zu berücksichtigen, so wäre die Schwierigkeit minder groß; denn auch die Geschichte der vorangegangenen römischen Kaiser liefert Beispiele dieser Art. So ward Gratian, der Sohn des Kaisers Valentinian, im achten Altersjahre zu Amiens (367) zum Augustus erhoben, und trat nach dem Tode seines Vaters († 375), erst sechzehnjährig, die Herrschaft an [3]), und Kaiser Theo= dosius († 395) hinterließ das Reich seinen beiden Söhnen, Honorius und Arkadius, von denen Honorius erst zehn und ein halbes Jahr alt war; für die jungen Cäsaren regierten ihre beiden Minister Stilicho und Rufin, wie für die merovingischen Thronfolger die Pfalzgrafen, Hausmeier oder auch Regentschaftsräthe. Bei den Letztern aber bieten die Jahrangaben über ihre Geburt und Verehelichung und ihr Lebensalter überhaupt einige Schwierigkeiten, denen man nur dann entgehet, wenn ihr Geburtsjahr

1) L'art de vérifier les Dates p. 538 ff. — 2) Fredegar. cap. 17.
3) Amian. Marcell. XXX.

wenigstens um fünf Jahre zurückgesetzt und dadurch um eben so viel Jahre ihr Lebensalter erhöht wird, was geschehen kann, ohne sich mit dem Nexus der übrigen geschichtlichen Thatsachen in Widerspruch zu versetzen. König Sigibert I. ehelichte Brunhild nach Fredegar's Angabe in seinem einund= dreißigsten Altersjahre (566); nehmen wir hiefür das sechsundzwanzigste Altersjahr (561) und für das Geburtsjahr Childebert's statt 570 das Jahr 565 an, und wäre ihm Theudebert nicht im Jahre 587, sondern 582, und Theuderich statt im Jahre 588 schon im Jahre 583, Theuderichs Sohn, Sigibert II., nicht im Jahre 602—3, sondern schon im Jahre 597—98 geboren, dann hätten wir das erforderliche Alter für diese Fürsten gewonnen, um ihnen die Thaten beizumessen, welche die Geschichtsbücher jener Zeit von ihnen erzählen, insbesondere könnte dann — zumal König Sigibert II. beim Tode seines Vaters, König Theuderichs (612), als ein Jüngling von fünfzehn Jahren in die Herrschaft über Burgund und Austrasien eintreten und mit Frideburga, der Tochter des Alemaunen= herzogs Cunzo, zu Metz fröhliche Hochzeit halten [1]).

———

Zweites Kapitel.

„Columban's Auszug von Bangor und sein Aufenthalt in Luxeuil."

Eine Reihe von Jahren hatte Columban im Kloster Bangor verlebt, als das Verlangen ihn erfaßte, auszuwandern [2]). Er eröffnete seinen Plan dem Abte Comgall, bei dem er lange keinen Anklang fand, denn es fiel ihm überaus schwer, sich der Beihilfe und Unterstützung eines solchen Mannes beraubt zu sehen. Die Bitte wurde so lange wiederholt, bis Comgall endlich einwilligte, weil er nicht einzig auf seinen eigenen Vor= theil, sondern auch auf den Nutzen Anderer sah. Er ließ ihn vor sich rufen, ertheilte ihm die Erlaubniß zur Abreise und ließ ihn nach eigener freier Auswahl aus der Zahl der Mönche sich seine Reisegefährten be= stimmen. Columban wählte Zwölf [3]) von ihnen aus, befahl sich dem Gebete der Uebrigen und trat unter dem Segen seines Abtes mit dieser

---

1) Wir machen bei dieser Stelle auf die schöne Volksschrift aufmerksam: „Die heiligen Columban und Gallus", von J. A. Zimmermann, Pfarrer in Geißau (Vor= arlberg), St. Gallen 1865.

2) Jonas 9. „coepit peregrinationem desiderare" ist der gewöhnliche Ausdruck für das Abreisen der irischen Missionäre. — 3) L. c. 10.

auserlesenen Schaar um das Jahr 589—90 die Reise an. Die Schüler, die mit ihm auszogen, waren — Gallus, der nachmalige Gründer von St. Gallen und Apostel Alemanniens [1], Cominin, Ennoch und Equanach [2]), Lua oder Luanus [3]), Potentian, später auf den Bischofssitz von Konstanz in Armorika berufen, wo er ein Kloster stiftete; Autiernus [4]), der in Luxeuil vom Heimweh befallen nach Irland zurückreisen wollte, von Columban aber abgehalten wurde; Columban der jüngere, ein naher Verwandter Columban's, starb schon in den ersten Jahren zu Luxeuil [5]); Deicola (irisch Dichuill) [6]), der Stifter des Klosters Lutra (Lure) in der Diözese Besançon (Burgund); Sigibert, der Gründer von Dissentis in Chur= rhätien; Alban, der spätere Bischof und Calboaldus oder Calboaldus, dessen Name jedoch entschieden fränkisch klingt [7]). Bevor sie in der Bucht von Belfast das Schiff bestiegen, fielen sie Alle noch zum Letztenmale auf der heimatlichen Erde auf die Kniee nieder und empfahlen sich im län= geren Gebete der barmherzigen Leitung Gottes [8]). Bei ruhiger See und günstigem Winde erreichten sie in schneller Fahrt die Küsten von Britannien. Dort blieben sie nur kurze Zeit [9]), und erwogen mit ängstlichem Gemüthe, wohin sie sich weiter wenden sollten. Was ihr Herz so sorgenvoll be= wegte, mochte wohl die Frage sein: „ob sie im brittischen Cambrien ver= bleiben oder nach Gallien hinüberziehen sollten." Inzwischen hatten sich mehrere brittische Kleriker ihnen angeschlossen [10]). Damals seufzte die Kirche in Britannien unter schweren Bedrängnissen, denn während der ältere Columba und seine Schüler das Licht des Evangeliums in den nördlichen Gegenden leuchten ließen und immer weiter verbreiteten, verwüsteten die angelsächsischen Eroberer die einst blühende Kirche im südlichen Britannien,

1) L. c. 19. u. Vit. prim. S. Galli, Walfr. Str.

2) Jon. 21. „de Scotorum genere."

3) Lua und Lughaid (Lugidus) sind zwei verschiedene Formen desselben Namens, der auch in Molua wiederkehrt. St. Molua, der Stifter der Kirche in Lismoore (Scotland) starb nach der Chronik von Hy, 25. Jun. 592. S. W. Reeve's Adamn. p. 371.

4) Jon. 18. — 5) L. c. 29.

6) Seine Reise nach Rom um das Jahr 625 wurde früher berührt. Im cod. mem. S. G. 614. Saec. XII. heißt es von ihm ad XVI. Cal. Januar. „Deicolae fratris S. Galli." Sein Leben schrieb Jonas S. Mabill. Act. SS. II. p. 103.

7) Rappert in seinem Liede auf den heiligen Gallus, codd. S. Gall. 168. 174 und 393 zählt ihnen auch noch den Magnoald und Theodorus bei, der erste war jedoch ein Alemanne, der zweite ein Rhätier, beide waren Kleriker bei dem Priester Willinar in Arbon, wo sie erst im Jahre 612—13 den heiligen Gallus kennen lernten. Vit. prim. u. Walfr. Strab.

8) Jonas 10. — 9) „Paulisper commorantes", l. c.

10) Jonas (21) nennt von diesen einen Gurgan und Ragamund, und läßt (37.) nur die irischen und brittischen Mönche mit Columban aus Luxeuil fortziehen.

und Heidenthum und Barbarei erhoben gerade in den volkreichsten Theilen und Städten der Insel triumphirend ihr Haupt. Zwischen den Jahren von 570 bis 588, während die Kirche in Caledonien ihre Blüthezeit feierte, wurden die letzten Vorkämpfer des christlichen Britanniens von den Angel= sachsen über den Severn, die Pikten aber über den Tweed und Humber zurückgeworfen, wo die siegreichen Eroberer die Königreiche von Mercien und Northumberland gründeten. Damals, als Columban mit seinen Schülern in Cornwales (im Jahre 589) weilte, flohen die zwei letzten Bischöfe Britanniens, jene von London und York, mit den heiligen Reli= quien und Kirchengefäßen, die sie noch retten konnten, in die Gebirge von Wales. Die Lage Britanniens war daher keineswegs für unsere Glaubens= boten einladend, hier festen Fuß zu fassen; sie beschlossen, nach Gallien hinüberzuschiffen, und dort den sittlichen Zustand der Völkerschaften einst= weilen zu prüfen, um, wenn Aussicht auf erfolgreiches Wirken vorhanden wäre, den Saamen des Heiles auszustreuen, wenn sie dagegen verhärtete Herzen fänden, zu anderen Völkern weiter zu reisen [1]).

Das alte Gallien, von den Franken schon im Laufe des V. Jahr= hunderts erobert, war unter König Chlodwig in das große Frankenreich aufgegangen, welches nach dem Tode K. Chlotars I. (561), Chlodwig's jüngstem Sohne, unter seine vier Söhne vertheilt wurde, aus denen nach dem Tode Cheribert's († 567) die drei Königreiche, Neustrien unter König Chilperich, Burgund unter König Guntram und Austrasien unter König Sigibert sich bildeten [2]). König Sigibert hatte sich im Jahre 566 mit Brunhilde, der jüngsten Tochter Athanagild's, des Königs der Westgothen in Spanien verbunden, die ihm im Jahre 570 einen Sohn — Childebert schenkte. Als sein königlicher Vater im Jahre 575 starb, befand sich Chil= debert — ein fünfjähriges Kind — mit seiner Mutter und seinen Schwe= stern zu Paris; er wurde nach Metz zurückgeführt, wo ihm die Großen Austrasiens einen Regentschaftsrath an die Seite gaben. Nach dem Tode seines Majordom, des Herzogs Wandelen, nahm Childebert in einem Alter von fünfzehn Jahren die Regierung selbst in die Hand, und ein Jahr darnach (586) wurde ihm sein erster Sohn Theudebert, im folgenden Jahre (587) aber Theuderich sein zweiter Sohn geboren. Sein Onkel Guntram starb im Jahre 593 im sechzigsten Jahre seines Lebens und im dreiund= dreißigsten seiner Regierung und hinterließ nach dem Rechte der Erbfolge das Reich von Burgund seinem Neffen Childebert, der jedoch schon im sechsundzwanzigsten Jahre seines Lebens und im zwanzigsten seiner Regie= rung, wie man glaubte, in Folge einer Vergiftung (596) aus dieser Welt

---

1) Jonas 10. — 2) L'art. de verifier les Dates I. p. 536.

schied. Nach ihm herrschten seine Söhne Theudebert II. zu Metz über
Austrasien und Theuderich II. zu Orleans über Burgund, während Chlothar, Sohn des Königs Chilperich, des Bruders König Sigiberts I., zu
Soisons und Paris König von Neustrien war. Als daher Columban mit
den Seinen nach Gallien kam, regierte König Guntram in Burgund, in
Austrasien aber König Childebert, welchem nach dem Tode Guntrams (593)
auch das Reich Burgund zufiel. Darum (im gegründeten Widerspruche
mit Jonas) der Chronist Odericus Vitalis ¹) richtig meldet: daß Columban
unter König Childebert nach Gallien gekommen sei. Er fand den König
mit seiner Mutter Brunhilde zu Metz; den Zutritt zu ihm vermittelte Agnoald, Graf von Port sur Saone, der schon seinem Vater,
dem Könige Sigibert I. als treuer Freund und Rathgeber sich erwiesen ²) hatte. Der König nahm den fremden Glaubensboten freundlich
auf und lud ihn ein, innerhalb den Gränzen Galliens sich seinen Aufenthalt zu wählen und nicht zu anderen Völkern sich zu begeben ³), indem er
ganz bereit sei, ihm hiefür hilfreich an die Hand zu gehen. Columban ging
auf den Wunsch des Königs ein, und Agnoald machte auf ein altes Berg-
schloß in den Vogesen aufmerksam, das einst dem Dienste der Hainver-
ehrer ⁴) gewidmet, damals aber bis auf den Grund zerstört war und von
den Einwohnern Luxovium genannt wurde. Das alte Schloß, meinte
Agnoald, könnte leicht wieder aufgebaut und zur Wohnung für die Mönche
eingerichtet werden, da überdies die gesunde Lage des Ortes sich hiefür
trefflich eigne. Und wie er dann sehr fromm und einsichtig war, trug er
ein besonderes Verlangen, daß jener Ort wieder Gott geheiligt werde, damit, wo einst in schändlichem Götzendienste die früheren Bewohner die
H a i n e (fana) verehrten, fürderhin Christo zu Ehren Altäre errichtet, die
Fahne des Kreuzes aufgepflanzt und die heiligen Mysterien gefeiert würden.
Darauf erwirkte Agnoald beim Könige, daß er den Ort durch einen feierlichen Schenkungsakt den Kämpfern Christi für immer eigenthümlich
überließ."

„In Folge der häufigen Einfälle der fremden Völker und der Nachlässig-
keit vieler Bischöfe war damals in Gallien das religiöse Leben tief gesunken;
vom Christenthume blieb nur der Name noch übrig, allein die Mittel des
Heiles und der Buße sowie die Liebe zur Entsagung wurden nur noch an
wenigen Orten geachtet und geübt ⁵). Darum richtete Columban seine Reise
so ein, daß er überall an den Orten, wo er durchzog, das Evangelium

---

1) Odoric. vit. hist. VIII. ad fin.
2) Vit. S. Agili Abb. Resbac. c. 1. bei Mabill. Act. SS. II.
3) Jon. 12. — 4) Vit. S. Agili c. 2. „fanaticorum cultui olim dicatum."
5) Jon. 11.

verkünden konnte; denn sein Wort übte eine außerordentliche Wirkung auf die Menschen aus, weil sie mit Wohlgefallen sahen, daß die Lehren seiner Predigten, die der Schmuck der Rede zierte, in den Tugenden des Meisters und seiner Schüler die schönste Bekräftigung fanden. So vollkommen war nämlich in ihnen die Demuth ausgebildet, daß sie wetteifernd Einer den Andern in dieser Tugend zu übertreffen strebten, und so groß war ihre Liebe zu einander, daß nur Ein Wollen und Ein Nichtwollen unter ihnen waltete. Die Bescheidenheit und Nüchternheit, die Sanftmuth und Ge= lassenheit ging wie ein süßer Wohlgeruch von ihnen nach allen Richtungen aus. Sie haßten Streit und Zwietracht als ein großes Laster, bestraften unter sich jede Ueberhebung des Stolzes mit schwerer Züchtigung und waren eifrig beflissen, das Gift des Neides und des Zornes von ihrer Innung fern zu halten. Wer ihre große Geduld und ihre gegenseitige Liebe und Gelassenheit betrachtete, mußte glauben, daß der milde Gott selber in ihrer Mitte wohne. Fiel Einer von ihnen in einen Fehler, so suchten alle gemeinsam ihn zurecht zu weisen und zu strafen. Sie hatten Alles gemein; wollte Einer sich etwas Eigenes zuwenden, so wurde er von den Uebrigen ausgeschieden und zu strenger Buße verurtheilt. Keiner durfte dem Anderen etwas zu Leide thun, Keiner dem Anderen ein hartes Wort sagen, so daß sie in ihrem Wandel wahrhaft ein Leben wie die Engel auf Erden führten." Mit solchen Schülern bezog Columban die Wildniß der Vogesen und ließ sich vorerst zu Anagray (Anagrates) nieder. Im weiten Kreise ringsum war die Gegend eine wilde Einöde von dichten Wäldern und schroffen Felsenhügeln durchschnitten; Bären und Wölfe hausten darin, und nur das Gekreische der Waldvögel unterbrach die schauerliche Stille. Aus dem Flechtwerke der Baumäste und Wald= ruthen bauten die Brüder vorerst sich ihre Hütten; Baumrinde, Wald= kräuter und wilde Aepfel waren ihre einzige Nahrung, bis am dritten Tage nach ihrer Ankunft ein Landmann der Nachbarschaft ihnen auf einem Wagen bessere Nahrungsmittel zuführte. Als nach einiger Zeit die Noth wieder eintrat, wurden sie von Caramtoch, dem Abte des drei Meilen ent= fernten Klosters Saucy, reichlich mit Brod und Hülsenfrüchten versehen[1]). Als der Raum in Anagray für die wachsende Zahl der Brüder nicht mehr ausreichte, suchte Columban in der Wildniß einen anderen geeigneten Ort, und fand ihn in einer Entfernung von acht Meilen bei dem zer= fallenen Bergschlosse Luxeuil (Luxovium), auf welches ihn schon der Graf Agnoald aufmerksam gemacht hatte. Neben den Burgruinen waren dort noch Reste von Badgebäuden — Bauwerke vorzüglicher Schönheit vor=

---

1) Jon. 13, 14.

handen, und im Dickicht des Waldes steinerne Götzenbilder, welche zur Heidenzeit verehrt wurden. Hieher zog Columban, und begann den Bau eines größeren Klosters. Von nun an strömten die Berufenen von allen Seiten herbei, um sich dem Dienste Gottes zu weihen, und Schaaren von Jünglingen aus dem Adel fanden sich ein, um den Wissenschaften obzu= liegen und mit Verachtung aller ihrer zeitlichen Güter und Ehren, sich den Besitz des Himmels zu sichern. Der Zudrang war so groß, daß Columban sich genöthigt sah, an einer quellenreichen Anhöhe noch ein drittes Kloster zu gründen, dem er den Namen Fontain (Fontanas) beilegte[1]). Während er diesen Klöstern erprobte Männer zu Vorstehern gab, führte er selber die Oberaufsicht über sie Alle und schrieb ihnen eine gemeinsame Regel vor.

Bevor wir diese näher betrachten, wird die Erörterung der Frage nicht ohne Interesse sein, auf welche Weise die irischen Mönche auf ihren Reisen und bei ihrer ersten Niederlassung im Frankenreiche sich den teu= tonischen Einwohnern verständlich zu machen suchten? Darüber geben die ältesten Glossarien und Vocabularien uns Auskunft, welche sie zu diesem Zwecke verfaßten, in kleinere Pergamenttaschenbücher niederschrieben und bei ihrem Verkehre mit den fränkischen oder alemannischen Bewohnern gebrauchten. Wir sahen schon früher, wie irische Mönche auf ihrer Pilger= reise nach Rom von Knaben begleitet waren, die ihnen in Säcken die Bücher nachtrugen; wo Knaben hiefür fehlten, trugen sie ihre Bücher selber, und diese bestanden in dem „Kanon" der heiligen Schriften, einem Missale zur Darbringung des heiligen Opfers, aus dem Psalm = und Hymnenbuche für das tägliche Offizium, einem Rituale und dem Chrys= male für das Taufen und für die Segnung und Oelung der Kranken. Viele von ihnen waren überdies mit einer Reliquienbüchse (capsella) ver= sehen, die sie an ihrem Halse trugen. Ihren Verkehr mit den Einwohnern mußten ihre lateinisch = teutonischen Glossarien und Wörterbücher ver= mitteln. So lesen wir in einem solchen Glossarium aus dem VIII. Jahrhun= dert[2]) folgende Sätze und Fragen: „obethe—caput (Haupt, Kopf); facsen — capilli (reidemo fahse — torta coma bei Notker Labeo); Anscoguanti — manus (Handschen, Handschuh, „quos Galli Wantos vocant" sagt Jonas, das französische gant); elpe — adjuva (helfe); Esconae chanes — bellus Vasallus (ein schöner Dienstmann); isnell canes — Velox Vasallus (ein schneller Dienstmann); werest — ubi est (wohin ist er?); guaz guildo —

---

1) L. c. 17.
2) Sieh mein Spicilegium Vaticanum. Frauenfeld bei Beyel 1838, S. 32, nach dem cod. mem. reg. Christ. 566; über dieses Glossar schrieb J. Grimm später eine Abhandlung.

quid vis (was willst du?); Gueristin erro — ubi est Senior tuus (wo=
hin ist dein Herr gegangen?); Guane nen geli hinat selida gueselle
vel guenoz vel par — ubi habuisti mansionem hac nocte compagne
(wo nahmst du diese Nacht Obdach, mein Geselle oder Genosse? (selida,
französisch chalet, englisch shelter — Obdach); ze garaven us selida —
ad mansionem comitis (im Hause des Grafen [erhielt ich] Obdach);
Guane cumes gebrothro — unde venis frater (woher kommst du,
Bruder?); Egum si mino dodon us — de domo domini mei vel —
ecum es min erre us — de domo Senioris mei (ich komme aus dem
Hause meines Herrn); Gueliche lande cumenger — de qua patria (von
welchem Lande kommt ihr her?); e guasmer in gene Francia — in
Francia fui (ich war im Frankenreiche); Guaz ge dar daden — quid
fecisti ibi (was thatest du dort?); en bezmer dar — disnavi me ibi
(ich erholte mich dort, disnavi, französisch diner); Guar in gesinat ze
mesina — vidisti eum ad matutinas (sahst du ihn bei der Messe oder
Mette?); Guesasti min erro ze mesina — vidisti Seniorem meum ad
matutinas (sahst du meinen Herrn zur Messe oder Mette?); ne guez —
nescio vel errist sizin erro (ich weiß es nicht, oder, er ist zu seinem
Herrn)." Fanden die fremden Missionäre für die unentbehrlichsten Con=
versationssätze in ihren Glossarien die erforderliche Anleitung, so lieferten
ihnen die lateinisch=teutonischen Vocabularien die nöthigen Worte, um sich
bei dem Aufbau der Hütten, der Zellen, Oratorien und beim Anbau der
Felder oder bei anderen Beschäftigungen den Bewohnern verständlich zu
machen. Der uralte Pergamentkodizell (913) unserer Stiftsbibliothek, wel=
chen die älteste Ueberlieferung der Vorfahren, als vom heiligen Gallus
selbst geschrieben und verfaßt, verehrte, liefert uns ein derartiges Wörter=
buch. Das Alter dieses Büchleins reicht unbestreitbar bis in die Zeit des
heiligen Gallus zurück, denn es ist in irischer Schrift und Vokalisirung
geschrieben, meldet [1]) die Verschiedenheit der Paschafeier zwischen dem Orient
und Occident (Irland), und stellt diesen Streit, welcher im Jahre 718
ausgeglichen wurde, als noch bestehend dar (hujusmodi dissentio inter
utrosque paschalem regulam conturbat). Der irische Ordensmann
in Alemannien, der darin sich ausspricht, sagt vom Porphirion: „non sit
in Britannia", vom Onocrotal: „nec nos habemus", vom Cherogillus:
„daß er größer sei als die irischen Greifen", vom Charadrion: „et
ipsum non habemus". Am Schlusse des Büchleins enthält das lateinisch=
teutonische Vokabular [2]) die vorzüglichsten Worte, die beim Baue eines
Tempels oder Hauses, einer Zelle oder eines Klosters vorkommen, also

---

1) Codic. 913. p. 118—20. — 2) Herausg. in dem Spicileg. Vatican. p. 34.

die bezüglichen Worte für die Begriffe und Namen von Zweig, Aſt, Baumſtock, Gerade, Krumm, Gebogen, Gewunden, Baumaterial, Haus, Pfalz, Bethaus, Säule, Wand, Bretter, Firſt, Schindeln, Dach, Decken, Diele, Bauer, Stall, Kammer, Bett, Thür, Thürpoſten, Thürſchwelle, Zaun, Gerte, Stab, Loch, gepflaſterter Boden, Feuer, Glut, Kohle, Aſche, Geniſter, Fenſter, Winkel; dann die Worte für die Dinge einer Ortſchaft: Burg, Straße, Pforte, Thurm, Quaderſtein, Fels, Stein, Kalk. Für den Ackerbau: Garten, Bünte (Einzäunung), Feld, Acker, Ackerbau, Keimen, Sproſſen, Saame, Spreu, Halm, Korn, Haber, Beſen, Windſchaufel, Schaufel, Karſt, Stabel, Dreſchflegel, Berg, Bühel, Thal, Ebene, Hart, Wieſe. Für die Fahrt auf dem See oder Meere: Meer, Wogen, Wirbel, Tiefe, Grund, Hoch, Ufer, Gries, Sand, See, Teich, Brunnen, Springt, Fließt, Schwimmt, Bach, Aach, Brücke, Schiff, Steg, Fiſche, Krebſen. Für die Reiſe zu Land: Weg, Pfad, Inſel (Werd), Moos, Sumpf (Hore), Menſchen, König, Königin, Herzog, Herzogin, Graf, Schultheiß, Amtmann, Dorf, Wohnt, Knecht, Magd, Hirt, Richter, Mann, Weib, Jungfrau, Keuſche, Unkeuſche, Wittwe, Weiſer, Gelehrter, Kluger, Feſter, Kühner, Starker, Mächtiger, Schöner, Weißer, Schwarzer, Falber, Rother, Milder, Beſcheidener, Schamhafter, Geſunder, Vollkommener, Erprobter, Stetiger, Böſer. Für alle Theile und Glieder des Menſchenkörpers, für alle Erſcheinungen und Gegenſtände des Firmamentes, der Witterung, der Jahrzeiten, der Wochentage, endlich die Namen der einheimiſchen Vögel, Viecharten, Inſekten u. ſ. w. Ein anderes uraltes Vokabularium dieſer Art [1]) handelt von den Baumarten, den verſchiedenen Holzarten, den eiſernen Gefäßen, den Eiſenwerkzeugen, von den Kohlarten, der Kultur der Aecker, den Thieren, den Gliedern, den Kleidungsſtücken, endlich von den Kirchenzierrathen: capsa, calix, patena, turibulum — rouhfaz (Rauchfaß); candelabrum — chercistal; acerra — uuihrouhfaz; pallia — fellola (pfellor), gliza, fanones similiter uilolus — uuillahus; stragulum — fehlahan; tapetium, lumiuaria, casula, missa — hahul, dalmatica similiter, cingula, zona, humeralis — similiter; sandalia — ruumscoha; mappula — hautfano; campana — clocca; calix — stouf u. ſ. w. Mit ſolcher Beihilfe ſuchten die neuen Anſiedler ihren ſprachlichen Verkehr mit den Einwohnern zu vermitteln, bis ſie allmälig der Landesſprache mächtig wurden.

Nachdem die drei Klöſter in den Vogeſen erbaut waren, faßte Colum=ban die Ordensübungen, mit denen er ſchon in den Klöſtern ſeiner Heimat und insbeſondere in Bangor vertraut geworden, in eine kurze Regel zu=

---

1) Cod. membr. S. Gall. Saec. IX. 184. p. 261 ad fin.

sammen, und führte sie in den neuen Klöstern ein. „Er gehe", spricht er
zu den Brüdern [1]), „nicht von sich selber aus, wenn er ihnen diese Lehren
des Heiles vortrage, sondern stütze sich auf die Autorität eines größeren
Lehrers, auf die reine und vortreffliche Lehre nämlich des heiligen Faustus
(Comgall's), von dessen Aussprüchen er Einiges gleichsam zur höheren
Weihe seiner Vorträge sich ausgewählt habe; denn da Comgall sein Lehrer
gewesen und an Alter, Verdienst und Wissenschaft hoch über ihm stehe,
möge er füglich für ihn die Kampfbahn eröffnen und zuerst sprechen.
Comgall sprach: Wenn der Landmann und Ackerbauer, der zur Aussaat
seine Felder zubereitet, mit Recht glaubt, es genüge nicht, die Erde mit
starker Feldhacke aufzureißen und öfter mit dem Pfluge die harten Schollen
zu zerreiben, sondern er müsse selber überdies noch den Acker von den
unfruchtbaren Grasarten und den schädlichen Wurzeln reinigen, die Ge=
strüppe der Disteln und Dornen ausreuten, und dürfe erst dann gutes
Getreide von dem Acker erwarten, wenn er ihn vom bösen Unkraut ganz
gereiniget habe, um wie viel mehr sollen denn wir den Acker unseres
Herzens von den Leidenschaften der Sünden reinigen und nicht glauben,
daß es schon genüge, den Boden unseres Körpers mit Fasten und mit
Wachen zu erschöpfen, wenn wir uns nicht in Weiterm bestreben, die Un=
tugenden zu verlassen und die Sitten zu veredeln, um so mehr, als wir
die Hoffnung auf reiche Aerndte nicht der Erde, sondern dem Himmel
anvertrauen. Suchen wir daher die Sünden auszurotten und die Tugen=
den einzupflanzen; rotten wir den Stolz aus, pflanzen wir die Demuth
ein; reißen wir den Zorn aus, setzen wir die Geduld ein; schneiden wir
den Neid weg, und pfropfen wir das Wohlwollen dem Stamme unseres
Herzens auf. Wenn aber das Fleisch zertreten und nicht zugleich die
Seele befruchtet wird, wäre das so viel, als wenn der Acker beständig ge=
pflügt würde und dennoch keine Früchte trüge." Dieses allgemeine Gesetz
für das klösterliche Zielbestreben entwickelte Columban in seiner Regel
weiter; ihre besonderen Vorschriften werden uns einen Einblick in das
Ordensleben der irischen Brüder in den vogesischen Klöstern gewähren.

„Vor Allem wurde eingeschärft [2]), Gott aus ganzer Seele und ganzem
Gemüthe, den Nächsten aber wie sich selbst zu lieben. Alle Werke sollen
von dieser Liebe geleitet und durchdrungen sein. Wie die Liebe die höchste
Tugend, so soll der Gehorsam als das Fundament aller Tugenden an=
gesehen werden. Darum war den Brüdern befohlen, auf das erste Wort
eines Seniors aufzustehen und in seiner Person den Herrn selbst zu
ehren. Jeder Ungehorsam und jedes Murren, oder der Widerspruch und

1) S. Columb. Instr. II. — 2) Regula S. Columb.

die Aufreizung Anderer zur Widersetzlichkeit wurden strenge bestraft, weil diese Untugenden in einer Genossenschaft alle Ordnung zerstören. Der Gehorsam kennt kein Maaß und kein Ziel und ist unterthänig bis in den Tod. Das Stillschweigen wurde als eine Schutzwehr für das Leben nach der Gerechtigkeit und für die Erhaltung des Friedens betrachtet; alle eitlen, falschen, zänkischen und harten Reden sollten vermieden, und wo das Reden erlaubt, die Zunge von der Vernunft und Vorsicht regiert werden. Für den Nothbedarf des Lebens wurde eine schwache Speise vor dem Abend den Mönchen verabreicht; sie sollte eben so wenig zur vollen Sättigung als der Trunk zur Ueberfüllung führen, das Leben erhalten, ohne ihm zu schaden. Kraut, Gemüße, Mehl mit Wasser gemischt, und kleine Stücke gebackenen Brodes war für die gewöhnliche Nahrung vor= geschrieben, damit der Leib nicht überladen, und der Geist nicht stumpf= sinnig gemacht werde; dennoch wurden zuweilen auch Fische und Bier auf= getragen. Wie die Nahrung, so soll auch die Arbeit gemäßigt werden, und wenn es verständig ist, durch die Enthaltsamkeit in Befriedigung der sinnlichen Begierden die Fortschritte im geistlichen Leben zu fördern, so wird sie, wenn sie das rechte Maaß überschreitet, zur Untugend und Sünde. Darum soll man wohl täglich fasten, aber auch täglich sich mit Speise erfrischen und wie man täglich essen muß, soll man auch täglich im geist= lichen Leben zunehmen, daher auch täglich beten, täglich arbeiten, täg= lich in den Büchern lesen. Wie durch den Gehorsam gegen den Stolz, so sollen die Mönche durch die Armuth gegen die Habsucht kämpfen; für sie ist es schon sündhaft, nicht nur etwas Ueberflüssiges zu haben, sondern es auch nur zu wollen; an dem Verräther Judas hat Gott Allen ein ab= schreckendes Beispiel vor die Augen gehalten. Die Verachtung alles irdi= schen Besitzthums, die Reinigkeit des Herzens und die vollkommene und andauernde Liebe Gottes sind die drei Stufen zur Vollkommenheit des Lebens. Wie gegen die Eitelkeit, so ist auch gegen die Unkeuschheit ein steter Krieg zu führen; die Keuschheit eines Mönchen wird schon nach seinen Gedanken beurtheilt. Im Aufblicke zu demjenigen, dem er durch das Gelübde geheiligt ist, soll er sich wohl vorsehen, daß der Herr in sei= nem Herzen nichts vorfinde, was abscheulich ist; denn was ist die Jung= fräulichkeit im Leibe werth, wenn sie im Geiste nicht vorhanden ist? Gott ist ein Geist und wohnt in unserem Geiste, wenn er ihn unbefleckt und keine ehebrecherischen Gedanken und Makel der Sünde in ihm findet. Die Abtödtung des Willens [1] ist der Kern einer jeden Ordensregel. Thue nichts, ohne den Rath deines Vorgesetzten einzuholen; frage deinen Vater,

---

1) L. c. 9.

und er wird es dir sagen, deine Vorväter, und sie werden es dir ver=
künden. Gott hat es so eingerichtet, daß Einer von dem Befehle des
Anderen abhängig sei; das ist hart den harten, aber süß den milden
Herzen, und gewährt dem Gewissen große Sicherheit und Ruhe; denn wer ge=
horcht, trägt keine Verantwortung, sie lastet auf dem Befehlenden allein,
darum soll der Mönch die stolze Freiheit fliehen und sich in dem wahren
Gehorsame allzeit üben, der ohne Zögern Folge leistet. Nicht umsonst lebt
er im klösterlichen Verbande unter der Leitung eines Vaters und in der
Gemeinschaft Vieler; denn er soll von den Einen Demuth, von den An=
dern Geduld, von Diesen das Stillschweigen, von Jenen die Sanftmuth
lernen und nichts thun, was er selber will. Er esse, wenn es ihm be=
fohlen wird, verrichte das Tagewerk, das ihm aufgetragen wird, komme
des Abends ermüdet an seine Liegerstätte, schlafe so, als würde er sich
ergehen, und sei wach, ehe man ihn zum Aufstehen ruft. Er schweige auf
die Unbill, die er empfangen, fürchte den Abt als seinen Herren, liebe ihn
als seinen Vater, urtheile niemals über die Anordnungen der Vorgesetzten,
sondern erfülle schweigend, was ihm befohlen wird." Die besonderen Ge=
bräuche der klösterlichen Disciplin [1]) mußten auf das Genaueste beachtet
werden; gegen die Uebertreter wurden Ruthenhiebe, Einsperrung und Ent=
zug der Speisen angewendet. Vor dem Tische fand eine Gewissens=
erforschung statt, dann wurde das Tischgebet verrichtet, während der Mahl=
zeit vorgelesen. Bevor man den Eßlöffel brauchen durfte, mußte er mit
dem Kreuze bezeichnet werden, eben so die Laterne, bevor man sich ihrer
bediente, und nicht minder mußte jeder Bruder sich mit dem Kreuz be=
zeichnen, so oft er an die Arbeit oder außerhalb des Klosters ging; vor
und nach der Arbeit sein Gebet verrichten und bei der Rückkehr in das
Kloster sich bei dem Abte oder einem Senioren stellen und von ihm den
Segen begehren. Wer mit dem Messer in den Tisch schnitt, oder Bier
und andere Speisen auf den Tisch oder Boden ausschüttete, die Brod=
samen nicht fleißig einsammelte, am Schlusse der Psalmen das Haupt
nicht neigte, oder den Gesang mit Husten oder lautem Lachen störte, wurde
gestraft. Es war den Brüdern strenge verboten, ohne Erlaubniß Andere
in ihren Zellen zu besuchen, nach der Non am Abend noch in die Küche
oder gar außer den Klosterwall hinaus zu gehen, mit Weltleuten zu ver=
kehren, oder auch miteinander zur Zeit gebotenen Stillschweigens zu
sprechen. Keiner durfte sich auf empfangenen Tadel entschuldigen oder
einem erhaltenen Rathe seine eigene Meinung entgegenstellen. Die Brüder
sollten sich gegenseitig lieben, Jeder den Anderen höher als sich selber

---

1) Regula coenobial.

achten, und alle Widerrede und Streitigkeiten unter einander meiden, und
wo solche entstünden, sie dem Abte oder den Senioren alsogleich zum
Entscheide vorlegen.

Der Gottesdienst in Luxeuil bestand in dem täglichen Psalmenkurs [1])
(Synaxis), und insbesondere an Sonn= und Festtagen in der Feier des
heiligen Meßopfers. Die Psalmodie dauerte je nach der Jahreszeit; länger
während der Winterzeit, kürzer während der Frühlings= und Sommerzeit,
„wie die irischen Altväter ihn überlieferten", und wurde größtentheils
während der Nacht in den sogenannten Vigilien abgehalten. Die kürzere
Weise bestand in 24 Psalmen und 8 Antiphonen, die längere aus 75 Psal=
men und 25 Antiphonen, die mittlere aus 36 Psalmen und 12 Anti=
phonen, so daß je auf eine Antiphone immer drei Psalmen gebetet oder
gesungen wurden. Den Winter über wurde in den Nachtvigilien von
Samstag und Sonntag das ganze Psalterium gesungen, an den übrigen
Wochentagen je 36 Psalmen mit 12 Antiphonen oder Chorgesängen. Nach
Ablauf des Winters wurde im Frühling der Psalmkurs jede Woche um
drei Psalmen in den Nachtvigilien vermindert, sowohl am Samstag und
Sonntag, als an den Ferientagen der Woche, bis derselbe wieder auf die
Zahl von 36 Psalmen und an den gewöhnlichen Tagen auf 24 zurück=
führt ward, welche Weise den ganzen Sommer bis zur Herbst Tag= und
Nachtgleiche beobachtet wurde. Für die Tagzeit bestand der Kurs während
dem ganzen Jahr täglich aus 3 Psalmen mit bestimmten Gebeten, und
wurde zwischen den Arbeitstunden verrichtet zur Buße für die Sünden,
für das gesammte christliche Volk, für die Priester und übrigen Diener
der Kirche, für die Gutthäter, für den Frieden der Könige und für die
Feinde. Endlich wurden vor dem Eintreten der Nacht noch 12 Psalmen
abgebetet. Die Mönche verrichteten den Psalmkurs nicht in gesonderten
Abtheilungen, sondern zusammt und allzumal, darum die Häscher des
Königs Theuderich, die Columban gefangen nehmen sollten, „ihn in der
Kirche im Chore der Psalmsänger bei der ganzen Versammlung der Brü=
der fanden" [2]). Nie war in Luxeuil bei Tag und Nacht ein ununter=
brochener Psalmgesang in Uebung, wie einen solchen „nach der Weise der
Mönche von Agaun im Wallis und von Haben in Burgund die Nonnen
des Klosters der heiligen Salaberga in sieben Chören je zu 12 Psalmen,
abwechselnd ohne Unterbrechung Tag und Nacht abhielten" [3]). Wie in
den irischen Klöstern galten in Luxeuil der Mittwoch und Freitag als
Fasttage; an „den Sonntagen und Festtagen der Heiligen" hatten die

---

1) S. Col. Reg. c. 7. — 2) Jon. 36.
3) Vit. S. Amati c. 20.

Brüder der Predigt beizuwohnen, und sich dabei in Reihen aufzustellen[1]), damit keiner zur Anhörung des Wortes Gottes fehle; selbst der Koch und der Pförtner sollten ihre Geschäfte so einzurichten suchen, um gleich den Uebrigen erscheinen zu können. Sodann wurde die Feier der heiligen Messe begangen. Der Priester, der bei der Darbringung die vorschrift=gemäße Ordnung nicht beachtete, oder seine Nägel vor der heiligen Hand=lung nicht beschnitten, und der Diakon, der seinen Bart nicht geschoren hatte, oder durch Spuken den Altar oder die Wände der Kirche verun=reinigte, wurden gestraft. Traten die Brüder zur heiligen Kommunion, so mußten sie sich vorschriftgemäß dreimal vor dem heiligsten Sakramente tief verbeugen, empfingen es unter beiden Gestalten, durften aber den Kelch mit ihren Zähnen nicht berühren; den Novizen wurde wegen ihrer Unerfahrenheit nur der Leib des Herrn, nicht auch der Kelch dargereicht. Es war ihnen untersagt, im Nachtgewande zur Messe zu kommen, sie mußten im bessern Ordenskleide dabei erscheinen, das für den Tag be=stimmt war. Verschiedene Strafen wurden Solchen auferlegt, die das heilige Sakrament[2]) auf der Reise verloren oder es vom Schiffe in das Wasser oder vom Pferde auf die Erde fallen ließen. Die Regel schärfte ihnen ein, fleißig die Beichte abzulegen, auch über die ungeordneten Ge=müthsbewegungen sich anzuklagen, bevor sie zur Messe gehen, damit Keiner unwürdig zum Altare trete, d. i. ohne die erforderliche Reinheit des Her=zens. Denn besser ist es, zuzuwarten, bis das Herz wieder heil geworden und rein von Aergerniß und Neid, als frechen Sinnes sich dem Richter=stuhle zu nahen. Der Altar ist ein Richterstuhl Christi, welcher Alle seines Leibes und Blutes schuldig richtet, die unwürdig hinzutreten[3]). Wie man sich daher vor allen Haupt= und Fleischessünden hüten soll, bevor man die Kommunion empfängt, so muß man sich auch der übrigen selbst zweifelhaften Fehlern und Uebeln der Seele enthalten und davon sich rein=waschen, bevor man die wahre Friedensvereinigung und ewige Heilsver=bindung begeht. Den Sterbenden wurde die heilige Kommunion als Weg=zehrung (Viaticum) verabreicht. Als der jüngere Columban seinem Ende nahte, ließ Abt Columban[4]) das Zeichen läuten (Signo tacto), die Brü=der kamen herbei und Columban „reichte dem aus diesem Leben Scheiden=den den Leib Christi als Wegzehrung dar, gab ihm den letzten Friedenskuß und ließ die Todtengesänge für ihn singen." Auch der heilige Abt Eusta=sius empfing vor seinem Tode noch das Viaticum, sagte Lebewohl den

---

1) S. Colum. Poenit. 41. — 2) S. Colum. Reg. 15.

3) L. c. „Tribunal Christi est altare, et corpus suum inibi cum sanguine judicat in indignos accedentes." — 4) Jon. 29.

Brüdern und verschied[1]); das Gleiche wird vom heiligen Deicola gemel=
det[2]), und Amatus, ein Schüler Columban's, legte vor seinem Sterben
dem Priester Castorius noch eine öffentliche Beichte mit heller Stimme
ab, empfing die Wegzehrung und verschied unter den Gebeten der Brüder
und Schwestern seines Ordens[3]).

Die oberste Leitung des Klosters stand bei dem Abte als dem ge=
meinsamen Vater Aller; unter ihm standen die Senioren, die über die
Disciplin der Mönche Aufsicht führten, eigene Vorstände (Praepositi)
hatten[4]) bei Tisch (Praepositus mensae) oder über die Oekonomie (oecono-
mus), wohl auch über die Schule und über die Arbeiten besondere Auf=
sicht zu üben, auch von dem Kellner und dem Diener des Refektoriums
geschieht ausdrückliche Erwähnung[5]). Was nach dem Gottesdienste und
Gebete an Zeit noch übrig blieb, wurde theils für die Händearbeit, theils
für die weitere Ausbildung in den Kenntnissen verwendet. Neben dem
Studium betrieb man die Landwirthschaft in bedeutendem Umfange. Ob=
wohl Walarich sich durch große Geistesgaben auszeichnete, mußte er, um
sich in der Demuth zu üben, nach der Weise der Novizen den Garten
bepflanzen und in Ordnung halten, wo eine Menge Kohl von außer=
ordentlicher Größe wuchs, aber auch viele Würmer und andere schädliche
Insekten sich in Unzahl eingenistet hatten. Der neue Gärtner wußte diese
durch seinen Fleiß so schnell zu beseitigen, daß Columban ihn zur Aus=
zeichnung nach kurzer Zeit von dem Noviziate in die Reihen der Mönche
versetzte[6]). In der Bienenzucht war St. Amat, ein Schüler aus
Luxeuil so gut erfahren, daß er die Schwestern eines Nonnenklosters in
der Nähe darin unterrichten konnte, die auch ganz gut verstanden, einen
jungen Bienenschwarm im Sommer aufzufangen, das für ihn zubereitete
Gefäß mit Milch und wohlriechenden Kräutern zu bestreichen und an ein
zweites Gefäß zu schlagen, um durch den Klang die Bienen zum Schwär=
men zu bringen[7]). Die Mönche schlugen zur Erstellung von Gebäuden
Holz in den Wäldern[8]), und als Winoch, der Sohn Babolen's von
Bobbio, einst verwundert zusah, mit welcher Gewalt sie die Keile mit dem
Schlegel in einen alten Eichstamm eintrieben, sprang ihm ein Keil in das
Gesicht, daß das Blut herabströmte und das nakte Stirnbein zum Vor=
schein kam. Der Waldboden wurde ausgereutet und zu Getreideäckern
umgeschaffen[9]); für die Saaten der Boden mit der Hacke und Pflugschar

---

1) Jon. in Vit. S. Eustas. c. 18. — 2) Vita S. Deic. c. 17. — 3) Vit.
S. Amat. c. 23. — 4) Reg. coenob. 7. 9. 12. — 5) Jon. 26. — 6) Vit.
S. Walaric. Abb. Leucon. c. 6. — 7) Vit. S. Amati c. 22. — 8) Jon. 24. —
9) L. c. 23.

zubereitet. Columban traf einst bei Fontenay sechzig Brüder beisammen auf dem Felde, die mit der Hacke den Boden bearbeiteten. Als er sie mit so harter Mühe die Erdschollen zerschlagen sah, hieß er sie, eine Er= frischung zu sich nehmen. Sie hatten aber von dem Vorrathe schon Alles bis auf ein Brod und ein wenig Bier aufgezehrt; Columban segnete das Wenige und es reichte noch für Alle aus [1]. Der heilige Abt selbst reihte sich oft den Arbeitern auf dem Felde an, und war gewohnt, für die Hand= arbeiten überhaupt sich der Wanti [2] oder Handschuhe zu bedienen; das reife Getreide wurde mit der Sichel abgeschnitten und in die Scheunen eingeführt, deren Thore mit Schlössern versehen waren; die Schlüssel dazu hatte der Vorsteher der Scheunen (horrei custos) zu bewahren [3]. Zum Dreschen der Frucht wurden Ruthen verwendet, und mit solchen das Ge= treide auf fester Bodenunterlage enthülset. Als Columban einst einer An= zahl fieberkranker Brüder diese Arbeit anwies, kamen sie in einen so heil= samen Schweiß, daß sie ganz wohl und munter nach Hause zurückkehrten [4]. Für den Fischfang benützten sie die fischreichen Bäche und Flüsse der näheren und ferneren Umgebung, und brauten sich „das Bier aus dem Getreide oder dem Safte der Gerste zum Getränke, welches damals nicht nur bei den scotischen und barbarischen Völkern, sondern auch in Gallien, Britannien, Irland und Germanien und bei verwandten Völkern im Ge= brauche war" [5].

Unter einem Vorstande von so tiefer Bildung, wie Columban war, konnte die Pflege des Unterrichtes und der Wissenschaft nicht verkümmert werden. Denn da er in den heiligen und weltlichen Schriften überaus bewandert und in der Erklärung beider ein ausgezeichneter Lehrer war [6], gab er selber den Mönchen Unterricht, machte sie mit den Disciplinen des Quadriviums bekannt, und führte sie in das Verständniß der heiligen Schriften ein. Als Walarich um das Jahr 600 bei Columban die Auf= nahme in Luxeuil nachsuchte, sah er mit Verwunderung, welche Schaaren von Schülern zu ihm in den Unterricht zogen, die Zahl der Mönche war schon damals zu 220 angewachsen. Um den Geist der Schule kennen zu lernen, wollen wir den Lehrer selbst in den Ansprachen oder Reden ver= nehmen, die er an seine Schüler und Mönche über das Fundament der Tugenden und das Endziel des Ordenslebens abgehalten. „Da ich den Unterricht für überaus nöthig erachte, sagt er in seiner ersten Rede [7], und darum auch ihm besondere Sorgfalt widme, wünsche ich Euch dasjenige

1) L. c. 28. — 2) L. c. 25. vergl. oben die „anscoguanti. — 3) L. c. 21. — 4) L. c. 20. — 5) L. c. 26. — 6) Vit. S. Walar. c. 6. 8. — 7) S. Columb. Instruct. I. ad Monachos.

vorzutragen, was vor allem Anderen Euch zu wissen unerläßlich ist, weil
es das Fundament von Allem ist. Daher soll mein Unterricht mit dem
beginnen, von dem Alles urspringet und zu sein anfängt, was früher nicht
gewesen. Die Thüre zur Erkenntniß soll uns der Glaube des Herzens
erschließen, der allen Rechtgläubigen den Mund zum heilbringenden Bekenntnisse aufgethan. Wer selig werden will, muß glauben an den wahren
Gott, den einen und dreifaltigen, der Einer ist in der Substanz, dreifach
in seiner Subsistenz, Einer in seiner Macht und dreifach in seinen Personen, Vater, Sohn und heiliger Geist; ganz ein Gott nur, unsichtbar,
unerfaßlich, unaussprechlich, in welchem das Sein immer war, weil von
Ewigkeit her Gott der Dreieinige ist, von dem Niemand einen Ursprung
suchen darf, da er kein Ende hat, und der immer war, was er jetzt ist
und sein wird, weil in ihm keine Veränderung, sondern die lautere Dreifaltigkeit ist. Dieser Glaube ist gegen alle Irrlehrer festzuhalten, er stützt
sich auf die klarsten Zeugnisse der Schrift. Und wie Gott überall ist in
allen Kreaturen des Himmels und der Erde, so ist er auch in uns, und
wir haben ihn nicht in der Ferne zu suchen; denn er wohnt in uns, wie
die Seele in dem Körper, wenn wir seine gesunden Glieder und der
Sünde im Herzen abgestorben sind. Wer will aber den Unerforschlichen
erforschen, wer den Unergründlichen ergründen? Wer vermag das ewige
Prinzip des Universums in Gedanken zu fassen, da ihn Niemand sah, wie
und was er ist? Da kann der Glaube allein zur Erkenntniß des dreieinigen Gottes führen. Grüble weiter über Gott nicht nach, sondern wenn
du die tiefsten Geheimnisse von ihm wissen willst, so betrachte die Be-
schränktheit deines eigenen Verstandes. Denn die Wissenschaft von Gott
wird richtig mit der Tiefe des Meeres verglichen; wer sich erkühnen möchte,
das Meer der göttlichen Gedanken zu ergründen, vergesse nicht, daß er
nicht einmal das erkennt, was in des Meeres Tiefe verborgen liegt. Ist
sein Erkennen für das Mindere zu schwach, wie kann es für das Höhere
ausreichen, und wer das Irdische nicht begreift, kann der das Himmlische
begreifen? Wehe darum Allen, die mit so schwachen Flügeln versehen, zu
den höchsten Höhen hinan fliegen wollen und ihren Mund gen Himmel
richten, während sie nicht einmal die Gründe der sichtbaren Natur auch
nur theilweise erforscht haben. Das hohe Geheimniß von Gott dem Dreieinigen wird durch den frommen Glauben erkannt, und kann mit frechem
Sinne nicht erforscht werden; denn Gott ist für die Wissenschaft ein un-
erforschliches Meer. Hoch ist der Himmel, weit die Erde, tief das Meer
und lange andauernd sind die Jahrhunderte, allein höher und weiter und
tiefer und länger dauernd ist die Wissenschaft; derjenige, der die Natur
aus Nichts erschuf, hat sie für den Menschen beschränkt. Willst du den

Schöpfer voll erkennen, so erkenne vorerst die Kreatur; nicht durch die Disputirkunst, sondern durch die Gnade des Glaubens gelangt man zur Erkenntniß Gottes, und wer mit dem bloßen Verstande die göttliche Weis= heit sucht, vor dem zieht sie sich immer weiter zurück. Darum suchet die höchste Wissenschaft nicht mit eitlem Wortstreite, sondern auf dem Wege der Vervollkommnung des Lebens, nicht mit glänzenden Reden, sondern mit dem einfachen Glauben des Herzens. Suchst du den Unaussprechlichen nur auf dem Wege einseitiger Forschungen, so weicht er weiter von dir, als er vorhin von dir war; suchst du ihn auf dem Grunde des Glaubens, so bleibt er stehen, wo er stand — an der Pforte der ewigen Weisheit; und wird er auch nur theilweise erkannt, so wird er dann doch einigermaßen in Wahrheit erkannt, und besonders von denen geschaut, die reinen Her= zens sind. Darum sollen wir ihn bitten, geliebte Brüder, daß er in uns die Furcht seines Glaubens und die Liebe bewahre; beide machen uns weise und die Frömmigkeit lehrt uns schweigen über das, was alle Sprachen überschwebt; denn was und wie groß Gott, ist ihm allein bekannt. Weil er aber unser Gott dennoch ist, wollen wir oft bei ihm anklopfen und immer im Glauben ihn festhalten, den tiefen Gott, den Unermeßlichen, den Verborgenen, den Erhabenen, den Allmächtigen, und durch die Für= bitte seiner Heiligen ihn anflehen, daß er auch nur ein Theilchen von sei= nem Lichte in unsere Finsterniß entsende, damit es uns Unwissenden auf der dunklen Bahn dieses irdischen Lebens leuchte und zu ihm uns führe durch die Gnade unseres Herrn Jesu Christi."

„Das Beste in der Welt ist[1]), Gott gefallen, seinem Willen gemäß leben und gottselig das Ewige anstreben. Zur Frömmigkeit und Gerech= tigkeit mahnt uns schon die Vernunft; denn wenn sie Alles in der Welt in Betrachtung zieht, und nichts Festes findet, dem sie anhangen könnte, wird sie von dem Irdischen zu dem hingeleitet, was ewig dauert. Die Welt wird vergehen, vergeht täglich vor unseren Augen, wälzt sich unauf= haltsam ihrem Ende entgegen, wird gewissermaßen von den Säulen des Scheines getragen. Im Tod und Untergange enden alle Dinge hienieden, was soll also der Mensch lieben? Etwa das todte Bild, das zum Theile stumm, zum Theile wohltönend ist, das er sieht und doch nicht erkennt? Denn vermöchte er es zu erkennen, so würde er es vielleicht lieben. Allein auch darin verwundet die Welt, weil sie sich nicht darstellt, wie sie ist. Oder wer erkennt sich selber oder den Andern, wie er ist nach seinem natürlichen Wesen, wer erfaßt die hohe Würde, zu der der Sohn Gottes ihn erhob? Eine Blume der Erde ist unser Leib, und ohne die Kraft der

---

1) L. c. Instr. III.

Seele könnte er nicht bestehen; ein Bürger des Himmels ist der Mensch durch Christus geworden. Wer es durch Erleuchtung von Oben herab erfassen will, wie er leben soll, um aus einem Sterblichen ein Unsterblicher, aus einem Thoren ein Weiser, aus einem irdischen Menschen ein himmlischer zu werden, muß vor Allem einen reinen Sinn besitzen und ihn verwenden, um gut zu leben, und nicht das betrachten, was er jetzt ist, sondern was er einst sein wird. Denn er wird einst sein, was er jetzt nicht ist; durch das, was er gegenwärtig sieht, soll er an das denken, was er nicht sieht, und das zu sein trachten, wozu er erschaffen ist. Hiefür muß er Gottes Gnade zu Hilfe rufen, dann kann er durch sich selber wieder erwerben, was er einst in Adam verloren hat. Was frommt es aber, den guten Sinn zu erhalten, wenn man ihn nicht gut verwendet? Derjenige verwendet ihn gut, der allzeit so lebt, daß ihn später keine Reue drückt; das gute Gewissen ist die schönste Lobrede auf das Leben. Was lehrt uns dieser reine Sinn lieben? Sicher dasjenige, das die Liebe und alles Andere erschuf und das ewig dauert und nie altert. Somit ist nach der Vernunft nichts außer uns zu lieben als das Ewige, und das ist Gottes ewiger Wille, der Alles durchdringt, belebt und leitet. Darum soll der Weise hienieden nichts lieben, was nicht von Dauer ist; dort aber sind die ewigen Dinge mit dem Ewigen, hier die hinfälligen mit dem Sterblichen verbunden. Daher ist es gefahrvoll für uns, unter den trügerischen Erscheinungen zu wohnen, wo man das Wahre nicht sieht, das man lieben soll, sondern nur das vor Augen hat, was zur Sünde anlockt und wieder schnell entflieht, uns wie im Traume betrügt, und das wahrhaft Liebenswürdige uns verdeckt, als wäre es nicht. Wie können wir die Welt fliehen, die wir nicht lieben dürfen, obgleich wir in der Welt sind; der wir absterben sollen, obgleich wir sie mit der bösen Begierlichkeit in unserem Innern tragen? Derjenige tritt die Welt mit Füßen, der sich selbst besiegt, den Sünden früher als der Natur, und dem eigenen Geiste früher als dem Leibe stirbt. Denn Niemand, der sich selber schont, kann die Welt hassen, weil er in sich selber die Welt lieben oder hassen muß. Leider aber leben nur Wenige so, als wären sie täglich gestorben, und doch soll Jeder, weil er in der Welt nicht immer war, noch immer sein kann, so leben, als stürbe er täglich, damit er nur das, was ewig und himmlisch ist, und worin er selber einst ewig und himmlisch sein wird, sich immerdar vor Augen halte. O schmerzliche Lage des Menschen! Wir sollen das lieben, was uns noch ferne liegt und uns unbekannt und verborgen bleibt, so lange wir im Kerker dieses Leibes wohnen. Weil es uns aber nicht auf ewig ferne, unbekannt und verborgen bleiben wird, sollen wir auch das Unerkannte lieben und anstreben; denn umsonst wäre der

geboren, dem das Ewige niemals zur wahren Erkenntniß käme. O armſeli-
ger Menſch! Du ſollſt haſſen, was du ſiehſt, und was du lieben ſollſt,
ſiehſt du nicht. Du ſollſt dem Feinde hold ſein, dem Verfolger willig dich
ergeben und frohlocken, wenn man dich bindet und zum Tode führt. So
achte denn, was dein iſt nicht höher als dich ſelbſten, die vergänglichen
Dinge nicht mehr als deine unſterbliche Seele, das Fremde nicht mehr,
als das, was dir auf ewig eigen iſt, verliere deine Seele nicht für ein
Nichts! Nackt einſt geboren, wirſt du auch nackt begraben, der Tod macht
allen Lüſten der Welt ein Ende, der Gute geht der ewigen Freude, der
Böſe dem ewigen Feuer entgegen."

„Sichert Euch das ewige Ziel, das einzig auf dem Wege der Vollkommenheit erreicht wird; dieſe aber kann nur durch ſtete Uebung erworben
werden [1]). Wenn die weltlichen Schulen zur Erlernung der Wiſſenſchaft An-
ſtrengung und Opfer fordern, um wie viel mehr fordert ſie die Schule der
chriſtlichen Vollkommenheit. Keine Schule kann der Strenge und Zurechtweiſung entbehren. Wie viele Mühe müſſen ſich die Baumeiſter und
Künſtler gefallen laſſen, wie viele Hiebe und Schmerzen haben diejenigen
zu ertragen, welche die Muſik erlernen, wie viel Unangenehmes müſſen
die Schüler der Arzneikunde, wie viel Unruhe die Candidaten der Philo-
ſophie erdulden und welchen Gefahren gehen jene entgegen, welche für die
Staatsbeamtung ſich anbilden? Und doch iſt Keiner von dieſen ſicher, ob
er für ſo viele Mühen einſt den Lohn, für ſo viele Leiden einſt Freude
ärndten werde. Wenn nun dieſe für eine zeitliche und ſehr ungewiſſe
Ehre und Freude ſo Vieles mit ungebrochenem Muthe erdulden, was
ſollen wir dann für das ertragen, was ewig und ſicher iſt? Denn wenn
auch unſere Schule Beſchwerden und Opfer fordert, darf man ſich darob
wundern, ſoll man ſie fliehen? Iſt denn ohne Zucht eine wahre Ordnung
gedenkbar, und kann die Zucht (disciplina) ohne Beläſtigung aufrecht erhalten und erworben werden? Bereiten wir alſo unſer Gemüth vor, nicht
zur Freude, ſondern, wie der Weiſe ſpricht, zur Verſuchung, zur Trübſal,
zu Mühen und Kämpfen; dann wird auf die ſchnell vorübergehende
Trauer die Freude und auf den kurzen Kampf der Sieg folgen, der ewig
dauert." Die gleiche Kraft des Geiſtes, Tiefe der Gedanken und Zierlich-
keit der Sprache beurkundet Columban auch in den noch übrigen kurzen
Reden oder Anſprachen [2]), die von der Eitelkeit des menſchlichen Lebens,
den Tugenden der chriſtlichen Vollkommenheit und dem letzten Ziel und
Ende des Menſchen handeln.

Wir lernen den Geiſt der Erziehung, welcher unter der Leitung

---

1) l. c. Instruct. IV. — 2) Es ſind im Ganzen 16 auf uns gekommen.

Columban's in der Schule von Luxeuil waltete, aus der Antwort näher kennen, die dieser Meister an einen seiner Schüler in den schönen Lehren richtete [1]): „Obwohl ich", schrieb er ihm, „über das, was du mich fragst, schon öfter meine Lehren vorgetragen, will ich sie dir auf ein Neues vor=bringen, weil Jünglinge öfterer Belehrung bedürfen, damit sie durch das Vergnügen des wissenschaftlichen Verkehres um so leichter die Bitterkeiten des inneren Kampfes in ihrem Herzen ertragen können. Ueberwinde also den Krieg und das Ungethüm in dir, ich meine die Begierlichkeit und den Stolz. Sei nützlich in Demuth und schwach nach dem äußeren Anschein, einfältig im Geiste des Glaubens, wohl gebildet wie im Verstande, so auch in den Sitten des Lebens. Bleibe rein in der Freundschaft mit An=dern und schlau bei den Nachstellungen, hart gegen die Weichlichkeit und weich für das Harte; fröhlich in der Trübsal, trübselig in der Fröhlich=keit; zwieträchtig gegen die Unwahrheit, ergeben für die Wahrheit; ernst in der Süßigkeit, süß im Ernste. Sei langsam zum Zorne, aufgeweckt für das Lernen, träge zum Sprechen, schnellfüßig zum Hören, zögernd zur Rache, vorsichtig im Worte, bereit zur That; sei liebenswürdig den Guten, milde gegen die Schwachen, streng gegen die Thoren, aufrichtig gegen die Vorsteher, demüthig gegen die Niederen. Ueberall nüchtern, überall keusch, allzeit schamhaft, allzeit geduldig, niemals begehrlich und immer freigebig, wenn nicht der That, so doch dem Willen nach. Faste zur rechten Zeit, wache auch zur ungelegenen Stunde munter auf; sei pünktlich in deiner Pflichterfüllung, ausharrend beim Studium, standhaft bei Sturm und Saus, heiter in den Sorgen und tapfer, wenn es für die Wahrheit gilt. Verhalte dich bittweise vor den Guten, unerbittlich vor den Bösen, sanft beim Gabenspenden, unermüdet in der Liebe, barmherzig gegen die Armen, gerecht gegen Alle. Sei den Alten gehorsam, den Jüngern gefällig, den Gleichen gleichmäßig. Wetteifere mit den Vollkommneren, beneide niemals die Besseren, zürne nicht über die, welche dir den Vorrang abgerungen und nehme gute Lehren willig an. Ermattet sollst du nicht ganz ver=sinken, weinen und dich zugleich freuen, und wenn auch vorangeschritten auf der Tugendbahn, allzeit dich vor dem ungewissen Ende fürchten. Das soll dir, o geliebter Jüngling, zum steten Angedenken dienen. Bist du so, dann wirst du überaus glücklich sein, weil du im Glück und Unglück stets der Gleiche bleibst, für Alles bereit, Allem offenen Anges entgegen=gehend, die Begierden bezähmend, das Gute pflegend, das Schlechte be=kämpfend, immer nach dem Höheren strebend, immer nach der Sieges=palme ringend und immer nach dem Göttlichen dürstend. Dies ist die

---

1) L. c. Instr. XIV.

Lehre, die du befolgen sollst: Fliehe die Begierlichkeit des jugendlichen Alters, bringe deinen Körper unter die Gewalt des Geistes, kämpfe wider die Sünde, damit du für den kurzen Kampf den ewigen Sold gewinnest."

Welche Schriftsteller man in der Schule von Luxeuil benutzte, mag aus dem uralten Bücherverzeichniß des Klosters St. Peter zu Resbach in Burgund ersehen werden, welches von St. Aiele (Agilus), einem Schüler Columban's, gegründet war [1]. Wir finden darin gleich am Anfang ein Buch mit irischem Texte (unus textus scoticus) verzeichnet; dann viele Sakramentarien, Kollektaneen, Antiphonarien; die Bücher der Lebens- geschichte der heiligen Agilus, Martial's, Berchar's, Martin's, Frobobert's, Remigius', Faron's, Marcell's, Dionys', Andoen's, Ausbert's, Vincent's, ein Passionale Virginum; die vitae der heiligen Vincenz, Sebastian's, der Maria von Aegypten, Fursacus', Carilephus', Basilius', Germanus', Quintin's, die Auffindung des heiligen Kreuzes und der Reliquien des heiligen Stephan's; ein Passionale der Apostel; zwei Legendensammlungen der Väter; Erklärungen über die Genesis, Jeremias, Daniel, Josue; die Pflichtenlehre des heiligen Ambrosius, Homilien der Väter; sechs Homilien von Nihard, viele Werke von Augustin und Hieronymus; das poeni- tentiale des Haligar; die Dialogen und das liber pastoralis von Gregor dem Großen, die Werke Isidor's, ein Buch von Adalbert über die sieben Strafen; die Poesien Aldelm's, Albin's, ein „altes" Lectio- narium, zwei alte Gebetbücher, die meisten Werke Beda's, ein kleines Missale, ein Arzneibuch, acta S. Petri, zwei größere Priscian und zwei kleinere, zwei Donatus, zwei Virgil, zwei Horaz und zwei Sedul; die Kirchengeschichte der Angeln von Beda, die Gesta Francorum, die Bücher Cicero's de senectute et amicitia (Cato major); die Schriften Pros- per's; Gregors Commentar über Ezechiel, einen Arator, Boëthius, die Komödien von Terenz, das Werk Hadoard's über die vier Haupttugen- den, ein Registrum der Briefe Gregor's, die Briefe Augustin's u. A.

Columban war gewohnt, im Laufe des Jahres sich öfters, namentlich beim Herannahen höherer Feste in die Einsamkeit der Wälder zurückzu- ziehen, und dort der Andacht und Betrachtung obzuliegen; er nahm zu- weilen Mehrere von seinen Schülern, oft auch nur einen Diener zum Be- gleiter mit, und ließ sich die nöthigen Bücher nachtragen. An diesen ein- samen Waldstellen blieb er zuweilen fünfzig Tage und noch länger [2]; ging dann das Brod aus, so sandte er seine Begleiter zum Fischfang an die Flüsse und Waldbäche der Umgegend, und sie kehrten von da immer mit reicher Beute zurück. Einmal war Gallus in der Einöde allein bei

---

1) Cod. reg. Christ. 479. saec. IX. fol. 55. — 2) Jon. 18.

ihm. Columban wies ihn an, an den Waldstrom Brusch zu gehen und dort Fische zu fangen. Gallus ging hin, leitete aber das Schifflein so, daß er bis zum Flusse Loignon kam. Hier warf er nun sein Netz aus, und sah eine große Menge Fische herschwimmen, allein sie gingen nicht in das Netz, sondern stießen immer nur an die Außenwand an und wichen dann wieder zurück. So hatte Gallus vergeblich die ganze Nacht ge= arbeitet, ohne auch nur einen einzigen Fisch zu fangen, und erzählte bei seiner Rückkunft die Erfolglosigkeit seiner Mühen. Columban warf ihm vor: weil er nicht pünktlichen Gehorsam geleistet, sei ihm das wider= fahren, und sandte ihn wieder an die Brusch zurück. Gallus ging hin, warf sein Netz aus und es wurde bald mit einer solchen Menge Fische angefüllt, daß er es kaum einzuziehen im Stande war. Jonas fügt sei= ner Erzählung bei[1]): „Das hat mir der obengenannte Gallus selber oft erzählt." Hier mag die Frage wohl eine Stelle finden, was die großen Heiligen der Vorzeit bewogen habe, so lange und so oft die Einöde sich zum Aufenthalte zu wählen? Der heilige Eucherius, der Schüler von Lerin und Bischof von Lyon gab in blühender Schilderung darauf die Antwort[2]): „Die Einöde ist der unendliche Tempel Gottes; denn Gott wohnt in der Stille und freut sich am verborgenen Leben. Dort hat er sich den Heiligen oft geoffenbart und an stillen Stätten den Verkehr mit den Menschen nicht gescheut, um ihnen die Geheimnisse des Himmels kund zu geben. Schon im Beginne der Schöpfung hat der Herr, der Alles mit höchster Weisheit angeordnet, die Einöde für seine künftigen Heiligen zubereitet. Darum hat er sie mit der Fülle seines Segens so bedacht, daß die weiten Flächen der Wüste jetzt fruchtbar wer= den, von den Bergen die Quellen hernieder rieseln und die Thäler mit überreichen Früchten jeder Art sich schmücken; die einst öden Strecken wußte er durch die neuen Bewohner in blühende Gefilde umzuwandeln. Zu schön beinahe war das Paradies dem ersten Menschen, es trug zu seinem Falle bei, darum hat uns jetzt der Herr die Einöde angewiesen; wer sie liebt, liebt das Leben, in reizenden Gegenden geht man leicht dem Tode entgegen. Das haben bis auf Christus hin alle Heiligen der alten Welt wohl erkannt und darum die Einsamkeit für sich auserkoren, um in ihr näher dem Himmel zu sein. Dort ist der Sitz des Glaubens, der Hort der Tugend, das Heiligthum der Liebe, die wohlverwahrte Lade der Gottseligkeit und Gerechtigkeit. Und wie einstens, so hat Gott auch in diesen Tagen die Wüste in seine liebevolle Obhut genommen, denn auch

---

1) Jon. 19. nach den ältesten Handschriften von Rom und St. Gallen.
2) S. Eucher. ad S. Hilar. Arel. Ep. — de Laude eremi.

jetzt noch reicht er ihren Bewohnern mit überraschender Freigebigkeit die
Speise dar, als wenn sie ihnen wie das Manna einst vom Himmel fiele,
und wie Moses mit der Gerte das lebendige Wasser aus dem Felsen
schlug, so hat man nur in dem steinigten Grunde nachzugraben (Silicibus
perfossis), und wie von Gott gegeben, sprudeln reichlich die Quellen.
Auch an Kleidung ist dort kein Mangel, und wie vor Alters, so pflegt
und ernährt der Herr auch heute noch die Seinen in der Wüste. Mit
Recht erwählen daher die Heiligen, von göttlicher Liebe entzündet, sie zu
ihrem Aufenthalte, verlassen ihren heimatlichen Herd und leben in der
Einöde ohne Furcht, Reue oder Heimweh zu empfinden. Sie haben die
weltlichen Geschäfte aufgegeben, um sich in den Schooß einer göttlichen
Philosophie zu flüchten, die dort in den einsamen Grotten und Hainen
mit voller Freiheit und Sammlung des Geistes betrieben wird. Wo
kann man besser es verkosten, wie süß der Herr ist? Wo ist der Weg für
den Fortschritt in der Tugend besser zubereitet, wo der Geist freier und
reiner, um Gott anzuhangen und zur Betrachtung der ewigen Geheimnisse
sich zu erheben?"

Wir wollen nun dem heiligen Columban auf seinen Schattengängen
in den Wäldern der Vogesen weiter folgen, und bevor wir ihn in seinem
Kampfe gegen entartete Könige bewundern, ihn in der Gemeinschaft mit
dem Gewild des Waldes betrachten, dessen Grimm er, um mit seinen
Worten zu reden, weniger fürchtete, als die Leidenschaft der Menschen [1]).
Vereinigt, wie schon die Alten ahnten, der Mensch in seinem wunderbaren
Wesen die Natur und Einrichtung aller anderer Wesen, so wird er schon
durch diese Bezüge zur Natur, und noch mehr durch den königlichen Vorrang seines Geistes einen mächtigen Einfluß auch auf die Thiere üben,
die schon durch ihre Zuneigung und ihren Gehorsam oder durch ihre Furcht
und Scheu ihn als ihren König und Herrscher anerkennen. Ist aber der
Mensch durch die Gnade auf das Innigste mit Gott wieder verbunden,
so wird sein Einfluß und seine Macht über die Natur und die Thierwelt
jener des ursprünglichen Menschen näher kommen. Den Beweis hiefür
liefern uns die Lebensgeschichten der Heiligen. Das Blut der Martyrer [2])
besänftigte die Wuth der Tiger und der Leoparden also, daß sie in den
Cirkus und Amphitheatern den Heiligen Mitleid und Zuneigung zu erkennen gaben. Viele sprangen blutgierig aus ihrem Zwinger auf den
Plan, nicht um die Bekenner zu zerfleischen, sondern um ihre Füße freundlich zu belecken, wie dies in den Verfolgungen des Decius und Diocletians

---

1) Jon. 15.
2) Acta Martyr. sincera, von dem Basler Wettstein herausg. 1733.

oft geschah. Auf den heiligen Andronikus wurde ein wilder Bär gehetzt[1]), der am gleichen Tage schon drei Gladiatoren zerrissen hatte, allein das ungethüme Thier legte sich neben dem Bekenner nieder und leckte dessen Wunden. Kaiser Maximin ließ den Bären dafür auf der Stelle tödten. In den Wüsteneien Afrika's und Kleinasiens schloßen heilige Mönche einen noch freundlicheren Bund mit der Natur und ihren Thieren, und diese erwiesen sich ihnen eben so gehorsam als freundlich. Die Löwen betrauer= ten, wie Hieronymus berichtet[2]), mit ihrem wehmüthigen Gebrüll den Tod des heiligen Einsiedlers Paulus, der sie lange zu Gefährten seiner Einsamkeit gehabt; sie leckten die Hände und Füße des heiligen Antonius, wie Athanasius uns erzählt[3]). Mit diesen und anderen Heiligen sind Columban und Gallus zu vergleichen, von denen ihre Schüler melden: „daß ihr Leben nach heiliger Strenge und Abtödtung und völliger Hin= gabe an Gott, dem Leben der Altväter in der Wüste sei gleich geworden"[4]).

Als Columban eines Tages in den weiten Forsten der Vogesen mit einem Buche auf den Schultern vorging[5]), sah er plötzlich einen Rudel Wölfe von der Tiefe des Waldes her auf sich zukommen. Columban blieb unbeweglich stehen, die Wölfe nahmen ihn rechts und links in ihre Mitte, beschnüffelten den Saum seines Gewandes, während der Furchtlose in der Stille Gott um Schutz anrief; sie thaten ihm kein Leid an, verließen ihn und streiften weiter durch den Wald. Einmal war er sieben Meilen weit von Anegrah in der Wildniß vorgedrungen, und kam zu einem steilen Felsenhügel, an dessen Fuße eine Höhle bemerkbar war, die Columban näher untersuchte. Er fand darin einen ganz zahmen Bären (mitem feram) auf seinem Neste liegen, der sich auf sein Geheiß sogleich entfernte und dem Heiligen die dunkle Wohnung überließ. — Oft wenn er unter dem Schatten alter Eichen ausruhte[6]), rief er die Waldthiere zu sich her= bei, und sie folgten ihm, er liebkoste sie mit Zärtlichkeit, und gar oft flogen die Vögel spielend um ihn her oder saßen ruhig auf seinen Schul= tern. Vor Allen hatte ein Eichhörnchen sich ihm angewöhnt; es hüpfte behend von den Baumästen zu Columban herab, verbarg sich im Busen des Heiligen und schwang sich dann wieder auf die nächsten Zweige hinauf. Ein Rabe stund ihm so zu Willen, daß er folgsam dem Befehl seines Herrn, den Handschuh wieder zurückstellte, den er ihm vorher schelmisch davon getragen[7]). Das Alles hatten die Schüler, die ihn begleiteten, insbesondere sein Schüler und Diener Chagnoald, nachmals Bischof von

---

1) L. c. p. 446. — 2) S. Hieron. vit. S. Paul. Erem. p. 16. — 3) Vit. S. Anton. — 4) Vit. S. Galli prim. — 5) Jon. 15. — 6) L. c. 30. — 7) L. c. 25.

Laon, selbst beobachtet und mitangesehen. — Wir haben schon oben im
Leben des heiligen Columba den Storch getroffen, der auf der Insel
Jona Gastfreundschaft genossen, und den alten Dienstschimmel, der den nahen
Tod seines Herrn vorahnend, seinen Schmerz in einem förmlichen Schluch=
zen kund gegeben. Aehnliche Vertraulichkeit mit den Thieren, besonders mit
den Vögeln, wird im Leben St. Mocha's hervorgehoben [1]), und auch
in jenem St. Finnian's [2]) spielt der Storch eine merkwürdige Rolle.
Wir lesen in der Geschichte St. Ailbhe die liebliche Erzählung, wie eine
Schaar Störche die Fruchtfelder und Wiesen eines Bauernhofes ver=
wüstete. St. Albeus lockte sie herbei, trieb sie dann wie eine Schaaf=
herde vor sich hin, und schloß sie zum Verwahr in eine Scheune ein. Des
andern Tages ging er zu ihnen hin, grüßte sie freundlich und sprach zu
ihnen: „Nun ziehet aus dieser Gegend wieder fort und fliegt in kleineren
Schaaren abgetheilt nach verschiedenen Orten.“ Sie gehorchten und flogen
in kleinen Gruppen nach verschiedenen Richtungen weiter. Auch den Schü=
lern Columban's ist Aehnliches widerfahren. Der Abt Walerich [3]) von
Leucon († 622) war so sanften Wesens, daß die wilden Vögel gar oft
von seiner Hand das Futter holten; so oft er wollte, konnte er sie mit
seinen Fingern berühren und streicheln. Sie umflogen ihn zuweilen sehr
zahlreich; den Brüdern befahl er, ihnen kein Leid zuzufügen, sondern sie
ruhig die Brodsamen aufpicken zu lassen. Kamen die Brüder her, dann
flogen sie nach allen Seiten fort, zogen sie sich zurück, dann kamen sie
wieder herbei und verspeisten aus der Hand des Heiligen die ihnen be=
reitete Nahrung. König Chlothar [4]) verfolgte auf der Hirschenjagd in der
Nähe des Klosters Lure einen wilden Eber, der in das Kloster und in
das Oratorium sich flüchtete, wo Deicola eben an seinem Gebete lag. Er
nahm das gehetzte Thier freundlich auf und sprach zu ihm: „heute sollst
du nicht sterben, weil du zu barmherzigen Menschen geflohen bist.“ Der
Eber legte sich vor dem Altare nieder, und die nacheilenden Jäger trafen
ihn zu ihrem Erstaunen an dieser Stelle und ließen den König rufen,
daß er dieses seltene Schauspiel mit eigenen Augen sehe. War Columban
bisher so glücklich in Mitte der Seinen und selbst im Kreise der wilden
Thiere unangefochten zu leben, so werden wir ihn von nun an im Kampfe
mit den Leidenschaften der Menschen finden.

„Ein zäher Befolger der irischen Gebräuche“ [5]), wie Columban war,

---

1) Felire v. Aengus, 23. Juni.
2) Tr. Thaum. p. 408. bei Colg. Act. SS. p. 141.
3) Vit. c. 27. S. Valery. — 4) Vit. S. Deicol. c. 12.
5) „Traditionum Scoticarum tenacissimus consectator“ sagt eine alte St.G.
Handschrift.

hielt er sich in Luxeuil für die Osterfeier an die alte Zeitberechnung der
irischen Kirche, und wich auch von den irischen Ueberlieferungen weder
in der Meßliturgie, noch in den übrigen Sondergebräuchen ab, die wir in
seiner Ordensregel theilweise schon kennen gelernt. In all' dem aber hiel=
ten sich die fränkischen Bischöfe und Kleriker in Gallien an die Uebungen
und Gewohnheiten der römischen Kirche. Es konnte nicht ausbleiben, daß
diese Sondergebräuche der Eingewanderten im fremden Lande unter den
Einheimischen, für Augen von engerem Gesichtskreise, Aufsehen erregen und
am Ende Stoff zur Klage und Widerspruch gegen sie bereiten mußten.
Die frühern Anschuldigungen dieser Art hallen in den spätern nach, welche
der verdorbene Mönch Agrestius gegen die Luxovier im Jahre 623 auf
der Synode von Matiscon erhob. Die Mönche von Luxeuil, wurde dort
geklagt [1]), beobachten viele Sondergebräuche, welche den kirchlichen Vorschrif=
ten zuwiderlaufen; sie zeichnen bei Tische häufig mit dem heiligen Kreuz=
zeichen die Teller und Becher, sogar die Löffel vor dem Essen; verlangen
beim Ein= und Austritt vor jeder Klosterzelle den Segen, weichen über=
haupt von dem Ritus und der Lebensweise aller Uebrigen ab und fügen
bei der heiligen Meßfeier eine Menge verschiedener Gebete bei"[2]). Der
Streit wurde nicht nur unter dem Klerus, sondern auch an den Höfen
der merovingischen Könige verhandelt, die auch in diesem Zuge weltlicher
Einmischung in kirchliche Dinge den Byzantinern schlechter Sorte ähnlich
waren. Den Hauptgegenstand des ganzen Streites bildete die Frage über
die Zeitbestimmung für die Osterfeier, und Columban suchte beim heiligen
Stuhle von Rom einen Entscheid in Sachen nach. Zwei Briefe, die er
darüber an Papst Gregor I. sandte, wurden unterschlagen [3]); der dritte,
um das Jahr 598—99 geschrieben, kam an den Abressaten, darin läßt
sich Columban also vernehmen:

Die falsche Osterzeitberechnung habe zu Folge [4]), daß der Aufer=
stehungstag sogar vor dem Todestage des Herrn fallen könne, ganz Gallien
stecke in diesem Irrthume. „Warum, schreibt er an Papst Gregor, haltest

---

1) Jon. in Vit. S. Eustas. c. 16.

2) Hier war für den rachesüchtigen Agrestius, wie für Andere auf der früheren,
um das Jahr 601 abgehaltenen Synode der Anlaß gegeben, gegen die verhaßten
irischen Mönche, wäre hiefür Stoff vorhanden gewesen, die Anklage zu erheben, daß
sie den Primat des römischen Papstes nicht anerkennen, einen anderen Glauben,
als die römische Kirche bekennen, ein anderes Christenthum haben, eine wesentlich ver=
schiedene Meßopferfeier begehen, nicht die gleichen Sakramente verwalten u. s. w.; aber
von derlei Klagen finden wir in den Quellen keine Spur, einfach darum, weil solche
Abweichungen bei den irischen Mönchen in Luxeuil nicht existirten, sondern bloße Er=
findungen der Tendenzhistoriker späterer Zeit sind.

3) S. Columb. Epist. ad Bonif. IV. — 4) L. c. Ep. ad Greg. I.

auch du diese dunkeln Ostern, der du sonst so weise bist und dessen Geistes-
licht so helle über die ganze Welt erstrahlt? So lange du diesen Irrthum
nicht beseitigest, wird er als von dir gebilliget angesehen. Hat dein Vorgänger ihn auch geduldet, so darf ein lebender Heiliger verbessern, was
ein verstorbener unverbessert liegen ließ. Denn du sollst wissen, daß von
unseren irischen Lehrern und Vätern, und gerade von den weisesten und
gelehrtesten Komputisten die Zeitberechnung des Viktorius nie angenommen,
sondern des Spottes und Gelächters würdig erachtet wurde. Laß mir
wißbegierigem Fremdlinge die Stütze deines Ansehens angedeihen, denn
nachdem ich so viele bedeutende und zahlreiche Autoren über diese Frage
gelesen, kann mir das bloße Wort der hierseitigen Bischöfe: „wir wollen
nicht gleichzeitig mit den Juden Ostern halten" — nicht genügen. Es ist
weder am Ort noch in der Ordnung, daß ich deiner hohen Autorität
Gegenbehauptungen vortrage, und beinahe lächerlich, daß dich, der du rechtmäßig den Stuhl des Apostels und Schlüsselbewahrers Petri einnimmst,
die Spitzen der irischen Kirche belästigen. Allein betrachte nicht mich, sondern die Lebenden und die Verstorbenen, welche meine Meinung bestätigen
und stelle dir vor, du redest mit ihnen darüber. Du kannst den Viktorius
nicht entschuldigen, ohne den Hieronymus zu verurtheilen, der die Osterberechnung des Anatolius, der wir folgen, belobt hat. Dabei darf ich dir
nicht vorenthalten, daß, wer dem Ansehen des Hieronymus entgegentritt,
von der Kirche des Westens (Britanniens, Irlands und Scotlands) als
Häretiker betrachtet wird, weil man ihm dort in der Auslegung der heiligen Schriften einen zweifellosen Glauben schenkt. So viel über die
Osterfrage; nun gehe ich auf andere Fragen über. — Was hältest du
von Bischöfen, welche für simonistischen Gewinn die Weihen ertheilen?
Darf man mit ihnen Gemeinschaft haben? Und leider gibt es viele Solche
in diesem Lande. Was ist sodann von denen zu halten, welche in ihrem
Diakonatstande durch Unzucht entehrt, nachher dennoch zur bischöflichen
Würde gewählt wurden. Und ich kenne Solche, die uns darüber ihr Ge-
wissen eröffnet haben und bestimmt wissen wollten, ob sie dennoch ohne
Gefährde Bischöfe bleiben dürfen, auch wenn sie ihre Würde mit Geld erkauft (Solidis emptum) oder einen Ehebruch im Geheimen begangen
haben, denn auch der letztere Fall wird von unseren Lehrern für ein großes
Verbrechen gehalten. Endlich bitte ich um Aufschluß: was mit jenen
Mönchen zu thun sei, die um der Beschaulichkeit und Liebe zum vollkommenen Leben willen ihren Gelübden zuwider, die Orte ihres ersten
Aufenthaltes verlassen und ohne Einwilligung ihrer Aebte, bloß ihrem Eifer
folgend, fortgehen und in die Einöde fliehen?"

„Dies und noch viel Anderes wollte ich in persönlicher Besprechung dir zum Entscheide vorlegen, hätte mich nicht leibliche Kränklichkeit und die Sorge für meine Mitpilger (comperegrinorum) wie mit Banden belegt und gehindert, zu dir zu reisen, um jene lebendige Quellader und das erfrischende vom Himmel fließende Wasser der Wissenschaft zu schöpfen, das in das ewige Leben zurückströmt. Könnte der Körper dem Geiste folgen, so würde Rom wieder eine Mißachtung seiner erfahren wie damals, als Einige, wie der gelehrte Hieronymus meldet, von den halicinischen Ufern nach Rom kamen und in Rom etwas Anderes als Rom (die Paläste und Alterthümer dieser Stadt) suchten. So sehne auch ich mich nicht nach Rom, sondern nach dir und würde — die schuldige Ehrfurcht vorbehalten — dort die Asche der Heiligen aufsuchen und, wiewohl ich kein Weiser, sondern ein nach Weisheit Dürstender bin, das Gleiche, wie Jene thun, wenn ich Zeit dazu fände. Ich las dein Buch über das Hirtenamt (Pastorale regimen); es ist kurz in der Schreibart, reich an tiefen Gedanken und süßer als Honig. Gib mir Dürstendem die Büchlein über den Propheten Ezechiel, die du mit so wunderbarem Talente verfaßt hast. Ich habe die sechs Bücher des Hieronymus über diesen Propheten gelesen, allein er ist damit nicht einmal bis zur Hälfte gekommen. Sende uns gnädigst von deinen Werken diejenigen, die wir nicht besitzen — nämlich das Ende der Erklärung über Ezechiel und über das Hohelied von der Stelle an: „Ich werde auf den Berg der Myrrhen und auf die Hügel des Weihrauchs gehen" — bis zum Schlusse. Endlich bitte ich dich, doch den dunklen Zacharias ganz zu erklären, eröffne seine Verborgenheiten, damit dir die ganze Kirche im Westen zum Danke verpflichtet werde. Wohl verlange ich Ungelegenes und frage nach Großem. Aber du hast auch über Großes zu verfügen und weißt, daß vom Kleinen ein geringer, vom Reichen ein größerer Zins verlangt wird. Wolle deine Liebe mich einer Antwort würdigen, und die Härte des Pergamentes dich nicht hindern, mir einen Entscheid zu geben. Denn mein Unmuth war nur gegen den Irrthum gerichtet, dir aber widme ich von tiefstem Herzen die schuldige Ehrfurcht. Habe ich auch etwas kühn geschrieben, so vergib meinem Ungestüm und sei in deinen heiligen Gebeten meiner, des niedrigsten Sünders auch nur ein Einzigesmal vor unserem gemeinsamen Herrn eingedenk. Es wäre überflüssig, dir die Meinigen zu empfehlen, die von dem Erlöser, weil sie in seinem Namen wandeln, für den Himmel auserwählet sind. Wenn du aber, wie ich von deinem geliebten Candidus vernommen, mir die Antwort geben willst: „was durch das ehrwürdige Alterthum bekräftiget sei, könne nicht abgeändert werden", so schließe ich mit der Entgegnung: „offenbar ist der Irrthum alt, aber immer noch älter die Wahrheit, die ihn verwirft."

Papst Gregor I. hielt die Osterzeitfeier der römischen Kirche trotz dieser Vorstellungen aufrecht; denn sie war auf die Verbesserungen einer richtigen astronomischen Berechnung gegründet, welche den so weit im Westen entlegenen Irländern erst späterhin zur Kenntniß kam. Wichtiger als diese Frage schien ihm die Hebung der schreienden Mißbräuche in der gallisch-fränkischen Kirche, auf die ihn Columban in seinem Schreiben aufmerksam zu machen nicht unterließ. Darum drang Papst Gregor, wie wir früher vernommen, in seinem Schreiben an die gallisch-fränkischen Bischöfe, auf die Abhaltung einer Synode, deren Förderung er auch den Königen Chlothar, Theudebert und Theuderich dringend an das Herz legte [1]). Insbesondere an die Königin Brunhild, welche damals die Zügel der Herrschaft führte, richtete er die eindringlichen Worte: „Thuet, was die Sache Gottes fördert, und Gott wird auch Euere Sache fördern. Sorget, daß eine Synode abgehalten und das Laster der Simonie aus Euerem Reiche verbannt werde. Habt Ihr den Feind in Euch selbst besiegt, dann bringt dem Herrn Opfer [2]) dar, damit Ihr mit seinem Beistande die äußeren Feinde besiegen könnet. Denn glaubt mir nur, mit Schaden wird wieder verloren, was mit Sünden erworben wird. Wollt Ihr daher nichts ungerechterweise verlieren, so seid auf das eifrigste beflissen, nichts Ungerechtes zu besitzen; denn in den menschlichen Dingen ist der Anfang der Sünde immer auch die Ursache des Zerfalles. Wollt Ihr darum Euch den Vorrang vor den feindlichen Völkern sichern und siegreich über sie herrschen, dann nehmt mit Furcht die Gebote des allmächtigen Gottes an, damit er sich würdige, selber gegen Euere Feinde zu streiten, wie er es verheißen: der Herr wird für Euch kämpfen, und Ihr werdet Euch schweigend verhalten." Allein neben der Simonie hatte im fränkischen Reiche das Sittenverderben einen großen Theil der Geistlichkeit ergriffen, die Kirchenzucht lag tief darnieder, und wieder ist es Papst Gregor der Große, der ein treuer Wächter auf Sion, seine Mahnungsstimme über dieses tief versunkene Reich ertönen läßt und der Königin Brunhilde die ernsten Lehren gibt [3]): „Da nach der göttlichen Schrift die Gerechtigkeit ein Volk erhöht, die Sünde aber ihm Verderben bringt, so wird ein Reich nur dann befestiget, wenn die Schuld, einmal erkannt, alsbald auch gebessert und gesühnt wird. Auf das Schmerzlichste hat es uns berührt, von allen Seiten vernehmen zu müssen, wie unkeusch und

---

1) S. Gregor. Epist. lib. IX. 53. 54. 55. 57. vom Jahre 599—601.
2) Brunhild war sehr wohlthätig mit Vergabungen an die Kirche; sie gründete viele neue Kirchen und stiftete mehrere Frauenklöster.
3) S. Greg. l. c. 64.

schlecht in Euerem Reiche die Priester wandeln. Damit dieses Unwesen weder unserem Gewissen zur Last falle, noch Euere Herrschaft tödtlich verwunde, müssen wir uns mit Feuereifer erheben, es zu rächen, damit die Schlechtigkeit Weniger nicht Vielen zum Verderben gereiche; denn schlechte Priester sind zum Ruin der Völker. Wahrlich, wer soll für die Sünden des Volkes bei Gott fürbitten, wenn der Priester, welcher der Fürbitter sein sollte, noch schwerere Sünden als das Volk begeht?" Wirklich hatte Papst Gregor schon den Plan gefaßt, den Bischof Augustin von England nach dem Frankenreich zu senden, um an Ort und Stelle genaue Untersuchung über die eingerissenen Uebel walten zu lassen, die jedoch unterblieb.

Die so lang gewünschte Synode kam um das Jahr 600—601 endlich zu Stande und Columban richtete an sie von Luxeuil aus eine größere Denkschrift[1]), in welcher er eben so gewandt als freimüthig die Osterfrage benützte, um den versammelten Vätern einen Spiegel über ihre hohen Pflichten und die waltenden Mißbräuche in der Kirche vor die Augen zu halten. Er danket Gott, daß, durch ihn veranlaßt, so viele Väter zusammen gekommen, um über die Wahrheit des Glaubens und der Sitten ein gerechtes Urtheil zu fällen. „Würdet Ihr", fährt er fort, „doch öfter zu diesem Zwecke zusammentreten, wie die Canones es für jedes Jahr einmal oder zweimal vorschreiben, wenn nicht unruhige Zeitumstände dazwischenkommen. Sicher wäre dies nöthig, um die Nachlässigen zu größerer Thätigkeit anzuspornen." Dann geht er auf die Osterfrage ein und benützt sie, um den Bischöfen und Aebten ihre Pflichten unerschrocken vorzustellen. „Jeder muß sein Leben nach dem Beispiele des Erlösers umzubilden suchen, der allen acht Seligkeiten die Demuth und Armuth vorangesetzt hat, und da wir seine Schüler nicht sein können, ohne Allem zu entsagen, was wir besitzen, so mag Jeder selber untersuchen, ob er dies genau erfüllt habe oder sich selber von der Reihe der Jünger Christi ausschließe. Wer die Mühe flieht, den Bösen zu widerstehen, ist ein Miethling und kein treuer Hirt der Kirche. Erlaubt dem Untergebenen, Euch, den Obern, die Mahnung des wahren Hirten in Erinnerung zu bringen: Die Schafe hören die Stimme des Hirten, die Stimme der fremden Hirten hören sie nicht, sondern fliehen vor ihnen. Denn die Predigt vom Munde eines Miethlings vorgetragen, kann nicht eindringen in die Herzen derjenigen, die durch Zucht und Beispiel geleitet werden sollen. Wenn der Hirt die Stimme des obersten Hirten nicht hört, wird auch seine Stimme von den Untergebenen nicht gehört, und was der Lehrer durch seine eigenen

---

1) S. Columb. ad Patres Synod.

Handlungen verachtet, kann er durch seine Worte Andern nicht zur Nach=
ahmung empfehlen. Erfüllen wir daher Alle, wir mögen Kleriker oder
Mönche sein, die Gebote unseres Herrn Jesu Christi, dann werden wir
auch frei von allem Hochmuth die obschwebende Frage behandeln. Diese
Frage lautet einfach: Steht die Osterfeierübung der gallisch=römischen Kirche
oder die der Kirche im Westen (der brittischen Inseln) der Wahrheit näher?
Diese Frage habe ich schon vor drei Jahren in meiner Widerlegungs=
schrift behandelt, die ich hier Euch wieder zusende. Was die Väter der
Kirchen im Westen über die Osterfrage denken, habe ich dem heiligen Papste
(Gregor I.) in drei Briefen zur Kenntniß gebracht und mir vorgenommen,
auch noch Euerem ehrwürdigen Mitbruder Ariginus in einer kurzen Ab=
handlung das Gleiche auseinander zu setzen."

„Ich bitte daher Euch nur um das Eine: Nehmt mein ungeschicktes
Wesen und meine, wie Einige sich ausdrücken, hochfahrende Schreibselig=
keit mit friedfertigem und liebevollem Sinne auf, da die Noth, nicht die
Eitelkeit sie mir aufgedrungen. Und weil ich ja nicht der Urheber dieser
Verschiedenheit, und nur aus Liebe zu Christus unserem gemeinsamen Er=
löser als Fremdling in diese Länder gekommen bin, so bitte ich Euch durch
diesen unseren Erlöser, daß mir vergönnt werde, im Frieden mit Euch
und in der Liebe in diesen Wäldern still zu leben bei den Gräbern
unserer siebenzehn hier schon verstorbenen Brüder, wie es mir bisher
gegönnt war, zwölf Jahre unter Euch zu leben, um für Euch
wie bisanhin zu beten, wie wir dies schuldig sind. Möge auch Gallien
uns dulden, wie uns einst der Himmel dulden wird, wenn wir durch
unser Verdienst uns seiner würdig machen. Denn wir Alle haben ein
Reich, das uns verheißen ist, und eine Hoffnung durch die Berufung in
Christus, mit dem wir einst regieren werden, wenn wir vorerst mit ihm
gelitten haben. Ich habe für gut erachtet, Euch mitzutheilen, was wir
auch hier darüber verhandeln und unter uns besprechen; denn das sind
unsere Gesetze, die Gebote des Herrn und der Apostel, darin besteht unser
Glaube, darin unsere Waffe, unser Schwert und Schild, darin unsere
Schutzschrift. Diese haben uns aus unserem Vaterlande fortgeführt und
diese wollen wir auch hier in diesem Lande beobachten und bitten und
wünschen, bei denselben bis in den Tod verharren zu dürfen. Sehet also
Euch wohl vor, wie Ihr gegen diese alten, armen und fremden Greise
(Senes) vorgehet; denn es ist für Euch wahrlich besser, sie zu trösten, als
sie zu beunruhigen. Ich wagte nicht, persönlich bei Euch zu erscheinen,
damit durch meine Gegenwart der Streit nicht noch mehr entzündet werde.
Allein erst dann wird die Einigkeit der Gemüther, der Friede und die
Liebe dauerhaft gesichert sein, wenn wir alle die göttlichen Gebote zu

erfüllen streben; dann wird auch die gesammte Kirche wie von den Schwin= gen einer heiligen Begeisterung getragen, dem Himmlischen entgegeneilen. Möge die umsonst verliehene Gnade des Herrn uns verleihen, daß wir Alle die Welt verabscheuen, ihn allein lieben und ihn mit dem Vater und dem heiligen Geiste allein suchen. Uebrigens betet für uns, o Väter, wie auch wir, so gering wir sind, für Euch beten, und haltet uns nicht als Euch völlig fremd. Wir sind Mitglieder eines Leibes, seien wir Gallier, Britten, oder Irländer oder Abkömmlinge anderer Völker; denn alle Völker sollen sich erfreuen in der Erkenntniß des einen Glaubens an den Sohn Gottes und Alle auswachsen zum voll= kommenen Manne nach dem Maaße des vollen Alters Jesu Christi, in welchem wir uns gegenseitig lieben, gegenseitig ermuntern, gegenseitig bessern und gegenseitig besuchen und für einander beten wollen, damit wir einst mit ihm regieren und im Himmel uns erfreuen können."

Die Schlußnahmen der Provinzialsynoden entsprachen den Erwartun= gen Columban's nicht; denn nach dem Tode Gregor's des Großen (12. März 604) erließ er auf's neue ein Schreiben an Papst Sabinian oder an Boni= fazius IV., worin er ihm meldet: „Schon lange habe er das Verlangen in sich getragen, die Vorsteher des apostolischen Stuhles, die süßen Väter der Gläubigen und höchsten Würdeträger zu besuchen, allein bis jetzt habe er wegen den Unruhen der Zeit seinen Wunsch nicht erfüllen können, und hätte er auch zu Schiff die Reise unternehmen wollen, so hätten ihm weni= ger die Stürme des Meeres als die geistigen Wirren, die man in Rom wohl kenne, unübersteigliche Hindernisse entgegengesetzt. Zweimal seien seine Boten gehindert worden, die Briefe an den Papst Gregor seligen Gedächtnisses abzugeben, nun verlange er von dem gegenwärtigen Papste endlich über die beiden Meinungen einen Entscheid, und bitte ihn durch Gott den Dreieinigen, daß er ihnen als fremden Pilgern bei ihren vielen Mühen durch seinen Entscheid Trost verleihe, und wenn ihre Meinung sich nicht gegen den Glauben verstoße, die Ueberlieferung ihrer Altväter bekräftige und ihnen erlaube, die Ostern in der Weise auf ihrer Pilger= reise feiern zu dürfen, wie sie selbe von ihren Vorfahren erhalten hätten. Denn wie einst in ihrer Heimat, so nehmen sie auch hier von diesen Galliern keine Vorschriften an, sondern in den Wildnissen ansässig und Niemand zur Last fallend, wollen sie bei den Vorschriften ihrer Altväter verbleiben. Und weil die gallischen Kirchenvorsteher mehr mit Lärmen als mit Gründen ihre Ansicht vertheidigen und mit ihnen nichts auszurichten sei, verlange er die Entscheidung von höherer Stelle."

Kaum war dieser Kirchenstreit für Columban in eine ruhigere Phase eingetreten, als er gegen die verkommenen Merovinger sich in einen schweren Kampf verwickelt sah, der mit seiner Vertreibung aus Luxeuil durch die königliche Gewalt endigte. Denn wie er früher den fränkischen Bischöfen und Klerikern freimüthig und unerschrocken ihre heiligen Pflichten vor die Augen hielt, so trat er jetzt mit dem Starkmuth eines Propheten vor den königlichen Hof des burgundischen Königs Theuderich, um ihm über seine Ausschweifungen das unabänderliche Gesetz und die unausbleib= lichen Strafen Gottes zu verkünden, unter dessen Gerichtsbarkeit auch die Könige dieser Erde stehen. Denn langsam und unverwandter Richtung, wie die Eumeniden, ziehen die Gerichte Gottes den Unthaten der Fürsten nach; oft erst in den späteren Geschlechtern ihrer Nachkommenschaft sie erreichend, und zermalmen und vertilgen die Dynastien, deren Häupter in schwerer Mißachtung ihrer hohen Aufgabe, statt dem Reiche Gottes auf Erden durch die ihnen anvertraute Gewalt förderlich zu sein, durch ihre eigenen Aergernisse die göttlichen Gesetze und sittliche Ordnung vor den Augen ihrer Völker umstürzen und die freigeborne Kirche des Herrn, die treueste Stütze ihrer Macht, muthwillig in Haft und Bande legen. Schon lange war der Stamm der Merovinger von dem Wurme geheimer und offener Verbrechen in seinem Marke angefressen; während Fredegunde, die Gemahlin des grausamen Königs Chilperich von Neustrien [1]) († 584), sonst eben so ausgezeichnet durch heroischen Muth als durch ihre Regierungs= kunst, als Vormünderin und Regentin an der Seite ihres unmündigen Kindes Clothar II. durch ein ausschweifendes Leben und schwere Unthaten sich und ihr königliches Haus schändete, fand sie an der Königin Brun= hilde in jeder Rücksicht eine ebenbürtige Nebenbuhlerin, seit diese nach dem Tode ihres Sohnes, Königs Childebert († 596), zur Vormundschaft über ihre beiden Enkel Theudebert und Theuderich gelangt war, und in der Herrschaft über die Reiche Austrasien und Burgund einen fast unum= schränkten Einfluß gewonnen hatte. Die Regentschaft dieser Frauen mußte das Frankenreich in unabsehbare Wirren und blutige Kriege stürzen, denn Beide zeichneten sich durch eine gränzenlose Herrschsucht, die zur Erreichung des Zweckes vor keinen Mitteln zurückschreckte und durch eine schamlose Unsittlichkeit aus, die an dem göttlichen Gesetze keine Schranke fand. Schon im Jahre 597 bekämpften sich beide Parteien in der Schlacht von Lafan (Leucofagum) bei Chavignon; Fredegund und ihr Sohn Chlothar II. blieben Sieger und im Besitze der Plätze, die sie früher in Austrasien er= obert hatten. Der allgemeine Haß und Unwille, den Brunhilde durch ihre Gewaltthätigkeiten sich zugezogen, nöthigte den König Theudebert,

---

1) Gregor von Tours (Hist. VIII) nennt ihn den Nero und Herodes des
Frankenreiches.

dem Verlangen der austrasischen Großen nachzugeben, seine Großmutter vom Hofe zu entfernen (599) und aus dem Reiche zu verbannen. Von allen Menschen verlassen, fand sie endlich bei König Theuderich, ihrem jüngeren Enkel, Aufnahme, hob jedoch ihr Intriguenspiel hier auf ein Neues an, das vorerst gegen ihre Verwandten Fredegund und Chlothar und nachmals auch gegen König Theudebert gerichtet ward. Mit vereinter Macht schlugen die beiden Brüder (600) das Heer Chlothars bei Dor= meilles in der Nähe von Laon auf das Haupt und rissen von Neustrien die Landschaft Gatinois an der Seine an sich; noch im Jahre 604 kämpf= ten Beide verbunden siegreich gegen Chlothar und warfen ihn auf die Gränzen Neustriens zurück. Allein kaum war der Friede geschlossen, so entbrannte der Kampf zwischen beiden Brüdern und ihren Reichen, den Brunhilde durch den Pfalzgraf Protad, ihren Buhlen, eifrig zu schüren wußte. Theudebert forderte nämlich von Theuderich (605) das Elsaß, den Sundgau und den Thurgau zurück, welche früher zum Königreiche Austrasien gehörten, bevor König Childebert sie mit Burgund vereinigte. Schon rückten die Heere gegen einander, allein Protad wurde im Gezelte des König Theuderich auf dem Feldzuge nach Austrasien auf Anstiften der burgundischen Großen von den Soldaten ermordet und der Krieg kam diesmal nicht zum Ausbruch. Um sich ihren überwiegenden Einfluß auf den jungen König Theuderich zu sichern, suchte Brunhild ihren Enkel durch Buhlerinnen sittlich zu verderben und eine rechtmäßige Ehe für ihn zu hintertreiben. Als er dennoch Ermengarda, die Tochter des westgothi= schen Königs Betterich ehelichte, gelang es ihren Ränken und Umtrieben, daß die junge Königin schon nach Ablauf eines Jahres von Theuderich ihrem Vater schimpflich zurückgeschickt wurde. Diese Weiberwirthschaft am burgundischen Hofe rief allgemeine Entrüstung hervor. Schon der heilige Bischof Desiderius von Vienne hatte nicht unterlassen, dem jungen Könige seine Ausschweifungen vorzuhalten (607); allein der Erfolg hievon war kein anderer, als daß der treue Kirchenhirt auf Anstiften Brunhilds aus dem Reiche verbannt und nachmals gesteinigt wurde.

Da Luxeuil mit dem ganzen Elsaß damals zu Burgund gehörte, be= suchte König Theuderich zuweilen Columban und freute sich, in seinem Reiche einen so ausgezeichneten Mann zu besitzen. Columban benutzte diese Besuche, den jungen Fürsten zu bewegen, durch Eingehung einer rechtmäßigen Ehe seinen schweren Verirrungen ein Ende zu machen, und dadurch sich und dem Reiche die Thronfolge, den Frieden und den Schutz Gottes zu sichern. Allein Brunhilde wußte die guten Eindrücke solcher Mahnungen bei ihrem Enkel wieder zu verwischen und ihn sodann zum Werkzeuge einer Verfolgung zu mißbrauchen, die mit aller Erbitterung

gegen Columban losbrach), als er sich weigerte, den unehelichen Söhnen
Theuderichs [1]), die ihm Brunhild vorstellte, den Segen zu ertheilen. Sie
schwur dem Manne Gottes Rache und erwirkte beim Könige ein Verbot,
wornach allen Mönchen columbanischer Ordensregel der Ausgang aus
ihren Klöstern untersagt wurde; auch durfte von nun an kein burgundi=
sches Kloster mit ihnen mehr in Gemeinschaft treten, Niemand ihnen
eine Unterstützung verabreichen. Die erneuten Vorstellungen, welche Colum=
ban dem Könige und seiner Großmutter vor dem Schlosse Espoisse vor=
trug, waren wohl augenblicklich von günstigem Erfolge begleitet, denn
Beide versprachen Besserung; allein die tiefeingewurzelte Leidenschaft ge=
wann bald wieder die Oberhand und das sittenlose Leben wurde in bis=
heriger Weise am Hofe fortgeführt. Angesichts der schweren Verfolgung,
die ihm bevorstand, trat Columban, wie ein anderer Nathan für die gött=
liche Ehre und die sittliche Ordnung in die Schranken, richtete voll heili=
ger Entrüstung ein scharfes Schreiben an den König und stellte ihm die
Anwendung der Kirchenstrafen in Aussicht. Jetzt war für Brunhild der
Augenblick gekommen, das Spiel ihrer Ränke und Rache gegen den stark=
müthigen Sittenrichter nach allen Seiten in Bewegung zu setzen. Sie
wußte den König, die Hofleute und die Spitzen des Adels gegen ihn auf=
zureitzen, und selbst mehrere Bischöfe dadurch in ihr Netz zu ziehen, daß
sie die Sondergebräuche und die Ordensregel Columban's bei ihnen an=
schwärzte und verleumdete. Der König begab sich selbst nach Luxeuil,
sprach über die klösterlichen Uebungen Columban's scharfen Tadel aus und
rügte es sehr, daß der Eintritt in das Kloster nicht allen Weltleuten ge=
stattet werde. Columban vertheidigte die Satzungen, die er von den Alt=
vätern seiner Heimat empfangen habe, und erklärte dem Könige, daß er
den Weltlichen den freien Eintritt in das Kloster nicht gestatten dürfe, für
sie sei zum Empfange ein eigenes Gasthaus bestimmt. Vergebens drohte
der König, dem Kloster jegliche Unterstützung zu entziehen, Columban
blieb unerschütterlich fest und, als Theuderich bis in den Speisesaal vor=
zudringen wagte, verkündete er ihm die nahenden Gerichte Gottes in den
Worten: „Bist du nur hieher gekommen, um die Klosterordnung zu ver=
wirren und die Klöster der Diener Gottes zu zerstören, so wisse, daß
deine Herrschaft bald zusammenstürzen und dein Haus zu Grunde gehen
wird.“ Der König erwiederte ihm: „Erwarte nicht, daß ich durch deine
Vorwürfe gereizt, zur Thorheit mich hinreißen lasse, dir die Martyrkrone
auf das Haupt zu setzen, ich weiß besseren Rath; weil du den Umgang

---

1) Jon. 32.

Greith.

20

mit den Weltlichen hier zu Lande so sehr verabscheuest, so gehe wieder
dahin, von wo du einst gekommen bist!" Alle Höflinge schrieen einstimmig:
„hier im Lande sei Keiner zu dulden, der mit den Einheimischen keine
Gemeinschaft haben wolle"; worauf Columban erklärte: „nur die Ge=
walt könne ihn von seinen Brüdern trennen."

Graf Baudolf erhielt vom Könige den Befehl, Columban nach Be=
sançon abzuführen, wo er bis auf Weiteres in Verwahr gehalten werden
sollte. In dieser Stadt angekommen, besuchte er eines Tages das öffent=
liche Gefängniß, verkündete den Gefangenen Buße und Bekehrung, machte
sie durch Domoal wunderbar von ihren Ketten frei, zog mit ihnen in die
Kirche, wo er für sie ein gesetzliches Asyl gewann, und bewirkte darauf
von den Behörden ihre Freilassung. Von allen Bewohnern der Stadt
mit Ehrfurcht behandelt, blieb er hier einige Zeit und bestieg eines Tages
den nahegelegenen Hügel, um zu sehen, ob der Weg nach Luxeuil frei von
Wachtposten sei. Als er Niemanden gewahrte, der ihn an der Rückkehr
hindern würde, zog er mit den Seinen mitten durch die Stadt nach Luxeuil
ab. Allein der König sandte nun eine ganze Cohorte nach, um ihn aufzu=
greifen und außer die Gränzen des Königreiches abzuführen. Mit tiefem
Widerwillen vollzogen die Krieger den Befehl, und baten den Heiligen um
Verzeihung, bevor sie Hand an ihn legten. Als er nun sah, daß seine
Standhaftigkeit Anderen Gefahr brächte [1]), verließ er unter lautem Schluch=
zen das Kloster. Wie einem Leichenzuge folgten ihm die Mönche mit
Weinen und mit Klagen. Columban tröstete sie mit der Verheißung: „die
eingebrochene Prüfung werde weder ihm noch seinen Klöstern in den Vo=
gesen zum Nachtheile, sondern vielmehr zur Ehre und Erhöhung gereichen.
Wer von ihnen freiwillig sein Schicksal mit ihm theilen wolle, möge ihm
folgen, die Uebrigen dagegen sollen im Kloster verbleiben, Gott werde nur
zu bald ihren Schmerz zu rächen wissen." Doch der Truppenführer er=
laubte nur Denjenigen mit Columban auszuziehen, die er einst aus Irland
oder Britannien hieher gebracht hatte, alle Uebrigen mußten bleiben, was
ihren Schmerz auf das Höchste steigerte. Nur mit Gewalt konnte Eusta=
sius, sein Diener und unmittelbarer Nachfolger in Luxeuil zurückgehalten
werden, wie es Mietius, der Bischof von Laon, sein Oheim wollte.
So wich Columban der Gewalt; der starkmüthige Zeuge für Gottes
Ordnung und Gesetz wanderte in die Verbannung, und verließ unter
dem Klagegeschrei seiner Ordenssöhne das Kloster Luxeuil im zwan=
zigsten Jahre seines Aufenthaltes in der Wildniß der Vogesen [2]), im

---

1) Jon. 37.
2) L. c. 38. „Vicesimo anno post incolatum eremi."

vierundsiebenzigsten Jahre seines Lebens [1]) und im Jahre des Herrn 609 — 610.

———

Drittes Kapitel.

„Columban's Erlebnisse in Tuggen, Bregenz und Bobbio bis zu seinem Tode."

Von Ragamund und einigen Wachtsoldaten wurde Columban mit seinen Ordenssöhnen irischer und brittischer Herkunft nach der Westgränze Burgunds abgeführt; sie nahmen den Weg über Besançon und Autün nach dem Schlosse Avallon und kamen der Jonne entlang nach Auxerre, wo sie im Hause der Theodemanda, einer frommen Frau, gastfreundliche Aufnahme fanden. Hier sprach Columban an Ragamund das weissagende Wort aus [2]): „Denke daran, binnen drei Jahren wird Chlothar, den Ihr jetzt verachtet, Euer König sein." Als sie zu Nevers an der Loire sich einschifften, schlug ein Wachtsoldat mit dem Ruder einen der Brüder, Namens Lua. Der Unglückliche fand für seine Gewaltthat auf dem Rück=wege in der Loire seinen Tod, wie ihm Columban es angedroht. In Orleans, der Residenzstadt König Theuderich's angelangt, wurden sie im Schiffe zurückgehalten und ward ihnen untersagt, die Kirche zu besuchen. Columban sandte den Potentian, der bald darauf ein Kloster in der Stadt Konstanz in Armorica gründete, mit einem anderen Bruder in die Stadt, um Lebensmittel zu holen; allein aus Furcht, sich die Ungnade des Königs zuzuziehen, wagte Niemand ihnen etwas zu verabreichen; nur eine Frau aus Syrien, jener Colonie entstammend, welche zur Zeit König Childe=berts I. (558) aus dem Oriente in Gallien eingewandert war, hatte die Liebe und den Muth, den Verfolgten ihre Gastfreundschaft anzubieten und ihnen die nöthigen Lebensmittel auf die Reise mitzugeben. „Auch ich", sprach sie, „bin fremd in diesem Lande; denn ich stamme von der fernen Zone des Morgenlandes her und führe meinen blinden Mann schon viele Jahre in diesem Lande umher" [3]). Der Blinde wurde vorgeführt; Columban betete über ihn, berührte sodann die kranken Augen mit seinen Finger=

———

1) Victor Perrin Subprior Luxov. in seiner Chronologie und die Documenta Luxov. cum Majori Augia communicata — geben ihm hier ein Alter von acht=undsechzig, und im Ganzen ein Lebensalter von fünfundsiebenzig Jahren. Dieses Alter ist um vier bis fünf Jahre höher zu stellen, wie oben nachgewiesen worden.
2) Jon. 39. — 3) L. c. 41.

spitzen, bezeichnete sie mit dem Zeichen des heiligen Kreuzes, und das
Leben und Licht kehrte in die Sehnerven zurück. Die Gefangenen kamen
nach Tours, erhielten die Erlaubniß, das Grab des heiligen Bischofs
Martin zu besuchen, brachten die folgende Nacht mit Gebet und Betrach=
tung in der Kirche zu, wo der Bischof Leuparius († 614) sie fand und
zu Tische lud. Unter den Tischgenossen befanden sich viele Dienstmannen
des Königs Theuderich; das konnte Columban nicht abhalten, einem der=
selben, Chrodowald mit Namen, offen zu sagen: „Geh hin zu deinem
Freunde und Herrn und sage ihm: daß binnen drei Jahren Gott ihn
und seine Sprößlinge vertilgen und seinen ganzen Stamm ausrotten
werde." Von Bischof Leupar mit dem Nöthigen auf die Weiterreise ver=
sehen, erreichten sie endlich die Hafenstadt Nantes, wohin der König sie
zu bringen befohlen hatte. Dort waren der Bischof Sofronius und
Graf Teudoald schon beauftragt, die Ueberfahrt Columban's mit den
Seinen zu überwachen und in Vollzug zu setzen. Damals vermittelte
Nantes den Seehandel zwischen Gallien und den brittischen Inseln [1]), und
eben war ein Schiff zur Abreise nach Irland dort bereit, welches irische
Kaufmannswaaren führte [2]). Die gallischen Kaufleute ließen damals
gallische Weine zum Austausche an irische Erzeugnisse nach Irland führen.
Solche kamen eines Tages bis in's Innere von Irland zum Kloster Cia=
rau's, wo die Mönche eben beschäftigt waren, das Getreide einzuheimsen.
Sie tauschten ihren Wein an Getreide aus, welchen dann St. Ciaran
für die Ordensbrüder verwendete [3]). Während die übrigen Brüder und
ihr Reisegepäck an Bord des Schiffes genommen wurden, blieb Columban
in einer Barke auf der Loire zurück, schrieb, im Begriffe abzufahren, noch
einen Abschiedsbrief an seine Ordenssöhne in Luxeuil und bestieg sodann
das Schiff, das sofort auf die hohe See fortsteuerte. Allein der Sturm,
der darauf eintrat, trieb das Schiff mit Allgewalt wieder zurück und auf
den Strand hin, wo es drei Tage lang bis zur Wiederkehr einer stärkeren
Fluth sitzen blieb. Der Kapitän ließ die Reisenden und ihr Gepäcke wie=
der ausschiffen und fuhr ohne sie bei ganz günstigem Winde weiter. Sie
erkannten in diesem Vorfalle den Willen Gottes, daß sie Gallien nicht
verlassen, sondern in das Innere des Landes zurückreisen sollten, und
Niemand legte ihnen ein Hinderniß in den Weg, ihr Vorhaben auszu=
führen. Der Brief Columban's an seine Schüler und Mönche in Luxeuil
ist unserer besonderen Beachtung werth!
    Er versichert sie im Eingange der lieberollen Sorge, die er fort=

---

1) W. Reeves' Adamn. p. 57. not. 3. — 2) Jon. 47. — 3) Vit. S. Ciaran.
cap. 31.

während für ſie bewahre und ſeiner Sehnſucht, ſie immer in der Wiſſen=
ſchaft und Vollkommenheit fortſchreiten zu ſehen. Sie ſollten, da nun
um des Zeugniſſes für die Wahrheit willen Trübſal und Verfolgung über
ſie eingebrochen ſeien, ſich bewähren, daß ſie nicht jenem ſteinigen Boden
gleichen, der auf ſeinem dünnen Raſengrunde den empfangenen guten
Saamen nicht ernähren könne, ſondern in aller Geduld die Prüfung be=
ſtehen, damit darin ihr Glaube koſtbarer als das Gold erfunden werde. „Ihr
wiſſet,“ ſchrieb er ihnen, „nicht wegen irdiſcher Ehre und Herrſchaft, ſon=
dern für das Reich des Himmels wurde der Kampf unternommen, und
das iſt nicht neu. Glaubet nicht, daß die Menſchen von ſich aus Euch
verfolgen; die Dämonen ſind in denen, die Euch um Eure geiſtigen Güter
beneiden; ergreifet wider ſie die Waffen Gottes und bahnet Euch den Weg
zum Himmel mit eifrigem Gebete wie mit Pfeilen bewaffnet. Damit aber
Euer Gebet vor Gott wirkſam ſei, müßt Ihr unter Euch ſelber einig
bleiben. Denn beſſer wäre es, Ihr würdet nicht beiſammen wohnen, wenn
nicht Ein Wollen und Ein Nichtwollen unter Euch waltet. Darum be=
fehle ich, daß Alle, welche mit mir von Herzen übereinſtimmen und meine
Geſinnung kennen und lieben, meinem rechtmäßigen Nachfolger Attala
anhangen, dem ich die freie Wahl laſſe, bei Euch zu bleiben oder zu mir
zu kommen. Will er zu mir kommen, ſo ſoll Waldolen Euer Vorſtand
ſein. Inzwiſchen hüte ſich Jeder von Euch, dem eigenen Willen oder
Plane zu folgen; denn viel haben uns von jeher Jene geſchadet, die unter
uns nicht einig waren. Setze ſie friedlich ab, liebſter Attala, die dir läſtig
werden; nur ehre den Libran und ſchließe Waldolen an dich, wenn er
noch dort in der Genoſſenſchaft iſt. Kannſt du den Seelen nützlich ſein,
dann bleibe; findeſt du Gefährde, dann komme zu mir. Ich ſpreche von
Gefahren der Zwietracht; denn ich fürchte, daß wegen der Oſterfrage der
Streit auf ein Neues ausbreche und ſie Euch entfernen werden, wenn Ihr
nicht zu ihnen haltet. Darum ſeid vorſichtig in Eueren Reden bei An=
deren, und bewahret vor Allem die Einigkeit unter Euch ſelbſt. Die Ver=
treibung hat mich gebrochen, ich geſtehe es; denn weil ich Allen helfen
wollte, bekämpften ſie mich ohne Grund, und weil ich Allen geglaubt habe,
bin ich beinahe ein Thor geworden, darum ſei du nun klüger. Ich will
nicht, daß du die ganze Bürde trageſt, unter deren Laſt ich geſeufzt; du
haſt in meinem Schickſale geſehen, daß nicht alle Warnungen für Alle
paſſen; denn verſchieden ſind die Sitten und Beſchaffenheiten der Men=
ſchen. Richte dich nach ihnen, fürchte ihren Haß, weil er den Frieden
ſtöret, fürchte ſogar ihre Liebe, weil ſie dir Gefährde bringt und laß dein
Herz nur von Einem Verlangen geleitet ſein, meine Wünſche zu erfüllen.
Ich ſuche aber einzig das Heil der Seelen, d. i. die Verherrlichung des

Herrn und seiner Kirche. Weil ich wohl die Verschiedenheit der Meinun=
gen in Betreff der Beobachtung der Regel sah, habe ich die Aeste an die
Wurzel herabgebunden, die von mir — dem schwachen Stamme abweichen,
d. i. von der Wahrheit der Lehre sich entfernen wollten. Diejenigen, die
meine Gesinnung bewahrt haben, mögen fortfahren, Gott so zu dienen,
dann werden sie immer weiser und frömmer werden, je mehr sie sich be=
streben, immer demüthiger und barmherziger zu sein. Solche dagegen, die
aufrührerisch sind, sollen austreten, die Gehorsamen aber die Erben der
Stiftung sein. Dies sollst du und sollen Alle beachten, die ganz mir an=
gehören, und obwohl ihrer Viele sind, sollen Alle auf denjenigen ihre
Blicke richten, der Gott an dem Altare dienet, welchen der ehrwürdige
Bischof Aid geweiht hat [1]). Solches schreibe ich Euch bei der Ungewiß=
heit des Ausganges dieser Angelegenheit. Es lag in meinem Wunsche,
zu den Völkern zu gehen und ihnen das Evangelium zu ver=
künden, als man mir aber ihre Lauigkeit schilderte, ist mir die Lust dazu
beinahe vergangen."

„Ich wollte einen thränenreichen Brief schreiben, weil ich aber weiß,
daß dein Herz ohnehin Schweres und Bitteres genug zu tragen hat, habe
ich eine andere Schreibart gewählt und wollte eher die Thränen ersticken
als hervorrufen. Allein siehe, sie brechen dennoch hervor; doch ist es
besser, sie zu unterdrücken; denn ein tapferer Krieger weint nicht in der
Schlacht. Was wir erfahren, kömmt uns nicht unerwartet, wir haben es
täglich wie vorausgesagt. Der Weiseste der Griechen wurde in den Kerker
geworfen, weil er gegen die Meinung aller Anderen lehrte, daß nur ein
Gott sei; und welch' hohes Beispiel hat der Herr uns hinterlassen, der sich
für uns hinopferte, weil er wollte, und in der Thorheit die Weisheit und
in der Schwäche seine Macht so herrlich offenbarte! So laßt uns auf der
königlichen Bahn der Kreuzigung des Fleisches und der Buße des Herzens
zur Stadt Gottes emporsteigen, durch Mühen des Leibes, durch Verdemü=
thigung des Geistes, durch eifrige Pflichterfüllung, und was noch mehr
ist, durch die Gnade Christi, den Glauben, die Hoffnung und die Liebe.
Unterschätze aber nicht die Macht des Feindes und die Freiheit deines eige=
nen Willens; schaue auf die für den Feind offene Pforte von Westen
(Burgund) her. Von Westen her werden die Uebel über die ganze Erde ent=
brennen (Jerem. 1, 14.). Allein fasse Muth; nimm den Feind weg, so ist
kein Kampf, und wo kein Kampf, da ist auch keine Krone. Hebe die Frei=

---

1) Aid ist ein irischer Geschlechtsname, der öfter vorkömmt. König Aid, Sohn
des Königs Ainmuir, Aid, der Sohn Colgan's, Aid, der Vater Ronan's, Aid, der
Schwarze, Aid Slan u. A. S. Reeves' Adamn. p. 466.

heit auf, so hebst du auch die Würde des Geistes auf. So viele Wider=
wärtigkeiten auf uns eindringen, Gottes Beistand wird uns Schwachen
zum Siege verhelfen. Während ich gerade schreibe, berichtet man mir,
daß das Schiff zur Abfahrt bereit stehe, auf dem ich wider
meinen Willen in mein Vaterland zurückgeführt werden
soll. Wenn ich in's Meer geworfen werde wie Jonas, was im Hebräi=
schen gleichfalls Columba bedeutet, so betet, daß statt dem Wallfisch irgend
ein Anderer durch glückliche Ruderung mich sicher birgt und Euren Jonas
dem ersehnten Lande wieder gibt. Nun nöthigt mich das Pergament, den
Brief zu schließen, obwohl die Fülle des Stoffes noch viel größeren Raum
forderte. Ich wollte in aller Kürze Alles sagen, allein Alles sagen konnte
und wollte ich nicht schon wegen der Verschiedenheit der Meinungen unter
Euch. Gottes Wille möge in Allem geschehen. Verlangt nicht nach mir,
bloß von der Sehnsucht der Liebe zu mir geleitet, sondern nur, wenn die
Nothwendigkeit es erheischt. Mißbrauchet meine Abwesenheit nicht zur
Unordnung, noch suchet während meiner unfreiwilligen Trennung für Euch
eine Freiheit, die Euch nur in die Sklaverei der Sünde führen würde.
Der gehört mir an, der die Einigkeit liebt, Keiner aber, der Trennung
stiftet. Wenn Ihr aber wahrnehmet, daß das Leben der Vollkommenheit
immer mehr abnimmt und das Schicksal mich länger von Euch ferne hält
und Attala zu Euerer Leitung nicht ausreicht, da Euere Brüder hier in
der Nähe der Britten sich befinden, so sei dann derjenige Euer Vorstand,
welchen Ihr Alle hiefür in freier Wahl bestimmt. Wäre ich frei, so stünde
es an mir, Euch vorzustehen. Gefällt Euch der Aufenthalt in jener Ge=
gend und schenkt Gott Euch seinen Beistand, dann bauet fort und wachset
tausendfältig mit seinem Segen.“

Von Nantes wandten die Vertriebenen sich zu König Chlothar von
Neustrien, der zu Soissons das kleine Königreich von zwölf Grafschaften
zwischen der Seine und dem Kanal (La manche) regierte, das ihm in
Folge der unglücklichen Kriege gegen die beiden anderen Merovinger noch
geblieben war. König Chlothar war von dem ganzen Handel [1]) schon
unterrichtet, als Columban mit den Seinen vor ihm erschien. Der König
nahm sie mit großem Wohlwollen auf und wandte Alles an, um sie für
sein Land zu gewinnen; allein Columban ging auf das Anerbieten nicht
ein, weil er daraus für Chlothar verhängnißvolle Verwickelungen mit dem
Hofe von Burgund befürchtete. Mittlerweile war der Bruderzwist zwi=
schen den Enkeln Brunhilds zum offenen Kriege ausgebrochen; Theudebert [2])
zog wider Theuderich (600)—10) und zwang ihn, das Elsaß und andere

---

1) Jon. 48. — 2) Fredegar Chron. c. 37.

Gauen an das Reich Austrasien abzutreten. Jede der kriegführenden Parteien suchte das Bündniß Chlothar's nach. Allein Columban rieth dem Könige, sich in diesen Bruderkampf nicht einzumischen, und wiederholte bei diesem Anlasse sein früheres Wort: „Binnen drei Jahren werden beide Brüder zu Grunde gehen und auf Chlothar werde die Herrschaft von Burgund und Austrasien übergehen." Dann bat er den König um die Mittel, durch Austrasien und über die Alpen nach Italien zu reisen[1]), in der Absicht, die er längst gehegt und schon an Papst Gregor ausge= sprochen hatte, Rom zu besuchen und das Ziel der Sehnsucht so vieler irischen Heiligen zu erreichen. Um ihn vor den Nachstellungen Theuderichs und anderen Gefahren zu sichern, gab ihm König Chlothar eine Schutz= wache von Bewaffneten mit. Zu Meaux wurde die Pilgerschaar von Hagnerich, einem Edelmanne und Hausfreunde des Königs Theudeberts, mit großer Freude empfangen; dieser entließ das bisherige Schutzgeleite und versprach ihnen beim Hofe die beste Aufnahme zu bereiten. Colum= ban hielt im Hause des Edelmannes Lehrvorträge, segnete das ganze Haus und insbesondere die Tochter Burgundofara, damals noch ein Kind, die später sich Gott weihte und als Stifterin und erste Abtissin des Klosters Farmünster (Farmoutier) bei Meaux sich auszeichnete. Im Hause eines anderen Edelmannes jener Gegend, Autharius mit Namen, wurden ihm die beiden Söhne Ado und Dado von ihrer Mutter Aiga vorgestellt, daß er ihnen seinen Segen ertheile. Beide gelangten später bei König Chlo= thar und König Dagobert zu großer Gunst, entsagten aber der Ehre und Herrlichkeit dieser Welt, um die ewigen Güter nicht zu verlieren. Von ihnen gründete Ado in den Wäldern des Jura ein Kloster nach der Regel Columban's, Dado ein anderes am Strome Resbach (Rebais) im Gebiete von Brie. Ueberall, wo der Heilige mit seiner Schaar durchzog, brachte man ihm die Kinder, daß er sie segne; auffallend groß war auch die Zahl der Besessenen, die ihm auf seiner Durchreise zugeführt wurden. Endlich erreichten die Wanderer die Stadt Metz und wurden von König Theude= bert mit Jubel (ovans) aufgenommen. Von Luxeuil kamen bald viele Brüder herüber, um ihren Ordensvater zu begrüßen. König Theudebert versprach ihm, innerhalb den Gränzen seines Reiches einen angenehmen und wohlgelegenen Ort ausfindig zu machen, von wo aus er den über= rheinischen Völkern den christlichen Glauben verkünden könnte. Columban ging auf das Anerbieten des Königs ein und erklärte ihm: wenn er bei seiner Zusage beharre, wolle er für einige Zeit in seinem Reiche verbleiben und sehen, „ob es ihm möglich werde, in die Herzen der Nachbarvölker

---

1) Jon. c. 49.

den Saamen des christlichen Glaubens auszustreuen." Nun stellte ihm
der König frei, einen geeigneten Ort, wo er immer wolle, auszuwählen,
der ihm und den Seinen gefallen würde. An der äußersten Gränze
Austrasiens über dem Rheine [1]), wo die Gränzen Alemanniens und Rhä=
tiens sich berührten, am östlichen Ufer des Bodensee's lag die alte Stadt
Bregenz, durch die Alemannen längst in einen Trümmerhaufen verwan=
delt, jedoch in freundlicher Gegend; sie wurde Columban schon zu Metz
als überaus schön und für eine klösterliche Niederlassung geeignet hervor=
gehoben.

Die Pilgerschaar kam nach Mainz, und erhielt von dem Bischofe Leoni=
sius [2]) das Nöthige für die Weiterreise; dann ging es den Rhein strom=
aufwärts zu Wasser und zu Land, wie es gehen mochte, bis sie das Kastell
Zürich erreichten, von wo sie (wahrscheinlich dem linken Seeufer entlang)
nach Wangen und von da nach Tuggen [3]) an den Ausfluß der Limat in den
Obersee zogen und den Entschluß faßten, hier einen längeren Aufenthalt
zu nehmen. Vielleicht hat die Erinnerung an ihren heiligen Landsmann
Fridolin sie veranlaßt, diese Gegend an der oberen Limat aufzusuchen,
der hier schon früher bis nach Glarus an die Alpen vorgedrungen war
und den christlichen Glauben verkündet hatte [4]). „Der Ort gefiel, aber es
mißfielen [5]) die verkehrten Gewohnheiten der Bewohner; Grausamkeit
und Bosheit herrschten unter ihnen, denn sie waren dem Aberglauben
der Heiden noch ergeben." Einläßlicher gibt Walfrid Strabo ihren sitt=
lichen Zustand dahin an [6]): „Die Bewohner waren grausam und gottlos;
sie verehrten Götzenbilder, brachten den Dämonen in den Hainen Opfer
dar, trieben Weissagerei und Zauberei und viele andere abergläubische
Dinge, die dem Gottesdienste zuwiderlaufen." Die Glaubensboten
unterrichteten sie nun in den christlichen Wahrheiten, lehrten sie den drei=
einigen Gott den Vater, den Sohn und den heiligen Geist anbeten und
entwickelten an dieser Grundwahrheit des Christenthums die übrigen Ge=
heimnisse und Lehren der Religion. Als Columban eines Tages in der
Umgebung des Ortes sich erging, hatte sich eben ein Theil der Bewohner
versammelt, um dem Gotte Wodan ein Opfer darzubringen. Eine Kufe

----

1) König Theudebert hatte damals das Elsaß, den Sundgau und Thurgau mit
Austrasien wieder vereinigt.

2) Dieser hielt nach Fredegar Chron. 38 den Stuhl von Mainz damals inne.

3) Nicht Wangen, wie im Widerspruche mit der vit. prim. S. Galli, die erst
im J. 844 gefertigte Urkunde bei Neugart Dipl. Eccl. Constant. p. 251. angibt.

4) S. P. Just. Landolt von Einsiedeln: „Ueber die Christianisirung des Linth=
gebietes."

5) Vit. primaev. S. Galli. — 6) Walfr. Strab. vit. S. Galli c. 4.

(cuppa) Bier stand nämlich in ihrer Mitte; sie sprang krachend auseinander, als Columban sich ihr nahte, und zischend strömte das schäumende Bier auf den Boden. Er hielt darauf eine scharfe Strafrede an sie, hieß sie von den Götzenopfern abzustehen und nach Hause zu gehen. Durch seinen Unterricht wurden Viele bekehrt, Andere, die schon früher getauft, aber in den heidnischen Aberglauben wieder zurückgefallen waren, führte er wie ein guter Hirt zum Dienste Christi wieder zurück¹). Unter den Schülern Columban's zeichnete sich durch Eifer und Lehrgabe Gallus, der treue Mitgenosse seiner Leiden, besonders aus; er zündete den Götzenhain an²), und warf die zubereiteten Opfergaben in den See. Als sodann die Heiden ihre Haine verbrannt sahen, griffen sie gegen die Männer Gottes zu den Waffen des Hasses³), der in ihren Herzen so sehr entflammte, daß sie den Gallus tödten und Columban mit Schimpf und Schande aus ihrem Gebiete verjagen wollten. Columban beschloß, dem Ausbruch durch schnelle Abreise zuvorzukommen. Bevor er wegzog, verrichtete er das Gebet: „Gott, Herr des Himmels, dessen Wille die ganze Welt regiert, schlage mit Unheil dieses Geschlecht, damit, was es Böses deinen Dienern zugedacht, auf sein eigenes Haupt zurückfalle. Laß verderben ihre Kinder, und wenn sie die Mitte ihres Lebens erreichen, mag Thorheit und Wahn ihr Antheil sein; die Last der Schulden mag sie drücken, damit sie sich bekehren und ihre Schmach erkennen!"

Dieses Strafurtheil eines Heiligen, der wie ein Prophet Gottes gegen die Laster der christlichen Fürsten und die Verbrechen der heidnischen Völker gleich furchtlos seine Stimme erhob, hat die Humanisten in große sittliche Entrüstung versetzt, und das in einer Zeit, wo wir den Banditenruf: „Tod den Jesuiten, diesen Hunden", so oft vernehmen konnten, und man neben den Gesetzen zum „Schutz der Thiere gegen alle Quälerei" im drastischen Gegensatze die journalistischen und legislatorischen Proscriptionen gegen die edelsten und besten Männer, ohne zu erröthen, erlassen durfte! Columban sah seine Mühen und Anstrengungen zur Rettung jener Bewohner vereitelt und die paganistischen Schandthaten in ihrem Götzendienste fortdauern, darum verkündete er ihnen bei seinem Scheiden die Strafgerichte Gottes. Noch immer und auf ewig ist der wahre und lebendige Gott allein der Herr der Herren, dem ausschließlich alle Ehre, Macht und Herrlichkeit gebührt; der dämonische Dienst, der ihm diese Ehre raubt und sie dem Empörer von Anbeginn zutheilt, hat jegliches Recht zu sein zum Voraus verwirkt, und muß überall von Rechtswegen dem Dienste des wahren Königs der Ehre weichen, wo dieser durch die offenen Pforten

---

1) Jon. 53. — 2) Darüber das Nöthige später. — 3) Vit. prim. S. Galli.

seinen Einzug feiert [1]). Das war eine der Rechtsanschauungen, welche die Kirchen = und Reichsgesetze zur Ausrottung des Götzendienstes damals in's Leben riefen. Weit schärfer lauteten die Fluchurtheile, von denen die Chananiter im alten Bunde betroffen wurden, weil sie durch ihre Laster zu einer Pest für alle umliegenden Völker geworden waren [2]). Bekannt sind die Ver= wünschungen und Androhungen, welche die Propheten an die Abgötterer und selbst an Israel erließen, als es den Gräueln des Götzendienstes an= gehangen. Das Gebet Columban's ist den Psalmen [3]) entnommen, welche messianischen Inhaltes und gegen die Feinde Christi und seines Gottes= reiches gerichtet sind. „Meine Feinde", heißt es darin, „vergelten mir Böses für das Gute und Haß für meine Liebe, darum sollen ihre Tage gekürzt, ihre Kinder Waisen und ihre Weiber Wittwen werden. Ihre Nachkommen sollen zu Grunde gehen und ihr Name vertilgt werden, darum weil sie einen Armen verfolgten und einen Verlassenen tödteten. Sie liebten den Fluch, darum komme über sie der Fluch, der Segen gefiel ihnen nicht, darum sei er fern von ihnen. Laß, o Herr, Schande über sie kommen, die mich verleumden, laß sie bedeckt werden mit ihrer eigenen Schmach. Ihr Unheil kehre auf ihr eigenes Haupt zurück, und ihr Frevel auf ihren Scheitel. Sie sollen sich schämen und verwirrt werden auf ewig und beschämt werden und zu Grunde gehen!"

„Nicht um der Verfolgung auszuweichen [4]), sondern um die unfrucht= baren Herzen nicht noch länger fruchtlos zu begießen und ihre Zeit hier unnütz zuzubringen, so wie von der Hoffnung getragen, anderswo mit größerem Seelengewinn wirken zu können, verließen die Glaubensboten Tuggen und kamen nach dem alten Römerlager (castrum) Arbon, wo sie den frommen Priester Willimar fanden. Dieser führte die Pilger zuerst in die Kapelle (oratorium), wo sie ein gemeinsames Gebet verrichteten und sodann, zum gastlichen Hause hingeführt, bei ihrem Eintritt den „Frieden" anwünschten und ihre Reisebündel (sarcinulas) ablegten. Beim einfachen Mahle las auf Columban's Geheiß Gallus einen Abschnitt aus der hei= ligen Schrift, erschloß den verborgenen Sinn des göttlichen Wortes so trefflich und wußte die Herzen der Zuhörer mit solcher Liebe zum himm= lischen Vaterlande zu erfüllen [5]), daß Willimar über seine Rednergabe er= staunte und vor Rührung sich der Thränen nicht erwehren konnte. Von Willimar mit aller Ehrerbietung und Aufmerksamkeit behandelt, blieben die fremden Gäste in Arbon sieben Tage. Unter den Gesprächen forschte Columban bei Willimar nach, ob er in der Einöde nicht einen Ort wüßte,

1) Pf. 23. — 2) Vergl. Mof. 5, 21., 5. M. 28., Jof. 6, 26. — 3) Pf. 7, 82. u. 108. — 4) Walfr. Str. l. c 5. — 5) Vit. prim.

der sich für die Errichtung einer Klosterzelle (cellula) für Ordensmänner eignen würde; worauf dieser ihm erwiederte: „in dieser Einöde (in hac solitudine) lägen drüben unfern vom Ufer des See's die Ruinen der alten Stadt Bregenz; dort sei der Boden fett und für den Feldfrüchten= bau ganz geeignet, rings im Umkreis erheben sich hohe Berge, schließe an sie sich eine die Stadt überragende Gebirgsgegend an, und breite eine Ebene sich aus, die der Landarbeit alle nur möglichen Früchte gewähre, überdies liege der See (mare) ganz in der Nähe." Sie wünschten nun den Ort selbst in Augenschein zu nehmen; Willimar bereitete ein Schifflein zu und Columban steuerte mit Gallus, seinem fähigsten Schüler [1]), gerader Richtung nach Bregenz hin, wo sie das Ufer glücklich erreichten. Sie stiegen an's Land und trafen eine früher der heiligen Aurelia ge= weihte Kirche [2]), die bei der einstigen Zerstörung der Stadt durch die Alemannen verschont geblieben, von den Einwohnern aber nachmals wie= der zu einem heidnischen Tempel war entweiht worden. Nachdem die Glaubensboten vorerst knieend ihr Gebet verrichtet, untersuchten sie die Gegend, und sie gefiel ihnen wohl nach ihrer Lage und Beschaffenheit. Darauf bauten sie sich Wohnungen bei der Aureliakirche. Im Innern des Tempels fanden sie drei vergoldete Götzenbilder von Erz, die an die Wand geheftet waren, das Volk, welches den Gottesdienst des heiligen Altares wieder verlassen hatte, betete sie an und brachte ihnen Opfer dar; auch pflegte es von ihnen zu sagen: „Dies sind die alten Götter und die früheren Beschützer dieses Ortes, unter deren Obhut wir und unser Eigen= thum bisher erhalten wurden." Columban gab nun Gallus den Auftrag, eine Rede an das Volk zu halten, um es durch heilsame Belehrung vom Irrthum des Götzendienstes zum Dienste des wahren Gottes zurückzu= führen, weil Gallus vor allen anderen Brüdern nicht nur durch Gewandtheit im Lateinischen, sondern auch in der Kenntniß der barbarischen Sprache sich hervorthat [3]). Als dann das Volk zur gewöhnlichen Tempelfeier sich versammelte, mehr aus Neugierde, um die fremden Ankömmlinge zu sehen, als aus religiösem Eifer, begoß Gallus ihre Herzen mit honigsüßen Lehren, und mahnte sie, sich zu bekehren zu ihrem Schöpfer und Herrn Jesus Christus, dem Sohne Gottes, der dem Menschengeschlechte, das im Pfule des Verderbens lag, den Eingang zum himmlischen Reiche wieder erschlossen. Darauf riß er vor ihren Augen die Götzenbilder von der Wand weg, schlug sie mit Steinen in Stücke und warf sie in den See. Auf dieses

1) L. c. „aptissimo discipulo."
2) Vit. prim. „ecclesia", dagegen Walfr. Str. 61. „oratorium u. templum."
3) Vit. prim. u. Walfr. Str. 6.

bekehrte sich der eine Theil des Volkes, beichtete die Sünden und sagte Gott für die Erleuchtung Lob und Dank; die Anderen geriethen in Wuth und gingen erbittert nach Hause. Columban segnete Wasser, be= sprengte damit den Tempel, und während die Kleriker unter Psalm= gesang rings um den Tempel zogen, weihte er die Kirche und gab ihr die frühere Ehre wieder. Darauf salbte er unter Anrufung des göttlichen Namens den Altar, legte Reliquien von der heiligen Aurelia hinein, bekleidete mit Leinwand den Altartisch, und schließlich brach= ten sie rechtmäßig die heilige Messe dar. Nachdem die Feier zu Ende war, kehrte das Volk in großer Freude nach Hause heim [1]). Columban blieb mit den Seinen drei Jahre an diesem Orte; wie die emsigen Bienen übten die Brüder sich in den verschiedenen Künsten; die Einen bauten die Zellen aus, die Anderen legten den Garten an, oder pflanzten Aepfelbäume auf den Wiesen; der selige Gallus dagegen strickte Netze, ver= legte sich auf den Fischfang und fing immer eine solche Menge Fische, daß es den Brüdern daran nie gebrach, sondern sie im Falle waren, auch den fremden Gästen und selbst dem Volke davon mitzutheilen."

Bevor die Kirche dem neugebornen Kinde in der heiligen Taufe die Gnade der Kindschaft Gottes mittheilt, treibt sie die Macht und Herrschaft des Teufels von ihm aus, und was sie täglich in dem Akte der Taufe verrichtet, hat sie in der Bekehrung der Heiden welthistorisch an den Völ= kern und ihren Ländern vollzogen. Der Fürst dieser Welt muß überall aus seinem unrechtmäßigen Besitze vertrieben werden, wo Christus der rechtmäßige König der Herrlichkeit seinen Einzug halten und seinen Sieg über die finstern Mächte feiern soll. Als der heilige Gallus einst in der Stille der Nacht in seinem Fischerkahne saß und, seiner ausgeworfenen Netze wartend, in's Gebet versunken war, hörte er einen Dämon vom nahen Gebirge nach seinem Genossen, der in der Tiefe des See's sich auf= hielt, rufen. Auf die Antwort des Letztern: „Hier bin ich", entgegnete jener: „Mache dich auf und komme mir zu Hilfe, daß wir diese Fremd= linge, die mich aus meinem Tempel vertrieben, meine Bilder zerschlagen und das Volk für sich gewonnen haben, aus dem Lande jagen." Der Dämon vom See antwortete: „Sieh, Einer von ihnen ist gerade hier auf dem See, dem ich niemals zu schaden vermag; denn ich wollte ihm seine Netze zerreißen, wurde aber von ihm überwunden. Immer im Gebete ab= geschlossen, wird er vom Schlafe nie befallen." Als Gallus dies hörte, schützte er sich mit dem Zeichen des Kreuzes und rief ihnen zu: „Im Namen Jesu Christi befehle ich Euch, aus dieser Gegend zu weichen und

---

1) Vit. prim. u. Walfr. Str.

Niemanden weiter zu schaden." Darauf kehrte Gallus an's Ufer zurück und erzählte dem Abte den Vorfall. Dieser rief sogleich durch das gewohnte Zeichen mit der Glocke [1]) die Brüder [2]) in die Kirche zum Gebete zusammen. Bevor jedoch der Psalmgesang begann, hörten sie vom Gebirge her das Heulen und Toben der Dämonen, die von dannen flohen. Während der Jahre ihres Aufenthaltes bei Bregenz kam eine große Hungersnoth über das Land, die auch den Brüdern große Noth bereitete [3]),

---

1) Vit. prim. „Solitum Signum tangens", Walfr. Str. 7. „Signo pulsato."

2) Eine kleine Blechglocke irischer Form vom heiligen Columban, seit den ältesten Zeiten in der Pfarrkirche von Bregenz aufbewahrt, wurde von dem Landvogte im Jahre 1786 dem Fürstabte Beda geschenkt, und wird noch in der Custorei der Domkirche in St. Gallen aufbewahrt. Schon in Adamnan's vita S. Columbae finden wir die Stellen — „Cloccam pulsa" und „personnante clocca", das irische Wort clocc oder clog kehrt im englischen clock und im deutschen — Glocke wieder. Mehrere solcher Glocken aus der Zeit des heiligen Columban werden in Irland noch aufbewahrt. Sie sind gleichfalls aus Eisenblech gemacht, vierseitig geformt, mit Nieten befestigt und zusammengelöthet. Das Breviarium von Aberdeen enthält im Officium S. Lughaidi (des Stifters von Lismore) († 592) die Stelle: „cum ferream campanam et quadratam suae Ecclesiae pernecessariam fabricandam haberet." Derlei Glocken, wie jene zu Murnau in Bayern wurden in sehr alter Zeit mit freier Hand aus Eisen geschmiedet. Die eiserne Glocke im Walrafianum zu Cöln besteht aus drei mittelst kupfernen Nägeln zusammen genieteten Stücken und soll aus der Zeit des Erzbischofs Kunibert (613) herrühren. Halbkugel- und bienenkorbförmige Glocken sind in Deutschland noch Manche vorhanden. Schon um das Jahr 550 wurde der Gebrauch der Glocken aus Italien nach dem Frankenreich und von da nach Britannien, Irland und Scotland verpflanzt. Als König Chlothar die Stadt Sens in Burgund im Jahre 615 belagerte, begab sich Bischof Lupus in die dortige Stephanskirche und rührte das Signum Ecclesiae, um das Volk zusammen zu rufen (Baron. Annal. ad ann. 615), und vom Schalle der Glocke erschreckt, floh der Feind. Die früheste Spur der Glocke in Deutschland finden wir hier bei Columban und Gallus um das Jahr 610; später 722—55 brachte sie Bonifazius von England nach Deutschland, und schon in den Pontifikalbüchern des 8. Jahrhunderts findet man den Ritus der Glockenweihe. In den Synodalkanones des 9. Jahrhunderts liest man die Bestimmung, daß alle Priester zu den festlichen Stunden des Tages und der Nacht die Glocken ihrer Kirchen läuten sollen. Zur Zeit Karl's des Großen (794—814) waren die Glocken auch in den Landkirchen vieler Orten eingeführt. Die Glockengießerei wurde meistens von Mönchen betrieben. So ließ Karl der Große die Glocken zu Aachen durch Tanko, einen Mönchen von St. Gallen fertigen, deren schöner Klang die Bewunderung des Kaisers erregte. Von Tanko erhielt sich dort die Sage: er habe Silber, das zum Glockengusse hätte verwendet werden sollen, veruntreuet. Niemand habe sodann die Glocke läuten können. Als Tanko nun selbst den Glockenstrick anzog, sei der Klöpfel herabgefallen und habe ihn erschlagen. Die Glocken jener Zeit hingen in isolirt stehenden Thürmen oder Hütten neben der Kirche, wie das in Rußland noch der Fall ist. S. Beiträge zur Glockenkunde von H. Weininger, Regensburg.

3) Jon. 54.

doch ihr Vertrauen auf Gottes Güte blieb unerschütterlich. Drei Tage schon hatten sie es ohne alle Nahrung ausgehalten, als endlich unversehens ein großer Schwarm Zugvögel sich wie einst die Wachteln im Lager Israels an jener Waldstelle niederließ und drei Tage blieb, von denen die Brüder eine große Zahl für ihren Unterhalt einfingen. Noch in späterer Zeit bemerkte Eustasius, der damals bei Columban sich aufhielt, dem nach=forschenden Jonas: „Keiner der Brüder habe früher derlei Vögel gesehen, und sie seien so schmackhaft zu essen gewesen, daß sie einer königlichen Tafel wohl angestanden wären." Darauf wurden sie von dem Bischofe Gaudentius von Konstanz mit Getreide versehen, welches er in den Ort=schaften der Umgegend für sie sammeln ließ[1]. Doch trat nachmals der Mangel wieder in solchem Maße ein, daß sie sich genöthigt sahen, ihr Leben mit Waldbrombeeren und wilden Aepfeln zu fristen. Als nun Chagnoald für den Imbiß der Brüder solche Aepfel sammelte, sah er einen Bären unter den Obstbaumästen und Brombeerstauden umherstreichen, der die Aepfel vom Baume abriß und verzehrte. Chagnoald entfloh und erzählte Columban den Vorfall, der ihm sodann anwies, mit einer Gerte die Obstbäume in zwei Abtheilungen von einander abzugränzen, die eine davon den Brüdern zum Unterhalte vorzubehalten, die andere aber dem Thiere zur Fütterung zu überlassen, und diesem zu befehlen, sich mit dem ihm zugewiesenen Theile zu begnügen. Wirklich ließ der Bär die den Brüdern vorbehaltenen Obstbäume unberührt und begnügte sich nur das Gras darunter abzuweiden, so lange die Brüder bei jener Waldstelle sich aufhielten. Inzwischen trug sich Columban mit dem Gedanken, den heidni=schen Slaven und Wenden, die in Istrien bis an die Gegenden der untern Donau damals feste Sitze gewonnen hatten[2], das Evangelium zu ver=künden. Als er so diesen Plan bei sich erwog, sah er im Traumgesichte, wie ein Engel ihm den Weltkreis auf ein Pergamentblatt zeichne und die Karte mit den Worten vor die Augen halte: „Du siehst den Weltkreis im Bilde vor dir liegen. Gehe rechts oder links, wie du willst, damit du die Früchte deiner Arbeit genießen mögest." Columban deutete das Gesicht dahin, daß seine Arbeit unter den Wenden jetzt noch fruchtlos bleiben würde, und blieb in der Gegend von Bregenz, bis er seine Reise nach Italien antrat.

Allein Columban war auch mit den Erfolgen seiner Mission in jener Gegend keineswegs zufrieden; viele Bewohner dem Heidenthume noch er=

---

1) L. c. „ex vicinis urbibus" i. e. locis.
2) Weil diese Völker gemischt untereinander lebten, ist der Ausdruck Jonas' — „Venetii qui et Sclavi" c. 56, historisch ganz begründet.

geben ¹), blickten mit Haß und Ingrimm auf die junge christliche Pflanz=
schule, die Beseitigung des Götzendienstes und die Fortschritte des Christen=
thums. Darum suchten sie durch Gewaltthaten den Brüdern den Aufent=
halt in diesem Lande auf alle Weise zu verbittern. Sie stahlen ihnen
eine Kuh und führten sie in die Wildniß ab; zwei nacheilende Brüder
wurden von ihnen im Walde ermordet und nur unter Gefahr konnten
die Ausgesendeten ihre Leichname in Sicherheit bringen und auf ihren
Schultern zur Klosterzelle heimtragen, wo sie unter tiefer Trauer zur Erde
bestattet wurden. Auch bei dem Herzog Cunzo von Alemannien, der zu
Ueberlingen saß, brachten die Verfolger ihre Klagen gegen die Brüder an.
Diese hatten die Waldungen um ihre Kolonie herum allmälig gelichtet
und sie für die Cultur gewonnen, das daherige Verdienst wurde von ihren
Feinden zum Grunde der Anklage gegen sie verkehrt: daß sie durch ihr
Vorgehen die öffentliche Jagd beeinträchtigten, die Waldungen ausreuteten
und das Wild verscheuchten. Herzog Cunzo ließ sich durch die falschen
Ankläger irre führen und den fremden Ansiedlern durch einen Send=
boten den Befehl zustellen, das Land zu räumen ²). Bevor noch diese
Umtriebe gegen Columban in Bewegung gesetzt wurden, begab er sich
zum König Theudebert nach Meersburg, wo später auch König Dagobert
öfter Hof hielt. Wie alle Merovinger war auch dieser junge Fürst einem
ausschweifenden Leben ergeben und stand überdieß im hohen Verdacht,
seine Gemahlin Bilichilda aus dem Wege geräumt zu haben. Columban
gab ihm vor allen Höflingen den Rath, Kleriker zu werden und in den
Dienst der Kirche einzutreten ³), damit er nicht mit dem nahen Verluste
der zeitlichen Herrschaft auch noch das ewige Leben einbüße. Der Rath
des Weisen erweckte Hohngelächter bei dem Könige und seiner Umgebung;
sie sprachen: „noch nie ist es erhört worden, daß ein gekrönter Merovinger
freiwillig Kleriker geworden sei." Darauf erwiederte Columban: „Der=
jenige, der jetzt freiwillig die Ehre des Klerikates nicht annehmen will,
wird bald gezwungen ein Kleriker sein müssen." Das Wort ging schnell in
Erfüllung. Der Friede zwischen den königlichen Brüdern war nicht von
langer Dauer: schon im Jahre 611 verbündete sich Theuderich mit Chlo=
thar gegen Theudebert, und im Jahre 612 kam es zwischen beiden Brü=
dern auf dem Blachfelde bei Toul zum Treffen. Theudebert wurde besiegt
und bald darauf in der mörderischen Schlacht bei Zülpich von Theuderich
entscheidend auf das Haupt geschlagen, auf seiner Flucht gefangen, auf
Befehl Brunhildens in ein Kloster gesteckt, zum Kleriker tonsurirt und
bald darauf ermordet. In Folge dieser siegreichen Schlacht vereinigte nun

---

1) Vit. prim. S. Galli. — 2) Walfr. Str. l. c. 8. — 3) Jon. 57.

König Theuderich die Reiche von Burgund und Austrasien unter seinen Scepter [1]). Zur gleichen Stunde, als bei Zülpich gekämpft wurde [2]), saß Columban im Walde bei Bregenz auf dem Baumstocke einer alten Eiche, las in einem Buche und schlief dabei ein. Im Traumgesichte sah er Alles, was bei Zülpich vorging, wachte auf und jammerte vor seinem Diener laut über die Ströme Blutes, die dort fließen. „Bete Vater", sprach der Diener, „für den König Theudebert, damit unser Feind Theuderich besiegt werde." „Das will Gott nicht"; erwiederte Columban, „denn er hat uns gelehrt, für unsere Feinde zu beten." Als er nun sah [3]), daß Theudebert sein Gönner, von Theuderich besiegt und Gallien und Germanien (Burgund und Austrasien) der Herrschaft Theuderichs unterworfen worden, brachte er den schon gefaßten Entschluß zum Vollzuge. Er rief die Brüder zusammen und eröffnete ihnen [4]): „Wir haben hierorts zwar eine goldene Schale vorgefunden, aber sie ist mit Schlangen angefüllt. Tröstet euch, Gott, dem wir dienen, wird uns unter dem Geleite seines Engels zum Könige Italiens führen, und ihn so günstig für uns stimmen, daß er uns einen friedlichen Ort zum Aufenthalte anweisen wird." Gallus war bei der Abreise fieberkrank und entschuldigte sich bei Columban, daß er wegen der Krankheit unmöglich mit ihm reisen könne. Um ihn bei sich zu behalten und zur Reise zu nöthigen, sprach Columban heiteren Gemüthes zu ihm: „wenn du an meinen Arbeiten nicht mehr theilnehmen willst, sollst du so lange ich lebe, die heilige Messe nicht mehr darbringen." Denn wahrscheinlich argwohnte er, Gallus nehme seine Kränklichkeit nur aus besonderer Vorliebe für den Ort zum Vorwande, um die weite Reise nicht mitmachen zu müssen. So wurde er, der lange genug unter dem Gehorsame lebte, seinem eigenen Willen überlassen, was Alles, wie die ältesten Verfasser bemerken, nach göttlicher Anordnung geschah, damit Gallus, der Auserwählte Gottes, diesem Volke zum ewigen Gewinne erhalten bliebe. Er kehrte darauf mit seinem Kahne und den Netzen zum Priester Willimar nach Arbon zurück, erzählte ihm dort die schmerzliche Trennung und bat ihn um Trost und Beistand, so lange seine Krankheit dauere. Willimar nahm ihn mit Freuden auf und empfahl seinen beiden Klerikern Maginald [5]) und Theodor, für ihn Sorge zu tragen und an einem der Kirche ganz nahe gelegenen Hause ihn zu pflegen. Das wurde von ihnen getreulich erfüllt und mit Christi Beistand erhielt der Kranke zu größerer Wirksamkeit alsbald die frühere Gesundheit wieder. „O Krankheit", ruft Walfrid Strabo bei dieser Stelle aus, „kräftiger als alle menschliche

---

1) Fredegar Chron. 37. 38. — 2) Jon. 57. — 3) Jon. 59. — 4) Vit. prim. — 5) „Magnoald" Walfr. Str. c. 9.

Kraft und freudiger als alle Gesundheit. Nach Christi Beispiel wurde Gallus für uns krank, damit er durch Verkündung des göttlichen Wortes die Krankheiten unserer Seele vertreibe; die Reise mit seinem Lehrer konnte er nicht unternehmen, um uns später zu lehren, den Weg der Wahrheit und Gerechtigkeit zu wandeln."

Von wenigen Schülern, vielleicht einzig von Attala begleitet, verließ der heilige Columban Bregenz im Jahre 612—13, überschritt den Septi=merpaß im rhätischen Gebirge und kam nach Mailand, wo er von dem Longobarden = König Agilulf auf das Freudigste empfangen wurde. Ein neuer, großer Schauplatz eröffnete sich für sein Wirken. In Oberitalien hatten sich vor fünfzig Jahren die Longobarden unter König Alboin fest=gesetzt; sie waren, als sie von den Donauländern auszogen, schon Christen, aber der arianischen Irrlehre zugethan, und verwüsteten in grausamer Verfolgung die rechtgläubige Kirche, die sie in Italien vorfanden. Erst als König Autharis (585) den longobardischen Thron bestieg und die ebenso weise als glaubenstreue Theodelinde, die Tochter des Herzogs von Bayern, sich zur Seite nahm, trat eine bessere Zeit für die Kirche ein; mit vielen Großen des Reiches trat ein bedeutender Theil der Longobarden zur Einheit der Kirche zurück. Nach dem Tode des Königs Autharis hatte die verwittwete Königin den Herzog Agilulf von Turin sich zum Gatten gewählt, der, wie wir von Paul dem Diakon wissen [1]), dem katholischen Glauben eifrig zugethan war und nichts unterließ, um der verwüsteten Kirche wieder aufzuhelfen und sein Volk für sie zu gewinnen. Der Aria=nismus war unter den Longobarden noch keineswegs gebrochen und mit ihm verbunden brachte „der Dreikapitel=Streit" das Reich in neue Ver=wirrung, der vom Morgenlande her in das Abendland verpflanzt worden war. Dort hatten nämlich die Bischöfe Theodor von Mopsvestia, Theo=doret von Cyrus und Ibas von Edessa in Bekämpfung der nestorianischen und monophysitischen Irrlehre durch manche unbestimmte und zweideutige Sätze in ihren Schriften, die nachmals den Namen „drei Kapitel" erhielten, theilweise für die Irrthümer Partei genommen oder waren sonst in einige fremdartige Lehren abgeirrt. Weil aber die Verfasser die daherigen Irr=thümer widerriefen und zur Bewährung ihrer Rechtgläubigkeit das Glaubens=bekenntniß abgelegt hatten, theils auch läugneten, die Verfasser jener Schriften in der beanstandeten Form zu sein, wurde auf der Synode von Chalcedon (431) von der förmlichen Verurtheilung der drei Kapitel Um=gang genommen. Der Handel schien einem friedlichen Abschlusse entgegen zu gehen, bis der wüthende Origenistenführer Theodor Askidas den Kaiser

---

1) Paul. Diac. Hist. Langob. IV. 5.

Juſtinian (529—65) verlockte, ſich in dieſen kirchlichen Streit einzumiſchen und durch ein theologiſches Edikt jene Schriften zu verdammen. Der Kaiſer mußte die hoſſüchtigen Biſchöfe des Orientes zur Unterzeichnung ſeines Ediktes zu bewegen; bei der Mehrheit der abendländiſchen Biſchöfe jedoch fand er Widerſtand, nicht weil ſie die Irrthümer der drei Kapitel guthießen, ſondern weil ſie beſorgten, das Anſehen der allgemeinen Synode von Chalcedon mit ihrer Unterzeichnung zu gefährden. Juſtinian rief den Papſt Vigilius (540—55) nach Conſtantinopel und hier wurde dieſer durch Liſt und Gewalt ſo weit gebracht, daß er bald dem Kaiſer willfahrte, bald was er ihm zugegeben, wieder zurückrief; durch dieſes ſchwankende Benehmen wurden die abendländiſchen Biſchöfe in die größte Verwirrung verſetzt und es kam ſo weit, daß die Kirchen von Afrika, Iſtrien (Aquileia) und andere Provinzen ſich von der Gemeinſchaft mit dem Papſte trennten. Auf Seite der Griechen und des Papſtes ſtand die dogmatiſche Wahrheit, indem jene drei Bücher oder Kapitel wirkliche Irrthümer enthielten; auf Seite der Abendländer iſt der Eifer für das Anſehen der Synode von Chalcedon anzuerkennen und die Verlegenheit in Betracht zu ziehen, welche die ſchwankende Haltung des Papſtes Vigilius den Biſchöfen bereitete. Dennoch war es nur Befangenheit, wenn ſie glaubten, durch die Verdammung der drei Kapitel werde die Synode von Chalcedon ſelber verurtheilt, da ſie dort zwar nicht ausdrücklich verworfen, aber auch keineswegs gutgeheißen worden waren. Die Longobarden hatten ſich den Gegnern des Papſtes angeſchloſſen, mehr aus Unkenntniß des wahren Thatbeſtandes, als des Irrthumes ſich bewußt; weßwegen Papſt Gregor der Große mit ihnen fortwährend die Kirchengemeinſchaft unterhielt, und mit König Agilulf und Theodelinde im brieflichen Verkehre ſtund, um die Vorurtheile allmählig zu beſeitigen, was ihm aber bei ſeiner Lebzeit nicht gelang. Gegentheils regten ſich unter den Longobarden die Eiferer für die drei Kapitel nach ſeinem Tode auf ein Neues wieder und verbreiteten und nährten das Gerücht: die römiſchen Päpſte wären ſeit Papſt Vigilius in Irrthümer gefallen und hätten die Reinheit des katholiſchen Glaubens getrübt; Vigilius habe ſogar auf dem fünften allgemeinen Concil zu Conſtantinopel (553) die Irrlehrer Arius, Neſtorius, Eutyches und Dioskor losgeſprochen.

Ohne über die ganze Streitfrage gehörig unterrichtet zu ſein, ſah ſich Columban alsbald in ſie verwickelt, hielt ſich bei ſeiner Ankunft in Italien an die einſeitigen Berichte, die ihm von longobardiſcher Seite zukamen und mußte daher nothwendig in die gleiche Befangenheit fallen. König Agilulf und Königin Theodelinde drangen in ihn, an Papſt Bonifaz IV. (608—15) ein Schreiben zu richten, und ihm Vorſtellungen über jene Ge-

rüchte zu machen, damit Friede und Einigkeit im Reiche wieder hergestellt
würden. Von der irrigen Voraussetzung befangen, als ob Papst Vigilius
die genannten Irrlehrer wirklich losgesprochen habe, verfaßte Columban
dieses Schreiben, stellt aber diese Voraussetzung vorsichtig nur als Gerüchte,
als Sage und öffentliche Meinung hin (ut aiunt, dicunt, vos haereti-
corum receptores clamant, schismaticos vocant) und bezeugt: er selber
habe diesen Reden sich entgegengesetzt, und als bei seiner Ankunft in Italien
Einer ihn schriftlich gewarnt habe, sich vor den römischen Prälaten in Acht
zu nehmen, weil sie der nestorianischen Irrlehre zugefallen seien, habe er
(Columban) ihm kurz erwiedert: daß er dieser Vorgabe keinen Glauben
schenke. Das Schreiben Columban's an Papst Bonifaz IV. (wohl identisch
mit jener Abhandlung, die er nach Jonas [1]) zu Mailand im blühenden
Style gegen die Arianer erließ,) ist ein überaus wichtiges Denkmal und
Zeugniß von der seit den ältesten Zeiten in Irland herrschenden Ueberzeugung, daß die irische Kirche von dem apostolischen Stuhle zu Rom
begründet worden und den Primat der römischen Bischöfe über die ganze
Kirche von jeher unbestritten anerkannt habe. Hat Columban in seinem
früheren Briefe an Gregor den Großen in der Aufschrift den Papst als
„den rechtmäßigen Inhaber des Stuhles des heiligen Apostels und Schlüsselbewahrers Petri" hervorgehoben, so nennt er in diesem Schreiben den
Papst Bonifaz IV. „das Haupt der Kirchen, den erhabensten Vorsteher,
den Hirten der Hirten" und legt ihm die ganze Angelegenheit nach folgendem abgekürzten, aber sinngetreuen Auszuge also vor:

Im Eingange des Schreibens entschuldigt sich Columban, daß er es
wage, sich zum Richter über den Papst aufzuwerfen: allein es komme ja
nicht darauf an, wer etwas sage, sondern was er sage. Obwohl fremd
im Lande, könne er doch nicht verschweigen, was in seiner Nähe die Arianer
laut ausrufen und während Viele schadenfroh im Geheimen die Ehre der
römischen Kirche verletzten, wolle er lieber offen, wenn auch mit Schmerz-
gefühl seine Klagen anbringen über die Uebel des verderblichen Schisma,
um dessen willen der Name des Herrn gelästert werde. „Die böse Nachrede, die über den Stuhl des heiligen Petrus ergangen, schmerzt mich tief,
ich gestehe es, doch weiß ich wohl, daß diese wichtige Angelegenheit meine
geringfügige Stellung weit überragt. Ich will aber als Euer Freund,
Schüler und Anhänger, nicht als Fremder, zu Euch reden, als zu unseren
Lehrern, zu den Steuermännern des geistlichen Schiffes: allein wachet,
denn das Meer wird von einem gewaltigen Sturme aufgewühlt, das
Wasser ist schon in's Schiff der Kirche eingedrungen und es schwebt in

---

1) Jon. 59.

Gefahr. Denn wir Irländer (Hiberi) sind insgesammt Schü=
ler des heiligen Petrus und Paulus und aller der Jünger,
welche unter dem Beistande des heiligen Geistes den göttlichen Schriftkanon
verfaßt haben, und obwohl wir an der äußersten Gränze der Erde woh=
nen, haben wir nichts der evangelischen und apostolischen Lehre Wider=
sprechendes jemals angenommen. Keiner der Unsrigen war je ein Irr=
lehrer, Keiner ein Jude, Keiner ein Schismatiker, sondern noch
immer wird bei uns der katholische Glaube, wie er von
Euch, d. i. von den Nachfolgern der heiligen Apostel über=
liefert worden, unerschütterlich festgehalten. Durch dieses Vertrauen
ermuntert, wage ich es, Euch aufzuwecken gegen Diejenigen, welche die
Eurigen (den Papst Vigilius und seine Nachfolger) Freunde der Ketzer
nennen und Schismatiker heißen, damit die Ehrenrettung, die ich ver=
trauensvoll für Euch gegen jene Schreier übernommen habe, nicht ver=
geblich sei und diese, nicht wir selber beschämt werden. Denn ich habe
ihnen zu Euerer Vertheidigung versichert, daß die römische Kirche keinen
Häretiker gegen den katholischen Glauben in Schutz nehme, wie denn diese
Gesinnung der Ehrfurcht dem Schüler gegen den Lehrmeister ziemt.
Nehmt meine Vorstellung an Euch freundlich auf; denn was ich Nützliches
und Rechtgläubiges sagen werde, ist Euch zuzuschreiben, weil das
Lob des Lehrmeisters in der Lehre seiner Schüler liegt und diese ist, wie
ich oben sagte, von Euch ausgegangen (durch Patrizius, Palladius u. A.),
nicht dem Bächlein, sondern der Quelle ist die Reinheit des Wassers
zuzuschreiben. Darum wache, o Papst! denn vielleicht hat Vigilius nicht
wohl gewacht (quia forte non bene vigilavit Vigilius), welchen jene Leute
als Haupturheber des Aergernisses ausschreien und die ganze Schuld auf
Euch werfen. Erhebe also die Stimme eines wahren und rufenden Hirten,
stelle dich zwischen die Schafe und Wölfe, und damit du der apostolischen
Ehre nicht ermangelst, bewahre den apostolischen Glauben, bekräftige
ihn durch dein Zeugniß, befestige ihn durch eine Synode, damit Keiner dir
mit Recht entgegentreten kann. Selber ein schwacher Krieger, will ich dich,
den obersten Führer (ducum principem) aufwecken; denn dir steht
es zu, die Gefahr vom ganzen Kriegsheere des Herrn abzuwenden; dir ist
die Gewalt gegeben, Alles anzuordnen, den Krieg zu führen, die übrigen
Führer aufzuwecken, den Befehl zur Rüstung zu ertheilen, an des Heeres
Spitze den Kampf zu beginnen. Wehe uns, wenn wir in diesem Lande,
wo die Feinde des wahren Glaubens für den Kampf schon gerüstet sind,
uns dem Wohlleben und einer falschen Sicherheit ergeben."

„Hieher gekommen von den Gränzen der Welt, wo ich die geistlichen
Führer die Kämpfe des Herrn kämpfen sah, glaubte ich hier zu Land noch

gewandtere und tapferere Anführer für diesen heiligen Kampf zu finden, aber mit Schmerzen überschaue ich das Schlachtfeld und wende meine Augen nach dir, der du vor allen Anführern meine einzige Hoffnung bist, vor dir lege ich um der Ehre des heiligen Petrus willen meine Bitte nieder. Die Membrane dieses Schreibens vermag in ihrem engen Raume nicht zu fassen, was ich dir Alles schreiben möchte; der König (Agilulf) bittet mich, dir einläßlich diesen traurigen Handel darzustellen, das Schisma des Volkes ist sein großer Schmerz, nicht minder für die Königin und ihren Sohn. Schneide also die Ursache dieser Spaltung entzwei, der du gewissermaßen das Schwert des heiligen Petrus bist, tilge sie durch das wahre, in der Synode festgestellte Bekenntniß des Glaubens, durch Ver= abscheuung der Häretiker, damit du den Lehrstuhl Petri von jedem Irr= thume reinigest, wenn ein solcher, wie man vorgibt, wirklich sich einge= schlichen hat (si quis error est, ut ajunt, intromissus), und die reine Wahrheit nicht von Allen anerkannt würde. Denn es wäre überaus be= klagenswerth, wenn sogar auf dem apostolischen Stuhle der katholische Glaube nicht mehr festgehalten und darum dieser oberste Lehrstuhl des wahren Glaubens (fidei orthodoxae sedes principalis) beschimpft werden würde. Deßwegen bitte ich Euch um Christi willen, kommet Euerem Rufe zu Hilfe, der unter den Völkern angegriffen wird, damit Euere Feinde es nicht Verrätherei nennen, wenn Ihr länger schweiget. Euch also, die Ihr meine Väter und besonderen Beschützer seid, möchte ich anspornen, die entstandene Verwirrung vom Angesichte Euerer Söhne und Schüler zu vertreiben, die wegen Euch geschmäht werden und, was noch weit wichtiger ist, damit der Nebel des Verdachtes vom Lehrstuhle des heiligen Petrus verscheucht werde. Denn man behauptet: Papst Vigilius habe auf einer gewissen Synode den Eutyches, Nestorius und Dioskorus, diese alten Häretiker wieder in die Kirchengemeinschaft aufgenommen und das ist zur Ursache des ganzen Aergernisses geworden, wenn auch Ihr, wie man aus= gibt, sie aufnehmet. Wenn Ihr aber wisset, daß Vigilius von diesem Irr= thume angesteckt gestorben ist, warum führt Ihr ihn denn als Autorität an? Uebrigens sind wir mit dem Lehrstuhle des heiligen Petrus verbunden. Rom ist zwar groß und weltbekannt, bei uns aber ist es einzig durch jenen Lehrstuhl groß und herrlich. Wohl ist der hehre Name dieser Stadt voll ausonischer Schönheit, frei von dem Wechsel eines veränderlichen Climas, unter der Gunst beinahe aller Völker bis zu den westlichen Weltgränzen (Irland) trotz den sich aufthürmenden Wogen des Meeres weit und breit berühmt geworden, doch seid Ihr erst von der Zeit an groß und berühmt, als der Sohn Gottes zu erscheinen sich würdigte, und der oberste Lenker des Wagens, der Christus ist, mit

den muthigen Kampfrossen des heiligen Geistes, den heiligen Aposteln
Petrus und Paulus, deren theuere Ueberreste Euch so glücklich gemacht,
auf dem Meere der Völker einherfahrend, viele Gewässer aufgewühlt hat und,
seine Siegeswagen mit zahllosen Völkerschaaren anfüllend, als wahrer
Vater und Bewahrer Israels über die Meerbusen auf dem Rücken der
Delphine b i s z u u n s (nach Irland) gedrungen ist; von da an ist Rom
edler und berühmter geworden, und wenn man nach dem Ausspruche des
heiligen Geistes Diejenigen „Himmel" nennen darf, welche die Ehre Gottes
im Evangelium verkünden, so seid Ihr um d e r b e i d e n A p o s t e l willen beinahe himmlische Wesen und R o m, das Haupt der Welt, ist a u ch
das Haupt der Kirchen geworden (Roma orbis terrarum caput est et
Ecclesiarum), alle Auszeichnung vorbehalten, welche dem Orte der Auf=
erstehung (Jerusalem) gebührt. Darum, weil wegen der Würde des Lehr=
stuhles Petri Euere Ehre so groß ist, ist auch besondere Obsorge nöthig,
damit Ihr nicht durch eine Irrung Euere Würde verlieret. Denn der=
jenige ist ein zuverlässiger Bewahrer der Schlüssel des Himmels, der
ihn mit gutem Gewissen den Würdigen öffnet und den Unwürdigen ver=
schließt; thut er das Gegentheil, so kann er giltiger Weise weder öffnen
noch schließen. Jedermann weiß, wie unser Erlöser dem heiligen Petrus
die Schlüssel des Himmelreiches übergab, und wenn Ihr von daher vor
allen Uebrigen Euch größere Autorität und Gewalt in göttlichen Dingen
beimesset und leicht zur Ueberhebung verleitet werden könnet, so vergesset
nicht, daß diese Euere Gewalt bei dem Herrn kleiner werden könnte, wenn
Ihr in Eueren Gedanken Euch darum überhebet; denn die Einheit des
Glaubens auf dem ganzen Erdenkreise hat die Einheit der Macht und des
Vorranges hervorgerufen, so daß von Allen der freie Ausgang der Wahr=
heit überall offen gehalten, dem Irrthume aber der Zutritt gleichmäßig
verweigert wird. Denn da das rechte Glaubensbekenntniß dem heiligen
Schlüsselbewahrer das Vorrecht vom Herren erworben hat, ist es auch den
Jüngern von Euch gestattet, mit Bitten Euch zu drängen im Eifer für
den Glauben, in der Liebe zum Frieden und im Interesse der Einigkeit
unserer gemeinsamen Mutter, der Kirche, welche in ihrem Innern, wie
Rebecca einst, zerrissen, den Streit und den innern Krieg ihrer Söhne auf
das Schmerzlichste beklagt. Darf das Kleid des Sohnes Gottes und Welt=
erlösers zerrissen werden, welches die Einigkeit der Kirche ist? Darf der
Leib Christi getheilt werden, welcher die Kirche ist? Darum einiget Euch
und lasset die alten Streitigkeiten ruhen, übergebet sie ewiger Vergessen=
heit und stellet, was darin zweifelhaft ist, dem ewigen Richter anheim.
Was aber offen liegt und worüber die Menschen richten können, darüber
richtet ohne Ansehen der Personen, das Urtheil sei ein friedliches in Eueren

Gerichtshallen, damit im Himmel und auf Erden ob Euerer Eintracht und Vereinigung Freude entstehe." Darauf setzt Columban das Glaubensbekenntniß von Nizäa in Kürze auseinander und schließt sein Schreiben mit den Stellen: „Vergebet der freimüthigen Redeweise, die ich in meinem Schreiben angewendet, ich konnte in dieser Angelegenheit nicht anders schreiben, obwohl ich auf Vorwürfe mich gefaßt halten mußte. Denn da der Longobarden-König den fremden, stumpfsinnigen Scoten zum Schreiben drängte und die Woge des alten Stromes zurückfließt, wer soll sich darüber nicht eher verwundern, als zornig werden? Allein in der Sache Gottes fürchte ich die Zungen der Menschen nicht. Darum, um damit zu schließen, womit ich angefangen, bitte ich Euch, weil Viele über die Reinheit Eueres Glaubens in Zweifel gekommen, daß Ihr solchen Makel von der Herrlichkeit des heiligen Stuhles entfernet. Denn es ziemt sich dem hohen Ansehen der römischen Kirche die üble Nachrede nicht, als ob sie von jeder Gewalt in der Festigkeit des wahren Glaubens könnte erschüttert werden, für welchen so Viele ihrer Martyrer ihr Blut vergossen haben und lieber sterben wollten, als dem Glauben untreu werden. So erhebe dich denn, o Vater! der König bittet dich, es bittet dich die Königin, es bitten dich Alle, daß, sobald möglich, Alles wieder Eins werde, für das Vaterland der Friede wiederkehre, wenn er für den Glauben wird wiedergekehrt sein, daß die Heerde Christi einig werde und du dem Petrus folgest, dir aber ganz Italien folge. Was könnte süßer, als dieser Friede, was köstlicher, als diese Wiedervereinigung der getrennten Brüder, was freudiger der längst harrenden Mutter, als diese Rückkehr sein? Der Friede der Söhne würde Gott dem Vater in Ewigkeit zur Freude und die Wonne der Kirche, dieser treuen Mutter, zum unsterblichen Jubel gereichen!"

So lautet das denkwürdige Schreiben Columban's an Papst Bonifaz IV.; die Tendenzhistoriker unserer Tage haben sein klares Zeugniß für den Primat des römischen Stuhles so in das gerade Gegentheil zu verkehren gesucht, daß sie unseren großen Glaubensboten als einen entschiedenen Gegner des Papstthumes und willkommenen Vorläufer ihrer eigenen Irrthümer hinzustellen kein Bedenken trugen. Was darin der katholische Freimuth, gegenüber den persönlichen Inhabern und Trägern des Primates, sprach, mußte als eine direkte Läugnung des Primates selber gelten und was der Briefsteller selbst ausdrücklich und wiederholt auf eine bedingte (aber irrige) Voraussetzung abstellte, wurde ihm als unbedingte Behauptung in den Mund gelegt. Doch steht dieser Brief, so klar er übrigens durch sich selber spricht, nicht vereinzelt da; er wird für die Wahrheit, die er lehrt, von einer Menge gleichzeitiger Zeugen der irischen Kirche unterstützt und gehalten, wie wir im sechsten Buche nachweisen werden.

König Agilulf hatte Columban frei gestellt, sich[1]) in seinem Reiche
nach Wunsch einen geeigneten Ort zur Gründung eines Klosters auszu=
wählen; Jokundus machte ihn auf eine alte St. Peters=Basilika auf der
Abdachung der Apenninen aufmerksam, in einer Gegend gelegen, die über=
aus fruchtbar und von fischreichen Bächen bewässert sei, an einem Orte,
der von dem vorbeifließenden Waldbache den Namen Bobbio erhalten habe,
ganz nahe dem Strome Trevia, wo einst Hannibal mit seinem Heere
Winterquartiere bezog und ungeheueren Verlust an Soldaten, Pferden
und Elephanten erlitt.   Diesen Ort wählte St. Columban für sich aus,
erbaute eine kleine Kapelle von Holz in der Höhe und Länge seiner Körper=
größe, zu Ehren der seligsten Jungfrau Maria[2]), stellte die halb zerstörte
Kirche wieder her, versah sie mit einem Dache und nahm rasch den Auf=
bau des Klosters in Angriff.   Mittlerweile gingen in Austrasien die gött=
lichen Strafgerichte an König Theuderich und seinem Hause in Erfüllung,
wie sie St. Columban längst vorhergesagt.   Denn nach dem Siege bei
Zülpich (612) rüstete Theuderich neuerdings zum Kriege gegen König
Chlothar, starb jedoch unerwartet zu Metz, von Gottes Hand erreicht nach
Jonas[3]) bei einer Feuersbrunst, nach Fredegar in Folge eines Gifttrankes,
den Brunhild ihm reichen ließ, um auf seinen Sohn Sigibert II. oder
vielmehr auf sich selber unter dessen Namen die Herrschaft über beide Reiche
zu übertragen.   Nach dem Tode Theuderichs blieb Brunhild mit ihren
vier Urenkeln in Metz und es gelang ihr, den ältesten davon, Sigibert,
auf seines Vaters Thron zu setzen[4]) (612—13).   Doch blieb er nicht
lange im Besitze seiner Herrschaft; denn für König Chlothar war jetzt der
günstige Augenblick gekommen, mit dem Hause Theuderichs und mit der
Urheberin so großen Unheiles und schwerer Gewaltthaten die Rechnung
abzuschließen.   Er rückte mit seinem Heere in Austrasien ein und drang
schon bis Andernach am Rheine vor.   Doch traten zwischen beiden Theilen
Unterhandlungen ein, welche Brunhilde benützte, um das austrasisch=bur=
gundische Heer durch überrheinische Hilfstruppen zu verstärken.   Zu diesem
Zwecke reiste Sigibert selbst, in Begleitung Warnachars und anderer
Großen, nach Thüringen, um bei jenen Völkerschaften eine Bewegung gegen
König Chlothar zu Stande zu bringen.   Brunhild sandte einen Uriasbrief
nach und Warnachar, als der Parteinahme für König Chlothar verdächtig,
sollte dort ermordet werden, wurde jedoch zeitig genug gewarnt und brütete
nun eine Verschwörung unter den Großen und in dem Heere von Burgund
und Austrasien gegen Brunhild, Sigibert und das ganze Haus Theuderichs

---

1) Jon. 60. — 2) Lib. mirac. c. 1.   3) Jon. 58. — 4) Fredegar
Chron 39.

aus. Als dann später das Heer beider Reiche „auf Brunhildens und Sigiberts Befehl" gegen König Chlothar auszog ¹), und Sigibert an der Spitze der Truppen auf den katalaunischen Feldern (Chalons sur Marne) dem Könige Chlothar entgegentrat, kehrte sein Heer, durch Warnachar und Andere für den Verrath gewonnen, noch ehe es zum Treffen kam, auf ein gegebenes Zeichen um und löste sich auf. Sigibert fiel mit seinen Brü- dern Corbus und Meroveus in Chlothars Hände, der sie alle hinrichten ließ, Childebert, der vierte Sohn Theuderichs, fiel auf der Flucht vom Pferde und starb ²). Zuletzt wurde auch die verbrecherische Königin Brun- hild von der verdienten Strafe erreicht. Als sie dem versammelten Heere und Volke vorgeführt wurde, verlangten beide unter stürmischem Zurufe für sie zur Sühne so vieler Verbrechen eine grausame Strafe. Die un- glückliche Fürstin wurde mit ihren Haaren und Händen an den Schweif eines wilden Pferdes gebunden und von diesem zu Tode geschleift ³). So ward im Jahre 614 diese Linie der Merowinger bis auf den letzten Sprossen ausgetilgt ⁴) und an König Chlothar ging die Alleinherrschaft des großen Frankenreiches über.

Während diesen Ereignissen stund Eustasius als Abt dem Kloster Luxenil vor; König Chlothar ließ ihn zu sich bescheiden und gab ihm den Auftrag, mit anderen Edelmännern des Reiches seiner freien Auswahl den seligen Columban in Bobbio aufzusuchen und ihn zur Rückkehr nach Luxenil zu bewegen. Hocherfreut, seinen Freund Eustasius wieder zu sehen, war Columban dennoch nicht zu bewegen, in seinem hohen Alter nach Austrasien zurückzukehren. Er gab in seinem Antwortschreiben an den König hiefür die Gründe an, ertheilte ihm über seine Ausschweifungen ernste Mahnungen und empfahl die Brüder von Luxenil zu königlicher Huld, welche König Chlothar nachmals durch reiche Vergabungen an Einkünften und erweiterte Besitzungen im nächsten Umkreise für das Kloster Luxeuil bethätigte. Dar- nach starb der selige Columban im Kloster Bobbio, nachdem er darin ein volles Jahr verlebt hatte ⁵) am 21. des Wintermonates des Jahres 615, im 79—80. Jahre seines Alters, ein Jahr vor dem Tode Agilulfs, des Königs der Longobarden. Attala folgte ihm in der Abtwürde nach. So schloß der große Mann die Laufbahn seines tiefbewegten Lebens, der durch seine hohe Heiligkeit, tiefe Wissenschaft und ausgebreitete Wirksamkeit schon zu seiner Lebzeit sich einen Namen erwarb, welcher über halb Europa ruhmvoll erschallte. Nachdem er in Irland den größeren Theil seines

---

1) L. c. Hist. 42.
2) Nach Aimoin blieb Meroveus verschont, weil Chlothar sein Taufpathe war.
3) Aimoin Chr. IV. 1. — 4) Baronius Annal. ad an. 614.
5) Jon. 61.

Lebens zur Verbreitung des Christenthumes und des Ordenslebens mit den herrlichsten Erfolgen verwendet, wußte er im fränkischen Reiche die gesunkene Kirche mit seiner gewaltigen Kraft wieder aufzurichten; hoch über dem Verderbnisse einer verkommenen Zeit sich haltend, trat er, ein starkmüthiger Zeuge, vor die Geistlichkeit, die Bischöfe, die Könige und die Päpste, um unerschrocken überall für die verkannte Wahrheit, die mißhandelte Kirche und die verletzte Ordnung der Sittlichkeit und des Rechtes sein siegreiches Wort einzulegen, wie er anderseits auch als apostolischer Glaubensbote, Kirchenschriftsteller und Ordensstifter in der ganzen Christenheit nicht nur einen unsterblichen Namen, sondern auch den religiösen Cult als eines Heiligen gewann. Sehen wir auf Columban's Schüler, den Attala, der ihm in Bobbio nachfolgte, den Gallus, der das Kloster St. Gallen gründete und durch seine Schüler das Christenthum in Norikum verbreitete, auf Sigibert, der an den Quellen des Rheines das Kloster Dissentis in Rhätien, auf Deicola, der jenes von Lure in Burgund stiftete, so haben wir nur einige seiner ausgezeichneten Schüler, meistens irischer Abkunft, vor uns. Blicken wir auf Eustasius, seinen Nachfolger in Luxeuil, auf Waldebert, Agilus, Donatus, Walarich, Leobardus und Andere, so finden wir wieder seine Schüler, meist burgundischer und fränkischer Abstammung, die für die Verbreitung und Befestigung des Christenthumes in Burgund, Gallien und Austrasien Außerordentliches geleistet haben. Während Irland sich rühmt, sein Vaterland zu sein, erinnert sich Frankreich durch seine alten Abteien in den Vogesen an ihn, und sein Ruf in Italien lebt noch fort, nicht nur in den theueren Reliquien zu Bobbio, in dem Sarge, dem Kelche, dem Stechpalmenstabe des Gründers, sondern auch in dem noch frischeren Angedenken, in welchem Columban's Name durch seine Verbindung mit der schön gelegenen Stadt San Columbano im Gebiete von Lodi steht. Die Schriften dieses ausgezeichneten Mannes, die auf uns gekommen sind, zeugen von einer umfassenden und mannigfaltigen Bekanntschaft nicht bloß mit der kirchlichen, sondern auch mit der klassischen Literatur [1]. Die Hauptzüge seines Lebens faßte der berühmte Dekan Ekkehard von St. Gallen (890) in folgender Festsequenz zusammen [2]:

Dir schallt, o Herr, der Völker Lobgesang
Vom Sonnenaufgang bis zum Niedergang.
Von wo die neue Sonne wunderbar
Der Welt zu leuchten aufgestiegen war,

---

1) Th. Moore's Geschichte von Irland S. 314.

2) Sie ist sammt dem Tonsatze in neueren Noten in der wichtigen Hymnensammlung St. Gallischer Väter cod. pap. S. Gall. fol Saec. XVI. p. 210 des P. Joachim Brander enthalten und beginnt: A solis occasu usque ad exortum.

Den Sterblichen zu heilen ihre Suchten,
Mit neuer Saat die Erde zu befruchten.
Wohl heißt er Columban, der heil'ge Mann,
Weil in der Taubenunschuld er beharrte,
Das Pfand des heil'gen Geistes treu bewahrte.
Und Gott zu Lieb floh er, wie Abraham,
Sein Heimatland und den verwandten Stamm;
Wie vor Herodes einst Johannes es gewagt,
Hat seinen König er der Blutschuld angeklagt,
Gleich Mosen hat ihn Gott genährt
Und in der Wüste Speise ihm gewährt.
So wie in seinen Tagen Josua,
Die Sonn' er seinem Dienst sich fügen sah.
Wie dem Elias, stund der Rab' ihm zu Befehl,
Des Waldes Wild hat er gezähmt wie Daniel.
Für Christus, wie einst die Apostelschaar,
Litt er Verfolgung, Noth und Todgefahr.
D'rum mußt' der Wahrheit Feind, von Gott geheißen,
Ihn selber einen Hort der Wahrheit preisen.
O Sel'ger, löse uns von aller Schuld,
Befehl' im Himmel uns in Gottes Huld!

Fünftes Buch.

Der heilige Gallus, der Apostel Alemanniens.

Erstes Kapitel.

„Das Dämonium im Heidenthume, der germanische Götzendienst und die Quellenschriften."

Nach dem Untergange des römischen Reiches war die antike Cultur so tief gesunken, daß die Welt im Begriffe war, auch im physischen Sinne abzusterben, geistiger Weise hatte sie sich schon längst ausgelebt. Eine gänzliche, physische, wie geistige Wiedergeburt war für die übriggebliebenen Völker romanischer Zunge nöthig — für die Menschheit überhaupt unabweisbar; die germanischen Stämme bewirkten die Eine, die christliche Kirche vollzog die Andere. Wie die Gothen in Spanien, die Franken und Burgunder in Gallien, die Angelsachsen in Britannien, die Vandalen in Afrika, die Longobarden in Italien feste Sitze sich erkämpften, waren auch die Alemannen und Sueven im südöstlichen Deutschland tief in die Gebirge und Thäler des alten Helvetiens bis an die Ufer der Aare und der Reuß vorgedrungen und hatten hier bleibende Wohnplätze sich errungen. Sie brachten in die eroberten Provinzen das alte Heidenthum, das nicht im Stande war, weder der eingerissenen Verwilderung der Natur und der Entvölkerung der Länder wirksam zu begegnen, noch diese neuen Völker geistig zu heben und umzuwandeln. Eben so wenig war diese Kraft bei dem Arianismus zu finden, der vom lebendigen Baume der Kirche abgerissen, selber nur ein krankhaftes Leben in sich trug und den Heilsbedürftigen nur ein verstümmeltes Christenthum darzubieten im Stande war. Wer vollzog an diesen Völkern das große Werk ihrer inneren Wiedergeburt, ihrer Civilisation, ihrer Einbürgerung in das Reich Gottes, nachdem die vorangegangene Völkerwanderung mit ihren Trümmern die Pro-

vinzen bedeckt und über unermeßliche Länderstrecken Verwilderung, chaotische
Oede und Trauer verhängt hatte? Augenscheinlich von Gott gesendet erschienen die irischen Glaubensboten, legten in den verschiedenen
Ländern neue christliche Colonien an, lichteten die Wälder, bauten die
Wüsteneien an, gründeten Kirchen, Klöster, Bildungsanstalten oder, um
mit Montalembert zu reden [1]), „das römische Reich ohne die Barbaren
war ein Abgrund von Sclaverei und Fäulniß, die barbarischen Völker ohne
die Mönche waren ein wildes Chaos, aber beide Letzteren vereint gestalte-
ten eine neue Welt, sie heißt die Christenheit." Sie zu gründen mußte
überall vorerst das germanische Heidenthum unter den Völkern gebrochen
werden, das mit dem antiken Götzendienste eng zusammenhing, und nur einer
der Aeste war, die in den politheistischen Religionen der alten Welt am
Baume des Verderbens und des Todes ausgewachsen waren, welchen nicht
der göttliche Hausvater, sondern der Feind Gottes und der Menschen schon
im Beginne der Geschichte auf dem Ackerfelde der Menschheit gepflanzt
hatte. Denn wer das Heidenthum aus einem nothwendigen Prozesse des
Menschheitlebens erklären will, muß zugleich auch alles Böse in der
Welt in Gott, den Uebergnten, verlegen und alle Freiheit des vernünftigen
Geschöpfes läugnen. Alle Uebel in der Welt, so lehrt lichtvoll das Christenthum, sind aus dem Mißbrauche der Freiheit der geistigen Creatur
hervorgegangen, die in der Crise ihres Lebens wider Gottes Gesetz und
Ordnung ihre Richtung fixirte. War auch der Abfall der ersten Menschen
von Gott und seinem Gesetze ihre freie, selbsteigene That, so wurde ihre
Sünde dennoch veranlaßt durch jenen gut erschaffenen Geist, der in der
Wahrheit nicht bestund, sondern von falscher Selbstsucht und vom Stolze
geblendet, statt Gottes Willen freiwillig in sich aufzunehmen, ihn ver-
neinte, zum fixirten Widerspruch in sich selber und gegen Gott, d. i. zum
bösen Geiste wurde, als solcher, wie das Feuer im Verzehren — nur
in Bekämpfung und Verneinung Gottes und göttlicher Ordnung lebt,
und das tantalische Streben verfolgend, Alles zu sein, doch zu Nichts es
bringen kann. Um also das Heidenthum und seine Früchte zu verstehen,
müssen wir bis auf seine Wurzel hinunterbringen und in jene schauerlichen
Kreise herabsteigen, „wo man", um mit Dante zu reden [2]), „zum ewigen
Weh gelangt und die jammervollen Schaaren zu sehen sind, die der Erkenntniß und der Gnade Heil verloren haben." Denn so empfindlich sich
auch die Gebildeten unserer Tage beim bloßen Namen des Satans und
seiner bösen Geister gebehrden, ist ohne den Hintergrund dieses grauen-

---

1) Montalembert, L'empire romain après la paix de l'eglise p. 121.
2) Dante, Inferno III. 3.

vollen Dunkels das historische Bild des Christenthums nimmer zu erklären. Hat es doch erst dann die wahre Verbindung der Menschen mit Gott wieder anzuknüpfen vermocht, nachdem es sie vorerst von jener realen Gemeinschaft mit dem dämonischen Reiche abgelöst, welche das Heidenthum fortwährend in der Menschheit unterhielt. Wie der Apostel ausdrücklich sagt [1]), „erschien der Sohn Gottes dazu in der Welt, um die Werke des Teufels aufzulösen", und der Herr selber sandte den großen Völkerlehrer [2]) mit dem bestimmten Auftrage an die Heiden: „zu öffnen ihre Augen, daß sie sich bekehren von der Finsterniß zum Lichte und von der Gewalt des Satans zu Gott, um Vergebung der Sünden zu empfangen und das Erbe unter den Heiligen durch den Glauben an ihn."

Die reale Gemeinschaft der paganistischen Menschheit mit dem Satan und seinem Reiche zieht sich wie ein Ariadne-Faden durch das ganze Orakelwesen, den theurgischen Cult, den Opferdienst und das gesammte Leben der Heiden durch und trat besonders bei dem Erscheinen des Welterlösers unter den Juden und Heiden in den Erscheinungen dämonischer Besessenheit sichtbar zu Tage, also gerade in dem Zeitpunkte, als die unbedingte Herrschaft des Bösen auf Erden ihrem Ende nahte. War der Mensch durch die Sünde und den Abfall von Gott in eine Art Wahlverwandtschaft zum Satan getreten, so mußte sich diese um so inniger und stärker ausbilden, je ähnlicher der Mensch durch seine Sünden und Laster ihm wurde und wenn wir die tiefe Karrikatur der Selbstvergötterung und Selbstverthierung, in welche das heidnische Leben auf seiner Spitze auslief, in Erwägung ziehen, werden wir auch die damals so häufigen Zustände dämonischer Besessenheit und Umsessenheit uns erklären können. Die Zeitgenossen Jesu glaubten an die Einwirkung der bösen Geister auf die Menschen und an die Besessenheit, diesen Glauben hat der Herr selbst anerkannt und bestätigt; er hat thatsächlich Besessene geheilt [3]), und den Dämonen, die aus den Besessenen redeten, Schweigen geboten. In dem Evangelium ist von Legionen solcher die Rede; der Satan erschien dem Herrn sichtbar in der Wüste, um ihn in den gleichen Momenten wie den ersten Adam zu versuchen. Die Apostel und ihre Nachfolger trieben die bösen Geister aus und die Kirche Christi ist mit ihren Exorzismen in die gleichen Fußstapfen eingetreten. Die Wirksamkeit der Dämonen auf die Natur und Menschenwelt machte sich von Christus an in allen großen Zeitwenden geltend, wo das Reich Gottes für seine Ausbreitung auf Erden mit dem Reiche des Satans den Kampf aufnehmen mußte, und er hat dazu gedient,

1) 1. Joh. 3, 18. — 2) Apostelg. 26, 18.
3) Matth. 9, 31. Luk. 8. u. s. w.

die Allmacht Gottes und den Sieg des Christenthums um so glänzender
herauszustellen; denn alle Feinde mußten dem Herrn unterworfen und die
Macht der Finsterniß vorerst gebrochen werden, bevor das Christenthum
unter den heidnischen Völkern gegründet werden konnte. Hatte die finstere
Macht bei der Erscheinung des Erlösers ihre letzten Kräfte aufgeboten,
ehe ihre unbedingte Herrschaft auf Erden durch den Sieg Christi aufgehoben wurde, so wiederholte sie die gleiche Aktion später vielfach bei den Völkern,
die durch die Glaubensboten für das Christenthum gewonnen werden sollten. Der daherige Vorkampf ging aus demselben Grunde dem Siege der
Sache Gottes voraus und äußerte sich in den Erscheinungen der Dämonen, in ihren Einflüssen auf die Natur, in den Zuständen der Besessenen,
während er allmälig vor den Fortschritten des Christenthums sich immer
mehr zurückzog und später nur sporadisch in einzelnen Fällen sich bemerkbar machte. Dieser Glaube kehrt in unzähligen Heiligenleben von der
frühesten Vorzeit an beständig wieder. „Die heiligen Bischöfe Germanus
und Lupus werden auf ihrer Reise nach Britannien (429) mitten auf dem
Meere von einem gewaltigen Orkane überfallen; er war durch eine Legion
von Dämonen angefacht, die mit neidischen Augen auf das Heil hinblickten,
das diese Männer für das brittische Volk zu wirken bestimmt waren.
Darum widersetzten sie sich ihrem Vorhaben, erregten den Sturm, das
Schiff wurde von den Wogen überschüttet. Germanus bekämpft sie, betet,
segnet das Meer und gießt im Namen des dreieinigen Gottes heiliges
Oel in die empörten Fluthen, während alle Anderen zu Gott flehen. Die
Feinde werden vertrieben, verkünden aber die nahe Ankunft der Heiligen
durch Besessene am Ufer, der Sturm läßt nach und die Glaubensboten
langen glücklich an der brittischen Küste an"[1]. St. Patrizius bekämpft
in Irland die Schaaren der Dämonen und treibt die Fliehenden in den
Ozean[2], St. Cuthbert befreit die Insel Farne, wie Beda berichtet[3],
vom dämonischen Besitze, und Columba hat schwere Kämpfe mit ihnen zu
bestehen, wobei ihm selbst die Engel des Himmels Beistand leisten. Sie
wollten ihn von der Insel Jona vertreiben; er trieb sie jedoch nach der
Insel Ethita, wo sie über die Klosterbewohner Krankheiten brachten[4].

Die welthistorische Stellung, die der heilige Benedikt in der Geschichte
der Kirche einnimmt, ist bekannt; wie hier in diesem Lande der heilige
Gallus, hat er (529) im alten Campanien und auf dem Berge Cassino

---

1) Constant. Vit. S. Germ. I. 5, 45—46, und des Gleiche in vit. S. Lupi
Boll. Jul. VII. 69.
2) S. Patr. vit. trip. II. 64.
3) Bed. Hist. IV. 25. — 4) Adamn. vit. III. 8.

die christliche Religion da begründet, dort wiederhergestellt und weiter aus=
gebreitet. Auch in jene reizenden Thäler des Garigliano war in Folge
der Einfälle der Barbaren mit dem Heidenthume die Verwilderung wieder
eingekehrt, der Berg Cassino mit seinem Apollotempel auf's Neue zum
Mittelpunkte des heidnischen Cult geworden. Vierzig Tage brachte Benedict
auf dem Berge im Gebete zu, dann erst begann er den Kampf gegen den
alten Feind; vor Allem aus zerstörte er dessen Werk[1]). Der Götzenaltar
wurde niedergerissen, der Hain der Venus angezündet und verbrannt; den
Apollotempel wandelte er zu einem Kirchlein St. Martin zu Ehren um und
allmälig verschwanden die Spuren des Heidenthums. Allein der alte
Feind ließ sich dieses Bollwerk seiner Macht nicht ohne harten Kampf ent=
reißen, er mochte vorahnen, was Monte Cassino durch Benedikt und seinen
Orden für die Ausbreitung des Christenthums später werden sollte. Nicht
etwa im Traume nur oder im Geheim, sondern offen und am Tage er=
schien der Satan dem heiligen Patriarchen, wie dieser selbst es seinen
Jüngern erzählte. Vor dessen leibliche Augen trat er zu ihm hin, mit
gewaltigem Toben und Geschrei, in schwarzer, feurig durchglühter Unge=
stalt, mit funkelnden Augen und flammendem Munde schmähte er ihn an:
„nicht Benedikt, sondern Verfluchter, was hast du mit mir, warum ver=
folgst du mich?“ Das Alles, bezeugt Gregor der Große[2]), habe der ehr=
würdige Vater (Benedikt) seinen Schülern selbst erzählt. Heilungen von
Energumenen berichten uns der Menge nach die Lebensgeschichten der
heiligen Columban in Gallien, Kilian in Ostfranken, Bonifazius in
Thüringen, Gallus in Alemannien u. A. Der eine und erste Theil der
Sendung dieser apostolischen Glaubensboten war gegen die Herrschaft der
Dämonen gerichtet, die sich ihrem Werke widersetzten; mit einer reinigen=
den, exorzistischen Thätigkeit eröffneten sie überall ihr Apostelamt, gerade
wie von Anbeginn an die Kirche in der Taufe mit dem Exorcismus gegen
die bösen Geister die Heiligung und Wiedergeburt der Geborenen einleitet.
Dem heiligen Gallus traten sie in der Nacht seines Fischfanges zu Bre=
genz entgegen[3]); bei seiner Ankunft am Ufer der Steinach[4]) erschienen
ihm und seinem Begleiter Hiltibod nicht nur dämonische Gestalten, sie hör=
ten auch deren Reden und Klagen über den fremden Ankömmling, der sie aus
der bisherigen Stätte vertrieben habe und ihnen weder unter den Menschen noch
in der Wildniß zu leben gönne. Kaiser Julian, der Apostat, hielt das hel=
lenische Heidenthum deswegen für die wahre Religion, weil er in ihr

---

1) S. Carl Brandes, das Leben St. Benedikt's 1858.
2) S. Greg. in vit. S. Bened. 8.
3) Walfr. l. c. 7. — 4) L. c. 12.

eine wirkliche Verbindung mit den Geistern der jenseitigen Welt erfahren zu haben glaubte. Durch die Philosophen und Zauberer Libanius und Maximus in einen heidnischen Tempel eingeführt, rief er dort in den finstreren Hallen die Lügengeister an, die auf den Aufruf auch wirklich erschienen. Julian erschrak und bezeichnete sich mit dem Zeichen des Kreuzes, worauf sie dann sogleich verschwanden. Der Magier gab ihm darüber einen Verweis, Julian aber antwortete, er habe das Kreuz aus Furcht gemacht, doch müsse er die Kraft des Kreuzes bewundern, vor welchem selbst die Dämonen geflohen seien [1]).

Auch die enge Verbindung der Dämonen mit dem heidnischen Opfercult läßt sich nicht bestreiten; denn in ihm wurde dem allein wahren und höchsten Gott die Ehre entrissen und diese auf den Lügengott übertragen. „Alle Götter der Heiden sind böse Geister", sagt die Schrift [2]), „der Herr aber hat den Himmel gemacht" und der große Apostel bestätigt es mit den Worten: „was der Heide opfert, das opfert er dem Teufel und nicht Gott." „Der mächtigste Irrthum", schreibt Tertullian [3]) (220), „zu dem der Einfluß der bösen Geister die von ihnen Umstrickten verleitet, besteht darin, daß er sie den Menschen als Götter aufschwatzt und ihnen durch den Fettdampf und das Blut, welche den Götzenbildern und den Statuen dargebracht werden, die eigenthümliche Nahrung verschafft. Welche Weide ist ihnen aber angenehmer, als den Menschen von der Erkenntniß der wahren Gottheit durch falsche Wahrsagung abzubringen? Wie sie dies erzielen, will ich erklären. Jeder Geist schwebt; daher schweben die Engel sowohl als die Dämonen. Im Augenblicke sind sie überall und die ganze Welt ist für sie nur Ein Ort, daher wissen sie, daß und wo Etwas geschieht, eben so schnell als sie es aussagen." Nach diesem Kirchenlehrer tönte aus den heidnischen Orakeln die Stimme des Satans, woraus er die Doppelzüngigkeit derselben ableitet. „Die Dämonen verwunden zuerst, hierauf geben sie wunderbare Heilmittel an; denn", wie Lactantius [5]) bemerkt (320), „obwohl sie die Verderber der Menschen sind, möchten sie für deren Schirmer angesehen werden, damit sie und nicht Gott verehrt würden." „Die Dämonen", sagt der heilige Cyprian (um 250), „schleichen sich in die den Göttern geweihten Statuen und Bilder. Durch ihren Anhauch begeistern sie die Brust der Wahrsager, beleben die Fasern der thierischen Eingeweide, lenken den Flug der Vögel, regieren die Zeichendeutung, geben Orakelsprüche und mischen immer Falsches und Wahres durcheinander. Sie

1) Dr. Auer, Kaiser Julian. Wien, 1855. S. 186.
2) Pslm. 95, 5. — 3) Tert. Apol. c. 22.
4) Lactant. Instit. div. V. 22.

sind Betrüger und ihr einziges Bestreben besteht darin, die Menschen von
Gott abzubringen, sie der wahren Religion zu entfremden und dem Aber=
glauben zuzuführen [1]). Doch sobald wir sie durch den wahren Gott be=
schwören, verlassen sie uns, legen das Bekenntniß von sich ab und weichen
gezwungen aus den Leibern der Besessenen. Man muß es sehen, wie wir
sie mit unsern Worten in der geheimen Gotteskraft geißeln; es hören,
wie sie heulen und bitten und selber eingestehen, woher sie kommen und
wann sie zu weichen haben." Die Anwesenheit der Christen brachte die
heidnischen Opferhandlungen in's Stocken, und durch die Kraft des heili=
gen Kreuzes stürzten oft die Götzenbilder und selbst die Tempel zusammen [2]).
Minutius Felix konnte in öffentlicher Schrift an die Heiden die Worte
richten [3]): „All' das wissen die Meisten von Euch wohl, daß es die Dä=
monen selber von sich eingestehen, wenn sie von uns durch die Pein der
Worte und durch die Gluth des Gebetes von den Leibern ausgetrieben
werden. Saturnus selber, und Serapis und Jupiter, und was ihr immer
für Dämonen verehret, gestehen es, vom Schmerze überwunden, ein, was sie
sind. Und wahrlich sie lügen sicherlich nicht zu ihrer eigenen Schande,
zumal, wenn Einige von euch anwesend sind." Daß mit dem griechisch=
römischen Opferkult auch Menschenopfer und alle Werke der Unzucht ver=
bunden waren, ist bekannt.

Zu Athen, in dieser Stadt der Bildung, wurden noch in ganz späterer
Zeit alljährlich zwei Menschen beiderlei Geschlechts zur Sühne des Volkes
am Feste der Thargelien zum Opfertod geführt; derselbe Opferbrauch be=
stand in der phokäischen Kolonie Massilia, so oft die Pest dort ausbrach.
Auf den Inseln und in allen Theilen Griechenlands fielen der Menge nach
menschliche Sühnopfer. Zu Rom wurden im Jahre der Stadt 397 auf
einmal 307 Römer von den etruskischen Tarquiniern mit punischer Grau=
samkeit hingeopfert, und noch unter Julius Cäsar zwei Menschen
öffentlich auf dem Marsfelde durch die Pontifices und den Flamen Martis
mit aller Feierlichkeit getödtet. Sogar Augustus ließ nach dem Siege über
Antonius 400 Senatoren und Ritter auf dem Altare des vergötterten
Julius hinschlachten; bis in das dritte Jahrhundert bluteten jährlich dem
Jupiter Latiaris auf dem Albanerberge bei Rom Menschenopfer. Nirgend=
wo jedoch wüthete diese gräßliche Superstition fürchterlicher als bei den
abgöttischen Stämmen der Semiten, insbesondere im alten Canaan und
bei den Phöniziern und Karthagern. Hier wurden vorzugsweise unschuldige

---

1) S. Cyprian, De van. Idol. cult.
2) Lactant. de mortibus Persecutorum 10. u. vit. S. Martini.
3) Minut. Fel. Octav. 27.

Kinder und unter diesen die ein= und erstgebornen Söhne hiefür auserlesen. Bei allen großen Landescalamitäten glaubte man den strafenden Baal oder Belos dadurch zu besänftigen, daß man ihm das liebste Kind als Sühnopfer darbrachte. Zu Karthago war eine Statue des Kronos von Metall in gebückter Stellung und mit ausgestreckt erhobenen Händen; diese wurde durch den unter ihr angebrachten Ofen glühend gemacht und dann legte man ihr die Opferkinder in die Arme, aus denen sie sterbend und unter Zuckungen, die man für Lächeln hielt, vor den Augen ihrer Mütter unter Flötenspiel und Paukenschlag in den Feuerschlund hinab= rollten [1]). Von den Cananiten meldet die Schrift [2]): „Sie opferten ihre Söhne und Töchter den Teufeln und vergossen unschuldiges Blut. Und das Land war befleckt mit Blut und verunreiniget durch ihre Werke." Mit dem Morde waren beim Götzendienste der Heiden auch die Werke der abscheulichsten Unzucht verbunden, die an den Festen der Venus und des Bachus verübt wurden. Die Astarte der Philister und Phönizier, die große Göttin der Syrer zu Hierapolis, die Anaitis der Armenier, die Diana und Venus der Griechen und Römer wurden dadurch verehrt, daß ihre Tempel zu Lupanarien umgewandelt wurden; so wurde allen schändlichen Handlungen im Götzendienste das Siegel der Göttlichkeit auf= gedrückt, die unnatürliche Wollust nicht ausgenommen [3]).

Der Götzendienst der Germanen war nicht frei von diesen Gräueln. Gibt Tazitus ihnen das Zeugniß: „daß sie es der Hoheit der Götter für unangemessen halten, in Wände (Tempel) sie einzuschließen oder irgend in Gestalt eines menschlichen Antlitzes abzubilden; daß sie dagegen die Haine und Gehölze weihen und unter göttlichem Namen jenes unerforschliche Wesen anrufen, das nur ihr ehrfurchtsvolles Gemüth kennt" [4]), so unter= läßt er nicht beizufügen, „daß sie unter den Göttern am meisten den Mer= kur (Wodan) verehren und ihm an gewissen Tagen Menschen zum Opfer darbringen." Sonst brachten sie gewöhnlich, nach Agathias, Pferde und andere Thiere dem Wodan dar, schnitten ihnen die Köpfe ab, ver= brannten die Stücke, die Köpfe der geschlachteten Thiere dagegen hingen sie ringsum an den Baumästen im Haine auf [5]), in dessen Mitte ein Altar errichtet war. An diesen einsamen Waldplätzen wurde der Götzendienst von ihnen getrieben, der keineswegs ein so unschuldiger Naturdienst war, wie glaubenslose Schriftsteller ihn zu schildern gewohnt sind. Noch um

---

1) S. E. v. Lasaulx: Die Sühnopfer der Griechen und Römer.
2) Pslm. 105, 37.
3) S. Dr. J. Bucher, das Leben Jesu Christi. Stuttgart 1858. I. S. 38.
4) Tacit. Germ. c. 9. 38.
5) Agathias Schol. Hist. I. 7.

das Jahr 446 gelobte der Gothen=König Radagais (Rüdiger) vor seinem
Einmarsch in Italien [1]): er werde, wenn er siege, das Blut der
Christen seinen Göttern opfern. Von diesem Wodan erzählt Jornandes,
daß die Gothen ihn immer mit den grausamsten Menschenopfern gesühnt
und ihm alle Gefangenen hingeopfert hätten. Sie waren, wie wir früher
sahen, auch unter den keltischen Völkern in Uebung und St. Patrizius
fand sie auf der Mordebene in der Grafschaft Leitrim bei dem druidischen
Götzen Crom=Cruach, welchem jährlich eine Menge Kinder geopfert wurden.
Im 4. Provinzialconcil von Orleans (541) [2]), an welchem auch der
Bischof Grammatius von Windisch Theil nahm, wurden durch den
15. und 16. Canon diejenigen von der Gemeinschaft der Kirche ausge=
schlossen, welche Fleisch, das den Dämonen geopfert worden, essen, nach
Sitte der Heiden bei den Köpfen der Thiere schwören und die Götter um
Hilfe anrufen würden" und Prokobius konnte im Jahre 534 ganz der
Wahrheit gemäß von den Franken berichten [3]): „solche Christen sind jene
Barbaren, daß sie noch viele Gebräuche (ritus) des alten Aberglaubens
beobachten, Menschenopfer darbringen (humanas hostias) und andere gott=
lose Opfer bei ihren Zaubereien anwenden (aliaque impia sacrificia di-
vinationibus adhibentes). Gregor von Tours berichtet [4]) uns von einem
Götzenhaine, der (um 553) in der Nähe von Köln stand, in welchem den
Götzen die besten Getränke dargebracht wurden, „die Barbaren füllten sich
damit bis zum Erbrechen an und trieben noch anderes Unwesen." Adam
von Bremen beschreibt in seiner Chronik diese Opferfeste, die in den Götzen=
hainen gefeiert, und die Menschenopfer, die dargebracht wurden, „und mit
diesen waren auch Trinkgelage und unzüchtige Dinge verbunden, die besser
verschwiegen werden." Unter den Thüringern und Friesen wüthete der
gleiche grauenvolle Dienst, wie wir aus dem 25. Briefe des heiligen Boni=
fazius es erfahren. Noch die zweite austrasische Synode von Liftine
(Lestinnes) im Hennegau (um das Jahr 741) sah sich angewiesen gegen
eine Menge heidnischer Gebräuche, die sich forterhalten hatten, einzuschreiten,
so gegen die Feste und den Dienst der alten Götter, Donar, Wodan und
Saxnot, gegen die Verehrung von Hainen, Steinen und Quellen, gegen die
Tänze und Todtenmahle beim Begräbniß, gegen die Augurien, Zaubereien und
und Wahrsagereien [5]). Karl der Große setzte noch in seinem fränkischen
Kapitulare (um das Jahr 784) die Todesstrafe gegen Jeden fest, „der einen

---

1) Isidor Chron. ad an 446 und Orosius hist. l. VII. c. 37
2) Labbe Conc. V. 390—99.
3) Procob. de bello gothico II. 25.
4) Greg. Turon. in vit. Patrum.
5) Conc. Germ. Würdtwein I. 30.

Menschen dem Teufel hinopfere und ihn nach Heidenart den Dämonen darbringe" [1]). Wir werden auf dieser historischen Unterlage die ältesten St. gallischen Autoren nun verstehen, wenn sie den Zustand der heidnischen Bevölkerung, welche Columban und Gallus in Tuggen fanden, in den Worten schildern: „Der Ort gefiel, aber es mißfielen die verkehrten Gewohnheiten der Bewohner. Grausamkeit und Bosheit herrschten unter ihnen, denn sie waren dem Aberglauben der Heiden ergeben" [2]); oder wie Walfrid Strabo sie erweitert: „Die Bewohner waren grausam und gottlos, sie verehrten Götzenbilder, brachten den Götzen Opfer dar, trieben Weissagerei und Zauberei und viele andere abergläubische Dinge, die dem Gottesdienste zuwider sind. Von heiligem Eifer entflammt zündete Gallus die Götzenhaine (fana) an, in welchen sie den Dämonen opferten und warf die Opfergaben in den See" [3]). Auch das germanische Heidenthum war tief entartet; „die unglücklichen Bewohner lagen in jener Nacht der Finsterniß und des Todes begraben, von der uns die Erbarmung Gottes durch Christus erlöset hat, um unsere Füße auf den Weg des Friedens zu leiten" [4]). Wir überlassen daher den Fanatikern unserem heiligen Glaubens- und Landesvater über seiner That zu schmollen und erneuern bei dieser Stelle den unvergänglichen Dank, welchen Rappert vor tausend Jahren in seinem Liede — jam fidelis turba — mit den Worten ausgesprochen [5]):

„Der Himmel selbst und Erd' und Meere, stimmen in die Hymne ein,
Die der gläub'gen Völker Heere unserm Vater Gallus weihn,
Ihm, der Christi Licht gebracht in des Heidenthumes Nacht."

Wie ein schreckliches Fatum lag das Heidenthum auch in Alemannien auf dem größten Theile der Bevölkerung; seine Früchte haben wir in den grauenvollen Opfern, in der sittlichen Versunkenheit, in der verkehrten Gotteserkenntniß, in der licht- und gnadenlosen Lage der unglücklichen Bewohner und nicht minder in dem verwilderten Zustande des ganzen Landes kennen gelernt. Die Vorsteher der Kirche und die Könige mußten ihre Kräfte vereinigen, um diese Gräuel zu beseitigen und dem Christenthume den Weg zu bereiten. Merkwürdig ist hieher bezüglich die Constitution des Königs Childebert I. vom Jahre 554, die auf dem Provinzialconcil von Matiscon (581) auf's Neue bestätigt wurde. Sie ist gegen den Götzendienst gerichtet und bestimmt: „daß das Volk die Götterverehrung ver-

---

1) Carol. M. Capit. Monum. hist. Germ. III. p. 49.
2) Vit. prim. — 3) Walfr. Str. c. 4. — 4) Luc. 1, 79.
5) Rappert. Sequent. in H. Canis. Lect. ant. V. 752 und im Proprium Sangall. ad diem fest. S. Galli.

lasse und Gott dem Herrn rein diene. Weil es aber nöthig ist", fährt
der Gesetzgeber fort [1]), „daß das Volk, welches dem Befehle des Priesters nicht nach Schuldigkeit folgt, durch unsere Regierungsgewalt gebessert
werde, haben wir diese Gesetzesurkunde überallhin zu versenden beschlossen und befehlen hiermit, daß alle diejenigen, die auf erhaltene Mahnung von ihren Grundstücken oder sonsten, Bilder oder Götzen dem Dämon von den Menschen geweiht, nicht sogleich entfernen und die Priester,
die solche zerstören, daran hindern, Bürgen stellen und nicht freigegeben
werden sollen, bis sie uns vorgeführt werden." Im Weitern werden darin
Strafen gegen sakrilegische Handlungen festgesetzt. Die Kirchensynode von
Auxerre (578) verbot im 3. Kanon auf das Strengste: „in Götzenhainen
oder bei Quellen Gebete zu verrichten" und die Provinzialsynode von
Matiscon (594) befiehlt „den Bischöfen und allen Priestern [2]), den größten
Eifer darein zu legen, um überall die den Dämonen geweihten
Haine (fana), für welche das Volk noch immer so große Verehrung hege,
von Grund aus zu zerstören und zu verbrennen (ut radicitus excindan-
tur et comburantur). Zu gleichen Maßregeln fordert Papst Gregor (600)
die Königin Brunhild und ihren Sohn Theuderich in Burgund auf [3]):
sie möge ihre Unterthanen anhalten, daß sie den Götzen nicht mehr opfern,
und keine Verehrer der Bäume und Haine in ihren Staaten dulden. „Denn
es ist mir zu Ohren gekommen", fährt er fort, „daß selbst viele Christen, welche die Kirche besuchen, vom Dienste der Dämonen noch immer
nicht abstehen." So sahen die Kirchen- und Reichsgewalten sich angewiesen,
gegen das Heidenthum und seine Gräuel einzuschreiten, das in den Völkern
so tiefe Wurzel geschlagen hatte, daß selbst viele Christen von seiner geheimen Zauberkraft geblendet, zum Götzendienste wieder abfielen.

Als der heilige Remigius von Rheims, der Apostel der Franken,
Chlodwig, dem Heerführer der salischen Franken (496), die heilige Taufe
ertheilte, sprach er zu ihm: „Beuge das Haupt, stolzer Sikambrier!
Verbrenne, was du bisher angebetet und bete an, was du bisher verbrannt hast" [4]). Wo das Christenthum beginnen sollte, mußte das Heidenthum vorerst weichen und wo „die Altäre und Kirchen Christi sollten erbaut werden für den Dienst des wahren und lebendigen Gottes, da mußten
die Götzenhaine beseitiget werden, in denen auf schändliche Weise den Dämonen geopfert wurde", wie St. Agilus, ein Zeitgenosse des heiligen Gallus

---

1) Pertz Monum. III. 1.
2) Eccard. rerum Franc. Comment. XXIII. 412.
3) S. Greg. Epist. VII. 5.
4) Hincmar. Vit. S. Remig. c. 3. Boll. Jan. 1.

sprach[1]). Schon im Jahre 553 stießen zwei Priester vom Gefolge des König Theuderichs I. auf einen Götzenhain in der Nähe von Köln; sie zündeten ihn an, während die Heiden abwesend waren. Als diese dann aber die Flammen des Haines zum Himmel auflodern sahen, eilten sie mit gezückten Schwertern herbei und verfolgten die kühnen Priester, die jedoch an den königlichen Hofhalt nach Köln entfliehen konnten[2]). Die heilige Königin Radegund, Gemahlin Chlothars I. von Soisons (540) kam auf ihrer Rückreise von Thüringen nach Neustrien[3]) „bei einem Götzen= haine vorbei, den die Franken heilig hielten. Sie befahl ihren Begleitern, den Hain anzuzünden; denn sie hielt es für schändlich, daß der Gott des Himmels verachtet und durch teuflische Künste entehrt werde." Eusta= sius und Agilus von Luxeuil kamen (um das Jahr 620) auf einer Mis= sionsreise auch „zu den nahen Waraskern über dem Rheine, die von ihrem Götzenhaine ganz verblendet waren; sie zündeten diesen Hain an und bekehrten sie zu Christus"[4]). Nachdem im Jahre 627 der northumbrische König Edwin den christlichen Glauben angenommen hatte, „ließ er die Götzenhaine sammt ihrer Umhegung zerstören und verbrennen", wie uns Beda berichtet[5]), und das Gleiche vollzog der Abt Bertulf von Bobbio an einem Götzenhaine in den Appeninnen[6]). Wo aber die Glaubensboten heidnische Tempel vorfanden, wurden daraus nur die Götzenbilder ent= fernt, die Tempel selber aber blieben größtentheils erhalten; man weihte sie ein, errichtete darin einen Altar mit heiligen Reliquien und richtete sie so zum christlichen Gottesdienste her, wie es Papst Gregor I. den Bischöfen Augustin und Melitus in England vorgeschrieben hatte[7]). Wie die christ= liche Kirche die göttliche Sendung hatte und noch immer hat, überall auf Erden das Heidenthum mit seinen Gräueln auszurotten und dem Reiche Gottes alle Menschen zuzuführen, so kannten die christlichen Könige, vor allem die römischen Kaiser deutscher Nation für ihre Herrschergewalt keine höhere Aufgabe, als jene, in ihrem Bereiche die gleiche Sendung zu er= füllen und alle barbarischen Nationen Christo dem höchsten Könige und Herrn aller Ehre unterthänig zu machen. Zu diesem Zwecke führte Kaiser Karl der Große seine Kriege gegen die barbarischen Nationen und dem heiligen Könige Canut IV. folgte der Ruhm in's Grab: „daß er entflammt vom Eifer den christlichen Glauben auszubreiten, die Reiche der Barbaren im gerechten Kampfe angegriffen, sie besiegt und dem Gesetze Christi unter=

1) Vit. S. Agil. Resbac. Mabill. Act SS. II., p. 250.
2) Greg. Turon. in vit. Patr. — 3) Mabill. Act. I. 327.
4) Mabill. Act. II. 319. — 5) Bed. Hist. II. 13. — 6) Mab. Act. II. 164.
7) Greg. Epist. XI. 28 und Bed. Hist.

worfen, dann aber ruhmvoll durch viele Siege und an Schätzen reich geworden, sein königliches Diadem zu den Füßen des Gekreuzigten niedergelegt und sich selber und sein ganzes Reich demjenigen unterworfen habe,
welcher der König der Könige und der Herr der Herren ist" [1])

Weil das Christenthum den Tag gebracht nach langer finsterer Nacht
und wir schon von unserer Geburt an des frohen Lichtes uns erfreuen,
meint mancher Kopflose, es müsse so sein und sei immer so gewesen. Er
denkt nicht daran, daß es einst Nacht war in der Natur, bevor der All-
mächtige das Licht im Weltall schuf und daß einst dichte Finsterniß auf
dem Geiste der Menschen lag, bevor die Sonne am Himmel erschien, die
Christus ist. Was wäre die Erde ohne die Sonne und was würden wir
Alle sein ohne die Sonne des Christenthums, welche unsere Glaubensväter
unter unendlichen Mühen und Opfern für unsere Voreltern und uns am
Himmelsbogen dieses Landes heraufgeführt, damit sie auch hierlands ihre
Licht- und Wärmestrahlen ausgieße. Unter der Herrschaft des Irrthums
und des Todes seufzend verehrten jene heidnischen Ureinwohner Wodan,
den Gott der Schlachten, und ließen ihm Menschenopfer bluten. Menschen
zu erschlagen, um als tapfer zu gelten, die Blutsverwandten in den nächsten Verwandtschaftslinien unerbittlich zu rächen, wurde selbst für Frauen
als eine heilige Pflicht angesehen. Des erschlagenen Feindes ausgeschnittenes
Herz zu braten und zu verzehren, mehre, hieß es, die Weisheit, und aus
seinem Schädel als aus einem Pokale zu trinken, war ein Heilthum [1]).
Kinder armer Eltern, besonders die Mädchen, wurden unter den heidnischen
Deutschen ohne Erbarmen dem Tode geweiht und an ihnen die Gräuel
verübt, die wir in Indien und China heute noch an ihnen verüben sehen.
Solche, die der Ermordung entgingen, wurden ausgesetzt und ihrem Schicksale überlassen. Gegen dieses dämonische Reich unter den Menschen zog
die christliche Kirche aus und sandte ihre unsterblichen Glaubensboten in
alle Länder, um sich an die Spitze dieses Kampfes zu stellen. Indem sie
mit der wahren Gotteslehre das wahre Erkenntnißlicht für den menschlichen Geist wieder leuchten ließ, brachte sie mit der Gnade Christi ein
neues Leben in die Herzen der Menschen, und die Flamme der Gottes-
und Nächstenliebe, die sie entzündete, wirkte so mächtig auf sie, daß die
bisher grausamen und unbarmherzigen Gemüther sich wie Wachs erweich-
ten und für alle Eindrücke edlerer Gesinnungen und Beispiele empfänglich
wurden. Gegen die Blutrache schritt die Kirche mit strengen Disciplinar-
strafen ein; wer mit Menschenblut sich befleckt hatte, mußte schwere Buße

1) Vit. S Canut. M. in Brev. Rom.
2) J. Grimm, Geschichte der deutschen Sprache S. 101.

leisten, konnte in den Dienst der Kirche nie aufgenommen werden. Auch dem Kindermorde wurde dadurch begegnet, daß man zufolge der Synodalbestimmungen jener Zeit in ganz Austrasien[1], wie dies in Trier Jahrhunderte lang Uebung war, an den Kirchenthüren eine in Stein gehauene Muschel oder eine hölzerne Truhe zur Aufnahme solcher unglücklichen Kinder anbrachte. Versammelte sich dann an Sonn = und Festtagen die gläubige Gemeinde beim Gottesdienste, so wurde jeweilen ein solches Kind von dem Bischofe oder Priester mit der Anfrage vorgezeigt: „ob Jemand aus christlicher Liebe dieses unschuldige Kind annehmen und wie sein eige= nes Kind erziehen wolle?" Fand sich Keiner hiefür bereit, so ließ es die Kirche auf ihre Kosten erziehen. Man muß die Bestimmungen der Synoben, die unter den Merovingern und Karolingern abgehalten wurden, lesen, um den gewaltigen Kampf sich klar zu machen, welchen die Kirche und ihre Glaubensboten gegen die grauenvolle Macht des Heidenthumes Jahrhunderte lang führten, und man wird mit nie erlöschendem Danke zu Gott es erkennen, welche Mühe es gekostet, um hier das Heidenthum auszurotten, und dort die tief verkommenen und in's Heidenthum wieder zurückgesunkenen Christen jener Zeit für das Christenthum wieder zu ge= winnen. Was Dante[2] vom heiligen Benedikt rühmt, gilt von der Kirche und ihren Sendboten im Allgemeinen, sie hat

> „Jene Wahrheit, die uns hoch erhoben,
> Zur Erd' gebracht in ihrem heil'gen Wort';
> Denn Gott gab ihr die Macht von Oben,
> Daß sie die Völker all' vom Dienst befreit',
> Der mit des Teufels Trug die Welt umwoben."

Als der heilige Gallus an den Ufern des Bodensee's erschien, waren in Arbon, in Konstanz und in Ueberlingen und wohl auch schon in Meers= burg Kirchen oder Oratorien anzutreffen, im Inneren des weiten Landes rechter und linker Seite des Potamus herrschte noch das alte Heidenthum. Auf seiner Reise hieher fand er am Oberrheine Heiden und abgefallene Christen beim Wodandienste, in Tuggen ursprüngliche Heiden, in Bregenz wieder ein Gemisch beider Sorten, wie am Oberrheine und einst in Luxeuil. Wohl mochte lange vor seiner Ankunft das Christenthum in Alemannien schon verkündet worden sein; die Schlacht von Zülpich (496) war für die siegenden Franken wie für die besiegten Alemannen ein Wegweiser zu Christus. Das alemannische Elsaß bildete die Brücke, auf der die christ= liche Religion in unsere Gegenden einwanderte, und die Municipien, Curten und Villen der austrasischen Könige und Großen waren die ersten

---

1) Mabill. Annal. I. 374. — 2) Dante Parad. XXII.

Colonien derselben. Allein hatte die Kirche auch manche feste Punkte im
Lande erobert, so glichen sie in Folge der Zeit jener Kirche der heiligen
Aurelia in Bregenz, die früher dem wahren Gotte geweiht, nachmals
wiederum dem Götzendienste anheimfiel. „Es ist," wie Professor Hefele be=
merkt [1], „unverkennbar, daß im Anfange des siebenten Jahrhunderts das
Christenthum die Masse der Alemannen noch lange nicht ganz durchdrungen
hatte, das gemeine Volk in den inneren, waldigen Gauen und Marken
hing den einheimischen Göttern noch immer an." War auch dem Herzoge
Cunzo möglich, die Bischöfe und Priester von Austrasien und Hochalemannien
zu einer Synode nach Konstanz einzuberufen, so ist daraus noch keines=
wegs der Schluß zu ziehen: Alemannien sei damals auch nur zum größ=
ten Theil, geschweige — allgemein christlich gewesen. Beurtheilt man
ferner das alemannische Gesetz [2] nur an und für sich und nicht in
Verbindung mit den übrigen geschichtlichen Urkunden jener Zeit, so wird
man freilich leicht zu dem Fehlschluß hingeleitet: daß Alemannien schon
damals ganz christlich war. Denn ein Volk, dem solche Gesetze gegeben
werden, scheint nicht mehr ein heidnisches, sondern schon ein christliches zu
sein; diese Gesetze und Verbote setzen scheinbar eine bestimmte, geordnete,
kirchliche Einrichtung voraus. Doch ist der Widerspruch leicht zu lösen.
Der Prolog und der Inhalt dieses wichtigen Statutes belehrt uns näm=
lich, daß bei dessen Abfassung unter König Theuderich (511—34) die alten
Uebungen und Gewohnheiten des Volkes zwar möglichst erhalten und ge=
regelt wurden, im kirchlichen Theile desselben jedoch der pädagogische
Zweck verfolgt wurde: das, was in den alemannischen Gebräuchen aus
dem Heidenthume stammte, nach dem christlichen Glauben und Gesetze um=
zuändern und durch die christlichen Elemente zu ersetzen, was insbesondere
König Dagobert (622—38) bei der Revision dieses Gesetzes zu Ende
führte. Das alemannische Gesetz war sonach darauf berechnet, das ganze
Volk von seinen heidnischen Gewohnheiten und Verirrungen allmälig ab=
zubringen und zum Christenthume hinzuführen. Es hat das christliche
Leben der Alemannen nicht als schon bestehend vorausgesetzt, sondern
als künftiges Ziel vorangestellt, es wollte und bezweckte vielmehr, daß
das Christenthum allmälig im gesammten Volke der Alemannen zur vollen
Geltung und zum Siege gelange. In einem solchen religiösen Zustande
traf der heilige Gallus diese Gegend an, als er im Jahre 612—13 mit
seinen Gefährten den Bau von Klosterwohnungen am Ufer des Flüßchens
Steinach begann.

---

1) Prof. Dr. Hefele, Geschichte der Einführung des Christenthums in Süddeutsch=
land, S. 221. — 2) S. Philipps deutsche Reichs= und Rechtsgeschichte I.

Die ältesten Nachrichten über sein Leben gibt uns der kurzgefaßte Lebensabriß, bekannt unter dem Namen vita primaeva S. Galli [1]) oder ursprüngliche und erste Lebensgeschichte des heiligen Gallus, die verfaßt zwischen den Jahren von 741—70, schon wegen ihrem hohen Alterthume von größter Bedeutung ist. Ihr Verfasser hat schon unter St. Othmar im Kloster St. Gallen gelebt, von wo er als Augenzeuge eine Thatsache berichtet, die sich zwischen 741—47 — also kaum hundert Jahre nach dem Tode des heiligen Gallus zugetragen. Derselbe versichert seine Leser: „Dies Alles ist bezeugt worden durch Maginald (Magnus) und Theodor, die Diakonen des Auserwählten Gottes (Gallus), welche bis zum seligen Ende desselben gewürdigt waren, ihm dienstbar zu sein, aber auch durch unzählige Andere, welche entweder das Leben desselben selbst beobachtet oder von wahrheitsliebenden Zeugen die Thaten des Heiligen vernommen haben." Diese wichtige vita ist theils nach mündlichen Erzählungen, theils nach ältern schriftlichen Aufzeichnungen verfaßt worden. Eilf Jahre nach dem Tode des heiligen Gallus (651—57) wurde durch den Thurgauer Gaugrafen Otwin die Galluszelle verwüstet, bei der sich damals Magnus und Theodor noch vorfanden. Nach ihrem Wegzuge (nach Füßen und nach Kempten) blieb dort noch „eine Brüderschaar beisammen, die des Gottesdienstes waltete" [2]); „fromme Kleriker [3]), die einst Schüler des heiligen Gallus waren, oder sonst aus Liebe zu Gott (vel disciplatus ejus memoria vel divino amore succensi) an seinem Grabe wachten, deren Innung sich von der Zeit König Dagoberts (628—38) bis auf Karl Martell und Abt Othmar (720) erhielt." Die Kleriker dieser ursprünglichen Innung in der St. Galluszelle deutet der Diakon Gotzbert (Neffe des gleichnamigen Abtes) in seiner von Walfrid Strabo neu bearbeiteten Fortsetzung der Wunderthaten des heiligen Gallus mit den Worten an: „Wir haben die Namen derjenigen weggelassen, welche einst Zeugen waren oder es noch sind von dem, was wir hier berichten, damit die barbarischen (scotischen und alemannischen) Worte die Schönheit der lateinischen Sprache nicht verletzen. Auch geben wir unserer Schrift Manches bei, was wir nicht durch schriftliche Zeugnisse, sondern aus den Erzählungen wahrheitsgetreuer Männer vernommen haben, und wir werden, was uns betrifft, die Linie der Wahrheit strenge einzuhalten suchen, ohne von dem Unsrigen etwas beizufügen, und weil wir darin entweder älteren Schriften oder mündlichen Erzählungen folgen, stehen jene für die Wahrheit der Thatsachen, wir aber für die Anordnung des Stoffes ein." Das Be=

---

1) Abgedr. in Pertz Monum. I. 1. — 2) Vit. prim.
3) Walfr. Str. Contin. mirac. S. Galli, cap. 11.

stehen einer ununterbrochenen Reihenfolge von Schülern und Nachfolgern des heiligen Gallus von seinem Tode an bis zum Auftreten des heiligen Othmars und späterhin ist daher ebenso historisch erwiesen, als das Vor= handensein älterer schriftlicher Denkmäler über sein Leben zweifellos fest= gestellt ist. Zu diesen ältesten Denkmälern muß jene vita primaeva S. Galli gezählt werden, welche der anonyme Verfasser der Vorrede zu St. Notker's metrischem St. Gallusleben „als sprachlich ganz inkorrekt den halblateinischen Scoten" (a semilatinis Scotis corruptius scriptam) zuschreibt, deren Verfasser aber unstreitig ein Alemanne ist, da er sich gleich in der Einleitung zu den Alemannen oder Sueven zählt und diese „die Unsrigen" nennt, welchen der heilige Gallus das Licht des Glaubens gebracht; auch deuten die vielen Teutonismen, die die Schrift enthält, auf ihren alemannischen Ursprung hin. Ob der Dekan Winithar, der unter St. Othmar lebte, der Verfasser der vita primaeva sei oder nicht, ist für unseren Zweck ohne besondere Bedeutung. Hat der Verfasser aber ein Alter von 70—80 Jahren erreicht, so fällt seine Jugend an das Ende des sieben= ten Jahrhunderts; er konnte also noch mit denjenigen verkehrt haben, welche ihrerseits den Magnus, Theodor, Hiltibod und andere unmittelbare Schüler des heiligen Gallus kannten und von ihnen über sein Leben und Wirken mündlich unterrichtet wurden. Der ehrwürdige Verfasser dieser vita sowohl als die schriftlichen und mündlichen Berichterstatter, auf die er sich beruft, haben so viel Anspruch auf Glaubwürdigkeit und Wahr= haftigkeit, als Jeder von uns sie für sich in Anspruch nimmt. Was konnte sie bewegen, der Nachwelt statt der Wahrheit — Fabeln zu überliefern, sie, die Alles in der Welt verließen, um in der Einsamkeit Gott allein ihr Leben zu weihen? Und konnten sie die Wahrheit uns nicht berichten, sie, welche entweder mit unserem heiligen Glaubens = und Landesvater selber lebten oder dessen Schüler gekannt haben, oder für ihre Aussagen sich auf die ältesten und bewährtesten schriftlichen und mündlichen Zeugnisse berufen konnten. Wir sagen mit Walfrid Strabo[1]): „Wer ungläubig ist, der wird, wenn er zu den geschichtlichen Quellen zurückgeht, der vielfälti= gen Zeugenbestätigung beistimmen, und wenn er dankbar ist, sich nicht langsam zum Glauben wenden." Es ist auch nicht mehr an der Zeit, diese älteste Urkunde St. gallischer Kirchen = und Landesgeschichte mit hoch= trappendem Uebermuthe zu behandeln, seit die deutschen Geschichtsforscher erster Größe sie in die Sammlung der Denkmäler für deutsche Geschichte des Mittelalters aufgenommen haben, welche jene Sammlung ausdrücklich „auf die wirklichen Quellen, somit auf die Schriften beschränkten, die ihrem

---

1) Walfr. Str. Prol. ad vit. S. Galli.

Inhalt oder ihrer Form nach für uns Deutsche ursprünglich und eigen=
thümlich sind"[1]).

Im Kloster St. Gallen erkannte man schon in den ersten Dezennien
des neunten Jahrhunderts die dürftige, von Solöcismen und Barbarismen
mißstaltete Form, in welcher die vita primaeva des großen Schutzheiligen
verfaßt war, und weil Abt Gotzbert († 847) eine neue bessere Fassung
derselben keinem St. Gallermönchen überlassen wollte, aus Besorgniß, das
Lob des Heiligen aus dem Munde der eigenen Söhne möchte von der
Welt als Schmeichelei ausgelegt werden[2]), übertrug er sie Walfrid Strabo,
dem Abte von Reichenau († 849), der sie (830—40) aus Gehorsam gegen
Gotzbert schrieb, seiner Arbeit die vita primaeva zu Grunde legte[3]), wie
die Vergleichung beider Texte zeigt, die Schreibart der vita erster Fassung
verbesserte und erweiterte und das Ganze in Kapitel abtheilte. Er ver=
sprach auch, das St. Gallus=Leben metrisch zu bearbeiten, wurde aber
durch seine vielseitigen Geschäfte daran gehindert; das gleiche beabsichtete
auch der gelehrte Ermenrich von Reichenau, als er einige Zeit in St. Gallen
zubrachte. Gotzbert ermunterte überdies einen scotischen Mönch in
Italien (Bobbio), zu einer poetischen Bearbeitung des St. Gallus=Lebens,
welches der Lehrer Richbert in St. Gallen gleichfalls metrisch zu schreiben
schon begonnen hatte. Von diesen Verfassern lagen nun um die Mitte
des neunten Jahrhunderts zwei poetisch bearbeitete St. Gallus=Leben vor,
deren schon die ältesten Kataloge jener Zeit erwähnen; mit den Quater=
nionen des Einen war die Rede des heiligen Gallus verbunden, die er zu
Konstanz gehalten, mit der Anderen einige Sermonen; die letztere ist noch
in der Papierhandschrift 587 Saec. XIV. vorhanden und gibt größten=
theils in sehr vernachläsfigter Ausstattung den Walfrid'schen Text wieder;
sie wird von P. Ildephons von Arx[4]) dem Lehrer Richbert zugeschrieben.
Der Verfasser sagt im Eingang seines Poëms: „Vor sechzehn Jahren
habe er das Leben des heiligen Gallus im dürftigen Style geschrieben,
damals sei Ludwig (der Fromme) seiner Kaiserwürde entkleidet worden
(1. Oktober 833 zu Compiègne), jetzt regiere der Erbe seines Namens
und seiner Herrschaft (Ludwig II. seit 849); er wolle dieses Leben metrisch
beschreiben, um einem früheren Versprechen nachzukommen", das er dem
Diakon Gotzbert, dem Neffen des gleichnamigen Abtes gemacht, welcher
die Mirabilien des heiligen Gallus, die Walfrid Strabo als zweiten Theil
seiner vita S. Galli anhing, und das Leben des heiligen Othmars schrieb.

---

1) Pertz Archiv V. 791.
2) Anonymus in der Vorrede zu Notkers Vit. S. Galli.
3) „Alienis vestigiis insisto", Walfr. Str. in Prol.
4) P. Ild. v. Arx in Proem. ad vit. prim. S. Galli.

Er unternahm auch eine Reise über die Alpen nach Bobbio, brachte Reliquien vom heiligen Columban nach St. Gallen zurück, fiel auf dem Komer-
see vom Schiffe in's Wasser, wurde jedoch glücklich wieder herausgezogen.
Auch den (noch vorhandenen) Bauriß zum Neubau des Klosters und
der Kirche wußte er sich von den königlichen Architekten für St. Gallen
zu verschaffen. Endlich bearbeitete der heilige Notker (Balbulus) im
Jahre 885 metrisch das Leben des heiligen Gallus und wählte hiefür die
Form des Dialoges und Trialoges, den er zwischen sich und seinem
Freunde Hartmann dem Jüngern und Rappert dem Jüngern anheben und
abspinnen läßt. Er beschäftigte sich mit dieser Arbeit eben, als er die
Vorrede zu seinem Tropen und Sequenzen an den Erzkanzler Luit-
ward schrieb[1]). Seit den Tagen des P. Ild. von Arx, der diese vita von
Notker für verloren hielt, wurde ein Bruchstück davon in der Papierhandschrift des St. gallischen Stiftsarchivs 1292 wieder aufgefunden, von
welchem Heinrich Canisius[2]) einige Strophen, P. Fr. Weidmann dagegen
das ganze Fragment abdrucken ließ[3]). Der unbekannte Verfasser (aus
dem 10. Jahrhundert) der Vorrede meldet, „die Veranlassung zu dieser
metrischen Bearbeitung des St. Gallus-Leben sei die gewesen: Abt Gotzbert habe dem Abte Walfrid aufgetragen, das Leben des heiligen Gallus,
welches die halblateinischen Scoten gar zu schlecht geschrieben hätten, in
einer schönen Schreibart zu schildern. Allein auch die Rezension Walfrids
sei nachmals von den gelehrten Rappert, Tutilo und Anderen nicht befrie-
digend erfunden worden, insbesondere habe Tutilo unter Zustimmung
Notkers das barbarische Latein daran getadelt und nicht begreifen können,
daß ein so berühmter Schriftsteller, wie Walfrid Strabo war, — quam
habuit desponsatam, statt — quia habuit eam (Frideburgam) domum
ductam, und gladius statt securis habe schreiben können. Darauf habe
Notker sich vorgenommen, den gleichen Gegenstand metrisch und in einem
gewählteren Latein zu behandeln[4]). Notker erfüllte seinen Vorsatz zu
einer Zeit, als erst jüngst Ruodpert oder Rupert Bischof von Metz geworden war, was den 22. April 883 stattfand[5]). Aus den älteren Quellenschriften fertigte der ältere Rappert einen gedrängten Auszug und benutzte
ihn zur Einleitung in seine casus monasterii S. Galli; er verfaßte auch ein
größeres teutonisches Lied auf den heiligen Gallus, welches an Festen vom
Volke gesungen und von Ekkehard IV. in's Lateinische übersetzt wurde --

1) S. Notker, Epist. ad Luitwardum Archicancellarium.
2) Heinr. Canis. Lect. ant. V. 790.
3) In seiner Geschichte der Stiftsbibliothek von St. Gallen 1841, S. 481—93.
4) Anonym. Prolog. ad vit. metric S. Galli l. c.
5) Galliae christ. XII. p. 720.

(Nunc incipiendum est nobis magnum gaudium)[1] — endlich fügte der heilige Notker noch ein Summarium vom St. Gallus-Leben seinem Mar= tyrologium (beim 16. Oktober)[2] bei. Von diesen Männern an zieht sich eine ununterbrochene Kette von Geschichtschreibern, Urkunden, Denkmälern, Hymnen, Ueberlieferungen bis auf unsere Tage herab, und bei diesen Allen finden wir über den heiligen Gallus und die vorzüglichsten Thaten und Ereignisse seines Lebens dasselbe historische Zeugniß, denselben Glau= ben, dieselbe Huldigung und Verehrung.

Zweites Kapitel.

„Der älteste Culturstand des Landes, die Gründung der St. Gallen= zelle, die Heilung Fridiburga's durch den heiligen Gallus, ihre Verlobung mit König Sigibert und die Lösung der Einwürfe."

Das Hochthal am Ufer der Steinach (Stein = aha — Petrosa) und das umliegende Land auf der nordwestlichen Abdachung des hohen Alpensteines (Säntis), welches der heilige Gallus von Arbon her mit dem Diakon Hiltibod im Jahre 612–13 betrat, war damals mit dem Thurgau dem Königreiche Austrasien zugetheilt, von dem es unter König Childebert II. (594) nur für kurze Zeit losgerissen und Burgund zugeschieden wurde, mit welchem König Dagobert (630—38) es wieder vereinigte. Die lateini= schen Schriftsteller schlugen es einst zu Rhätien, welches im Rheinthale am linken Ufer des Rheins bis zum Monstein bei Au, und am rechten bis an die Bregenzer=Aach sich ausbreitete[3]. Zweihundert Jahre später unter Karl dem Großen wurde diese Gegend nach ihren Bewohnern — Alemannien oder Schwaben, und nach ihrer besonderen Ortslage Hoch = alemannien (Altimannia) genannt[4]. Von ihr entwirft der Historiker Ammian Marcellin um das Jahr 380 folgendes Bild[5]: „Der Rheinstrom ergießt sich in das Becken eines großen und umfangreichen See's, welchen die rhätischen Anwohner um Bregenz den Bregenzer See nennen; bis zu seinen Quellen hin bildet der Strom weite Sümpfe und durchschneidet den See in der Mitte, ohne sich mit seinem Wasser zu vermischen. Rings

---

1) Pertz monum. II. p. 33.
2) S. Notkeri Martyrolog. in Heinr. Canisii Lect. aut. VI.
3) Friderici I. Diplom. de fin. Dioec. Const. 1155.
4) Walfr. Strab. in vit. S. Galli in Prolog.
5) Ammian. Marc. Hist. XV., XXVIII., XXXI.

an seinen Ufern breiten sich schauerliche und unzugängliche Wälder aus, außer wo etwa die altrömische Kraft und Verständigkeit Straßen gebahnt hat, um die Wuth der Barbaren, die wilde Gegend und die Unfreund= lichkeit des Klima's zu brechen." Wie schon die Stiefsöhne des Kaisers Augustus, Tiberius und insbesondere Drusus, an den Ufern des Boden= see's die römische Reichsgränze durch verschanzte Lager und Castelle gegen die Alemannen zu sichern suchten, so ließ Kaiser Valentinian vom oberen Rhätien an dem Rheine entlang bis an das Meer hinab eine Kette von Wehrthürmen, Kastellen und befestigten Lagern an geeigneten Stellen er= richten, um die Straßen für die Truppen offen zu erhalten und bei un= vorgesehenen Angriffen den Bedrängten schnell zur Hilfe zu sein. Zu Arbon (Arbor felix) und zu Romanshorn (Romanorum cornu) lagen oft römische Kriegstruppen, und darum erhielt jenes seinen Namen, dieses den Beinamen castrum oder Lager, der ihm später noch viele Jahrhun= derte blieb. Mit Rom und Italien stand die Gegend um den Bodensee und am Oberrheine durch zwei Straßen in Verbindung, beide vereinigten sich zu Pfin (Fines) im Thurgau, die eine zog sich dann von dort am linken Rheinufer durch das Rheinthal am Fuße der Berge nach Sargans, Ragatz und Chur, die andere über Bregenz, Klus und Maienfeld nach Rhätien an den Fuß der hohen Alpen. Auf dieser ganzen Linie werden in der berühmten Reisekarte [1] Antonin's nur Fines XXI. (Pfin), Arbor Felix X. (Arbon), Briganzio XVII. (Bregenz), Clunia XVIII. (Klus), Magia XI. (Maienfeld), Curia (Chur) verzeichnet. Strabo [2] und Ammian nennen auch die Stadt Bregenz, dagegen macht sich Konstanz erst um die Mitte des sechsten Jahrhunderts bemerkbar; Ueberlingen als Sitz des Herzogs Cunzo von Alemannien wird in der Lebensgeschichte des heiligen Gallus, und Meersburg als öfterer Aufenthaltsort der Merovinger unter König Dagobert genannt. Die verwilderte Gegend, wie Ammian Marcellin sie vor Augen sah, konnte in der nächstfolgenden germanischen Völker= wanderung an Cultur nicht gewinnen; über die Entvölkerung und Ver= wilderung der römischen Provinzen, die sie zur Folge hatte, haben wir früher die gleichzeitigen Schriftsteller vernommen. Bei den fortdauernden Einfällen der Alemannen in diese Gegenden wurde Bregenz zerstört, die Stadt Windisch (Vindonissa) gebrochen (560—70) und es blieb das Land größtentheils unangebaut und unbewohnt. In diesem Zustand traf der heilige Gallus unsere Heimat in und um St. Gallen und mit geringer Aus=

---

1) Tabell. Peutinger. aus dem V. Jahrhundert. Eine römische Meile betrug 35 Minuten Weges.

2) Strab. Geogr. lib. IV. „oppidum Brigantium."

Greith.   23

nahme bis in die weiteren Kreise ringsum an; er betrat einen Urwald, der seit Jahrtausenden nie bewohnt, nie gelichtet und ausgereutet worden, und wie die vogesischen Wälder bot die weite Wildniß für die wilden Thiere eine ausgesuchte Freistätte. So schildert sie der des edlen Waid= werkes kundige Diaton Hiltibod dem nachforschenden Gallus [1] „als eine Wildniß; sie ist rauh, aber reich an Wasser, hat hohe Berge und enge Thäler und verschiedenes Gethier, sehr viele Bären und Schaaren von Wölfen und Wildschweinen." Als Gallus und Hiltibod Thal und Berg durchsuchten, fanden sie einen Wald zwischen zwei Bächen (Steinach und Ir oder dann die Sitter), eine weite Ebene und einen geeigneten Ort zur Errich= tung eines Klösterleins (cellae) [2]. Der Wald war voll von Dorngebüsch, darunter eine Menge Schlangen [3] nistete; die Steinach war reich an Fischen, auf den Höhen und in den Wäldern horsteten die Habichte. Walfrid Strabo erweitert diese Schilderung dahin [4]: „Jene Einöde ist reich bewässert, aber äußerst wild, umgeben von hohen Bergen, von engen Thälern durchschnitten, bewohnt von reißenden Thieren; denn außer den Hirschen und Schaaren unschädlicher Thiere halten sich dort sehr viele Bären auf, unzählige Wildschweine und reißende Wölfe." Diese Angaben stimmen auch mit den ältesten St. gallischen Vergabungsurkunden (Tradi- tiones) vollkommen überein; die ältesten derselben zwischen 700—800 ge= fertigt, vergaben an das Kloster St. Gallen Besitzungen und Höfe, die nicht im Umkreise der St. gallischen Landschaft, des Appenzeller Landes, Rheinthales oder Toggenburgs, sondern weit außerhalb demselben liegen, und die älteste Donation von König Sigibert II. vom Jahre 613—14 wußte nur eine „weite Einöde" — vastam solitudinem" — in und um St. Gallen zu finden [5]. Im Laufe des achten Jahrhunderts wurden an die St. Gallenzelle vergabet im Jahre 700 Biberburg am Nekar in Württemberg und Hunstetten bei Stokach; 716—720 Appenwyl und Ebringen im Breisgau; 720—730 Otterswang und Gaisbeuren bei Wald= see [6]. Die übrigen Schenkungsurkunden in diesem Jahrhundert reden

---

1) Vit. prim. S. Galli.

2) Cella galt damals für identisch mit monasteriolum.

3) Walfr. Strab. vit. S. Galli c. 4.

4) Die alten Autoren reden von keinen Boa's constrictores und von keinen Drachen, sondern von Schlangen, deren unsere Gegend noch jetzt mehrere Arten, auch Ottern und Nattern ernährt, die in den Urwäldern Ungarns, Siebenbürgens, Amerika's sehr groß werden und stark sich vermehren. Von Solchen bis zu 6 Fuß Länge weiß noch der alte Scheuchzer in seiner Naturgeschichte des Schweizerlandes 1719, Zürich II. 171, und der berühmte Naturforscher Geßner in seinem lib. de Aquatilibus p. 528 zu erzählen. — 5) Ueber diese Urkunde später.

6) Cod. Traditionum S. Galli, neu herausg. von Dr. Wartmann, Urkundenbuch

von Höfen und Höhrigen in Glatt, Benken, Schmerikon, Uznach, Lützelau im Kanton St. Gallen, von anderen im Gebiete des Kantons Zürich, in den badischen und württembergischen Landen; aber erst neunzig Jahre nach dem Tode des heiligen Gallus geschieht Meldung von Gütern und Höhrigen in Henau, Rickenbach, Wyl, Züberwangen, Zuzwyl (761), Degersheim (762) und anderen Meierhöfen in der alt St. gallischen Landschaft. Wie Oasen in der Wüste standen diese Höfe oder Weiler im weiten Umkreise des entvölkerten und verwilderten Landes vereinzelt da. Von der Umgegend St. Gallens bis an die Ufer des Bodensee's, von dem Appenzellerlande, dem Rheinthale u. A. ist bis zum Jahre 800 in den St. Galler Urkunden (neben jenen von Reichenau und Lorsch die ältesten in Deutschland) nichts zu finden. Darum nimmt folgerichtig K. Zellweger [1]) an: „daß vor dem Beginne des neunten Jahrhunderts das ganze Land Appenzell noch unwirthlich und mit Wald bedeckt gewesen sei." Denn erst im Jahre 825 geschieht Erwähnung von Höfen in Schwäneberg an der Glatt bei Herisau, 831 von Ferchen bei Urnäsch, von Gütern in Herisau 837.

Wie überall, wo nach der Völkerwanderung und späterhin gottselige Männer Klöster gestiftet haben, für jene Gegenden ein neues Kulturleben erwachte, und um die Klöster und deren Besitzungen und Ländereien öde Wald= und Wüstenstrecken in gesegnete Fluren umgewandelt wurden, so bietet die St. Gallenzelle seit ihrem Beginne, und das nachherige Kloster St. Gallen später, ein solches Bild fortschreitenden Segens und landwirthschaftlicher Kultur. Der gottgeweihte Ort zog die Menschen an, der christliche Gottesdienst bildete für sie den Mittelpunkt eines neuen sozialen Lebens, der religiöse Unterricht veredelte ihre Sitten, leitete sie zu einem geordneten Familienleben an, machte ihnen die neue Heimat lieb, Arbeit und Thätigkeit zur süßen Pflicht. Unter der milden Obhut und Leitung dieser klösterlichen Innung sammelten sich allmälig die Ankömmlinge und Ansiedler von Nahe und Ferne, bildeten den Grundstock der neuen Einwohner, denen das spätere Kloster unter verschiedenen Formen vorerst pachtweise, dann als ewige Lehen, später auch eigenthümlich unter dem Vorbehalte von Zehenten und anderen Leistungen seine ursprünglichen Besitzungen zum Anbau und zur Bewirthschaftung überließ. Von diesem Centrum aus verbreitete sich das gesellige Leben der Bewohner und die Kultur der Gegend unvermerkt in immer weiteren Kreisen, bis im Laufe

---

S. 1—8 ff. Zürich 1863, auf Veranstaltung der dortigen antiquar. Gesellschaft (Dr. Ferd. Keller u. G. v. Wyß.)

1) K. Zellweger, Appenz. Urkundenbuch I. 5. 1832.

der Zeiten jenes schöne Land und biedere Volk ausgebildet war, das unter dem segenvollen Walten des Klosters St. Gallen zwölf Jahrhunderte lang ohne Militär = und Polizeigewalt unter dem Krummstabe mit geringen Unterbrechungen so friedlich, glücklich und wohlgeleitet war. Und kann auch nicht behauptet werden, daß der heilige Gallus und seine Nachfolger überall im weiten Umkreise selber mit der Axt in der Hand den ganzen Urwald gelichtet oder mit der Feldhacke den Boden von Unkraut, Dornen und Wurzelknoten allerorten gesäubert, so ist er nichts desto weniger mit seinen Söhnen und Nachfolgern im Kloster St. Gallen als der alleinige Urheber und erste Begründer und Förderer der Kultur unseres Landes anzusehen und zu verehren, weil nach dem unveränderlichen Gesetze des Geistes und der Natur, wer die Ursache oder den Grund setzt, mit ihnen zugleich auch die nothwendige Wirkung oder Folge setzt. Und wie den Boden, schreibt Herder, so durchpflügten sie die noch wildern Menschen=seelen [1]).

„Der Diakon Hiltibod [2]), der Gegend auch nach ihren abgelegenen Stellen kundig, die er für den Fischfang und die Habichtjagd gar oft durch= streifte, führte den heiligen Gallus von Arbon aus in die Wildniß hinauf zu dem südlich gelegenen Hochthale; er hatte ihm schon am Vorabende angedeutet, in seinem Reisesacke (pera) Brod und ein kleines Netz mitzu= nehmen. Gallus betete und fastete den ganzen Tag und die folgende Nacht bis zum Aufgange der Sonne; dann machten sich Beide auf den Weg, drangen in dem Walde vor und erreichten erst gegen Abend die Stelle, wo die Steinach durch ihren Wasserfall vom Berge herab im Laufe der Zeit ein Becken in den Felsen ausgehöhlt und einen größeren Weiher ge= bildet hatte [3]). Sie warfen ihr Netz in den Wasserstrudel (gurges) und fingen nicht wenige Fischlein. Aus einem Kiesel wurde Feuer geschlagen, die Fischlein am Feuer gebraten, das Brod aus dem Reisesacke heraus= gezogen, das spärliche Mahl zubereitet und eingenommen. Gallus zog sich darauf einige Schritte in den Wald zurück, fiel in einen Dornstrauch und verletzte sich den Fuß. Hiltibod eilte herbei, um ihn aufzurichten; Gallus aber sprach in den Worten des Psalmisten zu ihm: „Laß' mich; hier ist meine Ruhe in Ewigkeit, hier werde ich wohnen, weil ich sie mir erwählet habe.‟ Dann betete er weiter fort, richtete sich wieder auf, nahm eine Haselstaude, machte daraus ein Kreuz und befestigte es in der Erde. An seinem Halse trug er eine Büchse (capsella), worin Reliquien von der heiligen Jungfrau der Jungfrauen, dem heiligen Bischofe Desiderius und

---

1) G. Herders Werke III. 313.
2) Walfr. Str. nennt ihn Hiltibold c. 10. — 3) Vit. prim.

dem hohen Heerführer Mauritius beschlossen waren. Diese Reliquienbüchse hing er an das Kreuz, beide fielen auf die Kniee nieder und Gallus sprach das Gebet: „Herr Jesus Christus, Schöpfer der Welt, der du mit dem Siegeszeichen des heiligen Kreuzes dem menschlichen Geschlechte zu Hilfe gekommen bist, mache zur Ehre deiner göttlichen Mutter und deiner Heiligen diesen Ort für deinen Dienst bewohnbar." Sie verharrten im Gebete bis in die Nacht und legten sich dann zur Ruhe. Gallus jedoch schlich sich bald wieder leise weg und betete vor dem aufgestellten Kreuze, während Hiltibod sich schlafend stellte und Alles, was der Heilige that, genau beobachtete. Mittlerweile nahte sich ein Bär vom Berge her und leckte die Ueberreste von den Fischen und die Brodsamen vom Mahle auf. Gallus hieß im Namen des Herrn ihn Holz herbeitragen, um das Feuer zu unterhalten. Das Thier folgte dem Befehle und brachte ein großes Stück Holz zum Feuer her; für diesen Dienst reichte ihm Gallus ein ganzes Brod dar und befahl ihm: dieses Thal zu verlassen und auf die Hügel und Berge sich zurückzuziehen, dort aber weder den Menschen noch dem Viehe Schaden zuzufügen. Am Morgen darauf ging Hiltibod wieder zum Weiher hin, um Fische zu fangen und im Begriffe, das Netz auszuwerfen, sah er sich gegenüber am andern Rande des Weihers zwei dämonische Gestalten; sie warfen Steine nach ihm und riefen: „Du hast jenen schlechten und neidischen Mann in diese Einöde hergeführt, der uns mit seinen argen Künsten den Vorrang streitig macht." Gallus kam herbei und trieb sie mit dem Gebete ab: „Herr Jesus Christus, Sohn Gottes, befehle, daß diese Dämonen von hier weichen, damit der Ort fürderhin deinem Namen allein geheiligt bleibe." Darauf wurde der Fischfang wieder fortgeführt und das Netz ausgeworfen; während sie es wieder einzogen, hörten sie vom Gipfel des Berges ein Jammern wie von Weiberstimmen: „Was sollen wir machen, wohin werden wir gehen? Wegen diesem Fremden können wir weder unter den Menschen noch in der Einöde mehr wohnen." Als darauf Hiltibod auf den Fang der Habichte tiefer in den Wald vorging, hörte er vom Himmelberge[1]) her ein starkes Geheul und Rufen: ob Gallus noch in der Wildniß sich befinde oder fortgezogen sei? Am zweiten Tage entließ Gallus den Hiltibod nach Arbon, er selber blieb drei Tage lang an diesem Orte und weihte ihn mit Fasten und Gebet zur Ehre und zum Dienste Gottes ein. Erst am vierten Tage kehrte er wieder zu Willmar zurück. Beim zubereiteten Mahle erzählten die Beiden ihren Freunden im traulichen Kreise, was ihnen oben in der Wildniß widerfahren, wobei Hiltibod den Scherz anbrachte: „wäre der

---

1) Mons coelius   Menzeln.

Bär da, so würde Gallus ihm wieder Brod geben." Von da an hielten sie Alle ihn wie einen von den alten Vätern; denn sein Leben war durch harte Buße äußerst streng und sein Leib durch Entkräftung sehr abgemagert."

Die Reiseausrüstung, welche die älteste vita dem heiligen Gallus zutheilt, stimmt in Allem mit jener der gleichzeitigen irischen Missionäre vollkommen überein. Die Pera war eine lederne Reisetasche mit verschiedenen Behältern im Innern und wurde irisch Polaire und Tiagha genannt. So wird in der irischen vita von St. Columba gemeldet: er sei gewohnt gewesen, Kreuze, Taschen und Futterale für Bücher, sowie bereits alle Kirchengeräthschaften anzufertigen. Zu Armagh wird eine solche Ledertasche aus der ältesten Zeit noch immer aufbewahrt[1]). Die Tiagha, auch Sceta oder Squesa genannt, war für den Transport von Büchern auf der Reise bestimmt und wurde auf dem Rücken getragen. St. Patrizius begegnete sechs Klerikern auf ihrer Römerfahrt mit sechs Knaben, welche ihnen an Riemen die Bücher nachtrugen; er gab ihnen seinen Fußteppich von Fell, um daraus sich einen Büchersack zu machen[2]). St. Ciaran segnete bei seiner Abreise die Brüder, nahm seinen Büchersack (sarcina cethae) sammt den Büchern auf die Schultern und ging fort[3]). Als St. Cainech fortzog, sprach er zu seinem Reisegefährten: „Trag' du den Sack (squesam) sammt den Büchern" und wieder: „Nimm' die Bücher aus dem Sacke und lesen wir unterdessen etwas." So öffnet der Bischof Fiachra seine Tasche (scetam) und zog daraus das Taufrituale hervor[4]). Diese Tasche diente dem heiligen Gall auf seinem Gange in die Wildniß, sein Gebetbuch, das Brod, das kleine Netz und andere Reisewerkzeuge, Messer u. s. w. einzuschließen. Die capsella war ein Reliquarium, Reliquienkästchen oder Büchse. St. Germanus heilte auf seiner ersten Mission in Britannien die Tochter eines römischen Kriegstribun von einem Augenübel[5]); „er rief die heiligste Dreieinigkeit Gottes an, faßte sodann die Büchse mit den Reliquien der Heiligen, die an seinem Halse herabhing, mit der Hand und hielt sie an die Augen des Mädchens. In der Büchse waren die Reliquien aller Apostel und verschiedener Martyrer." Wir lesen in Adamnan[6]), daß St. Columba dem Bruder Lugaid sein Reliquienkästchen übergab und ihn damit von Jona nach Irland zu Clocher, dem Sohne Daimen's sandte, dessen Tochter Magina auf ihrer Rückkehr von der Messe nach Hause eine Rippe gebrochen hatte. Lugaid war angewiesen, „das Reliquienkästchen aus Fichtenholz, weil es Segnung

---

1) W. Reeves' Adam. p. 115.
2) Jocelin. und Vit. tripart. Colg. 130.
3) L. c. vit.: c. 25 und 53. — 4) Vita S. Comgall.
5) Constant. vit. I. 6, 48. — 6) Adamn. vit. S. Col. II. 5.

(benedictio) enthalte, in ein Gefäß Wasser zu tauchen; das so gesegnete Wasser sollte sodann auf die gebrochene Rippenseite gegossen werden", damit Heilung erfolge. Auch St. Comgall von Bangor und seine Schüler [1]) pflegten eine solche capsella auf den Reisen überallhin an dem Halse zu tragen; darin waren nicht nur heilige Reliquien, sondern gar oft das Chrismale beschlossen, das sie zur Oelung und Heilung der Kranken gebrauchten. In der capsella des heiligen Gallus waren Reliquien von der seligsten Jungfrau enthalten, was Niemanden überraschen wird, der weiß, daß von ihren Kleidungsstücken und Hausgeräthen im Oriente und Occidente Denkzeichen, und wie uns Cyrillus von Jerusalem meldet [2]), sogar die Spindel, daran sie gesponnen, aufbewahrt wurden. Der heilige Bischof Desiderius von Vienne, der auf Anstiften der Königin Brunhilde (607) den Martyrtod erlitt, mochte gar wohl dem heiligen Gallus persönlich bekannt sein und St. Mauritius, Heerführer der thebäischen Legion im nahen Wallis, stand schon seit den frühesten Zeiten in ganz Burgund und im Frankenreiche in hoher kirchlicher Verehrung, weßwegen auch die burgundischen Könige die Kirche von Agaun mit großen Vergabungen bedachten. Was die zwei ältesten Quellenschriften über den Vorfall mit dem Bären des Gebirges berichten, meldet Rappert (um 880—90) in seinem Liede auf St. Gallus — insert ursus truncos igni passim advectos, — arbeitete gleichzeitig der berühmte St. Galler Künstler Tutilo auf einer elfenbeinernen, einst Kaiser Karl dem Großen zugehörigen Tafel des sogenannten Evangelium longum in einem Basrelief aus, welchem er die Inschrift gab: „Sanctus Gallus panem porrigit urso — der heilige Gallus reicht dem Bären Brod dar" und Ekkehard IV. berührt dasselbe in seinem Gedichte auf den heiligen Gallus [3]). Das Alles hat endlich, wie in der ununterbrochenen Ueberlieferung, so auch in den Wappenschilden des Klosters und der Stadt St. Gallen und der beiden Landestheile Appenzell's seit der ältesten Zeit Ausdruck und Anerkennung gefunden. Wir haben die vertrauliche Gemeinschaft der Heiligen mit den wilden Thieren aus dem Leben der Altväter schon oben geschildert, und überdies lehrt uns die Naturgeschichte, daß der Bär nicht zu den grausamen, wohl aber zu den wilden, jedoch zähmbaren Thieren gehört und den Menschen nicht angreift, außer wenn er gereizt wird. Durch Dressur lernt er gehen, tanzen, purzelbaumschlagen und andere Kunststücke, für welche die Russen und Lithauer ihn besonders gut abzurichten verstehen. Auf den Höfen läßt man Bären das Rad treten, um das Wasser aus den tiefen Sodgruben

---

1) Mabill. Annal. VIII. 7. — 2) S. Cyrill. Cateches. Mystag.
3) In libr. Benedict. p. 393.

zu ziehen; sie tragen aufrecht Säcke und Holz an einen be=
stimmten Ort und halten Wache an den Thüren-der Gehöfte der Edelmänner, damit keine gefährlichen Thiere eindringen [1]). Kann der Mensch
durch künstliche Abrichtung das Naturell des Bären seinem Willen fügsam
und dienstbar machen, ist dann der Weg von dieser künstlichen Abrichtung
bis zu jener höheren Macht so weit, welche der heilige Gallus auf das
Thier der Wildniß sogleich bei seinem ersten Erscheinen ausgeübt? Wir
antworten mit dem St. Galler Diakon Gotzbert [2]): „Wer gläubigen
Herzens ist, weiß wohl, daß nichts von dem, was wir berichten, bei Gott
unmöglich ist, und durch Gott allein wird das gewirkt, was die Heiligen
Wunderbares und Großes gewirkt haben." Die Klagen der Dämonen
vom Berge stimmen mit jenen überein, welche Gallus auf dem See bei
Bregenz vernommen und gleichen auch jenen, welche der heilige Germanus
auf seiner Reise nach Ravenna (447) in der Kirche von Mailand am
Feste der heiligen Gervasius und Protasius vernehmen konnte [3]). Denn
als er dort incognito unter dem Volke dem Hochamte der Messe bei=
wohnte, erhob plötzlich ein Besessener ein ungeheures Geschrei und rief:
„Warum verfolgst du uns, Germanus, in Italien? Ist dir noch nicht
genug, uns von Gallien ausgeschlossen und uns und den empörten Ozean
überwunden zu haben. Was suchst du Alles aus. Sei einmal ruhig,
damit auch wir Ruhe erhalten." Der Schreier wurde in das Sakrarium
gebracht, wo Germanus an ihm den Exorcizmus anwendete und ihn heilte.

„Als Gallus bei Willimar in Arbon war [4]), traf dort die Nachricht
ein: der Bischof Gaudentius von Konstanz sei gestorben und „beide
beteten für die Seelenruhe des Verstorbenen." Am siebenten Tage darauf
langte auch ein Brief des Herzogs Cunzo an den genannten Priester an
mit der Einladung: er möchte innerhalb zwölf Tagen mit dem heiligen
Manne (Gallus) zu ihm nach der Villa Ueberlingen (Ibernunga) herüber
kommen; denn Fridiburga, des Herzogs einzige Tochter, wurde von
einem bösen Geiste mit unglaublichen Leiden geplagt; sie aß sehr wenig,
wälzte sich schäumend auf dem Boden, mußte von vier Männern gehalten
werden und blieb sprachlos bis zum dreißigsten Tage, erst dann fing sie
wieder an zu reden. Sie war mit Sigibert, dem Sohne König Theu=
derichs verlobt (desponsata), welchem Cunzo sogleich darüber berichtete
und er sandte zur Hilfeleistung alsbald zwei hohe Bischöfe vom Hofe nach
Ueberlingen ab. Der Priester Willimar lud nun den heiligen Gallus ein,
mit ihm zu gehen und dem Herzoge diesen Dienst zu leisten; allein er

---

1) Oken's Naturgeschichte VII. 1169 ff.
2) Gotzbert Diac. de mirac. S. Galli c. 10.
3) Constant. Vita II. 2. — 4) Vit. prim.

ließ ſich nicht dazu bewegen, ſondern kehrte ſogleich zu ſeiner Zelle zurück,
und um ſich noch mehr zu verbergen, befahl er des andern Morgens den
Brüdern, daß Keiner den Ort ſeines Aufenthaltes Jemanden verrathen
ſolle und falls man ſie gar zu ſehr drängen würde, mögen ſie ſich mit
der Ausflucht helfen: er ſei auf einen Brief ſeines Lehrers Columban nach
Italien verreiſt. Dann begab er ſich mit zwei Schülern in das Innere
der Wildniß, ſetzte über die Berge und kam nach Sennwald zu dem
nahe gelegenen Orte Grabs, wo er den Diakon Johannes, einen Mann
ganz nach dem Herzen Gottes fand. Dieſer führte ſie in ſein Haus und
bewirthete ſie ſieben Tage lang als fremde Pilger, denn ſie hatten ſich
geſtellt, als kämen ſie von weiter Ferne her. Kaum hatte Willimar ihren
Aufenthaltsort erfahren, ſo fuhr er zu Schiffe zum Herzog Cunzo und meldete
ihm die Flucht des heiligen Gallus. Cunzo gab ihm ſodann den Auftrag:
Boten nach ihm zu ſenden und Alles anzuwenden, daß er zu ihm komme;
denn wenn es ihm gelinge, mit Gottes Beiſtand die Tochter zu heilen,
werde er ihn reichlich belohnen und ihm den Biſchofsſitz der Stadt Kon=
ſtanz übertragen. Die Hofbiſchöfe waren inzwiſchen mit den königlichen
Geſchenken für Fridiburga in Ueberlingen angekommen, wo ſie die Eltern
in tiefſter Beſtürzung trafen. Sie vermochten nichts über den Dämon,
der aus Fridiburga redete, vielmehr warf dieſer ihnen Beiden aus ihrem
früheren Leben ſchwere Vergehen vor und gab ſich für Denjenigen aus,
welchen Gallus ſchon in Tuggen und ſodann in Bregenz vertrieben habe
und der nun zur Strafe in dieſes Mädchen gefahren ſei, weil ihr Vater
die frommen Männer aus Bregenz verbannt habe; nur dem Befehle des
Gallus werde er weichen. Nach drei Tagen kehrten die Biſchöfe unver=
richteter Sache wieder zur königlichen Pfalz zurück.“

„Willimar hatte den Gallus in Grabs aufgeſucht und fand ihn dort
in einer Höhle, als er eben in einem Buche las. Er trug ihm dringend
die Bitte vor, dem Anſuchen des Herzogs zu willfahren und ſeiner Tochter
die Hände aufzulegen. „Wenn Chriſtus ihr durch dich Hilfe ſchafft, wird ihr
Vater dir das Bisthum Konſtanz übertragen.“ Während ſie die Sache be=
ſprachen, kam der Diakon Johannes herbei und beſchenkte ſie mit unge=
ſäuerten Brödchen, einem Fäßchen Wein und einigem Oel, überdies gab
er ihnen Butter und Honig und gebratene Fiſche. Gallus gab das Ver=
ſprechen, den kommenden Morgen abzureiſen und Johannes bot ihm auf
die Reiſe ſein Maulthier und einen Knecht an, die er jedoch nicht annahm,
weil er allen weltlichen Pomp ſcheute und vorerſt noch die Brüder bei
ſeiner Zelle ſehen wollte. Von dort aus, ſprach er, werde er dann zu
Willimar nach Arbon herunter kommen. Auf dem gleichen Wege kehrte
Gallus darauf nach ſeiner Zelle zurück und am folgenden Morgen begab

er sich mit zwei Schülern nach Arbon, wo er bei Willimar wieder einen Boten des Herzogs fand, der dringend mahnte: man möge sich beeilen, das Mädchen sei schon drei Tage lang ohne alle Speise geblieben. Sie bestiegen hierauf das Schiff und langten in derselben Nacht in Ueberlingen an. Als es Morgen geworden, führte sie der Herzog in das Schlafgemach der Kranken; die Mutter hielt sie, ihre Augen waren geschlossen wie die einer Todten und aus dem Munde hauchte sie einen schwefelriechenden Athem aus; das Hausgesinde war ebenfalls herbeigeeilt. Nun fiel Gallus auf die Knie zum Gebete nieder und sprach unter Thränen: „Herr Jesus Christus, der du in diese Welt gekommen und aus der Jungfrau geboren zu werden dich gewürdiget hast, du hast dem Winde und dem Meere geboten und dem Satan befohlen, zurückzuweichen, und, was noch mehr ist, du hast durch dein Leiden die ganze Welt erlöst, so gebiete auch diesem unreinen Geiste von diesem Mädchen auszufahren." Der böse Geist erschüttelte sie heftig. Dann legte ihr Gallus die Hand auf das Haupt und sprach: „Ich befehle dir, unreiner Geist, daß du ausgehest und weichest von diesem Geschöpfe Gottes." Sogleich öffnete sie ihre Augen, war geheilt, stund auf und Gallus führte sie zu ihrer Mutter hin [1]). Der Vater jubelte mit seinen Freunden, bot dem Manne Gottes die Geschenke dar, welche der König seiner Braut übersendet hatte und trug ihm auch den Bischofstab von Konstanz an. Allein Gallus erwiederte: „So lange mein Lehrer Columban noch lebt [2]), werde ich die Messe nicht feiern (missam non celebrabo). Willst du mich zur bischöflichen Würde erheben, so laß mich vorerst einen Brief an meinen Lehrer schreiben und werde ich von ihm losgesprochen, dann will ich deinen Willen erfüllen." Der Herzog gab sich zufrieden und befahl dem Landgrafen von Arbon, in Verbindung mit den dortigen Bewohnern dem heiligen Manne bei dem Aufbaue des Klösterleins (cellae) allen möglichen Beistand zu leisten. Die erhaltenen Geschenke theilte Gallus zu Arbon unter die Armen aus, darunter auch ein kostbares, silbernes Gefäß mit Bilderwerk geziert, welches Magnoald für den Altardienst zurückbehalten wollte. Allein Gallus bemerkte ihm:

---

1) Unzähligemal ist dieser Exorcismus in der Kirche über Kranke solcher Art in ganz gleicher Weise, gar oft mit der gleichen Wirkung, zuweilen auch ohne Erfolg angewendet worden, weil auf dieser Nachtseite des Lebens gar oft und leicht Verstellung, Hysterie und Betrug ihr Spiel treiben. Allein tausend nachgeäffte Erscheinungen lassen auf das Dasein von wirklichen schließen, wie die falschen Münzen das Bestehen von ächten beurkunden.

2) Indem der heilige Gallus der bischöflichen Würde auswich, folgte er nur dem Beispiele des heiligen Martin von Tours, der sie gleichsam nur gezwungen annahm, und demjenigen der heiligen Columba, Columban, Comgall u. A., die sie aus frommer Furcht und Demuth gar nie annahmen.

„Mein seligster Lehrer Columban pflegt in ehernen Gefäßen das Opfer des Heiles darzubringen, weil nach der Sage unser Erlöser mit ehernen Nägeln an das Kreuz geheftet wurde [1])." Als Sigibert vernommen, daß Fridiburga ihre Gesundheit wieder erworben, ließ er ihrem Vater bedeuten, sie ihm zuführen zu lassen. Cunzo begleitete sie dann bis an den Rhein und ließ sie von dort an durch Edelmänner dem Könige zuführen, der sie unter Glückwünschen empfing. Auf seine Nachfrage: wer ihr zur Gesundheit verholfen habe, gab sie ihm die Auskunft: nächst Gott habe sie ihre Heilung einem Scoten, Namens Gallus, zu verdanken, der in der Wildniß sich aufhalte. Dieser sei in der höchsten Noth auf die Bitte ihres Vaters hergekommen, habe ihr die Hände aufgelegt, mit dem Kreuzzeichen sie bezeichnet und dem Dämon befohlen, daß er weiche. Er sei wirklich von ihr ausgefahren, darnach habe sie geheilt den Leib des Herrn empfangen [2]). Sie bat den König zugleich kniefällig, diesem heiligen Manne um ihrerwillen seine königliche Huld zuzuwenden. Als dann der König nach dem Aufenthalte Gall's sich bei ihr erkundigte, gab sie ihm den Bescheid: Er wohnt in dem Walde, der mit dem Arbonet = Gau verbunden ist und dieser liegt zwischen dem See und den Alpen. Darauf ließ der König einen Vergabungsbrief fertigen (jussit scribere epistolam firmitatis), damit der Mann Gottes durch königliches Ansehen sein Klösterlein fürderhin eigenthümlich besitze und diese Urkunde wurde mit zwei Pfund Gold und zwei Talenten Silber durch eigene Boten ihm übersendet, welche den König inständig in das Gebet empfahlen. Auch gab der König dem Herzoge Cunzo die Weisung, dem Manne Gottes für den Aufbau des Klösterleins jegliche Hilfe zu leisten."

„Der König veranstaltete das Hochzeitfest, eine nicht geringe Anzahl der Spitzen des Adels war dazu geladen. Als nun Fridiburga in dem Pallaste vorgeführt werden sollte, schützte sie ihre andauernde Schwäche vor und bat den König, die Vermählung noch für sieben Tage aufzuschieben, bis dahin werde sie sich vollständig erholt haben. Der König willigte ein und begab sich zur Tafel, sie aber zog sich in ihr Schlafgemach zurück. Bei der Tafel waren Viele der geladenen Gäste sehr betroffen, die Königin nicht an der Seite des Königs zu sehen, denn sie hatte ihren schon gefaßten Entschluß Jedermann verheimlichet. Als endlich der siebente Tag erschien, ging sie mit ihrem Gefolge zur Kirche des heiligen Erzmartyrers Stephanus und ließ hinter sich die Kirchenthüre schließen. Hier zog sie ihre königs

1) Walf. Strab. 19.

2) „Es ist erlaubt, Energumenen, die nicht in Folge eines eigenen schweren Vergehens vom bösen Geiste geplagt werden, die heilige Communion zu reichen" sagt der heilige Thomas Summa IV. distinct. 9.

lichen Kleider aus und die Nonnenkleidung an, faßte dann die Ecke (cornu) des Altares und betete: „Heiliger Stephanus, der du dein Blut für Christus vergossen hast, sei für mich Unwürdige heute ein Fürbitter, damit der König sein Herz nach meinem Willen lenke und dieser Schleier von meinem Haupte nicht mehr weggenommen werde." Die Männer ihres Gefolges berichteten dem Könige sogleich, was sich zugetragen, und er rief die Priester und Fürsten seiner Umgebung zusammen, um ihren Rath in Sachen zu vernehmen. Unter diesen war Cyprian, der Bischof von Arles, der Meinung: „Die Jungfrau sollte von ihrem heiligen Vorhaben nicht abgehalten werden, denn weil sie früher einem Dämonium anheim= gefallen, habe sie sich durch ein Gelübde Gott verbunden. Hüte dich, sprach er zum Könige, sie davon abzuhalten, damit sie nicht noch viel Aergeres zu leiden bekomme und du einer Sünde dich theilhaftig machest." Als der König, der gerechten Sinnes und gottesfürchtig war, dieß hörte, und die Meinung der meisten Priester auch so lautete, zog er zur St. Stephans= kirche hin, wo sie war, ließ das königliche Brautkleid hertragen sammt der Krone, die für sie zubereitet war und sprach zu ihr: „Komm' zu mir her." In der Meinung: man wolle sie aus der Kirche wegführen, klam= merte sie sich noch fester an den Altar an. Noch lauter sprach der König dann zu ihr: „Fürchte dich nicht, zu mir zu kommen; denn heute wird Alles nach deinem Willen geschehen!" Darauf neigte sie ihr Haupt auf den Altar nieder und wurde von dort durch einen Priester dem Könige vorgeführt, der ihr die königliche Kleidung anziehen ließ mit dem Schleier und der Krone und sie dann Gott befahl mit den Worten: „Wie du mir zur Vermählung mit aller Zier bist zubereitet worden, so will ich dich zur Braut meinem Herrn Jesus Christus übergeben." Er nahm sie bei der rechten Hand und legte diese dann mit seiner Hand unter heftigem Weinen auf den Altar. Hierauf mußte sie ihm in den Pallast folgen, wo er sie neben sich setzen ließ. Er beehrte sie mit vielen Geschenken und wies ihr das Frauenkloster zu St. Peter in der Stadt Metz an, wo all' das vor= fiel. Und was die Jungfrau gethan, that sie auf den Rath des heiligen Gallus, der mit Hilfe Gottes sie von den bösen Geistern befreit hatte."

Diese Episode im Leben des heiligen Gallus wurde seit der Glaubens= spaltung vielfach beanstandet und von Männern, wie Vadian, Goldast, Schöpf= lin[1]), Hottinger[2]) und Anderen angezweifelt und bestritten. Wir wollen ihre Einwendungen in folgender Beleuchtung berücksichtigen und zu diesem Zwecke die handelnden Personen einzeln vorführen. Die Zeitbestimmung selbst, die für die Heilung und nachmalige Verlobung Fridiburga's, sowie

---

1) Schoepflin Alsatia illustr. p. 748. — 2) In seiner Kirchengeschichte.

für die gleichzeitige Gründung der St. Gallenzelle feſtzuſetzen iſt, leuchtet aus den Nebenumſtänden dieſer Begebenheit hervor. Denn damals lebte Columban noch in Bobbio, daher die Erklärung Gall's: „ſo lange mein Lehrer Columban lebt, werde ich die Meſſe nicht feiern.“ — Für die Heilung der Braut und ihre Vermählungsreiſe zu König Sigibert II. iſt das Jahr von 613—14 die richtige Zeitbeſtimmung, wie denn auch Columban zwiſchen dem Jahre 612—13 nach Italien zog. Wir haben früher ſchon in Betracht gezogen, wie unſicher bei Fredegar die Jahrangabe für die Alters- und Regierungsjahre der fränkiſchen Könige ſind. Waren jene in den Handſchriften mit römiſchen Ziffern angegeben, ſo konnte durch die Abſchreiber eine ſolche leicht zu wenig oder zu viel, hier wie in hundert anderen Fällen, angeſetzt werden und wir haben geſehen, daß alle Umſtände fordern, für ſie ein höheres Alter anzunehmen. Hätte aber auch Theu= derich II., wie Fredegar angibt [1]), wirklich im Jahre 602—603 als drei= zehnjähriger Knabe den Sigibert II. erzeugt, und wäre dieſer bei ſeiner beabſichtigten Vermählnng mit Fridiburga erſt 11 Jahre alt geweſen, ſo waren derlei frühe Vermählungen vor den Jahren der Pubertät bei den fürſtlichen Häuſern jener Zeit keineswegs unerhörte Erſcheinungen. Den früher angeführten Beiſpielen iſt noch anzufügen: daß Sigibert III., der Sohn König Dagobert's, ſchon als achtjähriger Knabe (632) von ſeinem Vater als König von Auſtraſien eingeſetzt wurde [2]) und ſehr frühe ſich verehelichte. Auch läßt ſich nicht an König Sigibert II. jener Kronprätendent Sigibert aus England, der nach Beda [3]) um dieſe Zeit lange in Gallien ſich aufhielt, austauſchen, da, wie Pertz [4]) gegen Mabillion und von Arr richtig bemerkt, die Namen in der älteſten vita S. Galli mit der erzählten Thatſache ganz wohl übereinſtimmen. Sigibert fiel zwiſchen den Jahren 613—14 in Chlothars Hände und wurde hingerichtet. Der heilige Gallus bezog die Wildniß an der Steinach nach dem Jahre 612; in dieſem Jahre ſtarb König Theuderich, ihm folgte ſein Sohn Sigibert in der Herrſchaft nach und blieb er auch neben Brunhild nur ein Schattenkönig, ſo ſtand er dennoch an der Spitze der Regierung, vollzog eine wichtige Sendung nach Thüringen, führte den Oberbefehl über das Heer und galt ſeit dem Tode ſeines Vaters als wirklicher König. Vom Jahre 612—14 bleibt daher übrige Zeit genug, um die Feier ſeiner Vermählung mit Fridiburga einzuleiten und zu veranſtalten.

Der Alemannenherzog Cunzo, der damals zu Ueberlingen hofete, iſt derſelbe, von welchem die halb und ganz heidniſchen Bewohner in und um

---

1) Fredegar Chron. c. 17. — 2) L'art de verifier les Dates. p. 545.
3) Beda III. 18. — 4) Pertz. monum. II. p. 10. not. 85.

Bregenz um das Jahr 611—12 die Vertreibung Columban's und seiner Brüder verlangten. „Sie begaben sich nämlich[1]) zu Cunzo, dem Herzoge dieses Landes und hinterbrachten ihm trügerische Anklagen in Verbindung mit dem Geiste der Lüge, indem sie vorgaben: daß jener Fremdlinge wegen die öffentliche Jagd in jener Gegend zu Grunde gerichtet werde. Er soll auch einen Boten an sie abgesendet und ihnen befohlen haben, von dort wegzuziehen." Auch der Dämon stellte, wie wir schon vernommen, aus dem Munde Fridiburga's diesem Cunzo ein Lebenszeugniß aus. Aber wo geschieht von diesem Herzog Cunzo[2]) Meldung? Gunzo, Cunzo, Chunzo, Kunzo — werden für lateinische und gallische Zungen — Unzo und durch ein lateinisirtes Diminutiv Unzolino und Unzelino, wie damals die teu= tonisch=fränkischen Namen — Chramnolenus in Ramolenus, Waldolen in Eudolenus und Theudolenus, Chagnoald in Agnoald, Walarich in Gua= laricus und Alaricus, Chlothar in Lothar, Chlodwig in Ludwig, Chunni in Hunni, Unni und Hungri abgeändert und mundrecht gemacht wurden, wie das lateinische Olus für alemannische Zungen Chol, Köhl wird. Der Name Ramo wurde in Ramolenus[3]), Babo in Babolenus, Abo in Abolenus[4]), Roco in Rocolen[5]), Unzo in Unzolen oder Unzelin diminuirt. Von diesem Cunzo, Unzo oder Unzelino wissen uns Fredegar und Aimoin Manches zu erzählen. Er folgte als Herzog von Alemannien um das Jahr 588 dem Herzoge Leudefrid, nachdem dieser in die Ungnade des Königs gefallen war und abgesetzt wurde[6]). Wir finden ihn um das Jahr 604—6 im Heere und am Hofe Theuderich's; er führt die Ver= schwörung der burgundischen Großen gegen den verhaßten Hausmeier Protadius, den Günstling Brunhild's aus, welcher den Bruderzwist zwi= schen Theudebert und Theuderich eifrig bis zum gegenseitigen Bruderkriege schürte. Protadius wurde auf dem Schlachtfelde von den burgundischen Truppen unter Anführung dieses Cunzo oder Unzelin erschlagen[7]). Hätte auch, wie Fredegar berichtet[8]), Brunhild ein Jahr darnach (606) aus Rache gegen ihn für diese That ihm wirklich „den Fuß abhauen und Alles wegnehmen lassen", so wären die bis zum Jahre 612 noch übrigen Jahre für ihn hinreichend genug gewesen, um bei König Theuderich wieder in den Besitz des gewaltthätig Entzogenen zu gelangen und die in den letzten sechs Jahren der Regierung dieses Königs zwischen ihm und seiner Groß= mutter Brunhilde obwaltenden Zerwürfnisse waren ganz geeignet, die Gunst seines königlichen Herren sich wieder zu erwerben. War er übrigens

---

1) Vit. prim. — 2) Walfr. Str. schreibt „Gunzo".
3) Vgl. Jon. 22, 24. vit. S. Walar. 10. — 4) Vit. S. Eustas.
5) Vit. S. Attal. 2. — 6) Fredegar Chr. c. 8. — 7) L. c. cap. 27.
8) L. c. cap. 28. und Aimoin III. 92.

wirklich verstümmelt und stand er in fortwährender Feindschaft zu Brun=
hild, so läßt sich gar gut erklären, warum er seine Tochter nur bis an
den Rhein und nicht bis nach Metz begleitete, denn er hätte mit seinem
hinkenden Beine in solcher Gesellschaft Brunhilde gegenüber sich kaum
behaglich gefühlt. Wie steht es nun mit seiner Tochter Fridiburga?

König Sigibert II. ließ, wie wir gesehen, ihren Entschluß in ein
Kloster zu treten, gewähren, „ehrte sie mit vielen Geschenken und übergab
ihr das Jungfrauenkloster St. Peter in der Stadt Metz" oder nach einer
anderen Uebersetzungsweise: „übergab sie (vertraute sie an) dem Jung=
frauenkloster St. Peter in der Stadt Metz." Von Arx bemerkt bei dieser
Stelle [1]): „auf dem Kataloge der Abtissinnen von St. Peter zu Metz
befinde sich keine Fridiburga, sondern eine Waldrada." Allein weder Ma=
billon noch die Bollandisten kennen einen solchen Katalog, weil eben keiner
existirt und würde auch ein solcher existiren und Fridiburga darauf nicht
zu finden sein, wäre dies für unsere Frage wirklich so entscheidend? Ist
denn die Sicherheit so groß, welche die Kataloge aus jener Zeit gewähren?
Wer findet sie in den Verzeichnissen der Bischöfe von Köln, Trier, Mainz,
Windisch, Konstanz, Augsburg u. s. w.? Bleiben wir bei dem Kloster
St. Peter in Metz stehen und heben wir den Unterschied hervor, mit
welchem die älteste vita und Walfrid Strabo den Eintritt Fridiburga's in
das Kloster erzählen. Der Letztere schreibt [2]): „(Fridiburgam) donis
ingentibus honoratam (Sigibertus) praetulit monasterio ancillarum
Dei" — d. i. „der König Sigibert beehrte sie mit ungeheueren Geschenken
und machte sie zur Vorsteherin der Mägde Gottes im Kloster St. Peter.
Die älteste vita dagegen erzählt [3]): „Quam (Fridiburgam) Sigibertus
multis muneribus honoravit et monasterium puellarum constructum
in honore S. Petri in Mettis civitate, ubi haec facta sunt, commen-
davit." Die große Verschiedenheit in der Ausdrucksweise des jüngeren
und älteren Verfassers springt in die Augen. Wie müssen wir die Lesung
des älteren übersetzen? Wahrscheinlich wurde bei et ein darauf folgendes
ei vom Abschreiber übersehen und ausgelassen und in diesem Falle hieße
die Stelle et ei monasterium commendavit. Sigibert hat ihr das Kloster
übergeben oder anvertraut, d. i. ihr dasselbe als Kommende oder Allodium
angewiesen, denn das ist schon im frühesten Mittelalter der Sinn der
Worte — beneficium sive monasterium alicui commendare [4]). Wird
aber die Stelle dahin rektifizirt: quam (Fridiburgam) monasterio commendavit — Sigibert hat sie dem Kloster übergeben (zur besonderen

---

1) Pertz monum. l. c. p. 13.   2) Walfr. Str. l. c. 22. — 3) Vit. prim.
— 4) Du Cange Glossar. II. lit. C.

Obsorge) anempfohlen, so braucht man sie auch nach dieser Lesart noch gar nicht als Vorsteherin oder Abtissin zu denken. Walfrid Strabo jedoch alterirt die Ausdrücke der ältesten vita — die multa munera (viele Ge= schenke) zu ingentia munera (ungeheure Geschenke) und das ei commen-davit, in praetulit (machte sie zur Vorsteherin des Klosters). Allein selbst wenn Walfrid Strabo (90 Jahre nach dem ersten Verfasser) richtiger berichtet hätte, und Fridiburga's Jugendalter kein Hinderniß entgegenstellte, wäre auch dann noch für sie der Platz unter den Vorsteherinnen des Klosters von St. Peter in Metz gar wohl aufzufinden. Denn nach Ma= billons Aussage [1] fehlen über Waldrada, der ersten Vorsteherin vom Kloster St. Peter alle älteren und wichtigeren Urkunden, und er versichert: was er davon schreibe, habe er dem Auszuge einer neueren Chronik jenes Klosters entnommen. Die Bollandisten geben eine ganz kurze vita beatae Waldradae [2]. Aus beiden Berichten ist zu entnehmen: Der Frankenherzog Eleutherius habe im zweiten Regierungsjahre König Theu= derichs (597) das Frauenkloster St. Peter in Metz gegründet und als Vorsteherin darüber seine nächste Verwandte, Waldrada, gesetzt, welche an Reichthümern wie an Tugenden gleich ausgezeichnet, diesem Kloster große Vergabungen zugedacht und ihre daherige Donations=Urkunde von König Theuderich habe bestätigen lassen. Weder von einem Kataloge der Abtis= sinnen noch von dem Todesjahre der Waldrada ist irgendwo eine Spur zu treffen und vom Jahre 597 bis zum Jahre 613—14 konnte Waldrada wohl Zeit zum Sterben finden, um nöthigen Falles der Fridiburga ihren Platz einzuräumen.

Ueberaus wichtig für die Beleuchtung dieser Begebenheit ist das früher unbekannte Fragment der von Notker theilweise metrisch, theilweise prosaisch verfaßten Lebensgeschichte des heiligen Gallus, die wir oben erwähnten [3]. Darin sagt der heilige Notker um das Jahr 885: „Was aus jener Fridiburga nachmals geworden sei, welche durch die Fürbitte des heiligen Gallus gesund geworden, oder was sie gethan habe; wie sie ihre Hand zur Vermählung dem jugendlichen Könige Sigibert (Sigiberti regis adoles-centuli), mit dem sie vor dem Eindringen des rächenden und boshaften Geistes verlobt war, verweigert habe und unter Gottes Beistand und auf den Rath des heiligen Gallus, sowie unter der Beschützung des heiligen Erzmartyrers Stephanus ihm ausgewichen sei, überlasse ich dem edelge= borenen und sehr gelehrten Ruodpert zu erzählen und wieder zu schildern, der erst neulich auf den bischöflichen Stuhl der Stadt Metz [4] erhoben

---

1) Mabill. Act. II. 63. — 2) Böll. Maj. II. 51.
3) Stiftsarchiv St. Gallen tom. 2292.
4) Ruodpert oder Rupert war ein Alemanne und Schüler des heiligen Notkers

wurde, wo diese Jungfrau sowohl die Ehe mit dem irdischen Könige ver=
schmähte, als auch durch die Weihe des himmlischen Königs Mutter der
gottgeheiligten Jungfrauen zu sein verdiente, und schlage ihm und den
Seinen zur Nachahmung vor, daß er das Leben dieser Jungfrau in ganz
genauer Schreibart (acutissimo stilo) wieder auffrische und, wenn er noth=
gedrungen jemals über wüthende Weiber den Exorcismus sprechen müßte,
solchen, wie der heilige Gallus, in Gegenwart der Eltern und übrigen
Hausgenossen beginne und vollziehe und den kirchlichen Exorcisten dieses
als Regel auferlege. Allein auch die Weiber ihrerseits mahne und ver=
pflichte er, daß sie keinem Geistlichen, und wäre er auch noch so heilig, zu
lange mit besonderer Zuneigung anhangen, da auch Fridiburga den heili=
gen Gallus alsbald verließ, die doch von keinem Anderen, als von ihm
vom bösen Feinde befreit werden konnte. Insbesondere möge er nicht
ablassen, auch diejenigen Jungfrauen, die niemals von einem Dämonium
geplagt wurden, sondern aus Liebe zu Christus, ihrem Könige und Erlöser,
die Ehe mit Königen und Fürsten aus löblichem Hochsinne verschmäht
haben, mit dem apostolischen Donnerworte einzuschüchtern, daß sie die
erlaubten und ehrbaren Ehen, die ihnen angetragen würden, nicht durch
unerlaubte und schändliche Ehebrüche bemakeln lassen." So weit der
heilige Notker, und, wie wir sehen, wußte er zwischen hysterischen und
dämonischen Zuständen bei Frauenspersonen verständig und klar zu unter=
scheiden, hielt den Zustand der Fridiburga für ein Dämonium und war
von der historischen Wahrheit dieser ganzen Begebenheit so vollständig
überzeugt, daß er seinem Schüler Rudpert, Bischof von Metz, an das
Herz legte, an Ort und Stelle selber über das Leben Fridiburga's Nach=
forschungen anzustellen und ihr nachheriges Leben urkundlich zu beschreiben.
Nach der Heilung Fridiburga's sandte König Sigibert [1]) mit der Dona-
tionsurkunde „zwei Pfund Gold und zwei Talente Silber durch be=
sondere Boten an den heiligen Gallus und ließ sich in sein Gebet em=
pfehlen." Hat man damals auch im Frankenreiche meistens nach Pfunden
gerechnet, so war das doch nicht immer und ausschließlich der Fall.
Gregor von Tours [2]) weiß die Schätze der Kirche von Tours in Talenten
anzugeben (fuerunt autem 250 talenta argenti, auri vero plus
quam 30); Karl der Große legt dem rebellischen Sachsenherzoge einen
Kriegstribut von 100 Talenten auf [3]); im alten Sachsenspiegel wird der

<hr />

in St. Gallen, wurde den 22. April 883 zum Bischofe von Metz geweiht. Gall.
christ. XIII. p. 720.

1) Vit. prim. Walfr. Str. 21. dagegen hat „zwei Pfund" (libras) Gold und eben
so viele Pfunde (pondo) Silber cum epistola concessionis jam dictae.

2) Gregor. Turon. Hist. VII. 40. — 3) Witek. Hist. Sax.

Werth eines Dienstpferdes in einem Talente b. i. 20 solidis - Schillingen oder einem pondo Pfunde festgesetzt [1]); in einer uralten Urkunde der Lütticher Kirche wird die Strafe auf Vergehen der Freien nach Talenten bemessen und noch im Testamente des Abtes Heinrich von Lorsch († 1167) wird ein Legat von 5 Talenten an das Frauenkloster von Lorsch ver= zeichnet [2]). Das Talent wurde verschieden gewerthet, zu 100, zu 50, oft sogar nur zu einem Pfunde (pondo). Man rechnete also damals sowohl nach Talenten als nach Pfunden.

Mit zwei Talenten Silber und zwei Pfunden Gold ließ König Sigibert dem heiligen Gallus auch noch die Urkunde übermitteln, durch welche er ihm die Einöde, wo er wohnte, vergabte; diese erste Donations= urkunde wurde, wie von Arx sich ausdrückt, im Kloster St. Gallen seit vielen Jahrhunderten vermißt; daß sie einst dort wirklich vorhanden war, geht aus Folgendem hervor. Nicht nur der Verfasser der älteren vita (um das Jahr 745—70), sondern auch W. Strabo (um das Jahr 840) meldet [3]): „Nach erfolgter Heilung der Fridiburga ließ der König einen Schenkungsbrief schreiben (im Jahre 613—14), damit der Mann Gottes (Gallus) fürderhin durch königliches Ansehen seine Zelle eigenthümlich be= sitze." Und auf die Erkundigung Sigiberts, in welcher Gegend der heilige Mann wohne, erwiederte ihm Fridiburga, „er wohnt in dem Walde, der mit dem Arboner Gau (pagus) verbunden ist und zwischen dem See und den Alpen liegt. Als nun der König hörte, daß er in den Besitzungen königlichen Eigenthumes sich aufhalte (publicis eum commorari possesionibus) ließ er eine Vergabungsurkunde (conscriptionem firmitatis) ausstellen, damit der heilige Mann den Ort, welchen er bewohnte, fürder= hin durch königliches Ansehen behalte." Um 870—80 erzählt Rappert [5]) das Gleiche mit den Worten: „Nachdem der König von dem Mädchen und andern wahrhaften Männern vernommen, daß die Wildniß, in welcher Gallus mit den Seinen wohnte, theils dem königlichen Fiskus, theils dem Besitzthume einiger Edelmänner zugehöre, schenkte er sogleich den dem königlichen Fiskus angehörigen Theil, kraft seiner Autorität dem benannten Heiligen und bestimmte, daß derselbe und seine Nachfolger nach ihm, die dort nach seinem Beispiele Gott dienen würden, jenen Ort mit allen umliegenden Wäldern fürderhin durch königliches Ansehen ohne alle Gefährde besitzen sollen. Und damit Solches in's Künftige von Niemanden umgestürzt werden könne, ließ er die Schenkung durch eine rechtsgiltige

---

1) L. c. III. 51. §. 2.
2) Dahl, das Fürstenthum Lorsch S. 274.
3) W. Strab. l. c. 21. — 4) Rappert. casus mon. S. Galli c. 4.

Urkunde bekräftigen und, was er wohl ausgedacht, hat er auch auf das Beste vollzogen. Dem Herzoge Cunzo aber befahl er, daß er mit allen nächstgelegenen Anwohnern dem heiligen Gallus in all' seinen Bedürfnissen sich gefällig und günstig erweise, wenn er immer bei Errichtung von Ge= bäuden und sonst wie immer seiner Hilfe bedürfen sollte." Man sieht, Rappert mußte die Schenkungsurkunde vor sich gehabt haben, da sein Bericht in Allem gleich einer Regeste derselben lautet. Schon im Jahre 700 gab der Alemannenherzog Gotfried [1] „auf Bitten des Priesters und Pastors Mangulf" zum Unterhalte der Lichter in der St. Gallus= Kirche eine Unterstützung, die er zu Cannstadt am Nekar urkundet; ein ge= wisser Rudolf schenkt (dono) dem heiligen Galloni (Gallus) im gleichen Jahre seinen Hof Honstetten (im Hegau) mit Boden, Wiesen, Wäldern, laufenden Wassern, Brunnen, Feldern und Rechten, damit die Brüder, die dort Gott dienen, sie behalten und besitzen mögen; für alle Zeiten soll diese Schenkung bekräftigt bleiben (perfirmata sit). Würde aber irgend Einer und wäre es der Donator selber oder seine Erben etwas gegen diese Schenkung unternehmen oder sie einbrechen wollen, so soll er dem Zorne Gottes verfallen und mit dem Doppelten schuldigen Ersatz leisten, damit diese Schenkung für immer gesichert bleibe (firma per= maneat)." Der Ausdruck: donatio sive carta nostra omni tempore firma permaneat — kömmt in den Donationsurkunden jener Zeit gewöhnlich vor und darum ist die Benennung für die Schenkungsurkunde, die König Sigibert dem heiligen Gallus fertigen ließ, eine ganz richtige — epistola firmitatis, wie die ältere vita sie angibt — oder nach Walfrid Strabo und Rappert — conscriptio (carta) firmitatis [2]. Die Donatoren wurden zu diesen Vergabungen bewogen „in Anbetracht Gottes und der göttlichen Vergeltung, und zur Sühne ihrer Sünden und damit ihnen daraus die Frucht des guten Werkes zu Theil werde", wie Efroin mit seinen Söhnen im Jahre 716—20 bezeugt [3]. „Der Wille Gottes, urkundet Aloin im Jahre 720, bestimmte mich, meine Besitzungen zu Ehren des heiligen Gallus und Desiderius zu schenken. Und wer gegen die Schenkung etwas unternähme, soll dem Zorne Gottes anheimfallen und von der Ge= meinschaft des Leibes (Christi) oder der Priester (Kirche) getrennt werden" [4]. „In Erwägung der ewigen Vergeltung und mit bußfertigem Herzen, so wie zum Heile ihrer Seele und ihres Vaters und ihrer Mutter" veräußert

---

1) Cod. Trad. S. Galli n. 1.
2) Vit. prim. Walfr. Str. 21. u. Rappert. cas. mon. 1.
3) Cod. Trad. S. Galli bei Wartmann Nr. 3.
4) L. c. Nr. 4 und 5.

die Edelfrau Berta um 741 reiche Besitzungen an die Kirche des heiligen Gallus. „Es hat mir gut geschienen", urkundet Lantbert im Jahre 745, „zum Heile meiner Seele meine Besitzungen an einige Orte der Heiligen zu vergaben, was ich hiermit auch thun will. Ich schenke und vergabe demnach dem Kloster St. Gallen, welches im Arboner Gau liegt, wo sein heiliger Leib ruht u. s. w." — Das waren, urkundlich ausgesprochen, die auch in den späteren Schenkungsakten wiederkehrenden Beweggründe, welche die alten Donatoren bei ihren Vergabungen geleitet haben. Sie machten diese Vergabungen in der ausdrücklichen Absicht, dadurch bei Gott für sich und die Ihrigen ewige Verdienste zu erwerben und den Brüdern, die im Kloster sich dem Dienste Gottes widmeten, den Unterhalt des Lebens zu sichern. So heilig und ernst nahmen sie diese ihre Stiftungen, daß sie gegen Solche, welche sie jemals anzutasten und zu berauben wagen sollten, „den Zorn Gottes und selbst die Strafen der Hölle" in ihren Urkunden herabriefen. Was haben die verblendeten Fürsten und Regierungen und was ihre kirchenfeindlichen Räthe verschuldet, welche eben so roh als sinnlos die schönsten Stiftungen der Vorzeit muthwillig zerstört und beraubt und der katholischen Kirche sowohl, als der Wissenschaft, der Kunst und der armen Menschheit einen so unersetzlichen Schaden zugefügt haben!

Nachdem Rappert von der Sicherungs = oder Vergabungsurkunde Sigibert's den Inhalt summarisch angegeben, fährt er also weiter fort: „Unter dem Schutze dieser Autorität (des Königs Sigibert und des Herzogs Cunzo) und dieser Schenkungsurkunde blieb dieser Ort (St. Gallenzelle) gesichert vor den Feinden und ruhig bis zur Zeit Pipin's und Karl Martell's († 741). Wir werden auch sogleich die gottseligen Männer nennen, welche den heiligen Gallus in ihre Besitzungen aufgenommen und ihr Erbrecht auf jene Wildniß ihm durch vollgiltige Handunterschrift übergaben (ejusdem heremi jus hereditarium illi potestativa manu concesserunt). Ihre Namen sind: Willibert, Priester und Talto, ein hervorragender Mann, welcher nachmals Kämmerer des Königs Dagobert († 638) und später Graf des nämlichen Gaues war. Von Beiden wurde der heilige Gall, als er noch am Leben war, zu nicht geringer Hebung dieses Ortes (St. Gallenzelle) reich beschenkt und hoch verehrt. Und auch nachdem der Heilige seinen Geist vom Körper zu den Gestirnen entlassen, wurde von den Nachfolgern jener Männer dieser Ort aus Liebe zum heiligen Gallus gleichfalls beschenkt bis zur Zeit Karl's (Martell). Talto's Sohn war Thiotold, dessen Sohn aber Pollo, Pollo's Sohn war Waldpert, welcher den Waltram erzeugte, der diesen Ort in Allem zu erheben suchte" und den heiligen Othmar von Rhätien her (um 718) an die St. Gallenzelle berief, um sie zu neuem Flor zu bringen. „Im Verlangen nach einem einsamen Leben", schreibt der heilige Notker [1]), „heiligte Gallus die Einöde für Gott allein, dabei jedoch nicht müssig lebend, baute er die Einöde auch an. Als daher König Sigibert vernahm, daß er in öffentlichen (königlichen) Besitzungen sich aufhalte, ließ er eine Vergabungsurkunde ausstellen, damit der heilige Mann den Ort, den er bewohnte, von Rechtes wegen (per autoritatem) fürderhin besitze. Dazu gab er ihm viel Gold und Silber und befahl dem Herzoge Cunzo, daß, wenn der Bewohner der Einöde es wünsche, er ihm alle mögliche Hilfe bei Erbauung der Zelle leiste. Der Kämpfer Gottes gab sich sodann in der Absicht, ein geistiges Gebäude zu errichten, der Einfachheit, dem Gebete und der Arbeit hin, brachte das Volk vom Irrwahn des Götzendienstes ab, zertrümmerte die Götzenbilder und bekräftigte seine Predigten durch die Wirksamkeit seiner Wunder." Wem gehörte daher die Einöde eigenthümlich zu, bevor der heilige Gallus sie durch urkundliche Vergabung erhielt? Sie war Eigenthum theils des austrasischen Königs, theils einiger Edelmänner.

Wie die Burgunder und Westgothen, hatten auch die Franken in den eroberten Ländern nur den kleineren Theil des Grundbesitzes den Urein= wohnern gelassen, den größeren aber sich und ihren Kriegern zugeeignet [2]); die dem Könige vorbehaltenen Besitzungen wurden fisci ditiones oder territoria regia und die Leute darauf servi fiscales — genannt. Zu diesen gehörte auch der Ort und die Umgegend der St. Gallenzelle gegen Osten, Süden und Westen, während schon von dem nahen Rotmontenhügel abwärts [3]), Besitzungen sich ausdehnten, welche dem Gaugrafen Talto (dessen Nachkommen bis auf Waltram angegeben werden), dem Priester Willibert und Anderen eigenthümlich zugehörten. Diese Gegend wurde schon von W. Strabo — Saltus Arbonensis oder Arbonerforst genannt, — er ging aus von dem Flüßchen Salmsach (zwischen Romanshorn und Arbon), zog sich hierauf an die untere Steinach und von dieser über Muolen bis an die Sitter und diesen Fluß hinauf bis zur weißen Sitter, von da auf den Himmelberg und bis zum Säntis, dann von diesem öst= lich über die Firsten der Bergkette fort bis an den Rhein bei Monstein und den Fahrweg dieses Flußes entlang bis an den Bodensee und hin= unter bis zur Mündung der Salmsach in denselben [4]). Vor den wachen= den Augen der Herzoge, der Gaugrafen, der Vicarii oder Missi, denen die Aufsicht über die königlichen Kammeralgüter oblag, so wie der im

---

1) S. Notker Martyrol. ad diem fest S. Gall.
2) Eichhorn, deutsche Reichs- und Rechtsgeschichte I. 168.
3) Von Arx, not. ad Casus mon. l. c. II. p. 62.
4) König Dagobert's Umschreibung der Gränzen des Bisthums Konstanz, im Diplom. Frideric. I. v. J. 1155.

nahen Turgau wohnenden Edelmänner und sonstigen Landbewohner, wäre
eine unberechtigte Besitznahme irgend eines größeren oder kleineren Eigen=
thumes oder die Fertigung falscher Donationsurkunden auch schon damals
unmöglich gewesen. Wäre so Etwas jemals unterlaufen, so hätten die
Kirchenräuber damaliger Zeit und namentlich der Kriegsmann Erchanald
im Jahre 650 und (um abzukürzen) die Gaugrafen Warin und Ruodhart
im nahen Thurgau, welche ihren, an den Besitzungen des Klosters St. Gal=
len verübten Raub (740—50) in Folge königlichen Rechtsspruches wieder
herausgeben mußten, wohl nicht ermangelt, sich auf die Fälschung der Ur=
kunden zu berufen und vor König Pipin die Klagen des heiligen Othmars
gehörig abzufertigen. Allein, wie der erste Besitzerwerb des heiligen Gallus
zu vollem Rechte besteht, so beruhte alles andere Eigenthum, das dem
Kloster St. Gallen im Laufe der Jahrhunderte zugefallen, auf den voll=
giltigsten Rechtstiteln freiwilliger Schenkungen oder rechtmäßiger Erwer=
bung, wie die Urkunden von den ältesten Zeiten an bis zu den letzten es
bezeugen. Daß die Vergabungsurkunde König Sigiberts im Laufe von
zwölf Jahrhunderten verloren ging, darüber wird sich Niemand im Ernste
verwundern; das gleiche Schicksal theilte der Circumscriptions=Brief König
Dagobert's für das Bisthum Konstanz, — theilten zahllose Urkunden
dieser Art. Das Urkundenbuch des Stiftes St. Gallen (codex Traditionum) enthält wohl viele Vergabungsakten, allein „vielleicht nicht viel
mehr als die Hälfte dessen, was das Kloster St. Gallen ursprünglich an
solchen Urkunden besessen hat" [1]. Eilf Jahre nach dem Tode des heiligen
Gallus (651) wurde die St. Gallenzelle durch den Centgrafen Erchanald
ausgeraubt [2], das zweitemal (709—12) unter dem Hausmeier Pipin;
924 wurden die Kostbarkeiten, Bücher und Urkunden nach dem Kastell Wasser=
burg bei Lindau geflüchtet, um sie vor den Hunnen oder Ungarn in Sicher=
heit zu bringen [3]; im Jahre 1314 brannten Kirche, Kloster und Stadt
St. Gallen gänzlich ab. Darum konnte Badian mit Recht sagen [4]: „Es
gab eine Zeit, wo in dem Kloster St. Gallen mehr als 1200 Schenkungs=
urkunden u. A. lagen, die aber wegen ihrer barbarischen Schreibart nur
von Wenigen gelesen und verstanden, nachmals theils durch Feuersbrünste,
theils durch Kriegsunruhen verloren gingen und zerstört wurden." Als im
Jänner 1531 eine freche Schaar von Neugläubigen in die Wohnung des ver=
triebenen Abtes einbrach und alle Winkel und Kästen durchstöberte, fand
sie in einer Kiste mehr als 600 pergamentene Urkunden, zwar kurzgefaßte,
aber uralte Schenkungsakten; sie Alle wurden zerstreut, und Abt Pius

1) Wartmann a. a. O. S. 4. — 2) Vit. prim. II. 2.
3) Eccehard. IV. Casus mon. S. G. — 4) S. Vad. Vorrago Handschr.

konnte (1631—54) von diesen zwar einen guten Theil, aber lange nicht alle durch Ankauf wieder zurückerhalten. Auf die alten Rechtsurkunden gestützt durfte schon der heilige Notker (880—90) mit aufgehobenem Finger an alle künftigen Klosterräuber und Kirchenverfolger die Warnung richten [1]: „Möge man sich wohl vorsehen und sich fürchten, daß das Bundesgezelt Gottes, welches der heilige Gallus nach göttlicher Anleitung und mit vielem Schweiße hierorts errichtete und das ihm durch königliche Autorität zum Erbtheil und Gottesgut zugeschieden wurde, durch keine Frechheit menschlicher Anmassung angegriffen werde und nicht die ungerechte Habsucht der Menschen den Boden sich aneigne, den er von der Wuth der Dämonen und von dem Grimm der wilden Thiere gereiniget hat."

Da König Chlothar II. so dankbare Gesinnung für Columban an den Tag legte, ist sicher anzunehmen, er werde nach seiner Erhebung zum Alleinherrscher des Frankenreiches sie für den ausgezeichneten Schüler desselben, den heiligen Gallus und dessen neue Ansiedelung an der Steinach gleichfalls bewahrt haben. Deßwegen kam diese neue Stiftung auch alsogleich in Flor. Die Schenkungen, die ihr Gründer für sie von König Sigibert und den übrigen Donatoren empfangen, hätte der Sieger nicht anzutasten gewagt. Denn auf dem großen allgemeinen Synodalreichstage, welchen König Chlothar auf das Jahr 615 nach Paris ausgeschrieben, wurde die berühmte Urkunde — Chlotharii regis constitutio generalis — ausgefertigt, und darin unter Anderem festgesetzt: „Was den Kirchen geschenkt worden von den Verstorbenen, soll von Niemanden zurückgefordert werden dürfen, und was die früheren Könige den Kirchen und Geistlichen an Freiheiten und Besitzungen zugestanden und übertragen haben, soll ihnen bleiben. Auch sollen sie im unverkümmerten Besitz von Allem erhalten werden, was sie schon seit dreißig Jahren innegehabt." Dadurch blieb der heilige Gallus auch unter dem neuen Könige für seine Besitzung an der Steinach gesichert.

„Nachdem diese Vergabung des Königs Sigibert erfolgt war, begann der heilige Gallus ein Oratorium und geeignete Gebäude (officina) zu bauen. Er hatte damals nicht mehr als zwölf Schüler um sich, die es für unwürdig hielten, auch nur in Etwas die Schranke der Regel zu übertreten. Als sie nun an einem Sonntage nach vollbrachtem Matutingebet wieder zur Nachtruhe sich zurückbegeben hatten, rief beim ersten Tageslicht der Mann Gottes den Diakon Maginald und sprach zu ihm: „Mache dich schnell auf und rüste mir alles her, damit ich die Messe darbringen kann." Maginald antwortete: „Herr, was ist das? du willst die Messe feiern?"

1) S. Notker in Martyrol. XVI. Cal. Nov.

Ihm antwortete Gallus: „Nach dem Nokturnoffizium dieser Nacht wurde mir geoffenbart, mein Lehrer Columban sei gestorben (21. Winterm. 615.) und für die Ruhe seiner Seele will ich das Meßopfer darbringen." So= gleich wurde die Glocke geläutet (Signum tangebatur), von den versam= melten Brüdern eine Menge Gebete verrichtet und für die Seele Colum= ban's das Meßamt (Agenda Missarum) abgehalten. Darauf sprach der Mann Gottes zum Diakon Maginald: „Gehe eilends nach Italien, be= suche das Kloster Bobbio, forsche dort genau Allem nach), was in der Stunde der vergangenen Nacht mit Columban sich zugetragen hat und bringe mir schnell darüber Bericht zurück." Sogleich machte sich Maginald auf den Weg und kam nach Bobbio, wo er Alles fand, wie Gallus es ihm erzählt hatte. Er blieb nur eine Nacht bei den dortigen Brüdern, die ihm einen Brief über die letzten Lebensjahre und das Ende Columban's und dessen Cambutta an Gallus übergaben mit der weiteren Mittheilung: „Unser Lehrer befahl uns noch im Leben, daß durch diesen Stab Gallus soll losgesprochen sein." Am achten Tage darauf kam Maginald zu Gallus zurück und übergab ihm den Brief und die Cambutta. Nun wurde noch inbrünstiger die göttliche Erbarmung für die Ruhe Columban's angefleht und hiefür Meßopfer und Psalmgesänge gemeinsam dargebracht."

Wir finden hier wieder die Genossenschaft der ersten Schüler des heiligen Gallus nach der apostolischen Zwölfzahl bestimmt, deren Vorliebe bei Stiftungen dieser Art unter den irischen Vätern schon früher nach= gewiesen wurde. Das irische Wort Cambutta, auch Cambota und Cambo, bezeichnet im allgemeinen einen Stab, insbesondere einen Pilgerstab oder auch einen Abtstab, der nach oben in eine Curve ausging, wie das irische Wort Cam und das griechische Κάμπτω — biegen es ausdrückt. Einen solchen trug der heilige Germanus auf seinen Missionsreisen, und der heilige Fridolin († 550) der irische Pilger und Glaubensbote, wie er damit noch im Wappen des Kantons Glarus abgebildet wird[1]. Von einer Cambota geschieht auch im Leben Columba's[2] Meldung. Bei Anlaß seiner Befreiung nach der Reichsversammlung von Drumceatt gab nämlich St. Columba seinen Abtstab (auch Mor Bacholl — Baculus major genannt) dem Scanlann, Fürsten von Ossory „als einen wahren Stab auf schlüpfrigem Pfade und als eine Stütze in aller Widerwärtigkeit und verhieß ihm getreulich im Herrn, unter der Schirmkraft, die Christus diesem Stabe verliehen, werde er heil und unversehrt allen Gefahren entrinnen; er trug ihm auf, zuletzt ihn seinem Schüler Laisren, damals Rektor des

1) Mabillon. de Liturg. gallic. 435.
2) Adamn. vit. I. 33. II. 14.

Klosters Durrow zu übergeben", wo er lange aufbewahrt wurde ¹). Jocelin erzählt uns von einem Besuche, welchen St. Columba seinem großen
Zeitgenossen, dem Bischofe St. Kentigern von Glasgow erwiederte und
nachdem er ein Wunder von diesem gemeldet, fährt er also fort: „An
derselben Stelle, wo dies in Gegenwart des heiligen Columba's und vieler
Anderen vorfiel, gab Einer dem Anderen von ihnen seinen Stab zu
einem Unterpfande und Zeichen ihrer gegenseitigen Liebe. Der Stab aber,
welchen Columba dem Bischofe Kentigern übergab, wurde lange in der
Kirche des heiligen Bischofes und Martyrers Wilfrid zu Ripon aufbewahrt und wegen der Heiligkeit Beider, des Gebers und des Empfängers
in hohen Ehren gehalten" ²). Wir vernehmen von Jordun ³): daß am Ende
des 15. Jahrhunderts dieser „Cambo" mit goldenem Blech beschlagen und
mit Edelsteinen geziert in der Kirche von Ripon noch erhalten und vorgezeigt
wurde. So lange konnte die Cambutta, welche Columban noch vor seinem
Tode für Gallus bestimmt und die Brüder durch Maginald ihm übersendet hatten, in St. Gallen nicht erhalten werden. Noch zur Zeit des
heiligen Notker's war dieser Krummstab in der Basilika am Altare des
heiligen Gallus aufgehängt, „von wo ihn St. Notker während der Nacht
wegnahm, um den Dämon, der ihm bei der Krypta der zwölf Apostel und
Columban's in Hundegestalt erschienen war, zu züchtigen, und er schlug
ihn damit so stark, daß der Stab an mehreren Stellen beschädigt wurde
und nachher durch den Schmid wieder hergestellt werden mußte." Von da
an ist weiter von ihm in den Annalen keine Spur mehr zu finden. Ueber
den irischen Ritus, in welchem St. Gallus nach dem Tode Columban's
die heilige Messe feierte, werden wir das Weitere bald vernehmen.

———————

Drittes Kapitel.

„Die Wahl des Diakons Johannes zum Bischofe von Konstanz, Bischof Martian, sein Vorgänger; der Tod des heiligen Gallus, seine Reliquien und sein Apostolat in Alemannien."

„Gleich nach erfolgter Heilung Fridiburga's (612—13) kehrte der heilige Gallus in seine geliebte Einöde zurück ⁴) und übersandte dem

---

1) W. Reeves' Adamn. S. 324.
2) Bei Pinkerton, Vit. S. Kentig. cap. 40.
3) Scotichronic. III. 30. — 4) Vit. prim. und W. Strab.

Diakon Johannes einen Brief, worin er ihn einlud, unverzüglich zu ihm zu kommen. Der Diakon erschien auch sogleich und brachte Geschenke mit. Gallus erzählte ihm, was Alles in Ueberlingen sich zugetragen, wie der Herzog ihn mit Geschenken bedacht und ihm das Bisthum Konstanz angetragen habe; allein in Anbetracht des Befehles seines Abtes Columban habe er es abgelehnt. „Du aber, o Sohn", fuhr Gallus fort, „folge meinem Rathe und widme dich dem Studium der heiligen Schrift; hast du sie einmal erfaßt, so wirst du Vielen zum Heile gereichen." Johannes ging freudig in den Vorschlag ein, entließ seine Begleiter nach Hause und widmete sich unter der Leitung Gall's den Wissenschaften, der auch nicht ermangelte, ihn zur Quelle der Mutter Philosophie hinzuführen und in die Kunde des göttlichen Gesetzes einzuleiten. So wurde er bald dem weisen Manne im Evangelium gleich, der aus seinem Herzen Neues und Altes zu verkünden wußte." Während die Vermählungsfeier Fridiburga's zu Metz mit ihrem Eintritte in das Kloster von St. Peter endigte und der junge König Sigibert mit seinen Brüdern in Folge der Siege des Königs Chlothar von den längst angedrohten Strafgerichten Gottes (613—14) ereilt wurde, war der Diakon Johannes beim heiligen Gallus geblieben, „wo er sich Kenntnisse aller Art, namentlich die Auslegung der heiligen Schriften und die Fertigkeit in den Handarbeiten (opera manuum) erwarb, welche der Meister, das Beispiel der Apostel nachahmend, täglich zu verrichten gewohnt war. Er wurde in den meisten Disciplinen wie einer der eigenen Schüler gehalten und so sehr war die Gnade Christi mit ihm, daß er Alles, was er sah und hörte, sogleich erfaßte. So blieb er drei Jahre lang bei der St. Gallenzelle und nahm zu an Sanftmuth und Demuth in dem Herrn."

„Nach Ablauf dieser Zeit traf ein Schreiben des Herzogs Cunzo an Gallus mit der Einladung ein, daß er zur Wahl eines neuen Bischofes nach Konstanz komme [1]); auch der Bischof von Augustodunum (Augsburg oder Basel-Augst oder Autün?) mit dem Klerus und vielem Volke und jener von Speier, sowie (nach W. Strabo [2]) der Bischof von Verdun in Burgund und aus ganz Hochdeutschland (alta Germania [3]), viele Priester und Diakonen, Kleriker und Laien seien auf nächste Ostern dieser Wahl wegen nach Konstanz geladen, damit ein Würdiger zum Bischofe geweiht werde. Die Versammlung fand statt, drei volle Tage wurde insbesondere durch den Herzog Cunzo und die schwäbischen Fürsten die Synode

---

1) Die Autoren bringen diese Bischofswahl weder mit Gaudentius, noch mit König Sigibert in irgend eine Verbindung.

2) W. St. 24. — 3) L. c. „totius Alemanniae."

fortgesponnen [1]), eine große Volksmenge fand sich dabei ein. Der heilige Gallus hatte die beiden Diakonen Johannes und Maginald mit sich nach der Stadt Konstanz genommen. Als nun der Herzog Cunzo den versammelten Vätern erklärte, daß sie nach den Kirchensatzungen frei den Bischof wählen mögen, rief der gesammte Klerus und mit ihm vereint das ganze Volk: „Dieser Gallus ist ein Mann Gottes, er genießt in der ganzen Gegend den besten Ruf, ist in der Schrift bewandert und voll Weisheit, gerecht im Sinn und keusch in seinem Leben, sanftmüthig und demüthig, ein Almosenspender, enthaltsam und geduldig, ein Vater der Wittwen und Waisen, ein solcher ist zum Bischofamte würdig." Cunzo sprach darauf zum heiligen Gallus: „Hörst du, was sie von dir sagen?" und der Diener Gottes erwiederte: „das wäre wohl alles gut, wenn es wahr wäre. Allein man darf nicht übersehen, daß nach den Kirchensatzungen kein Fremder zum Bischofe gewählt werden darf [2]). Nun habe ich aber einen der Eurigen, den Diakon Johannes bei mir, der durch Christi Gnade die bezeichneten Eigenschaften wirklich besitzt und es wird wohlgethan sein, ihm die Last der Bisthumsleitung zu überbinden." Johannes wurde sogleich vor die Synode gerufen und vom Herzoge angefragt, woher er stamme, er antwortete: „seine Eltern seien von Rhätien her." Wieder fragte ihn der Herzog: „ob er sich die Kraft zutraue die Leitung des Bisthums zu übernehmen?" ihm antwortete darauf Gallus: „er wolle hiefür die Verantwortlichkeit auf sich nehmen", und hob die Reise des Alters und des Urtheils seines Schülers lobend hervor. Während nun diese Frage mit Gallus in der Synode verhandelt wurde, wußte Johannes sich der Versammlung zu entziehen, er floh aus der Stadt weg und begab sich in die nächstgelegene Kirche des heiligen Stephanus. Allein die Schaar der Priester und des Volkes ließ ihn nicht aus den Augen, sie folgte ihm zur Stephanskirche und führte ihn alles Widerstandes und aller Thränen ungeachtet, wieder in die Versammlung zurück. Da ertönte aus Aller, wie aus einem Munde der Ruf: „Der Herr hat sich heute den Johannes zum Bischofe erwählt, und das ganze Volk gab seine freudige Zustimmung zu erkennen. Nachdem die Wahl vollzogen war, wurde er von den genannten Bischöfen sogleich zum Bischofe geweiht. Darnach mußte er auf das Ansuchen derselben das Hochamt halten und als die Evangelium-Lesung am Altare zu Ende war, baten alle den heiligen Gallus, daß er

---

1) Schannat (Concil. Germ. I. 24.) setzt sie ganz richtig in das Jahr 616; Crusius (Schwäb. Chron.) sogar in das Jahr 650, Eccard 622.

2) Das hatte Papst Colestin (428) in seinem zweiten Briefe an die gallischen Bischöfe verordnet.

das versammelte Volk mit seinen süßfließenden Lehren unterrichten wolle,
und begierig, wie er war, mit dem lebendigen Wasser der göttlichen Wahr=
heit die Herzen zu befruchten, nahm er seinen Schüler bei der Hand, be=
stieg mit ihm eine erhöhte Stelle (das Pulpitum im Presbyterium) und
hielt von dort aus eine Rede an das Volk in lateinischer Sprache, welche
der neue Bischof, sein Schüler, in deutscher Worterklärung vortrug, oder
wie W. Strabo schreibt [1]): „Gallus sammelte den Stoff zur Erbauung,
der Bischof aber gab zur Belehrung der Barbaren das wohl Vorgetragene
in (teutonischen) Erklärungen wieder." Der Redner berührte in seinem
Vortrage von der Erschaffung der Welt an nach der Weise der alten
Glaubensboten die vorzüglichsten Geheimnisse des alten und neuen Testa=
mentes, und insbesondere die Erlösung des Menschengeschlechtes durch
Christus, in einem meisterhaften geschichtlichen Umriß, den er mit dem
Weltgerichte und mit Mahnungen zur Buße schloß. Die Zuhörer wurden bis
zu Thränen gerührt und gingen tief ergriffen unter dem einstimmigen Rufe
nach Hause: „Gottes Geist hat heute durch den Mund dieses Mannes
gesprochen!" Der heilige Gallus blieb noch einige Tage bei seinem Schü=
ler in Konstanz, ertheilte ihm gute Räthe und Lehren und mit dem Se=
gen des neuen Bischofes versehen zog er sich wieder in seine Einöde zurück,
wo ihm Johannes mit seinem Dienste auf alle Weise Beistand leistete und
durch das umwohnende Volk für den Ausbau der Gebäude Hilfe und
Unterstützung zukommen ließ."

　　Warum hat der heilige Gallus diese Rede nicht selber in alemannischer
Sprache an das Volk gehalten, da er dieser Mundart während seinem
langen Aufenthalte in Luxeuil und später in dieser Gegend vollkommen
mächtig geworden war? Von Arx [2]) bemerkt darüber: „er habe dadurch
nur die älteren Kanones beachten wollen, welche den einfachen Priestern
verboten, in Gegenwart der Bischöfe zu predigen." Wahrscheinlich aber
wurde diese Doppelrede in Latein und Deutsch mit Berücksichtigung der
gesammten Zuhörerschaft getroffen, deren eine Theil die fremden Bischöfe,
Priester, Diakonen und Kleriker, der andere das übrige Volk um=
faßte. Für die ersten diente die lateinische Rede des heiligen Gallus zur
Auszeichnung; für das Volk der alemannische Vortrag des Johannes zur
Belehrung. Wer die Reden und Briefe des heiligen Columban's liest,
wird in der, nach sprachlicher Form und Inhaltfülle gleich ausgezeichneten
Rede des heiligen Gallus das Werk des großen Schülers eines großen
Meisters wieder finden. Sie lag handschriftlich dem Verfasser der ältern
vita und W. Strabo vor, denn Beide liefern davon einen gedrängten

---

1) W. Str. l. c. 25. — 2) Pertz l. c. p. 14. not. 30.

Auszug; gegen das Ende des neunten Jahrhunderts nennt der heilige Notker[1]) sie „eine unvergleichliche Predigt" (incomparabilem S. Galli praedicationem). P. Jodoc Metzler schrieb um das Jahr 1602 diese Rede aus einer Handschrift unserer Stiftsbibliothek für Heinrich Kanisius ab[2]), der sie im fünften Bande seiner lectio antiqua abdrucken ließ, von wo sie in die verschiedenen Ausgaben der heiligen Väter überging. Leider wird die Handschrift selbst, darin sie sich befand, seit dem Toggenburger Kriege (1712) mit manchen Anderen vermißt. In dem Bücherkatalog von 1461[3]) lesen wir eine Handschrift verzeichnet: „S. Galli vita metrica, aliquot etiam sermones", unter diesen war auch die Rede des heiligen Gallus. Denn in einer Handschrift des XIII. Jahrhunderts[4]), welche W. Strabo's Leben des heiligen Gallus enthält, finden wir die Rand= glosse: „hier muß die Rede des heiligen Gallus gelesen werden, welche sich in seiner metrisch bearbeiteten Lebensgeschichte (in vita ejus metrica) vorfindet", und selbst der alte Bücherkatalog aus dem IX. Jahrhundert weist indirekte auf sie hin in der Aufschrift: „metrum de S. Galli vita in quaternionibus", weil in diesen Quaternionen auch noch aliquot Ser= mones, und unter diesen auch die Sermo S. Galli enthalten waren. Gegen diese Wahlsynode von Konstanz hat schon Schöpflin[5]) eingewendet: „den Herzogen sei damals noch nicht das Recht zugestanden, die Wahl der Bischöfe anzuordnen und diese zu bestätigen; vielmehr hätten die austrasi= schen Könige selbst sie gewählt." Allein er hat, wie schon Professor Hefele[6]) ihm erwiederte, übersehen, daß das Kapitular des Königs Chlo= thar II., welches ein Jahr vorgängig dieser Wahlsynode erlassen wurde[7]), ausdrücklich festsetzt: „die Wahl eines Bischofs habe durch den Klerus und das Volk zu geschehen (a clero et populo eligatur), und der Fürst selbe zu bestätigen, wenn die Person des Gewählten würdig sei (per ordina= tionem principis ordinetur). Werde er aber vom Palaste (Könige) aus gewählt, so müsse das Verdienst der Person und der Bildung die Wahl rechtfertigen." Wie bei so vielen anderen Stellen der Kapitularien kann aber unter princeps nur der Landesherzog verstanden werden[8]). In Uebereinstimmung mit diesen Bestimmungen veranstaltete und bestätigte der Herzog Cunzo im Namen des Königs Chlothar II. die Wahl des Bischofs in Konstanz. Damals saßen nach Cointius[9]) auf dem bischöf= lichen Stuhle von Augsburg[10]) Flavian, von Verdün Hermannfrid, von

---

1) Zu dem Fragment der vita metric. S. Galli. — 2) II. Canis. lect. ant. V. 693. — 3) Cod. Collect. S. Galli 1393. — 4) Cod. membr. 664. p. 69. — 5) Schoepf-lin Alsat. illustr. p. 748. 6) Prof. Hefele 1 c. S. 292 — 7) Baluz. Capit. reg. Franc. I. p. 21. — 8) Vergl. Lex Bojowarior. I. 2. — 9) Coint. Annal. Eccles. Franc. ad ann. 614 (616—17.) — 10) Nach Boll. Aug. IV. 643. Bisch. v. Autun.

Speier Athanafius, und daß Herzog Cunzo auch außerhalb Alemanniens
Bischöfe (wie jene von Verdün und Speier) zuzog, kann nur dann auf=
fallend erscheinen, wenn man übersieht, daß Herzog Cunzo dies auf be=
sondere Anweisung des Königs Chlothar gethan hat. Vielleicht ist auch
unter Augustobunum — Autün in Burgund oder eher noch Baselaugst ge=
meint. Wirklich war damals Ragnachar[1]) Bischof von Baselaugst (Episcopus Augustanus et Basileae), ein Schüler des heiligen Columban und
Mitschüler des heiligen Gallus in Luxeuil, wie ihrerseits Chagnoald, Bischof
von Laon, Achar, Bischof von Tournay u. A. es waren. Erst im Jahre
741 wurde der bischöfliche Sitz von Baselaugst (Augustae Rauracorum)
unter dem Bischof Walan nach Basel verlegt[2]).

Wie konnte jedoch der Diakon Johannes innerhalb wenigen Tagen
zum Bischof geweiht werden, während schon die ältesten Kirchensatzungen
die Einhaltung der Interstitien bei Ertheilung der Weihen vorschrieben?
Die waltenden Nothstände der Kirche geboten und rechtfertigten auch da=
mals, wie schon früher, eine Ausnahme von der allgemeinen Regel. Der
heilige Bischof Paulin von Nola, im weltlichen Stande ein reicher Edel=
mann, römischer Senator, Dichter, vielleicht Consul, dann Mönch, wurde
im Jahre 393 zu Barcelona vom Bischofe Lampadius zum Priester ge=
weiht[3]), nachdem er erst vor Kurzem noch Neophyt gewesen und die Taufe
empfangen hatte. Derselbe erhielt auch an Einem Tage alle niederen
und höheren Weihen bis zum Presbyterat, obgleich nicht lange vorher das
Concil von Sardika (im Jahre 348) im 13. Canon das Ueberspringen
sowohl der Weihen als der Interstitien zwischen denselben verboten,
was auch Papst Zosimus (418) in seinen Dekreten an die Bischöfe von
Gallien, Spanien und Afrika, und Papst Cölestin (428) den gallischen
Bischöfen auf das Strengste eingeschärft hatte. Doch erforderte, wie Baro=
nius bemerkt[4]), die Noth der Zeit viele Ausnahmen von der Regel, um
das Wohl der Kirche zu sichern. So wurde auch Ambrosius innerhalb
acht Tagen getauft und zum Bischof geweiht, was voraussetzen läßt, daß
die Weihen — ausschließlich der bischöflichen — ihm in einem Zeitraume
von sechs Tagen ertheilt wurden; insbesondere bei den niederen Weihen
pflegte man die Ordnung nicht so strenge einzuhalten[5]). Beim vorliegen=
den Falle aber meint P. Neugart[6]), gestützt auf W. Strabo's Angabe:
daß die Bischöfe den Diakon Johannes zum Altare geführt, ihn in feier=

1) Mabill. Act. SS. II. vit. S. Eustas. c. 5.
2) G. Tschudi und Spreng Tract. de orig. civit. Basil. et Eccles. Raurac.,
der die Reihenfolge der Bischöfe angibt.
3) Chron. Dexteri coaevi. — 4) Baron. Annal. ad 378. — 5) Tomasin.
vet. et nov. Eccl. discipl. l. c. 25. — 6) Episc. Const. I. 41.

lichem Gottesdienste zum Bischofe geweiht und nach vollzogener Weihung ihn gebeten haben, die Geheimnisse des heiligen Opfers zu feiern — seien die Bischöfe von der gewöhnlichen Uebung und Vorschrift, wornach die Priesterweihe der bischöflichen vorangehen soll, abgewichen, wohl von der Erwägung geleitet: daß im Bischofe alle Weihen vereinigt sind, weil er der erste Priester, d. i. das Haupt (princeps) der Priester ist" [1]).

Schwieriger ist es für den Bischof Johannes in der Reihenfolge der Bischöfe von Konstanz chronologisch den richtigen Platz zu ermitteln, doch werden wir auch diesen bei näherer Ansicht der alten Urkunden finden. Zwischen 553 und 561 wurde unter Bischof Maximus [2]) der bischöfliche Stuhl von Windisch (Vindonissa) an der Aare nach Konstanz verlegt; er war von Bubucus an (von 517—534), und Grammatius (von 534—552) in der Reihenfolge der dritte Bischof von Windisch und der erste auf dem bischöflichen Stuhle von Konstanz (von 552—583); ihm folgte auf dem Stuhle von Konstanz Rudolf (von 583—89), dann Ursicin (von 589—606), diesem Gaudentius (von 606—612—13), unter welchem die heiligen Columban und Gallus einwanderten und in Bregenz sich drei Jahre lang aufhielten. Sein Tod fällt in das Jahr von 612—13, und in den gleichen Monat, als Columban nach Italien reiste und Gallus die Einöde an der Steinach bezog [3]). Auf ihn folgte Martian (von 613—616), diesem aber Johannes (von 617—42), dessen Nachfolger jener Bischof Boso war, der eilf Jahre nach dem Tode des heiligen Gallus (651) sich nach der St. Gallenzelle begab, und dort den Sarg des Heiligen wieder beisetzte, nachdem sein Grab bei dem Ueberfalle Otwin's durch Erchanald erbrochen worden [4]), der verborgene Schätze dort aufsuchte. Diese Reihenfolge der Bischöfe von Konstanz wird in Uebereinstimmung mit den ältesten St. gallischen Hagiographen und Chronisten von allen spätern Historikern festgehalten; zu diesen gehören G. Tschudi (1530), P. Jodoc Metzler (1602) [5]), P. Chrysostomus Stiplin (1660), St. gallischer Stiftsarchivar [6]), Manlius in seiner Konstanzer Chronik bei Pistorius, Merk, Bucelin, von Arx, die Mauriner [7]), Mabillon, eben so ein Katalog der Konstanzer Bischöfe aus dem XIV. Jahrhundert (von Neugart [8]) angeführt), welcher übereinstimmend mit den genannten Autoren die besprochene Reihenfolge also angibt: „1. Maximus, erster Bischof in Konstanz, 2. Rudelo (Rudolphus), 3. Ursinus, 4. Gaudentius, 5. Martianus, 6. Johannes,

1) Vergl. Tomasin l. c. l. 2. cap. 36. — 2) Neugart l. c. Proleg. 283.
3) Nicht in das Jahr 615, wie Neugart l. c. irrig angibt.
4) Vit. prim. — 5) Chron. mon. S. Galli, Handschr. — 6) Tom. B 222. Stifts-Archiv. — 7) Gallia christ. V. 892. — 8) L. c. p. 18.

7. Otharbus, der auch Bofo genannt wurde." Dagegen suchte in neuerer Zeit P. Trutpert Neugart († 1825) in seinem viel belobten Werke[1]) eine andere Ansicht zu begründen, nach welcher auf den Bischof Gaudentius unmittelbar Johannes (von 613—632) folgte, auf diesen erst Bischof Martian (von 632—642), dessen Nachfolger jener Bofo (von 642—76) gewesen sein soll. Prüfen wir die Gründe beider chronologischer Systeme und darin die Frage: „ob Johannes der Vorläufer oder der Nachfolger Martian's auf dem bischöflichen Stuhle von Konstanz gewesen sei?"

Die erste Ansicht, welche in der Reihenfolge Martian dem Johannes vorangehen läßt, stützt sich auf folgende Gründe, und vorab auf die Angaben der beiden ältesten St. gallischen Autoren, von denen der ältere 90—100 Jahre, Walfrid Strabo aber 200 Jahre nach dem Tode des heiligen Gallus lebten, — somit der Zeit und dem Orte der Begebenheit nach den ursprünglichen Quellen und Dokumenten sehr nahe standen. Der Tod des Bischofs Gaudentius, die Abreise Columban's von Bregenz nach Italien und das Aufsuchen eines geeigneten Ortes in der Wildniß von Seite des heiligen Gallus waren gleichzeitig und fallen in das Jahr 612—13. Bei seinem ersten Besuche kehrte Gallus am vierten Tage von der sich erwählten Stelle in der Wildniß nach Arbon zurück und erhielt dort von dem Priester Willimar die erste Kunde von dem erfolgten Tode des Bischofs Gaudentius. Sieben Tage darnach traf der Brief des Herzogs Cunzo an Willimar und darin die Einladung ein, mit dem heiligen Manne nach Ueberlingen zu kommen. Darauf folgte die Reise Gall's nach Grabs zum Diakone Johannes, das Eintreffen Willimars bei ihm, die Fahrt nach Ueberlingen und die Heilung Fribiburga's; worauf Herzog Cunzo dem heiligen Gallus den erledigten Bischofssitz von Konstanz antrug, den er jedoch ablehnte und sich wieder in seine Einöde zurückzog, den Diakon Johannes zu sich rief, ihn drei volle Jahre in den heiligen Wissenschaften unterrichtete, das Oratorium und das Klösterlein ausbaute, den Wald ausreutete, Gärten, Aecker und Wiesen herrichtete[2]). Mittlerweile erfolgte Fribiburga's Eintritt in das Kloster und die Hinrichtung des jungen Königs Sigibert. Nun schweigen unsere ältesten Autoren darüber gänzlich, wer nach dem Tode des Bischofs Gaudentius auf den bischöflichen Stuhl von Konstanz erhoben worden, nachdem der heilige Gallus ihn für sich abgelehnt. Darnach verflossen mindestens drei Jahre, und erst nach Umfluß derselben melden sie die Wahlsynode, welche Herzog Cunzo zur Vornahme einer Bischofswahl nach Konstanz einberief, bei welcher dem heiligen Gallus der neuerledigte Bischofs-

---

1) Episcopat. Constant. p. 40—47. — 2) Vit. prim. und Walfr. Str.

sitz von Konstanz (nun zum zweitenmale) angetragen wurde. Gallus lehnte ihn auch bei diesem Anlaß wieder ab, empfahl aber dafür seinen Schüler, den Diakon Johannes, der dann auch gewählt wurde. Seit dem Tode des Bischofs Gaudentius bis zu dieser Wahlsynode (616) waren also mindestens drei volle Jahre abgelaufen; während dieser Zeit blieb der bischöfliche Stuhl von Konstanz nicht vakant und unbesetzt, und eben so wenig war Johannes Bischof, da er während dieser ganzen Zeit sich **beim heiligen Gallus in der Einöde den Wissenschaften widmete.** Nach dem Tode des Bischofs Gaudentius wurde daher **Martian** zum Bischofe gewählt, der das Bisthum Konstanz bis zum Jahre 616 leitete; auf ihn folgte der Diakon Johannes, der an der genannten Wahlsynode auf den Vorschlag des heiligen Gallus gewählt wurde, wie auch Schannat[1] das Jahr hiefür richtig bestimmt.

Die andere Ansicht, von P. Tr. Neugart und nach ihm von Professor Hefele aufgestellt und festgehalten, läßt den Bischof **Johannes** unmittelbar nach Gaudentius, und auf Johannes (von 616—32) sodann **Martian** (von 632—642) folgen. Untersuchen wir die Gründe näher, auf welche P. Tr. Neugart[2] seine Ansicht stützt. Er schreibt: „**Bischof Martian** von Konstanz habe am 26. April 642 das **Oratorium St. Trutpert's,** welches der Edelmann Otbert bei der St. Trutpert'szelle gebaut hatte, eingeweiht." Wohl würde diese Angabe von entscheidendem Gewichte sein, wenn sie dokumentarisch begründet wäre; allein eine solche Begründung suchen wir vergeblich in den drei St. Trutpert's-Leben aus dem IX., X. und XIII. Jahrhundert, welche Mone veröffentlicht hat[3]. Keine dieser Urkunden meldet irgend eine Sylbe von dem Bischofe Martian und von einer Einweihung des St. Trutpert'soratorium durch denselben. Nur in dem Brevier-Proprium von Konstanz aus ganz späterer Zeit lesen wir von ihm[4]): „Daß St. Trutpert mit eigener Hand und großer Anstrengung eine Kirche (Ecclesiam) gebaut und in ausgezeichneter Form und Größe auch vollendet habe, welche sodann zu Ehren der heiligen Apostel Petrus und Paulus **Martian,** der Bischof von Konstanz, in **feierlicher Weise eingeweiht habe.**" Nun sprechen aber alle angeführten älteren Leben nur von einem **Oratorium,** das der Edelmann Otbert nach dem Martyrtode St. Trutpert's († 642) errichten ließ, und nicht von einer ansehnlichen Kirche, die der Heilige selber noch bei seiner Lebzeit gebaut habe, und sie reden eben so wenig von einer Einweihung dieses Oratoriums durch den Bischof Martian, was alles für jene

---

1) Conc. Germ. I. p. 24. — 2) Episc. Const. p. 41. — 3) Mone, Quellensamml. der bad. Landesgesch. I. S. 19 ff. — 4) Boll. April. III. 425.

frühe Zeit höchst abenteuerlich klingt. Der Kompilator jener Brevierlektion nahm einfach den späteren Bau der St. Trutpert'skirche durch Rambert, und deren Einweihung durch den Konstanzer Bischof Wolfleoz vom Jahre 816 in das Jahr 642 herab, wahrscheinlich in der Absicht, durch diesen Anachronismus das hohe Alterthum und den weiten Umfang des Bisthums von Konstanz hervorzuheben, und da er in seinem Bruchstück noch andere chronologische und onomastische Verstöße leicht hinnahm, konnte er auch bei der Auswahl eines Namens unter den Bischöfen von Konstanz für jene Einweihung nicht verlegen sein. Wohl schreibt auch der Chronist Crusius [1]): „im Jahre 633 war Martinus oder Martianus Bischof von Konstanz in Alemannien. Zu dessen Zeiten hat Dagobert, nach Bruschius' Bericht, diesem Bisthum gewisse Gränzen angewiesen, wie noch in einer Urkunde Friederich Barbarossa's zu ersehen ist. Eben diesem Bisthume wur- den von dem gleichen Könige Dagobert viele ansehnliche Freiheiten ver- liehen"; allein dafür weiß uns Crusius außer dem Diplom Friederich's I. keine andere Urkunde anzugeben. So bleibt für die Ansicht Bruschius', Crusius' und Neugart's nur das benannte Kaiserdiplom vom Jahre 1155 [2]) übrig; ist dasselbe aber für die vorliegende Frage von so ganz entscheiden- dem Gewichte?

Kaiser Friederich I. urkundet darin, daß er der Kirche der seligsten Jungfrau Maria in Konstanz alle Besitzungen und Freiheiten, Rechte und Gerechtigkeiten bestätige, die ihr von den früheren Kaisern und Königen seien verliehen worden; insbesondere scheide er die Pfarrgränzen (parochiae terminos) zwischen dem Konstanzer Bisthume und den Nachbardiözesen aus, wie er sie schon von seinem Vorfahren, dem Könige Dagobert seligen Andenkens zur Zeit Martians, des Bischofes von Konstanz ausgeschieden vorfinde (Sicut eos [terminos] a praedecessore rege Dagoberto fel. mem. tempore Martiani Constantiensis Episcopi distinctos invenimus), gegen Osten nämlich zwischen dem Bisthume Konstanz und jenem von Augsburg u. s. w. Der kaiserliche Notar, Verfasser dieses Diploms, be- ruft sich nicht auf eine gleichzeitige Urkunde Dagoberts selbst, sondern stützt sich einfach auf den faktischen Bestand der Gränzen des Kon- stanzer Bisthums, wie sie nach der Aussage der Konstanzer Offizialen als von König Dagobert zur Zeit des Bischofs Martian umschrieben — mochten dargestellt worden sein. Wären selbst damals dem Kaiser und seinem Notar ältere Urkunden nachgewiesen worden, welche die Konstanzer

---

1) Schwäbische Chron. I. 10. B. 6. K.
2) Abgedr. bei Bucelin. Constant. sacr. et prof. p. 50, Pistor. Conc. germ. III. p. 695., Martene Tessaur. Anect. u. a. O.

Bisthumsgränzen nach der Umschreibung des Königs Dagobert enthalten und bezeugt hätten, so bleibt immer noch in Frage: ob der Beisatz „zur Zeit Martians Bischofs von Konstanz", nicht ein auf gleichzeitige mündliche Mittheilung oder persönliche Muthmaßung beruhender Zusatz des Notars gewesen sei oder nicht? Und in beiden Fällen war ein onomastischer Verstoß gar leicht möglich, wie denn Jonas für König Childebert II. seinen Vater König Sigibert I. aufführt, und die Urkundenschreiber aller Zeiten in den Namen = und Zeitangaben sich unzähligemal Verstöße und Irrungen zu Schulden kommen ließen. Hat sich daher die Chronologie des Jonas und der ältesten St. gallischen Hagiographen mit wenigen Ausnahmen in ihren Angaben als durchaus richtig erwiesen, so sind wir wohl berechtigel, in dem Diplome König Friedrichs I. eine onomastische Verwechslung anzunehmen, welche für Johannes, Bischof von Konstanz, seinen unmittelbaren Vorgänger Martian setzte. Dies angenommen und vorausgesetzt, haben wir nicht nöthig mit P. Tr. Neugart, den heiligen Gallus schon im Jahre 627 sterben zu lassen, sondern er mag ganz wohl bis zum Jahre 640 fortleben und kann auch unbehindert zu seinem Begräbnisse im gleichen Jahre der Bischof Johannes in Arbon und an der St. Gallenzelle sich einfinden, wie die ältesten St. gallischen Autoren übereinstimmend berichten, die im VIII. und IX. Jahrhunderte lebend und den ursprünglichen schriftlichen und mündlichen Quellen so nahe stehend — sicher im Falle waren, einen glaubwürdigen und gründlichen Bericht hierüber abzugeben. Dabei sind wir im Falle, dem Bischofe Martian den schuldigen Platz in der Reihenfolge der Bischöfe von Konstanz anzuweisen, den er zwischen Gaudentius († 612—13) und Johannes (zum Bischof geweiht 616) ganz wohl findet, ohne daß wir in dem bisher eingehaltenen chronologischen Systeme etwas abändern oder mit einer gleichzeitigen Urkunde in Widerspruch treten müssen.

„In Luxeuil war inzwischen (625) der Abt Eustasius gestorben, der seit der Verbannung Columban's (610) den Klöstern in den Vogesen vorgestanden. Die Luxovier ernannten einstimmig den heiligen Gallus zu ihrem künftigen Abte und ließen ihm durch sechs Brüder irischer Abkunft die Wahlanzeige mit der Bitte zur Wahlannahme schriftlich übermitteln. Gallus empfing die Boten auf das Freundlichste, führte sie vorerst in das Oratorium zum Gebete, und nachher nahm er ihren Brief entgegen, die Entscheidung war schnell gefaßt; er erklärte ihnen: „Um Christi willen habe ich meine Verwandten und Besitzungen verlassen, und ich sollte mich jetzt neuerdings mit den Reichthümern dieser Welt belasten? Einst habe ich den Befehlen der Brüder in Luxeuil freudigen Gehorsam geleistet, jetzt bin ich aber mit dieser Einöde zufrieden und will mein übriges Leben

ohne die Gefährden, die mit den Ehren verbunden sind, verbringen." Mit
derlei Vorstellungen lehnte er ihre Bitte ab. Darauf ließ er einen Schü=
ler rufen, und befahl ihm, für die Gäste ein Mahl zu bereiten. Es war
aber nur ein Sextar Mehl vorhanden; daraus wurde Brod gebacken und
auch Gartengemüse (olera) hergeschafft. Gallus selber ging von einem
Schüler und den Gästen begleitet, zum nahegelegenen Wasserstrudel oder
Weiher hin; dort wurden die Netze ausgeworfen. Am anderen Weiher=
ende nahmen sie zwei Fischottern wahr, und im Weiher selbst einen großen
Fisch, auf welchen jene Thiere wie auf eine gute Beute lauerten. Die
Fischer spannten ihr Netz weiter aus und zogen den Fisch an's Ufer; er
hatte zwölf Palmen in der Länge und vier in der Breite, was ihnen um
so wunderbarer erschien, als sie bisher immer nur kleine Fische in diesem
Weiher gefangen hatten. Zum anderen Male wurde das Netz ausge=
worfen und eine große Menge kleinerer Fische gefangen, ein Theil davon
zur Bewirthung der Gäste zurückbehalten, der andere wieder in das Wasser
entlassen. Doch trat die besondere Obsorge Gottes für seine Diener wie=
der zu Tage. Ein Landmann brachte zwei Krüge Wein und drei Viertel
Mehl herbei; so konnte ein gastliches Mahl bereitet werden, unter welchem
Gallus mit den Brüdern Fragen über die heilige Schrift behandelte und
die merkwürdigeren Ereignisse aus dem Leben Columban's, insbesondere
seine Wunderthaten ihnen erzählte. Darnach kehrten die Gäste nach
empfangenem Friedenskusse wieder heim, zwar traurig, weil ihre Sendung
ohne Erfolg geblieben, freudig jedoch, weil sie bei Gallus Gottes Hilfe in
der Einöde wieder so augenscheinlich erfahren hatten."

Der eingefangene Fisch konnte von den Aufklärlingen der späteren
Zeit bis auf unsere Tage nicht verdauet werden, er war ihnen nach Länge
und Breite viel zu groß für den Wasserstrudel, den die Steinach) unten
am Felsenberge nahe der St. Galluszelle gebildet hatte. Der alte Autor
gibt das Maß des Fisches in „Palmen" an; die Größebestimmung dieser
Palme ist aber nicht die ausgespreizte Hand, sondern die Breite der vier
Finger an der Hand (ohne den Daumen), die Handfläche oder die Höhe
der Faust. So lesen wir in einer Handschrift [1]) des IX. Jahrhunderts
die Bestimmungen des Maßes nach Isidor [2]) dahin angegeben: „die Finger=
breite ist das kleinste Landmaß, die Unze hat 3 Finger= (Breite), die
Palme 4, der Fuß (pes) 16 Finger, der Schritt (passus) 5 Fuß" [3]).

---

1) Cod. S. Gall. 879.

2) S. Isid. lib. Orig. Die Palme oder Faustbreite wird noch jetzt von den Vieh=
händlern angewendet, um die Höhe der Pferde und des Hornviehes zu bestimmen.

3) In dem uralten Codicell. Saec. VIII. Nr. 913, p. 100 wird das Maß so
angegeben: „3 unciae latitudo palmae, 3 palmae manus — longitudo pedis" etc.

Wollten wir auch bei der Zwölfzahl für die Längebestimmung des eingefangenen Fisches von der Annahme einer rhetorischen Ausschmückung ganz absehen, so fand in jenem Strudel am Wasserfalle der Steinach, die bei langer Regenzeit und bei starken Ungewittern auch jetzt noch zu einem starken Waldstrome anwachsen kann, ein Fisch von beinahe 4 Fuß Länge und etwas über einen Fuß Breite Raum und Wasser und an den kleinern Fischen auch Nahrung genug für sich vor, er wurde nicht hergezaubert, sondern hatte Jahrhunderte über, wenn man will, Zeit genug, um auszuwachsen und groß zu werden. Auch war der Weiher, weil man sich das Kloster und die Stadt St. Gallen wegdenken muß, groß genug an Umfang und Tiefe, um derlei Fische zu unterhalten. Die Lachsforelle oft 4 und auch 20 bis 25 Pfund schwer, schwimmt den Rhein hinauf, kömmt bis nach Chur und Reichenau, zieht Nebenflüssen nach und haltet sich darin auf [1]). Die Fischottern sind trotz aller Hyperkultur und Fabrikation, die alle Wälder des Landes zerstört und alle Quellen, wo sie Fuß faßt, vergiftet, aus unserer Gegend noch nicht gänzlich verschwunden. Was das Leben ältester Fassung in einfacher Weise erzählt, weiß Walfrid Strabo rhetorisch auszuschmücken; denn nach ihm haben die Fischottern den Brüdern die Fische in das Netz gleichsam hineingejagt. Wenn aber die Fische im Weiher vor den Fischottern fliehend, statt dem Rachen derselben zu verfallen, es vorzogen, in das Netz der Fischer-Brüder sich zu werfen, so sind sie nur ihrem natürlichen Instinkte gefolgt, und da sie von ihnen weg und in das ausgeworfene Netz hineingeschwommen sind, kann man figürlich ganz gut sagen: „die Fischottern hätten sie gleichsam in's Netz hineingejagt." Wenn aber die frommen Altväter darin eine besondere Obsorge Gottes für sie erblickten, und die Fische als eine ihnen von dem Herrn in der Wüste bereitete Speise ansahen, so war ihr großer Landsmann Columba in Irland ihnen in dieser Anschauungsweise vorangegangen. Denn auch dieser hieß eines Tages [2]) die Brüder ihr Netz in den Waldbach Sale in der Grafschaft Meath werfen, und alsbald zogen sie einen großen Lachs (esocem) heraus, welchen Gott ihnen zur Speise zubereitet hatte." Der gleiche Vorfall wird von Sulpitius Severus im Leben des heiligen Martin erzählt [3]). St. Kentigern wies einen Begleiter an, den Fischangel in den Fluß Clyde zu werfen; er folgte der Weisung und „zog bald darauf einen großen Lachs, den man auch Salm nennt, heraus und trug ihn vor den Bischof hin" [4]). Schon Plinius wußte [5]), daß der Rhein reich an Lachsen sei, und der heilige Gallus ist uns von Bangor

---

1) Oken's Naturgesch. VI. 342. — 2) Adamn. II. 19. — 3) Vit. S. Mart. I. 12. — 4) Vit. S. Kentigern. c. 36. — 5) Plin. Hist. nat. IX. 17.

und Luxeuil her als ein sehr gewandter Fischer bekannt. Ekkehard IV. [1] nennt den Fisch, der bei diesem Anlasse gefangen wurde, einen esox oder Lachs [2]), welcher oft synonym mit salmo genommen wird.

Eine merkwürdige Beleuchtung darüber haben wir dem heiligen Notker zu verdanken. „Als er nämlich in Reichenau einige Zeit verweilte, erzählten ihm die dortigen Mönche, daß einst im Bache bei Alaspach ein Fisch von 12 Palmen in der Länge, den sie Alait nannten, sei gefangen worden, und dieser habe der Ortschaft den Namen gegeben. Dem heiligen Notker kam der angebliche Fisch etwas groß vor; er meinte, sie erzählen kaum glaubwürdige Dinge und erwiederte sodann: er wolle ihnen nun auch von St. Gallen her etwas Merkwürdiges erzählen und fügte bei: er habe dort mitten im Winter einen Erdschwamm (fungus — Morchel) im Monat Jänner grünen sehen. Ein solcher hatte sich nämlich in einer Ecke des geheizten Kapitelsaales (pyrale) in St. Gallen seit Jahren angesetzt. Diese Ecke wurde durch eine unten sich durchziehende Wasserleitung angefeuchtet und die mäßige Zimmerwärme durch das Wasser beständig abgekühlt, so daß der Einfluß beider auf den Erdschwamm einwirkte und den Erdgrund frühzeitig für eine solche Pflanze trächtig machte. So brachte die warme Ausdünstung zuerst den Schwamm und nachher auch grüne Gräser auf demselben hervor, während draußen Frost und Kälte herrschten. Als nun Notker den Reichenauern dies erzählte, schrieen Alle: „er habe gelogen“, und lachten ihn aus vollem Halse aus. Allein ein Jahr darauf wuchs der Schwamm in St. Gallen mitten im Winter wieder wie früher aus; Notker löste ihn ab und sandte ihn nach der Reichenau mit einer metrischen Epistel, welche also beginnt [3]):

„Habt Ihr mir nicht geglaubt, so glaubet den eigenen Augen,
Schickt nun auch mir für den Schwamm zwei Gräten von Euerem Fische.“

„Nachdem [4]) der Mann Gottes die Last der zeitlichen Sorgen von sich abgewendet, ergab er um so eifriger sich wieder seinem strengen Büßerleben. Die Nachtvigilien wurden erneuert und die Fasten wie in der ersten Zeit eingehalten, Bußübungen im Geheimen vollzogen; wollte ich aber das Leben strenger Abtödtung, das er geführt, einläßlich schildern, so würde die Zeit zu kurz und die Zunge zu ermüdet werden, bevor ich zum Ende käme. Darum will ich noch sein Lebensende erzählen, wie ich es

---

1) Eccehard. IV. Lib. Bened.
2) Oft gleichbedeutend mit Salmo, Lucius, dem englischen Pike und dem Huso in der Donau. Gessner de pisc. Nat. IV. 60.
3) Cod. S. Gall. 621. Saec. 9. „binas piscis mihi mittite spinas“ etc.
4) Vit. prim.

von wahrheitsgetreuen Männern vernommen habe. Weil Viele sich sehn=
ten, sein Angesicht zu sehen, kam der Priester Willimar, wie er gewohnt
war, einmal auf Besuch zu ihm herauf und lud ihn dringend ein, zu ihm
nach Arbon zu kommen. Der heilige Gallus schlug vorerst die Bitte ab und
erklärte: er sei nicht mehr gewohnt, sich von seiner Zelle wegzubegeben,
sondern fest entschlossen, fürderhin ganz und gar den Beschäftigungen zu
Hause obzuliegen. Doch ließ Willimar nicht ab, und wiederholte die drin=
gende Bitte, mit ihm nach Arbon zu kommen der Erbauung Vieler wegen,
um das Volk durch seine honigsüßen Vorträge zu belehren und in der
Wahrheit des Heiles zu unterrichten. Obwohl der heilige Greis sich vor=
genommen hatte, in so hohem Alter keine Versammlung des Volkes mehr
zu besuchen, folgte er dennoch der Einladung und begab sich, um des
Heiles Anderer willen, mit Willimar nach Arbon. Das Fest des heiligen
Erzengels [1] Michael wurde am folgenden Tage (29. September) gefeiert,
wobei eine große Menge Volkes sich einfand. Gallus hielt eine Ansprache
an sie, und die Menge horchte mit größter Spannung auf seine süße
Lehre. Obgleich ferne von seiner Zelle, lag er dennoch nicht minder seiner
gewohnten Arbeit ob, in dem er mit dem Saamen der göttlichen Lehre
viele Herzen befruchtete und sie mit Christus, seinem Herrn und Könige
verband. Von dem Priester und dem Volke gedrungen, brachte er dort
mit dem Werke Gottes beschäftiget, zwei Tage zu. Als er am dritten
Tage wieder zu den Brüdern an seine Zelle zurückkehren wollte, wurde
er von einem Fieber ergriffen, welches mit solcher Heftigkeit um sich griff,
daß er keine Speise mehr zu sich nahm. So verschloß die alles leitende
Vorsehung Gottes ihm den zeitlichen Weg zur Rückkehr, um an ihm nach
seinem Tode vor dem Auge aller Zeitalter ihre Wunder zu offenbaren.
Während der folgenden vierzehn Tagen nahm die Krankheit und die
Schwäche des Körpers immer zu und der Kranke bereitete sich heiteren
Gemüthes auf sein Erscheinen vor Christus vor. Der ewige Lohn für so
große Arbeiten und Verdienste nahete für ihn. Erschöpft in allen seinen
Kräften und außer der Haut und dem Gebeine vollständig abgemagert,
ließ er vom Gebete doch niemals ab, sondern sandte entweder trostvolle
Gebete zum Himmel oder führte erbauende Gespräche, und blieb so im
Dienste Christi, wie er ihn begonnen, unermüdet bis zum letzten Athem=
zuge; dann gab er am vierzehnten Tage seiner Krankheit, den sechszehnten
Oktober im fünfundneunzigsten Jahre seines Lebens (im Jahre sechshundert
und vierzig nach der Geburt unseres Herrn und Heilandes), die selige
Seele dem Himmel zurück. An dem Jahrtage seines Todes wiederhallen

---

1) Nach Walfr. Str. und cod. memb. 347. S. Gall. Saec. X. p. 346.

in festlichem Jubel die Berge und Hügel und alle Baumstämme der Wäl=
der mit den Kreaturen aller Arten, auch bleiben Zeichen und Wunder
nicht aus, und zieht das Volk schaarenweise an dieses Fest." Die Gefühle
dieses alten Hagiographen sprach hundert Jahre nach ihm Rappert in
einem seiner Hymnen also aus [1]):

> „Siehe die treue Schaar der Brüder
> Einet sich im frohen Chor,
> Läßt erklingen Lobeslieder
> Aus dem tiefen Herz' empor,
> Ihm dem heil'gen Vater Gall
> Tönt des Festes Jubelschall.
>
> Wird gesungen auf den Feldern
> Dieser frohe Festgesang,
> Auf den Hügeln, in den Wäldern,
> Auf dem feierlichen Gang,
> Daß ihn wiederhallt zumal
> Jeder Berg und jedes Thal."

„Schnell erhielt Johannes, der Bischof von Konstanz, Kunde von der
Krankheit des heiligen Greisen; er bestieg das Schiff, nahm geeignete
Geschenke für den Kranken mit sich und erreichte glücklich Arbon. Kaum
war er dort in den Hafen eingefahren, als er das Klaggeschrei der Trauern=
den und das erfolgte Hinscheiden seines geliebten Lehrers vernahm. Er
konnte sich nicht mehr im Schiffe halten; noch ehe man das Ufer vollends
erreichte, sprang er vom Schiffe in das Wasser und eilte dem Hause
Willimars zu, wo er den Verstorbenen schon im Sarge verschlossen fand.
Da er jedoch sich von seinem Lehrer nicht trennen konnte, ohne sein Ant=
litz noch einmal zu sehen, ließ er den Sarg wieder öffnen und warf sich
unter dem Jammer= und Klagegeschrei der Anwesenden weinend und
schluchzend über den Leichnam hin mit dem Rufe: „Ach mein Vater,
warum hast du mich aus dem Hause meines Vaters geführt und lassest
mich nun verwaist und verlassen allein zurück, der ich auf dich all' mein
Vertrauen gesetzt habe!" Lange lag er so weinend über dem Sarge hin=
gestreckt, bis ihn die Umstehenden aufrichteten und mahnten, für den Ver=
storbenen lieber zu beten, als mit maßlosem Schmerze über ihn zu trauern.
Endlich zog der Bischof an der Spitze des Klerus in die Kirche und feierte
hier das Amt der Messe, während dem die Uebrigen die Psalmen sangen.
Nach vollendetem Gottesdienste sollte das feierliche Begräbniß vorgenommen

---

1) Rapperti Hymn. „Jam fidelis turba fratrum" in H. Canis. Lect. ant. V.
nach der ältesten Fassung.

werden. Das heilige Kreuz wurde mit Allem, was bei Exequien üblich ist, dem Zuge vorangestellt und der Trauergesang angestimmt, um die Leiche zur Erde zu bestatten. Als aber einige Männer den Sarg heben wollten, fanden sie die Last außer Verhältniß schwer, und ihrer Wahrnehmung wurde die höhere Bedeutung gegeben: vielleicht liege es in Gottes Willen, dem Heiligen einen anderen Begräbnißort anzuweisen." Nach dem Vorschlage des Bischofes sollte die Entscheidung darüber der göttlichen Fügung über= lassen werden und um das Ordal auszuführen, wurde in einer Weise verfahren, wie man früher und später zum Oeftern bei der Bestattung der Ueberreste der Heiligen verfuhr, über deren Besitz Städte, Klöster und Landschaften gegenseitig sich bestritten [1]). „Zwei junge, noch nicht gezähmte Pferde wurden herbei geführt, ein Gebet zu Gott verrichtet, daß er sie dahin leite, wo nach seinem Willen der Heilige sein Grab finden solle. Inzwischen theilte Willimar, der bewährte, alte Freund, die Kleidungsstücke des Verstorbenen unter die Armen aus. Darauf hoben der Bischof und der Priester Willimar den Sarg auf den Rücken der Pferde und ließen sie ohne Führer freien Schrittes voranlaufen. Das Kreuz mit den Licht= kerzen wurde wieder hergenommen und der Zug der Psalmensänger folgte. Die Pferde wichen auf dem Wege weder zur Rechten noch zur Linken ab, bis sie zur Zelle des Heiligen gekommen waren, wo die Schaar der Schüler den Zug empfing, den Sarg ablud und auf ihren Schultern in das Oratorium trug [2]). Hier legten sie ihn vor den Altar und der Bischof verrichtete mit dem Klerus wieder das Gebet. Darauf wurde im Orato= rium zwischen dem Altare und der Wand das Grab gegraben und unter himmlischen Trauergesängen der Leib der Erde übergeben. Der Bischof ertheilte den Segen und kehrte unter unermeßlicher Freude und Glück= wünschung des Volkes nach Konstanz zurück. Während dreißig Tagen wurden Trauergottesdienste (exequiae) für den Verewigten gehalten und brannten zwei Wachskerzen auf seinem Grabe, die eine am Haupte, die andere bei seinen Füßen aufgestellt, und man wollte beobachtet haben, daß für so viele Tage das Wachs bei beiden ausgereicht, was wohl auf jenes

---

1) Siehe die Leben der heiligen Martin, German, Lupus u. A.

2) Aus der Anschauung, in solcher Weise den Willen Gottes in zweifelhaften Lagen zu erfahren, sind die späteren Ordalien oder Gottesurtheile hervorgegangen. Bei Ver= storbenen, deren Begräbnißort in Frage stand, wurde oft der Sarg auf ein Pferd, oder auch auf ein blindes Maulthier geladen und diesem der freie Lauf gelassen. Lebende setzten sich ohne Ruder und Segel in ein Schiff und überließen es den Winden und Wellen, seine Richtung und Landung wie immer zu bestimmen. So St. Brendan der Seefahrer, der irische Eremit Paulus, ein Schüler des heiligen Patrizius; eine Menge solcher Fälle berichten die Heldenlieder, Volksbücher und Sagen. Vgl. J. Görres' Volksbücher p. 128.

unauslöschliche Licht deuten sollte, welches Gallus in seinem Leben so innig und so rein von aller Weltbegierde geliebet hat. Schaaren von Kranken eilten zu seinem Grabe oder wurden dahin getragen und sie fanden durch die Fürbitte des Heiligen Linderung oder volle Befreiung von ihren Uebeln. Denn Gott wollte seinen Diener durch Wunder verherrlichen und der Ruf davon wiederhallt noch immer in weitem Umkreise dieser Länder. Noch bevor die Beerdigung stattgefunden hatte, öffneten die Schüler eine hölzerne Schachtel (capsella lignea), welche der Heilige vor ihnen bis an sein Lebensende immer geheim und verschlossen gehalten hatte, denn sie waren begierig, das Geheimniß kennen zu lernen, das ihnen schon so lange verborgen geblieben. Sie fanden darin einen kleinen Bußgürtel (cilicium) und eine kleine eherne Kette von Blut übergossen[1]). Um der Sache sicher zu sein, besichtigten sie den Leib des Heiligen und fanden durch die Zusammenziehung des Bußgürtels das Fleisch verwundet und auf allen vier Seiten ringsum die Wunde durch den Bußgürtel bis auf das Gebein vertieft und so kam es an's Licht, wie geheim der Auserwählte Gottes sich Christo, seinem Könige, hingeschlachtet habe, da er dies nicht einmal denen, die mit ihm lebten, jemals offenbarte. Daraus mag man auf die größeren Kreuzigungen schließen, die er sich während seines Lebens auferlegt hatte. Nach dem Begräbnisse wurde die hölzerne Schachtel mit dem Bußgürtel und der Kette am Kopfende seines Grabes an der Wand des Oratoriums aufgehängt. Das Alles ist bewiesen durch das Zeugniß Maginald's und Theodor's, der Diakone des heiligen Gallus, die seinen Umgang bis zum Schlusse seines Lebenslaufes zu genießen so glücklich waren, sowie durch bereits unzählige Andere, welche entweder selber sein Leben betrachtet oder von wahrheitsgetreuen Zeugen von den Thaten des Heiligen Kunde erhalten haben."

Schon bei seiner Lebzeit wurde Gallus den heiligen Altvätern beigezählt; nach seinem Tode aber ihm sogleich die kirchliche Verehrung als einem Heiligen Gottes zugewendet, über seinem Grabe das heiligste Opfer des neuen Bundes dargebracht, seine Fürbitte mit wunderbaren Erfolgen angerufen, das glanzvolle Beispiel seines Lebens als leuchtendes Vorbild für Alle, die den Himmel suchen, aufgestellt. Die ältesten Missale der St. gallischen Kirche weisen im Meßkanone nach der Commemoration „der heiligen Apostel Petrus, Paulus und Andreas" ihm neben den heiligen Benedikt, Columba, Columban — eine Stelle an[2]), enthalten für die Messe an seinem Festtage eine eigene Kollekte und Präfation und

---

1) Ein kleiner Theil davon wird noch in der Custorei der Domkirche aufbewahrt.
2) Cod. mem. 339 saec. IX. p. 11 u. 352.

bezeichnen im Kirchenkalender dieses Fest am XVI. Kal. Novem. d. i. am 16. Oktober als depositio sancti Galli. Möchten die Worte des Dankes und der Bitte zu Gott auch heute noch in den Herzen aller St. Galler wiederhallen, wie sie vor Alters im Hochamte der Messe am Festtage des heiligen Gallus in der Münsterkirche gesungen wurden: „Es ist billig und recht, würdig und heilsam, dir immer und überall Dank zu sagen, allmächtiger, ewiger Gott, und insbesondere dich zu bitten an diesem Tage, den du durch den Tod des heiligen Gallus, deines Bekenners, geheiliget hast, daß du uns die Gnade verleihest, der Lehre getreu zu folgen, die er durch sein Wort verkündet und durch sein Leben erfüllt hat, damit wir durch sein Beispiel und seine Verdienste bei deiner Barmherzigkeit Hilfe erlangen mögen durch Christus, unseren Herrn." Eilf Jahre [1]) schon „ruhte der heilige Gallus im Grabe, als der fränkische Heerführer Otwin einen Theil des Thurgau's, Konstanz und Arbon mit Feuer und Schwert verheerte, Weiber und Kinder in die Gefangenschaft führte und Heerden und Früchte raubte. Viele Bewohner flüchteten sich in die Wildniß und kamen bis zur St. Gallenzelle; der Feind verfolgte sie auf ihren Spuren durch den Landgrafen Erchanald angeleitet, dem von der nächsten Nachbarschaft aus die ganze Einöde wohl bekannt war. Er drang mit seinen Söldnern in das Oratorium ein, fragte nach den Priestergewanden und nach dem Silber und Golde und wußte durch Versprechungen einen Diener zu gewinnen, der sie zu einer unterirdischen Höhlung hinführte, wo sie Geldstücke verschiedener Sorte fanden und freudig unter sich vertheilten. Allein damit nicht zufrieden, wuchs ihre Begierde nur noch mehr; sie zogen durch die Wälder, Wiesen und Aecker, um die verborgenen Schätze aufzusuchen. Dann kehrte Erchanald mit sieben jungen Leuten wieder zum Oratorium zurück, wo sie die Thüre schlossen und auf den Boden stampften, um die Schätze aufzufinden. Als nun Einer gerade über dem Grabe des Heiligen mit den Füßen aufschlug und durch den Tritt der Sarg einen hohlen Schall wiedergab, rief er aus: „Hier ist, was wir suchen!" Sie gruben nach und kamen zum Sarge des heiligen Gallus; diesen erhoben sie unter den höhnenden Worten: „Diese Römer [2]) sind so schlau, daß sie ihre Schätze in einen Sarg verbergen." Sie öffneten den Sarg und wurden über den Anblick des Todten so entsetzt, daß sie aus dem Oratorium herausstürzten. Erchanald stieß den Kopf

---

1) In der Handschrift schrieb der Abschreiber XL, (40) für XI (11); derlei Verstöße sind leicht erklärbar.

2) Die Bewohner des Arboner Gaues bestunden theils aus altrömischen Ansiedlern, theils aus Alemannen.

an der obern Thürschwelle so heftig an, daß er nach Hause getragen
werden mußte und noch im gleichen Jahre eine schwere Krankheit zu bestehen hatte, die ihm das Haar, die Haut und die Nägel gänzlich schälte,
wodurch er für sein ganzes Leben mißstaltet wurde; so erreichte ihn sichtbar die Strafe Gottes. Als nun Boso, der Bischof von Konstanz
(von 642—76)[1]) erfuhr, daß das Grab des heiligen Mannes erbrochen
und verwüstet worden und außer Maginald und Theodor (651) Niemand
mehr in der Zelle zurückgeblieben sei, die wegen ihrer geringen Anzahl
den heiligen Leib nicht allein bestatten wollten, kam er mit Priestern und
Klerikern von Konstanz herauf, um diesen Dienst dem Heiligen zu leisten.
Er fand das Grab erbrochen und den Altar entblößt, tröstete die jam-
mernden Brüder und schloß die heiligen Ueberreste in einen würdigen
Sarkophag ein. Er ließ ihn zwischen dem Altare und der Wand ein-
senken und über dem Grabe ein Denkmal[2]) errichten, wie es den Verdiensten des Verewigten gebührte. Die noch übrig gebliebenen Brüder
wurden von ihm mit Nahrung und Kleidern beschenkt, und mit neuem
Muthe nahmen sie ihr Werk wieder auf, der Bischof aber kehrte unter
vielen Segenswünschen an sie nach Hause zurück[3]).

Der Leib des heiligen Patriarchen wurde in der ersten Galluszelle
und im spätern Kloster St. Gallen als ein großer Schatz betrachtet und
sorglich aufbewahrt. Der Edelmann Lanbert urkundet im Jahre 744
eine Vergabung an das Kloster des heiligen Gallus, „das im Arboner
Gau liege", und bezeugt dabei: daß „dort sein heiliger Leib ruhe"[4]).
Trotz aller angewandten List konnte auch zwei Dezennien früher der rhä-
tische Graf Viktor nicht in den Besitz dieses Schatzes gelangen[5]), und wir
lernen aus dem Baurisse des im Jahre 830 unter Abt Gotzbert begonnenen Neubaues der Klosterbasilika, daß „zwischen der vordersten Absis
der Kirche und dem Choraltare neben der Exedra (Seitenkammer) noch
ein Bethaus und bei demselben, gleich hinter dem Choraltare, der Sarg
sich befand, darin die Gebeine des heiligen Gallus aufbewahrt wurden[6]).
Bei der Weihe der neuen Kirche unter dem gleichen Abte (17. Okt. 839)
wurden sie feierlich übertragen und auf dem Hochaltare ausgesetzt[7]).
Schon im IX. Jahrhunderte[8]) werden unter den Heiligthümern der

---

1) P. Tr. Neugart l. c. p. 45.

2) Nach damaliger und späterer Sitte einen steinernen Sarkophag mit Teppichen
bedeckt, den man lectum - das Ruhebett, nannte. — 3) Vit. prim.

4) Cod. Trad. S. Gall. N. 3. — 5) W. Strab. II. 13. 14.

6) Fr. Weidm. Handschr. Katalog III. 978.

7) Rappert. cas. und act. mon. S. Galli tom. III. 415.

8) Cod. mem. 339. saec. IX. p. 6.

St. Gallus=Kirche verzeichnet: Reliquien vom heiligen Gallus, Columba, Segenei (Abt von Hy), Patrizius, Benedikt, Maurus, Magnus, Othmarus, Desiderius, ein Theil von dem Meßgewande (casula) des heiligen Gallus u. A. Bei der Feuersbrunst am 25. April 937 konnten die Glocken und Kirchen= geräthe gerettet und „auch der Altar des heiligen Gallus so geschützt werden, daß die heiligen Gebeine desselben von dem Feuer nicht zerstört wurden", wie uns Ekkehard IV. berichtet [1]). Diese Reliquien blieben auch bei dem großen Brande von 1314 erhalten, welcher das Kloster und die Stadt St. Gallen verwüstete, und wurden im Jahre 1502 durch Abt Gotthard in einem neugefertigten Sarkophage beigesetzt. Abt Franz Gais= berg ließ darauf im Jahre 1511 durch den Künstler Ulrich Trinkler von Zürich für das Haupt des heiligen Gallus, weil der frühere Behälter vor Alter ganz morsch geworden war, eine reich mit vergoldetem Silber beschlagene Halb=Pyramide und darüber gestellt ein silbernes Brustbild anfertigen, und schloß am Passionssonntage 1511 dasselbe in Gegenwart mehrerer öffentlicher Notare und Zeugen darin ein. Die übrigen Gebeine wurden im Jahre 1520 eingefaßt und in verschiedenen Pyramiden und Statuen an hohen Festen zur öffentlichen Verehrung ausgesetzt, welche bis dahin in einem besonderen Sarkophage aufbewahrt waren. Dem Vanda= lismus, welchen die Bürger der Stadt an St. Mathias Tag des Jahres 1529 in der Stiftskirche an so vielen unersetzlichen Alterthümern und Denkmälern der Wissenschaft und Kunst verübten, konnte ein guter Theil der Reliquien des heiligen Gallus entrissen werden; die genaue Beschrei= bung derselben und der aktenmäßige, durch eine Menge von Zeugen er= stellte Beweis und Ausweis darüber ist theils im Stiftsarchive, theils im Bisthumsarchive zu finden [2]).

Seit die Brüder von Luxeuil (625) dem heiligen Gallus die Abt= würde angetragen, waren bis zu seinem Tode (640) fünfzehn Jahre ab= gelaufen, für welche uns unsere St. gallischen Hagiographen ohne alle Nachricht lassen, außer daß sie noch die letzte Krankheit, das selige Ende und das feierliche Begräbniß uns von ihm berichten. Da er aber noch in seinem höchsten Alter, unmittelbar vor seinem Tode, von Willimar so eindringlich angegangen wurde, dem Volke, das so große Sehnsucht nach ihm trug, das Wort Gottes zu verkünden, darf man füglich schließen, daß er das Amt eines christlichen Glaubensboten in engeren und in weiteren Kreisen ausgeübt und ihm sowohl, als dem Unterrichte der unmittelbaren

---

1) Eccehard. IV. in cas. cap. 6.
2) Act. mon. S. Galli III. p. 419. und Cod. papyr. Eccl. Hierogazophyla= cium I. 1—130 im Bisth. Arch.

Schüler an seiner Zelle die übrigen Jahre seines Lebens gewidmet habe. Von dieser Stätte aus eröffnete sich ihm hiefür ein großer Wirkungskreis. Denn auch da, wo vormals der christliche Glaube in Alemannien schon verbreitet worden, war sein Saame entweder auf harten Felsen oder neben den Weg, auf steinigen Grund oder in die Dornen gefallen, hatte keine festen Wurzeln gefaßt oder war ohne Pflege geblieben. Die christlichen Keime und Pflanzungen stunden in den meisten Gegenden unter der übrigen heidnischen Bevölkerung noch zerstreuet und vereinzelt da, entbehrten der unterstützenden Hilfe zum kräftigen Fortwuchse und zu einer geordneten Weiterentwicklung. Diese bot für die weiten Gegenden diesseits und jenseits des Bodensee's das Bisthum Konstanz und die Stiftung des heiligen Gallus damals und in den nächstfolgenden Jahrhunderten. Die apostolische Aufgabe unseres heiligen Glaubens- und Landesvaters und seiner frühesten Stiftung war also eine durch die Zeitumstände gegebene; sie war theils neu schaffend, wo es galt, unter den Heiden das Christenthum zu begründen, theils fördernd, mehrend und stärkend, wo die christliche Religion schon eingeführt war, je nachdem er unter den Heiden oder unter den Christen sein heiliges Amt ausübte. Dort mußte der Götzendienst beseitiget, hier die christliche Religion gepflegt oder wo sie bei den Christen schon in Zerfall gerathen war, wieder gekräftiget — überhaupt in immer weiteren Kreisen verbreitet werden. Zwar war der heilige Gallus nicht der erste Verkünder des Christenthumes auf allen Uferpunkten des Bodensee's, da er in Arbon, Konstanz und Ueberlingen schon christliche Priester und christlichen Gottesdienst vorfand. Allein das zähe Heidenthum umwucherte noch mit seinem giftigen Unkraute den jungen Baum des Christenthumes und der Götzendienst, wie der heilige Gallus ihn am Oberrheine, in Tuggen und in Bregenz noch angetroffen hatte, wußte sich mit allen seinen Gräueln in den Urwäldern und öden Gegenden zu halten; diesen zu bezwingen und das göttliche Christenthum mit seinem Lichte, seinen Gnaden und Tröstungen den verlassenen Bewohnern mitzutheilen, opferte er in Verbindung mit seinen Schülern sein gottgeweihtes Leben auf. Und wie überall, wo das Reich Gottes zuerst und vor allem Anderen gesucht wird, die zeitliche Wohlfahrt nachfolgt, hob sich unter den Segnungen der Kirche das Leben des Volkes, ja, bildete sich erst ein Volk aus, wurde der Landbau befördert, fanden die Wissenschaften und Künste, die das menschliche Leben verschönern, ihre Pflege und Veredlung, wurden glückliche Zeiten angebahnt. Der heilige Gallus hat aber überdies ein welthistorisches Gedächtniß seines Namens am Eingange der hohen Alpen hinterlassen, welches die Jahrhunderte überdauerte und, von dem Danke der christlichen Menschheit begleitet, von Geschlecht zu Geschlecht in den künftigen Zeiten fortgetragen werden wird,

das Stift St. Gallen nämlich, hochverdient um die Religion, die Wissen=
schaft und das Wohl seines ihm untergebenen Volkes. Seit den ältesten
Zeiten trug es in sich die Patriarchalwürde und darin die Keime der
hohenpriesterlichen, fürstlichen und väterlichen Gewalt, welche sein jeweiliger
Vorstand in seiner dreifachen Stellung als geistlicher Ordinarius mit theil=
weise bischöflichen Rechten [1]), als Landesfürst und als Ordensabt in sich
vereinigt und bis zu dem nie genug zu beweinenden Untergange dieses
ruhmvollen Stiftes (1798—1805) ausgeübt hat.

Und wie der heilige Gallus von dieser Stätte aus in nahen und
weiten Umkreisen der Gründung und Ausbreitung des Christenthumes bis
in's höchste Alter sein Leben geweiht, so sind auch die Schüler dieses
großen Meisters von seinem Grabe und seiner Zelle weg nach allen
Richtungen ausgezogen, um die Leuchte der christlichen Religion in ferne
Gegenden hinzutragen und dort neue Stammsitze und Mittelpunkte des
kirchlichen Lebens und Wirkens zu errichten. Theodor gründete die Abtei
Kempten im alten Norikum, Magnus drang bis nach Füssen am
Eingange der Julischen Alpen, Sigibert, Gall's einstiger Mitschüler, nach
Dissentis in Churrhätien, wo sie Klöster stifteten, die weit über tausend
Jahre lang in jenen Gegenden als feste Stützen der christlichen Religion,
Wissenschaft und Kultur sich ausgewiesen haben und als eben so viele
Filialen der Metropole angesehen werden können, welche unser heiliger
Glaubens = und Landesvater hier an diesem Vorhügel des hohen Alpen=
steines gegründet. Mit ihr war auch seit den ältesten Zeiten das Kloster
Reichenau im Untersee und das Kloster Mehrerau bei Bregenz auf
das Engste verbunden, jenes unter Karl Martell (740) von dem Iren
Pirmin, dieses hundert und dreißig Jahre früher von Columban und
Gallus in seinen ersten Anfängen gegründet, wo die selige Haberilla —
die erste geistliche Tochter der irischen Mönchsschule zu Bregenz, aus der
Hand des heiligen Gallus den Schleier empfing, und in ihre enge Zelle
eingeschlossen und die Augen unabgewendet auf das Bild des Gekreuzigten
geheftet, Ströme von Thränen der Buße vergoß, bis ihr Leben unter den
schwersten Abtödtungen in den Flammen der göttlichen Liebe aufgegangen.
Die unzähligen Kirchen und Kapellen, von den frühesten Zeiten an und
späterhin zu Ehren des heiligen Gallus erbaut und eingeweiht, sowie die
massenhaften Schenkungsakten, die für das Kloster St. Gallen seit den
Tagen des unglücklichen jungen Königs Sigibert II. gefertigt wurden,

---

1) Schon Ekkehard IV. sagt beim Jahre 1030 (cas. mon. S. Galli) von dem
damaligen Stiftspfarrer von St. Gallen, „daß er nach uralter Uebung des Stiftes
alle Synodalrechte gleich einem Bischofe ausgeübt habe (ut antiquitus loci nostri
mos erat, synodica quaequae pro episcopo faciebat).“

bilden ebenso viele unwiderlegbare Beweise von der mächtigen Wirksamkeit und dem überwiegenden Einflusse, den die Schüler und Nachfolger des heiligen Gallus vom Kloster St. Gallen aus für die Ausbreitung und Förderung des Christenthumes, der Bildung und Kultur nach weiten Fernen hin ausgeübt und bethätiget haben. Denn was die dem heiligen Gallus geweihten Kirchen betrifft, so darf nicht übersehen werden, daß in jenen Zeiten, wo die christliche Kirche in Alemannien noch in ihrem Werden begriffen war, eine Menge Ortschaften von den neu entstandenen Klöstern aus für Gottesdienst und Seelsorge durch Ordensgeistliche versehen wurde, welche nicht unterließen, die Liebe und Verehrung zu dem Schutzheiligen, welchem ihr Kloster sein Entstehen zu verdanken hatte, in die Gemüther ihrer Pflegbefohlenen einzupflanzen und zu erhalten. Darum lassen die Kirchenpatrone der Gegend auf den kirchlichen Einfluß zurückschließen, den ein Kloster auf solche Kirchgemeinden einst ausgeübt. Wir finden nun seit der ältesten Zeit Gallus=Kirchen der Menge nach nicht nur in unserer östlichen Schweiz, sondern auch in Vorarlberg, in Bayern, im badischen Lande; sie sind im Elsaß, im alten Burgund bis in's Innere von Lothringen hinein zahlreich anzutreffen. Für die Wohlthaten sodann, die ein Kloster durch Seelsorge= und Gottesdienst=Verwaltung den Gläubigen spendete, erhielt es von ihnen nicht selten zum Entgelt Vergabungen und Schenkungen, und diese lassen daher wieder auf den Umkreis schließen, in welchem eine kirchliche Stiftung ihre Wirksamkeit entfaltete. Ziehen wir nun um diese, dem Kloster St. Gallen schon frühe vergabten Besitzungen und Güter nach deren topographischer Lage einen Kreis, so fallen sie innerhalb den gewaltigen Bogen, der vom Fuße der hohen Alpen an gezogen über Hoch=Burgund und Elsaß am Rande der Vogesen, dann über den Breisgau und den Schwarzwald bis zur schwäbischen Alp sich hinzieht und von hier über den Nibelgau und den Algau die westlichen Gränzen Churrätiens berührend sich wieder bei seinem Ausgangspunkte schließt. Also weit über die Gränzen unseres Vaterlandes hinaus wurde das Andenken an den heiligen Gallus in hoher Verehrung gehalten, genoßen die christlichen Völker die Segnungen und Früchte der Religion und Bildung, welche die Nachfolger des großen Mannes vom Kloster St. Gallen aus ihnen so reichlich spendeten.

Allein auch dieser Umkreis wäre noch viel zu enge gezogen, wollten wir die Bisthümer, die Kirchen und der Reihe nach die Schriftsteller, die Geschichtsschreiber, die Dichter und die Künstler alle nennen, welche unserem heiligen Glaubens= und Landesvater schon in den frühesten Zeiten ihre Huldigung geweiht, seinen unsterblichen Namen gefeiert, sein glorreiches Leben und Wirken verkündet, seine unermeßlichen Verdienste gepriesen haben.

Auch über die Alpen nach Italien bahnte die Liebe und Begeisterung für ihn sich den Weg; zu Florenz, in vielen Kirchen und Klöstern Etruriens, an den Ufern der Trebia wurde sein Kult begangen. In Istrien, in der Nähe des alten Aquileia war schon im Jahre 1030 das Kloster Mojacio zu Ehren des heiligen Gallus gegründet; „durch ganz Europa drang der Ruf seiner Thaten, seiner Wunder, seiner Verdienste", wie ein Schriftsteller sich ausdrückt [1]). Die Bisthümer in der Schweiz, in Deutschland, in den österreichischen Erblanden deutscher Zunge, in Tirol und in Böhmen begehen den Festtag des heiligen Gallus mit einem besonderen Kirchenoffizium und preisen ihn heute noch wie vor Alters als **den Apostel Alemannien's**, wie ihn schon vor tausend Jahren der heilige Notker in den Worten hervor= hebt: „**Weil das Buch** von St. Gallus' Leben und Wundern **überall gehalten und gelesen** wird, will ich hier nur noch Eines in Erinne= rung bringen: daß die Güte Gottes den seligen Gallus dem **alemanni= schen Volke zum Apostel bestimmte.** Denn er hat dieses Volk, das er in das Heidenthum versunken vorgefunden (quam paganismo in- volutam invenit), in der Wahrheit des Glaubens unterrichtet und aus der Finsterniß der Unwissenheit zur Sonne der Gerechtigkeit, die Christus ist, selber ein eifriger Wanderer auf dem Wege Gottes, zurückgeführt. Er hat aus dem Orte, den er für Menschen bisher unzugänglich und nur von wilden Thieren, Schlangen und Dämonen bewohnt, angetroffen, die Feinde vertrieben und ihn der Gottheit zu einem Wohnorte hergerichtet. Darum soll man sorglich wachen und beachten, daß das Bundesgezelt Gottes, welches auf göttliche Weisung hin mit so vielem Schweiße der heilige Gallus hierorts begründete und welches durch königliches Ansehen für ihn zum Antheile und Loose eines Gottesvermächtnisses ausgeschieden wurde, durch kein Unterfangen menschlicher Anmaßung angetastet werde, und nicht die Habsucht der Menschen das sich aneigne, was er von der Wuth der Dämonen und von dem Grimme der wilden Thiere befreite, daß endlich dort, wohin unbezähmte Rosse den Leib des heiligen Gallus zu Grabe geführt, ihn nicht noch jegliche Unruhe menschlicher Verwegenheit zu belästigen sich erkühne" [2]). Das zeitliche Erbe, das der heilige Gallus seinem Volke hinterließ, wurde längst angetastet und getheilt, das höhere Erbe, das er uns mit den ewigen Gütern des Christenthumes in unserer Kirche hinterließ, zu bewahren und auf die Nachkommen sorglich fortzupflanzen, soll wohl das unveränderliche Ziel unserer Gebete zu Gott und unserer unermüdeten Thätigkeit und Wirksamkeit sein.

---

1) Boll. Oct. II. ad 16. Oct.
2) S. Notker. Martyrol. ad 16. Cal. Nov.

So hat die alte Wahrheit, wie sie im Glauben unseres Volkes und in den Denkmälern des Alterthumes durch die Jahrhunderte bis zu uns heraufgeleuchtet, sich wieder auf ein neues bewährt. Die ältesten Quellen=schriften unserer Kirchen = und Landesgeschichte strahlen im ungetrübten Glanze ihrer ehrlichen Wahrhaftigkeit und wir schließen zur Wiedererneue=rung des Ganzen mit dem schönen Festliede auf den heiligen Gallus, welches ihm Rappert um das Jahr 880 widmete [1]):

„Freudig, o heiliger Gallus, begeh'n wir noch immer den Festtag,
Da du, o Vater, empor zu den Gestirnen dich hobst.
Wahrlich ein heiliger Tag, er strahlt all' unserem Volke,
Da du, sein Hirte und Fürst, hehr in den Himmel einging'st.
Ferne vom Westen heran dich wendend zum Aufgang der Sonne
Gabst du, Apostel, dem Volk Licht in der göttlichen Lehr'.
Denn es war finster, als ihm das Licht des Glaubens nicht strahlte,
Mit dir die Sonne erschien, welche uns brachte den Tag!
Hier, wo die Geister der Nacht zum Schrecken der Menschen einst wohnten,
Schallt nun der Brüder Gesang dankend im freudigen Chor;
Wo das wilde Gethier im Dickicht des Waldes einst hauste,
Wohnen die Gläubigen nun, fröhlich besingend dein Lob.
Vater, du kamest hieher und brachtest die Schätze des Friedens,
Was uns einst Schaden gethan, Alles das hast du verscheucht.
Und das Schädliche floh, das Heil des Glaubens du botest,
Der, wenn der Tod uns ereilt, himmelan traget den Geist.
Drum nach so herrlichem Kampf besingen wir jubelnd die Palme,
Die du im Himmel errangst, Gallus, beschütze dein Volk!"

---

1) Annua Sancte Dei celebremus festa diei, qua pater e terris sidera Galle petis. Siehe II. Canis. Lect. ant. V. p. 736.

Sechstes Buch.

Die christliche Religion in der irischen Kirche.

Erstes Kapitel.

„Die Glaubenslehre der irischen Kirche."

Wie der Herr in seinen Tagen die Apostel, die Jünger und die Gläubigen mündlich in der göttlichen Lehre des Heiles unterrichtete, so sandte er auch die Apostel und Jünger von seiner Seite aus, durch das lebendige Wort der Predigt die Völker zu lehren und sie anzuhalten, Alles zu beobachten, was er ihnen anbefohlen habe. Die Apostel verbreiteten das Christenthum durch das Mittel des lebendigen Wortes; sie bezeichnen ihr Amt als Predigt und Dienst des Wortes [1]), das Christenthum als Verkündung und das Gehör als Quelle des Glaubens und stellen ihren Unterricht als eine heilige, anvertraute Hinterlage, als ein kostbares Erbe, Vermächtniß und Testament dar, welches sorglich zu bewahren sei [2]). Durch die mündliche Belehrung der Apostel bildeten sich die ersten Kirchengemein= den und die geschriebenen Evangelien wurden für die schon bestehen= den verfaßt, an schon bestehende die apostolischen Briefe gerichtet auf be= sondere Veranlassung und für besondere Zwecke. Matthäus schrieb sein Evangelium für die Palästinenser, als er im Begriffe stehend, sie zu ver= lassen, von ihnen ersucht wurde, den Inhalt seiner mündlichen Verkün= dungen ihnen schriftlich verfaßt zu hinterlassen [3]); Lukas schrieb das Evan= gelium und die Apostelgeschichte zunächst für Theophilus, um ihn in der Lehre, die ihm schon bekannt war, zu befestigen; und die Kirchengemeinden

---

1) Gal. 3, 2. Hebr. 2, 1. Röm. 1, 5. 10, 14. u. s. w.
2) 1. Tim. 5, 20., II. Tim. 1, 12. 14.
3) Euseb. Hist. eccl. III. 24.

26*

in Kleinasien bestanden längst, als Johannes ihnen zum Schutze ihres Glaubens sein Evangelium als ein Schild gegen die Gnostiker in die Hände gab. Durch mündliche Belehrung bildeten die Apostel ihre Schüler und diese pflanzten in gleicher Weise die Lehre und mit ihr den Gottesdienst und die Disciplin der christlichen Religion fort, wie sie selbe aus mündlicher Ueberlieferung empfangen hatten. Als Organe, Interpreten und Fortleiter der Ueberlieferung galten die Bischöfe in ihrer Reihenfolge und vor allem der Bischof der römischen Kirche. „Die in der ganzen Welt offenkundige Ueberlieferung der Apostel", schreibt schon Irenäus [1]), „ist in der Kirche für Alle wahrnehmbar, welche die Wahrheit sehen wollen, und wir können diejenigen aufzählen, welche von den Aposteln in den Kirchen als Bischöfe sind aufgestellt worden und ihre Nachfolger bis auf uns, sie lehrten nichts dergleichen und wußten nichts von dem, was diese Häretiker fabeln." Er theilt auch das Verzeichniß der römischen Bischöfe mit und schließt mit der Bemerkung: „Durch dieselbe Ordnung und durch dieselbe Mittheilung ist die apostolische Verkündung der Wahrheit auf uns gekommen und dies ist der vollste Beweis, daß es die eine und selbige lebendig machende Lehre ist, welche in der Kirche von den Aposteln an bis jetzt bewahrt und in Wahrheit überliefert worden ist." Allein mit der mündlichen Lehre und Ueberlieferung war von jeher der Kanon der heiligen Schriften auf das Engste verbunden, beide hebt der Apostel in seinem Mahnungsworte an Timotheus hervor [2]): „Du aber bleibe bei dem, was du gelernt hast und dir ist anvertraut worden, denn du weißt von wem du es gelernt hast, und weil du von Kindheit an die heiligen Schriften kennst, welche dich belehren können zum Heil durch den Glauben in Christo Jesu. Die ganze Schrift ist gotteingegeben und nützlich zur Lehre, zur Ueberzeugung, zur Besserung, zur Unterweisung in der Gerechtigkeit, damit der Mann Gottes tüchtig sei, zu jedem guten Werke ausgerüstet." So fußte sich bei der Verbreitung des Christenthums die Verkündung der göttlichen Heilslehre auf die mündliche Ueberlieferung und auf die heiligen Schriften, deren Lesung in bestimmten Perikopen mit der Opferfeier des christlichen Gottesdienstes schon von Anbeginn an verbunden war, wie uns die Apostelgeschichte berichtet [3]). Als Schutzwehr und fester Haltpunkt gegenüber den Irrlehren der Zeit, welche die veränderlichen Meinungen der Menschen an die Stelle der göttlichen Lehren zu setzen suchten, sind die Glaubenssymbole oder Glaubensregeln zu betrachten, welche nach dem jeweiligen Bedürfnisse der Zeit dasjenige, was die Kirche von jeher in sich trug, glaubte und lehrte, in bestimmten Begriffen, Worten und Sätzen

---

1) S. Iren. l. c. III. 3. — 2) 2. Tim. 3, 15. — 3) Apostelg. 3, 21.

aussprachen, um den Lehrern und Gläubigen der Kirche für alle Zeiten die rechtläufige Linie des allzeit alten und ewig jungen Glaubens vorzuzeichnen.

In ganz gleicher Weise ist auch in Irland die christliche Religion verbreitet worden. Palladius, Patrizius und ihre Schüler haben das große Werk mit dem lebendigen Worte der Predigt und des Unterrichts begonnen, Kirchen gegründet, den Gottesdienst abgehalten und die heiligen Sakramente den Neubekehrten gespendet. Von der apostolischen Kirche Roms im Glauben und Gottesdienste unterrichtet und mit der heiligen Erblehre, der giltigen Weihegewalt und rechtmäßigen Sendung ausgerüstet, betraten sie jenes Inselland und begründeten und verbreiteten dort das Christenthum. Diese Glaubensboten hatten aber auch die heiligen Schriften zur Seite. Außer den heiligen Reliquien, welche Papst Cölestin dem Palladius auf seine Mission mitgab, überreichte er ihm auch die Bücher des alten und neuen Testamentes[1]) und diese wurden Jahrhunderte lang in der von ihm gebauten Kirche Kill-fine aufbewahrt. Von Patrizius wird dasselbe gemeldet. Dem Bischofe Finian von Moville machte Papst Pelagius (557) eine Handschrift des verbesserten Textes der Vulgata von Hieronymus, eine Canones-Sammlung und Reliquien zum Geschenke; mit diesem vollständigen Exemplare des Schriftcanons kam der Pentateuch zum erstenmal nach Irland. Dem Bischofe Dagan wurde nachgerühmt, daß er allein während seinem Leben 300 Abschriften von den vier Evangelien gefertigt habe. Das Studium der heiligen Schriften wurde in den irischen Klöstern auf das Eifrigste betrieben und Abschriften insbesondere von den Psalmen, den Propheten und den Büchern und Schriften des neuen Testamentes der Menge nach verfaßt, nach Exemplaren, welche von Rom oder Gallien und Britannien dorthin übertragen wurden. Welch' hohe Achtung und Verehrung man der heiligen Schrift in der irischen Kirche zuwandte, mögen wir aus den Worten eines altirischen Autors entnehmen, der lange vor dem Jahre 798 eine Abhandlung über die heilige Messe im irisch-gälischen Idiom schrieb[2]) und sich darüber also ausdrückt: „Eine der edlen Gaben des heiligen Geistes sind die heiligen Schriften, durch welche alle Unwissenheit erleuchtet, alle irdische Trübsal getröstet, das geistige Licht angezündet und jede Schwäche gekräftiget wird.

---

1) Tr. Thaum. bei Colg. l. c p. 5. und Aileran. vit. IV. S. Patric. p. 38.

2) Diese Abhandlung befindet sich im Leabhar Breac (farbgeflecten Buch), einer Pergamenthandschrift in Fol. vom Jahre 1400 im Besitze der königlich irischen Akademie zu Dublin. Sie enthält Abschriften von Chroniken, Abhandlungen u. s. w. aus den ältesten Autoren, darunter auch das Martyrologium von Aengus, Ceilé Dé, geschrieben vor dem Jahre 798.

Durch die heilige Schrift wird die Häresie und das Schisma aus der Kirche verbannt, werden alle Streitigkeiten und Entzweiungen ausgeglichen. Auf ihre wohlbedachten Räthe und zweckmäßigen Lehren ist jede Ordnung in der Kirche eingerichtet; durch sie werden die Versuchungen der Dämonen und der Laster von den Gläubigen der Kirche vertrieben; denn die heilige Schrift ist die Mutter und die holde Amme für alle Gläubigen, welche sie betrachten und beherzigen, und sie werden von ihr genährt bis sie auserwählte Kinder Gottes sind. Denn die Weisheit, das ist die Kirche, reicht milde ihren Kindern die Mannigfaltigkeit ihres süßen Trankes und den Vorrath ihrer geistlichen Nahrung dar, von welcher sie auf ewig gehoben und erfreut werden" [1]).

Bevor der Bischof Finian von Moville die Ausgabe der heiligen Schriften von Hieronymus nach Irland brachte, wurde in der irischen Kirche für sie jene alte lateinische Uebersetzung gebraucht, die unter sich selber wieder in viele Ausgaben von mannigfachen Varianten auseinandergehend, unter dem Namen der „Vetus Itala" bekannt ist [2]). Man weiß, welch' großen Widerspruch die Uebersetzung und die Emendation der heiligen Schriften von Hieronymus noch zu seiner Lebzeit erfuhr, vor dem ihn selbst das Ansehen des Papstes Damasus nicht völlig zu schützen vermochte. Denn die neue Ausgabe kam damals so wenig zur allgemeinen Geltung, daß Jeder nach seinem Gutdünken den ältern oder den neuern Text annahm oder verwarf. Selbst Papst Leo der Große (460) gebrauchte noch die alte Uebersetzung und erst das Ansehen Gregor's des Großen war für die größere Verbreitung und Einführung der Ausgabe des Hieronymus entscheidend. Er legte sie seinen moralischen Auslegungen über das Buch Hiob zu Grunde, dennoch nicht ausschließlich. Denn er bemerkt in seiner Widmung an den Bischof Leander von Sevilla, daß er bald die alte bald die neue Uebersetzung gebrauche, sowie auch der apostolische Stuhl, den er einnehme, beide anerkenne [3]). In seinen übrigen Schriften jedoch hält er sich ganz an die hieronymianische Uebersetzung, die im VII. Jahrhunderte in Spanien die herrschende wurde und auch in den übrigen Kirchen des Abendlandes immer mehr Boden gewann. In der irischen Kirche behauptete sich die ältere Uebersetzung längere Zeit, wie dies aus der Vergleichung der Schriftstellen hervorgeht, die sich in den Werken Sedul's, Claudius', Adamnan's, Cumian's, Columban's und Anderer vorfinden. Dafür liefern

---

1) Ancient Tractate on the Mass, abgedruckt im — Irish eccles. Record, a monthly Journal 1867. Dublin. Vol. II. p. 179.

2) J. Blanchini hat sie in seinem Evangelarium Quadruplex, Romae 1749. herausgegeben.

3) S. Greg. Epist. ad Leand. c. 5.

auch die zwei St. Gallischen Handschriften ¹), welche der Bischof Markus um das Jahr 825 aus Irland hieher brachte, ein vollgiltiges Beleg. Die erste enthält die vier Evangelien, die zweite das Johannes = Evangelium; die Schriftform sowohl als die Vokalisation Beider ist die altirische des VII. oder VIII. Jahrhunderts; man liest darin: flagillum statt flagellum, effodit — effudit, selus — zelus, putius — potius, dilegit — diligit, vocabit — vocavit, Hirodis — Herodes u. s. w. Der Text beider Handschriften stimmt mit der Vetus Itala des Vercellischen Codex in der Blanchinischen Ausgabe am meisten überein und was noch merkwürdiger ist, auch mit den Schriftstellen, welche der heilige Hilarius von Poitiers in seinem Matthäus=Kommentar anführt. Während sonst das Gebet des Herrn — Pater noster — in den verschiedenen Versionen der alten lateini= schen Ausgabe bereits wörtlich sich gleich bleibt, gibt das „Buch von Dimma" ²) aus dem Anfange des VII. Jahrhunderts selbes mit der Variante — et ne patiaris nos induci in temptationem, und das Evangelarium von St. Moling aus der gleichen Zeit enthält überdies, dem griechischen Texte (Matth. 6, 12.) folgend, noch die weitere abweichende Lesart ³): panem nostrum supersubstantialem da nobis hodie, et remitte nobis debita nostra sicut et nos remittimus debitoribus nostris et ne patiaris nos induci in temptationem.

Das apostolische Glaubenssymbolum bildete die Grundlage für das Glaubensbekenntniß der irischen Kirche in einer eigenthümlichen Form ⁴), worin jedoch die ursprüngliche leicht zu erkennen ist; dasselbe lautet: „Credo in Deum Patrem omnipotentem, invisibilem, omnium creaturarum visibilium et invisibilium conditorem. Credo in Jesum Christum filium ejus unicum Dominum nostrum, Deum omnipotentem, conceptum de Spiritu Sancto, natum de Maria Virgine, passum sub Pontio Pilato, qui crucifixus et sepultus descendit ad inferos, tertia die resurrexit a mortuis, ascendit in coelos, sedetque ad dextram Dei Patris omnipotentis, exinde venturus judicare vivos et mortuos. Credo et in Spiritum sanctum, Deum omnipotentem, unam habentem substantiam cum Patre et Filio; sanctam esse Ecclesiam catholicam, abremissionem peccatorum, Sanctorum communionem, carnis resurrectionem. Credo vitam post mortem et vitam aeternam in gloria Christi. Haec omnia credo in Deum, Amen." Das apostolische Symbo= lum hat im nizänischen und konstantinopolitanischen, sowie in den Glaubens=

1) Codd. Membr. Nr. 51 und 60. — 2) Handschr. des Trinit. College in Dublin. — 3) Matth. 6, 11 13. — 4) Aus dem Antiphonar von Bangor.

bekenntnissen der heiligen Athanasius und Hieronymus seine weitere Entwickelung gefunden, sie alle waren auch in der irischen Kirche eingeführt
und dort in Uebung und Gebrauch. Wir finden die beiden Letztern mit
zwei anderen, für uns überaus wichtigen dogmenhistorischen Denkmälern,
nämlich dem Glaubensbekenntnisse des heiligen Mochta, eines Schülers des
heiligen Patrizius und dem Buche der Dogmen oder Glaubenslehren
(liber dogmatum) in der merkwürdigen irischen Pergament-Handschrift
(O. 212.) der Ambrosiana, einst dem Kloster Bobbio zugehörig, deren Abfassung von Muratori in das VI. oder VII. Jahrhundert versetzt wird,
während sie ihren irischen Ursprung durch die eigenthümliche Quadrat-
schrift und Vokal- und Consonant-Setzung beurkundet. So schreibt sie
Hebion für Ebion, Euthices — Eutyches, Macidonius — Macedonius,
praevilegio — privilegio, Diodurus — Diodorus, adque — atque,
helimenta — elementa u. s. w. Wir lassen hier diese dogmen-historischen
Urkunden in möglichster Kürze der Reihe nach folgen.

I.
Das Glaubensbekenntniß des heiligen Mochta [1]).

Der heilige Mochta von Louth, dessen Name von den alten Schriftstellern sehr verschieden — Macteus, Mauctaneus, Macutenus, Mocheus
und Mochuta — geschrieben wird, war ein Schüler [2]) des heiligen Patrizius
und gehörte den brittischen Missionären an, aus denen er die dreißig ersten
Bischöfe für die Kirche in Irland wählte. Patrizius übertrug ihm durch
besondere Verfügung die Obsorge über die irische Kirche, wenn er vor ihm
von Gott aus dieser Welt sollte abberufen werden; St. Mochta starb im
Jahre 534 [3]). Aengus nennt ihn „den gläubigen und frommen, den großen
guten Leiter" und Marian O'Gorman preist ihn als „die Leuchte von
Louth, als den Vater einer weit berühmten Ordensfamilie"; seine besonderen Tugenden hebt St. Cuimin in den Worten hervor: „Mochta von
Louth sorgt durch Satzung und Lebensregel, daß hundert Jahre lang keine
Leckerbissen eingehen in seinen Mund." Er begab sich zwischen 458—61 ·
nach Rom, um dort den Wissenschaften sich zu widmen und brachte dem
damaligen Papste Leo dem Großen eine Wachsschreibtafel (ceraculum)
zum Geschenke mit. Die irisch-brittischen Mönche Pelagius und Cölestius

---

1) Herausgegeben von Muratori Anect. Ambros. II. p. 1., der in Folge der
schwer leserlichen Schrift aus Mochtarius irrthümlich einen Bechiarius machte, wie dies
schon Colgan (Act. SS. Hib. p. 731.) nachgewiesen hat.

2) Bolland. Aug. III. 736. — 3) Tighern. „Dormitio Moctai discipuli
Patricii XVI. Cal. Sept."

— diese Hauptführer der pelagianischen Irrlehre waren damals in Rom
von ihrem früheren Aufenthalte her noch im frischen Andenken und das
Wort des heiligen Hieronymus [1]) über Cölestius mochte kaum schon ver=
gessen sein: „Satan, für sich selber schweigsam, bellt jetzt durch einen
gewaltigen und korpulenten Berghund, der mehr schaden kann mit seinen
Krallen als mit seinen Zähnen; denn er stammt von der scotischen Nation
ab, die mit Britannien verbunden ist. Gleich einem anderen Cerberus
muß er mit einem geistigen Stocke geschlagen werden, dann wird er sicher
mit seinem Meister Pluto für immer schweigen." Man mochte wohl in
Rom Besorgniß hegen, Mochta sei den Irrthümern seiner Landsmänner
nicht fremd geblieben; denn er wurde angewiesen, zur Bewährung seiner
Rechtgläubigkeit eine Bekenntnißschrift seines Glaubens vorzulegen, was
er in der benannten professio Fidei auch that. Wiederholt berührt er
darin die Thatsache, daß ein einziger Mann durch seine persönliche Ver=
irrung seiner Heimatinsel Irland den schlimmen Ruf der Ketzerei angehängt
habe und gibt uns darin den Schlüssel zum Verständniß der Berichte der
älteren Autoren über den Glauben der irischen Kirche im V. Jahrhundert.
Denn viele von ihnen verbinden oder verwechseln, wenn sie vom Pela=
gianismus sprechen, Britannien (England) mit Irland und selbst der rö=
mische Klerus spricht in seinem Schreiben vom Jahre 639 „von dem Eiter
der pelagianischen Irrlehre, der früher mit Britannien auch Irland an=
gesteckt habe", was jedoch niemals der Fall war. Dem gleichen Irrthume
folgend rühmt auch der uralte liturgische Traktat von dem heiligen Ger=
manus, daß er den Pelagianismus „aus Britannien und Irland ver=
bannt habe." Was daher dem Cölestius allein zukam, wurde ganz Ir=
land beigemessen und brachte die irische Kirche bei Manchen in üble Nach=
rede. St. Mochta führt in seinem Glaubensbekenntnisse keine Irrlehre
an, die er abzuschwören hätte; denn er und seine Landsleute hatten von
jeher den katholischen Glauben rein und unverfälscht bewahrt, wie sie ihn
einst bei der Taufe bekannten, und wenn darin der heilige Geist als
a patre procedens dargestellt, das filioque aber nicht ausgedrückt erscheint,
wird diese Unterlassung in damaliger Zeit Niemanden irre führen, der
weiß, daß diese Erweiterung erst auf der Synode von Toledo (589) dem
nizänischen Symbolum beigefügt und förmlich als Glaubenslehre ausge=
sprochen wurde. Von dem Glaubensbekenntnisse des heiligen Mochta folgen
hier die wesentlichen Momente:

„Was einst gewesen, erneuert sich immer wieder und die Geheimnisse
des Evangeliums gehen auch in unseren Tagen in Erfüllung. Christus

---

1) S. Hieron. Com. in Jerem. Praef.

verlangte einst von der Samariterin Wasser, deine Heiligkeit (Papst Leo I.) verlangt von mir das Glaubensbekenntniß. So viel ich sehe macht uns nicht die Sprache, die wir reden, sondern das Land, dem wir angehören, verdächtig. Doch sei es ferne, seligster Vater, daß uns bei so heiligen Männern, wegen unserer irdischen Abstammung eine Makel treffe. Denn, ob= wohl wir dem Fleische nach unser Vaterland anerkennen, erkennen wir es doch geistiger Weise nicht an, da wir im Verlangen, Söhne Abrahams zu werden, unsere Heimat und Verwandtschaft verlassen haben. Das schicke ich voraus, weil, wie einst den Samaritern nun auch uns die Juden nicht trauen, in der Meinung, der Boden unseres Vaterlandes sei von dem Gifte einer gewißen Ketzerei angesteckt worden und darum verurtheilen uns ge= wiße Hochgestellte, als seien auch wir von dem Irrthume nicht frei geblie= ben. Allein haben die Ungläubigen nicht einst auch gesagt: Kann aus Nazareth etwas Gutes kommen? Und doch ist Christus aus Nazareth her= vorgegangen. Hat denn die Treulosigkeit und der Geiz eines einzigen Apostels die Verdienste aller übrigen Apostel aufgehoben? Sind nicht Alle gemeinsam mit Judas aus einem Lande und aus den gleichen Lenden Abrahams ent= sprossen? Ueber das Vaterland, dessen Schuld ich bedaure, geht mir die Stadt Gottes, welcher ich in der Taufe eingebürgert wurde, sie ist mein zweites Vaterland geworden. Wer mich also wegen meiner Heimat für ungläubig hält, ist selbst ein Ungläubiger; denn er vergißt oder mißkennt es völlig, was er in der Taufe bekannt, und hat seine zeitliche Verwandt= schaft noch nicht aufgegeben. Darf aber wegen der Schuld eines Ein= zigen die Bevölkerung eines ganzen Landes verurtheilt werden, dann muß auch die glückselige Schülerin (Petri) d. i. Rom selbst verur= theilt werden, von wo nicht nur eine, sondern zwei und drei und noch mehr Irrlehren [1]) ausgingen, und dennoch vermochte keine der= selben den Lehrstuhl Petri, d. i. den Sitz des Glaubens zu ergrei= fen oder zu erschüttern [2]). Vielleicht hatte auch der Jüngling Euty= ches, als er aus dem Fenster vom dritten Stocke auf die Straße fiel [3]), irrige Gedanken über die Dreieinigkeit gehegt, doch gab ihm Paulus die Wärme des Glaubens und das Leben wieder, d. h. er ließ ihm seine Schuld nach. Nun befinden wir Irländer uns vielleicht noch am Lichte

---

1) Marcion, Valentinian, Novatian, Pelagius, Cölestius u. A. hielten sich längere Zeit in Rom auf.

2) „Si pro culpa unius totius provinciae anathematizanda generatio est, damnetur et illa beatissima discipula h. e. Roma, de qua non una, sed duae et tres aut eo amplius haereses pullularunt et tamen nulla earum Cathedram Petri — hoc est — Sedem Fidei aut tenere potuit aut movere."

3) Apostelg. 20, 9.

des Fensters d. i. auf dem Wege des Lichtes und weilen noch im Strahlenglanze des Glaubens, dennoch verurtheilen uns die allzustrengen Richter
und zwar nicht nach unseren Lehren, sondern auf bloßen Verdacht hin.
Sie scheinen nicht zu wissen, daß sie durch das gleiche Urtheil, womit sie
uns richten, selber gerichtet werden. Wenn aber vor aller Kenntniß der
Sachlage gerichtet werden darf, warum schrieb dann der Gesetzgeber (Moses)
vor: daß der Priester kein Haus als unrein verurtheile, bevor er es betreten und geprüft habe, ob es von dem Aussatze (der Häresie) angesteckt
sei oder nicht. Möge daher, heiliger Vater, über mein Heimatland nicht
böse geurtheilt werden. Denn frägt man mich nach meiner Herkunft, so
antworte ich: ich bin ein Fremdling (peregrinus), wie alle meine Väter.
Ueber das Vaterland, wo ich geboren, soll mein Glaubensbekenntniß Antwort geben; denn dieses hat mir mein zweites Vaterland gegeben. Folgend
der Lehre des Apostels sind wir Alle bereit, von unserm Glauben Rechenschaft zu geben, und wir fürchten uns nicht die Regel desselben deiner
Heiligkeit darzulegen, der du der Baumeister des Gebäudes selber bist."

"Wir glauben, daß Gott sei und immer gewesen sei, was er ist und
sein wird, Gott Vater, Gott Sohn und Gott heiliger Geist, ein Gott und
ein Sohn vom Vater und der heilige Geist des Vaters und des Sohnes.
Dieselbe Wesenheit der einen Dreifaltigkeit und diese drei eines Willens
theilhaft, von denen Keiner größer oder kleiner als der Andere ist. Denn
in der Erkenntniß Gottes müssen wir alle Stufen beseitigen, wie geschrieben steht: „Du sollst nicht auf Stufen zum Altare emporsteigen." Der
Name Altare bedeutet aber alta res — eine hohe Sache, d. i. die Erkenntniß hoher Dinge. Auf gleicher Stufe zur Erkenntniß Gottes hin-
tretend glauben wir, daß der Vater und der Sohn und der heilige Geist
einer und derselben Substanz, Macht und Größe theilhaft seien. Der
Vater ist der vorzügliche Name Gottes für das, was er durch sich selber
ist; Gott der Sohn ist aus dem Vater, nicht aus sich selber, der Vater
ist Gott und der Sohn ist Gott, aber nicht derselbe ist der Vater, welcher
der Sohn ist und der heilige Geist ist nicht der ungeborne Vater, noch der
eingeborne Sohn. Der Sohn ist geboren, nicht aber der heilige Geist,
den der Vater über den Sohn herabgesendet hat. Der Sohn des Vaters
ist vor aller Zeit vom Vater geboren und kann keinen andern Gebornen
zu seinem Genossen haben; denn der Vater ist Ein Ungeborner und der
Sohn Ein Geborner und der heilige Geist von dem Vater ausgehend mit
dem Vater und dem Sohne gleich ewig, weil ein Werk und eine Wirkung des Willens im Vater und Sohne und heiligen Geiste besteht. Allein
dem Wesen nach ist, was ausgeht nicht etwas Anderes als das, wovon
es ausgeht. Die also dreifaltige Verbindung und wieder verbundene Unter-

scheidung schließt in den Personen jede Vermischung aus und behält in der
Unterscheidung der Personen die Weseneinheit bei, so daß die allerheiligste
Dreifaltigkeit einer Natur, einer Gottheit und einer und derselben Kraft
und Substanz theilhaft geglaubt werden muß. Wir glauben auch, daß
der Sohn in jüngster Zeit geboren worden aus der Jungfrau und von
dem heiligen Geiste und das Fleisch und die Seele der menschlichen Natur
angenommen, in dieser gelitten habe und vom Tode wieder auferstanden
und in demselben Fleische, in welchem er im Grabe gelegen, nach seiner
Auferstehung in den Himmel gefahren sei, von wo, wie wir erwarten, er
zum Gerichte der Lebendigen und der Todten wieder kommen wird. Wir
wissen auch, daß die Jungfrau, von der er geboren wurde, Jungfrau war
vor der Geburt und nach der Geburt Jungfrau blieb und wollen keineswegs als Anhänger des Irrlehrers Elvidians gelten. Wir bekennen auch,
daß der Leib (carnem) unserer einstigen Auferstehung ganz und gar derselbe sei wie derjenige, in welchem wir jetzt in dieser Welt leben und gute
oder böse Werke verrichten, und daß wir einst in diesem Leibe für das
Böse die Qualen der Strafen oder dann für das Gute den Lohn der
Guten empfangen, und wir verwerfen den Irrthum Anderer, welche behaupten, es werde für den gegenwärtigen ein anderer Leib auferstehen,
vielmehr glauben wir, daß dieser selbst und kein anderer, vollständig mit
all' seinen Gliedern auferstehen werde. Das ist der Schatz unseres Glaubens und wir bewahren ihn unverbrüchlich im Leben, wie wir ihn bei der
Taufe empfangen haben und wir bekennen ihn freiwillig mit unseren Lippen vor Allen, damit sie Vertrauen zu uns gewinnen. Das ist der Schild
unseres Bekenntnisses, mit dem wir die giftigen Pfeile der Schmähreden
und der Verdächtigung zurückwerfen und uns sicher stellen, damit das Ge-
rede des Feindes, der uns verwunden möchte, bei uns keine blosgestellte
Stelle finde."

„Von der Seele glauben wir, daß sie erschaffen sei, und frägt man
mich weiter, wovon sie erschaffen sei, so bekenne ich, daß ich es nicht weiß,
weil ich mich nicht erinnere, es irgendwo gelesen zu haben. Was ich aber
nirgends geschrieben finde, will ich nicht erklügeln, um das Verbot nicht
zu verletzen: esset das Blut nicht; denn das Blut ist die Seele alles
Fleisches. Nun ist aber das Erforschen der Seele gleichsam ein Essen des
Blutes. Darum können wir etwa sagen, daß das Fleisch (der Leib), das
uns in Adam gegeben ward, unter der Bildung und Urheberschaft Gottes
aus den Qualitäten der Weltsubstanz zusammengesetzt sei. Das Blut
floß übrigens einst am Fußgestelle des Altares, um anzudeuten, daß wir
es demjenigen, der es schuf, überlassen, zu wissen, aus was er es erschaffen habe. Das Fußgestell des Altares ist aber eine Art Wurzel der

Tiefe, mit deren Verborgenheit wir auch den Grund der Seele verbinden, welche wir nicht erklären können. Darum behaupten wir nicht, daß die Seele ein Theilchen Gottes sei, wie Manche vorgeben, weil Gott untheilbar und leidenslos, die Seele dagegen verschiedenen Leidenschaften hingegeben ist. Eben so wenig behaupten wir, daß die Seele von einer anderen Kreatur gemacht sei, weil wir sie nicht geringer als die anderen Kreaturen machen wollen, als deren Herrin sie aufgestellt ist, so lange sie gut handelt. Nur nach Gottes Willen gebildet, ist sie durch dessen Allmacht eine nicht nothwendige, sondern freiwillig erschaffene Substanz, die er in's Dasein rief (quae fieri aut esse mandavit). Auch der Meinung derjenigen stimmen wir nicht bei, welche lehren, die Seele werde durch Transfusion geboren, weil diese Ansicht dem Worte des Psalmisten widerspricht, der da sagt: „Wisset, daß Gott selbst uns gemacht hat, und nicht wir uns selbst", und anderswo: „der ihre Herzen einzeln gebildet hat." Wie könnte eine solche Transfusion stattfinden da, wo die Herzen einzeln (singillatim) gebildet werden? Außer der Dreieinigkeit allein ist nach unserem Glauben Alles, was im Himmel oder auf Erden oder im Meere lebt und schwebt und sich regt — eine Kreatur."

„Wir glauben, daß der Teufel nicht als Teufel erschaffen worden, noch so eine eigene Art seiner Natur vom Schöpfer aus erhalten habe, daß er als Teufel geboren wurde; sondern daß er dazu durch seine eigene Schuld, nicht durch Gott geworden, noch daß er ungeboren sei, weil er nicht Gott ist; noch als Teufel erschaffen ward, weil Gott das Böse nicht schafft, sondern er hat ihn als guten Engel erschaffen. Denn jetzt ein Entlaufener, war er einst im Besitze der Anschauung des Schöpfers, aber der Morgenstern ist vom Himmel gefallen. Vom Schöpfer hatte er eine zum Guten und Bösen freibefähigte Natur erhalten, wurde mit der Ehre und Herrlichkeit der Unsterblichkeit geschmückt und mit der Würde der Wissenschaft begabt; allein, im Stolze sich erhebend, glaubte er, daß sein eigen sei, was nicht sein eigen war, weil er nicht auf denjenigen sah, der Alles und auch ihn erschuf, und darum spricht: „Ich bin und kein Anderer ist außer mir." Darum wurde er der Erde und dem Staube überantwortet, und es ging an ihm das Wort in Erfüllung: „Der Anfang der Sünde ist der Stolz." So dem Tartarus und dem ewigen Feuer übergeben, ist für ihn wohl eine immerwährende Strafe, aber nicht das unsterbliche Leben im Himmel bestimmt. Wir glauben auch, daß alle Kreatur Gottes gut sei, die zu unserer Nahrung uns von dem Schöpfer ist gegeben worden; nichtsdestoweniger erachten wir es für nützlich, zu bestimmten Zeiten uns von den Speisen zu enthalten, nicht aus religiösem Aberglauben, noch aus Verwünschung der Kreatur Gottes, sondern zur Enthaltsamkeit des Flei-

sches nach dem Rathe des Apostels: es ist gut nicht Fleisch zu essen, noch
Wein zu trinken; wie es denn nach unserem Glauben in der Macht des
Menschen liegt, Speise und Trank zu genießen, wenn man mag, und sich
davon zu enthalten, wenn sie die Begierlichkeit ergötzen. Wir billigen
die Ehen, die nach Gottes Anordnung eingesetzt sind, nur mahnen wir,
in ihr zur Mäßigung (continentia); wir preisen und bewundern die Jungfräulichkeit als eine herrliche Blume (egregium germen), die aus der
entfruchteten Wurzel des Stammes erblüht. Wir glauben, daß der Unterschied der Gerechten und der Sünder nicht vom erschaffenen Zustande,
sondern vom freien Willen der Menschen herrühre. Mit vollstem Glauben
nehmen wir die Buße der Sünder an und halten sie für eine zweite
Gnade (nach der Taufe), wie der Apostel den Korinthern schreibt, ich
wollte zu Euch kommen, damit ihr die zweite Gnade empfanget."

„Wir nehmen das alte und das neue Testament mit gleichem Glauben an und machen die darin enthaltenen Wahrheiten und Thatsachen zum
Gegenstande unserer beständigen Betrachtung, und glauben mit unverletz-
lichem geschichtlichem Glauben, daß alles wirklich geschehen sei, was wir
darin lesen. Doch forschen wir der Mahnung des Apostels folgend in
diesen Dingen nach dem geistigen Sinn nach Maßgabe der Erleuchtung,
die der Herr uns verleihen mag; nur muß dieser Sinn auf den Vorhalt
Christi und der Kirche sich beziehen (qui tamen sensus ad typum Christi
Ecclesiaeque pertineat) und zur Vervollkommnung und Heiligung der
Sitten führen. Wir nehmen dagegen eine Schrift nicht an, die dem kirchlichen Schriftkanon nicht entspricht, oder mit ihm nicht übereinstimmt, sondern verwerfen sie als der Wahrheit des Glaubens gänzlich fremd. Auch
geben wir den fremden und bisher unbekannten Fabeln über den
Inhalt der heiligen Schriften nicht leicht unsere Zustimmung, noch vermag eine neue Lehre in die Höhlen unserer Ohren einzudringen, weil,
wie wir gelesen, jede neue Lehre einem Mädchen im Verborgenen gleicht,
das, weil roh und ungebildet, darum nicht angeschaut werden darf, damit
es die Herzen der Menschen unter dem vorgespiegelten Scheine der Wahrheit, durch die Schönheit und Süßigkeit der Reden nicht täusche. Denn
jede neue Lehre gleicht so einem Mädchen, das bisher keinem
kirchlichen und katholischen Manne bekannt war, sondern immer
unter Weibern, d. h. unter Seelen aufwuchs, die zwar allzeit lernen, aber
durch ihre Leichtgläubigkeit sich mit jedem Geiste des Truges vermischen,
ohne sorgfältig darauf zu achten, von wem sie empfangen, da doch der Herr
im Gesetze befohlen hat, sich nur in dem betreffenden Stamme Israels ehelich zu verbinden, d. i. nur jener Glaubenserkenntniß anzuhangen, die von
dem Saamen, d. i. von der Lehre der Väter herstammt und durch

das Geschlecht Abrahams, das zuerst auf die Beschneidung geglaubt hat, geadelt wird. Wir fliehen nicht nur eine solche neue Lehre, sondern verurtheilen sie auch offen mit lauter Stimme und behaupten, daß es thöricht sei, so etwas zu glauben, was wir selber nicht vertheidigen können oder was überhaupt zu den Ohren der Gläubigen gar nicht gelangen sollte."

„Wir halten die höheren Fasten nach der Regel und Disciplin der Kirche, damit an den drei Zeiten des Jahres unsere Männlichkeit, d. i. das Werk der Tugend zu Tage trete. An den besonderen kirchlichen Fasten suchen wir uns nicht nur von dem gewöhnlichen Essen, sondern auch von der gesellschaftlichen Unterhaltung, den Gesprächen und Besuchen zu enthalten. Und obwohl wir, wie Gott es weiß, diese Grundsätze bekennen, die wir hier schriftlich darlegen, schmeicheln wir uns dennoch nicht, so im ausschließlichen Besitze der Wahrheit zu sein, daß, wenn etwa die Priester (Bischöfe) oder Lehrer der Kirche, welche die Häupter des Volkes und die Säulen der Kirche sind, irgend etwas in unserem Glaubensbekenntniß fänden, das sie richtiger bestimmen könnten, wir zu träge wären, auf ihre Meinung überzugehen eingedenk der Mahnung: Fraget euere Väter und sie werden es euch sagen. Denn wir sind nicht so thöricht, um vor denjenigen unsere Herzen nicht zu demüthigen, denen wir zu unserer Heiligung die Häupter unterwerfen. Es ist ein Hirte aufgestellt, ich werde ihm folgen, wohin er immer mich ruft, und beherzigen, was er sagt; denn er weiß, daß er für mein Heil einst Rechenschaft abzulegen hat. Das ist's, was ich gegenwärtig Euch vorlegen kann; ist aber noch Anderes, was Euch scheint unberührt geblieben zu sein oder sonst Euch noch beunruhiget, dann stellet ungescheut die nöthigen Fragen, damit ich unverzüglich darauf antworten kann, und entweder über allfälligen Irrthum besser belehrt oder im Glauben noch mehr bestärkt werde. Jedem aber, der diese Worte meines Glaubensbekenntnisses liest, bezeuge ich: wer etwas davon tilgt, dessen Antheil wird Gott aus dem Buche des Lebens tilgen; und gegen Jeden, der glaubt, daß wir Anderes mit dem Munde bekennen und Anderes im Herzen festhalten, rufe ich Gott, der unser Herz durchschaut, zum Zeugen an. Ihm haben wir zum Bekenntnisse unsere Lippen aufgethan und zugleich damit den Menschen möglich gemacht, über unseren Glauben ein gerechtes Urtheil zu fällen und ihren Verdacht gegen uns abzulegen. Wer aber dennoch auf seinem Mißtrauen beharren sollte, der wird zweifelsohne am Gerichtstage seinen Antheil unter den falschen Zeugen haben und nach dem Ausspruche Moses den Lohn für jene Ungerechtigkeit erhalten, die er fälschlich seinen Brüdern beigemessen."

Das Glaubensbekenntniß, das St. Mochta im Namen seiner irischen Brüder vor Papst Leo dem Großen abgelegt, um die vollkommene Ueber=einstimmung und innige Verbindung der irischen mit der römischen Kirche gegen allen falschen Argwohn darzustellen und in Schutz zu nehmen, hat in dem „liber dogmatum", oder in dem Buche der Glaubenslehren eine kostbare Erweiterung gefunden; denn dieses hebt nicht nur die Hauptfragen über die Trinitäts=, Inkarnations= und Seelenlehre hervor, sondern be=rührt auch gegenüber den bezüglichen Irrlehren die kirchlichen Lehrbestim=mungen über die Gnade und die Freiheit des Willens, und setzt den Glauben der altirischen Kirche über das heilige Meßopfer, die Eucharistie, die übrigen heiligen Sakramente und die Uebungen und Gebräuche der=selben auf das Klarste und Unzweideutigste auseinander.

II.

Das Buch der Glaubenslehren (Liber dogmatum) [1]).

1. „Wir glauben an einen Gott, den Vater und den Sohn und den heiligen Geist. Vater wird er genannt, weil er einen Sohn hat und Sohn, weil er einen Vater hat, heiliger Geist aber, weil er hervorgehend aus dem Vater gleich ewig ist mit dem Vater und dem Sohne. Der Vater ist der vorzügliche Name der Gottheit [2]), weil, wie er niemals nicht Gott war, so auch niemals nicht Vater gewesen ist, von dem der Sohn ge=boren und der heilige Geist nicht geboren, da er nicht der Sohn, noch ungeboren, weil er nicht der Vater, noch gemacht ist, sondern aus dem Vater als gleicher Gott hervorgeht. Der Vater und der Sohn und der heilige Geist ist ewig und die Dreifaltigkeit ist nicht in eine Person ver=mischt, wie Sabellius lehrte, noch getrennt oder verschieden in der Natur der Gottheit, wie Arius lästerte, sondern ist persönlich anders in der Person des Vaters, anders in der Person des Sohnes und wieder anders in der Person des heiligen Geistes; diese drei Personen sind eines in der Natur und dreifach in der Trinität. 2. Nicht der Vater hat Fleisch an=genommen, noch der heilige Geist, sondern nur der Sohn, damit der, welcher in der Gottheit der Sohn Gottes war, auch im Menschen der Sohn des Menschen werde und der Name des Sohnes nicht auf einen Anderen überginge, der nicht von ewiger Geburt aus der Sohn Gottes war. Darum ist der Sohn Gottes Sohn des Menschen geworden aus

---

1) Cod. manusc. Ambros. O. 212. p. 1.
2) Pater ergo principale nomen Deitatis — wörtlich wie im Glaubens=bekenntnisse St. Mochta's.

dem Menschen nach der Wahrheit der Natur, damit die Wahrheit seiner Geburt nicht durch Annahme oder bloße Nennung, sondern in der zwei= fachen Geburt den Namen des Sohnes trage, und er wahrer Gott und wahrer Mensch sei. Daher gibt es nicht zwei Christus, noch zwei Söhne, sondern Gott und Mensch ein Sohn, den wir darum den eingebornen nennen, weil beide Substanzen, wie die Wahrheit der Natur sie ihm ver= lieh, in ihm bleiben und keine Vermischung oder Umwandlung der Naturen, wie die Photiner wollten, in ihm stattfindet, wiewohl sie durch wechsel= seitige Verbindung geeinigt sind. Als er den Menschen annahm, ging der Mensch in Gott über nicht durch eine Umwendung der Natur, sondern durch Erhöhung der Würde, so daß weder Gott bei der Annahme der Menschheit zur menschlichen Wesenheit umgeändert, noch der Mensch durch seine Erhöhung zu Gott in die göttliche Wesenheit verklärt wurde, weil die Aenderung und Umwendung der Natur auch eine Umänderung und Aufhebung der Substanz nach sich zieht. Darum ist der Sohn Gottes aus dem Menschen geboren nicht durch den Menschen, d. i. nicht durch Zuthun des Mannes, wie Ebion schmähte, sondern er nahm das Fleisch aus der Jungfrau reinem Leibe und brachte es nicht mit sich vom Himmel herab, wie Marcion und Eutyches behaupten, und er erschien in keinem Scheingebilde, wie Valentinian meint, sondern hatte einen wahren Leib, nicht aber Fleisch aus dem Fleische, sondern war aus der Gottheit wahrer Gott und nach dem Fleische wahrer Mensch, ein Sohn in der Einheit, das Wort des Vaters und Gott. In seiner menschlichen Natur war Seele und Leib, die Seele nicht ohne Sinn und Vernunft, wie Apollo= nar vorgibt, und der Leib nicht ohne Seele, sondern die Seele mit ihrer Vernunft und der Leib mit seinen Sinnen, mit welchen wahrhaftigen Sinnen er vor und in dem Leiden und Sterben die Schmerzen des Lei= bes erduldete. 3. Auch ist er nicht so aus der Jungfrau geboren, daß er erst bei seiner menschlichen Geburt den Anfang zur Gottheit erhalten, als wäre er, bevor er aus der Jungfrau geboren ward, nicht Gott gewesen, wie Artemon, Berillus, Marcellus und Andere lehrten, sondern der ewige Gott=Mensch ist aus der Jungfrau geboren (sed aeternus Deus homo ex virgine natus)."

4. „In der Trinität darf nichts Erschaffenes oder Dienendes an= genommen werden, wie Dionysius und Arius sich vorstellten, nichts der Gnade nach Ungleiches, nichts Früheres und Späteres, Geringeres und Höheres, Fremdes und nichts dem Anderen Dienendes, wie Macedonius lehrten, nicht durch Ueberredung oder Erschleichung Beigefügtes, nichts Körperliches, wie Melitus und Tertullian lehrten, nichts körperlich Gebil= detes, wie die Anthropomorphisten träumen, nichts sich selber Unsichtbares,

wie Origenes, nichts den Kreaturen Sichtbares, wie Fortunatus, nichts nach den Sinnen oder dem Willen Verschiedenes, wie Marcion, nichts aus der Wesenheit der Trinität zur Natur der Geschöpfe Abgeleitetes, wie Plato und Tertullian, nichts Vermischtes, wie Sabellius lehrten, sondern Alles muß in ihr als vollkommen geglaubt werden, weil das Ganze aus Einem und Eines, dieses Eines aber kein Einzelnes und Einsames ist, wie Silvanus und Praxeas mit ihrer verwerflichen Lehre vorgaben. 5. ὁμοούσιος, d. i. gleichwesentlich der Gottheit und Menschheit ist der Eine Sohn, Gott bleibend in seiner menschlichen Natur und mit ihr auf= genommen in die Herrlichkeit des Vaters, wo er von den Engeln und allen Kreaturen begierdet wird, angeschaut zu werden, und wie der Vater und der heilige Geist von ihnen angebetet wird. In ihm ist der Mensch nicht neben Gott oder Christus außer Gott, wie Nestorius lästert, son= dern der Mensch in Gott und Gott in dem Menschen. 6. Es wird eine Auferstehung der Todten sein, allein nur eine und eine gleichzeitige, nicht eine erste der Gerechten, und eine zweite der Sünder, sondern eine gemeinsame aller Menschen, und das wird auferstehen, was da fällt (in das Grab); also wird das Fleisch in Wahrheit auferstehen, wie es in Wahrheit fällt, und es findet keine Umänderung der Körper statt, wie Origenes meinte, d. i. nicht irgend ein ganz neuer Körper wird für dieses Fleisch, sondern dasselbe Fleisch wird unverweslich auferstehen, damit es entweder für die Sünden die Strafe erdulden oder für die Verdienste in der ewigen Herr= lichkeit verbleiben kann. 7. Alle Menschen werden an der Auferstehung Theil nehmen, und wenn auch Alle sterben, da der Tod, von Adam ver= schuldet, alle seine Nachkommen beherrscht, so bleibt dennoch für unseren Herrn jenes Vorrecht bewahrt, welches der Psalmist mit den Worten be= zeichnet: „du wirst deinen Heiligen nicht die Verwesung schauen lassen, noch wird sein Fleisch die Verwesung sehen." Diese Lehre haben wir von einer großen Anzahl Väter überliefert erhalten; doch gibt es auch andere und gleichfalls katholische und sehr gelehrte Männer, welche glauben, bei denjenigen, die bei der Ankunft des Herrn am Leben sein werden, werde die Seele im Leibe verbleiben und sie werden zur Unver= weslichkeit und Unsterblichkeit umgewandelt, und das werde ihnen für die Auferstehung von den Todten angerechnet, daß sie die Sterblichkeit bei der Umwandlung nicht durch den Tod ablegen. Wer dieser Meinung bei= pflichtet, ist kein Häretiker, außer er mache sich durch Verachtung zum Häretiker, denn er genügt dem Gesetze der Kirche. wenn er nur die künf= tige Auferstehung des Fleisches von dem Tode glaubt. 8. Wir bekennen im Symbolum, daß bei der Ankunft des Herrn die Lebendigen und die Todten gerichtet werden müssen, und nicht daß die Gerechten und die

Sünder gerichtet werden, wie Diodorus es deuten will, weil er unter den Lebendigen nur jene versteht, die bei der Ankunft des Herrn am Leben erfunden werden. Allein alle Menschen, die Guten und die Bösen werden gerichtet werden, mag man nun annehmen, daß Jene sterben oder umgewandelt werden müssen, wie Einige wollen, um sogleich wieder auferweckt und umgeformt mit den vorher Verstorbenen gerichtet zu werden. 9. Wir glauben, daß nach der Auferstehung und dem Gerichte keine Wiederherstellung mehr stattfinde, wie Origenes träumte, so daß die Dämonen und die gottlosen Menschen nach den Qualen von der Züchtigung gleichsam gereinigt, jene zur ehevorigen Engelwürde, womit sie erschaffen worden, zurückkehren, diese aber mit der Gemeinschaft der Gerechten erfreut würden, weil dies angeblich der göttlichen Güte entspreche, daß von den vernünftigen Kreaturen keine verloren gehe, sondern Alle auf jede Weise gerettet werden. Allein wir glauben dem Worte des Richters Aller und des gerechten Vergelters, welcher gesprochen hat: „Die Gottlosen werden eingehen in die ewige Verdammniß, die Gerechten aber in das ewige Leben, damit sie die Frucht ihrer Werke empfangen."

10. „Nichts ist von Natur aus ganz unkörperlich und unsichtbar außer Gott allein, der Vater und der Sohn und der heilige Geist, ein Gott, der darum unkörperlich geglaubt wird, weil er überall ist und Alles erfüllt und zusammenfaßt, und da er unkörperlich, ist er auch allen Kreaturen unsichtbar. Alle Kreatur ist gewissermaßen körperlich, die Engel und alle himmlischen Kräfte bestehen in einem Leibe, obwohl nicht in einem Leibe aus Fleisch. Denn darum glauben wir, daß auch die geistigen Kreaturen eine leibliche Form haben, weil sie vom örtlichen Raume umschrieben sind, wie die menschliche Seele, die vom Fleische eingeschlossen wird, und eben so die Dämonen, welche der Natur der Engel theilhaft geworden sind. 11. Wir halten die geistigen Naturen für unsterblich, weil sie kein Fleisch (Leib) und nichts haben, was zusammenfällt und nach dem Ruin der Auferstehung bedürfte. 12. Die Seelen der Menschen wurden nicht gleich im Anfang unter den geistigen Naturen und nicht auf einmal (nec in semel) erschaffen, wie Origenes dichtet, auch werden sie nicht mit den Körpern durch den Beischlaf fortgepflanzt, wie Cyrillus, die Luciferaner und einige Lateiner behaupten, sondern wir lehren, daß nur der Körper durch die eheliche Verbindung fortgepflanzt werde, die Erschaffung der Seele aber der Schöpfer allein wisse. 13. Wir nehmen weder im Körper zwei Seelen, wie gewisse Syrer, eine thierische und eine geistige an, welcher die Vernunft innewohnt, sondern lehren, daß es im Menschen nur eine und dieselbe Seele gebe, welche sowohl den Körper durch ihre Gemeinschaft belebt, als auch sich selber durch ihre Vernunft regiert und in sich

die Willensfreiheit beschließt, in ihrem Bereiche mit Ueberlegung zu wäh=
len, was sie will. 14. Wir glauben, daß nur der Mensch eine substan=
tielle Seele besitze, die auch vom Körper losgebunden, noch lebt und ihren
Sinn und ihre Vermögen lebendig bestimmt; sie stirbt nicht mit dem Körper,
wie der Araber behauptet, noch geht sie nach kurzem Zwischenraume unter,
wie Zeno vorgab, weil sie substantiell in sich selber lebt. 15. Dagegen
sind die Seelen der Thiere nicht substantiell, sondern werden mit dem
Fleische zur Belebung des Fleisches geboren und verenden mit dem Tode
des Fleisches. Darum folgen sie nicht der Vernunft, wie Plato und
Alexander meinen, sondern werden von allen Anregungen der Natur an=
getrieben. 16. Der Mensch besteht aus zwei Substanzen, aus Leib und
Seele; die Seele mit ihrer Vernunft und der Leib mit seinen Sinnen,
die er jedoch ohne die Gemeinschaft mit der Seele nicht bewegen kann,
wogegen die Seele auch ohne den Körper ihr geistiges Gebiet beherrscht
(rationale suum tenet). 17. Es gibt im Wesen des Menschen kein
drittes als Geist, wie Didymus behauptet, sondern der Geist ist selber die
Seele für die geistige Natur, und nur darum, weil die Seele den Leib
begeistet (in corpore spirat), wird sie Geist (Spiritus) genannt, dagegen
heißt sie Seele, weil sie den Körper belebt und beseelt, und wenn der
Apostel außer der Seele und dem Leibe noch ein drittes als Geist anführt,
ist darunter die Gnade des heiligen Geistes zu verstehen, worüber der Apostel
bittet, daß sie unverletzt in uns verbleibe und weder durch unsere Sünde
gemindert werde noch von uns fliehe, weil der heilige Geist die Lüge flieht."

18. „Schon in seinem ersten Zustande war der Mensch mit der Frei=
heit des Willens begabt, damit er durch die Wachsamkeit des Geistes in
der Bewahrung des Gebotes beharre, und das wolle, was ihm Gott ge=
boten hat. Nachdem er aber in der Verführung der Schlange durch Eva
fiel und die Güter der Natur verdarb, blieb ihm doch noch die Wahl=
freiheit, damit die Sünde, die er bessern und die ihm nachgelassen werden
sollte, ihm zugerechnet werden konnte. Zum Heile bleibt daher die Frei=
heit des Willens, d. i. der vernünftige Wille, übrig, allein Gott muß ihn
vorerst mahnen und zum Heile einladen, damit er entweder wähle,
oder folge oder die Gelegenheit des Heiles benütze, und dies Alles durch
Eingießung der göttlichen Gnade (inspiratione Dei). Wir bekennen aber
frei, daß es Gottes Gnade beizumessen sei, daß er erreiche, was
er gewählt, oder daß er folge, oder die Gelegenheit des Heiles benütze.
Wir empfangen daher den Anfang unseres Heiles durch die
Gnade Gottes[1]), daß wir aber der heilbringenden Eingießung bei=

---

1) Lehrsatz gegen den Semipelagianismus.

pflichten, liegt in unserer Macht, daß wir erreichen, was wir der gött=
lichen Mahnung folgend verlangen, ist ein göttliches Geschenk; daß wir
im begonnenen Werke des Heiles nicht wieder fallen, ist Sache unserer
Wachsamkeit und zugleich der göttlichen Hilfe; daß wir fallen, ist unserer
Macht und Trägheit zuzuschreiben. 19. Es gibt nur Eine Taufe, und
diese ist in der Kirche, wo nur Ein Glaube ist und die Taufe im Namen
des Vaters und des Sohnes und des heiligen Geistes ertheilt wird.
Darum mögen Jene, welche bei den Häretikern auf das Bekenntniß der
heiligen Dreifaltigkeit getauft wurden und zu uns kommen, zwar ange=
nommen werden als schon Getaufte, damit die Anrufung oder das Be=
kenntniß der heiligen Dreifaltigkeit nicht vernichtet werde, allein sie sollen
vorher unterrichtet werden über die Weise, wie das Geheimniß der Drei=
faltigkeit in der Kirche geglaubt wird, und wenn sie diesem Glauben bei=
stimmen und bereit sind, ihn zu bekennen, sollen sie als von der Wahrheit
des Glaubens gereinigt, auch durch Handauflegung gefirmt wer=
ben — confirmentur jam manus impositione. Sind sie aber noch Kin=
der oder sonst geistesschwach, daß sie die Glaubenslehre nicht verstehen, so
sollen für sie diejenigen antworten, die sie zur Taufe heben, nach dem
Taufritus und so durch die Handauflegung und das Chrisma
gestärkt, sollen sie dann zum Empfang der Eucharistie unterrichtet
werden. Solche jedoch, die nicht unter Anrufung der heiligsten Dreifal=
tigkeit bei den Häretikern getauft worden und zu uns kommen um getauft
zu werden, darf man nicht als schon getauft ansehen, weil sie nicht nach
der von unserem Herrn festgesetzten Regel im Namen des Vaters und
des Sohnes und des heiligen Geistes getauft wurden, wie dies der Fall
ist bei den Paulinisten, Prodianern, Borbozillen, die jetzt Bosonianer
genannt werden, so wie bei den Montanern und Manichäern und allen an=
deren Häretikern der verschiedenen gottlosen Sekten, weil sie zwei sich un=
bekannte Prinzipien aufstellen, wie Cardo und Marcion, oder zwei sich
widersprechende, wie Manichäus, oder drei solche, wie Theodotus, oder
noch mehrere wie Valentinian, oder die behaupten: Christus sei nicht
Gott, sondern ein bloßer Mensch gewesen, wie Cerinthus, Ebion, Artemon
und Photin. Wenn nun, ich wiederhole es, welche von diesen Sekten zu
uns kommen, so soll man sie nicht fragen: ob sie schon getauft seien oder
nicht, sondern nur das, ob sie glauben, was die Kirche glaubt, und dann
soll man ihnen die Taufe der Kirche spenden. 20. Täglich die Kom=
munion der Eucharistie zu empfangen, will ich weder loben noch
tabeln, gebe aber die Ermahnung, an allen Sonntagen zu kommuni=
ziren, wenn anders das Herz nicht in der Begierde zur Sünde sich be=
findet. Denn wer noch mit dem Willen zu sündigen behaftet ist, wird

nach) meiner Meinung durch den Empfang der Eucharistie eher belastet
als gereinigt. Wer aber, obwohl von der Sünde verwundet, den Willen
fernerhin zu sündigen aufgegeben, und bevor er zur Kommunion geht
(communicaturus), noch Buße wirkt und dem Gebete obliegt vertrauend
auf die Barmherzigkeit des Herrn, welcher einer frommen Bekehrung die
Sünden nachzulassen gewohnt ist, mag unerschrocken und sicheren Muthes
zur Eucharistie hinzutreten, doch sage ich das nur von einem Solchen, den
keine Haupt= und Todsünden beschweren (quem capitalia et mortalia
peccata non gravant). Denjenigen jedoch, welchen noch nach der Taufe
begangene Todsünden drücken, ermahne ich, vorher durch öffentliche Buße
Genugthuung zu leisten, und sodann, wenn er durch den Urtheilsspruch
des Priesters wieder versöhnt worden (et ita sacerdotis judicio
reconciliatum) an der Kommunion Theil zu nehmen, wenn er nicht zum
Gerichte und zur Verdammniß die heiligste Eucharistie empfangen will; wo=
bei wir nicht läugnen, daß die Todsünden durch die geheime Genugthuung
gelöst werden (sed secreta satisfactione solvi crimina mortalia non
negamus), aber erst, nachdem der Büßende zur Strafe das Kleid dieser
Welt gewechselt und zum religiösen Eifer sich gewendet und durch bestän=
dige, ja immerwährende Reue die Barmherzigkeit Gottes so erlangt hat,
daß er von nun an das Gegentheil von dem thut, was er bereut und die
Eucharistie an allen Sonntagen bittend und Hilfe benöthigt bis zu seinem
Tode empfängt. 21. Die wahre Buße besteht darin, das zu Büßende
nicht mehr zu thun, und das Begangene zu beweinen; die Genugthuung
der Buße aber darin, die Ursachen der Sünden auszuschließen und ihren
Einflüsterungen keinen Eingang mehr zu gestatten.

22. In den göttlichen Verheißungen erwarten wir nichts Irdisches
oder Vergängliches, wie die Miletianer, keine Eheverbindungen wie Ce=
rinthus und Markus, Nichts, was zu Speise und Trank gehört, wie Pa=
pias, oder zu einem sinnlichen Vergnügen, wie Tertullian und Laktantius
wollen. Wir erwarten auch kein tausendjähriges Reich, das nach der Auf=
erstehung auf Erden erstehen soll, worin die Heiligen in Freuden regieren
werden, wie Nepos lehrte, der eine erste Auferstehung — der Gerechten
und eine zweite der Sünder dichtete und behauptete: zwischen diesen beiden
Auferstehungen der Todten werden die Völker, die Gott nicht kennen, an
den Enden der Erde im Fleische aufbehalten und nach tausend Jahren die
Reiche der Ungerechten auf Erden auf Anstiftung des Teufels zum Kampfe
gegen die Gerechten bewegen; Gott aber werde für die Gerechten kämpfen
und mit einem Feuerregen die Gottlosen vertilgen und dann werden diese
Todten mit den übrigen in der Gottlosigkeit Verstorbenen zur ewigen
Verdammniß im unverweslichen Fleische auferweckt werden. 23. Wir

glauben, daß Keiner sein Heil erlangen könne, als mit der Hilfe Gottes und Keiner zum Heile berufen, es wirke, außer mit Gottes Beistand (Gnade), Keiner diese Hilfe verdienen könne, als wer darum betet, Keiner durch Gottes Willen verloren gehe, sondern unter göttlicher Zulassung durch die Wahl des eigenen Willens, damit die eigenthümliche Wahlfreiheit, die dem Menschen einmal verliehen ist, nicht zur knechtischen Nothwendigkeit herab= gedrückt werde. 24. Das Böse und die Bosheit sind nicht von Gott ge= schaffen, sondern vom Teufel erfunden, der selber von Gott gut erschaffen, jedoch als eine vernünftige Kreatur seinem freien Willen überlassen wurde und, da er das Vermögen zu Denken empfing, die Wissenschaft des Guten zum Bösen verkehrte und Vieles denkend, zum Erfinder des Bösen wurde, dann das, was er in sich selber verloren hatte, in Anderen beneidete, und nicht zufrieden, selber verdorben zu sein, auch Andere zum Bösen anlockte, damit er, der Erfinder seiner eigenen Bosheit, auch zum Urheber des Bösen für Andere werde. Von ihm aus fließt das Böse oder die Bosheit auch auf die anderen vernünftigen Geschöpfe über. 26. Daher erkennen wir, daß Nichts unveränderlich geboren wurde; Gott allein ist unveränder= lich; der Vater und der Sohn und der heilige Geist kann nicht verändert werden in dem Guten, weil Gott das Gute von Natur aus besitzt und nicht anders als gut sein kann. 26. Die Engel dagegen, welche in der Glückseligkeit, darin sie erschaffen worden, beharrten, besitzen weder von ihrer Natur aus das Gute, daß sie nicht mit den Uebrigen verändert werden könnten, sondern sie haben in freier Willensbestimmung mit gutem Willen die Güte ihres Zustandes und ihre Treue Gott bewahrt und wer= den daher mit Recht und nach Gottes Anweisung heilige Engel genannt, weil sie freiwillig die Heiligkeit bewahrt haben und nicht nach dem Bei= spiele ihrer übrigen Genossen vom Guten abgewichen sind.

27. Die Ehen sind gut, aber nur in Anbetracht der Fortpflanzung des menschlichen Geschlechtes und zur Bezähmung der Hurerei. Besser ist die Enthaltsamkeit, sie reicht jedoch für sich allein zur Seligkeit nicht hin, wenn sie bloß aus Schamgefühl beibehalten wird, wohl aber, wenn sie mit diesem Gefühle auch darum gewählt wird, um Gott besser dienen zu können. Die Jungfräulichkeit ist über beiden erhaben, weil sie sowohl die Natur überwindet als den Kampf, die Natur, durch die Reinheit des Leibes. 28. Es ist gut, in der Speise mit Danksagung zu nehmen, was Gott zu essen geboten hat; sich aber von einigen Speisen zu enthalten, nicht weil sie böse, sondern weil sie nicht gerade nothwendig sind, ist nicht böse; ihren Genuß nach Bedürfniß und Zeit zu mäßigen, ist für Christen eine Pflicht. 29). Es ist nicht christlich, die Ehe für böse zu halten oder sie mit der Unzucht und Hurerei zu vergleichen, oder die

Speisen für böse oder als Ursache zum Bösen für die Essenden anzusehen, wie die Manichäer und Andere gethan. 30. Es ist nicht christlich, die gottgeweihte Jungfräulichkeit den Ehen gleich zu stellen oder das Verdienst denjenigen abzusprechen, die aus Liebe zur körperlichen Ab= tödtung sich vom Genusse des Fleisches und des Weines enthalten. 31. Auch ist getreu zu glauben, daß die seligste Maria Christum, den Gottmenschen, als Mutter und Jungfrau geboren habe und nach der Geburt Jungfrau geblieben sei, und darf man den Lästerungen des Balu= bius nicht zustimmen, der behauptete: sie sei zwar vor der Geburt Jung= frau gewesen, aber nach der Geburt nicht Jungfrau geblieben. 32. Die Elemente, d. i. Himmel und Erde, werden vom Feuer nicht vertilgt, son= dern zu etwas Besserem umgestaltet, nur die Figur, d. i. das Scheinbild der Welt, nicht die Substanz selber, wird untergehen. 33. Es ist gut, das Vermögen mit freier Verfügung für die Armen zu verwenden, doch besser ist's, in der Absicht Gott nachzufolgen, es ein für allemal an sie zu verschenken und frei von aller weltlichen Sorge mit Christus Noth zu leiden. 34. Ein Ehemann, der nach der Taufe eine zweite Frau nach dem Tode der ersten genommen, soll nicht geweiht werden; ebensowenig derjenige, der nur eine, aber keine Ehefrau, sondern eine Konkubine sich gehalten oder Einer, der eine Wittwe oder eine Hure oder eine Geschiedene zur Ehe genommen. Auch ein Solcher nicht, der, sei es aus Unmuth oder unbegründeter Furcht an irgend einem Gliede des Körpers sich verstümmelt hat, oder wer erweisbar Wucher getrieben oder dem Spiele sich ergeben hat, sowie auch derjenige nicht, welcher seine Todsünden nicht in öffentlicher Buße beweint oder aus Ehrsucht nach dem Beispiele des Simon Magus Geld anbietet.

35. Die Leiber der Heiligen und besonders die Reliquien der seligen Martyrer sind als Glieder Christi aufrichtig zu verehren und die nach ihren Namen genannten Basiliken als heilige und dem Dienste Gottes geweihten Orte mit tiefster Frömmigkeit und andächtigstem Glauben zu besuchen. Wer dieser Lehre zuwider handelt, soll nicht für einen Christen, sondern für einen Vigilantianer gehalten werden. 36. Nur den Getauften ist der Himmel verheißen; wir glauben, daß kein bloßer Catechumen, auch wenn er mit guten Werken gestorben ist, das ewige Leben erben werde, außer im Falle des Martyriums, worin alle Geheim= nisse der Taufe erfüllt werden[1]). Denn der Getaufte bekennt seinen Glauben vor dem Priester und antwortet auf die Fragen; das Gleiche thut auch der Martyrer vor dem Verfolger; und wer seinen Glauben

---

1) Die folgende Stelle kömmt auch in Adamnan's Sammlung irischer Canones vor.

bekennt und auf die Fragen antwortet, der wird nach dem Bekenntnisse
entweder in's Wasser getaucht oder damit besprengt (vel intingitur aqua
vel aspergitur) und der Martyrer wird entweder mit Blut besprengt
oder in's Feuer getaucht; jener empfängt durch die Händeauflegung den
heiligen Geist, dieser wird zum Sprachorgane des heiligen Geistes, da nicht
er es ist, der spricht, sondern der Geist des Vaters, der in ihm spricht.
Jener wird theilhaft der Eucharistie zum Angedenken an den Tod des
Herrn, dieser stirbt mit Christus; jener verspricht, den Werken der Welt
zu entsagen, dieser entsagt dem Leben selbst; jenem werden alle Sünden
erlassen, in diesem werden sie getilgt. 37. Im eucharistischen Opfer darf
nicht pures Wasser dargebracht werden, wie Gewisse aus Gesundheits-
rücksichten sich täuschen lassen, sondern Wein mit Wasser gemischt,
weil auch Wein im Geheimnisse unserer Erlösung beim Abendmahle genommen ward als der Herr sprach: „Ich werde nicht mehr trinken von
diesem Gewächse des Weinstockes" (Mark. 14, 25) und der Wein war
mit Wasser gemischt, der nach dem Abendmahle gereicht wurde; aber auch
das Wasser mit dem Blute, welches aus seiner Seite, die von der Lanze
durchstochen worden, hervorging, zeigt den Wein an, der aus der wahren
Weinrebe seines Fleisches mit dem Wasser ausgepreßt wurde. 38. Unser
Fleisch (Leib) ist gut und sehr gut, weil es von dem guten Gott und von
ihm allein geschaffen worden und ist nicht böse, wie Sethian und Ossian
behaupten, noch ist es die Ursache des Uebels, wie Florin, noch von dem
guten und bösen Prinzipe zugleich gebildet, wie Manichäus lästert, da es
von der Schöpfung Gottes aus gut ist, durch die Willensbestimmung der
Seele wird es für uns gut oder böse, nicht durch eine Veränderung der
Substanz, sondern durch die Weise seiner Verwendung. Das Fleisch wird
vor dem Richterstuhle Christi zu stehen kommen und in ihm wird die dem
Leibe beigegebene Seele mit ihm nach ihren Thaten Gutes oder Böses
empfangen. 39. In der Auferstehung der Todten wird die Form des
Geschlechtes nicht geändert, sondern der verstorbene Mann wird in der
Form des Mannes und das Weib in der Form des Weibes auferstehen;
denn die Auferstehung wäre keine wahre, wenn nicht dasselbe, was gefallen,
auferstehen würde. 40. Vor dem Leiden des Herrn wurden alle Seelen
der Heiligen in der Vorhölle (inferno) unter der Schuld der Uebertretung
Adams zurückgehalten, bis sie durch das Ansehen des Herrn in Folge
seines unverschuldeten Todes von ihrem knechtischen Zustande befreit wurden. 41. Nach der Auffahrt des Herrn in den Himmel sind alle Seelen
der Heiligen mit Christus vereinigt worden und gehen zu Christus, wenn
sie den Leib verlassen, wo sie die Auferstehung ihres Leibes erwarten, um
dann mit ihm zugleich zur vollkommenen und ewigen Glückseligkeit umge-

wandelt zu werden, wie anderseits die Seelen der Sünder in der Hölle von der Furcht darniedergehalten, die Auferstehung ihres Leibes er= warten, um mit ihm zugleich zur ewigen Strafe umgestaltet zu werden. 42. Wir glauben unzweifelhaft, daß durch die Buße die Sünden getilgt werden, auch wenn sie der Sünder erst im letzten Athemhauche seines Lebens bereut und durch öffentliche Klage sie vorbringt (et publica lamentatione peccata prodantur), weil der Rathschluß des Herrn, zu erretten, was verloren war, unabänderlich feststeht und darum, weil sein Wille nicht ändern kann, sei es durch die Besserung des Lebens, wenn hiefür noch Zeit verliehen ist, oder durch demüthiges Bekennt= niß (sive supplici confessione), wenn das Leben bald zu Ende geht, die Verzeihung der Sünden vertrauungsvoll angenommen werden muß bei demjenigen, der nicht den Tod des Sünders will, sondern daß er von dem Verderben durch Buße sich abwende und, einmal durch die Erbarmung Gottes gerettet, eines besseren Lebens sich befleiße. Wer anders von der Gerechtigkeit und Güte des Herrn denkt, ist kein Christ, sondern ein Nova= tianer. 43. Wir sind fest überzeugt, daß der Teufel die inneren Gedanken der Seele nicht kennt, sondern wir lernen aus Erfahrung, daß er sie aus den Gebährden des Körpers und den Aeußerungen der Gefühle zu er= schließen sucht. Das Verborgene des Herzens kennt nur derjenige, von dem es heißt: „Du allein kennst die Gedanken der Kinder Adams." 44. Nicht alle unsere bösen Gedanken werden durch Anreizung des Teufels angeregt, sondern entstehen zuweilen aus der Bewegung unseres freien Willens; dagegen kommen alle guten Gedanken von Gott. 45. Die Dä= monen bringen nicht substantiell in die Seele ein, sondern werden durch Antreibung und Wirksamkeit mit ihr vereinigt; in das Herz einzudringen (menti inlabi) ist nur demjenigen möglich, der es erschuf und von Natur aus unkörperlich, sein Geschöpf ganz erfaßt und durchdringt. 46. Auch Sünder können zuweilen im Namen des Herren Wunderhaftes wirken und Gesundheiten herstellen; solche mögen sich vor der Vermessenheit und Eitel= keit hüten. Mit gefälligen und guten Sitten kann man auch ohne die Wunderkraft heilig und vollkommen und ein Kind Gottes werden. 47. Keiner von den Heiligen und Gerechten ist von aller Sünde frei; denn nicht durch die Kräfte der menschlichen Natur, sondern mittelst eigenem Vorsatze erlangen wir durch die Gnade Gottes die Heiligkeit, darum nennen sich die Heiligen mit Recht Sünder, weil sie in Wahrheit Manches zu bereuen haben, wenn nicht in Folge der Gewissensvorwürfe, so doch in Folge der Beweglichkeit und Veränderlichkeit der menschlichen Beschaffenheit. 48. Das Paschafest, d. i. die Feier der Auferstehung des Herrn, darf vor dem Eintritte der Frühlings=Nachtgleiche und zu Anfang des zehn=

ten Mondes nicht abgehalten werden. 49. Bezüglich der neuen
Gesetzgeber, welche behaupten: die Seele sei nur in der Idee nach dem
Bilde Gottes erschaffen, weil Gott unkörperlich sei, bekennen wir frei:
daß das Bild im ewigen Zustande, das Gleichniß aber in den Sitten
gefunden wird." Der Kenner wird die hohe Bedeutung dieses dogmati=
schen Denkmales der irischen Kirche aus dem VI. oder VII. Jahrhunderte
nicht mißkennen; die Vergleichung desselben mit den Glaubenssymbolen,
der Liturgie und Disciplin der römischen Kirche ist Jedem ohne weitere
Darstellung nahe gelegt und wer sie anstellt, wird (mit Ausnahme der
Osterfeierfrage) in allen anderen Punkten eine überraschende Ueberein=
stimmung zwischen Beiden finden.

III.
Die Rede des heiligen Gallus [1].

„Wohl hat der ewige und unbegreifliche Gott mit seiner ihm gleich
ewigen Weisheit, d. i. mit seinem ewigen Sohne und mit seiner ihm und
seinem Sohne gleichewigen Liebe, dem heiligen Geiste nämlich, über aller
Schranke des Anfanges und allem Wechsel der Zeiten und ohne der Orte
und der Dienstleistungen zu bedürfen, immer bei sich selber in glückseliger
und unsterblicher Majestät bestanden. Doch darf man nicht meinen, daß
er einsam ohne den ihm geziemenden Dienst seiner Diener geblieben sei,
da der Apostel es offen ausspricht [2]): „Er hat uns vor der Erschaffung der
Welt in Christo auserwählt, kraft seiner ewigen Vorherbestimmung nicht
erst in der zeitlichen Schöpfung, sondern durch seine umsonst verliehene
Berufung und unverdiente Gnade." Allein derjenige, welcher in seiner
Güte alles Zukünftige und vorzüglich die Gesellschaft der Engel und der
Menschen als gegenwärtig schauet, hat über sie, wie über etwas schon
Erschaffenes verfügt und sich gewürdiget, diese Wesen, die er vorausgeschaut
und durch unveränderlichen Rathschluß vorherbestimmt hat, zu seiner Lob=
preisung und zu einer aus ihm, und in ihm und durch ihn zu genießenden
Seligkeit durch das unermeßliche Werk seiner Allmacht aus dem Nichts
zu erschaffen. Und über dem Himmel schuf er für die seligen Geister
eine Wohnung, die Erde aber bereitete er für die künftigen Menschen vor.
Die Ursache unserer Erschaffung zu kennen, kann für Euch, christliche Brü=
der, nur angemessen sein, damit Ihr Euch nicht selber gering schätzet und
durch ein thierisches Leben Euere Würde vernichtet. Gott, unendlich gütig,

1) Siehe darüber oben S. 380 82. Leider können wir hier aus Mangel an Raum
dieses Meisterstück einer historischen Rede nur auszugsweise nach seinem dogmatischen
Inhalte berücksichtigen. — 2) Ephes. 1, 4.

voll Liebe, frei von allem Neide und keiner Bosheit zugänglich, nahm sich
vor, englische Geister nach seinem Urbilde als vernünftige Wesen zu er=
schaffen, damit sie ihn, den Herrn, als den Urheber ihres Daseins erken=
nen und mit der Fülle seiner Liebe ausgestattet, in ihm selig sich erfreuen.
Da aber einige dieser Geister, welche seine Süßigkeit noch nicht verkostet
hatten, in thörichter und vermessener Bewegung sich selbst als Ursprung
und Ziel und als das Leben und die Seligkeit vorspiegelten, wurden sie
innerlich eitel und leer und von der Schwere des Stolzes belastet durch
plötzlichen Fall von der ruhigen Wohnung der Himmel in die sturmbewegte
Luft dieser Erde bis zum Tage des allgemeinen und ewigen Gerichtes
geworfen. Um jedoch die von Ewigkeit her bestimmte Zahl der Seligen
auszufüllen, hat der gütige Gott nach seinem unveränderlichen Willen das
Menschengeschlecht an ihre Stelle eingesetzt. Die Menschen nun, die er
mit Vernunft begabt, durch Gebote belehrt, durch Drohungen bezähmt
hatte, überließ er ihrem freien Willen, damit sie, Gott nachahmend, das
Schlechte und Böse verachten und das Rechte und Gute zu bewahren
suchen. Allein der Satan, der gottlose Menschenmörder, der auch seiner
selbst nicht geschont, sah neidisch auf die hohe, von Gott den Menschen
verliehene Würde und lockte die Unbehutsamen und mit den Trugkünsten
nicht Vertrauten zum Falle, worin er selber zu Grunde gegangen, indem
er sie überredete, nicht den ewigen Schöpfer als Gott zu verehren, sondern
die zeitliche Kreatur, sich selber nämlich, in todtbringender Begierlichkeit zu
vergöttern. Dieser allergrößten und ungeheueren Sünde folgten so große
Sünden und Laster und auch Verbrechen nach, daß die Gerechtigkeit Gottes
die Welt, die er mit allen Arten Schmuck geziert, sammt dem Menschen=
geschlechte, dem er die Herrschaft über sie übertragen hatte, mit den Was=
sern der Sündfluth zu vertilgen beschloß und er hätte es auch vollständig
ausgeführt, hätte nicht seine unermeßliche Güte unsere große Bosheit weit
übertroffen. Damit die Gräuel der Menschen einerseits nicht ungestraft
blieben und die erschaffene Kreatur anderseits nicht völlig zu Grunde
ginge, erkohr Gott aus allen Menschen einen auserwählten Gerechten,
durch dessen Fürsorge auf seine Mahnung eine solche Arche gebaut wurde,
worin er mit seinem Geschlechte und von den übrigen Geschöpfen die
nöthige Anzahl zur Wiedererweckung des Samens bei den einbrechenden
hohen Gefahren als einziger Ueberbliebener von der erstorbenen Welt
wunderbar erhalten werden sollte."

Die Rede entwirft sodann ein Bild von der heiligen Geschichte des
alten Testamentes nach ihren wesentlichen Grundzügen, von denen hervor=
zuheben sind: der Thurmbau von Babel, der, vom Stolze der Menschen
veranlaßt, „so hoch werden sollte, daß sie von dieser Spitze aus die Woh=

nung Gottes und seiner seligen Geister über den Gestirnen bekriegen zu
können wähnten." Mit der Zerstreuung der Menschen trat der Götzendienst in's Dasein und „Bildern von Verstorbenen, welche die bösen Geister
in Besitz nahmen, wandten sie als ihren Beschützern eine wahnsinnige
Verehrung zu." Aus der Mitte der dem Götzendienste ergebenen Völker
wurde von Gott Abraham, der Vater der zukünftigen Gläubigen zur Erkenntniß und Anbetung des wahren und lebendigen Gottes berufen und
seines unvergleichlichen Gehorsames wegen erhielt er nicht nur das gelobte
Land für seine Nachkommen von Gott zum Eigenthume, „sondern auch
die Verheißung, daß in seinem Namen alle Völker der Erde sollten gesegnet werden", und diese Verheißung ging an uns in Christus in Erfüllung, welcher aus dem Geschlechte Abrahams entstammend, von Maria,
der allerseligsten Jungfrau, zu unserer Freude geboren wurde. Mit Rück-
sichtsnahme auf die Zuhörer berührte der heilige Gallus im weiteren Verlaufe seiner Rede mehr die göttlichen Züchtigungen gegen das Volk Israel,
als es sich dem Götzendienste ergab, als die Weissagungen der Propheten
über Christus, dessen Ankunft er mit den Worten schildert: „Weil die
göttliche Natur in ihrer unbegreiflichen Majestät von den schwachen und
sterblichen Menschen nicht kann begriffen werden, so sorgte Gott in einer
wunderbaren Anordnung seiner Güte, daß er, ohne die Macht seiner Un-
veränderlichkeit zu verändern, unserer menschlichen Schwachheit sich anbil-
dend, aus dem unverletzten Leibe der Jungfrau geboren wurde, auf die
gewöhnliche Art und Weise zum Jünglinge heranwuchs, und zunahm wie
an Alter so an Weisheit und Gnade. Allein, wenn gleich mit seinem
Fleische die Gottheit in ihm umschattet war, konnte sie doch nicht ganz
den Blicken der Menschen sich verbergen, solchen nämlich, die ihn erkennen
und aufnehmen wollten." Denn wie der Vater schon bei seiner Geburt
durch himmlische Zeichen angekündet und in seinem späteren Leben ihn als
seinen eingeborenen Sohn verherrlichet, so hat er selber dieses Zeugniß
durch die Wunder, die er wirkte, durch die Lehre, die er verkündete, durch
das Musterbild seines Lebens, das er aufstellte und durch die glorreiche
Thatsache seiner Auferstehung auf das Vollkommenste bestätiget. Das
irische Dogmenbuch hat uns oben belehrt (43): daß der Teufel die inneren
Gedanken der Seele nicht kenne, sondern sie aus den Bewegungen des
Körpers und den Aeußerungen der Gefühle erschließe" und die Versuchung
Christi schildernd, führt der heilige Gallus beinahe wörtlich diese Lehre an,
indem er sagt: „Der verschlagene Widersacher gewahrte an Christus, wie
man glaubt, aus den Gebährden seines menschlichen Körpers
oder seiner Beschaffenheit, daß ihn hungere." Von den Lehren Christi
hebt er vorzüglich hervor: „Den Aposteln und ihren Nachfolgern gab er

den Rath: den Schatz der Jungfräulichkeit für sich zu sichern und
wohl zu beherzigen, daß sie nicht das Werk eigener Anstrengung, sondern
ein Geschenk der göttlichen Gnade sei. Gütern und Freuden dieser Welt
sollten sie entsagen, um zur Selbsterkenntniß zu gelangen, dann würden
ihnen schon in dieser Welt weit höhere Güter und in der Ewigkeit das
ewige Leben zu Theil werden und am großen Gerichtstage könnten sie mit
ihm zu Gerichte sitzen. Die übrigen Gläubigen lehrte er die Demuth,
die Milde, den Frieden, die Barmherzigkeit, die Gerechtigkeit und die Ge=
duld und Ausdauer in Leiden und Verfolgungen. Allen aber gab er das
Gebot der Bruderliebe und das Verbot, des Nächsten Weib auch nur mit
unreinen Augen anzusehen und sich so des Ehebruches schuldig zu machen;
ebenso verbot er, vermessen zu schwören, um keinen Meineid zu begehen.
Denen, die nach höherer Vollkommenheit und dem Himmelreiche streben
wollen, empfahl er die gänzliche Verachtung und Hingabe alles Irdischen
mit der Verheißung, daß sie deßwegen um die Zukunft sich nicht zu küm=
mern brauchten, da er die übrigen, mit Gütern reich bedachten Christen
zu ihrer Unterstützung begeistern werde dadurch, daß er lehrte, Alles, was
sie den Armen austheilen würden, werde er ihnen so anrechnen, als hätten
sie es ihm selbst und seinem himmlischen Vater gegeben." Die Rede geht
auf die Darstellung des Leidens, des Todes und der Auferstehung des
Herrn und die Stiftung der Kirche über, bei welcher besonders hervor=
gehoben wird: „Er übertrug dem heiligen Petrus die Schlüssel
des Himmelreiches, die Binde= und Lösegewalt und die
Obsorge über seine Schafe und deutete ihm an, daß er für die
Hirtensorge über die Heerde werde das Kreuz besteigen müssen[1]). Als die
Apostel ihm bald darnach auf einen Berg gefolgt waren, befahl er ihnen,
in alle Welt zu gehen und alle Völker zu lehren und sie im Namen des
Vaters und des Sohnes und des heiligen Geistes zu taufen und anzu=
halten, Alles zu beobachten, was er ihnen befohlen habe." Bei der Him=
melfahrt des Herrn „schwebte sein heiliger, unverweslicher Leib wie auf
Taubenflügeln zum Himmel empor..., die Apostel aber verharrten seinem
Auftrage gemäß in Jerusalem und warteten auf die Ankunft des heiligen
Geistes. Nach zehn Tagen kam der heilige Geist wirklich, vervollkommnete
ihre Kenntnisse, verlieh ihnen die Sprachengabe und stärkte sie gegen die

---

1) In dem uralten, dem heiligen Gallus zugeschriebenen St. G. Codizell 913
heißt es p. 156: „Quis primus Papa Romae? Sanctus Petrus. Ubi ac-
cepit Episcopatum? In Carcasona (Caesarea nach Matth. 16, 13.) civitate.
Quis primus Episcopus? Sanctus Jacob. Quis primus Ecclesiam aedificavit?
Sanctus Petrus in Antiochia civitate. Quae est mater Ecclesiarum? Sancta
Sion, quam Dominus cum Apostolis fundavit."

Verfolgungswuth der Gottlosen." Während Gott in Israel das Heil für
die Welt vorbereitete, „ließ er die heidnischen Völker ihre Wege gehen und
sie verfielen in so widersinnige Irrthümer über göttliche Dinge, daß Einige
von ihnen Sonne, Mond und Sterne wegen ihrem wohlthätigen Einflusse
auf unsere Erde göttlich verehrten; Andere aber, in noch größerem Wahne
befangen, Gold und Silber, Holz und Steine, vierfüßige Thiere, ja sogar
das Grünende (Bäume) der Erde als ihre Götter anbeteten. Der gütige
Schöpfer des Weltall's sandte endlich, unserer Verirrungen überdrüssig,
auch zu uns selbst (nach Alemannien) seine Apostel, die uns vom
Dienste der Götzen ab-, und zur Erkenntniß des wahren und lebendigen
Gottes hinführen und zur Hoffnung auf die Wiederkunft seines Sohnes
und auf den Nachlaß der Sünden durch die Kraft des heiligen Geistes,
den wir wiedergeboren in Christus empfangen haben, hinleiten sollen.
Als Stellvertreter dieser Sendung, die wir, wiewohl unwürdig, in diesen
unseren Zeiten erfüllen, bitten wir Euch an Christi Statt, daß Ihr, wie
in der Taufe einst, so jetzt und allezeit entsaget dem Teufel und allen
seinen Werken und all' seiner Pracht und erkennet den Einen wahren Gott,
Vater, der immer im Himmel herrschet und seine ewige Weisheit, die in
der Zeit für uns Fleisch geworden, und den heiligen Geist, der Euch auf
dieser irdischen Wanderschaft zum Unterpfande des Heiles gegeben ward,
und Euch bestrebet, so zu leben, wie Ihr wisset, daß es sich Kindern Gottes
ziemt. Meidet daher die Gaumenlust, die Unmäßigkeit, die Unzucht und
den Geiz, den Wahnsinn des Zornes, die Betrübniß der Trauer, der
Trägheit üblen Geruch, des Neides Fäulniß und die Eitelkeit und das
Verderbniß des Stolzes. Hütet Euch vor Diebstahl, Mord und jeglicher
Beschimpfung des Nächsten, vor falschem Zeugnisse und jedem Verbrechen.
Seid dagegen wohlwollend gegen einander und vergebet Euch gegenseitig,
wie auch der Herr Euch Euere Sünden vergeben hat. Sühnet Euere vergangenen Sünden durch das Heilmittel der Buße oder durch Verabreichung
von Almosen, den künftigen aber suchet mit Gottes Hilfe zuvorzukommen.
Wie Ihr wisset, rückt der Tag des allgemeinen Gerichtes immer näher
und die Stunde des Todes ist für Jeden ungewiß. Der jüngste Tag ist
für alle Sterblichen furchtbar; denn wahrlich wird an ihm kein ungebüßtes
Vergehen von der ewigen Strafe verschont bleiben. Nicht minder sollen
alle Weisen das tägliche Gericht Gottes fürchten, durch welches er
Manche zur Prüfung in der Welt zur Zeit noch zurückläßt, Manche aber
ihrer gerechten Verdammniß wegen auf ewig vergißt; Andere hinwiederum,
die lange in ihren Sünden darniederlagen, mit der Hand seiner Barmherzigkeit aufrichtet, Andere, die auf ihre bisherige Gerechtigkeit vermessen
sich stützen, zuweilen der unreinen Leidenschaft überläßt, Andere endlich mit

Ruthenstreichen zähmt und sie bis an ihr Ende von der Makel schwerer
Sünden rein erhält. Darum soll unter diesen Gerichten Gottes in diesem
Leben Jeder sich fürchten, damit er im künftigen Gerichte von aller Furcht
der Sünde und des Todes befreit zu werden verdiene."

Das waren die Glaubenslehren der irischen Kirche schon in den ersten
Jahrhunderten ihres Bestandes und wie die einfachste Vergleichung heraus=
stellt, ist hierin von einer Verschiedenheit zwischen ihr und der römischen
Kirche nicht die geringste Spur zu entdecken, gegentheils hat zwischen der
Tochterkirche im Westen und der Mutterkirche in Rom die vollste Ueber=
einstimmung schon damals stattgefunden, wie sie sich zwischen beiden un=
getrübt bis auf unsere Tage erhalten hat. Die Einigkeit der katholischen
Kirche zeigt sich auch hier wieder in ihrem schönsten Lichte. „Die Kirche",
schrieb schon der heilige Irenäus [1]), „in der ganzen Welt verbreitet, be=
wahrt die Lehre Christi und den Glauben, den sie empfangen, sorgfältig,
gleichsam als bewohnte sie Ein Haus und sie glaubt überall das Gleiche,
als hätte sie Eine Seele und Ein Herz und was sie lehrt und glaubt,
das überliefert sie einstimmig den Nachkommen, als hätte sie Einen Mund.
Denn obwohl in der Welt die Mundarten und Sprachen der Völker ver=
schieden sind, so ist doch die Lehre der Ueberlieferung Eine und dieselbe
und es glauben die Kirchen, die in Germanien gegründet sind, nicht anders,
als die in Iberien sind, oder die im Lande der Kelten, oder die in Aegyp=
ten, oder Lybien oder in Mitte der Welt gestiftet sind. Und wie es nur
Eine und die nämliche Sonne ist, die in der Welt der Kreatur Gottes
leuchtet, so strahlt auch in der Kirche Gottes überall dasselbe Licht, die
Lehre der Wahrheit und erleuchtet alle Menschen, die zur Erkenntniß der
Wahrheit gelangen wollen."

Zweites Kapitel.

„Das heilige Meßopfer im Gottesdienste der irischen Kirche."

Das Opfer ist der äußere Ausdruck der inneren Gottesverehrung und
darum wie diese auch eine allgemeine Erscheinung des religiösen Völker=
lebens; es beruht, wie der heilige Thomas lehrt [2]) auf einem tiefen Be=
dürfnisse der geistigen Natur des Menschen, das ihr, wie das Bewußtsein
von Gott selbst mit der Vernunft schon ursprünglich ist eingepflanzt und

---

1) S. Iren. adv. haer. I. 3. — 2) S. Thom. Sum. I, 3.

anerschaffen worden. Die große Parallele des alten und des neuen Testamentes und darin die Wechselbeziehung des vorbildlichen und des wahren
Opfers, der Typen und ihrer Erfüllung, der Prophezeihungen und ihrer
Verwirklichung können auch von schwachen Augen nicht übersehen werden,
und da sie unabhängig von einem vorgefaßten Plane der Menschen sich
ausgebildet haben und außerhalb dem Kreise der göttlichen Offenbarung
in keiner anderen Religion nachzuweisen sind, reichen sie für sich allein
schon hin, für die Göttlichkeit des Christenthums einen vollgiltigen Beweis
zu erstellen. Ist der Welterlöser erschienen, um alle wahren Bedürfnisse der
Menschheit in vollendeter Weise zu befriedigen, so konnte das Opfer in
der Religion und Kirche, die er stiftete, nicht fehlen; er selber mußte als
Welterlöser zugleich ein Priester in Ewigkeit auf Erden sein und eben
darin lag der ganze Höhepunkt seiner Sendung, die losgetrennte Menschheit in und durch sich mit Gott wieder zu verbinden und er hat sie durch
sein Sühnopfer am Kreuze erfüllt. Das Opfer Christi am Kreuze ist
aber nur dann in Wahrheit ein ewiges, wenn ihm die Kraft und Bestimmung vom Herrn gegeben ward, ein unaufhörliches Opfer in der Zeit
zu sein, und die Welterlösung ist nur dann eine vollendete, wenn die
höchste Opferhandlung, durch welche sie begründet worden, zum Heile der
Menschen in der Zeit überall und allzeit vollzogen wird. Denn die Grundquelle bliebe ohne Nutzen, würde sie nicht in unzähligen Rinnsalen alle
Theile der Erde bewässern, und der Grundstamm des Fruchtbaumes hätte für
uns keinen Werth, wüchse er nicht in Aeste und Zweige aus, von denen
durch die wirkende Naturkraft jeder dieselbe Frucht zur Nahrung der Menschen auszubilden im Stande ist. Gott erhält die Dinge nur dadurch,
daß er immer neu in ihnen das Gleiche wirkt, was er ursprünglich in
ihnen gewirkt hat, als er sie erschuf, und der erste Pulsschlag, der von
der Seele angeregt, dem Leben im Körper den Anfang gab, kehrt im Verlaufe des körperlichen Lebens immer auf ein Neues wieder, bis es erlischt.
Die gleiche Weise hat Christus für die höchsten Handlungen der Welterlösung angeordnet. Wie er selber seine göttliche Lehre vorgetragen, die
Taufe eingesetzt, die Sünden vergeben, das Sühnopfer am Kreuze vollbracht, hat er auch Fürsorge getroffen, daß das Gleiche durch seine Apostel
und ihre Nachfolger für alle Zeiten und überall vollzogen werde, und darum gab er ihnen die Sendung, die Vollmacht und den Auftrag, die Völker
zu lehren, zu taufen, die Sünden zu vergeben und zu seinem Angedenken
dasselbe zu thun, was er in Verbindung mit seinem blutigen Opfer am
Kreuze beim letzten Abendmahle gethan, „wo er", wie schon der heilige
Cyprian lehrte [1]), „die Opferweise nach der Ordnung Melchisedech's ein-

---

1) S. Cypr. Epist 63.

setzte und das Nämliche darbrachte wie Melchisedech, das ist, Brod und Wein, seinen Leib nämlich und sein Blut." Daher war von Anbeginn an der christliche Gottesdienst nach Christi Anordnung identisch mit der Opferfeier des Altares in der christlichen Kirche.

Die Apostelgeschichte [1]) weiset darauf hin, da sie uns berichtet: „daß die ersten Gläubigen in der Lehre der Apostel, in der Gemeinschaft des Brodbrechens und im Gebete beharrten", und der Apostel [2]) stellt dem Opferaltare der Heiden den Opfertisch oder Opferaltar der Christen gegenüber und unterrichtet uns: „daß der Kelch der Segnung, der auf dem Ostertische gesegnet werde, die Gemeinschaft des Blutes Christi und das Brod, das gebrochen werde, die Gemeinschaft des Leibes des Herrn sei." Die Canones der Apostel reden von einer Anordnung Christi über das Opfer und von heiliger Darbringung, (διαταξις του κυριου επι τη θυσια und αγια προσφορα [3]) und die Satzungen (Institutiones) derselben geben über das Opfer des Altares, dessen Theile, Einrichtung und Gebete überhaupt die wichtigsten Aufschlüsse. Wurden sie auch als Sammelwerk erst zwischen den Jahren 309—325 angelegt, so beruhen sie unbestreitbar auf Urkunden, die in die apostolische Zeit herunterreichen. Der Apostelschüler Clemens von Rom schreibt in seinem ersten Korinther-Briefe [4]) (um das Jahr 97): „man müsse Alles in der Ordnung thun, wie der Herr es zu bestimmten Zeiten zu verrichten befohlen habe, also auch die Darbringung und den Gottesdienst (τας προσφορας και λειτουργιας) vollziehen, nicht ordnungswidrig und willkürlich, sondern zu den vorgeschriebenen Zeiten und Stunden, wie der Herr es angeordnet. Denn wo und von welchen er sie gefeiert wissen will, hat er selbst durch seinen allerhöchsten Willen bestimmt, damit alles gottselig nach seinem Wohlgefallen erfüllt, seinem Willen angenehm sei. Wer nach dieser Ordnung seine Opfergaben darbringe, der sei Gott angenehm und selig. Dem Oberpriester seien seine Dienstämter zugeschieden, den Priestern der zuständige Ort bezeichnet und den Leviten hinwiederum liegen ihre eigenen Dienstverrichtungen ob." Diese Stelle redet also von einer wohlgeordneten Einrichtung des Gottesdienstes an bestimmten Orten, Tagen und Stunden und zwar nach der Vorschrift des Herrn und unterscheidet zwei Theile — die Darbringung der Opfergaben (προσφορα, oblatio) und den Opferdienst selbst (λειτουργια, officium sacrum), die sich schon sehr frühe in die Missa Catechumenorum und in die Missa Fidelium

---

1) Apostelg. 2, 42. — 2) 1. Kor. 10, 14.
3) Canon. Apost. c. 3. bei Mansi I. 1.
4) C. J. Hefele, Patr. Apostol. Opera, Tubingae 1855. p. 109.

ausbildeten. Die Briefe der Apostelschüler Ignatius' und Polykarp's heben die Eucharistie und mit derselben auch das Opfer des Altares hervor; Justin der Martyrer (150) stellt in seiner Schutzschrift dasselbe dem Kaiser Antonin und dem römischen Senate klar und unzweideutig dar und Irenäus spricht sich darüber in vielen Stellen seiner Schriften aus. Wer von diesen alten Zeugen sich nicht belehren läßt, steige in die Katakomben Rom's herab und er wird in den Krypten, den Altären, den Inschriften und den Gemälden der geheimen Bildersprache der ersten Christen, für die historische Begründung und die Wahrheit des heiligen Opfers des Altares die unwiderlegbarsten Beweise finden. Wie in den Kirchen des Morgenlandes, so wurde dieses heilige Opfer auch in jenen des Abendlandes vom Ursprunge des Christenthums an begangen; wo immer die christliche Religion eingeführt wurde, bildete die Feier des heiligen Opfers den gottgeheiligten Anfang und Aufgang der neuen Licht- und Gnadenzeit und auf allen Punkten des Erdkreises, wo sie blühte, vom Aufgang bis zum Niedergang der Sonne wurde es zur Verherrlichung des göttlichen Namens, zum Heile der Lebendigen und zum Troste der Abgestorbenen entrichtet, wie es schon der Prophet Malachias vorher verkündet hatte. „Denn dieser Prophet hat", wie schon der heilige Irenäus bezeugt [1] „klar und unzweideutig vorhergesagt, daß das früher auserwählte Volk der Juden aufhören werde, Gott die alten Opfer darzubringen, daß ihm aber allerorten ein anderes Opfer werde dargebracht werden und zwar ein reines, womit sein Name jetzt (um das Jahr 190) unter den Völkern verherrlichet wird."

Nach dem mehrerwähnten altirischen Fragment über den Ursprung der verschiedenen Liturgien [2] brachten die heiligen Trofimus, Bischof von Arles (160), und Photin (170), ein Schüler Clemens' von Rom und Bischof von Lyon, die römische Liturgie nach Gallien, die auch sein Nachfolger Irenäus, der Schüler Polykarp's, beibehielt. Wie zwischen der römischen und gallikanischen Liturgie, so bestand zwischen diesen Beiden und der scotischen oder irischen die näheste Verwandtschaft; bei ihnen Allen ein und derselbe Glaube an die Opferung, Wandlung und Gemeinschaft des Leibes und Blutes Christi, dieselbe Vormesse (Missa catechumenorum) und die eigentliche Messe (Missa fidelium), derselbe Kanon, und dieselben Haupttheile und Handlungen bei mannigfacher Verschiedenheit des Introitus, der einzelnen Gebete, Ceremonien und der Anordnung der Feste. Der heilige Patrizius selbst wurde in Lerin und unter St. Germanus

---

1) S. Iren. adv. haer. IV. 17.
2) Abgedruckt in Dr. Moran Essay p. 243. ff.

mit der gallikanischen — in Rom mit der römischen Liturgie vertraut und
seine ersten Schüler Auxilius, Secundinus, Iserninus und Andere waren
in der römischen Meßordnung unterrichtet; jene Gehilfen, die aus Gallien
und Britannien in die apostolische Aerndte nach Irland zogen, nahmen die
Missalien mit, welche sie in ihren Kirchen bisher gebraucht hatten. Darum
mochten in den ersten Zeiten verschiedene Liturgien, d. i. verschiedene Missale
in den Kirchen Irlands in Gebrauch und Uebung gekommen sein, aus
denen sich allmälig eine allgemeinere und stehende herausbildete, welche
bei besonderen Eigenthümlichkeiten die römische und gallikanische Liturgie
in sich vereinigend unter dem Namen der scotischen oder irischen bekannt
ist. Die Vormesse der irischen Liturgie begann mit einer Litanei und einem
Bußgebet und kannte das neunmalige Kyrie des gregorianischen Missale's
noch nicht. Dagegen war ein Introitus und das Gloria in excelsis in
Uebung, welches der gallikanischen Messe der ältesten Zeiten mangelte [1]),
worauf mehrere Collekten oder Gebete, sodann die Lectio der Prophetie
oder der Epistel folgten [2]), nach welcher der Psalm des Graduals gelesen
oder gesungen wurde; darauf folgte das Evangelium und das Credo nach
dem nizänischen Glaubensbekenntnisse, welches in der gallikanischen Messe
nicht vorkömmt. In der eigentlichen Messe treten die Darbringung der
Opfergaben von Brod und Wein mit Wasser gemischt und die Gebete
darüber, die Präfation oder contestatio der gallikanischen Messe, das
Trisagium oder Sanktus, der Canon (mysterium oder Secreta), das
Pater noster, die Brechung der Hostie über dem Kelche des heiligsten
Blutes, der Friedenskuß, die Kommunion und das Gebet nach derselben
hervor. Nach dem angeführten altirischen Traktat der Messe aus dem
XIII. Jahrhundert wurden bei der Opferung vorerst unter Anrufung der
drei göttlichen Personen drei Tropfen Wasser in den Kelch und darnach
auf das Wasser der Wein in drei kleinern Abtheilungen unter dem Ge=
bete: mittat Pater, indulgeat Filius, misereatur Spiritus Sanctus ge=
gossen. Der gleiche Tractat gibt unter dem Titel — de figuris et
spiritualibus sensibus oblationis Sacrificii Ordinis mit Beziehung auf
das alte und neue Testament eine sehr geistreiche Auslegung von der Be=
deutung des Altares, des Kelches, der Mischung des Weines und des
Wassers, der Brechung des heiligsten Brodes oder Leibes und dessen Ver=
einigung mit dem heiligsten Blute Christi im Kelche und einiger Ceremo=
nien in der Messe.

---

1) S. Monn — lateinische und griechische Messen 1850. S. 71.
2) Ancient Irish Tractat on the Mass from the Great Book of Duna
Doighre herausg. in dem Irish ecclesiastical Record. Dublin, 1867 p. 173.

Gehen wir zur Betrachtung einiger noch vorhandener Denkmäler der irischen Liturgie über. In Folge der Zerstörungswuth, welche im XVI. und XVII. Jahrhundert die protestantische Regierung Englands gegen alle katholischen Alterthümer auf den brittischen Inseln richtete, gingen auch in Irland eine Menge unersetzlicher Handschriften und Dokumente der kirchlichen Vorzeit verloren; unter den Wenigen, die erhalten blieben, zeichnet sich die alte Pergamenthandschrift des Stowe'schen Missal's aus. Sein Einband ist mit silbernen Ornamenten besetzt und mit einer Aufschrift versehen, nach welcher es einer Kirche in Münster und, wie Dr. Todd vermuthet [1]), dem Kloster Lothra in Nieder-Ormond angehörte, welches von St. Ruadhan († 584) gestiftet ward. Er zählte zu den irischen Heiligen zweiter Ordnung, welche verschiedene Missale und verschiedene Ordensregeln hatten, d. i. sie beschränkten sich nicht auf eine gemeinsame Liturgie oder Celebrationsform, sondern gebrauchten frei die Missale, die sie anderswo, etwa von Britannien oder dem übrigen Continente mitgenommen hatten. Das Alter dieser Handschrift wird von dem gleichen Alterthumsforscher in das VI. Jahrhundert zurückgeführt. Die Messe beginnt in diesem Missale mit Litaneien der Heiligen, denen die Antiphon „peccavimus" vorangeht. Darauf folgt das Gloria in excelsis Deo mit der Collecte oder dem Gebete und die Lectio des XI. Kapitels aus dem ersten Korintherbriefe über die Einsetzung der heiligen Eucharistie. In dem darauf folgenden Versikel wird um den Segen der Erlösung gebetet „für diejenigen, welche bei dem heiligen Opfer gegenwärtig sind." Das Evangelium ist aus dem VI. Kapitel des Johannesevangelium genommen und, im Unterschiede von der gallikanischen Messe kömmt auch das Credo vor. Im Canon stimmen nicht nur die Worte der Consecration, sondern auch die übrigen Gebete bis zum Memento für die Abgestorbenen buchstäblich mit dem römischen Canon überein [2]); schon im VI. Jahrhunderte verrichtete der Priester bei der Messe nach der Wandlung in der irischen Kirche das schöne Gebet, das heute noch verrichtet wird — „Supplices te Domine deprecamur — Wir bitten dich demüthig, allmächtiger, ewiger Gott, laß diese Opfergaben emportragen durch die Hände deines heiligen Engels zu deinem heiligen Altar in die Gegenwart deiner göttlichen Majestät, damit wir Alle, so Viele wir durch die Gemeinschaft dieses Altares, des heiligen Leibes und Blutes deines Sohnes theilhaft werden, mit allem himmlischen Segen und jeglicher Gnade erfüllt werden." Nebst der täglichen Messe — Missa cottidiana — enthält dieses Missale noch eine Missa

---

1) Dr. Todd, Ancient Irish Missal etc. read before R. I. Acad. 1856.
2) L. c. p. 32.

Apostolorum, eine Missa Martyrum, eine Missa Sanctorum et Sanctarum Virginum, sowie eine Missa pro poenitentibus vivis und am Ende eine Messe für die Abgestorbenen — Missa pro mortuis. Was vermögen auf solche Urkunden diejenigen zu antworten, welche die Einführung der Messe den heiligen Päpsten Gelasius oder Gregor dem Großen oder gar Innozenz III. (1198—1216) zuzuschreiben keinen Anstand nehmen?

Wir gelangen zum Missale von Bobbio, dem heiligen Columban einst zugehörig, das mit anderen Handschriften, wie wir früher schon vernommen, in die Ambrosiana nach Mailand wanderte und von Mabillon im Jahre 1724 zum erstenmal herausgegeben wurde, der ihm schon damals ein Alter über tausend Jahre beimaß[1]). Er wieß nach, daß selbes weder der römischen noch der mozarabischen (spanischen), weder der afrikanischen noch der ambrosianischen Liturgie, sondern eher der gallikanischen angehöre, obwohl es immerhin mannigfaltige Eigenthümlichkeiten enthalte. Mabillon hatte damals noch keine Kenntniß von einer besondern scotischen oder irischen Liturgie. Seither haben aber die gründlichen Alterthumsforscher O'Connor[2]) und nach ihm Lanigan in seiner Kirchengeschichte das Missale von Bobbio der genauesten Untersuchung unterworfen, deren Resultat kein anderes war, als daß es den Text der irischen Liturgie aus ganz früher Zeit enthalte, nach der eigenthümlichen Vokal- und Consonantbezeichnung in Irland verfaßt und von Bangor durch Columban nach Luxeuil und von da nach Bobbio sei übertragen worden. Wir haben oben erzählt, daß St. Columba in Hy während der Feier der Messe die Sänger einmal angewiesen habe, bei der Commemoratio Sanctorum statt dem Namen des heiligen Martin, jenen des jüngstverstorbenen Bischofs Colman einzuschalten. Während im römischen Canon die Reihe der kommemorirten Heiligen mit Cosmas und Damian schloß, wurde in der gallikanischen Liturgie diesen noch St. Martin beigesetzt. In den Missalen von Bobbio und Stowe ist nicht nur das Gleiche der Fall, sondern auf St. Martin folgen dort noch die Namen der heiligen Augustin, Hilarius, Gregorius und Hieronymus, welche, mit Ausnahme des heiligen Hilarius im gallikanischen Meßcanon nicht kommemorirt werden[3]). Wir wissen endlich, daß gegen die Schüler Columban's auf der Synode von Matiscon (623) die Anklage erhoben wurde, „daß sie von dem Ritus der übrigen Kirche in Gallien abweichen, und bei der Feier der heiligen Messe eine Menge verschiedener Gebete und Collekten anbrächten[4])", worauf Eustasius den

---

1) Mabill. Museum Ital. I. 275.
2) O'Connor in seinem rerum Hibern. Scriptores
3) Mabillon. Liturg. Gallican. I. 5.
4) „Quod a coeterorum ritu ac norma descisceret, et sacra missarum

Nutzen vieler Gebete im heiligen Dienste insbesondere für die Büßenden hervorhob. Nun enthält sowohl das Stowe-Missale als auch jenes von Bobbio wirklich in der Missa cottidiana nach dem Gloria in excelsis fünf verschiedene Gebete oder Collekten, darunter aber keine einzige, welche in der römischen oder gallikanischen Meßordnung sich vorfindet, wogegen in Beiden der Meßcanon mit geringen Unterschieden mit jenem der römischen Liturgie übereinstimmt und diese Unterschiede sind in beiden Missalen wieder die Gleichen, wie sie auch die gleichen Collekten aus der gallikanischen und römischen Liturgie und am Schlusse den „Ordo Baptismi“ aufgenommen haben. Während das Stowe-Missale das nizänische Credo enthält und statt des „Filioque“ den Passus beigefügt — Et in Spiritum Sanctum, Dominum et Vivicatorem ex Patre pro-cedentem, cum Patre et Filio coadorandum et conglorificandum — nahm das Missale von Bobbio das apostolische Symbolum auf; dagegen lesen wir darin im Unterrichte über die Trinität für die Katechumenen (p. 376) die Stelle — Spiritus Sanctus unus est ex Patre proce-dens, Patri et Filio coaeternus. — Endlich wird am Schlusse des Bobbio'schen Missal's ein Pönitentiale angefügt, welches mit dem Pöni-tentiale St. Columban's fast wörtlich übereinstimmt und auch hierin seinen irischen Ursprung beurkundet. Dasselbe ist noch in zwei weitern Punkten von dem gallikanischen Missale verschieden; denn dieses zählt zehn Früchte des heiligen Geistes auf, während jenes von Bobbio in Ueberein-stimmung mit der griechischen Liturgie [1]), deren nur neun anführt; in der gallikanischen Kirche wurde das Fest der römischen Jungfrau und Martyrin Eugenia nirgends gefeiert, dagegen wird ihr Name im Bobbio'schen Meßcanon jenen der heiligen Jungfrauen Agatha und Lucia angefügt und in der Messe der Weihnachtsvigil 24. Dezember, als am Tage ihres Mar-tyrthums eine besondere Commemoratio ihr gewidmet. Irische Pilger brachten ihren Cult von Rom nach Irland und sie wurde auch von dem angelsächsischen Bischof St. Aldhelm in seinem Lobgedichte auf die Jung-frauen, als ein Vorbild christlichen Heldenmuthes gepriesen [2]), welcher unter irischen Mönchen im Kloster Malmesbury seine Bildung einst erhal-ten hatte.

Wie das Stowe-Missale, so enthält auch jenes von Bobbio unwider-sprechliche Zeugnisse für die katholische Lehre von dem heiligen Meßopfer und der Eucharistie. Wir lesen in der Missa cottidiana das Gebet:

Solemnia orationum ac collectarum multiplici varietate celebrarent.“ Jon. in vit. S. Eustas.

1) Mabillon. De Liturg. Gallic. I. p. 365.
2) S. Aldelmi. De Laude Virgin. ed. Basnage I. p. 475.

Gratias tibi agimus Domine Sancte Pater omnipotens aeterne Deus, qui nos c o r p o r i s et s a n g u i n i s Christi Filii tui communione satiasti . .

Wir sagen dir Dank, Herr, heiliger Vater, allmächtiger ewiger Gott, der du uns durch den Genuß des L e i b e s u n d B l u t e s Christi deines Sohnes gesättiget hast . .

Und in der Messe für die Fastenzeit wird unter den uns durch Christus verliehenen Gnaden erwähnt: „von dessen F l e i s c h, das du selbst geheiliget, wir gestärkt werden, wenn wir es essen und von dessen B l u t wir reingewaschen werden, wenn wir es trinken (Cujus (Christi) carne a te ipso sanctificata, dum pascimur, roboramur et sanguine, dum potamur, abluimur)." Ueberdies ist das Missale reich an schönen Collekten, eigenthümlichen und erhebenden Präfationen und enthält außer „der täg= lichen Messe" noch besondere Meßcollekten theilweise für hohe Festtage mit eigenen Evangelienstücken und Präfationen für die Advent= und Weihnacht= zeit, auf das Fest des heiligen Stephanus, der unschuldigen Kinder, der Cathedra S. Petri, eine Missa in S. Mariae Solemnitate, auf die Him= melfahrt Maria's, einige Messen auf die Fasten= und Osterzeit, eine solche auf das Fest der heiligen Kreuz=Erfindung, der heiligen Martyrer und Bekenner, sowie auf das Fest des heiligen Sigismund, Königs von Bur= gund († 515), welcher zu den Haupt=Schutzheiligen des Klosters Luxenil gezählt wurde. Auch finden sich darin Messen vor „für die Abgestorbenen" und eine besondere „für einen verstorbenen Priester" und am Ende ver= schiedene Benediktionen und Exorzismen.

Von ganz vorzüglicher Bedeutung ist für uns das St. Galler F r a g m e n t eines irischen Missal's, wahrscheinlich des heiligen Gallus selbst, welches P. Ildephons von Arx von einem alten Bücherdeckel ab= löste und der Collektan=Handschrift 1393 der hiesigen Stiftsbibliothek ein= verleibte [1]. Es besteht nur aus zwei Pergamentblättern, das Perga= ment ist nach Dicke, Farbe und Beschaffenheit jenem des altirischen Codex der vier Evangelien Nr. 51 ganz gleich. Das erste Blatt ist leider zur Hälfte abgeschnitten und enthielt mehrere Collekten für die Messen auf die Feste Maria Lichtmeß und der Erscheinung des Herrn; das zweite Blatt da= gegen hat uns noch die letztere Abtheilung des irischen Meßcanons be= wahrt. Das Fragment bildete nämlich einen Theil jenes irischen Missals, welches schon der St. gallische Bücherkatalog aus dem IX. Jahrhundert unter den Büchern „Scotice scriptis" verzeichnet hat, und wie das Perga= ment und die Schrift auf sein hohes Alterthum, so weist die Menge der Collekten auf seinen irischen Ursprung hin insbesondere der Um=

---

1) Selbes wurde in C. Purton Cooper's Appendix ad Acta et Foedera Rymeri, London Lincoln's Inn 1840, p. 93 ff. von mir herausgegeben.

stand, weil darin nach dem Pater noster in dem Libera nos ab omnibus … den Namen der heiligen Apostel Petrus und Paulus, nicht Andreas oder (was in der fränkischen Liturgie oft der Fall war) anderer Heiligen, sondern einzig der Name des Bischofs Patrizius — et Patricio episcopo — beigefügt wird. Von diesem Fragmente, dessen wichtige Bedeutung kein Kenner unterschätzen wird, lassen wir hier nur den vollständigen Text des zweiten Blattes folgen, der um so merkwürdiger ist, als er mit einem Bruchstücke des Meßcanons auch noch einige liturgische Rubriken und die Antiphonen enthält, die während der Kommunion in der irischen Kirche gesungen wurden. Der Text der ersten Seite lautet:

„Pectoris hos … mundemus conscientias nostras ab omni labe vitiorum, ut nil sit in nobis subdolum vel superbum, sed in humilitatis studium et caritatis pensum … per sanguinem dominici corporis fraternitas juncta copuletur … mereamur dicere: divino magisterio edocti et divina institutione . . formati audiemus (sic) dicere: Pater noster … Libera nos Domine ab omni malo praeterito, praesenti et futuro et intercedentibus pro nobis beatis Apostolis Petro et Paulo et Patricio episcopo, da propitius pacem in diebus nostris, ut ope misericordiae tuae adjuti et a peccato semper simus liberi et ab omni perturbatione securi, per Dominum …"

„… Damit wir unser Gewissen von aller Makel der Leidenschaften reinigen und nichts Trügerisches oder Stolzes in uns verbleibe, sondern im Eifer zur Demuth und Liebe … durch das Blut des Leibes des Herrn die Brudergemeinschaft verbunden und geeinigt … und wir würdig werden vom göttlichen Lehramte unterrichtet und von der göttlichen Unterweisung angeleitet zu sprechen: Vater unser … Befreie uns, o Herr, von allem vergangenen, gegenwärtigen und zukünftigen Uebel, und im Hinblick auf die für uns fürbittenden seligen Apostel Petrus und Paulus und den Bischof Patrizius, verleihe gnädigst Frieden in unseren Tagen, damit wir durch den Beistand deiner Barmherzigkeit unterstützt, von der Sünde immer frei und vor aller Beunruhigung gesichert bleiben durch den Herrn …"

„Sacerdos tenens Sancta in manibus signat calicem cruce, et hic pax datur et dicit Sacerdos: Pax et caritas Domini et communicatio Sanctorum omnium sit semper Vobiscum. Populus respondit: Et cum Spiritu tuo. Et mittit sacerdos Sancta in calicem et dat sibi populus pacem atque communicant et juxta communionem canitur. Pacem meam do Vobis, pacem meam relinquo Vobis, Alleluja. Dominus regit me: qui manducat corpus meum et bibit meum Sanguinem, Allel., ipse in me manet et ego in illo, Allel. Hic est panis vivus, qui de coelo discendit, Allel.; qui

„Der Priester bezeichnet das Heilige in den Händen haltend den Kelch mit einem Kreuze, und hier wird der pax ertheilt und der Priester spricht: Der Friede und die Liebe des Herrn und die Gemeinschaft aller Heiligen sei immer mit Euch. Das Volk antwortet: Und mit deinem Geiste. Und dann läßt der Priester das Heilige in den Kelch fallen, und das Volk gibt sich den pax und die Gläubigen kommunizieren und während der Kommunion singt man: Meinen Frieden gebe ich Euch, meinen Frieden lasse ich Euch, Alleluja. Der Herr wird mich regieren; wer meinen Leib ißt und mein Blut trinkt, Allel., manducat hunc panem, vivet in aeternum, Allel. Ad te Domine levavi. Venite, comedite panem meum et bibite vinum quod miscui vobis; judica me Domine quoniam ego: comedite amici . . ."

Der Text der zweiten Seite des Fragmentes ist folgender:

„. . . et nolite eos prohibere, Allel., talium est enim regnum coelorum, Allel.; et violenti rapiunt illud. Allel.; Poenitentiam agite, Allel , adpropinquat regnum coelorum, Allel.; Hoc sacrum corpus Domini et Salvatoris sanguinem, Allel. Sumite vobis in vitam perennem, Allel.¹); In labiis meis . . . cum docueris me, ego justitias respondebo. Venite benedicti Patris mei, possidete regnum, Allel., quod vobis paratum est ab origine mundi, Allel.: Ubi ego fuero, illic erit et minister meus, Allel."

der bleibt in mir und ich in ihm, Allel. Dies ist das lebendige Brod, das vom Himmel gestiegen ist, Allel.; wer dieses Brod essen wird, wird in Ewigkeit leben, Allel. Zu dir erhob ich, o Herr; Kommet, esset mein Brod und trinket den Wein, den ich Euch gemischt habe; Richte mich, o Herr, weil ich; esset o Freunde . . ."

„Und hindert sie nicht, Allel.; denn ihrer ist das Himmelreich, Allel., und die sich Gewalt anthun, reißen es an sich, Allel.; thut Buße, Allel.; das Himmelreich nahet, Allel.; diesen heiligen Leib des Herrn und das Blut des Erlösers, Allel., empfanget für Euch zum ewigen Leben, Allel. In meinen Lippen . . . Wenn du mich lehren willst, werde ich deine Gerechtigkeiten beantworten. Kommet ihr Gesegneten meines Vaters, besitzet das Reich, Allel., das Euch bereitet ist vom Anbeginne der Welt, Allel.; wo ich bin, dort wird auch mein Diener sein, Allel."

Darauf folgen einige Antiphonen auf das Weihnachtsfest, auf die Epiphanie, auf das Osterfest und auf das Pfingstfest, zuletzt die zwei Orationen (post Communionem), die auch im römischen Missale vorkommen:

„Quod coelesti Domine dono satiasti, praesta, ut a nostris mundemur occultis et ab hostium liberemur insidiis per Dominum nostrum Jesum... Gratias tibi agimus Domine sancte Pater omnipotens aeterne Deus, qui nos corporis et sanguinis Christi Filii tui communione satiasti, tuamque misericordiam humiliter postulamus, ut hoc tuum Domine Sacramentum non sit nobis reatus ad poenam, sed intercessio salutaris ad veniam, sit . . ."

Das Uebrige fehlt.

„Verleihe, o Herr, daß wir, die du mit der himmlischen Gabe gesättiget hast, von unsern geheimen Sünden gereinigt und von den Nachstellungen der Feinde befreit werden, durch unsern Herrn Jesum . . . Wir sagen dir Dank, Herr, heiliger Vater, allmächtiger ewiger Gott, der du uns mit der Kommunion des Leibes und Blutes Christi deines Sohnes gesättiget hast, und bitten demüthig deine Barmherzigkeit, daß dieses dein Sakrament uns nicht eine Verschuldung zur Strafe, sondern eine heilsame Fürbitte zu Versöhnung sei, . . ."

---

1) Ganz dieselbe Antiphon findet sich wörtlich nebst anderen Antiphonen: „Ad commonicare" im Antiphonar von Bangor fol. 33., was den irischen Ursprung des St. Gallischen Fragmentes außer Zweifel setzt.

Der Hymnus — „Sancti venite" im alten Antiphonar des Klo=
sters Bangor [1]) trägt die Aufschrift: „Hymnus dum sacerdos communi-
cat — Hymnus unter der Kommunion des Priesters zu singen." Das
ehrwürdige Alter dieser Handschrift selbst führt uns in das VII. Jahr=
hundert, das goldene Zeitalter der irischen Kirche zurück; denn wie O'Connor
und Lanigan gründlich nachgewiesen haben, wurde sie schon im Jahre 691
nach Vorlagen noch älterer Denkmäler geschrieben; dem Hymnus selber
legt Dr. Todd [2]) ein noch höheres Alter bei. Denn wir lesen in der
irisch verfaßten Vorrede zum Patrizius' Hymnus von Sechnall [3]): „Daß
Patrizius bei Sechnall auf Besuch ankam, als dieser eben die heilige
Messe darbrachte. Er hatte die Messe bis zum Empfange des Leibes
des Herrn geendet, als er vernahm, Patrizius sei angelangt; er verließ
den Altar, warf sich zu den Füßen des heiligen Patrizius, und als Beide
darauf sich der Kirche nahten, hörten sie einen Chor von Engeln, die einen
Offertoriums=Hymnus sangen, den Hymnus nämlich, welcher anfängt:
„Sancti venite, Christi corpus sumite etc.", und von dieser Zeit
an bis auf den heutigen Tag wurde dieser Hymnus in Erin gesungen,
wenn der Leib des Herrn empfangen wird." Er wurde auch in das Anti=
phonarium von Bangor aufgenommen, dort bei der Feier der heiligen Messe
gesungen und lautet also:

1. Sancti venite,
   Christi corpus sumite,
   Sanctum bibentes,
   Quo redempti sanguinem.

1. Kommt Heilige heran,
   Empfanget Christi Leib,
   Und trinkt das heil'ge Blut,
   Durch das ihr einst erlöst.

2. Salvati Christi,
   Corpore et sanguine,
   A quo refecti,
   Laudes dicamus Deo.

2. Errettet, wie wir sind,
   Durch Christi Leib und Blut,
   Durch Beide auch genährt,
   Laßt danken uns dem Herrn.

3. Hoc Sacramento
   Corporis et sanguinis,
   Omnes exuti
   Ab inferni faucibus.

3. Durch dieses Sakrament
   Des Leibes und des Blut's
   Sind Alle wir befreit
   Vom tiefen Höllenschlund.

4. Dator salutis.
   Christus filius Dei,
   Mundum salvavit
   Per crucem et sanguinem.

4. Der Geber alles Heils,
   Christus der Gottes Sohn,
   Erlöste die Welt
   Am Kreuze durch sein Blut.

---

1) In der Ambrosian. Bibliothek zu Mailand unter c. 10.
2) Dr. Todd, Liber hymnor. p. 80.
3) Die im Leabhar Breac erhalten blieb.

5. Pro universis
   Immolatus Dominus
   Ipse sacerdos
   Existit et hostia.

6. Lege praeceptum
   Immolari hostias,
   Qua adumbrantur
   Divina mysteria.

7. Lucis indultor,
   Et Salvator omnium,
   Praeclaram sanctis
   Largitus est gratiam.

8. Accedant omnes
   Pura mente creduli,
   Sumant aeternam
   Salutis custodiam.

9. Sanctorum custos,
   Rector quoque Dominus,
   Vitae perennis
   Largitor credentibus.

10. Coelestem panem
    Dat esurientibus,
    De fonte vivo
    Praebet sitientibus.

11. Alpha et Omega
    Ipse Christus Dominus,
    Venit venturus
    Judicare homines.

5. Wohl für die ganze Welt
   Sich opferte der Herr,
   Der Priester und zugleich
   Die Opfergabe selbst.

6. Von dem Gesetz befohlen war,
   Zu schlachten Opferthier',
   Das war der Schatte nur
   Von dem Geheimniß des Altars.

7. Der Spender alles Lichts,
   Und Heiland aller Welt,
   Gab seinen Heil'gen hier
   Die höchste Gnadengab.

8. Ihr Gläub'gen kommt heran
   Mit reinem Herz' geschmückt,
   Empfanget wohlgemuth
   Des ew'gen Heiles Hort.

9. Der Heil'gen treuer Hirt
   Und Leiter, unser Herr,
   Reicht seinen Gläub'gen dar
   Des ew'gen Lebens Pfand.

10. Den Hungernden gibt er
    Das heil'ge Himmelsbrod,
    Vom Lebensquell er beut
    Den Durstenden den Trank.

11. Alpha und Omega
    Ist Christus unser Herr,
    Und kommen wird er einst
    Zu richten alle Welt.

Dieser uralte Hymnus bedarf keiner Auslegung, da er durch sich selber unzweideutig genug den Glauben und die Uebung der irischen Kirche bezüglich des heiligen Meßopfers und der Eucharistie in vollster Uebereinstimmung mit der Lehre und Liturgie der römisch-katholischen Kirche ausspricht.

Eine kurze Abhandlung über die Ceremonien der heiligen Messe in der irischen Sprache des VI. oder VII. Jahrhunderts verfaßt, welche sich in dem Leabhar Breac befindet und von dem gründlichen Kenner der altgälischen Sprache und Literatur, H. Curry [1]) veröffentlicht wurde, läßt sich also vernehmen:

„Dies ist der Grund des Glaubens, welchen jeder Christ verpflichtet

---

1) Curry's Lectures on the MS. Materials of Irish History p. 376.

ist zu halten, und auf diesem Grunde ist jegliche Tugend, die er übt und jegliches gute Werk, das er verrichtet, aufgebaut. Durch diesen Grund des Glaubens, mit ruhiger Liebe und mit fester Hoffnung werden die Gläubigen selig. Denn dieser Glaube, das ist, der katholische Glaube, der die Gerechten zur Anschauung führt, das ist, zur Seligkeit Gott zu sehen in der Herrlichkeit und in der Ehre, in der er wohnt. Diese Anschauung wird den Gerechten als ein goldener Lohn nach der Auferstehung zu Theil werden. Das Unterpfand für diese Anschauung Gottes, welches der Kirche hienieden hinterlassen worden, ist der heilige Geist, der in ihr wohnt, sie tröstet und stärket mit allen Tugenden. Dieser Geist theilt seine eigenen besonderen Gaben jedem gläubigen Gliede in der Kirche mit, wie es ihm gefällt und wie sie ihn darum bitten. Eine von den edlen Gaben des heiligen Geistes ist die heilige Schrift, durch welche alle Unwissenheit erleuchtet, alle weltliche Betrübniß getröstet, alles geistige Licht entzündet und alle Schwachheit stark gemacht wird" [1].

„Ein anderer Theil des Unterpfandes, das der Kirche hinterlassen war zu ihrer Tröstung, ist der Leib Christi und sein Blut, welche aufgeopfert werden auf den Altären der Christen, der gleiche Leib, welcher geboren ward aus Maria, der makellosen Jungfrau, ohne Verletzung ihrer Jungfräulichkeit und ohne Zuthun des Mannes, und welcher gekreuzigt ward von den ungläubigen Juden aus Haß und Neid, und welcher auferstand von den Todten am dritten Tage und sitzet zur rechten Hand Gottes des Vaters im Himmel in Ehre und Herrlichkeit vor den Engeln des Himmels. Der Leib, welchen die Gerechten genießen an Gottes Tisch, das ist, am heiligen Altare, ist derselbe, wie er ist in seiner großen Herrlichkeit; denn dieser Leib ist das reiche Viaticum des Gläubigen, welcher auf den Pfaden der Pilgerschaft und Buße dieser Welt reiset zu dem himmlischen Vaterlande; er ist für die Gerechten der Saame der Auferstehung zum ewigen Leben, aber auch der Ursprung und die Ursache der Verdammniß für den Unbußfertigen, der nicht glaubt, und für den Sinnlichen, der es nicht unterscheidet, obwohl er glaubt. Wehe dem Christen, der diesen heiligen Leib des Herrn nicht unterscheidet durch reine Sitten, durch Liebe und durch Dank. Denn in diesem Leibe ist das Beispiel der Liebe gegründet, welche alle Liebe übertrifft, nämlich sich selber hinzuopfern ohne Schuld zur Sühne der Schuld des ganzen Geschlechtes von Adam. Dies ist also die Schönheit und Fülle des katholischen Glaubens, wie er gelehrt wird in der heiligen Schrift." Mit diesem kostbaren Bruchstücke ist in der irischen Handschrift Leabhar Breac noch eine „Erklärung der Meßgewande" verbunden, welche nach dem Berichte Dr. Curry's, wie jenes im reinsten irisch‑gälischen Dialekt des ältesten Landrechtsbuches (Brehon Laws) abgefaßt, den unumstößlichen Beweis liefert, mit welch' hoher Ver‑ ehrung und Andacht das heilige Meßopfer in der altirischen Kirche be‑ handelt wurde. Diese Abhandlung beginnt: „Man frägt: von wem die verschiedenen Farben für das Priesterkleid (casula) beim Meßopfer ein‑ geführt wurde? Ich antworte: Moses, der Sohn Amram's hat sie zuerst auf dem Opferkleide Aarons, seines Bruders angebracht, welcher der erste Priester nach dem mosaischen Gesetze war. Man frägt: Wie viele Farben hat Moses auf dem Priesterkleide Aarons angebracht? Ich antworte: acht, nämlich gold (oder gelb), blau, weiß, braun, roth, schwarz und purpur‑ farbig. Man fragt: Warum wurden diese verschiedenen Farben für das Opferkleid (casula) eingeführt, statt nur eine Farbe zu gebrauchen? Ich antworte: Das geschah um des Geheimnisses und des Sinnbildes willen. Darum ist es einem Priester nicht erlaubt, sich dem Leibe des Herrn, in der Absicht das Opfer darzubringen, zu nahen, ohne daß er ein Meßgewand von Atlas (d. i. von glänzendem Zeug) hat; des Priesters Sinn muß mit der Mannigfaltigkeit und der Bedeutung jeder bestimmten Farbe sich einigen und mit Wachsamkeit und Ehrfurcht erfüllt und frei von Ehrsucht und Stolz werden, wenn er bedenkt, was die ver‑ schiedenen Farben bedeuten. Der Priester betrachte die gelbe Farbe; sie sagt ihm, daß Staub und Asche der Stoff seines Leibes sind, und daß er wieder in Staub und Asche zurückkehren werde." Gleicherweise gibt die Abhandlung noch die typische Bedeutung der übrigen Farben sehr sinnreich an und schließt mit den Worten: „Darum ist es nicht Jedermann erlaubt, Atlas für sein Gewand zu brauchen, so berühmt und adelig er auch sei, ausgenommen dem Priester allein; wann er den Leib Christi und sein Blut auf dem heiligen Altare zu opfern geht, dann hat er das Recht, ein Meßgewand von Atlas zu tragen."

Der allzubeschränkte Raum gestattet uns nicht, über das heilige Meß‑ opfer und die Eucharistie die Masse der ältesten Zeugnisse vorzuführen, die sich in den Pönitentialen oder Bußsatzungen der irischen Kirche, nament‑ lich in den Sammlungen Columban's, Cumian's, Finian's von Moville, der Patrum hibernensium [1]), den Missalen von Stowe und von St. Colum‑ ban u. a. O. befinden. Sie bezeichnen das Opfer des neuen Bundes als Sacrificium und als Missa, oder in Verbindung mit dem Genusse des

---

1) Gesammelt und herausgegeben in Wasserschleben die Bußordnungen u. s. w. Halle 1851.

heiligen Sakramentes als Communio und Eucharistia. Nach ihren Satzungen darf keiner das heilige Sakrament empfangen (Sacrificium accipere), außer er sei rein und gerecht und keine Todsünde in ihm [1]); „die Subdiakonen sind angewiesen, die Gefäße für den Leib und das Blut des Herrn den Diakonen auf dem Altare zu übergeben" [2]). „Die Priester sind der Kirche vorgesetzt und mit den Bischöfen vereint vollbringen sie den Leib und das Blut des Herrn (in compositione corporis et sanguinis consortes cum episcopis sunt)." Von St. Columban haben wir früher vernommen: „daß der Altar ein Richterstuhl Christi sei, worauf er alle, die unwürdig hinzutreten, seines Leibes und Blutes schuldig verurtheilt" [3]). In einem der Frauenklöster, die er im Frankenreiche gegründet [4]), „empfingen die gottgeweihten Jungfrauen im heiligen Sakramente den Leib des Herrn und tranken sein Blut", und von diesem seinem großen Lehrer bezeugte der heilige Gallus [5]): „Mein Lehrer Columban ist gewohnt, dem Herrn das Opfer der Erlösung in ehernen Gefäßen darzubringen, weil unser Erlöser mit ehernen Nägeln an das Kreuz geheftet ward." Mit diesen Lehren stimmen auch die liturgischen Uebungen und Gebräuche der irischen Kirche überein. Als die beiden Töchter des Königs Leoghaire vor dem heiligen Patrizius das Glaubensbekenntniß abgelegt hatten, ertheilte er ihnen die Taufe, und zog ihnen ein reines weißes Kleid an. Nach der Taufe verlangten sie das Angesicht Christi zu sehen; St. Patrizius aber sprach zu ihnen: „Nur dann, wenn ihr den Leib und das Blut Christi genießt und den leiblichen Tod erleidet, könnt ihr Christus in seiner Herrlichkeit sehen." Sie antworteten: „Gib uns das Sakrament des Leibes und Blutes Christi, damit wir von dem Verderbnisse des Fleisches befreit werden und unseren Bräutigam sehen können, der im Himmel ist." Darauf feierte St. Patrizius die Messe, und beide Töchtern des Königs empfingen die Kommunion mit großer Hoffnung und vollkommenem Glauben, und sogleich, nachdem sie die Kommunion empfangen hatten, ruhten sie im Frieden" [6]). Die gleiche Stelle findet sich in einer vita, deren irische Sprachform Dr. Curry [7]) in das VI. oder VII. Jahrhundert versetzt. „Den Leib und das Blut des Herrn" im heiligen Sakramente empfingen bei ihrem Tode als Viaticum oder letzte Wegzehrung St. Patrizius aus der Hand Tassach's, die heilige Brigitta von Nennidh; die heiligen Columba, Cainech, Fursa, Colga, Ciaran, Munnu, Comgall, Cuthbert, Fechan, Ita, Brendan, von verschiedenen Bischöfen, Aebten oder Priestern.

---

1) Poenitentiale Bigotian. — 2) Usher, Coll. Canon. IV. 2.
3) S. Columb. Poen. can. XI. 11. — 4) Vit. S. Burgundiforae.
5) Walfr. Str. vit. — 6) Vit. tripart. — 7) Curry's Lectures p. 345

Das große Gewicht dieser Zeugnisse für die Lehre und Liturgie der katholischen Kirche konnte von den anglikanischen Schriftstellern unmöglich übersehen werden, sie warfen sich daher von Usher an vorzüglich auf die altirischen Schriftsteller Sedulius, den Commentator Claudius und einige Andere, um bei ihnen Anhaltspunkte für die protestantische Lehre vom Abendmahle zu finden, allein ohne allen Erfolg. Sedulius, von Geburt ein Ire oder Scote, einer der größten Dichter der christlichen Vorzeit, blühte um das Jahr 490 und schrieb ein größeres carmen Paschale [1]), dem er eine Darstellung in Prosa desselben Inhaltes zur Seite gab. Er nennt darin „Christus den Hohenpriester aller Priester, den Urheber beider Opfergestalten, des Brodes und des Weines, dessen Gaben nach der Ord= nung Melchisedech's dargebracht werden, wie er sich für uns am Kreuze dargebracht — sui corporis consanguinitate offeruntur, triti-ceae sementis cibus suavis et amoenae vitis potus amabilis"[2]). Diese Stelle findet ihre unzweideutige Erklärung in der folgenden [3]):

> . . . . . . „Nam corporis atque
> Sanguinis ille sui postquam duo munera sanxit,
> Atque cibum potumque dedit, quo perpete nunquam
> Esuriant sitiantque animae sine labe fideles."

Sedulius gibt diese Verse in der Prosa also wieder: „Postea quam corporis sui Dominus Jesus Christus et sanguinis duo vitae munera consecravit propriisque discipulis spiritalem cibum potum-que porrexit, quo coelestibus epulis saginatae famem sitimque sen-tire nequeunt animae jam fideles." Und in einem späteren Passus spricht er ausdrücklich: „cujus (Christi) corpus et sanguinem sumentes edimus ac potamus, ut sancti Spiritus templum esse mereamur." Wir übergehen andere Stellen des poetischen und prosaischen Werkes dieses Autors. Wie die alten Kirchenväter spricht auch der Commentator Clau= dius im mystischen Sinne von der Speise des Glaubens, ohne jedoch die wahre und wirkliche Speise des Leibes und Blutes Christi im heiligen Sakramente mit jener zu vermengen. Von dem Abendmahle sagt er: „hac nocte, qua agnus imolabatur et carnis sanguinisque sui disci-pulis mysteria tradidit celebranda" — und er fügt die wichtige Lehre bei — „transiit (Christus) ad novum Pascha, quod in suae redemp-tionis memoriam ecclesiam frequentare volebat, ut videlicet pro carne agni et sanguine sui corporis sanguinisque Sacramentum substitueret ipsumque esse monstraret, cui juravit Dominus et non

---

1) Sedulii carmen Paschale ed. Arevalo Rom. 1794.
2) L. c. IV. v. 206. — 3) L. c. V. v. 34.

poenitebit eum, tu es sacerdos in aeternum secundum ordinem Melchisedech" [1]). Dabei unterläßt Claudius nicht, die Warnung des Apostels mit den Worten wiederzugeben: „Wehe heute noch und auf ewig dem Menschen, der zum Tische des Herrn mit Sünden behaftet hinzutritt und mit unreinem Herzen an den allerheiligsten Opfergaben der Geheim= nisse Christi Theil zu nehmen sich erfrecht, und wie Judas jenes unschätz= bare und unverletzliche Sakrament des Leibes und Blutes des Herrn zu empfangen wagt."

Auch die altirische Kirche wandte neben der Verehrung und Anrufung der Heiligen der allerseligsten Jungfrau und Mutter Gottes Maria eine ganz besondere und höhere Verehrung zu; wir finden dafür in einer Menge Denkmäler des Alterthums, namentlich in der Handschrift des Leabhar Breac, dieser unschätzbaren Fundgrube irisch=kirchlicher Alterthümer, die unzweideutigsten Belege [2]). Dr. Curry [3]) hat daraus eine Marianische Litanei aus dem VIII. Jahrhundert veröffentlicht; darin wird Maria gepriesen und angerufen als „die große Maria, die größte unter den Wei= bern, die Königin der Engel, die Herrin des Himmels, die gnadenreiche Frau, erfüllt mit allen Gnaden des heiligen Geistes, die gebenedeite und allergebenedeite; als die Mutter der ewigen Glorie, die Mutter der himm= lischen und irdischen Kirche, die Mutter der Liebe und Milde, die Mutter der goldenen Höhen, als das Zeichen der Ruhe, die Pforte des Himmels, das goldene Schmuckkästlein; als der Tempel der Gottheit, die Schöne der Jungfrauen, als hellstrahlend wie der Mond, leuchtend gleich der Sonne, Zerstörerin der Ungnade Eva's, als die Wiedergeburt des Lebens, Schön= heit der Frauen, Haupt der Jungfrauen, Mutter Gottes, ewige Jungfrau, kluge Jungfrau, hehre Jungfrau, keusche Jungfrau, Tempel des lebendigen Gottes, Königsthron des ewigen Königs, Heiligthum des heiligen Geistes, Ceder von Libanon, Cypresse von Sion, hochrothe Rose vom Lande Jakob, glorreiche Sohngebärerin, Licht von Nazareth, Glorie von Jerusalem, Schönheit der Welt, Königin des Lebens, Mutter der Weisen, Trost der Unglücklichen, Stern des Meeres, Mutter Christi" u. s. w., verbunden mit den schönsten, inhaltreichsten Gebeten zu Maria. Unter den irischen Hymnen befindet sich ein Maria=Hymnus von St. Euchumneus [4]), einem Zeitgenossen Adamnan's (694), „cantemus in omni die concinentes varie, conclamantes Deo dignum hymnum Sanctae Mariae — in 13 Strophen mit dem Schlußversikel — Sanctae Mariae meritum implo-

---

1) Nach dem vollständigen Text des cod. membr. Vatican. 3828, fol. 110.
2) Dr. G. Petrie — the Hist. and Antiquit. of Tara, Dublin 1839, p. 74.
3) Curry Lectures p. 380.   4) Bei Mone, Hymni med. aevi II. 384.

ramus dignissimum, ut mereamur solium habitare altissimum." Jede Strophe des Cuchumne'schen Hymnus hebt irgend eine der Gnadenaus= zeichnungen Maria's hervor, sie ist „die Mutter des großen Herrn, die höchste, die überaus verehrungswürdige Jungfrau, ihr wird Keine jemals gleich gefunden und auch in ihrer Geburt ist sie von der, allen anderen Sterblichen gemeinsamen Makel frei geblieben; sie hat für alle Wunden der Menschen das Heilmittel gegeben, und wie die Welt durch Eva und den verbotenen Baum einst zerrüttet ward, so ist sie durch die Tugend dieser neuen Eva für die Segnungen des Himmels wieder gewonnen wor= den; sie ist's, die das ungenähte Kleid Christi wob — das Sinnbild der unauflöslichen Einheit der Kirche, und sie ist's, die uns nun Gott vor= stellt und uns vor allem Uebel beschützt." Im Missale von Bobbio lesen wir am Feste der Himmelfahrt Maria's das Gebet: „Erhöre uns, o Herr, heiliger Vater, allmächtiger Gott, der du durch die Ueberschattung der seligsten Jungfrau Maria die ganze Welt zu erleuchten dich gewür= diget hast, wir bitten dich demüthig, daß, was wir durch unsere Verdienste nicht zu erlangen vermögen, wir unter ihrer Beschützung erreichen." An dieses reihen sich in jenem Missale viele andere Gebete zu Maria an, welche die Vorzüge derselben preisen, und auch im Meßcanon ist sie an die Spitze aller Heiligen in der Commemoration gestellt — „memoriam venerantes imprimis gloriosae semper virginis Mariae, genetricis Dei et Domini nostri Jesu Christi"[1]. In dem Leabhar Breac werden die Tugenden St. Brigitta's zahlreich und im lichten Glanze geschildert, aber ihrer Aus= zeichnung höchste ist — daß sie „die Maria von Irland ist"[2]. Aengus stellt am Schlusse seines Felire — einem Werke des VIII. Jahrhunderts — die Heiligen unter bestimmte Häupter, und ruft „die heiligen Jungfrauen von Erin unter der heiligen Brigitta von Kildare" an, „die Jungfrauen aber der ganzen Welt unter der seligen Jungfrau Maria." St. Colum= ban errichtet ihr zu Ehren eine Kapelle in Bobbio, und der gleiche Hei= lige erklärt in seinem Commentar über die Psalmen den 14. Vers des 77. Psalmes — „et deduxit eos in nube" — so: „Seht, der Herr kömmt nach Aegypten in einer lichten Wolke. Unter der lichten Wolke müssen wir den Leib unseres Erlösers verstehen, denn er war Licht und nicht mit Sünden belastet, und auch von der seligen Jungfrau können wir es aussagen; denn gar schön wird sie eine Wolke des Tages genannt, diese Wolke war nie in Finsterniß, sondern immer im Lichte." Wie hoch der heilige Gallus Maria verehrt, ist schon in seinem Leben erzählt worden.

Wie in der römischen Kirche, war auch in der altirischen die An=

---

1) Missal. Bobien. in Mabill. Museo Ital. I. p. 298. — 2) Todd l. c. p. 65.

rufung und Verehrung der Heiligen und der besondere Cult ihrer Reliquien in Uebung. Eine Menge bezüglicher Gebete, Anrufungen und
Litaneien hat O'Curry in der V. Abtheilung seiner Lectures nach den
alten Handschriften herausgegeben; wir wollen hier nur der größeren
Litanei des Aengus, Ceilé Dé oder Culdéer (um das Jahr 798 in irischer
Sprache verfaßt), gedenken [1]. Aengus selbst, oder wie er lateinisch genannt wurde, Aengusius Aeneas, blühte in Irland am Ende des VIII. Jahrhunderts, war durch seine königliche Abkunft (von den Dalradianern von
Ulster) wie durch seine hohe Frömmigkeit gleich ausgezeichnet und berühmt;
er gehörte den Ceilé Dé, Culdei oder Cultores Dei, einer Art von dritten Orden an, wie Solche in Irland und in England an der Seite der
größeren Klöster und Orden unter den Weltleuten und Weltpriestern sich
ausgebildet hatten, und war in den heiligen Schriften und anderen Werken
so wohl bewandert, daß er den Namen „Gastfreund aller Bücher von
Irland" erhielt. Seine Litanei, worin er mit Namen, meist aber gruppen-
weise unter ihre Meister, oder Klöster und Kirchen gestellt, viele Tausende
von Heiligen, Bischöfen, Priestern und Mönchen „zu seiner Hülfe durch
Jesus Christus anruft (hos omnes invoco in auxilium meum per Jesum
Christum)", zeigt nicht nur, wie wohlbegründet Irland den Namen „der
Insel der Heiligen" trug, sondern auch wie heimisch die Heiligenverehrung
in der altirischen Kirche von Anbeginn an war. Unter den Heiligen, die
in Irland ihr Leben Gott geweiht und dort gestorben sind, führt Aengus
eine Menge aus Britannien und dem europäischen Kontinent, dem Frankenreiche und Italien und von Rom an, welche, wie Colgan sich ausdrückt [2],
„von dem Rufe der Heiligkeit und Wissenschaft, dessen Irland sich erfreute,
angezogen, dort ihren bleibenden Aufenthalt suchten und fanden. Denn
in den goldenen Tagen, als der Saame des Glaubens zum erstenmal in
jenem Lande ausgestreut worden, und in den nachfolgenden Jahrhunderten
wurde Irland nicht nur als eine Bildungsschule für Glaubensboten zur
Bekehrung der Völker, sondern auch als eine zweite Thebais betrachtet,
wo man den Uebungen des ascetischen Lebens frei und unbehindert ob-
liegen oder dem Studium der Philosophie und der heiligen Schrift unter
den bewährtesten Meistern sich widmen konnte, so daß ich verlegen wäre,
zu entscheiden, ob Irland größeren Ruhm sich erworben durch die Aus-
sendung von Glaubenslehrern und Aposteln sonder Zahl nach allen Ländern, oder dadurch, daß es Aufnahme, Wohnung und Grabstätten jenen

---

1) Herausg. aus dem Leabhar Breac in — The Irish ecclesiastical Record,
May 1867, Dublin p. 385—97, und June p. 468—77.

2) Colgan Act. SS. p. 539.

zahllosen Auswanderern von Italien, Gallien, Germanien und den britti=
schen Inseln gewährte, welche dorthin zogen, um Ruhe, Bildung und
höhere Vervollkommnung des Lebens sich zu suchen." Schon der alte
Biograph St. Ailbe's von Emly sprach über Irland das Lob: „Groß ist
jene Insel, und sie ist ein Land der Heiligen; denn Niemand als Gott
allein kennt die Zahl der Heiligen, die dort begraben sind"[1]. Um abzu=
kürzen, soll hier nur der Anfang der merkwürdigen Litanei von Aengus
folgen:

„Siebenzehn heilige Bischöfe und siebenhundert begnadigte Diener
Gottes, welche in Cork liegen mit Barri und Nersan, deren Namen im
Himmel geschrieben sind, sie Alle rufe ich zu meiner Hilfe an durch Jesus
Christus. Siebenmal fünfzig heilige Bischöfe mit dreihundert Priestern,
welche St. Patrizius ausgeweiht und dreihundert Alphabete, die er bei
der Weihe eben so vieler Kirchen schrieb, worüber man sang:

Siebenmal fünfzig heilige Bischöfe hat der Heilige geweiht
Mit dreihundert reinen Priestern, denen er die Weihen ertheilt,
Dreihundert Alphabete er schrieb, Gott war der Zeichner in seiner Hand.
Dreihundert schöne Kirchen ließ er zurück, die er von Grund aus erbaut;

sie Alle rufe ich zu meiner Hilfe an durch Jesus Christus.

Dreimal fünfzig heilige Bischöfe, welche auf der Insel Ard Nemhid
liegen, rufe ich u. s. w. Dreihundert fünfzig heilige Bischöfe und in jedem
Ordo eben so viele Priester, Diakonen, Subdiakonen, Exorzisten, Lectoren
und Ostiarier, und alle die Heiligen, welche mit der Gnade Gottes in
Loch Irchi, im Gebiete von Muscraighe und Hy=Eachach Cruadha liegen,
wie geschrieben ist:

Groß ist der Schutz von Loch Irchi,
Wo eine süß tönende Glocke ist;
Ringsum sind zahlreich dort
Die Heiligen wie die Blätter an den Bäumen.

Sie Alle rufe ich u. s. w. Zwanzig Heilige in Glendalough mit
Caemghin, dem herrlichen Priester, Mochoe von Nairib, Melanfis, Molua
von Glendalough, Morioc von Inisbofin, Affinus, ein Franke und Prie=
ster, Cellach, ein Sachse und Erzdiakon, Tagan von Zubhir Dalia, Mo=
shenoc u. s. w., sie Alle rufe ich zu meiner Hilfe an durch Jesus Christus."
Die Litanei ist in ihrem weiteren Verlaufe reich an Notizen, die für die
Geschichte der irischen Kirche von großem Werthe sind.

Die Benediktionen und Exorcismen, welche in irischer Schrift ge=
schrieben, in der Stiftsbibliothek von St. Gallen auf einzelnen Pergament=

---

1) Vit. S. Albei c. 5.

blättern [1]) durch die Einsicht und den Fleiß des seligen P. Ildephons von Arx noch erhalten wurden, stimmen bereits wörtlich mit denjenigen überein, die sich in dem Sacramentarium der römischen Kirche befinden.

Drittes Kapitel.

„Zeugnisse für den Primat des römischen Stuhles in der irischen Kirche."

Haben die Väter der altirischen Kirche die Suprematie der Bischöfe von Rom als der Nachfolger des Apostelfürsten Petrus über die ganze Kirche anerkannt und die Gesinnungen getheilt, welche der heilige Hierony= mus zur Lebzeit des heiligen Patrizius an den Papst Damasus in den Worten aussprach [2]): „Ich schließe mich dem Lehrstuhle Petri in Vereini= gung an; denn ich weiß, daß der Herr über diesen Felsen die Kirche ge= baut hat. Wer immer außer diesem Hause das Osterlamm ißt, ist schon entweiht. Ich kenne den Vitalis nicht, verwerfe den Meletius, will von keinem Paulinus etwas wissen; wer immer mit ihm nicht sammelt, der zerstreut?" Wir haben bisher die gleichen Gesinnungen in den Lehren und Thaten der heiligen Patrizius', Germanus', Lupus', Mochta's, Columban's und anderer Altväter niedergelegt gefunden, und nicht minder wurden sie von jenen irischen Pilgern getheilt, die seit den ältesten Zeiten so zahlreich nach Rom gewandert, dort bei den Gräbern der heiligen Apostel ihre treue Liebe und Hochverehrung gegen den Stuhl Petri dargebracht und an der apostolischen Quelle sich Stärkung und Begeisterung für den katholischen Glauben geschöpft haben. Ihnen mögen noch einige andere Zeugen aus jener frühen Periode folgen. Zwei Synoden wurden unter St. David von Menevia (540—60) von dem Klerus Cambrien's abgehalten und ihre Satzungen „über Gottesdienst und Disciplin", wie Girald bezeugt [3]), von allen cambrischen Kirchen unter der Autorisation und Bekräftigung der rö mi schen Kirche angenommen (Ecclesia quoque romana auctoritatem adhibente et confirmante). Ein uralter irischer Hymnus auf den Apostel= fürsten Petrus [4]) — Audite Fratres fama Petri pastoris plurima —

---

1) Cod. collect. 1394. — 2) S. Hieron. Ep. ad Dam. PI.
3) Girald. Cambr. vit. S. David.
4) Herausgegeben nach einer Reichenauer Handschr. von — Mone Hymni med. aev. Freiburg bei Herder 1853.

von 23 Strophen nach den Buchstaben des Alphabetes, hebt die Vorrechte und den Vorrang desselben besonders hervor und nennt ihn „den Apostel von Gott erwählt, die Stelle Christi einzunehmen und seine heilige Herde zu weiden." Er wird darin gepriesen „als das Fundament der katholischen Kirche des Herrn (fundamentum Dominicae Ecclesiae catholicae), als der Lehrer im Chore der Heiligen und Fürst der Martyrer Christi, als der Gesetzgeber des Allerhöchsten, geschmückt mit der Ehrenkrone von Rom (quem Deus ornavit gloria urbis Romae, in qua vivit cum victoria), wo er siegreich fortlebt, und überreich wie an Gerechtigkeit so an Gnade seine Netze auswirft über alle Räume der ganzen Welt." Ein anderer Hymnus derselben Sammlung — Sanctus Petrus apostolus — nennt den heiligen Petrus „den Schlüsselhalter des himmlischen Reiches nicht nur für einstweilen, sondern für alle Zeiten"; er ist „der Bischof der Seelen, der Fürst der Apostel, der Oberhirt der ganzen Herde Christi." St. Cumian Fota (geb. 590, gest. 661), Bischof von Clonfert, hochberühmt wegen seiner Kenntniß der kirchlichen Literatur, von seinen Zeitgenossen — „der Gregor der Große der irischen Kirche" und im Martyrolog von Donegal (12. Nov.) „ein Gefäß der Wissenschaft, der gelehrte Prediger des Wortes Gottes" genannt — hat einen Festhymnus auf alle Apostel hinterlassen, an deren Spitze er dem heiligen Petrus die Strophe widmet [1]):

„Celebra, Juda, festa Christi gaudia,	„Feiere Juda Christi Freudenfeste,
Apostolorum exultans memoria,	Juble der Apostel eingedenk,
Claviculari Petri, primi pastoris,	Petri des Schlüsselhalters und des ersten Hirten,
Piscium rete Evangelii captoris."	Des Fischfängers mit dem evangelischen Netz."

Auch der berühmte angelsächsische Dichter Bischof Aldhelm [2]) nennt den heiligen Klemens von Rom „des himmlischen Schlüsselbewahrers Petri erster Nachfolger."

In dem berühmten Pönitentiale des gleichen Cumian Fota [3]) — dem Grundstamme aller späteren Bußcanonen des Abendlandes wird vorgeschrieben: „Wer aus Unkunde einem Häretiker erlaubt, in der katholischen Kirche die Messe darzubringen, soll vierzig Tage büßen; hat er es aber aus Verachtung und zur Erniedrigung der katholischen Kirche und der Uebungen

---

1) Im Liber Hymnor. von der irischen Alterth. Ges. herausg. Dublin 1852.
2) Aldelm. de Laude Virg c. 25.
3) Bei Flemming Collect. sacr., in der Bibl. SS. Patr. XII. und bei Wasserschleben — Bußordnungen. Dieses Poenit., früher Cumian, dem blonden, Abt von Hy, auch jenem Cumian, der 720 zu Bobbio starb, zugeschrieben, wird in der vatikan. Handschr. aus dem X. Jahrh. dem Cumian Fota zugetheilt.

von Rom gethan, so soll er wie ein Häretiker bestraft werden, bis er
Buße leistet." In seinem Briefe an Papst Honorius I. über die Oster=
feier (630) [1]), welchen Abgeordnete der irischen Bischöfe in Folge der Sy=
node von Maglene nach Rom überbrachten, meldet Cumian ausdrücklich:
„Nach dem Synodalbekret müssen in Irland alle wichtige=
ren Angelegenheiten an den apostolischen Stuhl von Rom
einberichtet werden." Dieses Synodalbekret ist nichts Anderes, als
jener Kanon des heiligen Patrizius, welcher sagt: „Wenn kirchliche Streit=
fragen wichtigeren Belanges auf dieser Insel auftauchen, so sollen sie an
den apostolischen Stuhl einberichtet werden d. i. an den Stuhl des Apostels
Petrus, der mit dem Ansehen der Stadt Rom bekleidet ist. Si vero in
illa (insula) cum suis sapientibus facile sanari non poterit talis causa
praedictae negotionis, ad sedem apostolicam decrevimus esse mitten-
dam i. e. ad Petri apostoli cathedram, auctoritatem urbis Romae
habentem. Hi sunt qui de hoc decreverunt i. e. Auxilius, Patricius,
Secundinus, Benignus." Angesichts dieses wichtigen Canons konnte
selbst der hochkirchliche Bischof Usher [2]) nicht umhin, zu bekennen: „es ist
sehr wahrscheinlich, daß St. Patrizius eine besondere Achtung vor der
römischen Kirche hegte, von wo er zur Bekehrung der Insel Irland abge=
sendet wurde." Die Aechtheit des Canons selbst ist über allen Zweifel
gestellt; denn das ganze Statut, dem er angehört, ist im Buche von Ar=
magh [3]) enthalten, welches im Jahre 807 aus der alten Handschrift kopirt
wurde, die von Patrizius' eigener Hand geschrieben war, findet
sich in den ältesten Handschriften irischer Canonen=Sammlungen der Bib=
liotheken von Rom, Paris, Darmstadt, Stift St. Gallen, Cambrai, und in
der Cottonian'schen Sammlung; die bezüglichen Manuscripte gehören dem
VIII., IX. und X. Jahrhunderte an [4]). Dieser wichtige Canon erscheint
auch in der, um das Jahr 700 veranstalteten irischen Canonen=Sammlung
mit den Worten [5]): „Patritius ait: Si quae difficiles quaestiones in
hac insula oriantur, ad sedem Apostolicam referantur." St. Sechnall
(Secundinus), ein Longobarde von Geburt, der sich schon in Rom dem
heiligen Patrizius anschloß († 448) und bei der Verwaltung der Kirche
von Armagh sein Gehilfe war, rühmt in seinem Hymnus von seinem Lehrer:
„Patrizius ist festbegründet in der Furcht Gottes und unentwegt im Glau=

---

1) Usher. syllog. Epist. Hibern. N. 30.
2) Usher Dissertation on the Religion of the Ancient Irish p. 84.
3) Curry's Lectures p. 372 und Petrie Essay p. 81.
4) Die Akten dieser Synode S. in den Samml. Spelman's, Willin's, Usher's.
5) Collect. hibern. Can. XX. 5.

ben, wie Petrus, über welchem die Kirche aufgebaut ist, und deren Apo=
stolat er von Christus empfing, gegen welche die Pforten der Hölle nichts
vermögen werden"[1]. Das Missale Columban's von Bobbio enthält
unter den besonderen Festmessen auch eine auf das Fest Cathedra S. Petri,
worin es heißt[2]: „Dieser Apostel habe die Vollgewalt über die Juden
und Heiden erhalten, d. i. die Schlüssel des Himmels, die Würde des bi=
schöflichen Stuhles so groß an Gewalt, daß, was er bindet, Niemand
lösen könne, und was er löset, im Himmel gelöst sein werde; ein Thron
von hocherhabener Würde, worauf er zu Gericht sitzet über alle Nationen
der Erde." Die erste Collecte dieser Messe lautet: „O Gott, der du am
heutigen Tage den seligen Petrus nach dir der Kirche zum Haupte ge=
setzt hast (qui . . . beatum Petrum post te dedisti caput Ecclesiae),
wir bitten dich, daß, wie du einen Hirten aufgestellt hast, damit du kein
Schaf verlierest und die Herde die Irrthümer meide, du sie durch die
Fürbitte dessen, den du ihr vorgesetzt hast, zum Heile führen wollest."
Wäre das Zeugniß St. Columban's über den Primat des römischen Papstes
in seinem Briefe an Papst Bonifazius IV. nicht für sich klar genug, so
könnten die Meßgebete, die er verrichtete, zum Kommentare seiner Lehren
dienen. Kehren wir nochmal zu den ältesten Patrizius' Leben zurück, um
ihre Gesinnungen über die Stellung des heiligen Stuhles in der allge=
meinen Kirche kennen zu lernen.

Der Scholiast zur Fiach's Hymne legt dem heiligen Germanus die
Worte an St. Patrizius in den Mund: „Gehe zum Nachfolger des hei=
ligen Petrus, welcher Papst Cölestin ist, daß er dich weihe (für die irische
Mission), denn das steht ihm zu — ut te ordinet, quia hoc munus ipsi
incumbit"[3]. Macteni und die vita secunda nennen Cölestin „Bischof
von Rom, der den apostolischen Sitz einnimmt." Die vita tertia berichtet
„Patrizius wünschte Rom zu besuchen, das Haupt nämlich aller Kirchen
(Romam caput videlicet omnium Ecclesiarum), wo die Christen aus
allen Theilen der Welt zusammenkommen." Die vita quarta, von Dr. Todd
in das VIII. Jahrhundert versetzt, nennt nicht nur Rom den „apostolischen
Sitz", sondern spricht auch von der „apostolischen Erlaubniß, die Papst
Cölestin dem Patrizius gab, um das Evangelium in Irland zu verkünden;
die vita VII., dem heiligen Evin zugeschrieben, erzählt: Als Patrizius
den Plan für die irische Mission gefaßt, „habe er sich entschlossen, vorerst
nach Rom, zur Burg und Lehrerin des christlichen Glaubens (Romam

---

1) Liber Hymnor. herausg. von der irisch archäol. Gesellsch. 1855. p. 12.
2) Mabill. Mus. Ital. I. 297.
3) Tr. Thaum. p. 5.

ad doctrinae et fidei christianae arcem et magistram) zu reisen", und gleich darauf wird erwähnt: St. Patrizius habe die Reise nach Rom unternommen, um „den Stuhl des heiligen Petrus zu besuchen, den Lehrer unseres Glaubens und die Grundquelle des ganzen Apostolates, damit durch diese apostolische Autorität seine Mission genehmigt und bekräftiget werde." Ein uraltes Fragment — „über die Unbilden und Angriffe gegen die Geistlichen" im Leabhar Breac und im Brehon Law noch erhalten [1]) und in irischer Sprache verfaßt, enthält die Stellen: „Welches ist die höchste Würde auf Erden? Antwort: Die Würde eines Bischofes und der höchste der Bischöfe ist der Bischof der Kirche St. Peters, welchem die römischen Könige unterworfen sind." Nachdem diese Abhandlung die verschiedenen Grade der Kirchenwürden durchgenommen, fährt sie fort: „Wo ist diese Lehre begründet? Antwort: Sie ist begründet in dem Trak= tat, welchen Augustin über die Würdestufen der Kirche schrieb, und es ist so gemäß der Regel der Kirche von St. Peter, der Kaiserin der ganzen Welt." Im Jahre 634 schrieb Cumian der Einsiedler (Disert-Comin) über die Osterfeier den berühmten Brief an den Abt Segienus von Hy [2]), worin er die Meinung der römischen Kirche in dieser Frage mit Geschick gegen seine irischen Landsleute vertheidigt, die sich besonders auf die Autorität des heiligen Hieronymus beriefen, und wendet gegen sie die Worte dieses Kirchenlehrers an: „eine alte Autorität, sagt Hieronymus selbst, steht wider mich auf; denn ich jauchze vor Freuden auf, wer immer mit dem Stuhle des heiligen Petrus verbunden ist, mit ihm werde ich einig gehen." Und später läßt er sich also vernehmen: „Ich wende mich zu den Werken des Bischofs von Rom, zum Papste Gregor, dessen Autorität bei uns (in Irland) allgemein anerkannt ist, und der geschmückt ist mit dem Namen vom goldenen Munde und allen Kirchenlehrern vorgezogen wird. Er schrieb über eine Stelle Hiob's: „Gold hat einen Ort, worin es geschmolzen wird; das Gold ist der große Körper der Heiligen, der Ort, wo es ge= schmolzen wird, die Einheit der Kirche, das Feuer — die Erduldung des Martyrthums, allein wer es im Feuer reiniget außer der Einheit der Kirche, kann nicht gereinigt werden." Endlich faßt er die Widerlegung der Gegner in dem Ausruf zusammen: „Kann etwas Schädlicheres und Be= leidigenderes für die Mutterkirche gedacht werden, als wenn man behauptet: „Rom irrt, Alexandrien irrt, Antiochia irrt, die ganze Welt irrt, die Iren und die Britten allein haben Recht!" Während er den heiligen Johannes den „Johannes des Busens" nennt, weil er beim Abendmahle am Herzen

---

1) Curry Lectures p. 352.
2) Usher Syl. XI.

des Erlösers gelegen, gibt er nach der Weise der irischen Schriftsteller dem heiligen Petrus immer den Namen des Schlüsselbewahrers (clavicularii), und heißt anbei die Scoten und Britten beinahe die äußersten und so zu sagen die mindesten Bewohner des Erdkreises — qui sunt pene extremi et ut ita dicam mentagrae orbis terrarum. Der gelehrte Usher führte gegen die Anerkennung des vollen Primates der römischen Kirche auch den 3ren Claudius und dessen Stellen im Commentare über die Evangelien auf; allein Dr. Moran[1]) hat ihm in neuester Zeit unwiderlegbar nach= gewiesen, daß Usher sowohl die angeführten Stellen unganz und beschnitten wieder gab, die in ihrer ursprünglichen Form die katholische Lehre von dem Primate genüglich beleuchten, als auch entscheidende Stellen von Clau= dius ganz mit Stillschweigen überging, welche entscheidende Beweise für dieselbe enthalten. So führt Usher aus Claudius[2]) die Stelle an: „Petrus Simon qui dicitur Petrus; idem ergo graece sive latine Petrus, quod syriace Cephas et in utraque lingua nomen a petra derivatum est, haud dubium quin illa, de qua Paulus dicit: Petra autem erat Christus. Nam sicut lux vera Christus donavit Apostolis, ut lux mundi vocentur, sic et Simoni qui credebat in petra Christo, Petri largitus est nomen, cujus alias alludens ethimologiae dixit: tu es Petrus et super hanc petram aedificabo Ecclesiam meam." Daß in dieser Stelle Nichts gegen den Primat Petri gesagt ist, sieht wohl Jeder ein, die folgende aber lehrt ihn unzweideutig: „Petrum solum nominat (Christus) et sibi comparat, quia primatum ipse accepit ad fundandam Ecclesiam; se quoque pari modo electum, ut primatum habeat in fundandis gentium ecclesiis." Usher hat aber folgende Stellen von Claudius ganz mit Stillschweigen übergangen, die für den römischen Primat so entscheidend sprechen: „tibi dabo claves regni coelorum. Non est ergo clavis ista mortalis artificis apta manu, sed data a Christo est potestas judicandi. Qui regem coelorum majori prae caeteris devotione confessus est, merito prae caeteris ipse conlatis clavibus regni coelestis donatus est"; sodann der überaus wichtige Passus: „Sed ideo beatus Petrus qui Christum vera fide professus, vero est amore secutus, specialiter claves regni coelorum et principatum judicariae potestatis accepit, ut omnes per orbem credentes intelligant, quia quicunque ab unitate fidei vel societatis illius quolibet modo semetipsos segregant, tales nec vinculis peccatorum absolvi nec januam possint regni coelestis ingredi." So

---

1) Dr. Moran, Essay of the origine etc. Dublin 1864, p. 106 ff.
2) Claudii Scoti Comment. in Matth. 16, 18.

theilten alle Schriftsteller der irischen Kirche von der ältesten Zeit an die Gefühle der Hochverehrung und Liebe gegen den apostolischen Stuhl von Rom, als den Mittelpunkt der katholischen Kirche und Welt, welche im Namen Aller der unbekannte Biograph von St. Fursaeus [1]) in den Worten aussprach: „O Rom, erhaben vor allen Städten der Welt durch die Triumphe der Apostel, geschmückt mit den Rosen des Martyrthums, ge= schmückt mit den Lilien der Bekenner, geziert mit den Palmen der Jung= frauen, gekräftiget durch all' ihre Verdienste, bereichert mit den Ueberresten so vieler und so berühmter Heiligen, Heil dir! Möge deine heilige Autori= tät nimmer aufhören, welche durch die Würde und Weisheit der heiligen Väter verherrlichet wurde — diese Autorität, durch welche der Leib Christi, das heißt, unsere selige Mutter, die Kirche ihre unvergängliche Dauer und Kraft forterhält." Und hier nun mögen die Worte Lynch's, des gelehrten Dekans von Killala in Irland, eine Stelle finden [2]): „wollte ich mir er= lauben, einläßlicher den Wechselverkehr zu schildern, welcher in der christ= lichen Vorzeit zwischen Irland und Rom stattgefunden, meine Schrift würde die ihr zugemessene Gränze weit überschreiten und mein Sprach= vermögen eher als den Gegenstand selbst erschöpfen.   Das Gesammtresultat ist in wenigen Worten ausgedrückt: „Keine Streitigkeit erhob sich über religiöse Gegenstände jemals in Irland, die nicht zum Endentscheid nach Rom berichtet wurde. Von Rom erhielt Irland seine Sittengesetze und die Orakel seines Glaubens. Rom war die Mutter, Irland die Tochter; Rom das Haupt, Irland das Glied. Von Rom, der Grundquelle der Religion, leitete Irland unbezweifelt seinen Glauben her und sog ihn mit der vollen Inbrunst seiner Seele ein. In zweifelhaften Glaubenssachen war der Papst der Schiedsrichter der Iren, in zweifellosen war er ihr Lehrer, in kirchlichen Dingen ihr Haupt; in zeitlichen Angelegenheiten ihr Beschützer, in allen Stücken ihr Richter und Rathgeber; ihr Orakel in zweifelhaften Fragen, ihr Bollwerk in der Stunde der Gefahr."

* * *

Wie dürfte ich aber diese Schrift schließen, ohne Gott, dem Vater des Lichtes und jeder guten Gabe meinen innigsten Dank darzubringen, der es mir möglich machte, sie unter all' den Arbeiten und Sorgen, die auf mir lasten, zu Ende zu führen? Schon vor einem Menschenalter haben die Studien hiefür hier in St. Gallen, an dem ältesten Stammsitze der

---

1) Vita S. Fursaei Boll. Januar II. p. 50.
2) Girald Cambrens. Refutat. Edition of Celtic Society II. p. 635.

irischen Väter in deutschen Landen begonnen, die ich bald darauf, aus der Heimat vertrieben, an den unerschöpflichen Quellen Roms fortzusetzen so glücklich war. Ist der Kranz, den diese Arbeit der Kirche des heiligen Gallus widmen wollte, nach seiner künstlerischen Ausschmückung auch nicht frei von großen Mängeln, so sind doch die Blumen, die er umschließt, im immergrünen Garten der katholischen Vergangenheit aufgewachsen, von unvergänglichem Werthe. Zum übersichtlichen Schlusse des Ganzen mag der gelehrte Ermenrich von Reichenau mir noch die Worte [1]) leihen, welche er bei seinem Aufenthalte im Kloster St. Gallen vor tausend Jahren an den Abt Grimald richtete: „Wie wir von den alten Schriftstellern es vernommen, ist der heilige Columban mit dem seligen Gallus und anderen Ge- fährten von Irland ausgezogen, um überall, wohin er kam, die ungläubi- gen Barbaren zum Glauben an Christus zu bekehren. Zuerst haben sie mit Gottes Beistand im Frankenreiche das Kloster Luxeuil gegründet; dann wurden sie zur Zeit des Königs Theuderich auf Anstiften der Köni- gin Brunhilde von dort vertrieben und kamen nach diesen schwäbischen Landen (hanc in Sueviam), wo sie zuerst (primitus) jene Theile Rhä- tiens, die zwischen dem Rheine und den Alpen liegen, mit dem Lichte des Evangeliums erleuchteten. Hierauf hat der heilige Columban sich in Italien einen Ort ausgewählt und nach Gottes besonderer Anordnung das große Licht, den heiligen Gallus hier im Lande zurückgelassen. Und da in dieser Gegend die Sonne mild und das Klima angenehm, die Luft rein und gesund ist, hat der Mann Gottes sie vorerst nach allen Richtun- gen untersucht und sodann den Entschluß gefaßt, im Innern der damaligen Einöde die Stelle für den Aufbau eines Klosters zu wählen. Der Ort liegt zwei Meilen [2]) vom Bodensee entfernt, ist reich an gesunden Quellen und gegenwärtig mit fruchtbaren Wiesen geschmückt. In seinem Umkreise liegen Hügel und Berge, und wie der heilige Sänger spricht [3]): „Rings- herum sind Berge, und der Herr rings um sein Volk von nun an bis in Ewigkeit", so wohnt der Herr von den Tagen des heiligen Gallus an im Umkreise seines Volkes und wird bei ihm wohnen auf ewig. Wie könnten wir aber die Insel Irland jemals vergessen, von wo aus der Glanz eines so großen Lichtes für uns aufgegangen! Denn, wenn auch in einem Lande gen Osten geboren, haben wir die Sonne des Glaubens von der Gränzscheide der Erde im Westen erhalten, von wo aus sie durch Gottes Gnade auch

---

1) Ermenrici Augiens. Epist. cod. m. S. G. 265, p. 82—86. Gedruckt in Mabill. Analect.

2) Alemannischer nicht römischer Berechnung.

3) Pslm. 124, 2.

über andere Völker glanzvoll aufgeleuchtet hat. Reich mit Vorzügen der Natur geschmückt, ist Irland weit herrlicher noch durch geistige Gnaden ausgezeichnet. Dort ist der Winter mild, der Schnee kann kaum drei Tage sich halten; was die Natur im Bilde zeigt, geht in der irischen Kirche auf geistigem Gebiete in Erfüllung. Denn von ihr gilt das Wort [1]): „sie fürchtet für ihr Haus des Schnee's Kälte nicht, weil alle ihre Haus= genossen doppelt gekleidet sind." Ihre Lehrer sind nämlich mit dem Mantel des alten und neuen Testamentes angethan, mit reinem Glauben und guten Werken ausgerüstet, mit der Liebe Gottes und des Nächsten erfüllt, darum hat sie nicht zu fürchten, daß ihr Haus durch den Frost zu Grunde gehe, welchen Unglaube, Häresie und Schisma über die Welt verbreiten. Auf jener Insel kann weder eine Schlange noch sonst ein giftiges Thier das Leben fristen, und eben so wenig kann Einer mit der irischen Kirche Gemeinschaft haben, der, selber verkehrten Glaubens, auch Andere noch anzustecken sucht. Denn kommen derlei falsche Lehrer von anderen Län= dern herüber, um mit der irischen Kirche in Gemeinschaft zu treten, so werden sie vom Hauche der Glaubenslehrer sofort getödtet, das ist, ent= weder fortgetrieben oder bekehrt, und so sind jene heiligen Väter, wie die Lehre des Apostels, den Einen ein Geruch zum Tode, den Anderen ein Geruch zum Leben. Die Baumrinde und alle Pflanzen der Insel Irland widerstehen dem Gifte gleicherweise, wie das Wort Gottes von dort nach allen Ländern der Erde hingetragen, das überall verbreitete Verderbniß des Satans auswirft und entfernt, und dafür das ewige Heil in die Wunden der Menschen eingießt und erhaltet. Die Insel ist reich an Milch und Honig, doch reicher noch ist jene Kirche an heiliger Lehre und Wissenschaft, sie ertheilt Hohen und Niederen eine ihnen an= gemessene Philosophie, und sind dort die Hügel mit fruchtbaren Weinreben besetzt, so glänzt auch die irische Kirche im rothen Blute ihrer Martyrer. Ihre zahllosen Vögel, Hirsche und Ziegen kehren in der höheren Ordnung in jenen Heiligen wieder, die auf den Flügeln ihrer Tugenden sich zu Gott emporgeschwungen oder durch ihre Klugheit und Geistesstärke so sich ausgezeichnet haben, daß sie die Versuchungen der bösen Geister um= gangen und ihre Fangnetze übersprungen haben. So ist denn überhaupt die irische Kirche ein getreues Abbild der katholischen Kirche! Auch diese wird in Mitte des Meeres allseitig von den Stürmen böser Geister an= gefallen und erschüttert, sie hat die Unwetter der Gottlosen und die Ver= folgungen der Bösen zu dulden; allein, weil sie auf Christus, den Felsen gegründet ist, wird sie bestehen und dauern in Ewigkeit. Denn Gott

---

1) Sprichw. 31, 21.

selber ist ihr Steuermann, die Ruderer sind die Apostel Christi und ihre
Nachfolger, die Bischöfe, die Aebte und wir Alle, die wir mit dem heiligen
Glauben in die Kirche eingetreten sind.   Solche Steuermänner oder Ruderer
waren der heilige Columban und der heilige Gallus, die mit ihren Gefährten von jenem Winkel der Erde ausgezogen und zu uns gekommen
sind, und nicht minder hat der heilige Martyrer Christi Bonifazius, der
mit den Seinen auch von dort hergekommen, unserem Vaterlande das
Licht gebracht, und Alle, die ihm gläubig nachfolgen, führt er mit männ-
licher Kraft in den Hafen der ewigen Ruhe."

Druck von J. P. Himmer in Augsburg.